Otto

Management und Controlling von Supply Chains

nbf neue betriebswirtschaftliche forschung

(Folgende Bände sind zuletzt erschienen:)

Band 224 Dr. Eckart Schmitt
Strategien mittelständischer Welt- und Europamarktführer

Band 225 Dr. Hans-Knud Arndt
Betriebliche Umweltinformationssysteme

Band 226 Dr. Ingo Kiedaisch
Internationale Kunden-Lieferanten-Beziehungen

Band 227 Dr. Heide Vornkahl
Marktforschung als Informationsverhalten von Unternehmen

Band 228 Dr. Andreas Klein
Controllinggestütztes Produktmanagement

Band 229 Dr. Axel Baden
Strategische Kostenrechnung

Band 230 Prof. Dr. Joachim Büschken
Sequentielle nicht-lineare Tarife

Band 231 PD Dr. Manfred Schwaiger
Multivariate Werbewirkungskontrolle

Band 232 Dr. Kjell E. Gruner
Kundeneinbindung in den Produktinnovationsprozeß

Band 233 Dr. Reinhard Schütte
Grundsätze ordnungsmäßiger Referenzmodellierung

Band 234 Dr. Jörg Vogt
Vertrauen und Kontrolle in Transaktionen

Band 235 Dr. Kai Wiltinger
Preismanagement in der unternehmerischen Praxis

Band 236 Dr. Achim Walter
Der Beziehungspromotor

Band 237 Dr. Matthias Bank
Gestaltung von Finanzierungsbeziehungen

Band 238 Dr. Georg Wübker
Preisbündelung

Band 239 Dr. Tobias Kollmann
Akzeptanz innovativer Nutzungsgüter und -systeme

Band 240 Dr. Bernd Garbe
Industrielle Dienstleistungen

Band 241 Dr. Bettina Rudolph
Kundenzufriedenheit im Industriegüterbereich

Band 242 Dr. Markus Nöth
Informationsaggregation und Insidererkennung in Finanzmärkten

Band 243 Dr. Joachim Houtman
Elemente einer umweltorientierten Produktionstheorie

Band 244 Dr. Alexander Schieffer
Führungspersönlichkeit

Band 245 Dr. Kai Romhardt
Die Organisation aus der Wissensperspektive

Band 246 PD Dr. Axel Lehmann
Qualität und Produktivität im Dienstleistungsmanagement

Band 247 Dr. Thomas Berndt
Grundsätze ordnungsmäßiger passiver Rechnungsabgrenzung

Band 248 Dr. Gabriele Helfert
Teams im Relationship Marketing

Band 249 Dr. Frank Huber
Spieltheorie und Marketing

Band 250 Dr. Christiane Weiland
Die Wirkung bankaufsichtlicher Eigenkapitalanforderungen

Band 251 Dr. Astrid Simanek
Markt- und kompetenzorientierte Geschäftsfeldplanung

Band 252 Dr. Jochen Bigus
Risikoanreizproblem und nicht gleichrangige Gläubigeransprüche

Band 253 Univ.-Doz. Dr. Sonja Grabner-Kräuter
Die Ethisierung des Unternehmens

Band 254 Dr. Thomas Ritter
Innovationserfolg durch Netzwerk-Kompetenz

Band 255 Dr. Gerhard Satzger
Kapitalintensive Leistungen im globalen Wettbewerb

Band 256 Dr. Michael Noeske
Durchlaufzeiten in Informationsprozessen

(Fortsetzung am Ende des Buches)

Andreas Otto

Management und Controlling von Supply Chains

Ein Modell auf der Basis der Netzwerktheorie

Springer Fachmedien Wiesbaden GmbH

Die Deutsche Bibliothek - CIP-Einheitsaufnahme

Otto, Andreas:
Management und Controlling von Supply Chains : ein Modell auf der Basis der Netzwerktheorie / Andreas Otto. - 1. Aufl..
(Neue betriebswirtschaftliche Forschung ; Bd. 290)
Zugl.: Erlangen-Nürnberg, Univ., Habil.-Schr., 2001
ISBN 978-3-8244-9074-5 ISBN 978-3-663-10716-3 (eBook)
DOI 10.1007/978-3-663-10716-3

1. Auflage April 2002

Ursprünglich erschienen bei Deutscher Universitäts-Verlag GmbH, Wiesbaden, 2002

Lektorat: Dr. Tatjana Rollnik-Manke

www.duv.de

ISBN 978-3-8244-9074-5

Geleitwort

„Supply Chain Management“ ist zu einem der meist diskutierten Themen der Management-Praxis und auch der wissenschaftlichen betriebswirtschaftlichen Diskussion geworden: Die außergewöhnlichen, weltweit beachteten Erfolge von Unternehmen wie des PC-Herstellers DELL, der Einzelhändler WALMART, THE GAP, H&M, von Großhandels- und Service-Unternehmen wie BAXTER, werden damit begründet, dass diese frühzeitig eine neue, erweiterte Perspektive für die Planung und Steuerung ihrer wichtigen Geschäftsprozesse – das „Supply Chain Management“ oder „Versorgungsketten-Management“ – entdeckt und nutzbar gemacht hätten. Diese führe zu Vorteilen bei der Identifizierung von Kostensenkungspotenzialen, zur Fähigkeit, in überlegener Weise auf Kundenbedürfnisse zu reagieren, und zu langfristig verbesserter Anpassungsfähigkeit der Unternehmen.

Die damit entstandene „Supply Chain Hypothese“, dass also systematisches, explizites Management der Versorgungsketten den Erfolg von Unternehmen steigern kann, ist heute kaum mehr kontrovers. Wie häufig in der aktuellen Diskussion moderner und „modischer“ Managementkonzepte sind aber sorgfältige Hinterfragungen dieser These und der daraus abzuleitenden Handlungsempfehlungen bisher kaum erfolgt: Welches sind die kritischen Stellhebel des Managements von Versorgungsketten? Wie kann man messen, ob getroffene Maßnahmen der verbesserten Integration solcher Ketten die gewünschten Erfolge geringerer Kosten, verbesserter Reaktionsfähigkeit auf Kundenwünsche und Marktveränderungen bewirkt haben?

Solche Fragen werden in der vorliegenden Arbeit gestellt und beantwortet, die als Habilitationsschrift am Lehrstuhl für Betriebswirtschaftslehre, insbes. Logistik, der Friedrich-Alexander-Universität in Erlangen-Nürnberg entstanden ist.

Sie liefert einen breiten, für wissenschaftlich arbeitende Betriebswirte und Unternehmenspraktiker gleichermaßen interessanten Überblick zum bisherigen Stand der Supply Chain Management und Controlling Diskussion. Sie erweitert und konkretisiert diese Diskussion in mehrfacher Weise. Dies geschieht insbesondere durch die Hervorhebung der Bedeutung nicht nur der informationstechnischen Vernetzungsbedarfe in den Versorgungsketten, sondern auch der notwendigen organisatorischen, institutionalen und sozialen Integrationsbedarfe, die in der bisherigen Praxis und Diskussion eher vernachlässigt werden. Die Arbeit stellt zugleich einen beachtenswerten Beitrag zur Fortentwicklung des „rationalitätsorientierten“ Ansatzes zum Controlling dar.

Ich bin zuversichtlich, dass sie Ihnen, den Lesern und den Nutzern der Ergebnisse, Gewinn bringen wird!

Prof. Peter Klaus
D.B.A./Boston Univ.

Vorwort

Eine Habilitationsschrift zu lesen, muss nicht immer zur Freude gereichen. Deren Konzept bürdet dem Leser zwingend einiges auf. Aber die Habilitationsschrift darf sich nicht auf den Selbstzweck (habilitiert zu werden) beschränken, sondern ist einer von vielen Beiträgen, die in Summe das Fach vorantreiben. Damit sie das kann, muss sie lesbar sein und Aufmerksamkeit binden können. Ich habe versucht, in diesem Sinne einen wirksamen Beitrag vorzulegen.

In der heutigen Zeit erscheint mir ein weiterer Gedanke im Vorwort einer Habilitationsschrift angemessen. Seit ein bis zwei Jahren erntet man mit der Habilitation, unabhängig von Form und Inhalt, nicht nur Zustimmung und akademische Anerkennung. Es geht um die Institution selbst, die in Frage gestellt wird. Das System universitärer Ausbildung in Deutschland sei überholungsbedürftig, so wird argumentiert. Die Habilitation steht dabei ganz weit oben auf der Abschussliste der Reformer. Ich halte ersteres für richtig, letzteres für falsch. Schaut man das etablierte System kritisch an, ist die Habilitation die einzige Verpflichtung, aber auch die einzige Chance (!), sich in einer Lebensphase noch ausreichender intellektueller Kreativität und Innovationsfreudigkeit, mit einem Thema tief und ausreichend lange auseinander setzen zu müssen und sich der professionellen Beurteilung der zumeist interdisziplinär denkenden Fakultät zu stellen. Streicht man dies - was ist die Alternative? Der Nachweis wissenschaftlicher Befähigung durch eine ausreichende Anzahl Publikationen in akzeptierten Journalen? Ist dieses Votum tatsächlich so viel objektiver und gereicht das Procedere tatsächlich der Beschleunigung akademischer Befähigung? Vor dem Hintergrund unkommentierter Review-Ablehnungen (leider keine Ausnahme) und Wartezeiten von zwei bis drei Jahren zur Publikation, erscheinen Zweifel durchaus angebracht. Aber entscheidender: Wer anstatt einer Habilitationsschrift sechs bis acht A-Aufsätze veröffentlicht, wenn das als angemessen erachtet werden soll, hat zwangsläufig pro Aufsatz, und damit pro zentralem Gedanken, weniger Zeit (es sei denn, alle Publikationen sind materiell mehr oder weniger identisch - leider auch keine Ausnahme). Ist das gewollt? Um nicht falsch verstanden zu werden: Gegen das angelsächsische „Publish or Perish“ ist nichts einzuwenden; Wettbewerb ist in der Regel segensreich - auch hier. Aber um im Wettbewerb bestehen zu können, muss zuvor trainiert werden dürfen, und zwar in Ruhe.

Schließlich ist dies der Zeitpunkt, um für Unterstützung zu danken. Ich danke meinem „Habilitationsvater“ Peter Klaus, Professor für Betriebswirtschaftslehre, insb. Logistik an der Friedrich-Alexander-Universität, Erlangen-Nürnberg - vor allem für den zeitlichen, und damit letztlich finanziellen Freiraum. Und ich danke meiner Familie - auch für den Freiraum - in jeglicher Hinsicht.

Andreas Otto

Inhaltsübersicht

Inhaltsverzeichnis

Abbildungsverzeichnis

Tabellenverzeichnis

1. Die Informationsbasis als Grundlage effektiven Controllings der Supply Chain

Die vorliegende Arbeit wendet sich an Controller. Vornehmlich an solche, die ihre Aufgabe darin sehen, den Supply Chain Manager, oder wie man den für das unternehmensübergreifende Management der Versorgungskette verantwortlichen Mitarbeiter im Unternehmen auch immer nennen mag, in seiner Entscheidungsfindung zu unterstützen. Die Arbeit zeigt, wie diese Unterstützung aussehen kann. Sie entwirft dazu die Struktur einer Informationsbasis. Die Informationsbasis wird hier verstanden als ein Fundus von Daten, der den Supply Chain Manager dabei unterstützen soll, rationaler zu entscheiden. Der Controller kann die Ergebnisse dieser Arbeit mit den Inhalten der von ihm gepflegten Informationsbasis vergleichen und möglicherweise Ansätze zur Verbesserung finden. Wenn er diesen Vergleich für hilfreich erachtet, hat die Arbeit ihr Ziel erreicht.

1.1. Situation: SCM, Controlling und die Informationsbasis

1.1.1. Die Supply Chain-Hypothese: Supply Chain Management verbessert den Profit

Viele Manager, die sich derzeit mit Supply Chain Management-Programmen auseinandersetzen, vereint der Wunsch, dass dem investierten Aufwand in näherer Zukunft ein positiver Return gegenüberstehen möge. Sie tun dies, weil sie an eine bestimmte Mechanik zwischen Ursache und Wirkung, zwischen Supply Chain Management und Profit glauben. New (1996) nennt das die „Supply Chain Hypothese" (Abbildung 1).

Abbildung 1 Hypothesen - Supply Chain Management, Controlling und die Informationsbasis verbessern den Profit

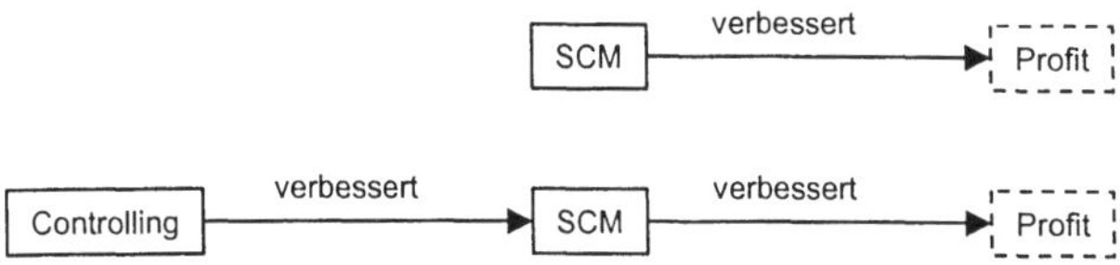

In der boomenden Literatur zum Supply Chain Management wird wenig Anlass geboten, diesen Zusammenhang in Frage zu stellen. Die Erfolgsmeldungen zum Supply Chain Management sind geradezu überwältigend. Bovet und Sheffi (1998, S. 14) präsentieren einige Zahlen aus dieser „Brave New World of Supply Chain Management": Der Aktienkurs des PC-Monteurs „Dell" ist seit 1990 um das zweihundertfache gestiegen - verantwortlich gemacht für diese Explosion wird Dell's überlegene Supply Chain-Strategie. Innerhalb von 48 Stunden ab Auftragseingang verlässt ein maßgeschneiderter PC das Montageband in Richtung Endkunde. Innerhalb dieser Zeit hat in vielen vergleichbaren Supply Chains die Kundenbestellung nicht einmal den Bestellzettel des Einzelhändlers verlassen. Procter & Gamble, so berichten Bovet und Sheffi weiter, hat seinen Kunden innerhalb von eineinhalb Jahren Logistikkosten in Höhe von 65 Millionen Dollar erspart. Möglich wurde das durch eine enge Kooperation von Hersteller und Lieferant in der Supply Chain. Die Liste ließe sich fortsetzen. Die Supply Chain Management-Literatur ist geradezu eine Erfolgsliteratur.

Es mag offen bleiben, ob und für wen derartige Erfolgsgeschichten Hoffnungen wecken sollten. Supply Chain Management hat in den letzten 15 Jahren[1] sicher mehr produziert als solche Erfolgsgeschichten. Im Kielwasser der Diskussion scheint sich mittlerweile ein Kern von Konzepten und Erfolgsrezepten zu erhärten. Häufig fallen in diesem Zusammenhang die Begriffe Integration, Kooperation, Transparenz oder Vertrauen. Ohne zu diesen Schlüsselworten hier schon ins Detail gehen zu müssen, scheint es mittlerweile einen Konsens zu geben, sich auf die Gültigkeit der Supply Chain-Hypothese verlassen zu können. Bowersox und Closs (1996, S. 101) beobachten, dass erfolgreiche Unternehmen zunehmend Strategien verfolgen, die darauf abzielen, die Wettbewerbsfähigkeit der gesamten Kette (Supply Chain Competitiveness) und nicht mehr nur ihres eigenen Unternehmens zu steigern. Dyer und Singh (1998) erklären, warum ein solches Investment in die Kette profitabel sein kann: Die Beziehung zwischen zwei Unternehmen, so deren Argumentation, hält einen distinkten und nur über ein explizites Beziehungsmanagement erschließbaren Wettbewerbsvorteil, eine „relationale Rente“, bereit. Diese gilt es über das Supply Chain Management zu erschließen. Wurden supernormale Profite bisher vornehmlich über die Industriestruktur oder über den Ressourcenbesatz eines Unternehmens erklärt, treten nun, so Dyer und Singh, die Beziehungen zwischen Unternehmen als eigenständiger Wettbewerbsfaktor in den Vordergrund. Unter sonst gleichen Bedingungen, so die Botschaft, werden diejenigen Unternehmen, die professioneller kooperieren, supernormale Profite einfahren.

Diese Arbeit beruht auf der Annahme, dass New's Supply Chain-Hypothese Gültigkeit besitzt. Es wird also angenommen, es sei grundsätzlich ein kluges Unterfangen, die Geschicke des eigenen Unternehmens zu steuern, indem man die Beziehungen zu den vor- und nachgelagerten Akteuren in den Mittelpunkt der Managementanstrengungen stellt, und zwar über möglichst viele Kettenglieder hinweg. [2]

1.1.2. Die Supply Chain Controlling-Hypothese: Controlling verbessert das Supply Chain Management

Die Supply Chain-Hypothese soll rasch verlassen werden, weil sich die Arbeit auf die Unterstützungsleistung des Controllings für das Supply Chain Management konzentrieren will. Dazu wird eine weitere Hypothese aufgestellt: Controlling verbessert die Wirksamkeit des Supply Chain Managements und verbessert auf diesem Weg auch den Profit. Eine Investition in das Controlling des Supply Chain Managements wird einen positiven Nettonutzen haben (Abbildung 1).

Insbesondere in der deutschen Betriebswirtschaftslehre gibt es eine vielstimmige und kritische Diskussion über Aufgaben und Ausgestaltung des Controlling. Es besteht aber weitgehend Konsens darüber, dass Controlling als Subsystem der Führung eine Berechtigung hat. Sowohl die Praxis als auch die betriebswirtschaftliche Forschung bestätigen diese Auffas-

---

[1] Wenn man die Arbeit Houlihan (1985) als Geburtstunde des Supply Chain Managements ansehen will.

[2] Man kann kritisch anmerken, dass diese Umsystemorientierung keine betriebswirtschaftliche Innovation ist. Über die Innovation zu befinden, bedarf einer längeren Argumentation, der hier zunächst ausgewichen wird.

sung. Je nach Auslegung wird diese Berechtigung in der Gewährleistung rationaler Entscheidungsfindung (Weber und Schäffer 1998a)[3], in der Koordination des Führungsgesamtsystems (Küpper 1997) oder in der engeren, ergebnisorientierten Koordination von Planungs- und Kontrollsystem mit dem Informationsversorgungssystem (Horváth 1996) gesehen.[4]

Nachdem Supply Chain Management auch eine „Form" von Management ist, erscheint es zulässig, die Nützlichkeitsvermutung für das Controlling auch auf das Supply Chain Management auszudehnen.[5] Die nachfolgende Betrachtung verdeutlicht in einer phasenbezogenen Betrachtung die Unterstützungspotenziale.

Vorab sei aber gesagt: Wenn nachfolgend Unterstützungspotenziale aufgelistet werden, bedeutet das nicht zugleich, diese Arbeit könne jedes dieser Potenziale erschließen. Hier ist geht es lediglich darum, die Beziehung zwischen Controlling und Supply Chain Management klarzustellen. Das nächste Teilkapitel wird dann präzisieren, welchen Beitrag diese Arbeit sich zu leisten vornimmt.

Supply Chain Management initiieren

Der Lebenszyklus eines Supply Chain Management-Projekts beginnt mit der Phase der Initiierung. Dort sind einige Beiträge des Controlling erkennbar. Unternehmen passen sich der Umwelt an und ändern dazu in längerfristigen Veränderungsschüben Strategien, Strukturen und Prozesse. Die Adoption von Supply Chain Management-Strategien ist ein solcher Veränderungsschub und bedeutet organisationalen Wandel. Controlling hilft dabei, die Notwendigkeit des Wandels zu erkennen sowie den Wandel, sobald dazu eine Entscheidung gefällt wurde, im Unternehmen erfolgreich durchzusetzen. Atkinson et al. (1997b, S. 82) sprechen in diesem Zusammenhang vom „Organization Control Paradigm".

Controlling kann organisationalen Wandel initiieren

Supply Chain Management erfordert von den Entscheidern ungewohnte Verhaltensweisen und ist daher eine Form organisationalen Wandels. Controlling kann diesen Wandel unterstützen (Chenhall und Langfield-Smith 1998). Zunächst kann es über die Entwicklung eines Messsystems helfen, dessen Notwendigkeit zu erkennen (Nanni et al. 1992) indem der aktuelle Status quo erfasst und mit einem Sollzustand verglichen wird. Atkinson et al. (1997b) sehen ein weiteres „Aufgabenfeld" des Controlling [6] darin, Wandel nicht zu behindern. Die gleiche Herausforderung formulieren auch Shields (1997, S. 23) sowie Umble und Srikanth (1990).

---

3 Um Verwechselungen vorzubeugen, aber dennoch kompakt zu arbeiten, werden Verweise auf Max Weber und andere „Webers" immer mit Vor- und Nachname, Verweise auf Jürgen Weber aber lediglich mit dessen Nachnamen markiert.

4 Für eine detaillierte Nachzeichnung der bisher ausgetauschten Argumente wird auf die nachfolgenden Kapitel verwiesen.

5 An dieser Stelle wird bewusst noch die unscharfe Formulierung „Form von Management" gewählt, da die eine präzisere Begriffswahl voraussetzende Diskussion (Was ist Supply Chain Management?) hier noch nicht geführt werden kann.

6 Sie sprechen von „Management Accounting", das hier aber, wenngleich auch etwas vereinfachend, synonym verwendet werden soll.

Controlling ermöglicht es, Supply Chain Management-Projekte zu „kalkulieren"

Supply Chain Management-Projekte sind üblicherweise keine „Schnellschüsse". Ein Blick in die Literatur verdeutlicht, dass die Projekte weder zeit- noch ressourcenschonend umsetzbar sind. Gemeinsame Kapazitäts- und Investitionsplanungen, Harmonisierung von Produktions- und Absatzplänen über mehrere Stufen oder die Herstellung von Bedarfstransparenz entlang der gesamten Versorgungskette, um nur einige vorgeschlagene Maßnahmen zu nennen, verzehren viele Ressourcen. Bevor das Top-Management einem solchen Projekt zustimmt, wird der Nettonutzen zu kalkulieren sein. Dabei kann unterstellt werden, dass informational gut unterstützte Projekte eine größere Wahrscheinlichkeit besitzen, auf die Agenda zu gelangen, als solche, für die eine nachvollziehbare Kalkulation nicht nachweisbar ist. Führt man sich zusätzlich vor Augen, dass die tendenziell unsichereren „zwischenbetrieblichen" Supply Chain Management-Projekte mit den tendenziell sichereren „innerbetrieblichen" Projekten um knappe Investitionsmittel konkurrieren, wird der Controllingbedarf offensichtlich.

Controlling kann die Kalkulationen verbessern, indem es die „richtigen" Informationen bereitstellt [7], wenngleich die Ausgangssituation auch schwierig sein wird, da es einen Kompromiss zu finden gilt zwischen einem fatalistischen „gar nichts messen" und einem defensiven Projektstopp, weil das Rechnungswesen noch nichts liefern kann. In der aktuellen Literatur, die sich mit Controlling allenfalls am Rande auseinandersetzt, herrscht eher Skepsis und Ungeduld vor, wie die Empfehlung von Morehouse (1997, S. 36) zeigt, fehlende Transparenz durch Führungsstärke zu ersetzen: „It's virtually impossible to put all the financials in place to prove that extending the enterprise is the right decision. What's needed is bold leadership at he very top to take companies from conventional practices to the new paradigm." Diese Arbeit möchte einen Beitrag dazu leisten, sich nicht auf eine solche „Augen zu und durch"-Strategie verlassen zu müssen.

Die Supply Chain Management-Implementierung durchsetzen und beschleunigen

Der Initiierungsphase folgt die Implementierung; auch hier kann das Controlling den Projektfortschritt unterstützen:

Controlling ermöglicht Lernen

In komplexen Systemen wird häufig „ballistisch" entschieden (Dörner 1990). Damit sind Entscheidungen angesprochen, die getroffen werden, ohne dass der Entscheider sich vollkommen über deren Konsequenzen klar ist. Die Ursache solch fragwürdiger Entscheidungen liegt zumeist in der Komplexität des Objektsystems, die es verhindert, klare Ursache-Wirkungs-Modelle zu formulieren. Dörner spricht von Ballismus, weil der Entscheider nach „Einschlag der Kugel" beobachtet, was passiert ist und daraus seine Konsequenzen für den nächsten Eingriff zieht (Dörner 1990, S. 276). Mit einem solchen Verfahren ist es kaum möglich, mit dem ersten Schuss zu treffen. Wenn es nicht gelingt, die Komplexität zu reduzieren, sind ballistische Entscheidungen aber unausweichlich. Falls es dem Entscheider nicht gelingt,

---

[7] Hier sei die tautologische Formulierung „richtige Information" erlaubt; die Begründung dessen, was „richtig" ist, steht im Mittelpunkt dieser Arbeit und muss hier daher noch offen bleiben.

das Objektsystem vollständig zu durchschauen, kann Controlling im Sinne einer Zweitbestlösung aber zumindest helfen, „den Einschlag" zu lokalisieren; also zu dokumentieren, zu welchen Konsequenzen eine Maßnahme führt. Controlling ermöglicht es damit, zu lernen.

Controlling etabliert die Supply Chain als „soziale Wirklichkeit"

Wirklichkeit, auch betriebliche Wirklichkeit, ist sozial konstruiert (Berger und Luckmann 1966). Sie entsteht über Begriffe, Regeln, institutionalisierte Handlungsabläufe und Symbole. Die Berücksichtigung einer unternehmensübergreifenden Wirklichkeit in der organisationalen Entscheidungsfindung hat traditionell nur geringe Bedeutung. Die der Entscheidungsfindung zugrunde liegenden Kalküle erstrecken sich im besten Fall auf das gesamte Unternehmen, in der Regel aber lediglich auf die eigene Abteilung. Die traditionelle Logik unternehmenszentrierten Managements sieht es nicht vor, die Konsequenzenanalyse auch auf die vor- oder nachgelagerten Unternehmen der Wertschöpfungskette auszudehnen. Erreicht wird damit zwar eine lokale oder unternehmensbezogene Rationalität, aber noch keine Supply Chain-Rationalität, hier verstanden als ein Kalkül zur Optimierung der gesamten Wertschöpfungskette.

Sozialwissenschaftliche Theorien betrachten das Rechnungswesen als einen unter vielen Ansätzen, um eine soziale Wirklichkeit zu konstruieren (Überblick bei Covaleski et al.1996). Das physisch Vorhandene muss interpretiert werden, damit es in den Augen der Akteure Sinn bekommt. So dokumentiert das Rechnungswesen etwa aus Sicht des institutionalen Ansatzes die Professionalität und Effizienz des Unternehmens nach außen und trägt damit zu dessen Legitimisierung bei. Scheinbar rein technische und unpolitischer Budgetprozesse sichern so den Status quo aus Sicht des Managements.

In diesem Sinne kann Controlling helfen, so die Argumentation, die Supply Chain als soziale Wirklichkeit zu etablieren (Haas und Kleingeld 1998, S. 238). Das kann zunächst über ein erweitertes Informationsversorgungssystem erfolgen, in dem auch über die Performance der vor- und nachgelagerten Unternehmen berichtet wird. In einer zwingenderen Variante kann das aber auch bedeuten, Kalküle zur Investitionsrechnung um „unternehmensfremde" Kosten- und Nutzenströme verbindlich zu erweitern. Sobald derartige Konzepte implementiert sind, bestimmen sie, was wirklich und was wichtig ist. „Managerial accounting, then, is seen as being implicated in the social construction of reality ..." (Covaleski et al. 1996, S. 8). In der Praxis wird der Bedarf dazu bereits angemahnt. Wenn Austin (1997) et al. für die PC-Industrie gemeinsame Investitionsplanungen fordern, werden dazu auch übergreifende Investitionsrechnung benötigt.

Gelingt es nicht oder ist es für ein Unternehmen nicht erstrebenswert, die Supply Chain als die einzige verbindliche Wirklichkeit zu etablieren, kann Controlling zumindest helfen, den Entscheidungsträgern alternative Kontexte (Etzioni 1975b; Kirsch 1994) anzubieten. Diese können sich in institutionaler Reichweite zum Beispiel beziehen auf die Eskalationsstufen Abteilung, Unternehmen, Dyade und Supply Chain. Jeder dieser Kontexte strahlt eine fokale Entscheidung aus einer anderen, jeweils spezifischen Perspektive an und hinterlässt dabei jeweils einen anderen „Schatten" im Berichtsbogen. Solche Kontexte können über das Rechnungswesen als verbindliche Sichten implementiert werden. Für die Supply Chain wird das in erster Linie bedeuten, Reorganisationen nicht mehr nur allein aus Sicht des eigenen Unternehmens zu beurteilen, sondern ergänzend auch den Kontext „Supply Chain" zu beachten. Viele lokal vorteilhafte Projekte verlieren dann möglicherweise an Charme.

Die tägliche interorganisationale Entscheidungsfindung unterstützen

Der Initiierung und Implementierung des Supply Chain Management folgt die Phase des alltäglichen Managements der Supply Chain. Hier kann die Vorstellung eines Regelkreises, in dem Probleme als Soll-Ist-Abweichungen erkannt und über den Abgleich mit Stellgrößen (Plan, Budget) gelöst werden, das Unterstützungspotenzial des Controllings aufzeigen; Atkinson et al. (1997b, S. 82) sprechen vom „Engineering Control Paradigm". Zur Regelung sind grundsätzlich die Komponenten Sensorik (Erkennen), Logik (Entscheiden) und Motorik (Verändern) erforderlich. Das Controlling ist verantwortlich für die Funktionsfähigkeit der Sensorik und hinterfragt die Logik (Entscheidungsfindung). Die Veränderung (Motorik) ist nicht Aufgabe des Controllings. Der Zyklus setzt aber mit der auf die Veränderung folgende Kontrolle und Analyse (erneut Sensorik) wieder ein. Der Beitrag des Controlling in diesen Phasen wird nachfolgend beschrieben.

Controlling beschleunigt das operative Feedback

Supply Chain Management-Maßnahmen benötigen lange Realisierungszeiten für Entscheidungsfindung und Umsetzung, da viele Akteure aus verschiedenen Unternehmen beteiligt sind und viele Einzelmaßnahmen zu koordinieren sind. Zudem kann die Wirksamkeit von Netzwerkinvestitionen, wie der Aufbau einer Supply Chain oder deren Reorganisation, erst mit zeitlicher Verzögerung als quantifizierbare Ergebnisverbesserung dokumentiert und kontrolliert werden. In der Startphase solcher Projekte wird häufig das finanzielle Ergebnis zunächst sogar schlechter. Amir und Baruch (1996) haben das am Beispiel des Aufbaus eines Handy-Netzes gezeigt. Entscheider und Kapitalgeber benötigen aber vorher bereits Indikationen, ob das Projekt erfolgreich ist. Das gilt in mehrfacher Hinsicht; erforderlich ist üblicherweise zunächst eine zeitnahe Bereitstellung (notgedrungen) nichtfinanzieller Kennzahlen und deren Projektion auf finanzielle Kennzahlen, sowie bei börsennotierten Unternehmen eine Projektion finanzieller Kennzahlen auf den Aktienkurs. Ziel ist es dabei, eine hohe Korrelation zwischen einer Kennzahl und dem Aktienkurs zu erreichen, um Supply Chain Management-Maßnahmen rasch in Bezug auf die Aktienkursauswirkungen beurteilen zu können.

Es besteht offensichtlich wenig Zweifel an der These, dass ein professionelles Messsystem die Performance tatsächlich verbessert. Viele Unternehmen führen etwa Prozesskostenrechnungssysteme ein, deren Nutzen in erster Linie darin besteht, die Profitabilität einzelner Zurechnungsobjekte (Produkte, Regionen, Varianten, ...) mit größerer Präzision bestimmen zu können. Ittner und Larcker (1998b, S. 213) berichten weiterhin über börsennotierte Unternehmen, die von Investmentbanken allein deshalb zum Kauf empfohlen werden, weil sie ein bestimmtes Messsystem (in diesem Fall EVA™, Economic Value Added) verwenden.

Controlling ermöglicht Leistungsbeurteilung

Leistungsbeurteilungen setzen Soll-Ist-Vergleiche voraus. Govindarajan (1984) weist auf Probleme hin, wenn dabei das Soll oder das Ist nicht feststellbar ist. Die Argumentation ist für die Supply Chain relevant. Aufgrund einer tendenziell unklaren, weil auf viele Unternehmen erweiterten Produktionsfunktion ist in der Regel das Soll nicht feststellbar. Auch die Ermittlung der Istsituation wird sich als problematisch erweisen, da sich stets nur ein Fragment der für die Leistungsbeurteilung maßgeblichen Konsequenzen einer Entscheidung im Verantwortungsbereich des zu beurteilenden Handelnden niederschlagen werden. Ein anderer Teil manifestiert sich in den Kostenstellen „fremder“ Unternehmen. Die Ergebnisse daher kaum personal zurechenbar.

Controlling sichert die „Evolution of Cooperation“ durch Defektreduzierung

Die Supply Chain ist ein organisationales Arrangement, das in besonderer Weise auf die Kooperationsbereitschaft der Akteure angewiesen ist. Axelrod (1984, S. 185) argumentiert, dass sich Kooperation in einer Gruppe nicht ausbreiten kann, wenn die Strafe für defizientes Verhalten entweder vernachlässigbar gering ist oder erst mit großer Verzögerung wirkt. Je länger und offener defizientes Verhalten toleriert wird, desto größer ist der Anreiz des Defektierenden, dies erneut zu tun. Controlling kann helfen, defizientes Verhalten schneller und zweifelsfreier aufzudecken.

1.1.3. Die Informationsbasis-Hypothese: Die Informationsbasis verbessert das Controlling

Die obige Diskussion hat in knapper Form skizziert, wie das Controlling Supply Chain Management unterstützen kann. Hier gilt es nun aufzuzeigen, auf welchen Aspekt des Controlling sich diese Arbeit konzentrieren wird, um den Unterstützungsbeitrag zu sichern.

Ein Controllingsystem besteht aus mehreren Komponenten. Eine dieser Komponenten ist die Informationsbasis. Als Informationsbasis wird hier der Fundus an Informationen bezeichnet, auf den das Linienmanagement im Rahmen von Entscheidungsprozessen im weitesten Sinne zurückgreift.

Im folgenden wird das Zusammenwirken der in Abbildung 2 genannten Komponenten erläutert: In einer groben Einteilung nimmt das Controllingsystem zwei Aufgaben wahr: (1) Es stellt Informationen in der Informationsbasis bereit. (2) Es regelt deren Verwendung über die Gestaltung von Planungs-, Kontroll- und Entscheidungsprozessen. Diese Sicht kann grundsätzlich auch in der Literatur nachgewiesen werden. Horváth (1996) spricht aus struktureller Sicht von einem Informationsversorgungs- sowie von einem Planungs- und Kontrollsystem. Um entscheiden zu können, benötigen die Entscheider sowohl Informationen als auch Methoden, um diese Informationen verarbeiten zu können. Dementsprechend wird in der Abbildung eine Informations- und eine Methodenbasis unterschieden. Die Informationsbasis sollte grundsätzlich ein Spiegel der Realität sein, wenngleich dort auch nur ein verkürzter und manipulierter Ausschnitt der Realität abgebildet werden kann. Damit Realität abgebildet werden kann, muss sie zunächst erhoben werden (Erhebungsmethoden). Die Erhebungsmethoden benötigen aber eine Aussage darüber, was zu erheben ist. Diese Aussage, der als relevant „erklärte" Ausschnitt der Realität, ist das Ergebnis einer Überlegung, die im Zentrum dieser Arbeit steht: Die Konzeption der Informationsbasis.

Abbildung 2 Die grundlegende Funktion der Informationsbasis sowie der Konzeption der Informationsbasis für das Controlling

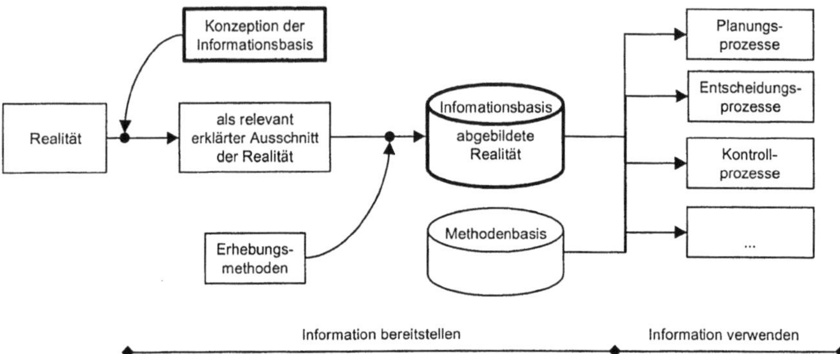

Die Konzeption der Informationsbasis ist das Ergebnis einer Relevanzaussage. Diese mag explizit oder implizit erfolgen. Das Controlling kann ihr aber nicht ausweichen, wenngleich das Konzept auch nicht zwingend das Ergebnis bewussten Analysierens sein muss. Wenngleich insbesondere für die externe Rechungslegung die Inhalte der Informationsbasis über Rechnungslegungsvorschriften weitgehend vorgeschrieben sind, kann aber doch die interne Rechnungslegung (Kostenrechnung, Erlösrechnung, diverse Sonderrechnungen), um die es in dieser Arbeit ausschließlich geht, Freiheitsgrade ausschöpfen. Erstellt ein Unternehmen ein Budget, in dem Umsätze, Personal- und Materialkosten sowie Deckungsbeiträge zu budgetieren sind, ist diese Budgetstruktur das Manifest einer zuvor, möglicherweise implizit vorgenommenen Konzeption der Informationsbasis. Erlöse, Kosten und Deckungsbeiträge werden offensichtlich als relevante Ausschnitte organisationaler Realität angesehen. Um darüber berichten zu können, sind die Positionen in die Informationsbasis aufzunehmen und erhebungstechnisch zu unterstützen.

Über die besondere Bedeutung der Informationsbasis für das Controlling besteht in der Literatur weitgehend Konsens. So sieht Küpper (1997a, S. 105) die Informationsbasis, er spricht vom Informationssystem, als grundlegende Komponente: „Führung als zielorientierte Einflussnahme auf Personen erfolgt in den meisten Fällen über die Weiterabe von Informationen. Da in Unternehmen eine Beeinflussung durch physische Mittel i. a. ausgeschlossen und eine gefühlsmäßige höchstens begrenzt erreichbar ist, bildet die Übermittlung von Informationen die wichtigste Voraussetzung für eine Einflussnahme auf das Verhalten der Betroffenen. ... Daraus wird ersichtlich, daß dem Informationssystem innerhalb der Führung eine besondere

Bedeutung als Basissystem für alle anderen Führungsteilsysteme zukommt." [8] Ähnlich beziehen Weber und Schäffer (1998a, S. 18) Stellung: „Rationale Führung setzt ausreichendes Wissen voraus. Neben Methoden- zählt hierzu Faktenwissen. Liegt letzteres nicht vor, ist keine reflexive Lösungsfindung möglich. Somit kommt der Bereitstellung der nach Art und Ausprägung richtigen führungsrelevanten Informationen wesentliche Bedeutung für die Sicherstellung rationaler Führung zu."

1.2. Problem: Welche Informationen sind in der Informationsbasis bereitzustellen?

Die oben geführte Diskussion zeigt, dass es durchaus sinnvoll sein kann, das Management der Supply Chain zu unterstützen, indem in das Controlling investiert wird. Sie hat aber auch gezeigt, wie vielfältig die denkbaren Ansatzpunkte dazu sind. Diese Arbeit konzentriert sich auf einen sehr kleinen Ausschnitt daraus, der nachfolgend problemorientiert dargestellt wird.

Controlling unterstützt Supply Chain Management, indem es in der Informationsbasis diejenigen Informationen bereitstellt, die benötigt werden, um „richtig" entscheiden zu können. Daraus resultiert für das Controlling eine wichtige Frage, die zugleich der Ausgangspunkt dieser Arbeit aus problemorientierter Sicht ist: Welche Entscheidungen sind zu unterstützen?, beziehungsweise knapper: Worüber wird entschieden?

Um die erforderlichen Informationen rechtzeitig bereitstellen zu können, muss sich das Controlling präsituativ, also vor der Artikulation eines Informationsbedarfs, eine Vorstellung verschaffen, worüber der Supply Chain Manager entscheiden wird. Der Gegenstand der Entscheidungsfindung wird hier als „Thema" und die Liste der anstehenden Themen als „Agenda" bezeichnet. [9]

Ein Beispiel verdeutlicht das Problem: In der Supply Chain Management-Diskussion tritt die Bedeutung der Qualität von Nachfrageinformationen in den Vordergrund. Verzerrte POS-Daten, so die These, verhindern eine gute Anpassung von Produktion und Kapazitäten an das Marktgeschehen und senken den erreichbaren Profit für alle Beteiligten. Schenkt man dieser These Beachtung, wird die Qualität der Nachfragedaten zu einem „Thema" für den Supply Chain Manager und sollte demnach auch in der Informationsbasis Berücksichtigung finden.

Die erfolgreiche Bearbeitung eines Themas erfordert es, die zugrunde liegenden Ursache-Wirkungs-Mechanismen zu beachten. Versucht das Supply Chain Management etwa, die „Qualität der Nachfragedaten" zu verbessern, wird es sich dazu einen „Schlachtplan" im Sinne einer Logik, mit der die Ursachen der Datenqualität mit dem Niveau der Datenqualität in Beziehung gesetzt werden können, erarbeiten. Das Management hat dann die Aufgabe, die identifizierten Ursachen zu gestalten. Verbessert eine sorgfältigere Pflege der Stammdaten des Warenwirtschaftssystems die Qualität der POS-Daten, wäre die Konsequenz, auch die „Aktu-

---

[8] Hervorhebungen im Text nicht übernommen. Bei Küpper (1997, S. 105) geht das Informationssystem über die Informationsbasis hinaus, da er die komplette Sequenz von Beschaffung, Speicherung, Verarbeitung und Übermittlung von Informationen einschließt. An der Relevanz seiner These für diese Arbeit ändert der erweiterte Zuschnitt aber nichts.

[9] Vergleiche dazu Kapitel 3.1.

alität der Stammdaten" zu einem relevanten Thema für die Informationsbasis zu machen. Es entsteht ein Netz von Ursachen und Wirkungen.

Diese Arbeit geht davon aus, dass die Informationsbasis in der Lage sein sollte, die wesentlichen Knoten solcher Ursache-Wirkungs-Netze abzubilden. Das oben beschriebene Problem wird damit umfangreicher: Ein Thema hat eine „logische Tiefe", die sich in der Länge des Ursache-Wirkungs-Modells manifestiert. Schütz (1982) nennt das den „inneren Horizont". Die Informationsbasis sollte daher nicht nur isolierte Themen, sondern auch deren innere Horizonte informational unterstützen.[10]

Die Verantwortung des Controlling für die Abdeckung des inneren Horizonts kann zweifach begründet werden[11]: Erstens endet der Managementzyklus nicht mit der Dokumentation eines Problems (Wie ist die Datenqualität?), sondern schließt dessen Beseitigung ein (Was muss getan werden, um die Datenqualität zu verbessern?). Will Controlling Entscheidungsrationalität unterstützen, muss es auch die Eckpunkte der Antwort auf die zweite Frage informational abbilden. Zweitens: Simon et al. (1954, S. 3) haben die Optionen managementorientierter Reichweite des Controlling in einer Trilogie plakatiert. Sie nennen die Optionen „Scorecard Keeping", „Attention Directing" und „Problem Solving". Sobald der Controller mehr leisten soll, als lediglich den „Spielstand" zu nennen (Scorecard Keeping), muss er Phänomene beurteilen (Ist das gut?) sowie auch Ansätze zur Problemlösung skizzieren. Für beide Fälle reicht es nicht aus, die Informationsbasis allein auf das isolierte Thema unter Ausschluss des inneren Horizonts zu beschränken.

Die Supply Chain Management-Diskussion bietet eine Vielzahl von Themen, die ähnlich wie die „Qualität der Nachfragedaten" grundsätzlich in der Lage sind, Erfolg zu erklären oder erreichte Meilensteine auf dem Weg zum Erfolg zu dokumentieren und damit ebenfalls Kandidaten für die Informationsbasis sind. Nachdem das Controlling im Unternehmen aufgrund begrenzter Ressourcen aber nicht in der Lage sein wird, die Informationsbasis unbegrenzt aufzublähen, wird es erforderlich, sich über die wahrscheinlichen Themen des Supply Chain Managements Klarheit zu verschaffen. Das ist das Ausgangsproblem dieser Arbeit.

Die Begründung der Informationsbasis ist aus zwei Gründen keine triviale Aufgabe. Erstens erfordert die Identifikation der Themen wie auch der entsprechenden inneren Horizonte eine kognitive Leistung, die im Hinblick auf die Komplexität des Managementobjekts (Supply Chain) hoch ist. So mag es sein, um das oben diskutierte Beispiel noch einmal aufzugreifen, dass eine Verbesserung der Datenqualität durch eine bessere Pflege der Stammdaten des Warenwirtschaftssystems nur „theoretisch" erreichbar ist, sich in der praktischen Umsetzung aber zeigt, dass die taktischen Verhaltensweisen der vielen Akteure in der Versorgungskette den erforderlich disziplinierten Umgang mit den Daten torpedieren. Wäre letzteres der Fall, hätte das erneut Konsequenzen für die Informationsbasis: Das „Verhalten der Akteure" würde zu einem abzubildenden Thema.

---

[10] Vergleiche dazu auch ausführlicher Kapitel 3.1.1.1.

[11] Vergleiche dazu ausführlicher Kapitel 2.1.

Die Begründung der Informationsbasis ist zweitens keine triviale Aufgabe, da man sich im Grunde damit in das Herzstück betriebswirtschaftlicher Forschung hineinbewegt; nämlich in die Frage, wie ein Unternehmen erfolgreich wird. Die Informationsbasis sollte alle Themen informational unterstützen, deren Beherrschung erforderlich ist, um erfolgreich zu sein. In der Literatur wird auch von Erfolgsfaktoren gesprochen.[12] Die Schwierigkeiten entstehen, weil die Anzahl konkurrierender Erfolgsfaktoren unübersehbar groß ist. Die Betriebswirtschaftslehre hat im Laufe ihrer Entwicklung eine Vielzahl von Ansätzen und Prinzipien erarbeitet, mit denen Erfolg erklärt werden kann beziehungsweise bei deren Befolgung Unternehmen erfolgreich werden. Dieser Fundus ist zu bewerten, um bestimmte Ansätze als für die Informationsbasis relevant zu qualifizieren. Die Informationsbasis ist daher auch immer das Ergebnis einer Selektionsleistung.

Die Selektion wird mühsam sein, wie ein Blick in die betriebswirtschaftliche Literatur erahnen lässt. Dort gibt es erstens eine unübersichtliche Vielfalt unterschiedlicher Modelle. [13] Stellvertretend dafür referiert Tabelle 1 eine Zusammenstellung von Lewin und Minton (1986). Jede der dort in historischer Ordnung genannten Schulen [14], die Autoren sprechen von „Management Orientations“, baut eigene, dedizierte und mitunter auch zu den anderen Schulen inkompatible Thesen auf, wie Unternehmenserfolg entsteht. Zweitens hat sich in der theoretischen Auseinandersetzung kein Konsens darüber gefunden, welche Themen als die relativ wichtigeren angesehen werden sollten. Vielmehr gibt es lediglich Konsens darüber, zu diesem Problem keinen Konsens finden zu können. Cameron (1986, S. 541) fasst die Historie der Forschung zusammen: „Consensus regarding the best, or sufficient, set of indicators of effectiveness is impossible to obtain.”

---

[12] Der Begriff wird später noch einmal intensiv aufgearbeitet. Hier sei zunächst die Nennung der Parallele ausreichend.

[13] Diese Unübersichtlichkeit entsteht, weil aus historischer Perspektive eine Genese dessen, was als erfolgversprechend angesehen wird, erkennbar ist, andererseits jedoch kaum von einer Evolution gesprochen werden kann. Letzteres würde voraussetzen, zumindest einige ältere Konzepte aus heutiger Sicht konsensual zu disqualifizieren. Dies ist aber nicht erkennbar.

[14] Für den Versuch einer materiellen Ordnung vergleiche etwa Quinn und Rohrbaugh (1983).

Tabelle 1 Wie entsteht Erfolg? - Lewin und Mintons historische Synopse (Quelle: Lewin und Minton 1986, S. 516 f; leicht geändert)

Management Orientation	*Representative Thinker(s)*	*Effectiveness Philosophy Highlights*	*Typical Effectiveness Attributes*
Scientific Management	Taylor	Time and motion studies; importance of standards, planning, control and cooperation; functional organization; "one best way".	Production maximization, cost minimization, technical excellence; optimal utilization of resources; task specialization.
Principles on Management	Fayol	First "complete" inductive management theory; based on rules or principles; views management as a teachable skill.	Division of work; clear authority and discipline; unity of command and direction; order, equity, stability and initiative; esprit de corps.
Human Relations	Mayo	Importance of emotional factors; sociological concept of group endeavor; satisfied workers are productive workers; need for managerial diagnostic and interpersonal skills.	Productivity through employee satisfaction; satisfaction through attention to workers physical and emotional needs.
Decision making & Information Management	Simon	Effectiveness subject to bounded rationality; input/output efficiency criterion; functionalization based on subsidiary objectives.	Resource savings though rational developments of goals; efficiency through information processing.
Socio-technical	Trist and Bamforth	Joint Resolution of social and technical organizational demands; social systems view of organizations; enterprise as open system.	Degree of social/technological fit congruence of internal processes.
Strategic Management and Design	Chandler	Structure follows strategy; vertical and horizontal integration, and rationalization of resource utilization.	Structure/strategy congruence, manifested as organizational growth, competitive attainment, environmental control and flexibility/adaptation.
Human Resources	McGregor, Likert	Importance of organizational needs vs. organizational demands; power equalization; participative management; concurrent satisfaction of competing demands; "productive workers are satisfied workers".	Employee satisfaction, productivity; cohesion, loyalty, open communication.
Contingency Theory	Lawrence and Lorsch	Organization design based on environmental factors; "best way" contingent on a variety of conditions and situations.	Differentiation error, integration error; organization/environment fit; ability to implement change in a timely manner, leadership/contingency fit.
Population ecology	Hannan and Freeman	Relative unimportance of management; environmental determinism; survival a function of life cycle, luck, strategy and structure.	Survival.
Practitioner contributions	Barnard	Organizations as cooperative systems	Internal equilibrium and adjustments to external conditions; executive action and example (managerial leadership).
	Sloan	Decentralized administration; centralized review and control; multidivisional structure.	Efficiency through economy of scale; divisional return on investment (ROI); attainment of objectives (original MBO).
	Townsend	Debureaucratization, support for local entrepreneurship.	Profitability; staff accessibility; simple structure, simple rules; lack of meaningless (non productive) "peaks".
	Peters and Waterman	Performance on structure, strategy, systems, skills, styles and shared values ("7-s-Framework").	Bias for action; closeness to the customer; autonomy and entrepreneurship; hands-on, value- driven philosophy; stick to the knitting; simple form; lean staff; simultaneous loose-tight properties.

Es ist nicht erforderlich, Lewin und Mintons Synopse inhaltlich zu kommentieren. Sie bietet aber für die weitere Argumentation zwei Einsichten: (1) Potenzielle Themen für die Informationsbasis können nicht erfolgversprechend durch einfaches Einsammeln aus der Literatur gewonnen werden. Die dabei entstehende Liste wäre sowohl zu lang als auch zu dissonant, um daraus eine konsistent Dokumentation des Status quo des Supply Chain Managements gewinnen zu können. (2) Die Tabelle gibt aber dennoch Hilfestellung. Sie lenkt die Aufmerksamkeit auf Camerons (1986) Metapher-These: Was als relevantes Thema erscheint, hängt von der Metapher ab, anhand derer das Unternehmen interpretiert wird. Das Maschinen-Modell etwa führt zu Themen wie „Auslastung" oder „Produktivität". Ein vertragstheoretisches Modell wird dagegen die Aufmerksamkeit zum Beispiel auf die „Sicherung akzeptabler Beiträge für die Teilnehmer" lenken. Mit der Wahl der Metapher wechseln also die Themen. Solange eine Theorie der „richtigen" Wahl der Metapher nicht in Sicht ist, wird es keinen Konsens über die „richtige" Informationsbasis geben können. Um die Situation zu entschärfen, ist es grundsätzlich möglich, alternative Metaphern zu verwenden. Das entspricht dann dem von Kirsch (1994) vorgeschlagenen Verfahren zur Handhabung komplexer Multikontext-Probleme. In diesem Sinne folgert auch Cameron (1986, S. 541), in Abhängigkeit der Situation durchaus unterschiedliche Modelle parallel zu führen. Festzuhalten bleibt aber: Ohne Bewusstsein über die Metapher wird es unwahrscheinlich, eine konsistente und zugleich umfassende Informationsbasis zu begründen.

Das bisher Gesagte hat das Ausgangsproblem dieser Arbeit geschildert: Controlling hat die nicht-triviale Aufgabe, die Rationalität der Entscheidungsfindung des Supply Chain Managers subsidiär zu unterstützen. Es muss dazu entscheiden, welche Informationen in der Informationsbasis vorzuhalten sind. Dieses Szenario kann mit einem bedeutenden Einwand konfrontiert werden, der für die Arbeit grundlegend ist und daher hier zu diskutieren ist:

Das oben beschriebene Begründungsproblem entsteht dann nicht, wenn Controlling erstens ex post statt ex ante und zweitens passiv statt aktiv agiert. (1) „Ex post" bedeutet in diesem Zusammenhang, dass Controlling erst dann beginnt, Informationen zu sammeln und aufzubereiten, wenn der Informationsbedarf durch den Entscheider bereits artikuliert wurde. Dann entsteht eine Wartezeit für den Informationskonsumenten. „Ex ante" verstandenes Controlling versucht, diese Wartezeit zu minimieren beziehungsweise zu eliminieren, indem *vor* der Bedarfsartikulation ein spekulativer Informationsbestand aufgebaut wird. (2) Controlling agiert „passiv", wenn artikulierte Informationsbedarfe lediglich unreflektiert entgegengenommen und abgearbeitet werden. „Aktives" Controlling bedeutet hingegen, ergänzend zur Befriedigung des artikulierten Informationsbedarfs (Controlling = Dienstleistung) die Situation zu hinterfragen und gegebenenfalls mit dem Entscheider über eine alternative Sicht der Situation zu diskutieren, woraus dann auch ein veränderter Informationsbedarf resultiert. Das setzt natürlich voraus, sich als Controller auf einer fachlichen Ebene mit dem Supply Chain Management zu befassen. Noch weitergehender verstanden, bedeutet aktives Controlling, aus eigenem Antrieb Themen in den Agendabildungsprozess einzuschleusen, also als ein Katalysator für gärende Themen zu agieren.

Es wird deutlich: Für ein ex post und passiv agierendes Controlling stellt sich das Problem einer präsituativen, eigenständigen und spekulativen Begründung der Informationsbasis nicht. Ein Controller in einem solchen Umfeld wird daher an dieser Arbeit nicht interessiert sein.

Die Arbeit unterstellt aber ein erstens ex ante und zweitens aktiv agierendes Controlling. Henzler (1974) hat eine persönlichkeitsorientierte Controllertypologie vorgeschlagen, mit der diese Annahme erläutert werden kann (Tabelle 2). Die Arbeit hat einen Controller vor Augen, den Henzler (1974) als „zukunfts- und aktionsorientiert" bezeichnet. Dessen Ziel besteht darin, das Betriebsgeschehen zu prüfen und zu gestalten. Um auf das obige Beispiel zurückzukommen: Es wäre demnach die Aufgabe des Controllers, dafür zu sorgen, dass die „Qualität der Nachfragedaten" als Thema auf die Agenda kommt - auch dann, wenn das Liniemanagement (noch) kein Interesse daran zeigt. Sobald die fachliche Diskussion neue Erkenntnisse über das „richtige" Management einer Supply Chain zu Tage bringt, hat das Controlling die Pflicht, den Status quo daran zu messen und Verbesserungsvorschläge zu unterbreiten. Erneut wird deutlich, wie erforderlich das Eintauchen in die fachliche Diskussion wird, wenn sich Controlling aktiv und zukunftsorientiert versteht.

Tabelle 2 Henzlers persönlichkeitsorientierte Controllertypologie (Quelle: Henzler 1974)

Typ / *Merkmal*	*Historisch- und buchhaltungsorientierter Controller*	*Zukunfts- und aktionsorientierter Controller*	*Managementsystemorientierter Controller*
Versteht sich selbst als ...	oberster Kostenrechner, Chef der Buchhaltung, des Rechnungswesens	Passionierter Veränderer	Serviceinstanz für das Management
Ziel	Gewährleistung der Ordnungsmäßigkeit der in der Rechnungslegung	Prüfung und Gestaltung des Betriebsgeschehens nach Wirtschaftlichkeitsbetrachtungen	Bereitstellung methodischer Planungs- und Kontrollhilfsmittel zur Unternehmensführung
Wichtigste Tätigkeit	Kontrolle, Dokumentation	Unterbreitung von Verbesserungsvorschlägen	Coaching, Beratung
Zeitbezug	Vergangenheit	Gegenwart, Zukunft (operativ)	Zukunft (operativ und strategisch)

Es ergibt sich folgendes Fazit: Wenn Controlling ex ante und aktiv agieren will, muss es spekulieren, welche Informationen in Zukunft benötigt werden. Mit anderen Worten: Der Controller muss eine Vorstellung darüber gewinnen, was zu einem Thema werden könnte, welche individuellen Themen zu Themen *für* die Organisation werden und welche daraus zu Themen *der* Organisation werden.[15] Es ist für ihn von Bedeutung, zu wissen, welche Themen auf die Agenda kommen und dort dann intensiv mit Informationen zu versorgen sind. Diese Informationsbereitstellung wird nur selten ad hoc passieren können. Hier wird davon ausgegangen, dass ein Informationsversorgungssystem als Ergebnis einer vorausschauenden, geplanten und damit zu begründenden Überlegung I-Punkte (Sensoren) über die Supply Chain

[15] Vergleiche zu dieser Wortwahl Kapitel 3.1.1.2.

verteilen wird - die Begründung ebendieser I-Punkte ist das Problem, das diese Arbeit aufgreift.

1.3. Ziel: Konzeption einer Informationsbasis zur Unterstützung des SCM

Die vorangegangene Diskussion belegt, dass Controlling durchaus in der Lage sein kann, Supply Chain Management zu unterstützen. Die Arbeit erhebt aber nicht den Anspruch, diese Unterstützungsmöglichkeiten allumfassend zu erläutern. Vielmehr soll lediglich ein kleiner, aber weitgehend vernachlässigter Bereich bearbeitet werden. Dieser ist nachfolgend zu präzisieren.

Die Argumentation basiert auf der durch Weber und Schäffer (1998a) in die Diskussion gebrachte These, Controlling habe die Aufgabe, eine rationale Entscheidungsfindung in organisationalen Entscheidungsprozessen subsidiär sicherzustellen. Darauf aufbauend wird hier weiter gefolgert: Um dieser Aufgabe gerecht zu werden, baut das Controlling ein System auf, das aus diversen Komponenten besteht. Eine zentrale Komponente ist die Informationsbasis, die hier beschrieben werden soll als ein Speicher von Informationen, auf die Entscheider zurückgreifen. Rationalität wird ceteris paribus verbessert, wenn die Qualität der Inhalte der Informationsbasis verbessert wird.

Abbildung 3 Das Ziel der Arbeit: Konzeption einer Informationsbasis zur Unterstützung des Supply Chain Managements

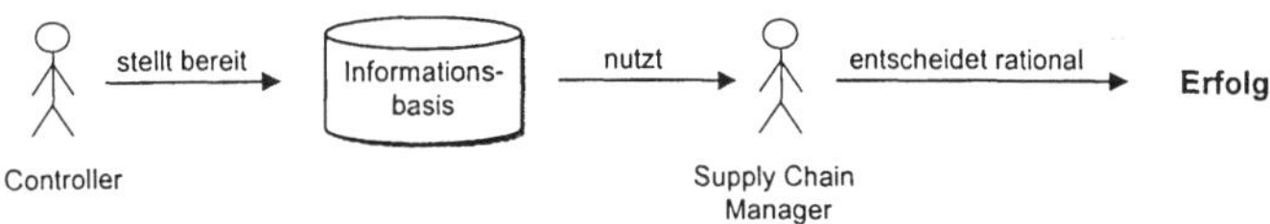

Wenn Controlling „Management“ unterstützen kann, dann kann es grundsätzlich auch das Management der Supply Chain unterstützen. Die Aufgabe des Controlling erstreckt sich daher auch darauf, die Rationalität der Entscheidungen des Supply Chain Managers sicherzustellen. Supply Chain Management wird ceteris paribus verbessert, wenn die Supply Chain Management-bezogenen Inhalte der Informationsbasis verbessert werden. Damit kann das engere Ziel der Arbeit formuliert werden (Abbildung 3):

> *Der Supply Chain Manager greift im Verlauf einer Entscheidung auf eine Informationsbasis zu. Die Qualität der Inhalte der Informationsbasis beeinflusst die Rationalität seiner Entscheidung. Controlling hat die Aufgabe, die Rationalität seiner Entscheidungsfindung subsidiär sicherzustellen. Dazu setzt es eine Reihe von Instrumenten ein. Die Informationsbasis ist ein fundamentales Instrument. Die Arbeit entwickelt einen Vorschlag, welche Inhalte die Informationsbasis haben sollte, um Supply Chain Management effektiv unterstützen zu können*

1.4. Methodologie: Per Induktion und Deduktion die Inhalte der Informationsbasis bestimmen

Nachdem die Zielsetzung für die Arbeit formuliert wurde, ist es hilfreich, auf die verfolgte Methodologie, verstanden im Sinne von Merton (1945, S. 463) als die „Logik des wissenschaftlichen Voranschreitens", einzugehen.

1.4.1. Verfügbare Optionen: Induktion und Deduktion zur Begründung der Informationsbasis

Das Ziel der Arbeit besteht darin, einen Vorschlag für die Inhalte der Informationsbasis zu entwickeln. Dazu bestehen zwei Optionen. (1) Induktion: Controlling kann empirisch beobachten, welche Themen in Unternehmen auf der Agenda *sind.* (2) Deduktion: Controlling kann theoriebasiert begründen, welche Themen auf die Agenda *sollten.* Beide Optionen werden genutzt. [16]

Induktion: Durch Beobachtung der Praxis auf die Themen schließen

Induktion bedeutet grundsätzlich, auf der Basis der Analyse einer Stichprobe auf die Existenz einer generellen Regel zu schließen. Induktion ist der Fortschritt vom Einzelnen zum Allgemeinen. Die Inhalte für eine Informationsbasis induktiv zu ermitteln, bedeutet demnach, eine Stichprobe zu analysieren und damit einen allgemeinen Schluss zu begründen. Diese Stichprobe kann über eine Primärerhebung in der Praxis oder über ein Literaturreview gezogen werden. Im Rahmen der Primärerhebung würden Unternehmen befragt, welche Themen zur Zeit auf der Agenda des Supply Chain Managements stehen. Wenn Umfang und Form der Befragung bestimmten Ansprüchen genügen, kann mit einer bestimmten Sicherheit geschlossen werden, dass die erhaltenen Antworten ein repräsentatives Ergebnis darstellen. Wenn es in den befragten Unternehmen zum Beispiel einen Konsens gibt, „Integration" zu einem Thema zu machen, sollte das, so die Arbeitshypothese dieser Arbeit, zum Anlass genommen werden, dem daraus erwachsenden Informationsbedarf durch Abbildung des Phänomens „Integration" in der Informationsbasis nachzukommen. Wenn sich das Controlling keiner anderen Überlegung bedient, ist die Induktion ein Weg, um sich ein erstes Bild über die Themen des Supply Chain Managements zu machen.

Induktion kann jedoch auch über einen zweiten Zugang erfolgen - diesen Zugang wählt die Arbeit. In diesem Zugang wird die Stichprobe nicht aus der Unternehmenspraxis sondern aus der Literatur gezogen. Dazu erfolgt ein Review der aktuellen Literatur zum Supply Chain Management. Dabei wird von den dort geschilderten Problemen und Lösungen auf relevante Inhalte für die Informationsbasis geschlossen. Diese Vorgehensweise basiert auf zwei Annahmen: Erstens wird angenommen, dass die aktuelle Literatur zum Supply Chain Management, die über weite Züge eine Praktikerliteratur ist, den aktuellen Status quo in den Unter-

[16] Das Begriffspaar „Induktion - Deduktion" wird auch in der Controllingliteratur aufgegriffen. Küpper (1997, S. 140 ff) hat die Verfahren zur Ermittlung des Informationsbedarfs, ähnlich wie dies in dieser Arbeit auch vorgenommen wird, in induktive und deduktive Methoden eingeteilt. Horváth (1996, S, 344 ff) schließt sich dieser Systematik an, auch wenn er die Darstellung der Methoden anhand der Fristigkeit der informationskonsumierenden Entscheidungsprozesse orientiert.

nehmen repräsentiert. Zweitens wird angenommen, dass die Literatur ein Spiegel empirischer Probleme ist, beziehungsweise, dass die Probleme der Supply Chain Management-Literatur ein Korrelat der Probleme der Supply Chain Management-Community sind. Beispielhaft formuliert: Wenn es eine breite Literatur zum Problem der Aufschaukelung von Auftragsgrößen entlang der Bestellkette gibt, kann man „mit einiger Sicherheit" darauf schließen, dass dieses Thema auch für eine Mehrheit der Anwender ein „Thema" ist.

Es mag offen bleiben, wie groß die Sicherheit eines solchen Schlusses ist. Die Frage läuft dann auf die Überlegung hinaus, in welchem Ausmaß die Supply Chain Management-Literatur bedarfsgetrieben verfasst ist. Wäre sie es nicht, wäre auch die Qualität des Rückschlusses „Von der Literatur auf das Problem" in Frage gestellt. Diese Arbeit würde dann Themen in die Informationsbasis pflanzen, die niemanden oder zumindest nur sehr wenige interessieren. Grundsätzlich kann insbesondere der betriebswirtschaftlichen Literatur aber ein vergleichsweise hoher Grad an Nutzer- und Problemorientierung unterstellt werden. Und für das Supply Chain Management gilt herausgehoben, dass sich die Literatur der letzten Jahre durch einen hohen Praxisbezug ausgezeichnet hat (Otto und Kotzab 1999), der sich unter anderem in einer starken Fallstudienorientierung[17] manifestiert. Es erscheint zulässig, die Problemlandschaft der Praxis aus diesen Fallstudien zu rekonstruieren, wenngleich der Transformationsprozess einiger Sorgfalt und Selektion bedarf. Kapitel 4 wird sich ausschließlich diesem Unterfangen widmen.

Der induktive Ansatz ist die Basis dieser Arbeit und stellt sicher, in Anbetracht der nachfolgend zu beschreibenden theoretisierenden Deduktion theoretischer Themen für das Controlling zunächst einmal „Bodenhaftung" sicher zu stellen. Unter der Annahme einer relativen Permanenz beziehungsweise mittlerer oder langer Lebenszyklen vieler Themen ist dieses Verfahren, gemessen an den Alternativen, durchaus auch sehr wirtschaftlich, da die Wahrscheinlichkeit, am Informationsbedarf vorbei zu „produzieren" sehr gering ist.

Deduktion: Auf Basis der Netzwerktheorie die Themen der Theorie ableiten

Der so skizzierte induktive Zugang berechtigt zu der Hoffnung, eine Vielzahl der drängenden und daher in der Literatur behandelten Probleme für die Informationsbasis aufbereiten zu können. In Kenntnis dieser Spekulativität der Logik soll jedoch ein zweiter Zugang, per Deduktion, gesucht werden. Das Controlling kann sich demnach unabhängig von der Agenda des Entscheiders eine eigene Vorstellung über relevante Themen bilden und diese quasi ex ante in der Informationsbasis aufbereiten. Dem Risiko, die „falschen" Themen aufzubereiten, steht dann der Vorteil gegenüber, einen potenziell hohen Vorbereitungsgrad gegenüber den Informationsbedarfen der Entscheider zu haben.

Deduktion schließt auf der Basis allgemeiner Aussagen auf konkrete Sachverhalte (Chalmers 1989). Die Voraussetzungen dazu sind bestehende Gesetze oder Theorien. Deduktionen basieren auf den Gesetzen der Logik und durchziehen alle Bereiche der Lebenswelt. Eine de-

[17] ... die freilich aus Sicht der Theoriebildung und der Beurteilung der Validität der Lösungsansätze (nicht der Problemlokalisierung!) fraglich ist. Siehe dazu auch Otto und Kotzab (1999).

duktive Argumentation folgt einem stereotypen Muster, wie es das nachfolgende Beispiel zeigt: „Eine Habilitation langweilt den Leser spätestens ab Seite 18 (Gesetz). Dies ist eine Habilitation (Beobachtung). Ihnen ist spätestens jetzt langweilig (Schlussfolgerung).“ Zu deduzieren bedeutet hier, auf der Grundlage theoretischer Überlegungen auf wertvolle Informationsbasisinhalte zu schließen. Während der induktive Ansatz empirisch ermittelt und auf Basis der Stichprobe verallgemeinert, nimmt der deduktive Ansatz eine „allgemeine“ Theorie zum Ausgangspunkt und schließt, unter der Annahme der Übertragbarkeit, auf etwas „Spezielles“, in diesem Fall auf die wertvollen Inhalte der Informationsbasis im Unternehmen des oben angesprochenen anonymen Controllers.

Deduktion bedeutet hier also, dass das Controlling theoretisiert, welche Themen auf die Agenda sollten. Ein solches Theoretisieren bedarf einer theoretischen Grundlage. Das bedeutet: Controlling entwickelt auf der Basis einer solchen theoretischen Grundlage eine Vorstellung darüber, welche Sachverhalte zu Themen der Organisation werden sollten (... weil sie relevant sind).

Deduktion bedeutet hier, ausgehend von einem Modell des Untersuchungsobjekts, hier der Supply Chain, auf Managementprobleme zu schließen. Beispielhaft kann das bedeuten: Bildet man eine Supply Chain als ein kybernetisches System ab, stehen die Probleme der Steuerung und Regelung im Vordergrund. Die Abbildung der Supply Chain als ein politisches Modell wird die Probleme der Mobilisierung, Partizipation und Ressourcenallokation in den Vordergrund stellen. Ein agenturtheoretisches Modell wird die Probleme der Verhaltensbeeinflussung lokaler Entscheider durch zentrale Gremien thematisieren. Weitere Beispiele ließen sich finden. Für diese Arbeit gilt: Die Supply Chain wird als ein Netzwerk (=Modell) rekonstruiert. Zur Begründung der Auswahl des Netzwerkansatzes wird auf Kapitel 3.2.4 verwiesen. Hier sei vorab die These vertreten, dass gerade die Netzwerktheorie in der Lage ist, einen besonders leistungsfähigen, weil offenen und integrativen Zugang zu bieten. Nachdem die Deduktion grundsätzlich zu einem perspektivisch engen Zugang führt (nur System-Themen, nur Agentur-Themen, ...) ist die Offenheit des Ansatzes für diese Betrachtung von besonderer Bedeutung. Die Netzwerktheorie ist, vorausgreifend argumentiert, eine gute Ausgangs- und Systematisierungsbasis, um unter eine Vielzahl theoretischer Beiträge sowohl der Betriebswirtschaftslehre als auch angrenzender Disziplinen, wie etwa der Soziologie, der politischen Wissenschaft oder der Staatwissenschaft in die Deduktion einbeziehen zu können.

Fazit: Das Forschungsprogramm und die möglichen Resultate

Abbildung 4 fasst die Vorgehensweise zusammen: Über ein Review der aktuellen Literatur zum Supply Chain Management wird auf relevante Inhalte geschlossen (Induktion; Kapitel 4). Über eine Rekonstruktion der Supply Chain als Netzwerk wird theoriebasiert auf relevante Inhalte geschlossen (Deduktion; Kapitel 6). Die beiden Listen werden einander gegenübergestellt und verdichtet (Kapitel 7). Die auf diesem Wege entstehende kombinierte Liste potenzieller Inhalte für die Informationsbasis besteht aus drei Kategorien: „Unbestätigt“ sind die Inhalte, die per Induktion gewonnen wurden. „Bestätigt“ sind die Inhalte, die sowohl per Induktion als auch per Deduktion gewonnen wurden. „Vermutet“ sind die Inhalte, die zwar nicht per Review der Literatur (Induktion) nachweisbar sind, für deren Relevanz aber die theoretischen Überlegungen sprechen. Die Arbeit kann damit die Aufmerksamkeit der Praktiker und der Forscher lenken - wenngleich auch auf unterschiedliche Aspekte: Für die Praktiker sind die vermuteten Inhalte von Interesse, da sie die weißen Flecken in der aktuellen Praktikerdiskussion aufzeigen. Der Nutzen der Arbeit kann demzufolge darin bestehen, sich kritisch mit den vermuteten Relevanzen auseinander zu setzen und gegebenenfalls die Informationsbasis zu vervollständigen. Für den Forscher hingegen sind die unbestätigten Inhalte vorrangig interessant. Das sind diejenigen Themen, die zwar in der Praxis diskutiert werden, also „faktisch“ vorhanden sind, die aber über den gewählten theoretischen Zugang nicht adressiert werden. Wenn man als Theoretiker die manifeste Problemlage der Praxis für maßgeblich erachtet, zeigen die unbestätigten Themen Löcher in der Theorie an.

Abbildung 4 Das Forschungsprogramm und die möglichen Resultate: Per Induktion und Deduktion ermitteln, was „relevant“ ist

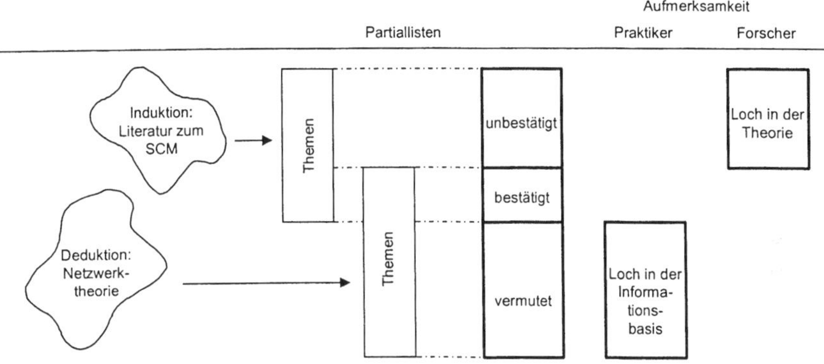

1.4.2. Die komparativen Stärken und Schwächen von Induktion und Deduktion

Grundsätzlich erscheint es unökonomisch, zwei Verfahren parallel anzustrengen, um eine Informationsbasis zu begründen. Induktion und Deduktion haben für die hier zu leistende Arbeit aber jeweils komparative Stärken und Schwächen. Hier wird ein kombinierter Zugang gesucht, um die Stärken zu kombinieren und sich über das Ausmaß der in Kauf genommenen Schwächen Gewissheit verschaffen zu können.

Pro und kontra Induktion

Die Stärke des induktiven Vorgehens liegt darin, logisch „nahe“ an den Problemen der Praxis zu argumentieren. Der einzuschlagende argumentative Weg von der Beobachtung zur Schlussfolgerung ist kurz und birgt wenig Potenziale für Verfälschungen. Wenn etwa in der Literatur einen Ballung von Beiträgen zur Reduzierung von Beständen in der Versorgungskette existiert, kann darauf geschlossen werden, dass dies ein relevantes Problem und damit ein Kandidat für die Informationsbasis ist. Die Induktion gewährleistet als „Bottom Up“-Ansatz eine „Bodenhaftung" für die Forschungsarbeit. Die Schwächen des Verfahrens sind aber auch in Betracht zu ziehen. Sie liegen für diese Arbeit in erster Linie in der Neigung der Induktion, selbstbestätigend und betriebsblind zu wirken. Die Induktion liefert nur diejenigen Inhalte, die zuvor in der Praxis bereits als Problem lokalisiert wurden. Die Informationsbasis wird, wenn sie allein per Induktion gespeist wird, selbstbestätigend arbeiten. Identifizierte Probleme werden zur Kenntnis genommen. Es besteht aber keine Gewähr, dass sich die identifizierte Problemlage mit der, wie auch immer ermittelten, tatsächlichen Problemlage decket. Insbesondere in einer schnell wachsenden Disziplin kann geradezu unterstellt werden, dass die tatsächlich realisierte Problemlage lediglich einen Bruchteil der bei aufmerksamer Rekonstruktion der Situation erkennbaren gesamten Problemlage erfasst.

Pro und kontra Deduktion

Für die ergänzende Deduktion sprechen folgende Gründe. In einer bewusst theoretischen und gemessen an der aktuellen Euphorie im Supply Chain Management geradezu „leidenschaftslosen" Analyse wird die Supply Chain als Betrachtungsobjekt über die Netzwerktheorie formal rekonstruiert, um auf dieser Basis folgern zu können, welche Probleme eigentlich relevant sein „müssten". Erstens kommt damit frisches Wissen in das Unternehmen. Theorien sind nicht betriebsblind und inkorporieren fremdes, potenziell wertvolles Wissen, geronnene Erfahrungen. Theorien verbinden Ursachen mit Wirkungen, Mittel mit Zielen. Die Möglichkeit, neue Ziele zu finden, soll aber nicht verfolgt werden. Die in Kapitel 3.1.2 skizzierte Zielsystem wird als gegeben angesehen. Der Mittelaspekt von Theorien soll hier aber ausgebeutet werden. In Bezug auf die Ursachen für nicht erreichte Wirkungen beziehungsweise auf die Mittel zur Erreichung der Ziele kann einer Theorie in diesem Zusammenhang heuristische Kraft zugesprochen werden. Schenkt man zum Beispiel der Theorie Vertrauen, dass eine Integration der Supply Chain neben der technischen auch eine soziale Komponente besitzen muss (Mittel), um erfolgreich zu sein (Ziel), kann dieser Zusammenhang den inneren Horizont erweitern.

Zweitens entsteht für den allein die Ist-Agenda analysierenden Controller die Gefahr, sich von der faktischen Übermacht der periodisch widerkehrenden Themen vereinnahmen zu lassen. Dieses Argument bezieht sich auf eine Thementypologie, die von Walker (1977) für den US-amerikanischen Senat beobachtet wurde. Er unterscheidet vier Thementypen: (1) Periodisch wiederkehrende Themen: Diese Themen entstehen durch feste Regeln und Prozeduren. Dieser Typ korrespondiert mit der oben genannten Interpretation Duttons zur Agendabildung durch Regeln. Solche Regeln sind etwa der von außen auferlegte Zwang, jährlich eine Bilanz aufzustellen oder die intern vereinbarte Regel monatlicher Betriebsabrechnungsbögen. Die Agenden der Unternehmen können sich diesen Themen nicht verweigern. Sie finden dort ihren festen Platz und belegen knappe Kapazitäten. Faktisch bewirkt jede Aufblähung des Regelwerkes eine Verknappung der Entscheidungsautonomie in Bezug auf die Freiheit, über das zu Entscheidende entscheiden zu können. (2) Sporadisch wiederkehrende Themen: Solche Themen sind der Sache nach bekannt, treten aber in nicht planbaren Zyklen auf. Auf öffentlichen und politischen Agenden wird kontinuierlich Platz für diese Themen eingeräumt. Ein Beispiel sind etwa größere Gesetzgebungsakte. Auf organisationalen Agenden finden sich ebenso reichliche Pendants: der Gewinn oder Verlust eines großen Kunden oder die Sanierung einer Niederlassung. (3) Krisen, drückende Probleme: Diese Themen verschaffen sich unmittelbar die Aufmerksamkeit der Entscheider. Im politischen Bereich war das etwa die Ölkrise in 1973. Die politischen Gremien widmen sich üblicherweise auch dann dem Thema, wenn absehbar ist, dass auch die Zuteilung von Aufmerksamkeit zu keiner befriedigenden Lösung führen wird. (4) Freiwillige, gesuchte Themen: Dieser Typ von Themen ist gleichsam der Restposten auf der Agenda. Solche Themen werden ohne direkte Not aufgegriffen. Freilich sagt dieser Umstand wenig über deren Wichtigkeit aus. Um auf die Auswahl der Verfahren zurückzukommen: Wenn der Controller auf die Ist-Agenda schaut, wird diese wahrscheinlich bereits übervoll sein mit periodisch und sporadisch wiederkehrenden Themen: „There is more than enough to do already without creating new problems." (Walker 1977, S. 424). Wenn dort Krisen anstehen, steht deren informationale Unterstützung ohnehin nicht zur Diskussion. Die Krisen aber zur Begründung zukünftiger Informationsbedarfe zu machen, wäre sinnlos, da sie per Definition dieser Typologie nur geringe Auftrittswahrscheinlichkeit besitzen. Die noch verbleibenden Kapazitätsreste für die freiwilligen Themen sind üblicherweise erstens gering und bieten zweitens keine zwingende Gewähr, für die Ziele des Unternehmens dienlich zu sein. Freiwillige Themen gelangen durch „Issue Selling" (Dutton und Ashford 1993) auf die Agenda. Unterstellt man opportunistisches Verhalten ist den freiwilligen Themen gegenüber Vorsicht angebracht. Für eine prospektive und erfolgversprechende Informationsbereitstellung kann das Auslesen der Ist-Agenda allein daher nicht befriedigen. Um das Argument positiv zu wenden: Eine theoriebasierte Ableitung von Informationsbedarfen kann diesen Gefahren ausweichen.

1.4.3. Eingeflossene Vorarbeiten

Die Argumentation bezieht in umfangreicher Form existierende Vorarbeiten aus diversen Bereichen sowohl der Betriebswirtschaftslehre als auch aus den angrenzenden Nachbardisziplinen ein. Zu nennen sind insbesondere folgende Autoren (in der die Argumentation nachzeichnenden Reihenfolge):

Weber, Simon und March - Controlling sichert Rationalität

Weber hat zusammen mit seinen Mitarbeitern einen Vorstoß zur Fundierung einer rationalitätsorientierten Sicht des Controlling vorgelegt (Weber und Schäffer 1998a). Diese Arbeit greift deren Ideen auf und versucht, das Konzept weiter zu explizieren. Insbesondere geht es darum, abzuleiten, welche Aufgaben ein rationalitätsorientiertes Controlling verfolgen sollte. Simons und March und Simons Arbeiten zur „Administrative Science" waren dazu die Basis (Simon 1952; Simon 1976; March und Simon 1958). Die Lektüre und controllingorientierte Interpretation seiner Ausführungen lässt wenig Zweifel daran, dass subsidiäre Rationalitätssicherung als eine dringliche Aufgabe für das institutionale Controlling verstanden werden sollte.

Gulati und Singh, Warren sowie Astley und Fombrun - Die organisationstheoretische Verortung der Supply Chain

In die Rekonstruktion des Begriffes „Supply Chain" sind eine Vielzahl aktueller Beiträge eingeflossen. Nach Kenntnis des Verfassers hat sich dort aber noch kein „konzeptioneller Klassiker" herauskristallisiert. Der vorgelegte Versuch einer Ordnung ist daher auch zwangsläufig das Ergebnis eigener Überlegungen. Auf hilfreiche Vorarbeiten kann aber zur organisationstheoretischen Verortung des, wie sich dann zeigt, doch nicht allzu innovativen Begriffs der Supply Chain, zurückgegriffen werden. Richtungsweisend sind dort insbesondere die Arbeiten von Gulati und Singh (1998) zum Begriff der Allianz, der Beitrag von Warren (1967) zu den Kontexten interorganisationalen Handelns sowie Astley und Fombruns Typologie kollektiven organisationalen Handelns (Astley und Fombrun 1983).

Schütz sowie Kirsch und Weber - Relevanzen, Themen und Agenden

Das grundlegende methodische Problem besteht darin, einen erfolgversprechenden Weg zur Begründung der Inhalte der Informationsbasis zu finden. Maßgeblich eingeflossen in die dazu geführten Überlegungen sind die Arbeiten von Schütz (1982) zur Systematisierung des Relevanzbegriffs sowie die Synopse von Kirsch und Weber zur Bedeutung von Themen und Agenden für das strategische Management, die hier „uminterpretiert" wurden.

Stachowiak - Zur Bedeutung von Modellen für die Erkenntnisgewinnung

Die Arbeit konstruiert Themen; das erfolgt per Deduktion. Um deduzieren zu können, ist es erforderlich, das Objekt der Erkenntnis, die Supply Chain, zuvor zu modellieren. Die diesbezüglichen Ausführungen sind maßgeblich von Stachowiaks (1973) Arbeit zur Modelltheorie geprägt.

Tichy et al. sowie Fombrun - Partialnetze unterscheiden

Die Literatur zur Netzwerktheorie ist äußerst breit und in weiten Zügen konzeptioneller Natur. Eine Vielzahl diverser Beiträge sowohl zur Fundierung des Netzwerkbegriffs als auch zu dessen Aufbereitung für eine Managementanwendung sind in diese Arbeit eingeflossen. Maßgeblichen Einfluss hatten aber zwei ältere und jeweils sehr kurze Beiträge: Tichy et al. (1979) sowie Fombrun (1982) argumentieren, dass die Analyse von Netzwerken an Klarheit gewinnt, indem Partialnetze unterschieden werden. Unterschiedliche durchfließende Objekte sollten in gedanklich separierten Netzen analysiert werden. Diese Empfehlung hat den Fortgang der Argumentation in Kapitel 6 bestimmt.

Eklektische Argumentation zur Begründung der Themen in den Partialnetzen

Die Begründung der deduzierten Themen innerhalb der hier zu unterscheidenden vier Partialnetze hat stark eklektischen Charakter. Aus einer Vielzahl von Teildisziplinen der Betriebswirtschaftslehre sowie aus benachbarten Disziplinen, hier insbesondere der Soziologie und der politischen Wissenschaft und der Staatswissenschaft werden die Werke einzelner Autoren, in der Regel sehr selektiv, nur auf einzelne Argumente aus deren Arbeiten beschränkt herangezogen. Einzelne Autoren besonders hervorzuheben, wäre nicht gerechtfertigt. Vielmehr bilden diese gleichsam die Vielzahl der Blätter des Baums, dessen Stamm und vier Äste der Netzwerktheorie entwachsen sind.

1.5. Ergebnisse

Mit dem oben geschilderten Durchlauf erscheint es realistisch, einige für Theorie und Praxis interessante Ergebnisse entwickeln zu können. Dazu soll kurz skizziert werden.

1.5.1. Für die Praxis

Im Vordergrund: Vorschlag für die Informationsbasis

Im Vordergrund der Bemühungen steht, einen Vorschlag für die Inhalte einer Informationsbasis zur Unterstützung des Supply Chain Managements durch das Controlling zu entwickeln. Die Arbeit sollte aus Sicht der Praxis daran gemessen werden, ob die erarbeitete Liste nachvollziehbar, innovativ und umsetzbar ist. Der Nutzen besteht darin, die Liste mit der im eigenen Unternehmen vorgehaltenen Informationsbasis zu vergleichen und gegebenenfalls Modifikationen und Erweiterungen zu veranlassen. Der Vollständigkeit halber sei erwähnt, dass die Arbeit nicht darauf abzielt, dem Controlling eine Methode zur Begründung einer Informationsbasis zur Verfügung zu stellen. Ergebnis ist allein die hier, quasi im Sinne einer Dienstleistung, erarbeitete Liste.

Nebeneffekt: Synopse zum Supply Chain Management

Supply Chain Management hat in den letzten Jahren in der Praxis eine starke Rezeption erfahren, die sich in der Flut von Buchveröffentlichungen und praxisorientierten Journalen wie auch in den vielen Fachkonferenzen zum Thema manifestiert. Wie bei jeder „Innovation" ist es für die Betroffenen schwierig, sich einen Überblick über den aktuellen Stand zu verschaffen. Die Journale und Konferenzen helfen dabei nur in Grenzen, weil dort in der Regel keine Synopse geliefert wird. Ein Nebeneffekt dieser Arbeit kann darin gesehen werden, solch eine Synopse zu erhalten (Kapitel 4, insbesondere Tabelle 28).

Nebeneffekt: Aufgabenbeschreibung für ein rationalitätsorientiertes Controlling

Ein weitere Nebeneffekt mag für den Praktiker darin bestehen, sich über den in Kapitel 2.1 referierten und vertieften rationalitätsorientierten Ansatz zum Controlling zu informieren. Hier kann insbesondere die Beschreibung der Aufgaben, die ein Controller aus rationalitätsorientierter Sicht verfolgen sollte, im Sinne einer Heuristik hilfreich sein (Synopse in Tabelle 9).

1.5.2. Für die Theorie

Die Arbeit kann im Fortgang der Argumentation einige Beiträge zur Weiterentwicklung der betriebswirtschaftlichen Forschung leisten. Dazu bestehen drei Ansatzpunkte: Controllingtheorie, Supply Chain Managements sowie Netzwerktheorie. Die potentiellen Beiträge werden kurz skizziert.

Weiterentwicklung der Controllingtheorie

Kontingenzbetrachtung - Supply Chain Management als kontingenter Faktor für die Informationsbasis

Insbesondere in der us-amerikanischen Kostenrechnungstheorie (Management Accounting) werden traditionell Kontingenzüberlegungen angestellt.[18] Das Management Accounting, so die Argumentation, muss sich dem organisationalen Wandel anpassen (Atkinson et al. 1997b, Shields 1997). Untersucht wurde zum Beispiel: der Einfluss der Strategie auf die Gestaltung von Planung und Budgetierung (Govindarajan 1988), der Einfluss der Wettbewerbsintensität auf die Verwendung betrieblicher Steuerungsmechanismen (Khandwalla 1972), der Einfluss von Fertigungstechnologie, Just in Time-Implementierungen oder Servicestrategien auf die Gestaltung von Leistungsmessungsverfahren (Abernethy und Lillis 1995; Nanni et al. 1992; Perera et al. 1997). Analog kann unterstellt werden, dass sich auch die Erweiterung des Managementhorizontes auf die gesamte Wertschöpfungskette kontingent auf die Gestaltung von Kostenrechnung und Controlling auswirken wird. Die Informationsbasis wird davon grundsätzlich ebenso betroffen sein, wie die anderen Komponenten des Controllingsystems. Die Arbeit wird aufzeigen, um welche Inhalte eine Informationsbasis ergänzt werden sollte, wenn das Controlling auch in einem Supply Chain-Umfeld für die subsidiäre Rationalitätssicherung verantwortlich sein soll.

Dominanz der Kostenbetrachtung relativieren

Foster und Young (1997) zeigen in einem Literaturreview, dass sich die us-amerikanische Forschung zum Management Accounting nahezu ausschließlich mit Fragen des Kostenmanagements und der Kostenkontrolle befasst, am Rande jedoch nur mit Themen wie Kundenzufriedenheit, Kundenprofitabilität, Wachstum oder Strategie. Nachdem diese Arbeit alle Aspekte des externen Rechnungswesens ausblendet und ebenfalls an der Entwicklung eines formalen Kennzahlensystems, das üblicherweise auch eine Kostenkomponente besitzt, nicht interessiert ist, wird hier der Schwerpunkt auf die nicht-monetären Erfolgsfaktoren gelegt. Die Arbeit kann damit einen Beitrag zu einer Relativierung der Kostendominanz leisten.

Rekonstruktion bekannter Ursache-Wirkungs-Modelle

Aktiv verstandenes Controlling hat die Aufgabe, die in Planungen und Budgets implizit enthaltenen Ursache-Wirkungs-Modelle kritisch zu hinterfragen. Insbesondere in unternehmensübergreifenden Planungen werden diese Modelle komplex und für das Controlling schwer nachvollziehbar. Hier verfolgt die vorliegende Arbeit das Ziel, den aktuell verfügbaren Fundus logisch oder empirisch gesicherter Ursache-Wirkungs-Modelle in einer für das Controlling brauchbaren, weil den Bezug zu den zentralen finanziellen Erfolgskennzahlen herstellenden Form zusammenzutragen.

Beitrag zur unterbelichteten Forschung im interorganisationalen Kontext

Aktuelle Analysen der Forschungslandschaft zum Management Accounting zeigen einen zunehmenden Bedarf für Forschungsarbeiten, die auf interorganisationale Kontexte ausgerich-

[18] Für einen Überblick vergleiche zum Beispiel Covaleski et al. (1996a) oder Gordon und Miller (1976).

tet sind. So gibt Shields (1997) zu bedenken, dass „Performance Measurement"-Systeme für IOR-Kontexte noch völlig unterentwickelt sind. Diese Arbeit leistet dazu einen Beitrag leisten. Supply Chain Management ist interorganisationales Management. Die Begründung einer Informationsbasis für das Supply Chain Management bewegt sich damit zwangsläufig in dem von Shields (1997) als noch weitgehend unerforscht bezeichneten Bereich.

Beispiel für die Einbindung interdisziplinärer Forschungsergebnisse

Forschung zum Management Accounting basiert über weite Teile immer noch ausschließlich auf „ökonomischen" Theorien, Shields (1997, S. 7) spricht von „Economics". Zugleich zeigt er den geringen Anteil von Forschungsarbeiten, die auf psychologischen (8 Prozent) oder soziologischen Ansätzen (5 Prozent) basieren. Auch hierzu will die Arbeit einen Beitrag leisten. Die Netzwerktheorie als Grundlage zur Ableitung der Informationsbasis ist konzeptionell offen und kann ein breites Bündel „aufgerufener Theorien" einbinden. Das gilt für soziologische Ansätze ebenso wie für Beiträge aus der politischen Ökonomie oder der Kommunikationswissenschaft.

Neue kritische Erfolgsfaktoren aufnehmen

Eine Vielzahl der „neuen" Erfolgsfaktoren für das Supply Chain Management sind schwer konzipierbar, operationalisierbar und quantifizierbar. Das gilt etwa für die Variablen Bindungsdichte, Beziehungsqualität oder Vertrauen. Diese Aktionsvariablen sind zwar keine betriebswirtschaftlichen Innovationen, deren Bedeutung für das Management nimmt im Zuge des integrationsorientierten Supply Chain Management jedoch deutlich zu. Wenn die Unternehmensführung zu der Überzeugung gelangt, Bindungsdichte sei ein Erfolgsfaktor für das Supply Chain Management, sollte das Controlling in der Lage sein, Veränderungen zu Bindungsdichte zu dokumentieren. Wie die nachfolgenden Kapitel zeigen werden, steht das Controlling in dieser Hinsicht vor großen Herausforderungen.

Beitrag zur rationalitätsorientierten Controllingkonzeption

Der Vorstoß von Weber und Schäffer (1998a) zu einer rationalitätsorientierten Konzeption des Controlling schreibt der Controllingfunktion eine deutlich andere Aufgabe zu, als die koordinationsorientierte Konzeption, die die Controllingdiskussion bereits seit einiger Zeit dominiert. Diese Arbeit baut nicht nur auf der rationalitätsorientierten Konzeption auf, sondern versucht zugleich, zu deren Fundierung beizutragen. Das erfolgt insbesondere in Kapitel 2.1; dort werden mit Bezug auf die Phasen einer organisationalen Entscheidungsprozesses Controllingaufgaben abgeleitet.

Weiterentwicklung des Supply Chain Management

Auch im Bereich des Supply Chain Managements zeichnen sich einige Nutzenpotenziale der Arbeit für die laufende Forschung ab:

Relevanz und Nutzbarkeit des Wissensgebietes für Praktiker

Mit der Auflistung von Perspektiven wird das mittlerweile breite Feld des Supply Chain Management in separate Problemkreise aufgebrochen, wobei jeder Problemkreis durch die Nennung des zentralen Problems sowie der Standardproblemlösungen beschrieben wird. Diese Teilung soll es dem interessierten Praktiker ermöglichen, die eigene Problemsituation im Unternehmen auf Kompatibilität zu prüfen und dem Theoriebündel weitgehend ballastfrei Lösungen zu entnehmen. Weiterhin kann man der Auflistung der Perspektiven einen heuristischen Wert unterstellen, da erfolgreiches Supply Chain Management voraussetzt, die relevanten Perspektiven konzeptionell einzuschließen; die Analyse hilft, dabei nichts zu vergessen.

In der laufenden Auseinandersetzung mit einer schnell wachsenden Disziplin ist es für die Mitglieder der Scientific Community aus einer Vielzahl von Gründen von Nutzen, sich in regelmäßigen Abständen einen aktuellen Überblick über den Stand in der Literatur zu verschaffen. Der Review übernimmt dazu eine Servicefunktion und schlägt einen Rahmen vor, mit dem die Beiträge konzeptionell geordnet und in einer „Landkarte der Supply Chain Management-Forschung" lokalisiert werden können.

Ordnung der Perspektiven

Das Ziel der Arbeit besteht darin, eine Informationsbasis zu entwerfen. Die aktuelle Diskussion zum Supply Chain Management bietet einen breiten Fundus relevanter Konzepte und fließt daher in die Argumentation ein. Um die mittlerweile sehr breit geführte Diskussion zu beherrschen, erstellt Kapitel 4.2 dazu eine Synopse, in der unterschiedliche Forschungsperspektiven identifiziert werden. Nachdem die Forschung auf dem Weg der Zerfaserung zu sein scheint, in der eine Vielzahl ähnlicher, aber nicht identischer Probleme behandelt wird, ist eine Ordnung der Beiträge, im Sinne einer Zwischenbilanz sinnvoll. Die Aufgliederung des Stoffes in Gruppen erlaubt es, die Forschungsfragen präziser zu stellen und auf Verknüpfungen zu bereits etablierten Bereichen der Betriebswirtschaftslehre (z.B. Operations Research, Informatik, Organisationstheorie, ...) aufmerksam zu machen, und damit bereits erarbeitete, aber bisher unbeachtete Ergebnisse in die Diskussion einzubringen. Das Aufzeigen der Perspektiven soll auf diesem Wege einen Beitrag zur Förderung der Effektivität der Supply Chain Management Forschung leisten.

Basisperspektiven der Supply Chain Management Forschung aufzeigen

Betriebswirtschaftliche Forschung lebt davon, gefundene Aussagen nicht nur auf ein einzelnes Unternehmen zu beziehen, sondern Regeln und Gesetzmäßigkeiten zu finden, die auf einen größeren Objektbereich anwendbar sind. Solch eine Multiplizierbarkeit wird gefördert, wenn die Forscher und die "Gemeinschaft der Anwender" das gleiche Grundverständnis über das Wesen einer Supply Chain bzw. dessen, was das Supply Chain Management letztendlich bewirken soll (Hill 1991). Die Arbeit bietet alternative Verständnisse und wirft die Frage auf, aus welcher Perspektive geforscht wird.

Konfrontation einer Praktiker-Disziplin mit den Prognosen eines theoretischen Ansatzes

Die aktuelle Literatur zum Supply Chain Management ist über weite Züge eine Praktikerliteratur (Otto und Kotzab 1999), in der ausgehend von konkreten Praxisproblemen nach konkreten Problemlösungen geforscht wird. Der Wunsch und die methodische Vorbereitung für verallgemeinerbare Ergebnisse dominiert das Feld zur Zeit noch nicht. In einer solchen Situation ist es interessant, den aktuellen Fundus erarbeiteter Präskriptionen mit denjenigen zu vergleichen, die sich abzeichnen, wenn man der gleichen Problemsubstanz mit einem ausgesprochen „theoretischen" Ansatz zu Leibe rückt. Diese Arbeit versucht diesen Weg über die Netzwerktheorie. Insbesondere im Vergleich der Ergebnisse im letzten Kapitel zeigt sich, dass der theoretische Zugang durchaus interessante Lösungsansätze bereithält, die aus Sicht der Praktikerdiskussion innovativ sind.

Weiterentwicklung der Netzwerktheorie

Wenngleich diese Arbeit die Netzwerktheorie eher konsumiert, als dazu einen weiterentwickelnden Beitrag liefert, zeichnen sich doch einige potenziell interessante Beiträge ab.

Typologisierung von Netzwerken

In der Literatur findet sich eine Vielzahl von Vorschlägen zur Typologisierung von Netzwerken. Um den Charakter der Supply Chain aussagekräftig beschreiben zu können, ist es in dieser Arbeit erforderlich, eine teleologische Typologie zu entwerfen (Kapitel 5.1.3). Dort werden Netzwerke anhand ihrer „Funktion" (Produktion, Innovation, Vermittlung, Multiplikation, Transport) unterschieden. Die Typologie ist nach Kenntnis des Verfassers in dieser Form in der Literatur nicht zu finden.

Effektivität von Netzwerken

Bisher sind keine konzeptionellen Arbeiten zur Effektivität von Netzwerken verfügbar (Oliver und Ebers 1998, S. 566). Die benachbarten Studien beziehen sich jeweils auf ein „separates" Unternehmen, wenn auch in einem Netzwerkkontext. Diese Arbeit muss dazu einen Beitrag leisten, da Effektivität einer der zentralen Maßstäbe zur Beurteilung der Entscheidungsfindung ist.

1.6. Controllingorientierte Abgrenzung: Einschränkung auf die Konzeption der Informationsbasis

Diese Arbeit entwickelt einen Vorschlag für die Inhalte der Informationsbasis. Nachdem die Informationsbasis aber nur einen Teil des Controllingsystems darstellt, wird hier nicht der Anspruch erhoben, ein komplettes Controllingsystem zu konzipieren; wohl aber, zur Gestaltung eines wichtigen Moduls beizutragen. Nachfolgend ist zu klären, welche Komponenten des Controlling ein- beziehungsweise ausgegrenzt werden. Abbildung 5 zeigt den Zusammenhang.

Die über durchgehende Pfeile verbundenen Phänomene sind Gegenstand der Arbeit; die über gestrichelte Pfeile verbundenen Phänomene sind mit der Aufgabe (Controlling verbessert den Unternehmenserfolg) zwar logisch verknüpft, aber nicht Gegenstand der Arbeit. Der Ausgangspunkt ist die These, dass Controlling den Unternehmenserfolg verbessert, indem es Rationalität sichert. Dazu stellt das Controlling diverse Dienstleistungen wie etwa die Bereitstellung der Informationsbasis oder die Auswertung der Informationsbasis über diverse Rechnungen und Sonderrechnungen zur Verfügung. Hier ist allein die Informationsbasis von Interesse. Deren Bereitstellung erfordert es, die Informationsbasis zunächst zu konzipieren (Welcher Ausschnitt der Realität ist relevant?) sowie das in diesem Zuge für relevant Erklärte zu erheben. Die Erhebung der Informationen ist aber nicht Gegenstand der Arbeit. Diese konzentriert sich allein auf Konzeption. Die Konzeption besteht erneut aus zwei Arbeitsschritten: Zunächst sind die für relevant erklärten „Themen" sind zu benennen. Um später Daten erheben zu können, sind jedoch ergänzend dazu Vorschriften zur Operationalisierung zu formulieren. Wird etwa der Integrationsgrad eines Unternehmens mit seinen Lieferanten als relevantes Thema identifiziert, über das die Informationsbasis berichten können sollte, ist zu bestimmen, wie der Integrationsgrad gemessen werden soll. Die Operationalisierung ist ebenfalls nicht Gegenstand der Arbeit.

Abbildung 5 Die Abgrenzung der Aufgabenstellung

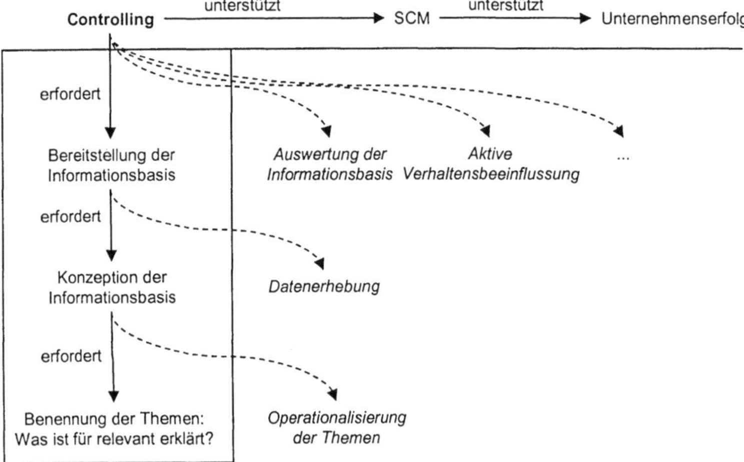

In den nachfolgenden Unterkapiteln wird die Abgrenzung tiefer erläutert und begründet. Dabei wird auch versucht, die Arbeit in der gängigen Terminologie und Systematisierung des Rechnungswesens zu verorten.

1.6.1. Informationswirtschaftliche Abgrenzung: die Informationsbasis ermöglicht das Informationsangebot

Die Informationsbasis hat die Aufgabe, den Informationsbedarf der Entscheider zu decken. Demnach könnte das Thema auch umgeformt werden von „Begründung der Informationsbasis ..." in „Ermittlung des Informationsbedarfs ...". Für das materielle Problem bringt die Umdeutung nichts ein. Der Begriff „Informationsbedarf" erschließt aber einen Bereich der Literatur, der hier von Nutzen ist.

Der Informationsbedarf als aufgabenorientierter Informationsmangel

Berthel (1975, S. 32) definiert den Informationsbedarf als die „...Summe derjenigen Informationen, die für die Erfüllung einer bestimmten Aufgabe ... nötig sind." Andere Beiträge bestätigen diese Sicht. So etwa Bahlmann (1982, S. 37 ff), für den der Informationsbedarf ein Mangel zweckorientierten Wissens einer Aktionseinheit ist, sowie Szyperski (1980), der den Informationsbedarf über die Art, Menge und Qualität der Informationsgüter beschreibt, die ein Akteur in einer fokalen Entscheidungssituation benötigt. Die Definition des Informationsbedarfs lenkt die Aufmerksamkeit auf einige Fragen:

(1) Aufgabenbezug: Informationen braucht man, um Aufgaben zu erfüllen. Für neuartige Aufgaben sind neuartige Informationen erforderlich. Das Supply Chain Management ist eine solche neue Aufgabe. Kapitel 1.6.7 definiert diese Aufgabe und grenzt zugleich einige Aspekte aus.[19] (2) Informationsbedarf ohne Aufgabenbezug: Den oben zitierten Definitionen des Informationsbedarfs ist die Zweckorientierung gemein. Informationen werden gebraucht, um Aufgaben zu bearbeiten. Information ist zweckorientiertes Wissen (Wittmann 1959). Ohne Aufgaben entstehen keine Bedarfe. Dies zu übernehmen würde für die Konzeption der Informationsbasis jedoch eine Einseitigkeit bewirken. Controlling dokumentiert mitunter nur. Die Informationsbasis wird demnach also bereits auch dann benötigt, wenn es (noch) keine Aufgaben zu lösen gilt. Sie darf demnach nicht nur zweckorientiertes Wissen vorhalten. Hier entsteht die Notwendigkeit, thematische Relevanzen (Max Webers „Werte" beziehungsweise „Eigenwerte", deren Erreichen es zu dokumentieren gilt) sowie Motivationsrelevanzen (Max Webers „Zwecke") als gleichrangige Kristallisationskerne „relevanter" Inhalte anzuerkennen.[20] (3) Subjektivität des Informationsbedarfs: Für die Informationsbasis wird es bedeutend, wessen Informationsbedarf zu decken ist. Die Frage kann zweifach gedeutet werden: Erstens sind unterschiedliche Akteure mit unterschiedlichen Problemen (Themen) konfrontiert. Der Informationsbedarf eines Einkäufers ist ein anderer als der eines Verkäufers. Zweitens fragen unterschiedliche Akteure für die Bearbeitung eines identischen Problems unterschiedliche Informationen nach. Der letztgenannte Aspekt bleibt hier unbeachtet. Wenn im folgenden konstatiert wird, Benutzer hätten Informationsbedarfe, sind damit deren Themen gemeint. Benutzer werden also lediglich als Typen oder Benutzergruppen mit Themenprofilen wahrgenommen. In diesem Sinne wird die Informationsbasis durchaus subjektorientiert konzipiert. Damit bleibt noch die Frage offen, wessen Bedarfe in dieser Arbeit zu berücksichtigen sind. Die angesprochene Präzisierung des Subjekts kann sich in einem Supply Chain-Umfeld grundsätzlich beziehen auf die institutionale Reichweite (Sind nur die Bedarfe des eigenen Unternehmens relevant?), auf die hierarchische Position (Zählen nur die Bedarfe des Managements?) sowie auf den Konkretisierungsgrad (Zählt der Bedarf eines konkreten, nämlichen Nutzers oder reicht ein Typaussage?).

Der Informationsbedarf als objektiv bestimmbare Menge der erforderlichen Informationen zur Bearbeitung einer Aufgabe

Hier ist die Betrachtung in einer anderen Richtung weiterzuführen. Dazu erfolgt eine sprachliche Präzisierung. Um mit dem akzeptierten Sprachgebrauch kompatibel zu bleiben,

---

[19] Eine Alternative zur hier favorisierten Abgrenzung des „Worüber braucht man Informationen?" anhand einer Entscheidungstypologie findet sich bei Berthel (1975, S. 36), der den Informationsbedarf zu begründen versucht über die Nennung der fokalen realen und geistigen „Arbeitsobjekte", aus denen dann auf „Wissensgegenstände" geschlossen werden kann.

[20] Dazu wird verwiesen auf das Kapitel 3.1.1.

empfiehlt es sich, die Begriffe „subjektiv“ und „objektiv“ in einer bestimmten Weise zu verstehen.

Zunächst sind der Informationsbedarf und das Informationsbedürfnis zu unterscheiden (Berthel 1975, S. 27 ff; Szyperski 1980, Sp. 904 ff). Abbildung 6 zeigt den Zusammenhang und nennt fünf Komponenten. Ein Informationsbedarf leitet sich aus einer Aufgabe ab und kann theoretisch objektiv bestimmt werden (objektiver Informationsbedarf [21]). Er beinhaltet all diejenigen Items, die erforderlich sind, um in der gegebenen Situation eine objektiv rationale Entscheidung zu treffen. Davon ist der subjektive Bedarf abzugrenzen, der die Menge an Informationen repräsentiert, die der Entscheider in der Situation für bedeutend erachtet. Der kleinere Kreis innerhalb des subjektiven Bedarfs entsteht, wenn der Entscheider weniger Informationen nachfragt, als subjektiv erforderlich sind. [22, 23] Weiterhin ist auch das Informationsangebot in die Abbildung aufgenommen. Es entspricht derjenigen Menge an Information, die dem Entscheider zur Verfügung steht; unabhängig davon, ob er sie nachfragt. Die Schnittmenge ergibt den subjektiven Informationsstand des Entscheiders in einer gegebenen Situation.

Abbildung 6 Analyse von Informationsbedarf, Informationsangebot und Informationsstand (Quelle: Bahlmann 1982, S. 43)

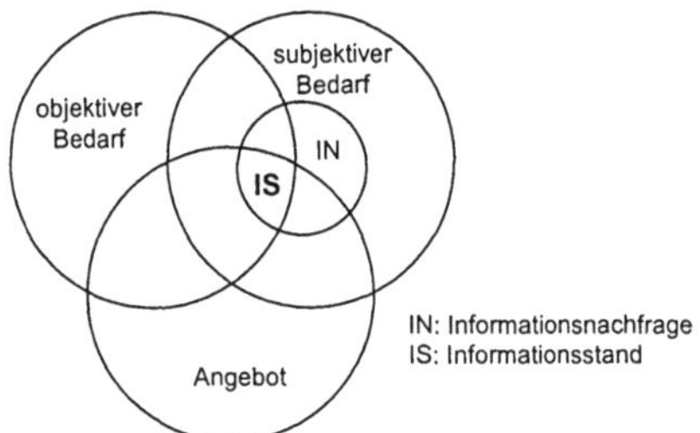

Die Abbildung deutet auf Diskrepanzen hin und zeigt sowohl die Probleme als auch die Lösungsansätze auf. Problematisch ist sowohl die Bereitstellung nutzloser Informationen wie auch die ungenutzte Bereitstellung relevanter Informationen. Im ersten Fall entsteht Verschwendung, im zweiten Fall Irrationalität. Die formale Lösung besteht darin, die Flächen zur Deckung zu bringen. Mit der Darstellung kann auch das Handlungsfeld des Controlling informationswirtschaftlich rekonstruiert werden. Das Ziel ist die Kongruenz der Kreise. Der

---

[21] Koreiman (1976, S. 71 ff) führt ähnlich aber mit anderer Terminologie aus, dass Informationsbedarfe in unterschiedlichen Dimensionen zu analysieren sind. Eine dieser Dimensionen ist die „Entscheidungsorientierung“, die fragt, welche Informationen benötigt werden, um in einer gegebenen Situation entscheiden zu können. Davon abzugrenzen ist die verwender- oder verwendungsprozessorientierte Dimension. Dort wird untersucht, wie Informationen gespeichert, vorgehalten oder aggregiert werden sollten, um die Effektivität und Effizienz der Datenhandhabung zu sichern. In der dritten Dimension nimmt Koreiman eine adressatenorientierte Analyse des Informationsbedarfs vor, die mit der hier als „subjektorientiert“ bezeichneten Frage korrespondiert.

[22] Berthel (1975, S. 76) schlägt vor, dazu einen „Informationsgrad“ als Quotienten zu berechnen: „vom Aufgabenträger verwendete Information“/“für eine Aufgabe notwendige Information“.

Informationsstand als Resultante entspricht dann dem, was „man wirklich wissen muss", um rational zu entscheiden[24], sowie dem, was tatsächlich nachgefragt wird, sowie dem, was durch die Informationsbasis angeboten wird. Besteht Inkongruenz, bestehen verschiedene Optionen: (1) Verschiebung und Redimensionierung des Informationsangebots. Das ist das Thema dieses Arbeit. (2) Verschiebung oder Redimensionierung des objektiven Bedarfs. Wenn man davon ausgeht, dass der objektive Bedarf für ein bestimmtes Problem per Definition nicht verändert werden kann, verbleibt bei Inkongruenz mit dem Informationsangebot lediglich die Option, dafür zu sorgen, dass die Organisation sich „anderen" Problemen zuwendet - solchen, für die eine ausreichende Informationsbasis bereitgestellt werden kann. (3) Das Bewegen der Kreise „subjektiver Informationsbedarf" und „Informationsnachfrage" ist eine verhaltensorientierte Aufgabe. Die individuellen Entscheidungsprozesse Einzelner sind zu beeinflussen.

Wenn nachfolgend Überlegungen zur Definition der Informationsbasis angestellt werden, beziehen sich diese stets auf den Informationsbedarf, also auf das objektiv im Hinblick auf die Sache Erforderliche. Die Probleme „falscher" Informationsnachfrage werden ausgeklammert. Die Abbildung dient auch dazu, die Aufgabenstellung der Arbeit und deren Begrenztheit im Handlungsspektrum eines rationalitätsorientierten Controlling noch einmal zu verdeutlichen. Die Aufgabe besteht ausschließlich darin, zu bestimmen, welche Inhalte der Kreis „Informationsangebot" haben sollte, mithin also über dessen Größe und Position im Informationsraum zu befinden. Das Ziel ist die Kongruenz der Flächen.

Weiterhin fällt auf, dass der Kreis „Informationsangebot" und nicht „Informationsbasis" heißt. Von der konzipierten Informationsbasis (das Thema dieser Arbeit) bis zum verfügbaren Angebot sind noch einige Schritte zu durchlaufen; diese werden hier aber nicht weiter behandelt.[25] Der Beitrag der Arbeit zur Sicherstellung rationaler Entscheidungsfindung ist weiterhin begrenzt, weil die Bereitstellung eines Informationsangebots nur eine von vier Lösungsvariablen des Controlling ist. Der Informationsstand, also das, was als informationaler Input in die Entscheidung einfließt, wird eben auch berührt vom objektiven, vom subjektiv empfundenen und vom tatsächlich manifestierten Informationsbedarf.

1.6.2. Informationswirtschaftliche Explikation: Relevanz und andere Eigenschaften einer Information

Eine Information besitzt ein Bündel von Merkmalen. Zur weiteren Abgrenzung ist es hilfreich, sich diesem Bündel zuzuwenden. Eine Information kann sein: aktuell, sicher, relevant, wirtschaftlich, präzise, überprüfbar, nachvollziehbar, allgemein, bedingt, vollständig. Weitere

---

[23] Warum beziehungsweise in welchen Situationen ein solches Verhalten als wahrscheinlich zu unterstellen ist, wird in den Kapiteln 2.1.3 ff beschrieben.

[24] Natürlich gelten auch hier die Vorbehalte aus den Kapiteln 2.1.3 ff, nach der die Verfügbarkeit von Information lediglich eine notwendige aber noch keine hinreichende Voraussetzung für Rationalität ist. Neben das „Können" durch „Wissen" tritt auch immer das „Wollen"; eine allein informationswirtschaftliche Rekonstruktion des Controlling blendet letzteres aus und ist daher eine Partialsicht.

[25] Vergleiche dazu die nächste Zwischenüberschrift.

Merkmale ließen sich finden.[26] Für ein rationalitätsorientiertes Controlling sind diese Merkmale mehrheitlich von Bedeutung, da sie den „Return on Information" beeinflussen. Ohne hierauf detaillierter einzugehen zu müssen, kann gesagt werden, dass eine Informationsbasis tendenziell wirksamer ist, wenn die einzelnen Items aktuell, sicher, präzise usw. sind. Diese Merkmale bleiben hier aber ausgeblendet; beachtet wird allein das Merkmal einer Information, „relevant" zu sein. Die Relevanzforderung steckt zwar bereits in Wittmanns Definition („zweckorientiertes" Wissen), wird aber hier noch einmal herausgestellt. Zu klären sind zwei Aspekte: (1) zulässige Merkmalsausprägungen sowie Informationsverfügbarkeit. (2) Relevanz ist kein Ergebnis der.

Keine Kosten-Nutzen-Analyse

Die Bereitstellung von Informationsgütern unterliegt wie jede andere Form wirtschaftlichen Handelns grundsätzlich einem Effizienzkalkül, das dazu auffordert, Informationsitems mit negativer Kosten-Nutzen-Bilanz in der Informationsbasis nicht zu dulden. Um dies sicherzustellen, wäre eine monetäre Bewertung der einzelnen Items mit Kosten und Nutzen erforderlich. Während eine Kostenbetrachtung methodisch grundsätzlich noch realistisch erscheint [27], bereitet die Nutzenermittlung große Schwierigkeiten, weil einzelne Items erstens in der Regel mit anderen Items zusammen in eine Entscheidung einfließen und der Wert einzelner „Bits" daher kaum nachvollziehbar ist und ein Item zweitens in eine Vielzahl von Entscheidungen einfließt und dort Nutzen stiftet. Damit ist es bereist schwer, die diversen Nutzenlokationen für ein Item zu ermitteln. Noch schwieriger wird es sein, pro Nutzenlokation das Nutzenvolumen abzuschätzen. Wie hoch ist etwa der Nutzen, in einer Entscheidung über eine unternehmensübergreifende Produktionsplanung über Informationen zur aktuellen Kapazitätsauslastung in den einbezogenen Unternehmen verfügen zu können? Wie viel besser wird die Entscheidung in Kenntnis dieser Information? Diese Probleme lassen eine ordinale Nutzenbewertung zweifelhaft erscheinen. DIese Arbeit bescheidet sich damit, „binär" zu messen: Ein Item ist entweder relevant für das Supply Chain Management oder es ist nicht relevant.

Verfügbarkeit einer Information ist kein Relevanzindikator

Weiterhin wird die Relevanzbeurteilung nicht von der Verfügbarkeit und damit von der Erhebungssituation abhängig gemacht. Für Mag (1971, S. 808) sind diejenigen Informationen relevant „..., die sich auf das sachlich, zeitlich und räumlich abgegrenzte Planungsfeld beziehen und die tatsächlich erfasst werden (können)". Diese Definition ist für die Arbeit ungeeignet. Sie ist auf der einen Seite unspezifisch, weil die Formulierung „sich auf ein Planungsfeld beziehen" nicht ausreichend diskriminiert. Letztlich wird man alles auf ein Planungsfeld beziehen können. Es kommt aber die Qualität des Bezugs an. Hier sollen vornehmlich „kausale" Beziehungen" relevant sein. Weiterhin, und dass ist die wichtigere Kritik, ist es nicht sinnvoll, Relevanzen von der Erhebungssituation abhängig zu machen. Mit einem solchen Vorgehen

---

[26] Für eine derartige lexikalische Aufbereitung des Informationsbegriffs vergleiche insbesondere Hettich (1981).

[27] Vergleiche dazu etwa den Ansatz von Wild (1970).

würde man sich der Möglichkeit berauben, Informationslücken feststellen zu können. Informationen fließen in Entscheidungen ein. Bestimmte Informationen benötigt man für bestimmte Entscheidungen (diese sind eben „relevant", wie immer das aus ermittelt werden kann), andere hingegen nicht. Ist eine relevante Information aber nicht verfügbar, wird die Entscheidung ceteris paribus schlechter ausfallen. Die Information wird aber nicht irrelevant, weil sie nicht verfügbar ist.

1.6.3. Messtechnische Explikation: Konzeption der Informationsbasis als „Theoretische Anreicherung der Realität"

Die Überführung von Realität in ein Abbild (Informationsbasis) ist ein Messprozess. Die Einordnung der hier zu leistenden Arbeit in eine Theorie des (indirekten) Messens (Randolph 1979) ist hilfreich, um die Aufgabe explizieren zu können.

Die Abbildung der Realität in der Informationsbasis erfolgt anhand von Merkmalen. Die Theorie des Indirekten Messens erklärt, welchen methodischen Weg der Gestalter der Informationsbasis durchschreitet, um Phänomene des betrieblichen Alltags abzubilden (Abbildung 7). Ausgehend von der Realität, die auch nicht zweifelsfrei wahrgenommen wird [28], durchläuft er, wie die Abbildung zeigt, fünf Arbeitsschritte, um am Ende ein Abbildungsergebnis zu erhalten.

Abbildung 7 Messtechnische Explikation: theoretische Anreicherung der Realität

Indikatoren
Metrisierung
numerische Struktur
Operationalisierung
numerische Operation
Merkmale
numerisches Ergebnis
theoretische Anreicherung
empirische Interpretation
Realität
Meßergebnis (Daten)
Realhandlung

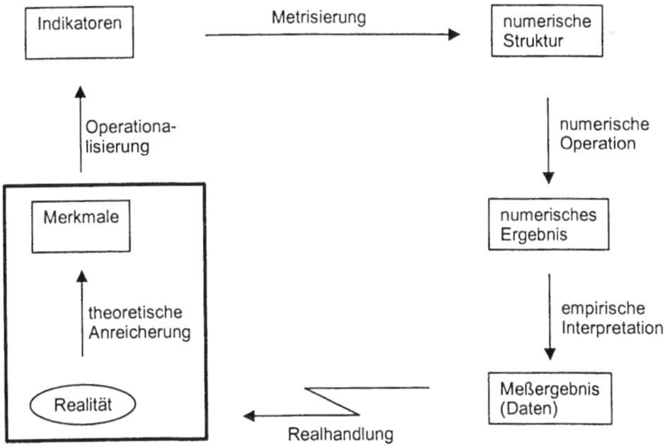

Im Fokus: Die „theoretische Anreicherung" der Realität

Ein betriebliches Phänomen, zum Beispiel der Teilprozess der Auftragsabwicklung in einem produzierenden Unternehmen, kann nicht umfassend, das bedeutet mit allen möglichen Aspekten abgebildet werden. Das wäre unökonomisch, da nur eine begrenzte Anzahl von Facetten relevant sein wird. Im Zuge einer theoretischen Anreicherung wird daher ermittelt, welche Facetten potenziell relevant sind und als Merkmale abgebildet werden sollen. Dazu

[28] Vergleiche dazu Kapitel 3.2.

benötigt man eine kausale Argumentation, die etwa lauten könnte: Es gibt einen engen Zusammenhang zwischen der Anzahl von Pickpositionen auf einem Kommissionierschein und der Produktivität der Kommissioniermitarbeiter. Jenseits einer bestimmten Anzahl „Picks" sinkt die Produktivität. Die Anzahl Positionen pro Kommissionierschein wird zu einem relevanten Merkmal der Wirklichkeit. Wie in der Vorausschau in Kapitel 1.4 gesagt, beschreitet diese Arbeit zwei Pfade, um zu ermitteln, was relevant sein kann: (1) Per Induktion beobachten, welche kausalen Argumentationen in der Literatur skizziert werden. (2) Per Deduktion ableiten, welche Merkmale relevant werden, wenn man die Supply Chain durch ein bestimmte Brille, metaphorisch, hier als Netzwerk, interpretiert. Wenn man den Fokus dieser Arbeit messtechnisch darstellen will, geht es also um die theoretische Anreicherung der Realität, um damit Indikatoren zu bestimmen.

Zur Komplettierung: Die anderen Schritte

Die noch ausstehende Komplettierung des Durchgangs durch den Messprozess ist hilfreich, um die oben genannten thematischen Abgrenzungen auch noch einmal messtechnisch zu erläutern. (1) Operationalisierung: Die zuvor bestimmten Merkmale erfahren im Verlauf der täglichen Leistungserstellung Merkmalsausprägungen. Um diese ermitteln zu können, sind Indikatoren zu definieren. Indikatoren stellen damit die Zuordnungsleistung dar, durch die empirische Terme mit theoretischen Termen verbunden werden können. Sie bieten damit die Möglichkeit, auch nicht direkt messbare Phänomene zu quantifizieren, also indirekt zu messen. Ein Indikator für das Merkmal "Kommissionierproduktivität" könnte die „Anzahl Picks pro Mitarbeiter und Stunde" sein. Ein Merkmal kann durch mehrere Indikatoren repräsentiert werden. (2) Metrisierung: Die Metrisierung ist ein technischer Schritt im Verlauf des Indirekten Messens. Es wird eine Skala gebildet, um das ermittelte „empirische Relativ" in ein „numerisches Relativ" zu transformieren, durch das es mathematisch repräsentiert wird. Mit diesem Quantifizierungsverfahren erfolgt der Übergang vom sinnlichen Beobachten zum Messen. (3) Numerische Operation und empirische Interpretation: Abschließend sind die gemessenen Größen in die etablierte Skala einzuordnen und zu interpretieren. Nach diesem Durchlauf stehen Messergebnisse (Daten) über das Erkenntnisobjekt bereit, die als Datenbasis die nachfolgenden Gestaltungen im Verlauf des Prozessmanagements begründen können.

1.6.4. Prozessorientierte Explikation: Die Definition der Informationsbasis als Phase des Controllingprozesses

Um die Aufgabenstellung weiter zu explizieren, ist es hilfreich, den Controllingprozess aus einer informationsorientierten Perspektive zu analysieren (Abbildung 8). Dabei entstehen vier Phasen [29]: (1) Konzeption der Informationsbasis, (2) Informationserhebung (Ermittlung von Sollwerten durch Planung und Budgetierung, Erhebung von Istwerten durch empirische Er-

[29] Für eine andere Phaseneinteilung vergleiche zum Beispiel Bahlmann (1982, S. 59 ff). Er beschreibt dort den Weg ausgehend vom objektiven Informationsbedarf über die Phasen der Verbalisierung und Operationalisierung dieses Bedarfes sowie der informationstechnischen Abbildung und schließlich des „Information Retrieval" bis hin zur Bereitstellung eines Informationsangebots.

mittlung, Dokumentation), (3) Informationsverarbeitung (nutzer- und aufgabenorientierte Aufbereitung und Auswertung im Zuge spezieller Rechnungen) sowie (4) Informationsverwendung (kognitive Verarbeitung von Informationen in Entscheidungsprozessen). Gegenstand der Arbeit ist ausschließlich die erste Phase.

Abbildung 8 Prozessorientierte Explikation: die Konzeption der Informationsbasis als grundlegende Phase des Controllingprozesses

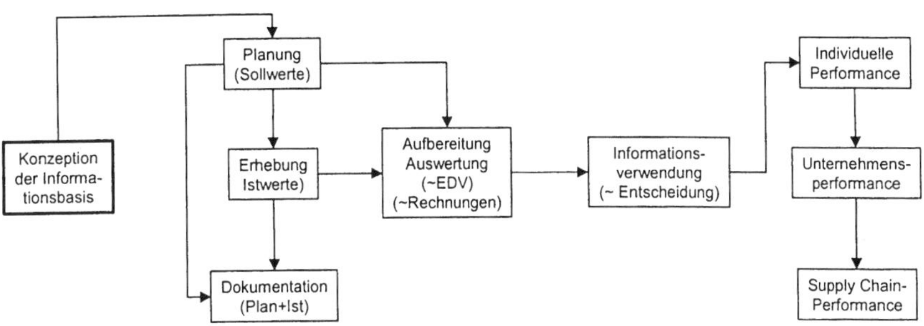

Die Abbildung macht eine weitergehende Präzisierung der Aufgabenstellung möglich. In der Literatur wird die „Benutzerforschung" als ein Instrument zur Analyse von Informationsbedarfen beschrieben (Koreiman 1975, S. 71 ff). Die dabei zu Grunde liegende Logik ist unmittelbar nachvollziehbar: Informationsbedarfe werden evident, wenn man das (Entscheidungs-) Verhalten der potenziellen oder der tatsächlichen Nutzer der Informationen beobachtet. Neben den Themen kann auf diesem Wege wohl insbesondere etwas gelernt werden über Umfänge, Zeitpunkte, bevorzugte Verdichtungsgrade oder ähnliche Modalitäten des Informationsbedarfs.

Die Benutzerforschung ist eine induktive Strategie zur Begründung des Informationsbedarfs. Die Arbeit bedient sich zwar auch eines induktiven Zugangs, um die Informationsbasis zu begründen, aber nicht in der spezifischen Ausprägung der Benutzerforschung. Die Informationsbasis wird also begründet, ohne das konkrete Verhalten der Nutzer zu berücksichtigen. Methodologisch entsteht damit sicher eine Unfertigkeit, weil eben die Modalitäten der Informationsverwendung unbeachtet bleiben. Dies wird aber billigend in Kauf genommen wird, um die Aufgabe lösbar zu halten.

In der Literatur zur Gestaltung von Informationssystemen, zu denen diese Arbeit einen engen Bezug hat, wird ebenfalls mit Phasenmodellen gearbeitet. Akzeptiert ist dort die Abfolge der Phasen Informationsbeschaffung, -speicherung, -verarbeitung und -übermittlung (Berthel 1975, S. 57 ff; Hettich 1981, S. 62) [30]. In dieser Sequenz wäre die Konzeption der Informationsbasis in der Phase Informationsbeschaffung zu verorten. Zu beachten ist aber, dass in den genannten Quellen der Beschaffungsprozess davon ausgeht, einen klaren „Auftrag" zu haben, welche Informationen zu beschaffen sind. Das hier diskutierte Problem, den Auftrag erst erzeugen zu müssen, ragt gewissermaßen „links" aus dieser Phasensequenz hinaus.

1.6.5. Strukturorientierte Explikation: die Informationsbasis als Komponente des Controllingsystems

Der Begriff der Informationsbasis ist zentral für die Arbeit, in der Literatur in der hier verwendeten Form aber nicht nachweisbar und daher in der etablierten Begriffslandschaft kurz einzuordnen. In der deutschsprachigen Betriebswirtschaftslehre gibt es keine einheitliche Auffassung zu den strukturellen Komponenten des Controlling. Die Vorschläge von Horváth (1996a) und Küpper (1997a) für das Controlling gehen von den gleichen Funktionalitäten aus, nehmen aber andere Einteilungen vor. (1) Horváth (1996, S. 157 ff sowie S. 27 ff) unterscheidet zwei Komponenten des Controllingsystems: das Planungs- und Kontrollsystem sowie das Informationsversorgungssystem. Das Planungs- und Kontrollsystem ist ein Informationsverarbeitungssystem, das Informationen für Zwecke der Planung und Kontrolle konsumiert. Es übernimmt keinerlei Funktionen, die der Verbesserung des Informationsstandes dienen (Horváth 1996, S. 329). Das Informationsversorgungssystem liefert den gesamten ergebnis-zielorientierten Informationsinput für das Planungs- und Kontrollsystem. Eingeschlossen in den Begriff der Information sind auch Methoden und Modelle. Horváth versteht Informationsversorgung also umfassend. (2) Küpper (1997a) nimmt nicht explizit Stellung zu den Komponenten eines Controllingsystems. Aus seiner Beschreibung von Funktionen und Instrumenten können aber Rückschlüsse gezogen werden. Ebenso wie Horváth (1996) fordert er die Ausrichtung des Informationssystems auf die dem Controlling zugewiesenen Aufgaben. Er nennt Planung, Steuerung und Kontrolle (Küpper 1997, S. 23) als zentral für die Controllingfunktion. Die Ausrichtung des Informationssystems bedeutet bei Küpper (1997a, S. 23) die Ermittlung des Informationsbedarfs, die Gestaltung der Informationserzeugung und die anwenderbezogene Informationsbereitstellung. Dem Informationssystem kommt als Basissystem für alle anderen Führungsteilsysteme eine besondere Rolle zu (Küpper 1997, S. 105). Küpper fasst die Komponente „Informationssystem" ähnlich weit wie Horváth (1996). Die Prozesse Beschaffung, Speicherung, Verarbeitung und Übermittlung von Informationen sind inkludiert. (3) Auch Weber nimmt nicht explizit zu den Komponenten des Controllingsystems Stellung. In seinen aktuellen Veröffentlichungen vertritt er die noch zu explizierende rationalitätsorientierte Perspektive zur Begründung des Controlling. Daraus leitet er vier Sicherstellungsfunktionen ab, die sich beziehen auf die Willensbildung, die Datenbereitstellung, die Durchsetzung und Kontrolle sowie auf „andere" Führungshandlungen (Weber und Schäffer 1998a, S. 17 ff). Es wird deutlich, dass er der Methodenkomponente eine große Bedeutung beimisst. Um eine rationale Willensbildung sicherzustellen, gewährleistet Controlling eine „optimale Kombination mehrerer Methoden" (Weber und Schäffer 1998c, S. 17). Rationale Führung, so argumentiert er weiter, setzt ausreichendes Wissen voraus. Für das Controlling leitet er die Aufgabe ab, im Informationssystem „führungsrelevante Informationen" bereitzustellen (Weber und Schäffer 1998c, S. 18).

---

[30] Für eine detaillierteres Modell vergleiche Mag (1971, S. 806).

1.6.6. Teleologische Explikation: „Diagnostic Control" und „Interactive Control"

Simons (1995) vertritt die These, ein effektives „Control System" solle aus vier Komponenten bestehen: „Diagnostic Control System" (operative Diagnosesystem), „Belief System" (Wertesystem), „Boundary System" (Grenzsystem) und „Interactive Control System" (Frühwarnsystem).

(1) Das operative Diagnosesystem vergleicht er mit der Instrumententafel eines Flugzeuges, in der eine Vielzahl operativer Informationen, die zur kurz- und mittelfristigen Steuerung erforderlich sind, vorgehalten werden. (2) Dieses System allein bietet aber noch keine ausreichenden Möglichkeiten zur Steuerung. Erforderlich ist weiterhin ein Wertesystem, aus dem die Mitarbeiter erkennen können, welche Ziele und Werte („Core Values")das Unternehmen sich gesetzt hat. (3) Das Wertesystem gibt Orientierung und setzt Ziele. Nachdem Ziele aber üblicherweise nur in einem bestimmten Korridor zulässiger Lösungen erreicht werden sollen, ist es erforderlich, diesen Korridor über das Grenzsystem zu kommunizieren. Hervorragende Bedeutung haben ethische Grenzen des Entscheidungshandelns. Denkbar sind aber auch etwa markt- oder technologieorientierte Abgrenzungen. Simons zitiert ein Computerunternehmen, das im Rahmen der strategischen Planung den Gesamtraum der möglichen Produkt-Markt-Kombinationen in einen „Red Space" und einen „Green Space" unterteilt. Entscheidungen, die in den roten Bereich führen, sind nicht zugelassen. Wertesystem und Grenzsystem bedingen einander: Werte setzen Ziele, motivieren und schaffen Antrieb. Grenzen verhindern, dass Mitarbeiter trotz weitgehender Autonomie nicht kontraproduktiv handeln. (4) Die Frühwarnkomponente vergleicht Simons (1995, S. 86) mit einem System zur Wettervorhersage. Eine Vielzahl dezentraler Horchposten sammelt kontinuierlich elementare Basisdaten wie etwa Luftdruck, Temperatur und Luftfeuchtigkeit, um dann periodisch daraus Muster erkennen und Prognosen ableiten zu können. Betriebswirtschaftliche Frühwarnung sollte seines Erachtens ähnlich funktionieren. Die dann gesammelten Daten haben grundsätzlich Ähnlichkeit mit denen des Diagnosesystems, unterscheiden sich aber in vier Aspekten von diesen (Simons 1995, S. 87): Sie haben potenziell strategischen Bezug; sie sind bedeutend genug, um eine häufige und personalintensive, hierarchieumspannende Auswertung zu rechtfertigen; sie können sinnvoll nur in Face-to-Face-Analysen ausgewertet werden und haben eine Katalysatorfunktion, die die kritische Diskussion über die zugrunde liegenden Daten, über die Annahmen und eingeschlagenen Kurse am Leben erhält.

Die Überlegung von Simons (1995) hilft, den Aufgabenbereich dieser Arbeit weiter zu präzisieren. Sicher ist es erforderlich, im Unternehmen Werte und Grenzen zu kommunizieren. In Kapitel 2.1 wird deren Bedeutung für rationale Entscheidungsfindung auch ausführlich beschrieben. Diese Arbeit beschränkt sich aber auf die Herleitung von Aussagen zu den Diagnose- und Frühwarnkomponenten der Informationsbasis. „Werte" und „Risiken" werden nicht beachtet.

1.6.7. Kennzahlenorientierte Abgrenzung: Keine „formalen“ Kennzahlensysteme

Eine Aufgabe der Arbeit besteht darin, Relevanzen zu identifizieren. Relevant ist alles, was Unternehmenserfolg erklärt. Die Abgrenzung wird präziser, indem der Prozess des Erklärens noch einmal betrachtet wird.

Unternehmenserfolg kann materiell und formal erklärt werden. Eine formale Erklärung kann darin bestehen, Erfolg als Gewinn zu definieren und als „Umsatz minus Kosten“ zu messen. Um daraus eine hilfreichere Aussage zu machen, müssten die Aggregate „Umsatz“ und „Kosten“ präzisiert werden, woraus weitere Definitionen und Vorschriften resultieren. Die Entwürfe zu umfassenden finanzorientierten Kennzahlensystemen (RL, ZVEI, DuPont [31]) sind aus solchen Überlegungen entstanden. Formale Relevanzen sind das Ergebnis eines Definitionsaktes und „stimmen immer“. Sie enthalten jenseits lexikalischer Sorgfalt und Systematisierung kein betriebswirtschaftliches Wissen über Ursachen und Wirkungen. Ebenso sind sie nicht unmittelbar handlungsleitend. Die Empfehlung „Erhöhe den Umsatz“ ist nicht operational, da Umsatz lediglich das Ergebnis einer Realaktion ist. Operational wäre zum Beispiel die Empfehlung, die Anzahl der Kundenbesuche zu steigern - mit der Vermutung, auf diesem Weg das Kaufverhalten der Kunden positiv zu verändern, wodurch der Umsatz steigt.

Solche Vermutungen werden hier als materielle Relevanzen bezeichnet. Diese sind von den formalen Relevanzen abzugrenzen. Eine materielle Relevanz kann ebenfalls Unternehmenserfolg erklären. Hier aber im Sinne einer operationalen (im Gegensatz zur formalen) Aussage darüber, was zu tun ist, um den Erfolg zu verbessern. Materielle Relevanzen enthalten Hypothesen über Ursachen und Wirkungen. Materielle Relevanz kann nicht definiert werden, sondern ist zu „entdecken“. Das sie nicht das Ergebnis einer stets richtigen Nominaldefinition ist, kann der die materielle Relevanz Konstatierende irren.

Die Arbeit setzt sich ausschließlich mit materiellen Relevanzen auseinander und ist an keiner Stelle daran interessiert, ein formales, auf Nominaldefinitionen basierendes Kennzahlensystem für das Supply Chain Management aufzubauen.

1.7. Vorschau: Die Argumentation in den folgenden Kapiteln

Die weitere Argumentation setzt sich aus sechs Kapiteln zusammen, deren Ineinandergreifen Abbildung 9 verdeutlicht.

Konzeptionelle Eckpunkte: Zunächst sind im zweiten Kapitel die konzeptionellen Eckpunkte zu setzen: Controlling wird als ein Instrument zur subsidiären Sicherung rationaler Entscheidungsfindung beschrieben (Kapitel 2.1). Der Begriff der Supply Chain wird unter Zuhilfenahme der aktuellen Literatur erstens rekonstruiert und zweitens, soweit möglich, auf bestehende, ältere Begriffe zurückgeführt (Kapitel 2.2).

Methodische Vorbereitung: Nachfolgend ist die Begründung der Informationsbasis methodisch vorzubereiten (Kapitel 3). Dazu werden in Kapitel 3.1 die Begriffe „Relevanz“ und „Thema“ eingeführt. Die Informationsbasis berichtet über Themen. Für die deduktive Ermitt-

---

[31] Vergleiche dazu ausführlich etwa Reichmann (1995b).

lung der Themen ist eine weitere methodische Vorbereitung erforderlich. Die hier durchzuführende Deduktion modelliert die Supply Chain als ein Netzwerk. Kapitel 3.2 stellt den Modellbegriff dar, beschreibt die Bedeutung eines Modells für die Deduktion und begründet, warum die Supply Chain als ein Netzwerk modelliert wird.

Abbildung 9 Die Argumentation in den folgenden Kapiteln

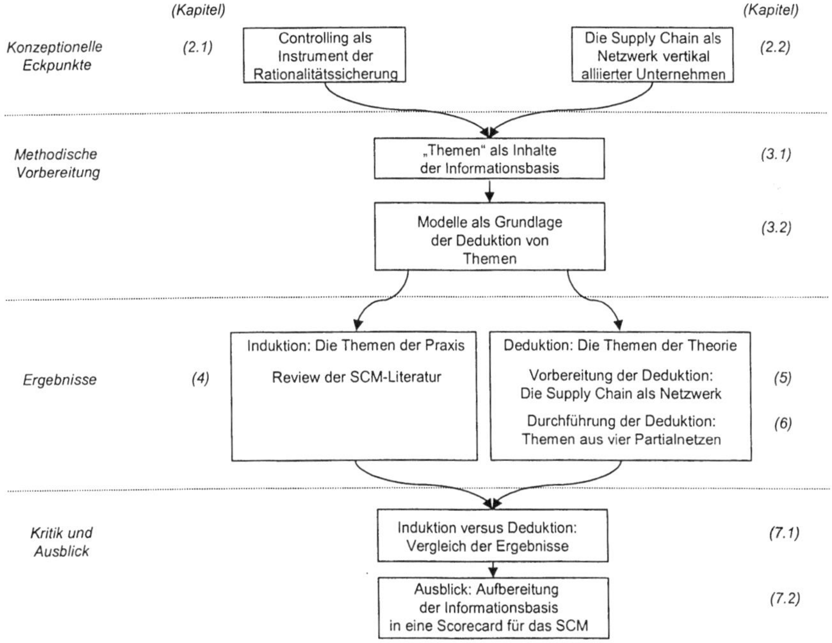

Ergebnisse: Die Kapitel 4, 5 und 6 erarbeiten und präsentieren die Ergebnisse der Untersuchung. In Kapitel 4 erfolgt die Rekonstruktion der Themen der Praxis. Dazu wird die aktuelle Literatur zum Supply Chain Management ausgewertet und in Perspektiven gruppiert. Für jede Perspektive lassen sich relevante Themen rekonstruieren.

Ergänzend zur Induktion stellt sich die Arbeit der Aufgabe, Themen auch über eine theorieorientierte Deduktion zu identifizieren. Dieser Weg ist vergleichsweise aufwändiger. Zunächst trifft Kapitel 5 dazu einige Vorbereitungen: Die Supply Chain ist als ein Netzwerk zu modellieren (Kapitel 5.1). Der in vielen Disziplinen verwendete Begriff „Netzwerk“ ist mehrfach zu präzisieren. Die Quintessenz der Modellierung der Supply Chain als Netzwerk besteht darin, für die weitere Untersuchung vier Partialnetze zu unterscheiden (Kapitel 5.2). Die Supply Chain, so die Argumentation, sollte für Analysezwecke gedanklich in ein Güternetz, ein Datennetz, ein soziales Netz und ein institutionales Netz zerlegt werden. Nach einer Explikation dieser Partialnetze in Kapitel 5.3 erfolgt ein wichtiger Schritt: Die Partialnetze werden in eine bestimmte Beziehung zueinander gesetzt. Jedes Partialnetz hat demnach eine spezifische Zielsetzung (Kapitel 5.4). Daran wird sich auch die Deduktion der Themen orientieren. Die Konsequenz für das Controlling besteht darin, aus insgesamt acht Feldern Themen für die Informationsbasis abzuleiten (Kapitel 5.5).

Kapitel 6 nimmt dann die derart vorbereitete Deduktion der Themen vor. Für jedes Partialnetz werden in den Kapiteln 6.1 bis 6.4 jeweils zwei Fragen gestellt: Anhand welcher Indikatoren kann ermittelt werden, wie gut das jeweils zu verfolgende Ziel erreicht wird? Anhand welcher Indikatoren kann ermittelt werden, wie gut die Voraussetzungen sind, um die Zielerreichung zu verbessern? Aus der Beantwortung dieser Fragen entstehen die jeweils relevanten Themen. Für jedes Partialnetz werden die gefundenen Themenlisten grafisch zusammengefasst.

Kritik und Ausblick: Die Arbeit endet mit Kapitel 7. In jeweils kurzer Form werden die per Induktion und Deduktion begründeten Themenliste miteinander verglichen (Kapitel 7.1). Daraus können Schlüsse für die weitere Forschung sowie für die Praxis gezogen werden. Kapitel 7.2 sucht den konzeptionellen Anschluss an die der Begründung der Informationsbasis nachgelagerten Aufgaben des Controlling. Um die Informationsbasis nutzen zu können, sind deren Inhalte aufzubereiten. Mit der Balanced Scorecard wird eine spezifische Form der Aufbereitung populär diskutiert. Kapitel 7.2 macht einen Vorschlag, wie eine Scorecard für das Supply Chain Management aussehen könnte.

2. Eckpunkte: Controlling sichert Rationalität - Supply Chain als Unternehmensverbindung

Zusammenfassung

- Controlling ist ein Subsystem der Führung mit der Aufgabe, die Rationalität organisationaler Entscheidungsfindung subsidiär sicherzustellen. Controlling hat demnach auch die Aufgabe, die rationale Entscheidungsfindung des Supply Chain Managements zu unterstützen. (Kapitel 2.1)

- Controlling als Rationalitätssicherung zu verstehen, ist ein neuer Ansatz in der Betriebswirtschaftslehre. Um diesen Ansatz für diese Arbeit aufzubereiten und für die Disziplin zu fundieren, wird die Aufgabenstellung eines rationalitätsorientierten Controlling entlang der idealtypischen Phasen eines Entscheidungsprozesses expliziert. (Kapitel 2.1.3)

- Das Objekt des Supply Chain Managements ist ein interorganisationales vertikales Arrangement rechtlich voneinander unabhängiger Unternehmen (Supply Chain). Der Begriff „Supply Chain" wird mehrdeutig verwendet und ist daher zu klären. Weiterhin ist der Begriff zwar „neu", greift aber auf Bestehendes zurück. Diese Wurzeln sind aufzudecken; der Begriff kann organisationstheoretisch verortet werden (Kapitel 2.2)

2.1. Controlling: Unterstützung rationaler Entscheidungsfindung für das SCM

In der deutschen Betriebswirtschaftslehre findet sich eine große Anzahl an Beiträgen zur konzeptionellen Fundierung des Controlling. Die Anfänge können auf das Jahr 1974 (Müller) sowie 1978 (Horváth) datiert werden. Bis in die heutige Zeit wird die Diskussion intensiv geführt, auch wenn sich ein Konsens abzuzeichnen schien, die „Koordinationsorientierung" als argumentativen Zugang zum Controlling zu akzeptieren. Die Diskussion hat vor kurzem aber erneut an „Schwung" gewonnen, da Weber mit seinen Mitarbeitern einen weiteren und deutlich anderen Zugang zur Begründung der Notwendigkeit des Controlling vorgestellt hat. Dieser Zugang soll hier als rationalitätsorientiert bezeichnet werden.

Der rationalitätsorientierte Ansatz ist damit der jüngste Versuch, die Disziplin zu begründen.[32] Die dazu verfügbaren Quellen sind auf wenige Lehrbuchseiten (Weber 1998a) sowie auf Arbeitspapiere und Aufsätze in Fachzeitschriften (Weber und Schäffer 1998a und b; Weber und Schäffer 1999d; Weber 1999a, Weber 1999b; Weber et al. 1999a; Weber 2000) beschränkt. Es bleibt abzuwarten, ob die von Weber begründete, deutlich andere „Rationalitätsorientierung", die er selbst als „integrativ" im Sinne von synthesefähig qualifiziert (Weber 1998a, S. 29 ff), einen Schlussstrich ziehen wird und ob sich der Streit um die richtige Controllingsicht tatsächlich, wie von Weber und Schäffer (1998a, S. 33) prognostiziert, weitgehend als ein „Scheingefecht" erweisen wird.

---

[32] Die bereits 1982 von Harbert vorgelegte Arbeit kann zwar als ein Vorläufer angesehen werden, argumentiert aber doch deutlich anders.

Auch wenn die Zukunftsaussichten eines rationalitätsorientierten Controlling derzeit noch ungeklärt sind, greift die Arbeit den Ansatz als einen zentralen konzeptionellen Baustein auf: Controlling hat demnach die Aufgabe, die Rationalität der Entscheidungsfindung des Supply Chain Managers subsidiär sichern. Eines der dazu erforderlichen Instrumente ist die Informationsbasis. In diesem Sinne bestätigt die Arbeit die Überzeugung, Rationalitätssicherung sei ein fruchtbarer Kontext für das Controlling - womit nicht zugleich die These vertreten sei, es sei der einzig sinnvolle Zugang. Zu diesem Problem bezieht die Arbeit nicht Stellung.

Das Kapitel verfolgt zwei Ziele. Erstens ist der rationalitätsorientierte Ansatz zum Controlling in seiner derzeitig in der Literatur nachweisbaren Form inhaltlich zu explizieren. Dazu werden die oben genannten Quellen kurz referiert. Danach will die Arbeit aber einen Beitrag leisten, um den Ansatz konzeptionell zu fundieren und ein Stück „weiter zu denken". In erster Linie soll gezeigt werden, mit welchen Aufgabenstellungen das Controlling konfrontiert wird, wenn Entscheidungsrationalität gesichert werden soll. Dabei wird sich zeigen, dass der Ansatz in der Lage ist, einige bewährte Argumente in die Diskussion „zurückzuholen"; insbesondere die von March und Simon (1958), Cyert und March (1963) sowie Simon (1976). Analysiert man deren Schilderung organisationaler Entscheidungsprozesse, kann man beinahe direkt ableiten, was Controlling, und auch was der Controller tun sollte, um Rationalität zu sichern.

2.1.1. Rationalitätssicherung als neuer Ansatz für das Controlling

„Rationalitätssicherung" tritt als neue Perspektive in eine Landschaft etablierter Controllingansätze. Um das Neue des Ansatzes beurteilen zu können, ist es hilfreich, die etablierten Vorschläge kurz zu referieren.

Informationsorientiertes Controlling

Controlling wird aus der Informationsperspektive verstanden als ein Mechanismus zur Informationsversorgung. Diese Sichtweise wurde bereits sehr früh von Müller (1974, S. 683) vertreten, der unter Verweis auf die praktische Diskussion eine Tendenz sieht, „... das Controlling als eine zentrale Einrichtung der betrieblichen Informationswirtschaft zu verstehen.". Die primäre Funktion des Controlling ist demnach die Koordination von Informationsbedarf einerseits und Informationsbeschaffung andererseits. Der Controller wird dann zu einem Dienstleister und Informationsmanager.

Küpper sieht in den schnell wachsenden Möglichkeiten der Informationsversorgung über moderne Informations- und Kommunikationstechnologien einen Schub für die Bedeutung des Controlling aus dieser Perspektive (Küpper 1997, S. 11). Er weist aber auch darauf hin, dass die Informationsperspektive durch den später entwickelten umfassenderen Kontext der „Koordination" zur Begründung des Controlling vollständig synthetisiert wird [33] und daher aus

---

[33] Synthese ist eine Eigenschaft eines Kontextes (Etzioni 1975b, Seite 167 ff). Nach Etzioni ist ein Kontext ein Bezugsrahmen, innerhalb dessen Elementareinheiten des Wissens organisiert und verwendbar gemacht werden können. Den Prozess des Organisierens bezeichnet er als Synthetisierung und dessen Ergebnis als Synthese. Synthese ist nach Etzioni also ein Maßstab für die Eignung eines Kontextes, Wissen zu organisieren.

heutiger Sicht als separater Ansatz obsolet geworden ist (Küpper 1997, S. 12),. Das Informationsversorgungssystem wird im koordinationsorientierten Ansatz als eines von mehreren Objekten der Koordinationsaufgabe angesehen.

Koordinationsorientiertes Controlling

Koordination bedeutet Abstimmung, Harmonisierung und Ausrichtung von Einzelaktivitäten im Hinblick auf ein gemeinsames Ziel. Die Vorstellung, dass eine solchermaßen verstandene Koordination im Mittelpunkt des Controlling steht, dominiert aus heutiger Sicht die akademische Diskussion und ist weitgehend [34] akzeptiert (Horváth 1996, Küpper et al. 1990, Küpper 1997; Peemöller 1992), wobei Weber und Schäffer (1999d) im Zuge der Ausarbeitung der rationalitätsorientierten Sicht allerdings deutliche Zweifel an der Zukunftsfähigkeit des Ansatzes äußern. [35]

Der Gedankengang zur Fundierung dieser Sicht wird unter Anlehnung an Horváth (1996) und Küpper (1997) kurz referiert (Abbildung 10). Das Unternehmen, so deren Argumentation, ist ein offenes und arbeitsteiliges, also strukturell differenziertes System (Horváth 1996, S. 88). Um die Konzeption zu erläutern, wird das System "Unternehmung" in die Subsysteme „Führungssystem“ und „Ausführungssystem“ zerlegt (Horváth 1996, S. 104). Das System "Führung" besteht erneut aus Subsystemen. Unterschieden werden üblicherweise Planungssystem, Kontrollsystem, Personalführungssystem, Informationssystem und Organisation. Das Ausführungssystem besteht ebenfalls aus Subsystemen, auf die hier aber nicht weiter eingegangen werden muss, da sie für die Begründung des Controlling unerheblich sind.

Die Tätigkeiten der Subsysteme sind gegenseitig abzustimmen. Der Abstimmungsprozess wird als Koordination bezeichnet und ist Aufgabe der Unternehmensführung beziehungsweise wird mit dem Begriff Unternehmensführung oder Management gleichgesetzt. Erforderlich ist eine Abstimmung zwischen den Ausführungssubsystemen (primäre Koordination) sowie zwischen den Führungssubsystemen (sekundäre Koordination). Ohne effektive sekundäre Koordination kann keine primäre Koordination erfolgen. Die systembildende, präsituative Koordination erfolgt über den Aufbau einer formalen Gebilde- und Prozessstruktur (Horváth 1996, S. 117). Systemkoppelnde, ad hoc Koordination erfolgt über Anpassungsvorgänge innerhalb einer bestehenden, "laufenden" Systemstruktur dar. Horváth (1996) nennt das respektive auch Systemgestaltung und systeminterner Abstimmung.

Die primäre Koordination erfolgt im Konzept der plandeterminierten Unternehmensführung über Pläne im Rahmen eines Managementprozesses mit den Phasen Planung, Durchführung (Organisation, Personaleinsatz, Führung) und Kontrolle. Das Ziel des Controlling besteht darin, die Koordinationsfähigkeit sowie die Anpassungsfähigkeit der Unternehmensführung zu verbessern. Diese Ziele sind unmittelbar von den Systemeigenschaften "Offenheit" und "Differenzierung" abgeleitet.

---

[34] Für eine kritische Hinterfragung der Koordinationssicht vergleiche aber zum Beispiel auch Männel (1993b, S. 26 f).

Abbildung 10 Controlling als Koordinationsfunktion - Ableitung der Konzeption

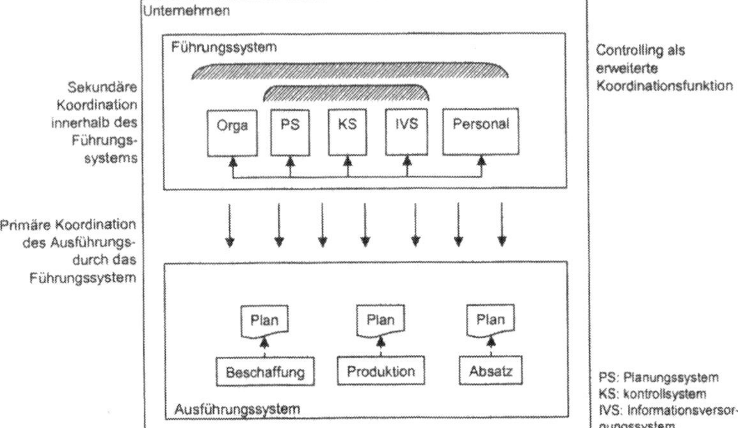

Bis hierher besteht weitgehend Konsens in der Literatur. Dissonanzen entstehen jedoch in Bezug auf das Objekt und das Volumen der Koordination. Horváth (1996, S. 143) schlägt vor, zur Abgrenzung der Konzeptionen drei Stufen des zu beherrschenden Koordinationsvolumens zu unterscheiden: (1) Die Koordination der Informationserzeugung und –Bereitstellung mit dem Informationsbedarf, (2) die Koordination des Planungs- und Kontrollsystems mit dem Informationsversorgungssystem sowie (3) die Koordination des Führungsgesamtsystems.

Die planungs- und kontrollorientierte Konzeption, die maßgeblich durch Horváth geprägt wurde, erkennt die Funktion des Controlling in der „ergebnisorientierten Koordination von Planung und Kontrolle sowie Informationsversorgung" mit dem Ziel der Gewährleistung der „Koordinations-, Reaktions- und Adaptionsfähigkeit der Führung ..." (Horváth 1996, S. 139). Dieser Ansatz soll nachfolgend als das koordinationsorientierte Controllingkonzept im engeren Sinne bezeichnet werden. Eine Erweiterung des Koordinationsumfangs haben Küpper et al. (1990) gefordert; deren Konzept soll hier als „erweitert koordinationsorientiert" bezeichnet werden.[36] Demnach bestehen Controllingfunktion und –ziel „...in der Koordination des Führungsgesamtsystems zur Sicherstellung einer zielgerichteten Lenkung" (Küpper 1997, S. 12). Die erweitert koordinationsorientierte Sicht ist mit den Argumenten mangelnder empirischen Nachweisbarkeit und kaum begründbarer Abgrenzung der Funktionen von Controlling und Unternehmensführung substantiell kritisiert worden (Schneider 1994; Horvath 1996).

---

[35] Weber und Schäffer (1999d, S. 20) kritisieren zusammenfassend: Der Ansatz sei „nur eingeschränkt praxiskompatibel" und besitze daher „nicht das Potenzial ... , das Eigenständige der Disziplin zu begründen".

[36] Mit dieser Wortwahl wird der Kritik von Horvath (1996a, Seite 142) an der Vorgehensweise, allein der *erweitert* koordinationsorientierten Controllingkonzeption das Prädikat „koordinationsorientiert" vorzubehalten, zugestimmt.

Rationalitätsorientiertes Controlling

Die Argumentation zur Ableitung der Notwendigkeit des Controllings aus rationalitätsorientierter Sicht unterscheidet sich grundsätzlich von den zuvor diskutierten Ansätzen. Die Beiträge dazu sind noch derart jung, dass deren Rezeption zur Zeit noch unklar ist. Im gewissen Sinne vorauseilend hat Küpper (1997, S. 6) dazu aber bereits ablehnend Stellung bezogen. In einer Synopse kritisiert er die rationalitätsorientierte Begründung, die zu diesem Zeitpunkt lediglich von Harbert (1982) vortragen worden ist, als „ungeeignet", „... da auch Entscheidungen anderer Funktionalbereiche rational sein sollten." (Küpper 1997, S. 7).

Der Managementprozess, Weber spricht vom Führungszyklus, ist Ausgangspunkt der Überlegung. Dazu werden die Phasen Willensbildung, Willendurchsetzung, Ausführung und Kontrolle unterschieden. Das Ziel des Controlling bezieht sich insbesondere auf die Phase der Willensbildung. Es besteht darin, „...eine angemessene Rationalität [...] der Führung sicherzustellen" (Weber 1998, S. 33). Damit wird ein Bild der Unternehmensführung gezeichnet, die große Kraft aus unternehmerischer Intuition schöpft, mitunter jedoch Gefahr läuft, über das Ziel hinauszuschießen und irrational zu entscheiden. Controlling soll das Korrekturmoment sein. Angestrebt wird eine Balance zwischen Reflexion und Intuition. Weber und Schäffer (1998b, S. 6) schlagen daher vor, „durch reflexive Führungselemente ein Gegengewicht zur intuitiven, mit unternehmerischem Fingerspitzengefühl getroffenen Entscheidungen und Maßnahmen zu bilden.". Die Präsenz dieses reflexiven Elements, so die Argumentation, wird durch den Controller subsidiär sichergestellt. Der Controller leistet Führungsunterstützung.

Die Aufgabe der Sicherstellung von Rationalität ist im Unternehmen auf verschiedene Handlungsträgertypen verteilt (Weber und Schäffer 1998a, S. 33). Dazu gehören Controller, Führungskräfte, interne sowie externe Berater. Der Controller übernimmt, so die Überlegung, die Sicherungsfunktion lediglich subsidiär. Er greift erst dann ein, wenn Rationalitätsengpässe ohne angemessene Handlungsträger vorliegen und der Controller unter Koordinations-, Eignungs- und Verhaltensaspekten dazu befähigt ist. Die Autoren sprechen auch von einem Filtermodell.

Der rationalitätsorientierte Ansatz geht von begrenzt rationalen und potentiell opportunistischen Entscheidern aus. Controller „... stellen die betrieblichen Zweck-Mittel-Relationen sicher, indem sie die negativen Folgen mangelnden Wollens und mangelnden Könnens der Manager begrenzen." (Weber und Schäffer 1998a, S. 12). Controller können die Effizienz der Führung verbessern, da sie durch Spezialisierung, Erfahrungsvorteile und geringere Entlohnung in der Lage sind, dem Management Freiräume zu verschaffen.

2.1.2. Grundlegend: Das Konzept der Rationalität

Für das Verständnis des rationalitätsorientierten Ansatzes zum Controlling ist es erforderlich, sich zunächst Klarheit über den, in der Literatur sehr heterogen verwendeten Begriff „Rationalität" zu verschaffen.

In der Entscheidungstheorie findet sich in der Regel ein nutzenorientiertes Rationalitätskonzept. Eine Entscheidung ist rational, wenn das damit erreichte Nutzenvolumen maximal ist. Rationale Konsumenten fragen ein Güterbündel nach, mit dem sie ihre individuelle Nutzenfunktion maximieren. Rationale Unternehmen produzieren so, dass der Gewinn oder eine andere Zielvariable maximal wird.

Obwohl Rationalität damit diskriminiert (die eine richtige von den vielen falschen Entscheidungen), lässt sie noch sehr vieles offen. So ist noch wenig gesagt über den Zeitpunkt, zu dem Rationalität ermittelt werden soll: Im Moment der Entscheidung, oder erst dann, wenn es sich zeigt, ob der Nutzen tatsächlich entstanden ist? Ebenso, wessen Nutzenvolumen gemeint ist: Nutzen für das Unternehmen oder persönlicher Nutzen? Weiterhin, was „maximal" ist: Subjektiv maximal oder objektiv maximal. Und ebenso wenig darüber, ob eine Entscheidung auch „moralisch gut" ist; zum Beispiel also darüber, wie das erwartete Nutzenvolumen verteilt wird.

Ohne eine weitere Spezifikation ist das Rationalitätskonzept also alles andere als eindeutig. Es erstaunt daher nicht, dass Urban (1985) in einem sehr knappen Überblick allein in der Wissenschaftstheorie elf Deutungen unterscheidet: Planungsrationalität, Entscheidungsrationalität, formalistisch-logizistische Rationalität, kommunikative Rationalität, konstruktivistische Rationalität, kontemplative Rationalität, evolutionstheoretische Rationalität, pluralistische Rationalität, synthetisierende Rationalität und polaritätstheoretische Rationalität.

Eine derart eklektische Betrachtung soll hier aber nicht angestellt werden. Mit Fokus auf die Bedarfe der Betriebswirtschaftslehre konzentriert sich die Analyse gleich auf das entscheidungstheoretische Rationalitätskonzept (Schaffitzel 1982).[37] Die Betriebswirtschaftslehre ist mit diesem Konzept weithin vertraut. Assoziationen optimaler Auswahl und von „Effizienz" (Wurde das Ziel mit dem geringsten Aufwand erreicht?) und „Effektivität" (Zu welchem Grad wurde das Ziel erreicht?) liegen nahe. In Ergänzung seiner deskriptiv-analytischen Kraft, die eine Entscheidungssituation in den Kategorien „Zweck" und „Mittel" zu rekonstruieren vermag, ist das entscheidungstheoretische Rationalitätskonzept zugleich „Programm"; es ist normativ aufgeladen. Die Norm besteht in Anleitung zur Nutzenmaximierung, mitunter auch als Rationalprinzip bezeichnet. Unter gegebenen Prämissen gibt es eine nutzenmaximale Lösung. Wird davon abgewichen, entsteht Irrationalität. Rationalität ist so verstanden in erster Linie eine formale Wahlrationalität (Schaffitzel 1982, S. 78).

Benachbarte Disziplinen verwenden den Begriff zwar deutlich anders, jedoch mit zunehmender Relevanz für die Betriebswirtschaftslehre. So etwa die Soziologie, in der Giddens (1986, S. 376) Rationalität definiert als: „The capability competent actors have of 'keeping in touch' with the grounds of what they do, as they do it, such that if asked by others, they can supply reasons for their activity." Der Anspruch ist offensichtlich ein anderer. Es geht nur (?) noch darum, begründen zu können, „warum man etwas so tut, wie man es tut".

---

[37] ... wobei dieser direkte Weg in das Thema gar nicht so viel Diskussionsterrain außer Acht lässt, denn es ist „... heute kaum mehr übertrieben, von einer totalen Vereinnahmung des Rationalitätskonzepts durch die Entscheidungstheorie zu sprechen." (Schaffitzel 1982, S. 90).

Controlling rationalitätsorientiert zu begründen wird durch diese begriffliche Unklarheit und Weite des Rationalitätsbegriffs erschwert. Es gibt eine Reihe von Auslegungen, die für das Controlling nicht alle gleich zielführend sind. Die nachfolgende Argumentation kann nicht zur Auflösung dieser Unterschiede beitragen, sondern nur explizieren, welche Deutungen es gibt und festlegen, was im Folgenden gemeint ist.

Die Basis: Simons sechs Rationalitäten

Nach Simon (1976, S. 75 ff) hat Rationalität etwas zu tun mit „... der Auswahl von Verhaltensalternativen, die in Bezug auf ein Wertsystem vorteilhaft sind und deren Konsequenzen ermittelt werden können".[38] Damit lässt der Begriff aber noch viel Spielraum für Mehrdeutigkeiten, die Simon versucht, durch eine Differenzierung zu verhindern. Er unterscheidet sechs Formen der Rationalität:

Objektive Rationalität (Objectively Rational): Wird tatsächlich die bestmögliche Lösung gewählt? Der objektive Rationalitätsbegriff macht eine Anleihe aus der klassischen Entscheidungstheorie, indem unterstellt wird, die „tatsächliche beste Lösung" sei ermittelbar. Immer dann, wenn diese beste Lösung nicht zum Zuge kommt, wird dieser Definition folgend irrational gehandelt. Hill et al. (1994, S. 65) sprechen sinngemäß auch von vollkommener Rationalität sowie von Optimalität, Allison und Zelikow (1999, S. 19 ff) von „Comprehensive Rationality".

Subjektive Rationalität (Subjectively Rational): Wird die subjektiv bestmögliche Lösung gewählt? Das zur Beurteilung der subjektiven Rationalität relevante Subjekt ist die konkrete Person des Entscheiders, der sich in einer konkreten Entscheidungssituation befindet. Gefragt wird, ob der Entscheider in der fokalen Situation unter Berücksichtigung seines Informationsstandes und seiner kognitiven Fähigkeiten die beste Entscheidung getroffen hat. In diese Auslegung kann auch das Konzept der „beschränkten" Rationalität eingeordnet werden (Kirsch 1994, S. 114; Hill et al. 1994, S. 66). Es wird deutlich, welch großer Anforderungsunterschied zwischen objektiver und subjektiver Rationalität liegt.

Bewusste Rationalität (Consciously Rational"): Wird bewusst entschieden? Bewusstes Entscheiden erfordert, Ziele und Mittel in einem logisch nachvollziehbaren kognitiven Prozess zu verknüpfen.

Absichtliche Rationalität (Deliberately rational): Wird der Entscheidungsprozess bewusst und absichtlich initiiert? Die Unterscheidung von „absichtlicher" und „bewusster" Rationalität ist unscharf. Die wörtliche Übersetzung beider Adjektive (consciously, deliberately) führt zu den Assoziationen von „Absichtlichkeit", „Bewusstheit" oder „Überlegtheit". Der Unterschied kann gesehen werden in der Lokalisierung des Rationalitätsnachweises innerhalb des Entscheidungsprozesses. Zur Identifizierung absichtlicher Rationalität fragt man, ob ein (Entscheidungs-) Prozess planmäßig veranlasst wurde. Simon (1976, S. 76) verdeutlicht das am Beispiel des Schreibmaschinenschreibens: Eine Sekretärin trainiert sich, um gehörten Text

[38] Übersetzung durch AO; die Formulierung „... hat etwas zu tun mit ..." ist bewusst gewählt, da Simon selbst auch nicht hart definiert hat: „... is concerned with ...".

„automatisch" in Fingerbewegungen auf der Schreibmaschine umwandeln. Der Vorgang erfüllt nicht den Anspruch bewusster Rationalität, da die Ziel-Mittel-Verknüpfung nicht explizit veranlasst wird, sondern Reflexcharakter hat. Hingegen wird die Sequenz von „Text hören/lesen" und „tippen" aber absichtlich in Bewegung gesetzt.

Organisationale Rationalität (Organizationally Rational): Werden organisationale Ziele verfolgt? Eine Entscheidung ist aus dieser Sicht rational, wenn der Entscheider zur Beurteilung der Vorteilhaftigkeit von Alternativen das durch das Unternehmen spezifizierte Werte- und Prämissensystem verwendet.

Persönliche individuelle Rationalität (Personally Rational): Werden persönliche, individuelle Ziele verfolgt? Die nachfolgende Diskussion macht deutlich, dass Entscheider in organisationalen Situation anhand von Prämissen und Wertesystemen entscheiden. Dabei fließen auch in organisationalen Zielen persönlichen Werte und Überzeugungen ein. Persönliche Rationalität kann als Gegenposition zur organisationalen Rationalität verstanden werden; mit der Entscheidung werden persönliche Ziele verfolgt.

Wenn nachfolgend unspezifiziert von Rationalität gesprochen wird, ist damit in der Regel organisationale und subjektive Rationalität gemeint. Ansonsten wird das Adjektiv mitgeführt.

Die Basis: Max Webers Zweckrationalität

Max Weber (1980, S. 13) unterscheidet Zweck- und Wertrationalität. Zweckrational handelt, „... wer sein Handeln nach Zweck, Mitteln und Nebenfolgen orientiert und dabei sowohl die Mittel gegen die Zwecke, wie die Zwecke gegen die Nebenfolgen, wie endlich auch die verschiedenen möglichen Zwecke gegeneinander rational a b w ä g t ...". Die Zweckrationalität entspricht dem Konzept, das oben unter Verweis auf Simons Überlegungen bereits als subjektive Rationalität bezeichnet wurde.[39] Auch Max Weber geht es darum, das Handeln auf Zwecke auszurichten und dabei Mittel und Konsequenzen, er spricht von „Nebenfolgen", abzuwägen. Ebenfalls ähnlich wie Simon grenzt Max Weber (1980, S. 12) rationales Entscheiden von affektuellem oder traditionalem Handeln ab. Traditionales Handeln setzt er an die Grenze überhaupt sinnhafter Handlung, denn „... es ist sehr oft nur ein dumpfes, in der Richtung der einmal eingelebten Einstellung ablaufendes Reagieren auf gewohnte Reize." Weiter unten wird diese Trennung auch für die Analyse von Entscheidungsprozessen relevant werden.[40] Affektuell handelt, „... wer sein Bedürfnis nach aktueller Rache, aktuellem Genuß, aktueller Hingabe, ... oder nach Abreaktion aktueller Affekte ...befriedigt." (Weber 1980, S. 12).

Von der Zweckrationalität grenzt Max Weber (1980, S. 12) die Wertrationalität ab. Letztere liegt vor, wenn Entscheidungen getroffen werden, weil damit ein unbedingter „... Eigenwert des Sichverhaltens ...", der nicht per Zweckrationalität hinterfragt werden kann, verfolgt werden soll. Auch hier zeigt sich die Parallele zu Simons Unterscheidung von „Value Judge-

[39] Mitunter wird in diesem Zusammenhang auch von instrumentaler Rationalität gesprochen (Urban 1985, S. 39 ff).

ments"[41] und „Factual Judgements". Wenn zwischen verschiedenen Zwecken und Folgen entschieden wird, ist das Handeln lediglich in seinen Mitteln zweckrational. Zweckrationalität lebt daher immer eng an der Grenze zur Irrationalität, insbesondere dann, wenn die Verfolgung von Eigenwerten den Handlungslauf derart dominiert, dass die Folgenbündel dabei außer Acht geraten.

Die Objekte der Rationalität: Input - Prozedur - Output

Rationalität wird üblicherweise als substanzielle oder finale Rationalität aufgefasst. Die Besonderheit dieser Auslegung wird deutlich, wenn man sie mit den Alternativen einer prozeduralen und Inputrationalität vergleicht (Eisenführ und Weber 1999, S. 5 ff; Weber et al. 1999a, S. 7). Substanzielle Rationalität bezieht sich auf das Ergebnis einer Entscheidung und fragt, um etwa die subjektive Rationalität zu beurteilen, ob der Entscheider unter den gegebenen Umständen ein besseres Ergebnis hätte erreichen können. Die gleiche Frage kann man auch auf den Prozess beziehen: Wurde in der gegebenen Situation eine vernünftige Schrittfolge eingeleitet? Es muss klar sein, dass prozedurale Rationalität immer nur eine vorläufig zufriedenstellende Antwort geben kann, da auf lange Sicht nur die Erreichung der gesetzten Ziele, nicht bereits das Begehen des richtigen Weges den Bestand des Unternehmens sichert. [42] Schließlich kann Rationalität auch auf den Input bezogen werden. Als Beispiel geben Weber et al. (1999a, S. 7) Unternehmensberatungen an, die aus hier nicht weiter relevanten Gründen, großen Wert auf eine „rigorose Inputrationalitätssicherung" legen.

Rationalitätsaussagen auf Input, Prozedur oder Output zu beziehen, mag aus betriebswirtschaftlicher Perspektive unmittelbar zur Sache kommen, darf aber nicht darüber hinwegtäuschen, dass es bereits eine Vorentscheidung beinhaltet. Wie unter anderem bei Mannheim (1958) deutlich wird, ist das aber bereits eine spezielle Auslegung von Rationalität, die Mannheim als „substanzielle" Rationalität bezeichnet. Diese führt zur personal zurechenbaren Fähigkeit, auf der Grundlage transparenter Zusammenhänge vernünftig entscheiden zu können (Urban 1985, S. 8). Die so verstandene Rationalität als kognitive Leistung grenzt Mannheim von der funktionellen Rationalität ab. Letztere wird nicht einer singulären Entscheidung sondern vielmehr einem Zustand oder einer Handlungsreihe zugesprochen. Der Zustand (einer Gesellschaft, eines Unternehmens, einer sozialen Gruppe) ist funktionell rational im Sinne von durchrationalisiert, wenn Ziele erreicht werden und wenn Handlungsträgern bestimmte Plätze in einem aus funktionalen Gesichtspunkten geordnetem System zugewiesen werden.

---

[40] Vergleiche dazu die Ausführungen zur habituellen Handlung in Kapitel 2.1.3.1 sowie insbesondere Abbildung 15.

[41] Die Begriffe „Value" und „Fact" sind für Simon grundsätzlich zu unterscheiden: „Value Judgment" beantwortet die Frage, was erreicht werden soll. „Factual Judgments" beziehungsweise „Decisions" beschreiben hingegen, auf welchem Wege etwas erreicht werden soll (Simon 1976, S. 4).

[42] Weber et al. (1999b, S. 7) schließen an dieser Stelle eine Kontingenzuntersuchung an, mit der sie feststellen wollen, wann welche Rationalitätskonzeption zu wählen ist. Dieser Schritt ist für diese Argumentation aber irrelevant.

Rationale Handlungsreihen machen auch für Außenstehende „Sinn", sind durchschaubar und vorhersagbar. [43] [44]

Die Begründung von „Rationalität" - Die Adressaten

Hill et al. (1994, S. 158 ff) unterscheiden instrumentale und sozio-emotionale Rationalität. Instrumentale Rationalität ist ein Maßstab für den Zielerreichungsgrad. Sie beschreibt, in welchem Umfang eine Entscheidung, oder auch ein Unternehmensbereich, eine Abteilung oder eine Funktion, zielführend ist, also „... ihre Funktion in bezug auf die Systemprozesse erfüllt ...". Instrumentale Rationalität sagt wenig aus über sozio-emotionale Rationalität, die danach fragt, ob die Bedürfnisse der Teilnehmer gegenüber der Organisation hinreichend befriedigt werden. Es geht also um die Frage, aus wessen Perspektive eine Entscheidung oder ein Zustand als rational bewertet werden sollte. Instrumentale Rationalität wird aus der Sicht eines anonymen Nutzenmaximierers, für den die sozio-emotionale Rationalität, die die Anspruchsgruppen des Unternehmens adressiert, ohne Beachtung bleibt.

Die institutionale Reichweite von „Rationalität": Unternehmen versus Supply Chain

Mit den Adressaten ist auch die Reichweite verbunden. Alternative Reichweiten der Rationalitätsbeurteilung können zum Beispiel sein: Stelle, Abteilung, Bereich, Unternehmen, Supply Chain. In ähnlicher Form, aber in systemorientierter Terminologie hat Reichwald (1987) unterschiedliche Rationalitätsstufen vorgeschlagen, die er bezeichnet als isolierte technikbezogene Wirtschaftlichkeit (W1), subsystembezogene Wirtschaftlichkeit (W2), gesamtorganisationale Wirtschaftlichkeit (W3) und gesellschaftliche Wirtschaftlichkeit (W4).

Fazit: Controlling sichert die subjektive, organisationale und substanzielle Rationalität aus Sicht der Teilnehmer

Die kurze Skizze alternativer Konzeptionen zum Begriff der Rationalität hat die Facetten des Begriffes aufgedeckt, die erforderlich sind, um die Controllingaufgabe spezifizieren zu können. Abbildung 11 zeigt das Ergebnis. Referenz der durch Controlling zu sichernden Entscheidungsrationalität ist die Organisation und nicht das Individuum. Maßstab zur Ermittlung eines Rationalitätsurteils soll der begrenzt rationale Entscheider sein (subjektive Rationalität). Auf lange Sicht zwingend und in allen anderen Fällen wann immer möglich, sollte sich die Rationalitätsbeurteilung auf den Output beziehen. Input- und prozedurale Rationalität können immer nur Hilfsgrößen sein. Adressaten der Rationalitätsaussage sind die Teilnehmer der Organisation.

---

[43] In jüngerer Zeit haben Allison und Zelikow (1999) den Aspekt aufgegriffen. Eine Handlungsreihe ist demnach rational, wenn sie in Bezug auf die vorliegenden Ziele vollständig und logisch erklärt werden kann. Rationalität erlaubt, das Verhalten von Menschen in beschreibbaren Situationen zu prognostizieren, wenn deren Ziele bekannt sind. Die Unterstellung von Rationalität erlaubt es, zu erklären, warum so gehandelt wurde. Man kann ex post zum gleichen Ergebnis kommen („redoing the calculation").

[44] Rationalisierung ist demnach ein umfassender Prozess der Regelung des wirtschaftlichen, sozialen und politischen Verhaltens durch Normen und Gesetze. Max Weber spricht auch von „okzidentaler Rationalität" als wesentlicher Eigenschaft einer Gesellschaft; hier insbesondere der europäischen Gesellschaften zu Beginn der Neuzeit. Verrechtlichung, Zivilisierung und Sozialdisziplinierung führen zu Berechenbarkeit wirtschaftlichen und politischen Handelns.

Abbildung 11 Die Entwicklung einer tragfähigen Rationalitätskonzeption für das Controlling

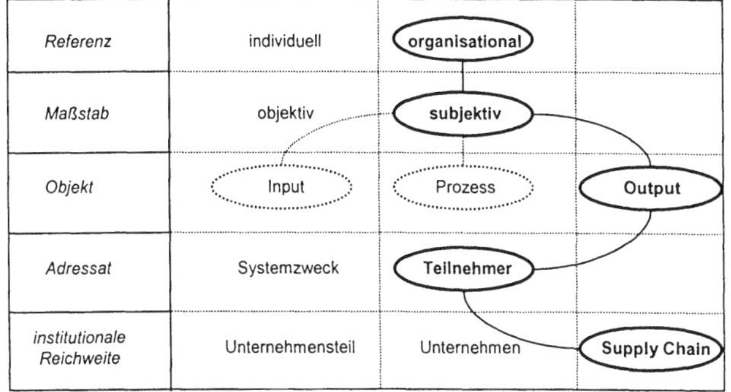

Ergänzend zur Abgrenzung: Zweckrationalität im Vordergrund

Das einleitende erste Kapitel hat die Aufgabe abgegrenzt. Unter anderem wurde der Prozess der Bildung organisationaler Agenden zwar grundsätzlich als wichtig eingestuft, aber ausgegrenzt. Agendabildung hat sehr viel mit Rationalität, genauer gesagt, mit Wertrationalität zu tun; der Aspekt soll hier daher noch einmal aufgegriffen werden.

Das entscheidungstheoretische Rationalitätskonzept ist auf das Engste mit der Zweckrationalität verbunden. Rational zu handeln bedeutet, unter Alternativen zu wählen und dabei Nutzwerte zu maximieren. Gegeben und nicht weiter hinterfragt sind dabei die Zwecke, an denen sich Rationalität orientiert.

Rationalitätsorientiertes Controlling hat sicher auch ein reiches Anwendungsfeld, wenn es die Existenz der Zwecke nicht hinterfragt und sich damit bescheidet, die Rationalität des Auswahlprozesses subsidiär zu sichern. Auf der anderen Seite würde sie mit dieser Leidenschaftslosigkeit in Bezug auf die Zwecke aber einen erhebliches Feld potenzieller Irrationalität unbeackert lassen. Max Webers „Eigenwerte des Sichverhaltens“ als Manifeste der Wertrationalität konstituieren sich weder ex nihilo noch sind sie ex ante gegeben und entstehen auch nicht als unhinterfragbare Wertvorstellungen eines „Unternehmers“. Die richtigen Zwecke liegen, wie Luhmann (1977, S. 211) sagt „nicht auf der Straße“. Sieht man von dem Sonderfall des visionären Unternehmers mit Eigenwerten wie „Felsen in der Brandung“ ab, tauchen Zwecke als Produkte gemanagter Themenbildung auf den organisationalen Agenden auf. Wer Rationalität sichern möchte, muss sich auch der Agendabildung widmen. [45]

Das Gesagte macht deutlich: Die Entscheidung fällt vor der Entscheidung. Auch wenn Zwecke ihrer Natur nach grundsätzlich nicht „wahrheitsfähig“ sind (Schaffitzel 1982, S. 78), sind sie doch ein Spielball partikularer Interessen und erhalten Form und Verformung im organisationalen Diskurs. Rationalitätssicherung darauf zu beschränken, „heilige“ Zwecke mit

[45] Sich diesem Problem mit der gleichen Lösung zu nähern, also Ziele in einem rationalen Auswahlprozess bestimmen zu wollen, führt unweigerlich in einen Regress, vor dem Bretzke (1978, S. 137) bereits gewarnt hat. An irgend einem Punkt muss einmal eine Fixierung der Position erfolgen; leidenschaftsloses technisches Auswählen reicht an diesem Punkt nicht mehr aus.

den sorgsam gebildeten geeignetsten Handlungsketten zu verfolgen verschließt die Augen vor der präjuduzierenden Kraft der Agendabildung. Unter der üblicherweise wohl als realistisch zu unterstellenden Annahme der Existenz einer politischen Arena, in der Agenden entstehen (Cobb et al. 1976), erscheint es geradezu naiv.

Wenn im folgenden Kapitel dennoch lediglich die Umsetzung der Agenda, aber nicht deren Bildung im Fokus der Betrachtung steht, ist das keine vorauseilende Abqualifizierung der Argumentation. Es ist vielmehr lediglich Ergebnis der Fokussierung auf eben diesen Aspekt der Rationalitätssicherung - wohl wissend, dass die rationalitätsorientierte Controllingkonzeption auch zur Agendabildung Stellung beziehen muss.

2.1.3. Aufgabenfelder eines rationalitätsorientierten Ansatzes für das Controlling

Dieses Kapitel will mit der Begründung von Controllingaufgaben einen Beitrag zur Ausarbeitung des rationalitätsorientiertes Controlling leisten. Bevor damit in den folgenden Teilkapiteln begonnen wird, sind einige Vorbereitungen zu treffen: (1) Die Einordnung der „Controllingaufgabenfelder" in die konzeptionelle Diskussion zum Controlling. (2) Die Erläuterung eines idealtypischen Entscheidungsprozesses als Grundlage zur Ableitung der Aufgabenfelder des Controlling. (3) Die Einordnung der „Administrative Science" als konzeptioneller Fundus auf der Suche nach Aufgabenfeldern für das Controlling. (4) Der partielle und normative Charakter der Liste der Aufgabenfelder.

Einordnung der „Controllingaufgabenfelder" in die konzeptionelle Controllingdiskussion

Wie die Einführung zu diesem Kapitel gezeigt hat, ist die rationalitätsorientierte Konzeption des Controlling noch jung. Weber und seine Mitarbeiter haben den Ansatz mit diversen Vorzügen etikettiert; das wurde oben geschildert. In der nächsten Zeit dürfte mit einer interessanten Diskussion zu rechnen sein, in die sicher auch die Protagonisten der von Weber als weniger integrativ kritisierten Ansätze eintreten werden.

Die Formulierung der Aufgabenfelder soll nicht als ein Argument in der zu erwartenden kritischen Diskussion zur relativen Vorteilhaftigkeit des rationalitätsorientierten Controllingansatzes verstanden werden. Unabhängig davon, ob man zu der Überzeugung gelangt, dieser oder jener Ansatz sei dem anderen überlegen, wird die Arbeit zu leisten sein, den rationalitätsorientierten Ansatz zu operationalisieren, indem Aufgaben begründet werden.

Die Arbeit will kein Beitrag zu dieser Diskussion sein. Hier wird lediglich die These vertreten, rationalitätsorientiertes Controlling sei ein guter und plausibler Ansatz, um die Effektivität des Supply Chain Managements zu verbessern. Gleichwohl setzt die Arbeit damit ein gutes Maß an Vertrauen in den Ansatz.

Eine Rechtfertigung für dieses Vertrauen wird deutlich, wenn man den Ansatz zur Ableitung von Controllingaufgaben verwendet. Auch wenn der Ansatz noch in anderen Richtungen Entwicklungspotenziale bietet, beschränkt sich die Arbeit auf diesen partiellen, aber dennoch wichtigen Aspekt. Nach Überzeugung des Verfassers muss ein überlebensfähiger Ansatz zum Controlling in der Lage sein, Aufgaben zu formulieren, mit denen dem Controller klar gemacht werden kann, „was zu tun ist", um das Ziel zu erreichen. Das Ziel des Ansatzes ist durch Weber et al. gesetzt: Rationalität ist subsidiär sichern. Offen ist, welche Aufgaben sich daraus ergeben, wenngleich diese Autoren auch dazu die grobe Richtung vorgeben, wenn sie vom „mangelnden Wollen" und „mangelndem Können" der Entscheider sprechen. Das Kapitel greift dieses Bild auf und analysiert, wozu mangelndes Wollen und Können führt und was Controlling tun sollte, um gegenzusteuern. Es entsteht eine Liste von Controllingaufgaben.

Der Entscheidungsprozess als Grundlage zur Ableitung der Aufgabenfelder des Controlling

Wenn Controlling Rationalität sichern soll, muss eine Analyse der Controllingaufgaben dort ansetzen, wo Rationalität entsteht oder verhindert wird - nämlich im Entscheidungsprozess. Die Ableitung der Aufgaben folgt daher den Phasen eines Entscheidungsprozesses. Pro Phase nach den Ursachen und Treibern von Rationalität beziehungsweise Irrationalität gesucht wird.

Um Controllingaufgaben zu formulieren, ist es hilfreich, zunächst die Arbeiten von March und Simon (1958), Cyert und March (1963) sowie in der Folge unter anderem auch Kirsch (1994) analysieren. Diese beziehen sich nicht auf Controlling, sondern stellen das Phänomen der Rationalität in den Mittelpunkt ihrer Untersuchungen. Sie argumentieren nachdrücklich, dass eine auf das Gesamtunternehmen bezogene, systemische Rationalität in der Unternehmenspraxis eher die Ausnahme als die Norm ist. Die Analyse des Entscheidungsprozesses, oder wie Kirsch (1994) programmatisch formuliert, die „Psycho-Logik der Problemhandhabung" offenbart eine Vielzahl guter Gründe, um in Organisationen große Potenziale für irrationales Entscheidungshandeln unterstellen zu können. Positiv gewendet sind dies die Ansatzpunkte für den Controller.

Um die Ansatzpunkte systematisch zu erschließen, wird dieses Kapitel den Entscheidungsprozess Schritt für Schritt durchlaufen und in jeder Phase fragen, warum Entscheider irrational entscheiden könnten und welche Aufgaben sich daraus für den Controller ergeben. Abbildung 12 zeigt, in welche Phasen der Entscheidungsprozess zu diesem Zweck unterteilt werden soll. [46] Die Abbildung orientiert sich am S-O-R-Modell [47] rationaler Entscheidungsfindung und weist entlang der durch die Pfeile miteinander verbundenen Schritte des organisationalen Entscheidungsprozesses auf die Ansatzpunkte für das Controlling hin, um die Entscheidungsrationalität zu verbessern. Damit wird die These vertreten, dass es für ein umfassendes Verständnis der Genese von Rationalität sowie zu deren Beeinflussung erforderlich ist, den Prozess der Transformation von Informationen in Entscheidungen detailliert zu analysieren.

[46] In der Literatur finden sich diverse, sehr ähnliche Phasenmodelle. So etwa bei Eisenführ und Weber (1999) oder Hill et al. (1994).

[47] Hier wird abweichend vom Sprachgebrauch nicht von „Stimulus – Organisation – Response" (S-O-R) sondern von „Stimulus – Hesitation – Choice" gesprochen, um den spezifischen Aspekt der Unterbrechung bzw. Verzögerung der Entscheidungsfindung (Hesitation) durch die Abarbeitung kognitiver Prozesse herauszustellen.

Abbildung 12 Analyse der Controllingaufgaben: Der Entscheidungsprozess nennt die Phasen, in denen Entscheider latent irrational agieren

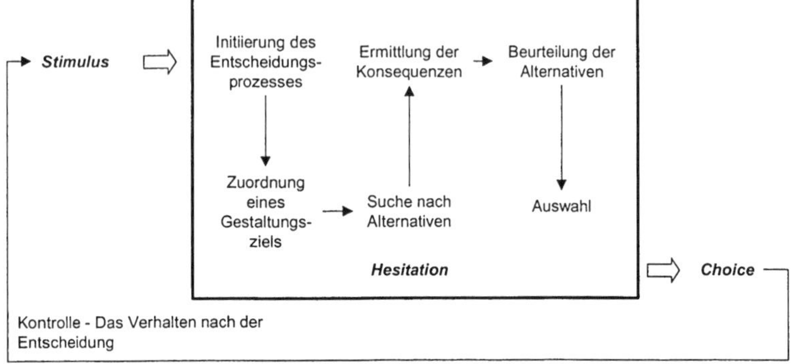

„Administrative Science" als konzeptioneller Fundus auf der Suche nach Aufgabenfeldern für das Controlling

March, Simon und Cyert sowie diverse weitere Autoren haben in den fünfziger und sechziger Jahren die Grundlagen der verhaltensorientierten Betriebswirtschaftslehre aufgebaut. Sie sprechen auch von einer „Administrative Science". Dieses Theoriebündel [48] ist je nach Standpunkt eine Korrektur, eine Weiterentwicklung oder eine Vervollständigung bestehender betriebswirtschaftlicher Weltbilder. Eine Korrektur ist es zum „Scientific Management", das den Menschen einseitig als mechanisches Wesen in einer Instrumentenrolle sieht. Eine Korrektur ist es auch zum „Human Relations"-Ansatz, die den Menschen ebenso einseitig als motivationsgetriebenes Wesen interpretiert. Eine Weiterentwicklung ist die verhaltensorientierte Betriebswirtschaftslehre im Vergleich zur klassischen (statistischen) Entscheidungstheorie, die ideale Entscheidungssituationen inklusive kognitiver Perfektion unterstellt. Die verhaltensorientierte Betriebswirtschaftslehre soll nach March und Simon (1958, S. 136) die naive, instrumentale und vereinfachende Konzeption des Menschen im Unternehmen widerlegen und durch ein neues Bild ersetzen, in dem berücksichtigt wird, dass Menschen Motive und Bedürfnisse haben, begrenzt rational handeln und in der Lage sind, zu lernen sowie Probleme zu lösen. Der „Organizational Man", so wie er durch March und Simon charakterisiert ist, entwickelt ein Eigenleben; er entscheidet - nicht immer entsprechend organisationaler Prämissen und stets nur begrenzt rational, er nimmt teil oder verlässt das Unternehmen, er produziert Konflikte. Das Unternehmen kann dessen Verhalten und die potenzielle Varianz des Verhaltens sowie die Treiber und Folgen begrenzter Rationalität beeinflussen (Simon 1952, S. 1134). In diesem Sinne ist die verhaltensorientierte Betriebswirtschaftslehre ein Komplement zum Scientific Management. Während Taylor danach gestrebt hat, die Varietät des physischen Verhaltens durch ein rigide Arbeitsorganisation zu beschränken, versuchen Simon et

[48] Für einen Überblick vergleiche die Zusammenfassung von McGuire (1964).

al., die Varietät des Entscheidungshandelns durch organisatorische Maßnahmen zu beschränken.

Die Beiträge zur verhaltensorientierten Betriebswirtschaftslehre widmen der Analyse des Entscheidungsprozesses als Ausgangspunkt zum Verständnis des menschlichen Verhaltens im Unternehmen besondere Aufmerksamkeit (Simon 1952, S. 1132). Das Argumentationsprogramm besteht üblicherweise aus zwei Schritten. Zunächst werden die Schwächen der klassischen Entscheidungstheorie herausgearbeitet, um dann eine realistischere Vorstellung menschlichen Entscheidungshandelns zu skizzieren. Durch letzteres entfernen sich die Autoren deutlich von einer normativen Theorie. Im wesentlichen wird dort das beschrieben, „was man sieht", wenn man Entscheidungshandeln im Unternehmen vorurteilsfrei beobachtet.

Das Neue der verhaltensorientierten Betriebswirtschaftslehre wird deutlicher, wenn man es mit dem Alten, hier insbesondere mit der durch die „Economic Theory" geprägten klassischen Entscheidungstheorie vergleicht. Die zentrale Figur der „Economic Theory" ist der Unternehmer (Entrepreneur). Dessen Ziel ist zugleich das Unternehmensziel. Dessen Handlungen bestimmen die Handlungen des Unternehmens. Er ist der Koordinator. Die Zielsetzung des Unternehmers besteht in der Nutzenmaximierung. Dabei ist der Unternehmer getrieben durch seine persönliche Nutzenfunktion, in der Regel damit also gewinnorientiert. Die wesentliche Verhaltensannahme besteht darin, dass der Unternehmer das Rationalprinzip verwirklicht. Er entscheidet unter gegebenen Alternativen mit dem Ziel der Maximierung des Nettonutzens. Der Unternehmer handelt nach dem Vorbild der „Homo Oeconomicus" vollkommen rational. Eine Theorie des Unternehmens ist in dieser Sicht lediglich eine Theorie des Unternehmers; er wird mit dem Unternehmen gleichgesetzt und reduziert auf sein Streben nach Nutzenmaximierung. Das Verhalten des Unternehmens wird reduziert auf das Verhalten am Markt . Innendynamik ist kein Thema.

Die so charakterisierte klassische Theorie unterstellt eine synoptische Entscheidungssituation. Synoptisch bedeutet, dass sich der Entscheider in einer Situation wiederfindet, in der das Problem bereits identifiziert, die Alternativen bereits bekannt, deren Konsequenzen bereits ermittelt und bewertet sind. March und Simon (1958, 137) dazu: „Wenn wir ihm [dem rationalen Entscheider, AO] in der Entscheidungssituation das erste Mal begegnen, hat er bereits den kompletten Satz an Alternativen, unter denen er entscheiden wird, vor sich ausgebreitet. Die Alternativen sind einfach gegeben; die Theorie sagt nicht, wie er dazu kommt.".[49] Der Entscheider verfügt zudem über eine klare Präferenzstruktur, die ihm eine Auswahl unter Alternativen ermöglicht. Dieser Annahme folgend wird stets diejenige Alternative gewählt, welche die Zielerreichung maximiert.

Die „Administrative Science" weicht in den oben genannten Aspekten deutlich von der klassischen Theorie ab. Deren Überlegungen füllen das Unternehmen mit Leben (nicht nur der Unternehmer entscheidet) und nehmen zugleich Abschied vom rationalen Entscheider. Deren Position ist im wesentlichen eine Korrekturposition zur „Economic Theory". Deren normativer Kern (die rationale Entscheidung) bleibt als Gestaltungsideal jedoch unangetastet. Bazerman und Messick (1998) argumentieren, die „Administrative Science" gewinne gerade dadurch an Kraft.

Zusammengefasst zeichnet die „Administrative Science" folgendes Szenario [50]: Rationale Entscheidungen werden im Verlauf einer prämissengetriebenen Informationsverarbeitung getroffen. Die Prämissenorientierung betrifft alle unten genannten Phasen des Entscheidungsprozesses (Ziele setzen, Alternativen bewerten, ...). Der Entscheider verarbeitet organisatorisch gesetzte (=fremde) und persönliche, eigene Prämissen, die sich in einer komplexen Struktur vermischen. Eine objektive Wahrnehmung der Situation ist in realen Entscheidungssituationen nicht möglich. Aus der Gesamtperspektive rational (koordiniert) zu handeln, setzt voraus, dass der Einzelne Werte, Wissen (Know-how) und die an ihn gestellten Verhaltenserwartungen in die Entscheidungsfindung einfließen lässt. Dagegen sprechen aber einige Begrenzungen: (1) Wissen und Information: Infolge der kognitiven Grenzen der Informationsaufnahme erscheint dem Entscheider die Welt als unüberschaubar (unvollständiges Wissen für die Entscheidung sowie über die Alternativen) und unsicher (Schwierigkeit der Bewertung zukünftiger Ereignisse). (2) Werte und Überzeugungen: Die eigenen Werte und Zielvorstellungen beeinflussen die Entscheidungsfindung und können individuell rationale zu organisatorisch irrationalen Entscheidungen machen. (3) Habituelles Verhalten: Unterbewusstes, habituelles und reflexartiges Verhalten verhindert rationales Entscheiden. Nachdem Entscheidungen aber dennoch getroffen werden müssen, entwickeln die Akteure bestimmte, typische Entscheidungsmuster (zum Beispiel Satisficing, Problemistic Search, Zentralreduktion). Diese Muster sind zwar situativ nachvollziehbar, aber aus Sicht des gesamten Unternehmens irrational.

Die Aufgabe der Organisation besteht darin, die Entscheidungsfindung des Einzelnen zu steuern, indem Prämissen gesetzt werden. „Administrative Science" kann dementsprechend auch übersetzt werden als die Kunst der Beeinflussung der dezentralen Entscheidungsfindung. Der informatorische Hintergrund der Entscheidungsfindung der Mitarbeiter ist zu strukturieren. Die Unternehmensführung muss sicherstellen, dass den Mitarbeitern die Inhalte der Variablen „Wert", "Information und Know-how" sowie "Erwartetes Verhalten" bekannt sind. Dazu wird auf den Mitarbeiter Einfluss ausgeübt. Im Idealfall erreicht das Unternehmen durch „Organisation", dass individuell rationales Handeln zugleich auch organisatorisch rational ist (Simon 1976, S. 243).

Der partielle und normative Charakter der Liste der Aufgabenfelder

Dieses Kapitel wird eine Liste von Aufgabenfeldern erarbeiten, die mit der so gewählten Fundierung lediglich eine Partialsicht sein wird und damit lediglich ein erster Ansatz sein kann. Der in Abbildung 12 dargestellte und der weiteren Argumentation zugrunde liegende Entscheidungsprozess thematisiert in erster Linie Aspekte von Individualentscheidungen.

---

[49] Übersetzung AO.

[50] Hier ohne Quellenangaben; vergleiche dazu die nachfolgende detaillierte Diskussion.

Darüber hinaus ist organisationale Realität aber immer auch geprägt von Gruppenentscheidungen. Darauf geht die Analyse lediglich am Rande ein. Weiterhin ist zu beachten, dass die Aufgabenfelder lediglich normativ, im Sinne von nicht-präskriptiv, formuliert werden. Ein Beispiel mag das verdeutlichen: Später wird gezeigt, dass Entscheider grundsätzlich dazu neigen, einlaufende Stimuli, die mit dem persönlichen oder organisationalen Weltbild diskordant sind, in Entscheidungsprozessen auszublenden. Diese Neigung „kostet" Rationalität und ist damit ein potenzielles Aufgabenfeld für das Controlling. Mögliche Lösungen könnten zum Beispiel sein: Die Ausfilterungsneigung der Entscheider zu reduzieren, also, den Menschen zu verändern. Oder, die Ausfilterungsneigung zu akzeptieren, dann aber Entscheidungen in einem Review zu überprüfen. Weitere Optionen ließen sich finden. Diese Arbeit begnügt sich damit, die Aufgabenfelder problemorientiert herauszuarbeiten und Handlungsoptionen für das Controlling zu nennen. Letzte werden aber nicht operationalisiert; so würde, um auf das Beispiel zurückzukommen, nicht gesagt, wie man die Ausfilterungsneigung von Entscheidern reduzieren kann.

2.1.3.1. Teilprozess „Initiierung des Entscheidungsprozesses" - Irrationalitäten und Aufgabenfelder für das Controlling

Die Ableitung von Controllingaufgaben wird mit dem Teilprozess „Initiierung des Entscheidungsprozesses" begonnen. Während die klassische Entscheidungstheorie sich damit begnügt, die Rationalität von wie auch immer eingeläuteten Entscheidungsprozessen zu thematisieren, gibt die verhaltensorientierte Betriebswirtschaftslehre zu Bedenken, dass die Existenz eines Entscheidungsprozesses bereits das Ergebnis vorausgegangenen rationalen Handelns ist. Entscheidungsprozesse entstehen nicht von selbst; es kann vielmehr unterstellt werden, dass es in bestimmten Situationen für die Betroffenen gute Gründe gibt, für deren Nicht-Existenz zu sorgen. Im einzelnen sollten vier problematische Situationen unterschieden werden: (1) trotz Entscheidungsbedarf kein Entscheidungsprozess, (2) fehlerhaft ausgerichteter Entscheidungsprozess, (3) habituelle statt rationale Reaktion.

Die Situationen werden nachfolgend zunächst beschrieben. Am Ende dieses Teilkapitels werden dann die Konsequenzen für das Controlling gezogen.

Rationalitätsblockade: Trotz Entscheidungsbedarf kein Entscheidungsprozess

Die nachfolgenden Überlegungen können begründen, warum Unternehmen trotz der Existenz eines objektiv vorliegenden Entscheidungsbedarfs keinen rationalen Entscheidungsprozess im Sinne der oben erwähnten Phasenfolge initiieren.

Relevante Stimuli werden nicht aufgenommen

Entscheidungssituationen sind immer das Ergebnisse kognitiver Prozesse. Sie sind vereinfachte, vorurteilsbehaftete und ausgefilterte Abbilder der Realität (Simon 1952, S. 1135; March und Simon 1958, S. 154). Entscheidungsrationalität ist daher von diesen kognitiven Prozessen stark abhängig, beziehungsweise kann durch Kenntnis und Beeinflussung der Treiber der kognitiven Prozesse verbessert werden. Drei Aspekte sind von besonderer Bedeutung:

Modellbedingte selektive Wahrnehmung, organisationsbedingte selektive Wahrnehmung sowie kognitive Grenzen der Entscheider.

Modellbedingte selektive Wahrnehmung: Sowohl das Unternehmen als auch dessen Umwelt sind in der Regel derart komplex, dass eine Vielzahl von Stimuli auf den Entscheider zuläuft. In der Entscheidungsfindung kann diese Komplexität üblicherweise aber nicht verarbeitet werden (March und Simon 1958, S. 151). Daher ist eine Ausfilterung der aus den Stimuli gewonnenen Informationen erforderlich, um entscheiden (=handeln) zu können (Dörner 1990). Diese Ausfilterung erfolgt über ein Beschreibungsmodell (Image) in dem die Wirklichkeit vereinfachend abgebildet wird. Sobald das Modell aufgebaut ist, handelt der Entscheider auf dieser Basis. Die Realität wird unbedeutend (Simon 1952, S. 1135). Daraus folgt, dass sich der Entscheider über die Modellbildung seine Entscheidungssituation selbst definiert. Das Modell verhindert als „intervenierende Informationsstruktur" (Kirsch 1994, S. 12 ff) die objektive Wahrnehmung der Situation, vereinfacht sie jedoch auch, so dass eine Passung zwischen der Komplexität der Entscheidungssituation und der kognitiven Kapazität des Entscheiders sowie der ihm verfügbaren Methoden wahrscheinlicher wird.

Abbildung 13 Der Zusammenhang zwischen Modell, Informationsbasis und Entscheidungsqualität

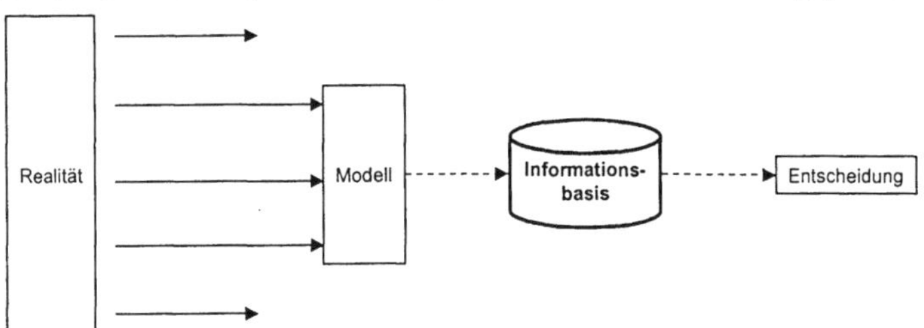

Die Konsequenz dieser Überlegung ist unmittelbar einsichtig. Ob Stimuli es schaffen, einen Entscheidungsprozess in Gang zu setzen, hängt vom Modell ab, das der Entscheider einsetzt. Ohne Kenntnis der wichtigen Variablen (der Kausalität, der „Mechanik") des Systems können Informationen nur ziellos aufgenommen werden und führen zu einer unwirksamen Datenbasis. Wenn ein Unternehmensplaner in einer Spedition die Ressource „gewerbliche Mitarbeiter im Umschlagslager" für austauschbar ansieht (ein Komponente seines Modells), werden die Warnungen des Niederlassungsleiters vor Ort vor zu erwartenden Kündigungen (Stimulus) nicht in dessen Kalkül einfließen (intervenierende Informationsstruktur). Auch der Bezug zur grundlegenden Fragestellung dieser Arbeit wird deutlich: das verwendete Modell zieht bestimmte Informationsitems aus dem Unternehmen und der Umwelt heraus und blockt andere ab. Damit determiniert es die Inhalte der Informationsbasis für das Controlling. Das Modell der Realität und die Brauchbarkeit der Informationsbasis hängen also eng miteinander zusammen, wie Abbildung 13 grafisch darstellt.

Organisationsbedingte selektive Wahrnehmung: Eine Reihe von Eigenschaften der individuellen Entscheidungsfindung sowie in der Folge der Einbindung des Entscheiders in die Organisation auch der organisationalen Entscheidungsfindung führen zu einer selektiven Wahrnehmung der Realität. Die selektive Wahrnehmung wird neben der oben diskutierten Modellbildung verursacht durch folgende Faktoren: (1) Ausfilterung diskordanter Phänomene: Entscheider neigen dazu, Phänomene, die mit dem organisationalen Weltbild (Frame of Reference) nicht vereinbar sind, sowohl vor als auch nach der Entscheidung auszufiltern. Weltbilder sind selbstverstärkend und werden insbesondere durch Intragruppenkommunikation verfestigt. Ein Großteil der unternehmensbezogenen, in die Entscheidungsfindung einfließenden Wahrnehmungen wird innerhalb von Gruppen, zum Beispiel Abteilungen, kommuniziert. In den Gruppen werden jedoch tendenziell nur „passige" Inhalte kommuniziert; anderen hingegen ausgefiltert. Neben der Filterwirkungen der Arbeitsgruppe betonen March und Simon auch die filternde Wirkung der Weltbilder von „Professionals" (zum Beispiel Rechtsanwalt). (2) Arbeitsteilung: Arbeitsteilung bewirkt, dass Mitarbeiter in geschlossenen Welten leben und nur die dort relevanten und zulässigen Stimuli aufnehmen (Simon 1976, S. 102). (3) Bewusst selektive Wahrnehmung: Die Informationssysteme, die einen Entscheidungsbedarf aufzeigen sollten, arbeiten selbstbestätigend, weil Abteilungen dazu neigen, nur solche Indikatoren zu messen, die sie „in ein gutes Licht stellen" (Cyert und March 1963, S. 124). (4) Closed-Shop: Relevante Phänomene jenseits der Unternehmensgrenze werden weder als Problem noch als Lösungsvariable angesehen. Die selektive Wahrnehmung der Entscheidungssituation führt zu fragwürdigen Entscheidungen, persistenten Verhaltens- und Entscheidungsmustern sowie gegebenenfalls zu unterlassenen Entscheidungen, wenn das Modell die „falschen" oder zu wenige Aspekte abbildet.

Kognitive Grenzen der Entscheider: Trotz der komplexitätsreduzierenden Funktion von Modellen verbleibt die Entscheidungssituation in der Regel komplex und vielschichtig. In Abhängigkeit des Umfeldes (Komplexität, Emotionen, Unsicherheit, ...) sowie der Persönlichkeit des Entscheiders (Motive, Informationsverarbeitungsverarbeitungskapazität und -Strategie) kann bei Entscheidern durch Informationsüberladung [51] ein Gefühl der Hilflosigkeit entstehen, das kognitiven Stress hervorruft. Kognitiver Stress und Informationsüberladung verändert jedoch die Informationsverarbeitungsstrategie hinweg vom entscheidungslogischen Ideal [52] und führt zu Vereinfachungen des zu lösenden Entscheidungsproblems (Kirsch 1994,

---

[51] Zu den Treibern der Überladung vergleiche Driver (1987). Zum Konzept des „Information Overload" vergleiche zum Beispiel Schick et al. (1990, S. 199), der dort definiert: „... information overload is defined as occurring when the information processing demands on an individual's time to perform interactions and internal calculations exceed the supply or capacity of time available for such processing."

[52] Zu den Details vergleiche Kirsch (1994, S. 20 ff) sowie die dort verarbeitet Literatur. Als Beispiele veränderter Informationsverarbeitungsstrategien nennt Kirsch Millers „Chunking" sowie Lindbloms „Muddling Through". „Chunking" bedeutet, dass einlaufende Stimuli gruppiert werden, den Gruppen Namen gegeben werden und später nicht mehr der ursprüngliche Stimulus, sondern nur noch die Gruppe erinnert wird. Lindbloms „Science Muddling Through" ist hier in Bezug auf dessen „Strategie der unzusammenhängenden kleinen Schritte" relevant: (1) kleine Schritte sind verlockend, da nur „kleine" Prognosen über Konsequenzen erforderlich sind, (2) in der Regel werden nur wenig Alternativen betrachtet, (3) Konsequenzen werden zum Teil ausgeblendet, (4) das Entscheidungsproblem wird nicht endgültig fixiert sondern in Abhängigkeit des Suchprozesses neu definiert, (5) es wird nicht wirklich erwartet, dass Problem zu lösen; man wird sich noch einmal damit auseinandersetzen müssen; daher ist es nicht so schlimm, nicht an alles gedacht zu haben.

S. 20 ff). Eine Informationsüberladung führt weiterhin, unabhängig von der Persönlichkeit des Entscheiders, zu einem absolut sinkenden Volumen der verarbeiteten Information (Driver 1987, S. 67 ff). Dieses Phänomen ist nicht nur in der Phase „Initiierung des Entscheidungsprozess" relevant, sondern wirkt sich auch in den nachfolgenden Phasen negativ aus. In der Initiierungsphase kann die kognitive Überlastung entweder zu einem fatalistischen Abbruch der Initiierung führen („Da blickt keiner durch ...") oder in einen falsch formulierten Entscheidungsprozess münden, weil die Initialsituation nicht voll verstanden oder bewusst in der Komplexität reduziert wurde.

Stimuli werden irrtümlich als unproblematisch qualifiziert - Sollwertbestimmung verhindert Problemerkennung

Auch wenn es dem Entscheider gelingt, die für die Situation relevanten Stimuli abzugreifen, ist damit noch nicht sichergestellt, dass dieser eine Entscheidungsfindung in Gang setzt. Um die Situation erneut auf die Trilogie von Simon et al. (1954) zu beziehen, ist der Schritt des „Scorecard Keeping" noch nicht ausreichend. Erforderlich ist der ergänzender Schritt des „Attention Directing", also als das Erzeugen von Aufmerksamkeit. Sieht man ab von der kaum per Management herstellbaren emotionalen Aufmerksamkeit des Entscheiders, geht es darum, die vorliegende Situation als problematisch oder als unproblematisch zu bewerten. Lediglich problematische Situationen bedürfen einer Entscheidungsfindung. Für das Controlling ist die Überlegung von Interesse.

Abbildung 14 Der Prozess des „Problemfindens" als Bestandteil des Prozessmanagements

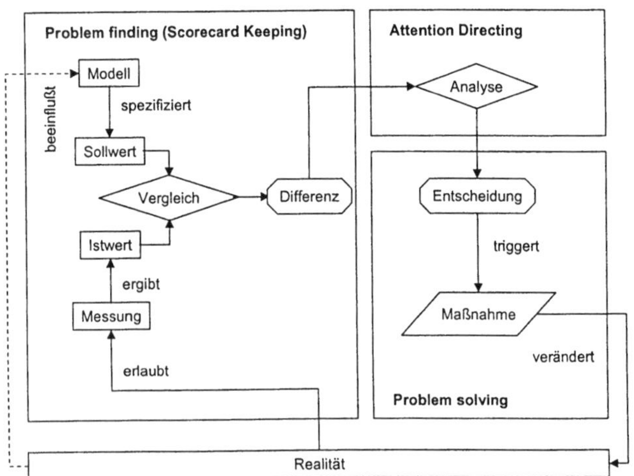

Um eine Situation als Problem zu qualifizieren, benötigt der Entscheider einen Sollwert. Eine Abweichung des Istwertes vom Sollwert wird dann als Problem gewertet. Nach Pounds (1969) bedeutet Management in erster Linie, Probleme zu lösen, was üblicherweise, so seine Argumentation, in den drei Phasen „Problemidentifikation", „Priorisierung" und „Zuordnung von Ressourcen zur Problemlösung" erfolgt. Die erste Phase, die Problemidentifikation, ist

Pounds zufolge, keine triviale Aufgabe, wie die nachfolgenden Überlegungen, die auf dessen Beitrag beruhen, verdeutlichen: Ein Problem bzw. eine Handlungsnotwendigkeit besteht dann, wenn ein dokumentierter Istwert von einem Sollwert abweicht, wie Abbildung 14 verdeutlicht. Erst der Vergleich mit einem Sollwert, zu dessen Begründung es unterschiedliche Verfahren gibt, die unten zu diskutieren sind, ermöglicht es, eine Differenz als Problem zu definieren. Die Analyse der Differenz fundiert eine Managemententscheidung. Die durchgesetzte Maßnahme wirkt sich im „Alltag" aus und führt in erneuter Messung ggfs. zu einem verbesserten Istwert, der in der Folgeperiode die „problematische Differenz" auflöst.

Die Bestimmung des Sollwertes ist zentral für den Ablauf. Probleme zu identifizieren bedeutet, Differenzen zu definieren.[53] Pounds schlägt vor, dazu fünf Methoden (Modelle) zu unterscheiden.[54]

1. Historische Modelle: Historische Modelle leiten Sollwerte aus der Vergangenheit ab. In der einfachsten Form entspricht der Sollwert für die aktuelle Periode dem in einer Vorperiode gemessen, evtl. gemittelten Istwert. Der Teilprozess Transportdurchführung wäre einem historische Modell zufolge dann problematisch, wenn die durchschnittlichen Kosten pro Zustellstopp für den Monat Juli 1999 höher als die Vorjahresmonats sind. Obwohl diese Methode relativ einfach ist, dürften in der Praxis der Logistikdienstleistung doch nahezu alle Berichte auf diesem Prinzip (Zeitvergleich) basieren. In anspruchsvolleren Ansätzen mag die naive Prognose durch eine statistische Manipulationen der historischen Daten in Form von Wachstums- oder Trendkoeffizienten ersetzt werden. Das Prinzip bleibt aber erhalten.

2. Planungsmodelle: Planungsmodelle erzeugen Sollwerte im Verlauf von Planungs- und Budgetierungsprozessen. Dementsprechend wäre der Teilprozess Transportdurchführung problematisch, wenn die Ist-Kosten pro Zustellstopp über den Plankosten liegen. Planungsmodelle mögen sich im Planungsablauf auf historische Daten stützen, die Logik der Sollwertbestimmung ist aber eine andere. In der Praxis steht eine Vielzahl formaler und materieller Planungstechniken zur Verfügung. Während erstere im wesentlichen Fragen der Planungsprozedur sowie der Verdichtung und Konsistenz der Planzahlen aufgreifen, versuchen letztere die Planinhalte zu begründen. Hierunter fällt etwa das Target Costing als eine moderne Logik zur Planung von Produktkosten (Seidenschwarz, 1993).

In Bezug auf monetäre Dimensionen kann man davon ausgehen, dass die Mehrzahl der Logistikdienstleistungsunternehmen die wesentlichen Leistungsprozesse, so eben auch die Transportdurchführung umfangreich „beplanen". Beispielweise anhand der Merkmale: durchschnittliche Kosten pro Zustell- und Abholstopp, durchschnittliche Kosten pro Tour, durchschnittliche Erlöse pro Zustell- und Abholstopp, durchschnittliche Vergütung an den Nahverkehrsunternehmer über die letzten 6 Monate. Offen bleibt, in welchem Umfang dazu auf for-

---

[53] Ähnlich auch Ackoff (1974, S. 231): "Actual and potenzial problems can be identified once symptoms and omens (pre-symptoms) have been identified. A symptom is a deviation of a systems behavior from what is considered to be normal behavior."

[54] Für eine andere Systematisierung der Varianten zur „Problembestimmung" vergleiche ausführlich Bretzke (1980).

male Kostenrechnungsmethoden, wie etwa Modelle zur Plankostenrechnung zurückgegriffen wird. Ausgefeilte DV-Systeme sind Voraussetzung, um auch nicht-monetäre Merkmale wie „Sendungsgewicht pro Stopp", „gefahrene Kilometer pro Stopp", „zugestellte Sendungen" pro Stopp" planen und kontrollieren zu können.

3. Kundenmodelle: Kunden können ebenfalls Sollwerte spezifizieren. Hier sind jedoch zwei Fälle zu unterscheiden, die deutlich werden, indem der Begriff der „Qualität" hinzugezogen wird. Es ist möglich, ein subjektives und ein objektives Qualitätsmodell zu unterscheiden (Otto 1993). Im objektiven Modell entsteht Qualität, indem der Hersteller für bestimmte Eigenschaften der Leistung sorgt (Zustellung einer Speditionssendung bis 10:00 Uhr; Verfügbarkeit des Abliefernachweises für den Versender am gleichen Tag bis 14:00 Uhr, ...). Damit sind Sollwerte vorgegeben; ein Vergleich wird möglich. Üblicherweise entstehen solche definierten Leistungseigenschaften als Resultat einer Kunden- und Marktanalyse, in der versucht wird, die vom Kunden erwarteten Eigenschaften zu ermitteln. Im subjektiven Qualitätsmodell hingegen entsteht Qualität erst dann, wenn der Kunde Zufriedenheit äußert. Häufig werden subjektive und objektive Modelle zu den gleichen Bewertungsergebnissen führen. Diskrepanzen entstehen, wenn die Produktdefinition den Kundenwunsch nicht präzise abbildet und damit die angebotene Leistung nicht der nachgefragten entspricht. Das subjektive Qualitätsmodell ermöglicht die Identifikation eines Problems, und damit die Bewertung eines Prozesses, erst *nachdem* die Leistung erstellt wurde; Typischerweise erfolgt das im Rahmen von Kundenbefragungen. Objektive Modelle erlauben es hingegen, Aussagen über Qualität auch ohne den Kunden abzuleiten. Relevant ist hier lediglich, ob vorgegebene Produkteigenschaften eingehalten wurden. Die bisher für externe Kunden geführte Diskussion ist auf interne übertragbar. Gerade am Beispiel des Nahverkehrs in Logistikdienstleistungsunternehmen wird die Relevanz interner Betrachtungen deutlich: der Nahverkehr erbringt Leistungen für viele weitere Abteilungen des Unternehmens, so etwa die Abholung für den nationalen ausgehenden Verkehr und für den Export sowie Zustellungen für den Import. Die Leiter dieser Abteilungen haben durchaus unterschiedliche Erwartungen an die Leistung des Nahverkehrs. Die Prozessbewertung aus den verschiedenen Kundenperspektiven wird zu einem umfassenderen Verständnis führen.

4. Fremde Modelle: „Fremde" Modelle erzeugen Sollwerte, indem unternehmensexterne Sachverhalte als vergleichbar deklariert werden. Diese Logik hat in der Betriebswirtschaftslehre eine lange Tradition. Betriebsvergleiche gehören in diese Kategorie. Sehr viele Unternehmen machen von dieser Möglichkeit Gebrauch, um Probleme zu identifizieren. In Logistikdienstleistungsunternehmen bietet es sich z. B. an, Niederlassungen untereinander zu vergleichen. Demzufolge wäre der Teilprozess Transportdurchführung in der Niederlassung Hamburg problematisch, wenn es in Berlin gelänge, unter vergleichbaren Bedingungen (z. B. Anzahl Empfangskunden im Zustellgebiet, mittlere Zustelltonnage pro Tag für das gesamte Zustellgebiet) mit geringeren Kosten pro Zustellstopp zu arbeiten. Benchmarking als sollwertgebende Methode fällt ebenfalls in diese Kategorie.

5. Wissenschaftliche Modelle: Wissenschaftliche Modelle erzeugen Sollwerte, indem auf der Basis von quantifizierten Ursache-Wirkungs-Zusammenhängen Planleistungsmengen errechnet (kalkuliert) werden. Populär ist deren Verwendung in der chemischen Industrie, wenn dort etwa ausgehend von Rohöl-Input der Ausstoß petrochemischer Endprodukte ermittelt wird. Die Anwendung solcher Kalkulationen ist aber auch aus Logistikdienstleistungsunternehmen bekannt. Modelle zur analytischen Planung von Hauptlaufkosten fallen hierunter. Die Idee besteht darin, auf Basis weniger Inputfaktoren (Entfernung zwischen zwei Terminals, Jahreszeit, benötigte Lademeter des Fahrzeuges) auf die Plankosten zu schließen. [55] Wenngleich die Ursache-Wirkungs-Zusammenhänge für den Nahverkehr noch komplizierter sein dürften, sind „wissenschaftliche Modelle" auch hier denkbar. Der Teilprozess Transportdurchführung wäre dementsprechend dann als problematisch zu beurteilen, wenn das zur Planung benutzte und für zuverlässig erachtete Modell über längere Zeit geringere Kosten voraussagt, als tatsächlich entstanden sind. Die zuvor genannten Modelle zur Sollwertbildung erscheinen im Vergleich zu wissenschaftlichen Modellen naiv. Dort wird nicht versucht, eine gedankliche Mechanik zwischen Input und Output, zwischen Ursache und Wirkung zu etablieren. So erlauben es diese naiven Modelle nicht, individuelle Leistung zu beurteilen, wenn das Umfeld schwankt. Ein Anstieg der Nahverkehrskosten pro Stopp um 1 DM kann ein sehr guter Wert sein, wenn ein großer Zustellkunde nicht mehr bedient wird. Historische Modelle etwa führen unter solchen Bedingungen zu fragwürdigen Aussagen.

6. Kombinationen: Üblicherweise kommen sollwertgebende Modelle parallel zum Einsatz. Welches Modell welchen Stellenwert besitzt, mithin also die Frage, nach welcher Logik und dementsprechend auch wie hoch die Messlatte gelegt wird, ist Resultat einer Managemententscheidung. Die bisherige Argumentation zeigt, dass ebendiese Managemententscheidung gravierende Konsequenzen für die Effektivität der nachfolgenden sachbezogenen Entscheidungen hat. Die zu unterstellende weite Verbreitung historischer Modelle wurde bereits angesprochen. Pounds gibt weiterhin zu bedenken, dass die Modelle des „Chefs" (=Kundenmodell) ebenfalls regelmäßig den Tagesplan des Managers dominieren. Die wahrscheinlich langfristig erfolgversprechenderen, aber nicht so dringenden Probleme aus wissenschaftlichen Modellen haben nur geringe Prioritäten und werden stärkerem Widerstand ausgesetzt sein. So werden die für die Einkauf der Fernverkehrsleistungen zuständigen Disponenten in einem Logistikdienstleistungsunternehmen der Einführung einer analytischen Hauptlaufkostenplanung skeptisch gegenüberstehen, da dieses Modell, in einigen Unternehmen vielleicht sogar erstmalig, Hauptlaufkosten nach annähernd objektiven Überlegungen plant und damit der vielzitierte, aber im Zweifelsfall nicht dokumentierbare „Marktpreis" für Fernverkehrsleistungen seine alleinige Bedeutung zur Beurteilung von Hauptlaufkosten und damit von Dispositionsentscheidungen verliert.

---

[55] Für eine detaillierte Darstellung vergleiche Ebner (1997), der ein Referenzkalkulationsmodell zur Prognose realer Kosten von Transportdienstleistungen aufbaut.

Rationalitätsblockade: Fehlerhaft ausgerichteter Entscheidungsprozess
Im Zuge der Initiierung eines Entscheidungsprozesses ist das zu lösende Problem zu formulieren. Der Entscheider wird implizit oder explizit die Situation beschreiben, die er durch die fokale Entscheidung verbessern will. Es kann während dieser Phase das Problem auftreten, dass die Situation unzutreffend eingeschätzt und der Entscheidungsprozess daher fehlerhaft ausgerichtet wird; kürzer formuliert: es wird das falsche Problem gelöst. Die Ursache dafür liegt neben den bereits diskutierten kognitiven Grenzen der Entscheidung in der Unsicherheit der verarbeiteten Stimuli. Diese Unsicherheit entsteht durch organisationale Mechanismen zur Schaffung von „Fakten“ sowie durch Klassifizierungen.

Organisationale Mechanismen zur Schaffung von „Fakten“: Üblicherweise dringt nur an wenigen Stellen (Entry Points) „frische“ Information in das Unternehmen ein (March und Simon 1958, S. 161 ff). Eine Aufgabe der Organisation besteht darin, aus den einlaufenden Informationen Schlüsse zu ziehen und Fakten zu produzieren: „... evidence is replaced by conclusion drawn from that evidence, and these conclusions then become the facts, on which the rest of the organization acts.” (March und Simon 1958, S. 155). Die Organisation absorbiert auf diesem Weg Unsicherheit und projiziert nach innen ein möglicherweise realistisches Gerüst sogenannter „Fakten“. Ein typischer „Entry Point“ für neue Informationen ist zum Beispiel der Verkauf. Die Mitarbeiter erhalten über den Kundenkontakt unter anderem Informationen über die Einschätzung des Unternehmens durch die Kunden. Diese üblicherweise unsichere, weil auf beiden Seiten persönlichkeits- und einstellungsgetriebene Einschätzung wird im Unternehmen entweder verworfen oder geht als ein Datum in nachfolgende Entscheidungsprozesse ein. Ursprünglich weiche Daten werden „hart gemacht“. Ähnliches gilt für die Ergebnisse von Abteilungen für strategische Planungen, die für Umfeld- und Konkurrenzanalysen verantwortlich sind. Deren potenziell spekulativen Einschätzungen werden zu „Daten“.

Klassifizierung: Klassifizierung ist ein weiterer Mechanismus, um aus wenigen Beobachtungen scheinbar klar greifbare Objekte zeichnen zu können (March und Simon 1958, S. 155 ff; Katz und Kahn 1966, S. 227 ff). Klassifizierungen tauchen an vielen Stellen im Unternehmen auf. Die Grundidee besteht darin, ein einlaufendes Stimulimuster in eine bekannte Klasse einzuordnen und es auf diesem Wege informationell anzureichern. [56] Der konkrete, nun eingeordnete Sachverhalt erbt damit alle Eigenschaften dieser Klasse und wird fortan nur noch als ein Objekt behandelt, das durch Instanzierung ebendieser Klasse gewonnen wurde. Als Beispiel kann erneut der Verkauf in einem Unternehmen herangezogen werden. Das Ereignis „Kunde XY wurde verloren“ wird eingeordnet in die Klasse „Kundenverlust“ und erbt damit den kompletten Satz an Konnotationen, welche die soziale Wirklichkeit dieses Unternehmens für das Ereignis eines verlorenen Kunden bereithält. Üblicherweise entwickeln Organisationen parallel zur Klassenbildung auch ein Repertoire an routinisierten Handlungsabläufen (Standard Operating Procedures), die mit den Ereignisklassen in einer „Wenn - Dann“-Logik verknüpft werden. Für das an rationaler Entscheidungsfindung interessierte Controlling ist

---

[56] Die Klassifizierung ist also eng mit dem oben beschriebenen „Chunking“ verwandt.

diese Form der Handhabung von Entscheidungssituationen relevant, weil Entscheidungsprozesse damit auf die Sequenz von „Match and Shoot" reduziert werden.

Rationalitätsblockade: Habituelle statt rationale Reaktion

Die oben geführte Diskussion hat gezeigt, dass auf Problemsituationen habituell oder über einen expliziten, hier als rational bezeichneten Entscheidungsprozess reagiert werden kann.

Abbildung 15 grenzt rationale Entscheidungen von habituellen Entscheidungen ab und zeigt die Unterschiede auf. In der habituellen Entscheidung wird auf einen einlaufenden Stimulus mit einem festen Programm (Standard Operating Procedures, SOP; Cyert und March 1963, S. 113 ff) reagiert. Der Stimulus führt ohne „Nachdenken" zu einer programmierten Reaktion. Davon abzugrenzen ist der rationale Entscheidungsprozess, in dem der einlaufende Stimulus einen komplexen kognitiven Vorgang auslöst. Während dieser, in der Grafik als „Hesitation" bezeichneten Zeitspanne sucht der Entscheider Alternativen, bewertet deren Konsequenzen, priorisiert die Alternativen auf Basis eine Präferenzordnung und trifft eine Auswahl.

Abbildung 15 Entscheiden versus Reagieren

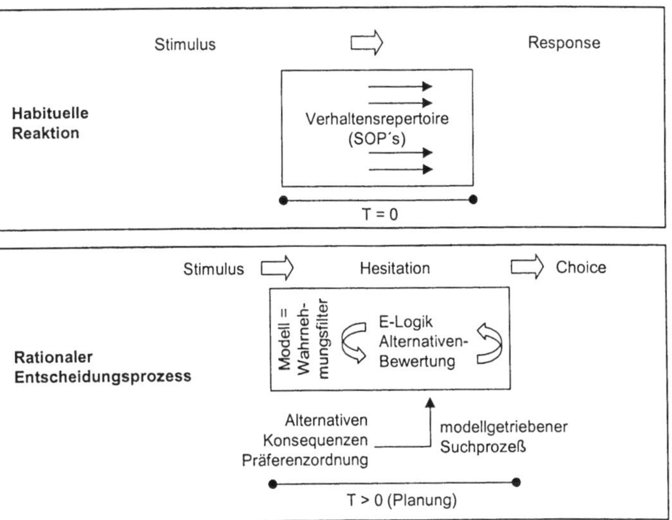

Die Lösung von Problemen über die Auslösung habitueller Verhaltensmuster verhindert, dass die Aufmerksamkeit entsteht, an die Simon (1976, S. 90) rationales Entscheiden bindet. Zugleich nennt Simon jedoch eine Vielzahl von Gründen, warum in Unternehmen häufig unangebrachterweise Probleme habituell gelöst werden. Dazu gehören: (1) Bequemlichkeit: Die Initialisierung und Abarbeitung eines Entscheidungsprozesses ist ungleich aufwendiger als eine habituelle Reaktion. Daher kann eine Neigung zu habitueller Problemlösung unterstellt werden. (2) Erfahrung: Historische Erfolge mit einer bestimmten Kombination aus Ereignisklasse und Standard Operating Procedure (Wenn drohender Kundenverlust, dann Preissenkung ...) verringern die Wahrscheinlichkeit der Initialisierung eines Entscheidungsprozesses. (3) Rollendruck: Standard Operating Procedures bilden häufig institutionalisierte Verhaltensweisen ab, deren Exekution das soziale oder das organisationale Umfeld in ebendieser Form erwartet. Die Einleitung eines zu alternativen Verhaltensweisen führenden Entscheidungsprozesses wäre aufwendig zu legitimieren und damit ceteris paribus unwahrscheinlich. (4) Sachlicher Zwang: Wenn aus zeitlichen, kapazitiven oder kognitiven Restriktionen keine Möglichkeit für rationales Entscheiden bleibt, ist zwingend habituell zu reagieren.

Zusammenstellung der Aufgabenfelder und Skizzierung möglicher Ansatzpunkte

Tabelle 3 stellt die oben diskutierten Potenziale irrationalen Entscheidungshandelns strukturiert zusammen. Wenn sich Ansatzpunkte für das Controlling zeigen, um Irrationalität zurückdrängen zu können, werden diese skizziert.

Tabelle 3 Aufgabenfelder für das Controlling in der „Initiierung des Entscheidungsprozesses"

Rationalitätsblockade	*Ursachen*	*Aufgabenfelder und mögliche Ansatzpunkte*
Trotz Entscheidungsbedarf kein Entscheidungsprozess	Modellbedingte selektive Wahrnehmung	Modellbildung: Controlling kann das Linienmanagement darin unterstützen, wirksame Beschreibungsmodelle aufzubauen. Im weiteren Fortgang der Argumentation wird zum Beispiel das Netzwerkmodell als ein Basismodell für das Controlling einer Supply Chain vorgestellt. Auf dieser Basis lassen sich umfangreiche Schlüsse ableiten, welche Items aus der Umwelt, dem eigenen und den vor - und nachgelagerten Unternehmen abzugreifen sind. Modellnutzung: Controlling sollte sicherstellen, dass die verabschiedeten und für relevant erachteten Beschreibungsmodelle im täglichen Betrieb zur Anwendung kommen. In einem Logistikdienstleistungsunternehmen kann das für den Controller konkret etwa bedeuten, sich darüber zu informieren, ob die Verkaufsabteilung die monatlichen „Hitlisten" über die Entwicklung der Tonnagen der Großkunden anfordert und bearbeitet. Modellbeurteilung: Die Eignung eines Beschreibungsmodells zur Initialisierung eines Entscheidungsprozesses kann daran gemessen werden, ob eine Korrelation zwischen identifizierten Stimuli und dokumentiertem Unternehmenserfolg erkennbar ist. Das gilt sowohl für Stimuli, die erkannt wurden, aber offensichtlich keine Korrelation zu zentralen Erfolgsgrößen haben (... das Erscheinungsbild unserer Fahrzeugflotte ist seit Jahren messbar besser geworden, weder Kundenbindung noch Neukundengewinnung haben sich verbessert), als auch für Erfolgsfaktoren, die sich deutlich verändern, aber noch ohne „erklärenden" Treiber sind. Aufbau Informationsversorgungssystem: Ein Modell sagt lediglich, was relevant sein soll, kann aber die Datenerhebung nicht leisten. Das ist die Aufgabe des Informationsversorgungssystems. Controlling sollte sicherstellen, dass dieses System auch tatsächlich die per Beschreibungsmodell geforderten Kategorien mit Inhalten füllt. Neben der Definition der Informationsbasis sollte das Controlling verwendergerechte Auswertungen der Datenbasis bereitstellen, um der Informationsüberladung vorzubeugen.
	organisationsbedingte selektive Wahrnehmung	Parallele Initiierung: In Kenntnis der Treiber der selektiven Wahrnehmung (Ausfilterung diskordanter Phänomene, Arbeitsteilung, bewusste Ausfilterung, „Closed Shop") kann Controlling die Initiierung von Entscheidungsprozessen in Abteilungen sicherstellen, indem es entweder selbst eine alternative Evaluierung der Situation in der fokalen Abteilung vornimmt oder durch Dritte vornehmen lässt.
	Kognitive Grenzen der Entscheider	Personalentwicklung anstoßen: Die Verschiebung der kognitiven Grenzen der Mitarbeiter in Richtung einer „perfekteren" Entscheidungsfindung kann über die Personalentwicklung erfolgen. Die Ausarbeitung und Durchführung der entsprechenden Programme ist nicht Aufgabe des Controlling. Wohl aber eine Aussage darüber, in welchen Abteilungen beziehungsweise für welche Mitarbeiter Bedarfe bestehen.

	Sollwertbestimmung verhindert Problemerkennung	Modellbildung: Der Umgang mit Kunden- oder Planungsmodellen, insbesondere aber mit wissenschaftlichen Modellen kann für Entscheider in der Linie schwierig sein. Das Controlling sollte Methodenkompetenz vorhalten, um den Aufbau der Modelle zu unterstützen. Erneut ist auch die Querverbindung zum Informationsversorgungssystem, das entsprechend anzupassen ist, zu beachten. Integrative Modelle: Ursache- und Wirkungszusammenhänge überschreiten üblicherweise Abteilungsgrenzen, woraus folgt, dass ursachenindizierende Stimuli in einer Abteilung nur dann für bemerkenswert gehalten werden, wenn sich die Wirkung auch innerhalb der Abteilung manifestiert. Wirkungen jenseits der Abteilungsgrenzen sind potenziell irrelevant. Das Controlling sollte versuchen, die Wirkungen lokaler Ursachen auf fremde Abteilungen oder Unternehmen transparent zu machen und damit die Fähigkeit der Abteilung, „Not" zu erkennen, zu verbessern. Nutzung der Sollwertmodelle: Controlling sollte sicherstellen, dass die verabschiedete Sollwertmodelle zum Einsatz kommen. Alternative Sollwerte: Immer dann, wenn in der Linienabteilung nur geringe Bereitschaft besteht, von traditionellen Sollwertmodellen abzuweichen, sollte das Controlling die fokale Situation auf der Basis alternativer Sollwertmodelle auswerten. Für ein Logistikdienstleistungsunternehmen kann das etwa über ein Benchmarking von Nahverkehrskosten oder über eine analytische Planung der Hauptlaufkosten (wissenschaftliches Modell) erfolgen.
Fehlerhaft ausgerichteter Entscheidungsprozess	Organisationale Mechanismen zur Schaffung von „Fakten"	Realitätsgehalt einer Information: Die Konvertierung unsicherer in sichere Information ist aus den oben genannten Gründen kritisch, weil damit scheinbare Fakten erzeugt werden. Nachdem die Konvertierung für die Organisation Nutzen stiftet und daher nicht darauf verzichtet werden kann, sollte das Controlling es jedoch ermöglichen, dass der Entscheider den „Realitätsgehalt" eines verarbeiteten Informationsitems nachvollziehen kann. [57] Anzahl „Entry Points": Die Qualität der Entscheidungsfindung hängt neben der oben erwähnten Qualität der Konvertierungsroutinen auch von der Anzahl der Informationen liefernden „Entry Points" ab. Aufgabe des Controllings ist es, diese Anzahl zu erhöhen.
	Klassifizierung	Klassifizierungen aufdecken und verbalisieren: Ein schwer zugänglicher, aber relevanter Aufgabenbereich für das Controlling ist die Aufdeckung und Verbalisierung der in einem Unternehmen etablierten Klassifizierungslogiken inklusive der zugeordneten Standard Operating Procedures. Relevanz ist gegeben, weil erstens die Klassifizierung einen Stimulus schafft, der hypothetisch informatorisch angereichert wurde (Zuschreibung von Eigenschaften der Klasse) und damit potentiell falsche Tatsachen vorgespiegelt werden und zweitens die Klassifizierung selbstbestätigend wirkt.
Habituelle statt rationale Reaktion	Bequemlichkeit, Erfahrung, Rollendruck, Sachlicher Zwang	Rationalen Entscheidungsprozess erzwingen: Controlling kann für klassierte Entscheidungssituationen spezifische Entscheidungsfindungsprozesse vordefinieren und deren Wahrnehmung in der Linie sicherstellen. Qualität der SOP's hinterfragen: Die Qualität der von den Linienabteilungen ausgelösten Standard Operating Procedures sollte durch das Controlling in Bezug auf zentrale Erfolgsfaktoren (Zeit, Kosten, Qualität, ...) analysiert werden.

2.1.3.2. Teilprozess: Zuordnung eines Gestaltungsziels

Die Initiierung eines Entscheidungsprozesses ist lediglich der erste von vielen Schritten auf dem Weg zu einer rationalen organisationalen Entscheidung. Der Initiierung folgt der Teilprozess der „Zuordnung eines Gestaltungsziels".

[57] Die Überlegung ist analog auch für Informationen aus Quellen innerhalb des Unternehmens relevant. In einem Logistikdienstleistungsunternehmen ist es für den Mitarbeiter im Verkauf zur Erstellung eines Angebotes durchaus kritisch zu wissen, auf welchem Wege etwa das Item „Durchschnittliche Hauptlaufkosten pro 100 Kg Fracht" für eine bestimmte Relation in der ihm vorliegenden Statistik ermittelt wurde.

Um aus Sicht des Unternehmens eine rationale Entscheidung treffen zu können, benötigt der Entscheider Kenntnis über das Zielsystem des Unternehmens. Auf dieser Grundlage kann er die erforderliche Zuordnungsleistung zwischen der problematischen Ausgangssituation und der per Gestaltungseingriff herzustellenden Sollsituation erbringen. Die Sollsituation, das Ziel, ist dazu in extensionaler und in intensionaler Hinsicht zu definieren. [58] Für das Controlling ist dieser Schritt von Bedeutung, weil erstens dessen Ergebnis das erreichbare Rationalitätsniveau determiniert und zweitens die moderne Entscheidungstheorie begründet in Frage stellt, ob tatsächlich immer rationalitätskonforme Gestaltungsziele zugeordnet werden. Diese Argumente werden nachfolgend diskutiert. Im Überblick geht es um die Analyse von zwei Rationalitätsblockaden: (1) Extensional inkonformes Gestaltungsziel: Einer Situation wird ein aus organisationaler Sicht falsches Ziel zugeordnet. (2) Intensional inkonformes Gestaltungsziel: Das zugeordnete Ziel ist zwar richtig, das anvisierte Zielerreichungsniveau ist aber zu niedrig.

Rationalitätsblockade: Extensional inkonformes Gestaltungsziel

Auch in Phase der Zuordnung eines Gestaltungsziels kann Irrationalität entstehen, indem der fokale Entscheidungsprozess inhaltlich falsch ausgerichtet wird; mithin also das falsche Problem gelöst wird.

Composite Decision - Die individuelle Prämissenstruktur des Entscheiders ist inkonform

Der Entscheider verarbeitet in der Zielbildung organisatorisch gesetzte und persönliche, eigene Prämissen, die sich in einer komplexen Struktur vermischen (Composite Decision). Simon (1976) leitet daraus für die Organisation die Aufgabe ab, den Entscheider derart zu beeinflussen, dass die organisationalen Ziele angemessen in die Entscheidungsfindung einfließen.

Der Umfang möglicher Beeinflussung ist vielschichtig; sie erstreckt sich auf richtiges Entscheiden und auf richtiges Ausführen. Während letzteres in historischer Abfolge in erster Linie Taylors Angriffspunkt war (Taylor 1995), konzentriert sich die „Administrative Science", March und Simons Angriffspunkt, aus das Entscheiden. Deren Argumentation ist von der Problematik geprägt, dass Mitarbeitern Freiraum in Entscheidungsprozessen gegeben wird (werden muss), ohne das zugleich sichergestellt ist, dass sie innerhalb dieses Freiraums organisationskonform entscheiden.

Abbildung 16 erläutert den Prozess der Vermischung organisationaler und individueller Präferenzen in der Entscheidungsfindung und weist zugleich auf Lösungsansätze hin. Der rationale Entscheidungsprozess als Abfolge von Stimulus, Hesitation und Choice bewirkt eine Synthetisierung der genannten Präferenzkomponenten. Die Ansatzpunkte der Organisation zur Verstärkung der Bedeutung der organisationalen Präferenzen bestehen in der Ausübung

[58] In extensionaler Hinsicht beschreibt ein Ziel, *was* erreicht werden soll; in intensionaler Hinsicht hingegen, *wie viel* erreicht werden soll. Bestimmt das extensionale Ziel, dass für die Kostenstelle „Nahverkehr" in einer Sammelgutspedition die Kosten pro Zustellstopp eine relevante Zielgröße ist, quantifiziert die intensionale Aussage komplementär dazu ein Zielniveau von beispielsweise DM 28,-. Die intensionale Dimension darf also nicht mit dem Zielerreichungsgrad verwechselt werden.

von Autorität, der Einübung des Entscheidungsverhaltens, der Kommunikation der Ziele und Prämissen an alle betroffenen Entscheider, der Belohnung loyaler Verhaltensweisen und der Förderung der Identifikation des Entscheiders gegenüber dem Unternehmen sowie der Durchsetzung des Effizienzprinzips.[59] Die Beeinflussung der Prämissenstruktur des Entscheiders ist aus diversen Gründen erforderlich.

Abbildung 16 Das Unternehmen beeinflusst das (Entscheidungs-) Verhalten des Mitarbeiters – Simons „principle modes of influence"

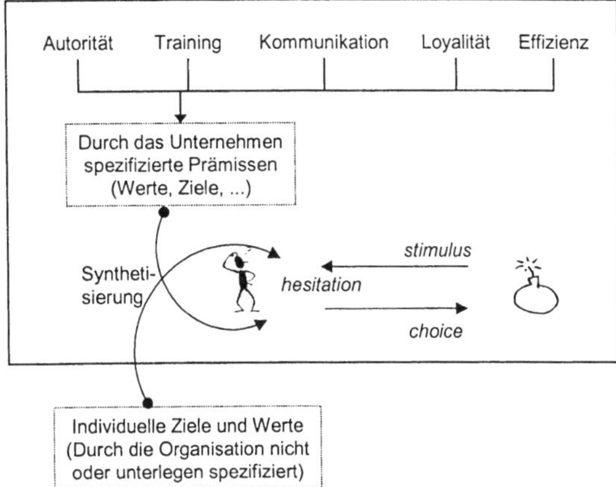

Verhaltensannahmen: Zunächst kann nicht von einem harmonischen Nebeneinander individueller und organisationaler Prämissen ausgegangen werden. Die im Zuge der Agenturtheorie entwickelten Verhaltensannahmen („Hidden Information", „Hidden Action") bestätigen das. Dort wird beiden Beteiligten, Prinzipal und Agent, als Handlungsmaxime das Streben nach individueller Nutzenmaximierung unterstellt, woraus ein grundsätzlicher Zielkonflikt entsteht. Weiterhin unterstellt die Theorie Verhaltensannahmen, die beiderseitig geprägt sind von opportunistischen Praktiken, die „die Anwendung von List, Betrug und Täuschung" (Ebers und Gotsch 1995, S. 196) einschließen.

Zielhierarchie: Weiterhin sind lokale Entscheidungen der Mitarbeiter vor Ort in die übergeordnete Zielsystematik einzupassen. Die oben angesprochene selektive Kraft der Abteilungsbildung und Spezialisierung provozieren Divergenzen zwischen lokaler und gesamtorganisationaler Rationalität. Reagiert beispielsweise der Nahverkehrsdisponent in einer Spedition auf das Problem überhöhter Nahverkehrskosten mit billigeren Nahverkehrsunternehmern, kann das gegen die Qualitätsoffensive der Geschäftsleitung verstoßen.

Soziale Einbindung: Die Zuordnung eines extensionalen Zieles wird durch die soziale Einbindung („Embeddedness", Granovetter 1985) des Entscheiders in sein Umfeld, auch in das Netz informaler Beziehungen zu anderen Abteilungen sowie anderen Unternehmen, beeinflusst. Eine abteilungsübergreifend rationale Entscheidungsfindung kollidiert tendenziell mit

[59] Zu diesen „Principle Modes of Authority" vergleiche Simon (1976, S. 123 ff); an dieser Stelle soll die kurze

abteilungsbezogenen Interessen und bedarf daher eines Anreizsystems zu deren Durchsetzung. Teil des Anreizsystems sind soziale Bindungen. Für die Durchsetzung kettenweit rationaler Entscheidungen gilt das Problem analog, aber mit einer tendenziell noch schlechteren Ausgangssituation bezüglich der gegenseitigen sozialen Einbettung der in die Entscheidung eingebundenen Akteure.

Persistenz von Unterzielen - Die Ziele von gestern verfolgen

Komplexe Entscheidungssituationen werden üblicherweise in handliche und übersichtliche, weniger komplexe Ziel-Mittel-Konstellationen zerlegt. Dabei werden primäre Mittel zu sekundären Zielen, usw. („Process of Sub-Goal Formation";March und Simon 1958, S. 152). Die sekundären Ziele werden in der Regel auf unterschiedliche Organisationseinheiten verteilt. Mit dieser Zerlegung kann die ursprüngliche Fragestellung aus den Augen verloren gehen. Aus der zwangsläufig begrenzten Perspektive der mit der jeweiligen Teilaufgabe betrauten Abteilungen wird das ursprüngliche Teilziel zu einem Oberziel, das tendenziell persistent wird und auch dann noch auf der Agenda bleibt, wenn das entsprechende Oberziel bereits erreicht wurde und die projektbezogene Zielhierarchie damit obsolet ist. Das Problem wird sowohl in der Betriebswirtschaftslehre als auch in der Finanzwissenschaft diskutiert. So sind zum Beispiel der Sunset- oder der Zero-Base-Ansatz Konzepte zur Budgetierung, die explizit darauf ausgelegt sind, solche Persistenzen aufzudecken und über einen Budgetierungsstopp zu beenden. [60]

Instabilität von Zielen

Die in einer Abteilung wirksame Garnitur von Zielen, und damit zugleich auch die Ausgangsbasis rationaler Entscheidungsfindung darf nicht als systematische und stabile Ableitung des übergeordneten Zielsystems interpretiert werden (Cyert und March, 1963). Trotz eines stabilen übergeordneten Zielsystems verändern sich sowohl die extensionalen als auch die intensionalen Ausprägungen untergeordneter Ziele im Zeitablauf. Dafür sind folgende Ursachen verantwortlich: (1) Struktur der Koalition: Cyert und March (1963) interpretieren ein Unternehmen als eine Koalition von Teilnehmern, die gegebenenfalls Unterkoalitionen bilden. Die Teilnehmer haben mehr oder weniger voneinander unabhängige Ziele, die zum Teil mit den allgemeineren Oberzielen inkonsistent, also widersprüchlich sind. Dieses Unternehmensbild zwingt dazu, die Annahme eines gemeinsamen, konsistenten und von allen Teilnehmern getragenen Organisationsziels aufzugeben. Statt dessen wird ein Verhandlungsmechanismus (Bargaining Process) angenommen: Ziele werden zunächst auf einer groben und langfristig wirkenden Ebene zwischen den Unterkoalitionen im Verlauf eines Verhandlungsprozesses festgelegt und dann in den täglichen Abstimmungsprozessen innerhalb sowie zwischen den Koalitionen verfeinert. Diese Ausarbeitung orientiert sich an bereits bestehenden Zielen und Zuständen, so dass eine Stabilisierung entsteht (Bewahrung). Dieser Mechanismus sorgt (auch) dafür, dass ausgehandelte gravierende Zielveränderungen in der Regel nur in

---

Auflistung ausreichen.

60 Vergleiche zu den finanzwissenschaftlichen Budgetierungsverfahren im Überblick Recktenwald (1983).

abgeschwächter Form bis an den Arbeitsplatz auf den unteren Ebenen vordringen beziehungsweise dass der Aushandlungsprozess zu weniger Schwankungen führt, als man annehmen könnte (Lehmschicht-Analogie). Auf der anderen Seite begründet es auch, warum negative Zustände nur langsam verbessert werden können. Für die Rationalität von Entscheidungsprozessen folgt aus diesen Überlegungen, dass jedes neue Mitglied in einer Koalition den Aushandlungsprozess erneut anstößt und auf diesem Wege seine eigenen Ziele einbringt. (2) Arbeitsteilung: Abteilungen verfolgen üblicherweise, wenn nicht ein abteilungsübergreifendes Anreizsystem wirksam ist, immer nur Abteilungsziele. Diese Fokussierung behindert die Diffusion von Zielformulierungen, deren Verfolgung in den Abteilungen entweder keine positiven (neutral) oder negative Folgen hat. (3) Problemlage - begrenzte Kapazität: Es können nicht alle Ziele parallel mit gleicher Intensität verfolgt werden. Die relative Bedeutung der Ziele schwankt daher im Zeitablauf. Die Ziele werden nicht simultan sondern sequentiell thematisiert. Mit diesem „wechselnden Fokus" kann erklärt werden, warum Unternehmen mit sich einander widersprechenden Zielen umgehen können

Rationalitätsblockade: Intensional inkonformes Gestaltungsziel

Abweichend von der Vorstellung der klassischen Entscheidungstheorie werden Entscheider nicht zwingend eine Maximallösung anstreben, sondern sich mit einem geringen Anspruchsniveau zufrieden geben (Satisficing; March und Simon 1958, S. 140). Dafür gibt es eine Reihe von Gründen: (1) Ziele in der Vergangenheit: Wenn in der Vergangenheit ein bestimmter Zielerreichungsgrad realisiert und akzeptiert wurde, besteht die Neigung, dieses Niveau fortzuschreiben. (2) Performance vergleichbarer Unternehmen: Wenn vergleichbare Unternehmen eine bestimmte Performance erreichen, bildet diese Beobachtung für die Zielbildung im fokalen Unternehmen eine Legitimierung, sich auch mit diesem Niveau zu bescheiden. Dieses Argument knüpft an Pounds und dessen Logiken zur Identifikation von Problemen an (Kapitel 2.1.3.1).

Zusammenstellung der Aufgabenfelder und Skizzierung möglicher Ansatzpunkte

Aus dieser Diskussion lassen sich folgende Aufgabenfelder für ein rationalitätsorientiertes Controlling ableiten (Tabelle 4):

Tabelle 4 Aufgabenfelder für das Controlling in der Phase der „Zuordnung eines Gestaltungsziels zu einem Entscheidungsprozess"

Rationalitätsblockade	*Ursachen*	*Aufgabenfelder und mögliche Ansatzpunkte*
Extensional inkonformes Gestaltungsziel	Composite Decision	Spezifizierung der Prämissen: Damit die Mitarbeiter vor Ort organisationale Ziele verfolgen können, muss Controlling den Zielbildungsprozess im Unternehmen dokumentieren und sicherstellen, dass jedem Entscheider deutlich wird, welche Konsequenz die Verabschiedung eines Zieles durch die Geschäftsführung für seinen täglichen Entscheidungsprozess an seinem Arbeitsplatz hat. Für einen Abteilungsleiter in einem Logistikdienstleistungsunternehmen kann eine in der Geschäftsführung beschlossene Internationalisierungsstrategie bedeuten, ab sofort nur noch Mitarbeiter einzustellen, die mindestens zweisprachig sind. Weiterhin kann es bedeuten, internationale Verkehre aufzubauen, die kurzfristig Verluste produzieren. Wenn Ziele auf Ebene der Unternehmensführung nicht in konkret formulierte Verhaltenserwartungen pro Arbeitsplatz umgedeutet werden, entsteht die Gefahr, dass sie nicht verfolgt werden; insbesondere dann nicht,

		wenn bestehende Verhaltensmuster zur Disposition stehen (Mitarbeiter dürfen nicht viel kosten) oder lokale Erfolgsmaßstäbe verletzt werden (Verlust durch internationalen Verkehr).
	Persistenz von Unterzielen	Bargaining begrenzen: Controlling sollte das Volumen der durch Bargaining-Prozesse erzeugten Zielreformulierungen eingrenzen, in dem etwa verbindliche Rahmenkonzepte (Kirsch 1997, S. 441 ff) gepflegt werden, die nur in festen Rhythmen zur Disposition stehen. Zielaktualisierung: Der Einsatz spezieller Planungs- und Budgetierungsmethoden (s. o.) bringt eine kritische Diskussion über die Wirksamkeit des in der Abteilung aktiven Zielsystems zur Verfolgung, möglicherweise zwischenzeitlich veränderter Ziele, periodisch auf die Tagesordnung. Controlling sollte die Einführung dieser Instrumente methodisch unterstützen.
	Instabilität von Zielen	Dokumentation des Zielerreichungsgrades: Organisationale Ziele werden ceteris paribus weniger intensiv verfolgt, wenn deren Erreichungsgrad nicht messbar ist. Controlling sollte sicherstellen, dass arbeitsplatzorientierten Ziele durch das Informationsversorgungssystem abgebildet werden können.
Intensional inkonformes Gestaltungsziel	Satisficing	„Best in Class": In engem Zusammenhang mit der oben formulierten Forderung, Controlling solle konkurrierende Modelle zur Problemfindung vorschlagen, kann hier analog gefolgert werden, Controlling soll alternative Modelle zur Bestimmung der intensionalen Zielausprägung verwenden. Das kann bedeuten, abteilungsintern verabschiedete Ziele etwa mit „Best in Class"-Unternehmen zu vergleichen.

2.1.3.3. Teilprozess: Suche nach Alternativen

Die Suche nach Alternativen (Lösungen) ist der dritte Schritt des in Abbildung 12 dargestellten Entscheidungsprozesses. Es bedarf jedoch noch einer definitorischen Vorbemerkung, um auch die Alternativensuche als rationalitätsdeterminierenden Prozess zu begreifen.

In der Vorstellung der klassischen Entscheidungstheorie bedeutet „entscheiden", aus einem Tableau vorhandener Alternativen diejenige auszuwählen, die den höchsten Nettonutzen verspricht. Die Existenz der Alternativen wird vorausgesetzt; deren Bildung nicht thematisiert. Beginnt man, den Aufbau der Alternativen in die Rationalitätsbetrachtung zu integrieren, wie das die moderne Entscheidungstheorie vorschlägt, wird Entscheidungsrationalität nicht erst durch die formal-methodische Qualität des Auswahlprozesses, sondern bereits durch die materiell-inhaltliche Qualität der Alternativen bestimmt. Aus dieser Sicht ist es noch nicht rational, sich aus zwei nur begrenzt zielführenden Alternativen anhand eines Auswahlkalküls formal richtig für die „weniger schlechte" Alternative zu entscheiden, wenn mit vertretbarem Aufwand eine dritte, bessere Alternative hätte aufgebaut werden können.

Damit stellt sich jedoch die Frage, welche Anforderungen statt dessen an das Prädikat „rational" geknüpft werden sollten. In einer strengen Auslegung wäre ein Entscheidungsprozess erst dann rational, wenn sichergestellt ist, dass tatsächlich die „objektiv beste" Variante gefunden wurde (objektive Rationalität).[61] In einer gelockerten Variante werden die Anforderungen an den individuellen Entscheider angepasst (subjektive Rationalität). Rational wird demnach bereits dann entschieden, wenn der Entscheider unter Berücksichtigung seiner Kenntnisse über die Situation und über die Methoden zu deren „Aufklärung" eine nettonutzenmaximierende Alternative auswählt, was einschließt, dass er diese zuvor auch aufbaut. In

[61] Vergleiche dazu auch noch einmal die Schilderung unterschiedlichen Rationalitätskonzepte in Kapitel 2.1.2.

Bezug auf die Alternativensuche soll unter Rationalität nachfolgend subjektive Rationalität verstanden werden. Objektive Rationalität zum Maßstab zu machen, würde unter Berücksichtigung der begrenzten kognitiven Fähigkeiten der Entscheider sowie weiterer Situationsvariablen (zum Beispiel verfügbare Reaktionszeit) dazu führen, die meisten betrieblichen Entscheidungsprozesse als irrational bezeichnen zu müssen. Unter der Berücksichtigung tendenziell zu geringer Managementkapazitäten wäre die Verfolgung objektiv rationaler Problemlösungen für alle Probleme zudem allokativ ineffizient, wenn realistischerweise unterstellt wird, dass nicht alle Entscheidungen in der gleichen absoluten Höhe Nettonutzen abwerfen.

Rationalitätsblockade: Inferiore Lösungen

Für das Controlling ist es von Bedeutung, den Prozess der Alternativensuche als potentielles Rationalitätshindernis zu beobachten, weil unterstellt werden kann, dass üblicherweise weder die objektiv noch die subjektiv beste Alternative gefunden wird. Entscheidungsprozesse enden in vielen Fällen nur mit inferioren Lösungen. Folgende Gründe erklären die Defizite:

Begrenzte kognitive Fähigkeiten

Dem Entscheider sind nicht alle Alternativen bekannt. Die Alternativen müssen daher in einem Suchprozess aufgebaut werden. Die interpersonal unterschiedliche Ausprägung kognitiver Fähigkeiten führt zu Rationalitätsverlusten. „It is obviously impossible for the individual to know all his alternatives and all their consequences, and this impossibility is a very important departure of actual behaviour form the model of objective rationality." (Simon 1976, S. 67)

Krisendruck

Bei Krisendruck wird üblicherweise die Richtung beibehalten, in der Lösungen gesucht werden, die „Dosierung" der Maßnahmen jedoch erhöht. Die alte Verhaltensweise wird als nicht in Frage gestellt, sondern lediglich kompromissloser verfolgt (Dörner 1990).

Satisficing

Üblicherweise wird nicht nach optimalen sondern lediglich nach zufriedenstellenden Alternativen gesucht. March und Simon (1958, S. 140) gehen davon aus, nur in besonderen Ausnahmesituationen ein wirkliches Optimierungsstreben anzutreffen. Sie begründen das mit dem dazu erforderlichen unvergleichlich komplizierteren Algorithmus: „Satisficing" bedeutet, die Nadel im Heuhaufen zu finden. „Optimizing" hingegen, nach der spitzeste Nadel zu suchen. Was dann als „befriedigend" angesehen wird, hängt vom Anspruchsniveau u. a. des Entscheiders ab. Ein Anfänger wird auch mit einer schlechten Lösung zufrieden sein. Das Anspruchsniveau wird daher tendenziell sehr nahe am Niveau der zuletzt erreichten Leistung liegen. Dieses Prozedere ist subjektiv durchaus ökonomisch, da es einer Überforderung entgegenwirkt.

Problemistic Search - lokale, naive und sequentielle Suchstrategien

Cyert und March (1963) haben sich ausführlich mit dem Problem der Alternativensuche auseinandergesetzt und dabei einige typische Suchmuster identifiziert, die hier mit dem Begriff „Problemistic Search" zusammengefasst und erläutert werden sollen. Üblicherweise, so die Beobachtung, wird erst und nur dann ein Suchprozess ausgelöst, wenn ein konkretes Problem vorliegt; präventive Problemlösung im Sinne einer „Grundlagenforschung" bleibt die Ausnahme. Daraus folgt, dass Suchprozesse immer in engen Zeitfenstern unter Problemdruck ablaufen. Weiterhin wird nur nach einer schnellen Lösung gesucht; der Versuch, die „Mechanik" der Situation zu begreifen, tritt in den Hintergrund.

„Lokales" Suchen (simple minded search)

Tendenziell wird, so Cyert und March (1963, S. 120 ff), wird mit sehr einfachen Ursache-Wirkungs-Modellen nach Lösungen gesucht. Die erste Suchregel geht davon aus, in der Nähe der alten Lösung auch die neue Lösung zu finden. Eine zweite Regel empfiehlt, in der Nähe der Symptome des Problems zu suchen. Erst wenn die lokale Suchen keinen Erfolg hat, werden über kompliziertere Ursache-Wirkungs-Modelle auch „fernere" Lösungen berücksichtigen (Distant Search). Eine dritte Regel leitet die Suche nach „Schuldigen" oder (in der Regel schmerzhaften) Optimierungsoptionen in leicht verwundbare Bereichen des Unternehmens. Das sind in der Regel solche, deren Beitrag zu den Oberzielen (zum Beispiel ROI) nicht konkret quantifiziert werden kann, so etwa der Bereich Unternehmensentwicklung, oder die Bereiche, die aus anderen Gründen keine ausreichende Macht besitzen, sich davor zu schützen.

Stereotype Handlungsmuster

In der Regel werden Abteilungen mit der Suche nach Lösungen betraut. Innerhalb der Abteilungen besteht jedoch eine Neigung, zur Problemlösung lediglich das bekannte Standardrepertoire anzubieten. Allison und Zelikow (1999) haben diesen Mechanismus in seiner entscheidungsorientierten Schilderung der Eskalation der Kuba-Krise („Einer Installation von Raketen auf Kuba muss militärisch geantwortet werden ...") dargestellt. Demnach wird mit der Delegation an eine Abteilung faktisch determiniert, mit welchen Methoden wo und nach welchen zulässigen Lösungen gesucht werden wird.

Verzicht auf Suche

Wenn Standard Operating Procedures oder existierenden Heuristiken das fokale Problem zu lösen in der Lage sind, wird kein rationaler Entscheidungsprozess in Gang gesetzt.[62] Die Existenz solcher Standardrepertoires vermindert die Bereitschaft, neue Alternativen zu finden.

Zusammenstellung der Aufgabenfelder und Skizzierung möglicher Ansatzpunkte

Aus dieser Diskussion lassen sich folgende Aufgabenfelder für ein rationalitätsorientiertes Controlling ableiten (Tabelle 5):

[62] Vergleiche dazu auch die Ausführungen in Kapitel 2.1.3.1 zum Stichwort „habituelles Verhalten".

Tabelle 5 Aufgabenfelder für das Controlling in der Phase der „Suche nach Alternativen"

Rationalitätsblockade	*Ursachen*	*Aufgabenfelder und mögliche Ansatzpunkte*
Inferiore Lösung	Begrenzte kognitive Fähigkeiten	Siehe Tabelle 3. Informationsversorgungssystem: Es ist fraglich, in welchem Umfang ein formales, nicht auf die konkrete Entscheidungssituation zugeschnittenes Informationsversorgungssystem in der Lage sein kann, die Alternativensuche zu unterstützen. Denkbar wäre etwa der Aufbau von „Best Practice"-Datenbanken, mit denen zumindest potenzielle Informationsquellen lokalisiert werden können.
	Krisendruck	Frühwarnsystem: Nachdem die Alternativensuche unter Zeitdruck schlechtere Ergebnisse liefert, verbessern Frühwarnsysteme (deren Aufbau auch aus einer Reihe anderer, hier aber irrelevanter Gründe, von Vorteil ist) mittelbar die Qualität der Alternativensuche. Zusätzliche Managementkapazität: Wenn absehbar ist, dass Zeit- oder Krisendruck zu schlechteren Entscheidungen führen, sollte Controlling in Erwägung ziehen, durch die temporäre Einsteuerung zusätzlicher Managementkapazitäten den Rationalitätsengpass zu überbrücken.
	Satisficing	Siehe Tabelle 4.
	Problemistic Search, lokales Suchen	Kreativitätstechniken: Die oben beschriebenen typischen Suchmuster mögen situativ nachvollziehbar sein, führen aber nicht zu grundsätzlichen oder innovativen Lösungen. Wenn Controlling Rationalität sichern soll, muss es gegebenenfalls auch dazu übergehen, die Entscheider in der Anwendung kreativitätsfördernder Techniken zu schulen.
	Stereotype Handlungsmuster	Problemverteilung: Die Zuteilung von Problemen auf Abteilungen determiniert weitgehend, wie die Lösung aussehen wird (Allison, s.o.). Berücksichtigt man zudem, dass komplexe Probleme besser „gehandhabt" werden, wenn alternative Kontexte bewusst einfließen (Kirsch 1994), hat Controlling durchaus die Möglichkeit, umfassendere Problemlösungen in Gang zu setzen. Das kann im Extrem über die Parallelbearbeitung von Entscheidungssituationen oder in einer gemilderten Variante über die ausgewogene, abteilungsübergreifende Zusammensetzung eines Teams erfolgen.
	Verzicht auf Suche	Siehe Tabelle 3.

2.1.3.4. Teilprozess: Ermittlung der Konsequenzen pro Alternative

Die Ermittlung der Konsequenzen folgt der Suche nach den Alternativen und repräsentiert im oben skizzierten Modell des Entscheidungsprozesses den vierten Schritt. Es ist unmittelbar nachvollziehbar, dass die hierzu verwendete Sorgfalt das erreichte Rationalitätsniveau beeinflusst. Fehlerhaft ermittelte Konsequenzen verfälschen die Rangfolge der Alternativen und reduzieren damit den zu erwartenden Nettonutzen.

Rationalitätsblockade: Konsequenzen werden fehlerhaft ermittelt

Nachfolgend werden Gründe erläutert, die dazu führen können, dass die Konsequenzen in Erwägung gezogener Alternativen falsch ermittelt werden:

Qualität der Entscheidungsunterstützungssysteme

Um Konsequenzen ermitteln zu können, müssen Alternativen durchgespielt oder „durchgerechnet" werden. Das dazu verfügbare Instrumentarium determiniert, wie präzise die Berechnungen sein werden. Soll etwa die Verlegung eines Konsumgüterzentrallagers geplant werden, können die alternativen Lagerstandorte ohne spezielle Entscheidungsunterstützungssysteme kaum präzise bewertet werden.

Die Qualität der Entscheidungsunterstützungssysteme bestimmt weiterhin, welche Kosten für die Ermittlung der Konsequenzen entstehen. Realistischerweise bestimmen sie damit auch, ob es sich ein Entscheider „leisten kann", viele Alternativen in Betracht zu ziehen.

Zeitdruck

Wenn der für die Konsequenzenermittlung verfügbare Zeitraum klein ist, wird die Qualität ceteris paribus leiden.

Undurchschaubarkeit komplexer Systeme

Die Ermittlung von Konsequenzen ist nur möglich, wenn die Funktionsweise des fokalen Systems transparent ist. Für viele Eingriffe gilt aber, dass das Systemverhalten nach einem Eingriff nicht vollständig vorhergesagt werden kann (komplexes System). Dörner (1990, S. 276) spricht von „Ballismus", wenn die Konsequenzen erwogener Maßnahmen nicht bekannt sind, aber dennoch entschieden wird. Mit dem Grad an Komplexität wird daher die Qualität der Konsequenzenermittlung zurückgehen. In diese Logik gehört auch das von Simon (1976, S. 70) vorgetragene Argument der Gruppendynamik, nach dem die Konsequenzenanalyse immer dann erschwert ist, wenn das Verhalten eines Mitarbeiters oder einer Gruppe relevant aber nicht vorhersagbar ist.

Reichweite des Informationsversorgungssystems

Wenngleich der oben beschriebene Ballismus rationales Verhalten offensichtlich unterminiert, geht er zumindest jedoch davon aus, den „Einschlag" einer Maßnahme beobachten und für die nächste Entscheidungssequenz daraus Schlüsse ziehen zu können. Voraussetzung ist dazu aber ein Informationsversorgungssystem, das genauso weit reicht, wie die verabschiedeten Maßnahmen und eine ausreichende „Auflösung" besitzt, um die Wirkung zu quantifizieren. Häufig, insbesondere in Situationen abteilungs- oder sogar unternehmensübergreifender Maßnahmen, wird das aber nicht der Fall sein. So wird es kaum abschätzbar sein, zu welchen Konsequenzen etwa eine vom Einzelhandel geforderte veränderte Etikettierung der Handelsware für die Akteure entlang der Versorgungskette führt.

Sonnenbrillenplanungen

Dörner (1990) hat analysiert, wie Menschen in unübersichtlichen Situation entscheiden. Sie neigen unter anderem dazu, so seine Beobachtung, sich auf Grobplanungen zu verlassen und auf eine Konsequenzenermittlung zu verzichten. Unausgesprochen beruhen die dann zwangsläufig „mutig" zu treffenden Entscheidungen auf der Annahme ausreichender Flexibilität (Mir wird dann schon was einfallen ...).

Verzicht bei Standard Operating Procedures

Wenn etablierte und in der Vergangenheit erfolgreiche Methoden zur Anwendung kommen, wird oft vollständig auf die Ermittlung von Konsequenzen verzichtet.

Befreiungsschlag

Wenn Entscheider über einen langen Zeitraum ohne Erfolg planen, steigt die Neigung zu einer befreienden Tat, mit der dann der „Knoten durchgeschlagen" wird, ohne vorher eine

Ermittlung der Konsequenzen zu veranlassen. Es erfolgt eine Dekonditionalisierung der Planung; Bedingungen werden nicht mehr berücksichtigt.

Antizipationsschwäche

Die Bedeutung einer Konsequenz wird psychologisch üblicherweise nicht korrekt bewertet, weil sich der Entscheider den damit verbundenen Zustand nicht realistisch vorstellen kann. Simon (1976, S. 83) dazu: „Even when the consequences of a choice have been rather completely described, the anticipation of them can hardly act with the same force upon the emotions as the experiencing of them.".

Zusammenstellung der Aufgabenfelder und Skizzierung möglicher Ansatzpunkte

Aus dieser Diskussion lassen sich folgende Aufgabenfelder für ein rationalitätsorientiertes Controlling ableiten (Tabelle 6):

Tabelle 6 Aufgabenfelder für das Controlling in der Phase der „Ermittlung der Konsequenzen"

Rationalitätsblockade	*Ursachen*	*Aufgabenfelder und mögliche Ansatzpunkte*
Konsequenzen werden fehlerhaft ermittelt	Qualität der Entscheidungsunterstützungssysteme	Methoden: Die Ableitung von Konsequenzen erwogener Maßnahmen ist ein komplizierter kognitiver Prozess, in dem systematisch (alle Konsequenzen) und präzise (richtige Ermittlung) gearbeitet werden muss. Die Qualität der Analyse kann durch die Schulung von Methoden verbessert werden. Dazu gehören etwa Prinzipkalkulationen, Konsequenzenmatrizen oder Simulationen. [63] Weiterhin sollte das Controlling die Abteilungen durch die Bereitstellung spezifischer Instrumente unterstützen. In einem Logistikdienstleistungsunternehmen kann das etwa bedeuten, dem Abteilungsleiter im Nahverkehr ein computergestütztes Entscheidungsunterstützungssystem bereitzustellen, mit dem wichtige Fragestellungen (Wieviele Touren sollte ich bilden? Welche Fahrzeugtypen sollten eingesetzt werden? Sollten die Nahverkehrsunternehmer pauschal oder pro Sendung bezahlt werden?) komfortabel bearbeitet werden können.
	Zeitdruck	Siehe Tabelle 5 „Krisendruck".
	Undurchschaubarkeit komplexer Systeme	Systemgestaltung: Wenn Systeme trotz verbesserter kognitiver Fähigkeiten der Mitarbeiter oder Verbesserung der Datenlage durch das Informationsversorgungssystem undurchschaubar bleiben, kann Controlling darauf hinarbeiten, Möglichkeiten zur Vereinfachung der Systeme anzudenken.
	Reichweite des Informationsversorgungssystems	Anpassung: Controlling hat die Aufgabe, die Reichweite des Informationsversorgungssystems der Managementreichweite anzupassen. Eine Erweiterung des Managements auf die gesamte Kette muss über die Umgestaltung des Informationsversorgungssystems nachvollzogen werden.
	Sonnebrillenplanung, Verzicht bei SOP, Befreiungsschlag	Kalküle: Controlling kann Sonnenbrillenplanungen, habituelle SOP-Wiederholungen oder Befreiungsschläge unterbinden, indem für bestimmte Entscheidungstypen (siehe oben: Klassifizierung) feste Kalkulationsvorschriften, die Detailrechnungen erzwingen, vorgeschrieben werden.
	Antizipationsschwäche	Betroffene einbeziehen: Entscheider können sich den über ein Konsequenzenbündel eintretenden Zustand nicht realistisch vorstellen (Simon, s. o.). Controlling kann nicht diese kognitive Unzulänglichkeit nicht korrigieren, jedoch dafür sorgen, dass die von den Konsequenzen Betroffenen gehört werden und deren, wahrscheinlich realistischere Bewertung der Situation, in die Konsequenzenanalyse einfließt.

[63] Vergleiche dazu weiterführend auch Pfeiffer et al. (1994, S. 40 ff und S. 127 ff).

2.1.3.5. Teilprozess: Beurteilung der Alternativen - Herstellen einer Rangordnung

Nachdem die Alternativen aufbereitet und deren Konsequenzen ermittelt wurden, ist das Ausgangsmaterial für die Entscheidungsfindung bereitgestellt. In dieser Phase folgt nun die Bewertung der Alternativen im Hinblick auf deren Zielerreichungsgrad. Der Zweck der Bewertung besteht darin, unter den Alternativen eine Rangfolge herzustellen, also Präferenzen zwischen den Wahlmöglichkeiten zu identifizieren (Simon 1976, S. 73). [64] Idealerweise fließen die Alternativen in ein methodisch hinreichendes Bewertungsverfahren ein (zum Beispiel Verfahren zur Investitionsrechnung, Nutzen-Kosten-Analyse, Kostenwirksamkeitsanalyse oder Nutzwertanalyse) und erhalten in dessen Verlauf Rangplätze, die den jeweiligen Wirksamkeiten in Bezug auf das zu lösende Problem entsprechen.

Rationalitätsblockade: Auswahl einer suboptimalen Alternative

Erneut gibt es aber Überlegungen, die Zweifel an diesem idealen Ablauf aufkommen lassen. Die Beurteilung favorisiert möglicherweise eine suboptimale Alternative. Folgende Gründe sind zu beachten:

Vorentscheidungen

Üblicherweise werden nicht alle verfügbaren Alternativen ernsthaft in die Bewertung einbezogen. Es kann passieren, dass prima facie inferiore Alternativen vorschnell aus dem Lösungsbaum herausgeschnitten werden. Simon (1976, S. 100) beschreibt ein Beispiel, in dem für eine zu errichtende Staudammauer nur plausibel „erscheinenden" Lokationen detailliert berechnet wurden. Alle anderen wurden ohne Berechnung verworfen, dem Bewertungsverfahren also vorenthalten.

Satisficing

Üblicherweise wird die erste Alternative, die den Ansprüchen genügt, ausgewählt (Cyert und March, 1963, S. 113).

Risikoaversion

Die klassische Entscheidungstheorie behandelt Unsicherheit durch die Verwendung von Sicherheitsäquivalenten (Wahrscheinlichkeiten) beziehungsweise Regeln zum Umgang mit unsicheren Situationen (Spieltheorie). Die Studien von Cyert und March (1963, S. 118 f) weisen jedoch darauf hin, dass Unternehmen nicht mit den Folgen von Unsicherheit leben wollen, sondern Unsicherheit vermeiden. Daraus resultieren spezifische Entscheidungsmuster. (1) Kurzfristlösungen: Um Unsicherheiten im Entscheidungsprozess sowie in der Realisierung zu vermeiden, werden Alternativen mit langen zeitlichen Horizonten (=grundsätzliche Lösungen) aufgrund der tendenziell spekulativeren Datenlage (Langfristprognosen), in der Regel ausgeblendet. Statt dessen erhalten kurzfristige Lösungen (Feuerwehrmanagement) den Vorzug. (2) Kurzfristprobleme: Kurzfristige Probleme ohne Prognosebedarf und Unsicherheit werden vorrangig vor strategischen, unsicheren Problemen bearbeitet. Die Koalitionssituation

---

64 Ähnlich definieren auch Domsch und Reinecke (1989, S. 143) den Bewertungsbegriff, „... dass unter Bewertung die Herstellung einer Rangordnung von Handlungsalternativen nach dem Grad ihrer Zielwirksamkeit zu verstehen ist."

im Unternehmen mit den häufig wechselnden Mitarbeitern und deren wechselnden Zielen macht es c. p. sinnvoller, lediglich kurzfristig zu agieren. (3) Kleine Lösungen: Unsicherheit wird weiterhin vermieden, indem diejenigen Alternativen verworfen werden, in deren Verlauf eine Vielzahl bestehender Regeln und Abläufe zu verändern ist.

Inkonforme Werturteile

Die Verfahren zur Herstellung von Ranfolgen unter den Alternativen erfordern Werturteile. Das gilt etwa für die Verteilung der Gewichtungskoeffizienten in der Nutzwertanalyse oder für die Bestimmung der Höhe des Zinssatzes in der Nutzen-Kosten-Analyse. [65] Beide Faktoren verändern ceteris paribus die relative Vorteilhaftigkeit der Alternativen und stellen auf diesem Wege für den Entscheider eine „Versuchung" dar, das Ergebnis der Bewertung zu manipulieren. Damit führt die Alternativenbewertung in vielen Fällen zu intersubjektiv nicht vollständig reproduzierbaren Ergebnissen.

Zusammenstellung der Aufgabenfelder und Skizzierung möglicher Ansatzpunkte

Aus dieser Diskussion lassen sich folgende Aufgabenfelder für ein rationalitätsorientiertes Controlling ableiten (Tabelle 7):

Tabelle 7 Aufgabenfelder für das Controlling in der Phase der „Beurteilung der Alternativen"

Rationalitätsblockade	*Ursachen*	*Aufgabenfelder und mögliche Ansatzpunkte*
Auswahl einer suboptimalen Variante	Vorentscheidung, Satisficing	Methoden durchsetzen: Controlling kann in Auswahlphase des Entscheidungsprozesses Rationalität sichern, in dem es durchsetzt, dass die im Unternehmen als verbindlich verabschiedeten Methoden auch tatsächlich für alle zuvor behandelten Alternativen eingesetzt werden. Eine solche Forderung ist lediglich in Kenntnis der verfügbaren Zeit sowie Kapazität der Mitarbeiter zur Problemlösung zu rechtfertigen.
	Risikoaversion	Konkurrenzentscheidung: Sobald das Ausgangsmaterial verfügbar ist, können die Verfahren zur Herstellung einer Rangfolge mit vergleichsweise geringem Aufwand parallel, dann mit den Wertungen des Controllers, zum Einsatz kommen. Wenn sich große Unterschiede ergeben, ist die Auswahl zumindest zu diskutieren.
	Werturteile	Standards: Das Treffen von Werturteilen in Auswahlkalkülen sollte einem Standard folgen. Es ist nicht Aufgabe des Controlling, diesen Standard zu setzen; wohl aber, dessen Beachtung zu erzwingen.

2.1.3.6. Teilprozess: Kontrolle - Das Verhalten nach der Entscheidung

Gemäß der klassischen Entscheidungstheorie folgt der Alternativenbewertung und Auswahl (=Willensbildung) die Implementierung der favorisierten Maßnahme (Durchsetzung). Rational ist es, so die Vorstellung, parallel zur Implementierung sowie nach deren Beendigung per Kontrolle zu ermitteln, in welchem Umfang die verfolgten Ziele erreicht wurden. Dabei kann zwischen Selbst- und Fremdkontrolle unterschieden werden. Diese Kontrolle ist von Bedeutung, da sie es ermöglicht, bei Fehlentwicklungen zeitnah gegenzusteuern, aus dem Vergleich von Erwartetem und Eingetretenem zu lernen sowie (Fehl-) Leistungen personal zuzurechnen.

---

[65] Für weitere Beispiele vergleiche Recktenwald (1993, S. 409 ff) oder Hanusch (1987, insbesondere S. 93 ff).

Rationalitätsblockade: Keine Selbstkontrolle nach der Entscheidung

Für das Controlling ist auch die Analyse dieser Phase relevant, da kognitive und argumentative Manöver existieren, mit denen Entscheider versuchen, eine effektive Kontrolle ihrer Entscheidung zu verhindern:

Zielinversion - Kaschierung von Misserfolgen

Zielinversionen nennt Dörner (1990, S. 264) eine Argumentation, mit der das Unerwünschte zum Erwünschten deklariert wird; im Nachhinein die Verfehlung des ursprünglichen Zieles also verschleiert wird. Der erreichte, ursprünglich ungewollte Zustand wird verbal in den zulässigen Lösungsraum integriert. Die Fehlentscheidung wird auf dem Papier zum Erfolg. Mitarbeiter, die zu Zielinversionen neigen, bieten keine Sicherheit, irrationale Entscheidungen aufdecken zu können.

Kognitive Dissonanz

Das Konzept der kognitiven Dissonanz ist für das Controlling ebenfalls relevant, da es eine wirksame Kontrolle und Analyse des Ergebnisses durch den Entscheider verhindert und damit den Controllingbedarf beeinflusst. Die klassische Entscheidungstheorie geht von einem Phasenschema aus, in dem die Schritte Konflikt – Suche – Entscheidung (Commitment) – Realisation – Kontrolle – Abweichungsanalyse – Konflikt durchlaufen werden. Die Theorie der kognitiven Dissonanz (Festinger 1957) reduziert aber die Wahrscheinlichkeit, mit der dieses Schema unterstellt werden kann. In einem bestimmten Mix von Situation und Persönlichkeit des Entscheiders wird der Entscheider die eigene Entscheidung nicht streng kontrollieren und die Informationsaufnahme nach der Entscheidung so steuern, dass Zweifel an der Richtigkeit der Entscheidung vermieden, vermindert oder sogar ausgeräumt werden. Festinger begründet dieses Verhaltensmuster damit, dass das Individuum kognitiv konsistente vor inkonsistenten Strukturen bevorzugt. Ziel ist es daher, von der kognitiven Dissonanz zur kognitiven Konsonanz bzw. zu einer „UBO" (Unequivocal Behaviour Orientation) zu gelangen (Kirsch 1994, S. 41 ff). Relativierend ist jedoch anzumerken, dass der Bedarf an kognitiver Konsonanz interpersonal unterschiedlich ausgeprägt ist.

Für die rationalitätsorientierte Analyse von Entscheidungsprozessen ist das Konzept wichtig, da eine kognitive Dissonanz das Verhalten des Entscheiders nach der Entscheidung verändert. Es entsteht ein Verhalten der „Konfliktleugnung"[66], das sich auch in einem spezifischen Suchverhalten manifestiert. Das Suchverhalten unterscheidet sich von dem vor der Entscheidung: Nach der Entscheidung wird nur noch nach Beweisen für die Attraktivität der getroffenen Entscheidung gesucht (Rechtfertigung). Die Konfliktleugnung verhindert eine objektive Kontrolle der eigenen Entscheidung. Abbildung 17 zeigt den Unterschied. Während das traditionelle Phasenschema von einer kritischen Abweichungsanalyse ausgeht, mündet eine aufkommende kognitive Dissonanz ein nur noch rechtfertigendes Informationsverhalten, das auf den Abbau der Dissonanz zu Gunsten einer kognitiven Konsonanz gerichtet ist.

---

[66] Vergleiche dazu sowie zu den Treibern und Formen kognitiver Dissonanzen im Überblick Kirsch (1994, S. 41 ff).

Abbildung 17 Die Bedeutung der kognitiven Dissonanz für das klassische Phasenschema der Entscheidungstheorie

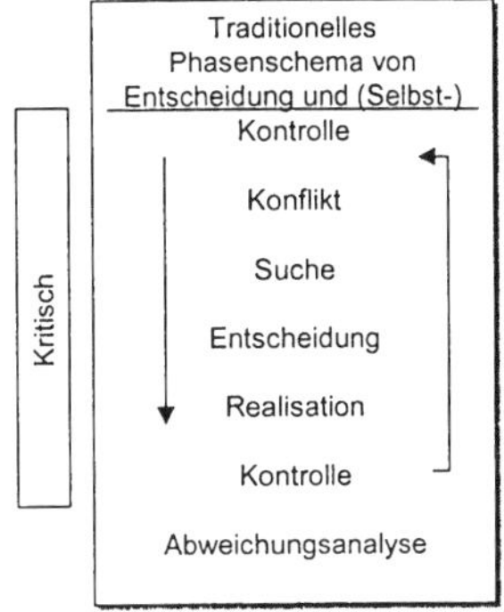

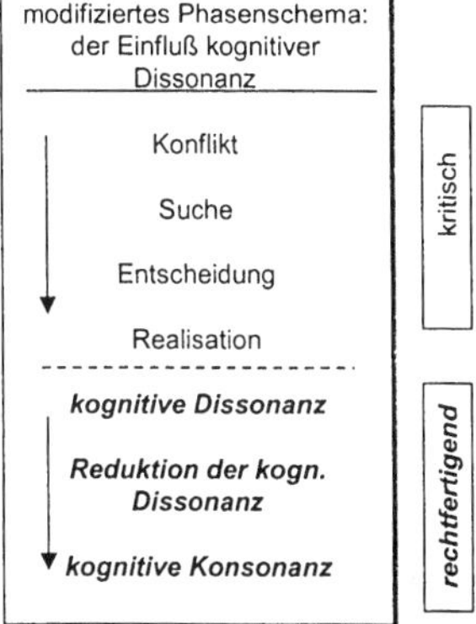

Zusammenstellung der Aufgabenfelder und Skizzierung möglicher Ansatzpunkte

Aus dieser Diskussion lassen sich folgende Aufgabenfelder für ein rationalitätsorientiertes Controlling ableiten (Tabelle 8):

Tabelle 8 Aufgabenfelder für das Controlling in der Phase „Verhalten nach der Entscheidung"

Rationalitätsblockade	*Ursachen*	*Aufgabenfelder und mögliche Ansatzpunkte*
Keine Selbstkontrolle nach der Entscheidung	Zielinversion, kognitive Dissonanz	Fremdkontrolle: Mitarbeiter mit starker Neigung zu Zielinversionen oder hohem Bedarf an kognitiver Konsonanz werden keine kritische Selbstkontrolle des eigenen Entscheidungshandelns durchführen. Daraus folgt für das Controlling, in Kenntnis der Persönlichkeit des Entscheiders Fremdkontrollen anzuordnen und die Wirksamkeit von Selbstkontrollen in Frage zu stellen. Diese Forderung gewinnt weiterhin an Bedeutung, wenn man in Betracht zieht, dass effektive (Selbst-) Kontrollen auch Voraussetzung für organisationales Lernen sind.

2.1.3.7. Synopse der Aufgabenfelder für das Controlling aus rationalitätsorientierter Perspektive

Tabelle 9 stellt die in der oben besprochenen Aufgabenfelder zusammen. Neben der bereits begründeten Anordnung entlang des Entscheidungsprozesses (horizontal), gruppiert die Tabelle die Aufgabenfelder anhand eines weiteren Kriteriums, das hier als „Aufgabenkategorie" bezeichnet wird. Die Aufgabenkategorie fragt nach dem Verhältnis zwischen der Controllingfunktion und der Linienfunktion. Die Gruppierung nimmt Bezug auf deren problematisches Verhältnis. In der Controllingdiskussion taucht immer wieder die Frage auf, welche Funktionen der Controller und welche die Linie übernehmen sollte. Letztendlich greift der rationalitätsorientierte Ansatz das Problem ebenfalls auf, wenn Weber et al. formulieren, Controlling habe die Aufgabe, Rationalität „subsidiär" zu sichern.

Dieser Aspekt mag kontrovers diskutiert werden. Wird Controlling aber rationalitätsorientiert verstanden, folgt daraus zwingend, ein Eindringen des Controllers, oder wem die Controllingfunktion auch immer übertragen werden mag, in die Linie, denn Rationalität entsteht in der Linie - eben dort, wo entschieden wird. Will Controlling Rationalität sichern, muss es sich in die Linie „einmischen". Die obige Ableitung der Aufgabenfelder zeigt unterschiedliche Intensitäten eines solchen Eindringens in den Verantwortungsbereich der Linie. In der Tabelle sind genannt: (1) „Struktur- oder Prozessveränderungen in der Linie initiieren" ist die konsequenzenreichste, wenn auch am wenigsten verbindliche Form der Einmischung. Das Controlling regt an, Strukturen und Prozesse der Linienabteilung zu verändern. (2) „Die Linie kritisieren; Aufmerksamkeit erzeugen" bedeutet, dass Controlling die Position eines neutralen Dritten einnimmt, der quasi als „Sparringspartner" die Entscheidungsfindung der Linie hinterfragt, um damit die Aufmerksamkeit des sowohl des betroffenen Liniemanagements wie auch des vorgesetzten Managements bewusst zu fokussieren. In dieser Kategorie kommt die Rolle des Controllers als kreativer Gegenspieler, der Intuition hinterfragt sowie die negativen Folgen mangelnden Könnens und Wollens absichert, am besten zu Ausdruck. (3) „Konformes Verhalten der Linie sicherstellen" bedeutet, zu kontrollieren sowie gegebenenfalls zu erzwingen, dass verbindliche Standards im fokalen Entscheidungsprozess beachtet werden. (4) Controlling gibt weiterhin „methodische Unterstützung der Linie"; auch damit ist mangelndes Können anvisiert. (5) Die Kategorie „Hilfsinstrumente für die Linie aufbauen" unterscheidet sich von den zuvor genannten, da Controlling die Dienstleistung in diesem Fall nicht in Interaktion mit der Linie erbringt, sondern selbständig systembildend agiert (Planungssysteme, Informationssysteme) und die „fertigen" Systeme der Linie anbietet.

2.1.3.8. Synopse der Konzeption: Rationalität als Residualgröße

Die schrittweise Analyse des Entscheidungsprozesses erlaubt es, den rationalitätsorientierten Ansatz zum Controlling auch in einer konzeptionellen Richtung ein Stück vorwärts zu treiben. Dieses Potenzial soll in diesem Kapitel ausgeleuchtet werden.

Die Analyse des Entscheidungsprozesses zeigt, dass Entscheidungsrationalität eine Residualgröße ist. Im Idealfall findet der kognitiv ausreichend ausgestattete Entscheider eine Situation vor, in der ein relevanter Sachverhalt bereits als formuliertes Problem vorliegt, alle Alternativen bekannt und bewertet sind, mit einer verfügbaren Rangierungslogik in eine Reihenfolge gebracht und ausgewertet werden können. Die kritischen Argumente der letzten Kapitel zeigen, wie unrealistisch dieses Szenario ist. Ebendiese Distanz zwischen realistischer Entscheidungsfindung und entscheidungstheoretischem Ideal ist der Ausgangspunkt der weiteren Überlegung: Rationalität ist eine Residualgröße, weil vom Ideal „nicht viel übrigbleibt".

Retrospektiv können vier Dimensionen identifiziert werden, entlang derer Entscheidungsrationalität in der Praxis ausgehend vom Ideal auf ein realistisches Maß reduziert werden wird: Entscheidungssituation, Alternativen, Methoden, Ziele. Abbildung 18 schlägt vier Stufen vor, auf denen man sich den Prozess des Rationalitätsverlustes konzeptionell vorstellen kann: Der äußere Kreis repräsentiert das Ideal: Die für menschliche Erfahrung überhaupt zugängliche Realität, die „verfügbare" Realität, findet tatsächlich Eingang in die Entscheidungsfindung. Wird diese verfügbare problematische Realität im Laufe des Entscheidungsprozesses mit allen verfügbaren Alternativen (2. Dimension) unter Beachtung aller durch die Zielsystem spezifizierten Ziele und Prämissen (3. Dimension) unter Benutzung aller verfügbaren Methoden und Instrumente (4. Dimension) konfrontiert, entsteht eine rationale Entscheidung. Es ist Aufgabe des Controlling, den Rationalitätsschwund in jeder Dimension zu begrenzen.

Tabelle 9 Synopse der Aufgabenfelder für das Controlling aus rationalitätsorientierter Sicht

Phase im Entscheidungsprozess Aufgabenkategorie	*Initiierung des Entscheidungsprozesses*	*Zuordnung eines Gestaltungsziels*	*Suche nach Alternativen*	*Ermittlung der Konsequenzen pro Alternative*	*Beurteilung der Alternativen, Herstellung einer Rangordnung*	*Verhalten nach der Entscheidung*
Struktur- oder Prozessveränderungen in der Linie initiieren	Personalentwicklung; zusätzliche Entry Points anregen		Bedarf für zusätzliche Managementkapazität anzeigen			
Die Linie „kritisieren"; Aufmerksamkeit erzeugen	Beurteilung der verwendeten Beschreibungs-, Analyse und Sollwertmodelle; Qualität der SOP's beurteilen; Klassifizierungslogiken beurteilen; alternative Sollwerte zur Problemerkennung	Intensionales und extensionales Ziel mit alternativen Sollwerten beurteilen	Verteilung von Problemen auf Abteilungen hinterfragen	Komplexität des Objektsystems hinterfragen; konkurrierende Konsequenzenanalyse; die Betroffenen „anhören"	Konkurrierende Auswahlentscheidung veranlassen oder erstellen	Entscheidung konkurrierend evaluieren; Fremdkontrolle sicherstellen
Konformes Verhalten der Linie sicherstellen	Modellnutzung; Parallele Initiierung; rationale Entscheidungsprozess statt habituelle Reaktion			Die standardisierte Anwendung von Bewertungskalkülen durchsetzen	Die standardisierte Anwendung von Entscheidungskalkülen durchsetzen	
Methodische Unterstützung der Linie	Aufbau von Beschreibungs-, Analyse und Sollwertmodellen	Planungstechniken vermitteln (Sunset, usw.)	Best Practice-Datenbank aufbauen; Kreativitätstechniken vermitteln	Systematisierungstechniken vermitteln	Entscheidungstechniken vermitteln	
Hilfsinstrumente für die Linie aufbauen	Informationsversorgungssystem; Realitätsgehalt von Informationen dokumentieren	Spezifikation der Prämissen; Dokumentation der Zielbildung	Frühwarnsystem aufbauen	Berechnungsinstrumente aufbauen; Reichweite des Informationsversorgungssystem der Managementreichweite anpassen		im Informationsversorgungssystem arbeitsplatzbezogene Ziele abbilden

Entscheidungssituation: Entscheidungsrationalität kann erst entstehen, wenn die Entscheidungssituation vollständig aufbereitet ist. Die obige Diskussion hat diverse Gründe genannt, eine vollständige Aufbreitung zu bezweifeln. Ein erster Rationalitätsverlust entsteht also dadurch, dass sich dem Entscheider immer nur ein Bruchteil der Situation erschließt (selektive Wahrnehmung). Die Abbildung nennt vier Schritte, auf den Realität verloren geht: Die „verfügbare" Realität wird zwingend über ein Modell zur Kenntnis genommen. Modelle verkürzen die dargestellte Realität immer (Stachowiak 1973, S. 132). Mit der Festlegung des Modells ist die Realität aber noch nicht erhoben. Auch im dazu erforderlichen Erhebungsprozess geht Realität verloren, wenn es nicht gelingt, alle für relevant erachteten Aspekte des Modells exakt zu erheben. Um erhobene Realität zum Ausgangspunkt eines Entscheidungsprozesses zu machen, gilt es, das Beobachtete zu problematisieren. Ohne Problemerkennung erfolgt keine Initiierung rationaler Entscheidung.

Ziele und Prämissen: Ziele und Prämissen sind erforderlich, um organisational rational entscheiden zu können. Auch hier sind diverse Stufen des Rationalitätsverlustes erkennbar: Im Idealfall fließen in eine Entscheidung alle Ziele und Prämissen ein, die sich das Unternehmen gesetzt hat. Das setzt aber voraus, dass diese Ziele zunächst dokumentiert sind, weiterhin aber deren Existenz durch den Entscheidenden auch realisiert und akzeptiert wird. Nur dann, so die Argumentation der Abbildung, wird die individuelle Entscheidungsfindung des Einzelnen durch die Organisation zielkonform beeinflusst.

Alternativen: Die obige Diskussion hat ebenfalls gezeigt, dass der Prozess der Alternativenfindung und -bewertung ebenfalls Rationalitätsblockaden enthält. Abbildung 18 schlägt vor, zumindest die Folgenden zu beachten: Zunächst wird es aus diversen Gründen nicht gelingen, alle theoretisch verfügbaren Alternativen aufzulisten. Aus der Gesamtheit der verfügbaren gehen also lediglich die identifizierten Alternativen in die Betrachtung ein. Die obige Analyse hat weiterhin verdeutlicht, dass Mitarbeiter üblicherweise nicht alle Alternativen gleichrangig in Erwägung ziehen. Abschließend wird Rationalität in dieser Dimension reduziert, wenn Alternativen zwar grundsätzlich erwogen werden, aber einer Bewertung nicht zugeführt werden sollen oder können.

Methoden und Instrumente: Rationalität wird viertens durch den Methoden- und Instrumenteinsatz beeinflusst. Aus der Menge der in einem Unternehmen verfügbaren Hilfsmittel werden immer nur bestimmte Methoden und Instrumente für bestimmte Situationen zugelassen beziehungsweise vorgeschrieben. Zu beachten ist weiterhin, so die Argumentation in der Abbildung, dass die Vorschrift, bestimmte Hilfsmittel zu verwenden, nicht zwingend befolgt wird. Werden die Instrumente nicht verwendet, kann das Rationalitätsniveau weiter fallen. Viertens ist schließlich zu befürchten, dass die Mitarbeiter nicht über ausreichendes Know-how verfügen, um die Instrumente korrekt zu verwenden.

Abbildung 18 Das Handlungsfeld des Controllings aus rationalitätsorientierter Perspektive: Realitäts-, Alternativen-, Ziel- und Methodenverluste begrenzen

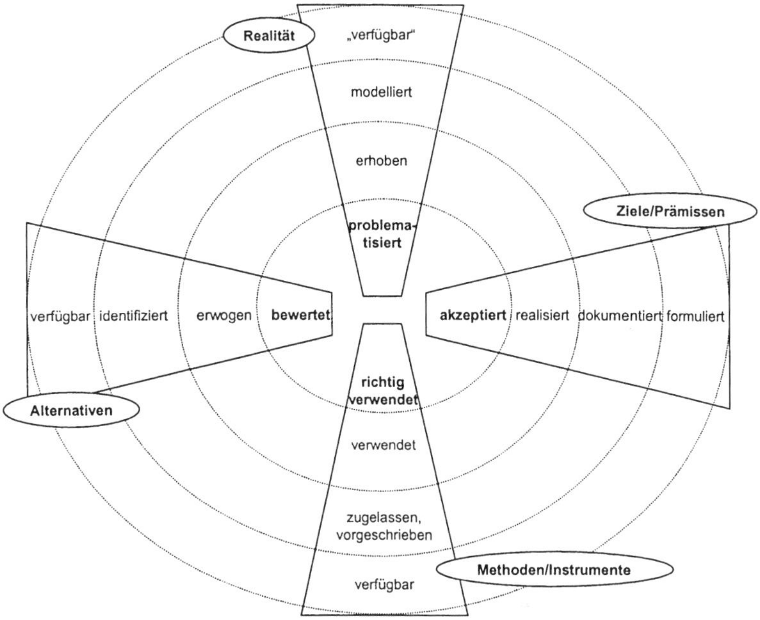

Zusammenfassend verdeutlicht die Abbildung, ausgehend vom äußeren Kreis maximaler Rationalität in einer gegebenen Situation, auf welchen Schritten Rationalität auf dem Weg nach innen, hin zur tatsächlich realisierten Entscheidung verloren gehen kann. Sie macht damit gleichzeitig deutlich, welche Potenziale sich dem rationalitätsorientierten Controlling bieten. Es findet in allen vier Dimensionen ein breites Betätigungsfeld. Bildlich gesprochen besteht dessen Aufgabe darin, die Fläche rationaler Entscheidungsfindung entlang einer oder mehrerer der in der Abbildung eingezeichneten Dimensionen nach außen zu vergrößern.

Es obliegt dem Controlling, den Schwerpunkt und die Richtung der Verbesserungsmaßnahmen zu gestalten. Für die Dimension „Realität" könnte das bedeuten, die Modelle zur Sollwertgebung zu verbessern, und damit einen größeren Anteil problematischer Situation auch tatsächlich als solche zu erkennen. Folgt man dieser Route, würde im nächsten Schritt das Informationsversorgungssystem verbessert, um den Verlust im Verlauf der Erhebung der Istsituation zu reduzieren. Eine weitere Verbesserung ergibt sich, wenn zum Beispiel über ein umfangreicheres Sollwertmodell einlaufende Stimuli zuverlässiger als „problematisch" oder „unproblematisch" qualifiziert werden können. Die anderen Dimensionen sind analog zu interpretieren.

2.1.4. Rationalitätsorientierung als fruchtbarer Ansatz des Controlling? - Einige Beobachtungen

Die bisherige Argumentation zum rationalitätsorientierten Controlling ist einer Frage ausgewichen, die für das Forschungsziel dieser Arbeit nicht zwingend zu beantworten ist, aber dennoch in den Vordergrund rückt, wenn man über die weitere Entwicklung des Controlling nachdenkt. Dies ist die Frage, ob die von Weber et al. vorgetragene Zuversicht, dass sich die Rationalitätsorientierung als vergleichsweise leistungsfähigerer Kontext für das Controlling entwickeln wird, gerechtfertigt erscheint. Diese Arbeit ist sicher nicht der richtige Anlass, um die Frage umfassend zu beantworten. Der Versuch soll daher hier auch nicht unternommen werden. Auf der anderen Seite erscheint es aber möglich, aus der vorangegangenen Diskussion einige Argumente festzuhalten.

Interdisziplinär: Die verhaltensorientierte Betriebswirtschaftslehre sowie die entscheidungsorientierte Betriebswirtschaftslehre deutscher Prägung, wie sie von Heinen und nachfolgend von Kirsch und Meffert entwickelt wurde, bringen einen zwingenden Bezug zu den Nachbardisziplinen der Soziologie, Psychologie und Sozialpsychologie. Wie die obige Diskussion bereits gezeigt hat und wie auch die nachfolgenden Kapitel noch zeigen werden, hat die Kenntnis der Ergebnisse dieser Disziplinen große Bedeutung für den Erfolg des Controllers. Eine Querschnittsbetrachtung etablierter Lehrbücher zum Controlling, die mehrheitlich in methodische und instrumentelle Aspekte der Controllingarbeit einführen (Wie plant man? Wie ermittelt man Informationsbedarfe? Wie setzt man die EDV dazu ein?), zeigt, dass diese Inhalte bisher noch keinen Eingang in den „Stoff" für den Controller gefunden haben. Da hier nicht argumentiert werden soll, die etablierten Inhalte seien irrelevant, bietet Rationalitätsorientierung eine Erweiterung.

Situationsbezogen: Controlling ist keine institutional fest abgesicherte Funktion, sondern lediglich subsidiär und situativ rationalitätssichernd. Dementsprechend gibt es durchaus unternehmerische Situationen, in den fallweise oder sogar permanent kein Controlling erforderlich ist. Auf der anderen Seite zwingt es den Controller, sich über die Effizienz seiner Aktivitäten klar zu werden.

Kreativ: Der im rationalitätsorientierten Controlling identifizierte Zweck (Rationalitätssicherung) beinhaltet keinerlei Präjudizien über ein mögliches Handlungsprogramm des Controllers. Das soll hier positiv bewertet werden, da es dazu zwingt, kreativ über die Mittel und Mitteleffizienzen nachzudenken. Die Aufgabe besteht, wie der Situationsbezug bereits gezeigt hat, nicht immer darin, Planungs- und Kontrollsysteme aufzubauen und/oder diese zu koordinieren. Dieses Argument zur Begründung der rationalitätsorientierten Sicht ist zwar konzeptionell „schwach", weil es auf mögliche Fehlnutzungen der etablierten Ansätze („Koordinationsorientierung") durch den Verwender rekurriert, ist aber dennoch von Bedeutung, wenn man unterstellt, dass betriebswirtschaftliche Konzeptionen in Lehrbücher münden und diese wiederum präjudizieren, was die Adressaten, in diesem Fall Controller, in Unternehmen tun.

Abgrenzbar: Insbesondere der erweitert koordinationsorientierte Ansatz führt zu Abgrenzungsproblemen zwischen Controlling und Führung. Im Detail wird dazu auf verwiesen auf

Horváth (1996). Hier soll eingegangen werden auf Küppers Argument, Rationalität tauge nicht zur Abgrenzung des Controlling. Er kritisiert: „Das Besondere des Controlling kann nicht in ihr [der Rationalität, AO] liegen, da auch Entscheidungen anderer Funktionalbereiche rational sein sollten.“ (Küpper 1997, S. 7). Küppers Kritik kann nicht direkt auf Webers Vorschlag bezogen sein, da die in Frage kommenden Inhalte erst später durch Weber veröffentlicht wurden. Aber auch als grundsätzliche, vorauseilende Kritik greift sie nicht. Rationalitätsorientierung als Konzept bedeutet ja nicht, dem Controlling ein Rationalitätsmonopol zu attestieren. Ganz im Gegenteil begrenzt die in der Überlegung des Filtermodells veranschaulichte Subsidiaritätsforderung den Verantwortungsbereich des Controllings auf Situationen, in denen die „anderen Funktionalbereiche“ eben nicht rational entscheiden und zudem auch keine alternativen Handlungsträger diese gewährleisten können. Wie die obige Diskussion gezeigt hat, gibt es eine Reihe guter Gründe, warum Entscheider in anderen Funktionalbereichen irrational entscheiden sollten.

Reichhaltig: Bisher wurde betrachtet, wie der Entscheidungsprozess verläuft. Von ebenso großer Bedeutung ist es aber, zu beobachten, wie die Themen überhaupt auf die Agenda kommen und wie sie dort verharren. Auch das ist ein Aufgabenfeld für den Controller, wenn Rationalität gesichert werden soll. Erneut zeigt sich die Vorteilhaftigkeit, die Aufgabe des Controllers als subsidiär zu formulieren.

Es kann unterstellt werden, dass sich im Unternehmen wenig „neutrale“ Akteure befinden. Agendabildung ist daher immer ein parteiischer Prozess, in dem neutrale Akteure eine wichtige Funktion wahrnehmen können. Aus dieser Sicht bedeutet Rationalität Wettbewerb erstens zwischen Themen, in dem die richtigen Themen auf die Agenda zu bringen (Effektivität: Über das richtige Thema entscheiden) sowie zweitens zwischen Vor- und Nachteilen innerhalb der Themen (Effizienz: richtig entscheiden).

2.2. Die Supply Chain: Objekt der zu unterstützenden Entscheidungsfindung

Der zweite Teil dieses einführenden und konzeptionelle Eckpunkte setzenden Kapitels wendet sich dem Begriff der „Supply Chain“ zu, der bereits an einigen Stellen benutzt wurde und dort auch durchaus mit einem Satz von Konnotationen belegt war, die aber nicht aufgedeckt wurden. Dies gilt es nachfolgend zu leisten.

Der Begriff der „Supply Chain“ ist in den Augen vieler Fachvertreter, die sich die vielgepriesenen Managementrevolutionen der letzen Jahre vor den Augen Revue passieren lassen, zunächst einmal verdächtig, weil potenziell überflüssig. In Anbetracht der Existenz sehr ähnlicher Termini, die jetzt bereits edie eindeutige Verständigung erschweren, weil sie dazu verleiten, die Fachsprache undiszipliniert zu verwenden, kommt leicht, und wie die nachfolgende Argumentation zeigt, mitunter auch durchaus berechtigt, der Vorwurf der „alten Schläuche“ auf. So ist es ja auch nicht leicht einsehbar, warum die Betriebswirtschaftslehre in Kenntnis solcher Begriffe wie Wertschöpfungskette, logistische Kette, Netzwerk, virtuelles Unternehmen, Marketing Channel, Prozesskette, Value Chain, Value Shop unbedingt noch den der „Supply Chain“ benötigt. Gibt es ein neues Phänomen für zwingend ein neuer Begriff zu finden wäre oder hat die Betriebswirtschaftslehre es versäumt, einen bekannten Sachverhalt mit einem passenden Terminus auszustatten?

Hier wird argumentiert, dass ersteres der Fall ist; die Supply Chain ist ein neues Phänomen, wenngleich auch eine Verortung in der Landschaft bestehender Konzepte möglich ist. Um das Ergebnis vorwegzunehmen: Die Supply Chain wird hier als ein Netzwerk vertikal alliierter Unternehmen verstanden, dessen institutionale Reichweite eine Dyade, also zwei Wertschöpfungsstufen, überschreitet, und das sich operativ, taktisch und strategisch kollektiv verhält. Nach Meinung des Verfassers füllt der Begriff „Supply Chain" damit in der Tat eine Lücke. [67]

Die folgende Diskussion zeigt erstens, welche Argumente für diese Sicht sprechen und bietet zweitens einen breiten Überblick über die Verwendung des Begriffs in der aktuellen Diskussion. Das wird einen breiteren Rahmen einnehmen, da die Literatur den Begriff sehr unterschiedlich und in den aktuellen Veröffentlichungen auch zunehmend undiszipliniert (Supply Chain, Demand Chain, Supply Net, Pipeline, ...) und ohne klare Nennung der ihm beigemessenen Bedeutung benutzt. So etwa in den vielen Beiträgen publizierender Unternehmensberatern, von denen Morehouse (1997, S. 36) stellvertretend zitiert werden soll: „The integrated 'extended' supply chain enterprise embraces everything from extraction of raw materials from Mother Earth through all the players and processes involved in getting the finished product to the ultimate consumer. It even extends to returning unused material to Mother Earth for recycling or disposal."

Dem vielen betriebswirtschaftlichen Modewörtern gemachten Vorwurf, nicht neu zu sein, wird auf diesem Weg Vorschub geleistet. Mitunter ist infolge des laxen Umgangs mit dem Begriff nicht klar, worüber eigentlich gesprochen wird. Geht es um die Supply Chain eines spezifischen Unternehmens (die Supply Chain von Coca Cola), um die Supply Chain für ein Produkt (die Supply Chain für Getränke) oder ist die Supply Chain lediglich ein Synonym für die Abfolge funktionaler Wertschöpfungsschritte (New 1997, S. 16)? Die Begriffsklärung wird weiterhin sehr deutlich dadurch erschwert, dass der Begriff „Supply Chain" nur selten rein deskriptiv verwendet wird (New 1997, S. 16), um damit ein empirisch erkennbares Phänomen zu beschreiben. Viel häufiger wird der Begriff normativ aufgeladen gebraucht. „Supply Chain" ist dann kein simpler Begriff, sondern bereits Programm; Supply Chain und Supply Chain Management werden nicht getrennt. Erneut soll Morehouse (1997, S. 36) zitiert werden: „The competitive mandate today is to run the supply chain as an extended enterprise that integrates all of the team members upstream and downstream. This new paradigm overcomes the old productivity inhibitors while leading to some remarkable breakthrough results.".

Das Zitat zeigt, welche impliziten Konnotationen im Kielwasser des Begriffes mitschwimmen: Integration, Kooperation, Ganzheitlichkeit, Grenzüberwindung oder Partnerschaft und

---

[67] Womit nicht zwingend gesagt werden soll, dass die Supply Chain Diskussion nicht auch mit den bestehenden, dann aber zusammenzusetzenden Begriffen geführt werden könnte. Für eine intensivere Auseinandersetzung mit den neuen und alten Inhalten des Begriffs vergleiche Kapitel 2.2.3.

Win-Win, die auch harmonische Vorstellungen über die Gewinnverteilung und das Ende von „Arms Length"-Beziehungen einbeziehen. Auch diese normative Aufladung des Begriffes macht ihn verdächtig. Es mag ja durchaus sein, dass sich in der Betriebswirtschaftslehre zunehmend die Einsicht durchsetzt, dass eine Erweiterung des Betrachtungs- und Optimierungshorizontes zu besseren Ergebnissen führt und mittlerweile auch machbar ist; die Protagonisten des Supply Chain Management-Diskussion müssen sich über die ihnen entgegen gebrachte Skepsis aber nicht wundern, wenn sie es offensichtlich versäumen, zur entscheidenden Frage konzeptionell Stellung zu beziehen: Was ist das Besondere an der Supply Chain? Warum ist ein neuer Begriff erforderlich? Wo sind die Grenzen zu bereits akzeptierten Begriffen? Wie weit soll die Integration reichen? Soll wirklich mit allen Partnern in der Kette eine enge Bindung gepflegt werden? Die nachfolgenden Teilkapitel wollen keine über diesen Beitrag hinaus wirksame Begriffsdefinition versuchen - es soll lediglich geklärt werden, was in dieser Arbeit unter einer Supply Chain zu verstehen ist und wie sich der Begriff in die Landschaft benachbarter Begriffe einfügt.

2.2.1. Alternative Verständnisse des Begriffs „Supply Chain": Prozess - Gruppe von Unternehmen oder Superorgansiation

Die Supply Chain Management-Diskussion hat dafür gesorgt, dass sich die interessierten Fachvertreter wie auch die betroffenen Praktiker durchaus ein Bild von „der" Supply Chain machen können. In vielen Fällen dürfte diese Vorstellung von solch viel diskutierten Unternehmen wie Hewlett Packard, The Gap, Compaq, Procter & Gamble, Wal Mart oder Dell Computers dominiert sein. Üblicherweise wird dabei das Bild einer Kette von Unternehmen evoziert, die ein Produkt ausgehend von der Bereitstellung der Rohmaterialien über alle Stufen hinweg produzieren und dann an den Endkunden übergeben. Abbildung 19 zeigt die Idealvorstellung in simpler Form.

Abbildung 19 Grundmodell der Supply Chain: Eine Kette von Akteuren, die über einen kundenorientierten Wertschöpfungsprozess verbunden sind

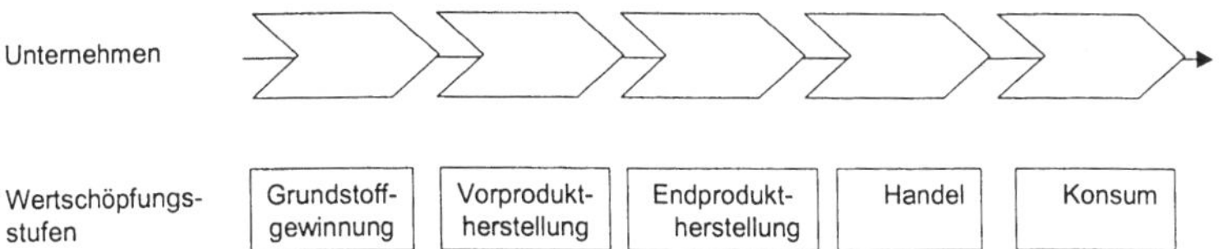

In der Literatur finden sich jenseits eines solchen groben Verständnisses aber durchaus Differenzen in der Interpretation. Versucht man, diese vielen Verständnisse zu ordnen, lassen sich drei Gruppen von Verständnissen unterscheiden (Abbildung 20): (1) Eine Supply Chain ist ein Wertschöpfungsprozess. (2) Eine Supply Chain ist eine Gruppe von Unternehmen; diese mögen durch einen Wertschöpfungsprozess verbunden sein. Das herausragende Element des Begriffs „Supply Chain" ist aber nicht der Prozess sondern der Gruppencharakter. (3) Die Supply Chain ist eine Superorganisation, quasi eine selbständige „ökonomische Person". In den nachfolgenden Teilkapiteln werden diese Optionen beschrieben und in der Literatur nachgewiesen. Vorab sei gesagt, dass diese Arbeit die Supply Chain als eine Gruppe von Unternehmen, genauer als ein Netzwerk vertikal alliierter Unternehmen betrachten wird.

Abbildung 20 Der Begriff „Supply Chain": Die Spannweite der Bedeutungen

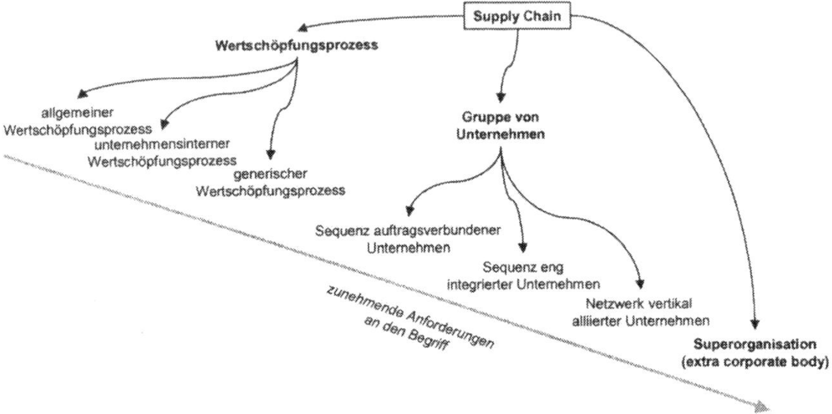

Die Supply Chain als Wertschöpfungsprozess

Die Supply Chain kann als ein Wertschöpfungsprozess verstanden werden. So definiert etwa das Beratungsunternehmen I² (1999) eine Supply Chain als „... the process of creating products for customers ...". Der Prozess beginnt demnach mit der Gestellung von Rohmaterialien, läuft über die Phasen Herstellung, Lagerung, Verkauf, Distribution und Transport. Dessen grafische Darstellung wird dann häufig verknüpft mit zentralen Kennzahlen über den Wertschöpfungsverlauf, so etwa Wert, Komplexität oder Nachfrageschwankung (Abbildung 21).

Abbildung 21 Die Supply Chain als Wertschöpfungsprozess (Quelle: Jones und Riley 1987, S. 101; leicht verändert)

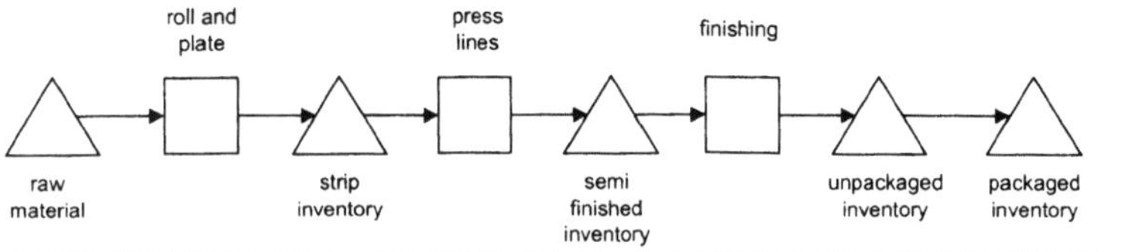

roll and plate — press lines — finishing

	raw material	strip inventory	semi finished inventory	unpackaged inventory	packaged inventory
Final value (%)	33	40	48	90	100
Complexity index	1,0	2,4	3,6	10	30
Demand variation index	1,0	1,6	1,9	3,1	5,6

Eine wertschöpfungsprozessorientierte Sicht ist in der Literatur in vielen Definitionen nachweisbar (Tabelle 10). Diese Auslegung ist auf der einen Seite wenig differenzierend. Jede

Form arbeitsteiliger Erstellung materieller Produkte ist demnach eine Supply Chain. Es ist nicht erkennbar, warum die begriffliche Innovation „Supply Chain" erforderlich sein soll, wenn der Sachverhalt bereits mit etablierten Termini, etwa „Wertschöpfungsprozess" beschrieben werden kann. Auf der anderen Seite ist diese Auslegung einengend, da durch die Nennung der Wertschöpfungsstufen Lagerung und Transport primär auf Sachleistungen Bezug genommen wird, da deren Pendant, die Dienstleistungen, weder gelagert werden können, noch transportiert werden müssen.

Tabelle 10 Die Supply Chain als Wertschöpfungsprozess - Definitionen

Stevens (1989, S. 3):	"... the connected series of activities which is concerned with planning, coordinating and controlling material, parts and finished goods from suppliers to the customer. ... The scope of the supply chain begins with the source of supply and ends at the point of consumption."
Scott und Westbrook (1991, S. 23)	„The term supply chain is used to the chain linking each element of the production and the supply process from raw materials through to the end customer. Typically such a chain will cross several organizational boundaries."
Spekman et al. (1998, S. 630)	„... the entire sequence of events that bring raw material from its source of supply, through different value adding activities to the ultimate customer."
Billington (1999, S. 6)	„... order fulfillment process ..."
Beesley (1997, S. 300)	„... the supply chain is anything that converts a commodity resource, such as iron ore or labour, into a delivered, consumable product or service."
Davis (1993, S. 37)	„From an analytical point of view, a supply chain is simply a network of material processing cells with the following characteristics: supply, transformation, and demand.

Üblicherweise bekleiden die Protagonisten dieser Definition ihren Ansatz jedoch, im Gegensatz zur definitorischen Weite, mit einem Satz einengender Konnotationen. Das betrifft regelmäßig die zur Norm erhobene Eigenschaft enger Integration und geringer Bestände. Anders ausgedrückt: Die Autoren wollen nur dann von einer Supply Chain sprechen, wenn die einzelnen Wertschöpfungsstufen eng integriert sind.

Abbildung 22 Die Supply Chain als eng integrierte Kette von Wertschöpfungsprozessen (Quelle: Stevens 1989, S. 7; leicht verändert)

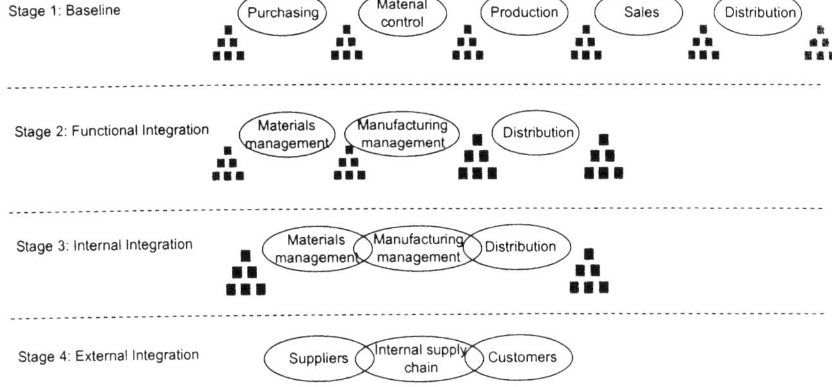

Abbildung 22 verdeutlicht dies. Im oberen Teil ist die traditionelle Kette dargestellt. Der Wertschöpfungsprozess ist durch die Existenz von Lagern in den Stufen der Kette geprägt. Die einzelnen Unternehmen agieren entkoppelt voneinander; die Lager ermöglichen die Entkopplung. Im unteren Teil der Abbildung ist die Sollvorstellung dargestellt: Die Kette ist erstens um einige Akteure oder Funktionen bereinigt und damit komprimiert. Zweitens sind die verbliebenen Akteure eng sequentiell integriert. Lager werden nicht mehr geführt.

Die Supply Chain als interner Wertschöpfungsprozess

Einige Autoren verwenden den Begriff ebenfalls in Anlehnung an den Wertschöpfungsprozess, wodurch Definitionen entstehen, die den zuvor diskutierten ähnlich sind (Tabelle 11). Die Reichweite wird aber beschränkt auf ein Unternehmen. Demnach umfasst die Supply Chain alle Wertschöpfungsprozesse innerhalb des Unternehmens. Mitunter wird dann eine Verknüpfung zur zuvor diskutierten Konzeption hergestellt, indem ausgehend von einer „intra-company" zu einer „inter-company", oder „integrated" Supply Chain gesprochen wird (Hewitt 1994). Auch hier gilt, dass eine scharfe Abgrenzung zu bestehenden Termini nicht gelingt. Die Betriebswirtschaftslehre verfügt über eine Reihe von Begriffen, die den Sachverhalt gut ausdrücke können; so etwa „logistische Kette", „Wertschöpfungskette" oder „Wertkette.

Tabelle 11 Die Supply Chain als interner Wertschöpfungsprozess - Definitionen

Levy (1997, S. 94)	„Many firms have responded to the globalization of business by developing international supply chains in which the various value adding activities comprising a finished product are dispersed geographically in a number of countries."
Hewitt (1994, S. 2)	„The supply chain as a business process."

Die Supply Chain als generischer Wertschöpfungsprozess

Die Literatur schlägt eine weitere Interpretation des Begriffs vor. Die Supply Chain kann demnach auch als ein generischer Wertschöpfungsprozess verstanden werden. Der Zusatz „generisch" indiziert, dass der Prozess mit einem Allgemeingültigkeitsanspruch versehen ist. Der Anspruch entsteht entweder, indem für eine bestimmte Branche Wertschöpfungsmodule in eine dedizierte Reihenfolge gebracht werden und dann einen Referenzprozess bilden, oder indem ein Repertoire einzelner und grundsätzlich kombinierbaren Wertschöpfungsmodule quasi als Sprachvorrat für die Modellierung von Wertschöpfungsprozessen kreiert wird. Mit diesem Vorrat, so die Annahme, lässt sich die betriebliche Realität adäquat modellieren. Es entsteht das Bild einer modularen, rekonfigurierbaren Versorgungskette, die zwar in ebendieser modellhaften Form in keinem konkreten Unternehmen exakt nachweisbar ist, jedoch für den Gestalter eine heuristische Kraft besitzt.

Abbildung 23 Die Supply Chain als generischer Wertschöpfungsprozess (Quelle: Klaus 1998c; verändert)

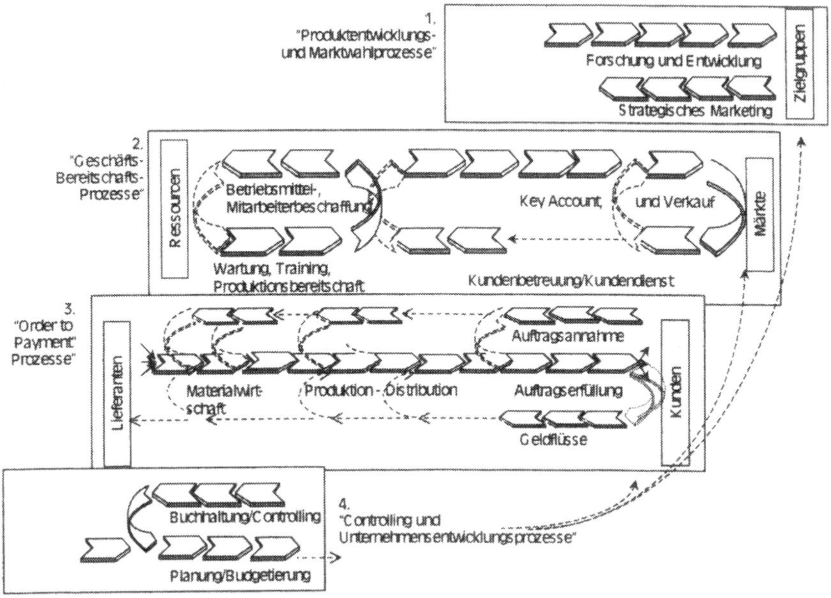

Im Vordergrund des Ansatzes steht die Überzeugung, dass es für Analysezwecke sinnvoll ist, das, aus phänomenologischer Sicht betrachtet, in der Regel undurchsichtig erscheinende Unternehmensgeschehen auf wenige allgemeine, generische Prozesse zurückzuführen. Die generischen Prozesse können zu Referenzmodellen (Hars 1994; Kruse 1995) ausformuliert werden und stellen dann einen terminologischen und konzeptionellen Rahmen bereit, um die Vielfalt der tatsächlichen Prozesse auf wenige Grundmuster zurückführen zu können. Auf deren Basis kann dann Abstraktion und Theoriebildung erfolgen.[68] Unter anderen hat auch Klaus (1999) ein solches Modell vorgeschlagen. Er unterscheidet vier Prozesse (Abbildung 23). [69]

Für eine Erklärung der einzelnen Prozesse wird auf Klaus (1999) verwiesen; diese Details sind unnötig, um die Grundidee zu verstehen. Das Modell von Klaus ist in der hier abgebildeten Form zunächst auf die Abbildung der Prozesse innerhalb des Unternehmens zugeschnitten, wenngleich die Schnittstellen nach außen auch jeweils genannt sind (Customer/Market beziehungsweise Vendors/Supplier). Zur Darstellung einer Sequenz von Unternehmen wird es aber erforderlich, sich den Order to Payment-Prozess als mit vor- und nachgelagerten Unternehmen in Reihe geschaltet vorzustellen („Supply Chain-S"; Abbildung 24). Der vom End-

[68] So ist es möglich, auf dem entstehenden abstrakten Prozessmodell prinzipielle Rationalisierungsmuster zu formulieren, wie es etwa von Pentland (1994) gezeigt wird. Die generischen Prozesse, so seine Argumentation können generisch transformiert (rationalisiert) werden. Er nennt vier Transformationen: Append (dem Prozess oder der Supply Chain ein neues Segment hinzufügen), Cut (ein Segment entfernen), Re-Arrange (die Sequenz ändern), Switch (eine Durchführungsvariante durch eine andere ersetzen).

kunden eingegangene Auftrag wird erfüllt und stößt damit entweder unmittelbar oder mittelbar über eine spätere Lagerauffüllung Reproduktionsaufträge auf der vorgelagerten Produktionsstufe an. Dort wird erneut der gleiche Prozess angestoßen.

Abbildung 24 Die Supply Chain als Sequenz verknüpfter Order to Payment-Prozesse

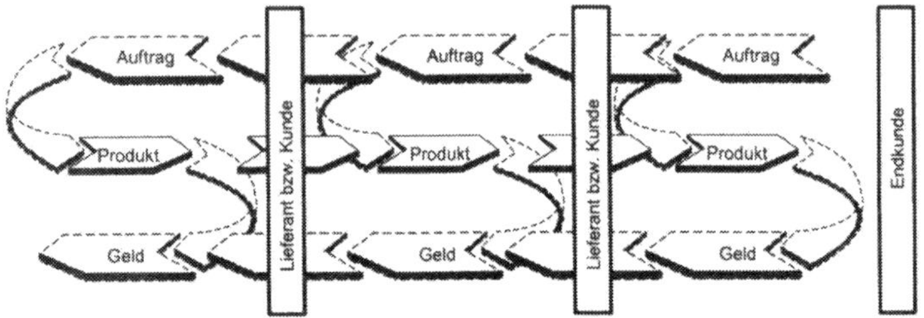

Ein weiteres generisches Modell, das aufgrund seiner Protagonisten mittlerweile eine gewisse faktische Bedeutung erlangt hat, ist das vom „Supply Chain Council“[70] entwickelte SCOR-Modell (SCOR: Supply Chain Operations Reference-Model; Abbildung 25).

Abbildung 25 Das SCOR-Modell als Beispiel einer generischen Supply Chain (Quelle: http://www.supply-chain.org/html/scor_overview.cfm)

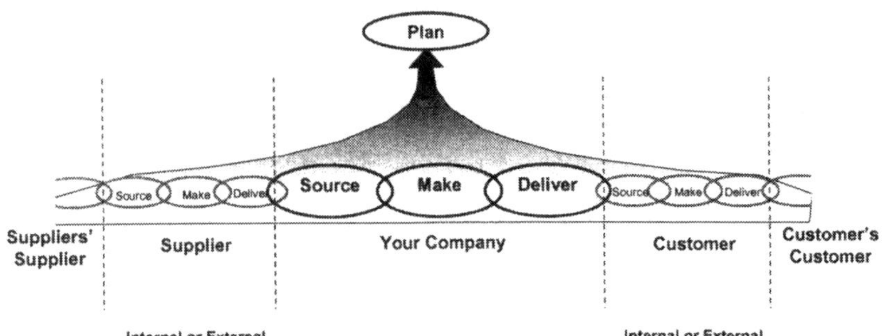

Das Modell deckt folgende Prozesse ab: Erstens alle Interaktionen mit den Kunden beginnend mit dem Auftragseingang bis hin zur Verbuchung der eingehenden Zahlung; zweitens alle „physischen“ Transaktionen von den Lieferanten der Lieferanten bis zu den Kunden der Kunden, worin auch die Versorgung mit Betriebsmittel explizit eingeschlossen ist; sowie drittens alle Marktinteraktionen beginnend mit der Erfassung aggregierter Bedarfe bis hin zur Durchführung der individuellen Auftragsabwicklung. Ausgeschlossen sind jedoch vorbereitende Prozesse wie Technologieentwicklung oder Produktdesign sowie Kundendienst und

[69] Ein alternatives Set generischer Prozesse schlägt Porter (1998a, S. 34 ff) vor.

[70] Das „Supply Chain Council, Inc.“ ist nach eigenen Angaben eine in den USA ansässige, weltweit tätige Non-Profit Organisation mit rund 450 Firmenmitgliedern, die zum Ziel hat, den Gedankenaustausch und die konzeptionelle Weiterentwicklung des Supply Chain Management voranzutreiben (Quelle: http://www.supply-chain.org/).

andere der Auslieferung des Produktes an den Kunden folgende Prozesse; so zum Beispiel auch die Produktrückführung und das Recycling.

Die Supply Chain als Gruppe von Unternehmen

Die Supply Chain wird in der Literatur mehrheitlich als eine „Gruppe von Unternehmen" definiert. Damit ist sie von den zuvor besprochenen Konzeptionen eindeutig abgegrenzt. Dort ist die Supply Chain in beiden Fällen keine Gruppe von Unternehmen, sondern entweder lediglich eine Sequenz von Prozessen, die nicht zwingend in unterschiedlichen Unternehmen erbracht werden muss (auch ein vertikal vollständig integriertes Unternehmen wäre in der Wertschöpfungsprozess-Variante eine Supply Chain). Abbildung 20 hat gezeigt, dass innerhalb dieser Auslegung des Begriffes in der Literatur noch einmal unterschiedlich definiert wird. In der lockersten Form besteht die Supply Chain aus einer Sequenz von Unternehmen, die über Aufträge verbunden sind. Eine Reihe von Autoren haben dieses Verständnis (Tabelle 12):

Tabelle 12 Die Supply Chain als Gruppe von Unternehmen (1)

Scott (1991, S. 23)	"...the chain linking each element of the production and the supply process from raw materials through to the end customer"
LaLonde und Masters (1994, S. 38)	„The set of firms which pass these materials forward can be referred to as a supply chain. ... in actual practice, supply chains for technologically complex products may involve scores or hundreds of firms."
Chow et al. (1994, S. 22)	„... comprises all companies that participate in transforming, selling and distributing the product from raw material to final customer."

Grundsätzlich findet sich hier erneut die Vorstellung der Wertschöpfungskette wieder. Dementsprechend gilt auch hier die Kritik einer unnötigen Begriffsschöpfung. Mit der Ausnahme geschlossener Hauswirtschaften befindet sich jedes Unternehmen in einer auftragsbezogenen Austauschbeziehung mit vor- und nachgelagerten Unternehmen. Es ist nicht erkennbar, welchen Nutzen das Zusprechen der Qualität „Supply Chain" auf eine Sequenz auftragsverbundener Unternehmen haben soll. Ein über den durch die Verwendung der bereits etablierten und damit vorzuziehenden Begriffe hinausgehender Nutzen durch den neuen Begriff „Supply Chain" ist fraglich. Ein potenzieller Nutzen kann allenfalls darin bestehen, die in der aktuellen Diskussion offensichtlich zunehmend Aufmerksamkeit erregende „Gesamtheit der Unternehmen" von der Urproduktion bis zum Endkunden mit einem kurzen, die Verständigung vereinfachenden Schlagwort, eben der „Supply Chain" zu belegen. Wenn „Supply Chain" tatsächlich nicht mehr bedeuten soll als eine Sequenz auftragsverbundener Unternehmen, erschiene der ältere Begriff des „Value Systems" (Porter 1998a, S. 34) durchaus ausreichend, eine Neuschöpfung also entbehrlich.

Auch die zweite Liste von Definitionen in dieser Kategorie kann aus dieser Sicht nicht überzeugen. Einige Autoren definieren die Supply Chain als eine Gruppe von Unternehmen, die jeweils eine funktional definierte Wertschöpfungsstufe (Business Function) übernehmen (Tabelle 13). Im Gegensatz zu der vorher beschriebenen Definition geht dieser Ansatz weiter, da er nicht irgend eine Sequenz von Unternehmen bereits als Supply Chain qualifiziert, sondern die zusätzliche Anforderung funktionaler Verschiedenheit zwischen den Unternehmen erhebt. Kritisch gesehen wirkt dieser Zusatz aber nicht sonderlich diskriminierend, da nur schwer einsehbar ist, warum Unternehmen, die funktional identisch sind, eine vertikale Folge bilden sollten.

Tabelle 13 Die Supply Chain als Gruppe von Unternehmen (2)

Beamon und Ware (1998, S. 105)	„... integrated set of business functions, encompassing all activities from raw material acquisition to final customer delivery."
New (1997, S. 16)	„... a synonym for purchasing, distribution and materials management."
Ellram und Cooper (1990, S. 1)	„Supply chain management extends this concept of functional integration beyond the firm to all the firms in the supply chain." [71]

Die Supply Chain als Netzwerk vertikal alliierter Unternehmen

Einen zusätzlichen Aspekt, der nach Ansicht des Verfassers auch den zur Neuschöpfung des Begriffes berechtigenden artbildenden Unterschied ausmacht, bringt die folgende Auslegung ein: Die Supply Chain wird ebenfalls zunächst auch als eine Gruppe von Unternehmen definiert. Zusätzlich wird aber gefordert, erst dann von einer Supply Chain zu sprechen, wenn die Form der Zusammenarbeit bestimmte Merkmale aufweist. Tabelle 14 nennt beispielhaft einige Definitionen aus der Literatur.

Tabelle 14 Die Supply Chain als Netzwerk vertikal alliierter Unternehmen

Holmberg (1997, S. 1)	„... companies working closely together, from suppliers of raw material to consumers. ... associated is the integration of functions within the companies as well as the integration across the organizational borders. ... companies have a common strategy with shared objectives."
Christopher (1999b, S. 19)	„A network of connected and interdependent organizations mutually and cooperatively working together to control, manage and improve the flow of materials and information from suppliers to end-users."
Swaminathan et al. (1998, S. 607)	„... as a network of autonomous or semiautonomous business entities collectively responsible for procurement, manufacturing and distribution activities associated with one or more families or related products."
Ashkenas et al. (1998, S. 221)	„... the concept of the value chain, the process by which a network of organizations creates products and services of greater value than those that can be produced by any organization alone."

Die Interpretation der Supply Chain als ein Netzwerk vertikal alliierter Unternehmen wird zum Ausgangspunkt der Argumentation der nächsten Kapitel gemacht. Die in den Definitionen angesprochenen Merkmale (Common Strategy; Cooperatively Working Together; Collectively Responsible; ...) gilt es also detailliert zu beschreiben, um die begriffliche Basis für das Folgende zu präzisieren. Diese Präzisierung erfolgt aber nicht hier, sondern erst im nächsten Teilkapitel (2.2.2) im Zusammenhang mit der Ausformulierung der für diese Arbeit geltenden Definition der Supply Chain. Hier wird zunächst die Analyse der grundsätzlichen Optionen zur Definition der Supply Chain fortgesetzt.

---

[71] Auch wenn Ellram und Cooper (1990) der Supply Chain-Begriff nicht explizit definieren, kann anhand ihrer Supply Chain Management-Definition darauf geschlossen werden.

Die Supply Chain als Superorganisation

Die Literatur beinhaltet eine dritte Gruppe von Definition, die erneut einen anderen Aspekt hervorhebt. Dieser Vorstellung folgend ist die Supply Chain eine einzige, monolithische ökonomische Einheit, in Analogie zur Metapher der „juristischen Person" gleichsam eine selbständige „ökonomische Person". Ebenso wie ein Unternehmen zwar aus einer Vielzahl von Mitarbeitern besteht, aber für bestimmte Zwecke gedanklich als ein monolithischer Akteur reifiziert wird, besteht die Supply Chain in der hier diskutierenden Sicht gedanklich nicht mehr aus mehreren rechtlich selbständigen Unternehmen, sondern ist eine unitäre Organisation. Reve und Stern (1979, S. 406) benutzen in einer Arbeit über den Absatzkanal (Marketing Channel) den Begriff der „Superorganisation", der diese Sichtweise gut verdeutlicht. Andere Begriffe, die diese Sicht ebenfalls gut zu repräsentieren vermögen sind etwa „Extra-corporate Organization"(Little 1970) oder „Extended Enterprise" (O'Neill and Sackett 1994; Morehouse 1997).

In der Marketingforschung hat eine solche Reifizierung Tradition. Rosenberg und Stern (1971, S. 437) haben bereits vor rund 30 Jahren das Bild eines unifizierten Akteurs vor Augen gehabt; er beschreibt den Absatzkanal als: "... interfirm behavioral systems which must operate as an integrated whole in order to attain efficiency and to compete effectively against rival systems." Hier wird bereits das Bild eines geschlossenen und kooperativ gierenden Akteurs gezeichnet, der sich über die Ingangsetzung seiner Elemente (=Unternehmen) gegen Konkurrenten (= andere Kanäle) zur Wehr setzen muss. Dieses Szenario taucht in der aktuellen Literatur erneut auf. Lambert et al. (1998, S. 1) sowie Christopher (1999b) zufolge, konkurrieren Unternehmen immer weniger einzeln gegeneinander, sondern vielmehr als Teilnehmer einer Kette: Management hat die Ära des „Internetwork-Wettbewerbs" erreicht, so deren These: „We are now entering the era of supply chain competition. ... real competition is not company against company but rather supply chain against supply chain." Christopher (1999b, S. 28 und S. 16)

Der Übergang zwischen den beiden letztgenannten Konzepten (Supply Chain als Gruppe von Unternehmen oder als Superorganisation) ist fließend. Soll eine Supply Chain das Prädikat, „Superorganisation" zu sein, voll ausfüllen, wäre es erforderlich, die Supply Chain mit einer dedizierten Führungsinstanz auszustatten. Es würde weiterhin bedeuten, dass die Mitgliedsunternehmen Führungsautonomie zu Gunsten der Supply Chain-Führung einbüßen. Ein solches institutionales Arrangement wäre typologisch interessant, weil vertikal verbundene Unternehmen sich hierarchisch binden, ohne zugleich juristische Bindungen zu vereinbaren. Ähnliches findet man in Keiretsus, dort aber üblicherweise unterstützt durch Eigentumsrechte.[72] Es wäre weiterhin interessant, weil sich damit die Frage nach der situativen Vorteilhaftigkeit alternative Koordinationsstrukturen für die Führung der Supply Chain stellt.

[72] Für Details zur institutionalen Besicherung von Kooperationen vergleiche die Kapitel 5.3.1 sowie 6.4.

2.2.2. Arbeitsdefinition: Die Supply Chain als Netzwerk vertikal alliierter Unternehmen

Der Rundgang durch Literatur macht sowohl die Notwendigkeit wie auch die Schwierigkeit deutlich, für die weitere Argumentation eine begrifflich klare Ausgangsbasis zu schaffen. Wenn nachfolgend die Netzwerksicht als maßgebend für diese Arbeit qualifiziert wird, soll damit nicht zugleich eine Wertung vorgenommen werden. Im folgenden wird eine Supply Chain verstanden als:

> *Ein Netzwerk vertikal alliierter, rechtlich selbständiger Unternehmen, die per Auftragsfluss sequentiell verbunden sind, über die Herstellung von Sachleistungen in diversen Wertschöpfungsschritten der Vormaterialerzeugung, Verarbeitung, Montage, Lagerung, Kommissionierung und Transport die Endkundenbedarfe decken und dabei erstens Lieferservice für den Kunden sicherstellen, um das Umsatzziel zu erreichen, zweitens entlang der gesamten Kette rationalisieren, um das Kosten- bzw. Kapitalbindungsziel zu erreichen sowie drittens eine akzeptable Verteilung von Kosten und Nutzen in der Kette anstreben, um das Stabilitätsziel zu erreichen. (Otto und Kotzab 1999, S. 216).*

Diese Definition wird den weiteren Überlegungen zu Grunde liegen und ist daher zu kommentieren. Bedarf ergibt sich in folgender Hinsicht: (1) Mit einem Begriff „meint" man in der Regel mehr, als durch dessen Nutzung allein gesagt ist. Nachdem der Supply Chain-Begriff zentral für die Arbeit ist, erscheint es ratsam, auf das, was im Folgenden gemeint ist, einzugehen. (2) Komplementär dazu ist zu erklären, welche Inhalte nicht gemeint sind, wenn in dieser Arbeit der Begriff der Supply Chain fällt. Diese positiven und negativen Konnotationen werden nachfolgend besprochen.

Positive Konnotationen: Was mit dem Begriff „Supply Chain" gemeint ist

Interpretation der Umwelt als „Nichtnullsummen-Außenwelt"

Die Mitglieder einer Supply Chain interpretieren die Umwelt in einer distinkten Form, die offensichtlich das Ergebnis eines Wandels ist. Dieser Wandel wird in einem Sprachspiel von Stachowiak (1973, S. 74 ff) deutlich. In einer Diskussion des Rationalitätsbegriffs unterscheidet er drei alternativ konzipierte „Außenwelten": (1) Robinson Crusoe: Die Außenwelt ist zwar vorhanden, aber irrelevant; sie ist kein Thema für die Optimierungsentscheidungen. (2) Nullsummen-Außenwelt: Die Außenwelt ist ein Thema. Sie hält Nutzenpotenziale bereit. Akteur A kann aber nur zusätzliche Potenziale konsumieren, wenn Akteur B diese in gleicher Höhe aufgibt. Es entsteht eine Wettbewerbssituation, in der Verhandlungsführung und Machtspiele den eigenen Nutzen maximieren. (3) Nichtnullsummen-Außenwelt: Die Außenwelt hält vermehrbare Nutzenpotenziale bereit. Eine Nutzenmehrung für Akteur A ist nicht zwingend (in gleicher Höhe) mit einer Senkung für Akteur B verbunden. Mitunter wird auch von „Win-Win"-Beziehungen gesprochen. Die Außenwelt ist in dieser Sicht grundsätzlich harmoniefähig. Zur Erschließung des Mehrwerts ist allerdings kollektives Handeln erforderlich. Einseitige Maximierungsrationalität bringt nicht den maximalen Nettonutzen. Die Supply Chain und deren Management kann daher auch als das historische Produkt eines Wandels in der Interpretation der Außenwelt angesehen werden.

Dyadenübergreifende Reichweite der Integration

Es wird kontrovers diskutiert, wie viele Stufen eine Kette umfassen sollte, damit von einer Supply Chain gesprochen werden kann. Ist es erforderlich, alle am Wertschöpfungsprozess partizipierenden Unternehmen einzubeziehen, um von einer Supply Chain sprechen zu können? Also auch die Lieferanten des Lieferanten und die Kunden der Kunden, wie es häufig gefordert wird (Stevens 1989, S. 3; Davis 1993, S. 35; Scott 1991, S. 24; Ellram und Cooper 1993, S. 1)? Andere Autoren setzen die Anforderungen herunter; Womack und Jones (1994) sprechen simpel von einem „Extended Enterprise" und lassen es offen, wieviele Unternehmen einbezogen werden sollten. Abbildung 26 zeigt, dass in der Literatur vier Varianten unterschieden werden. In der engsten Auslegung bezieht sich die Supply Chain auf den Wertschöpfungsprozess allein des fokalen Unternehmens. Bilaterale Beziehungen zu den vor- und nachgelagerten Akteuren können unterhalten werden. In der weitesten Form bezieht die Supply Chain alle Unternehmen ein. In dieser Arbeit soll von einer Supply Chain gesprochen werden, wenn die Reichweite der Integration über eine Dyade hinausgeht. Eine Kunden-Lieferanten-Beziehung konstituiert demnach noch keine Supply Chain.

Abbildung 26 Alternativen der institutionalen Reichweite der Supply Chain-Konzeption

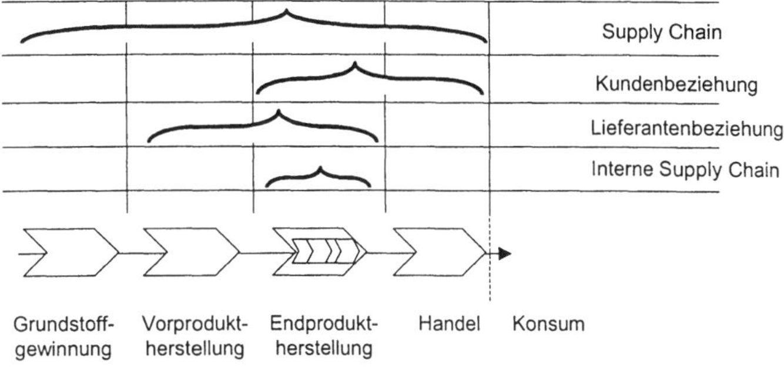

Kettenweite Kooperation, multilaterale Vernetzung

Weiterhin ist mit der Verwendung des Supply Chain-Begriffs folgende Annahme verbunden: Die Unternehmen sehen sich als Teilnehmer einer Gruppe und verhalten sich kettenweit kooperativ. Die Annahme ist zu erläutern: Kooperation ist eine distinkte Verhaltensweise zur Abstimmung mit vor- und nachgelagerten Unternehmen, die sich dadurch auszeichnet, dass die Interessen des Austauschpartners freiwillig handlungseinschränkend in die eigenen Erwägungen einbezogen werden. Die Essenz der Kooperation besteht darin, dass die Partner in Bezug auf die zukünftigen Transaktionen gegenseitige Verpflichtungen akzeptieren und dafür gegenseitige Zusicherungen erhalten (Richardson 1972, S. 886). Eine kooperative Dyade weist eine hohe interne Integration auf, die sich durch Verhaltensbeschränkungen der Akteure zugunsten anderer Mitglieder auszeichnet (Obring 1992, S. 16). Kooperation setzt in der Regel die Erwartung einer gemeinsamen Zukunft oder die aus einer gemeinsamen Vergangenheit verspürten Verpflichtung voraus. Der Begriff der Kooperation kann auch in dem Kontinuum zwischen diskretem und relationalem Austausch beschrieben werden (Macneil 1978; Dwyer et al. 1987).

Unkooperatives Verhalten entsteht in einer Beziehung, die üblicherweise als Spot-Interaktion bezeichnet wird. Dort interagieren Kontrahenten ohne gemeinsame Vergangenheit und ohne Aussicht gemeinsamer Zukunft. "Where buyer and seller accept no obligation with respect to their future conduct, ..., then cooperation does not take place and we can refer to a pure market transaction." (Richardson 1972, S. 886). Die Austauschbeziehung ist gekennzeichnet durch einen klaren Beginn, kurze Dauer und ein klares Ende mit Abschluss des Leistungsaustausches. Es entwickelt sich kein relevanter sozialer Kontext. Die Partner bleiben unabhängig, setzen ihre eigenen Ziele ungetrübt durch und verlassen sich auf Markt- und legale Instrumente um Konflikte zu klären. Macneil erklärt die Idee: "In short, it could occur, if at all, only between total strangers, brought together by chance (not by any common social structure since that link constitutes at least the rudiments or a relation outside the transaction). Moreover, each party would have to be completely sure of never again seeing or having anything else to do with the other. ... Moreover, everything must happen quickly lest the parties should develop some kind of relation impacting on the transaction so as to deprive it of discreteness. ... For example, a cash purchase of gasoline at a station on the New Jersey Turnpike by someone rarely traveling the road is such a quite discrete transaction." (Macneil 1978, S. 856 f).

Von Spot-Beziehungen sind relationale Austauschbeziehungen abzugrenzen (Relational Exchange, Contractual Exchange; Macneil 1978, Dwyer et al. 1987, Dyer und Singh 1998), in denen sich die Akteure kooperativ verhalten. Das kooperative Verhalten gründet sich nicht auf altruistischen Annahmen, sondern ist durchaus rational. Das Ziel besteht im Gegensatz zu diskreten Beziehungen aber darin, die Nutzenfunktion über eine Sequenz von Interaktionen, und nicht pro Interaktion isoliert, zu maximieren (Ganesan 1994, S. 3). Bereits die Jahresangaben der Quellenverweise machen deutlich, dass kooperatives Verhalten in der Kette keine Neuentdeckung der Supply Chain-Diskussion ist und daher nicht den artbildenden Unterschied zwischen „normalen" Unternehmensverbindungen und der Supply Chain bieten kann. So formulieren Stern und Reve (1980, S. 60) bereits vor 20 Jahren: „The more that relationships between channel members are characterized by cooperative behavior, the greater the level of profits attainable to the channel as a whole."

Kooperation allein grenzt also nicht ab. Der Unterschied besteht vielmehr darin, dass in der Supply Chain Management-Diskussion eine über die gesamte Kette reichende Kooperation gefordert wird. Also ein Verhalten, in dem Akteure auch dann kooperieren, wenn sie nicht direkt über eine Wertschöpfungsdyade miteinander in Austauschbeziehung stehen, so etwa der Hersteller mit dem Kunden des Kunden oder mit dem Lieferanten des Lieferanten. Spekman et al. (1998, S. 632) formulieren programmatisch: „Co-operation is no longer seen as a process between one set of trading partners. Co-operation now exists along the entire supply chain." Abbildung 27 verdeutlicht den Sachverhalt grafisch:

Abbildung 27 Kettenweit kooperatives Verhalten als spezifisches Merkmal der Supply Chain (die Linien stellen keinen Güteraustausch, sondern Abstimmungsprozesse dar)

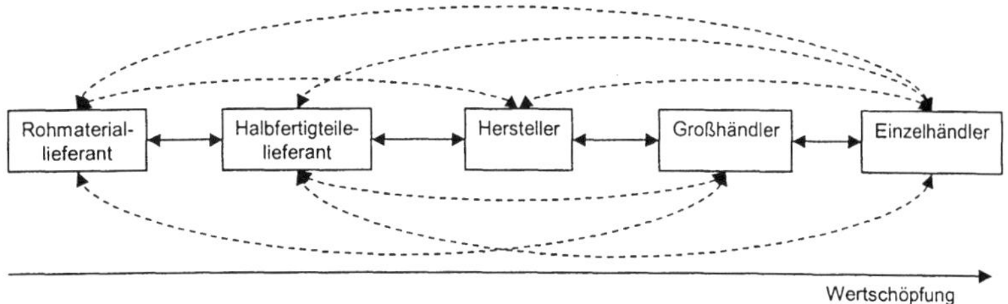

Es entsteht eine gegenüber der dyadischen Kooperation dichtere Garnitur gegenseitiger Erwägungen und Berücksichtigungen; ein Netzwerk. Der „Organization Set" (Evan 1966), also die Gruppe der Unternehmen, mit denen ein fokales Unternehmen direkt verknüpft ist, wächst. Das „organisationale Felds" ist ein weiterer Begriff der Organisationstheorie, mit dem der Wandel dokumentiert werden kann. Scott (1995, S. 56) definiert: „The notion of the field connotes the existence of a community of organizations that partakes of a common meaning system and whose participants interact more frequently and fatefully with one another than with actors outside of the field." Ein prägendes Merkmal der netzwerkorientierten Definition der Supply Chain ist demnach, dass sich das organisationale Feld, also der Raum innerhalb dessen Organisationen erkennbar dichter interagieren und auf ein gemeinsames Wertsystem zurückgreifen, von der traditionell Dyade auf die gesamte Kette ausdehnt.

Ein Blick in die historische Entwicklung der Betriebswirtschaftslehre mag Zweifel an der These aufkommen lassen, kettenweite Kooperation sei etwas neues.[73] Bereits 1985 hat Porter vorgetragen: „Gaining and sustaining competitive advantage depends on understanding not only a firms value chain but how the firm fits in the overall value system." (Porter 1998a, S. 34)

Die auf den ersten Blick vorhandene Ähnlichkeit der Aussagen löst sich bei genauerer Interpretation aber auf. Während Porter sich darauf beschränkt, das „Value System", also die Gesamtheit der Unternehmen von Urproduktion bis zum Endkunden zu *analysieren,* um die Aktivitäten zu identifizieren, durch deren Gestaltung und Verknüpfung sich das Unternehmen einen Wettbewerbsvorteil verschaffen kann („... to understand ... sources of differentiation."; Porter 1998a, S. 33), ruft die Supply Chain Management-Diskussion dazu auf, das „Value System" kooperativ zu *gestalten.* Der Unterschied zu Porter ist erstens in einem erweiterten Handlungsspektrum zu sehen: Kettenweite Optimierungen werden „zulässig". Auch die auf der Wertschöpfungsstrecke weiter vom fokalen Unternehmen entfernten Akteure qualifizieren sich grundsätzlich von Reaktions- zu Aktionsvariablen. Die bisher als „Umfeld" tabuisierten

[73] Der Verfasser stellt nicht auf den Begriff, sondern auf die Sache ab.

entfernten Akteure, wie eben der Lieferant des Lieferanten, erhalten eine Kontur und werden ansprechbar. Damit wird zugleich die Messlatte für Optimalität angehoben; d. h., von dem erweiterten Optimierungsraum keinen Gebrauch zu machen, führt unter sonst gleichen Bedingungen zu einem Wettbewerbsnachteil. Zweitens wird die Wettbewerbsfähigkeit des einzelnen Unternehmens von derjenigen der gesamten Kette abhängig gemacht. Bowersox (1999, S. 101) spricht von „Supply Chain Competitiveness".

Hohe Bindungsdichte

In enger Verbindung mit dem Kriterium der kettenweiten Kooperation ist das der hohen Bindungsdichte zwischen den Unternehmen zu sehen. Auch dieser Aspekt ist in den meisten Definitionen der Supply Chain explizit oder implizit enthalten. So etwa bei Fine (1998, S. 136): „An integral supply chain architecture features close proximity among its elements." Er unterscheidet vier Dimensionen, in denen sich Unternehmen eng oder weniger eng binden können: Geographische Nähe, organisationale Nähe, kulturelle Nähe und elektronische Nähe und greift damit frühere Beiträge des Industrial Marketing zu dieser Frage auf.[74] Die nachfolgende Abbildung, die engere Bindung visualisieren soll, entstammt ebendiesen Beiträgen.

Abbildung 28 Kriterium für den Supply Chain-Begriff: Variationen der Bindungsdichte (Quelle: Cunningham und Homse 1990, S. 107; leicht verändert)

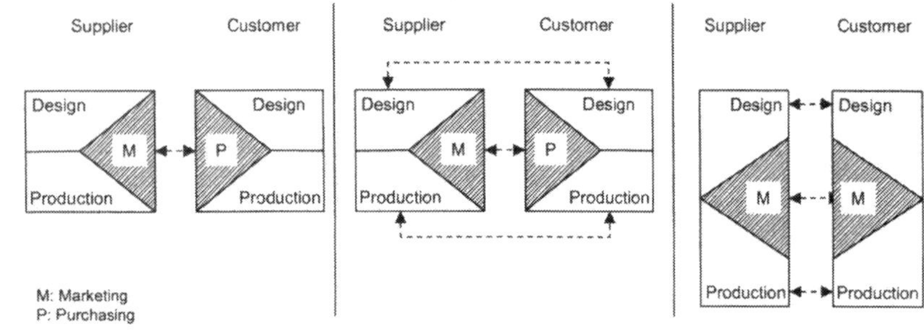

Auch wenn der Übergang von lockerer zu enger Kooperation graduell ist, wird in der Literatur versucht, durch die Verwendung des Begriffs „Kollaboration" den angestrebten Zustand auch begriffliche abzugrenzen (Kahn und Mentzer 1996; Austin et al. 1997; Holmberg 1997, S. 32; Spekman et al. 1998, S. 633; Campbell und Gould 1999).

Kollektives Verhalten - Die Supply Chain als strategische Gruppe

Das bisher skizzierte Bild der Supply Chain (kettenweite Kooperation bei gleichzeitig enger Bindung zwischen den Akteuren) führt direkt zu einem weiteren Kriterium: Die teilnehmenden Unternehmen agieren kollektiv. Sie verfolgen kollektive Strategien und fahren zu deren Verwirklichung kollektive Manöver. Unter einer kollektiven Strategie soll hier die ge-

---

[74] Vergleiche etwa Ford (1990), Cunnigham und Homse (1990) oder Turnbull (1990). Alternative Konzepte zur Bestimmung der Dichte von Beziehungen wurden unter anderem vorgelegt von Hakansson und Johanson (1990) oder Groves und Valsamakis (1998).

meinsame Formulierung und Implementierung einer Strategie durch die Mitglieder einer interorganisationalen Kollektivs verstanden werden (Astley 1984, S. 527). Es entsteht das Bild einer strategischen Gruppe. Die bereits angesprochene enge Integration und Kooperation ermöglicht es den Akteuren nicht nur, sich kollektiv verhalten zu können, sondern erzwingt es infolge des „gemeinsamen Schicksals“ der Unternehmen geradezu (Christopher 1999b, S. 234).

Wenngleich das Konzept der „strategischen Gruppe“, so wie es von zunächst von Porter (1998b, S. 129 ff) und später etwa von Dranove et al. (1998) beschrieben wurde, hier nicht unmittelbar passt, weil dort die strategische Gruppe als eine Menge ähnlicher Unternehmen in der gleichen Industrie, also auch der gleichen Wertschöpfungsstufe definiert ist, hilft es doch, das Verständnis für das Konzept der Supply Chain zu schärfen. Dranove et al. (1998, S. 1030) definieren, dass eine strategische Gruppe erst dann existiert, wenn die Performance eines Unternehmens der Gruppe eine Funktion der Charakteristika der Gruppe ist. Wenn sich also eine Veränderung der Eigenschaften der Gruppe unter sonst gleichen Bedingungen auf den Erfolg der einzelnen Unternehmen in der Gruppe auswirkt, existiert eine strategische Gruppe. Die strategische Gruppe ermöglicht durch "Group Processes" positive Effekte, die ohne Existenz der Gruppe nicht erreicht würden. Die verbesserten Profite der Unternehmen können weder allein auf der Unternehmens- noch auf der Branchenebene erklärt werden (Abbildung 29). Die Kette als Ganzes wird leistungsfähiger und damit steigt auch die Wettbewerbsfähigkeit der einzelnen Unternehmen gegenüber Konkurrenten, die nicht eingebunden sind. Auf der anderen Seite begrenzt die Gruppe aber auch die Chancen eines einzelnen Mitgliedes, im Alleingang gravierende Profitverbesserungen zu erzielen. Damit ist erneut das Szenario eines gemeinsamen Schicksals gezeichnet, das auch die aktuelle Literatur durchzieht: „From this perspective, companies can see that a rising tide raises all boats, that success will come from improving the overall profitability and continuing vitality of the value chain as a whole, rather than just their own bottom lines and organizational health.“ (Ashkenas et al. 1998, S. 199).

Abbildung 29 Die Supply Chain als „strategische“ Gruppe beeinflusst den Erfolg der teilnehmenden Unternehmen

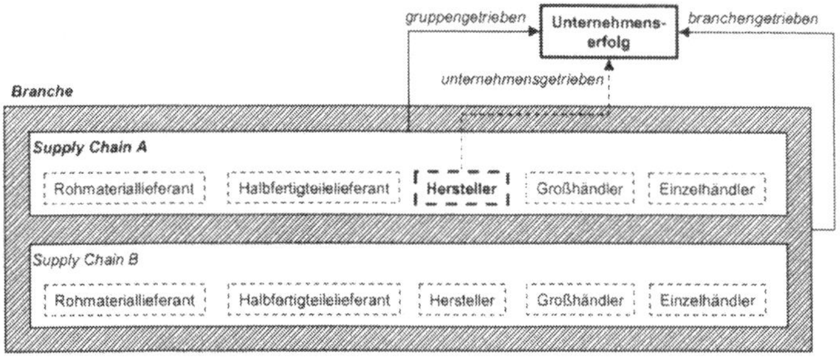

Negative Konnotationen: Was mit dem Begriff „Supply Chain“ nicht gemeint ist

Die oben diskutierten Konnotationen zeigen, dass der Supply Chain-Begriff durchaus normativ aufgeladen verwendet wird. Neben der Vielzahl der explizit eingeschlossenen Bedeutungen gilt es aber auch zu beachten, dass einige Bedeutungen explizit ausgeschlossen werden.

Nur Sachleistungen

Diese Definition bedeutet für die weitere Argumentation, dass erstens über Sachleistungen und nicht über Dienstleistungen gesprochen wird. Damit soll nicht zugleich behauptet werden, das Gesagte sei für Letztere irrelevant. Die Überprüfung der Transferierbarkeit wird hier aber keine Rolle spielen. Es bedeutet weiterhin, dass die hier zu behandelnden Supply Chains aus mindestens zwei Unternehmen bestehen und immer den Endkunden einschließen.

Nur „Long-linked"-Industrien

Mit der Einschränkung auf sequentiell interdependente Unternehmen nimmt die Definition Bezug auf eine von Thompson (1967, S. 15 ff) vorgeschlagene dreielementige, technologieorientierte Klassierung von Produktionsprozessen im weitesten Sinne (Abbildung 30). Die überwiegende Mehrheit der in der Literatur diskutierten Beiträge zum Supply Chain Management und damit auch zur Definition der Supply Chain bezieht sich ausschließlich auf eine einzige dieser Klassen, nämlich auf einen Produktionsprozess, den Thompson (1967, S. 15) als „Long-linked“ bezeichnet. Zentrales Merkmal dieser Technologie ist, dass der Prozess B erst dann ausgeführt werden kann, wenn zuvor der Prozess A beendet wurde. Die am Prozess beteiligten Unternehmen oder Abteilungen reichen ein „immer wertvoller werdendes“ Produkt durch die Kette. Die Wertschöpfungsstruktur ist „Long-linked“. Das Gestaltungsziel der Kette besteht nach Thompson in der instrumentalen Perfektion der eingebundenen Akteure. Sein Prototyp dieser Technologie ist das Fliessband in der massenhaften Fertigung hochstandardisierter Produkte. Auch wenn die aktuelle Diskussion gerade vom Modell der Massenproduktion Abstand zu gewinnen versucht, ist das von Thompson zur Klassierung herangezogene Basisproblem weiterhin gültig. Es besteht grob zusammengefasst darin, die zur Konversion von Input in Output benötigte Zeit und Kosten zu minimieren, während das Produkt durch die Wertschöpfungsstufen geschleust wird.

Thompson weist aber auf zwei weitere generische Technologien hin, die er als „Mediating Technology“ (vermittelnde Technologie) und „Intensive Technology“ (intensive Technologie) bezeichnet. Vermittelnde Unternehmen, wie Banken, Unternehmen der Kommunikationsindustrie oder Speditionen, sind mit einer anderen Problematik konfrontiert. Deren Aufgabe ist es nicht, materielle Güter zu produzieren, sondern Quellen und Senken zu verbinden, wie etwa Kreditgeber und Kreditnehmen oder Versender und Empfänger. Deren Basisprobleme bestehen darin, ausreichende Flexibilität bereitzustellen, um trotz der Offenheit des Systems effizient zu bleiben; das aufrecht zu erhaltende Netz mit einer kostendeckenden Arbeitslast zu versorgen; ein hohes Qualitätsniveau an persönlichem Service zu gewährleisten; oder mit zeitlich nicht pufferbaren Auslastungsschwankungen zurecht zu kommen, die die Effizienz des „Technical Core" reduzieren.[75]

Abbildung 30 Thompsons Technologien - Die Supply Chain als „Long-linked Technology"

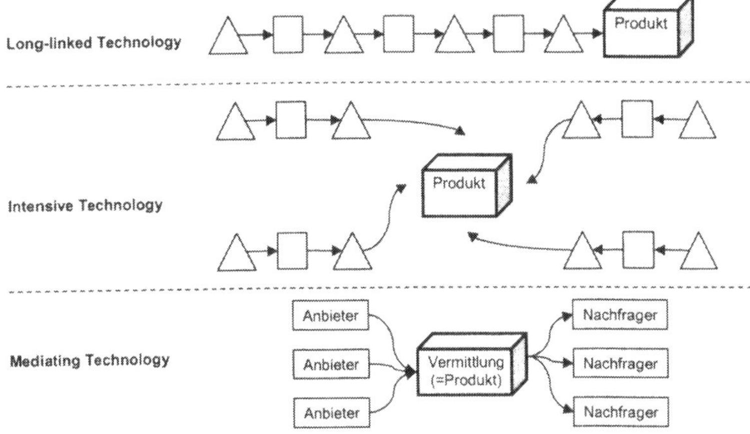

Zusammenfassend bedienen sich die drei Thompson'schen Technologietypen unterschiedlichen Logiken der Wertschöpfung, die kaum untereinander transferierbar sind. Stabell und Fjeldstad (1998, S. 414) geben ein Beispiel: „Consider the insurance company. What is received, what is produced and what is shipped? Few insurance executives would perceive uninsured people as raw material from which they produce insured people. Nor would a description of an insurance company as a paper-transforming company, producing policies from blank paper, capture the value creation logic. ... Similar problems occur in the analysis of banks. ... The value chain metaphor obscures the competitive logic of banking by focussing attention on transaction-processing unit costs, with little attention to interest spread and risk management." Nachdem die betriebswirtschaftliche Problemstellung in den Thompson'schen Typen sehr unterschiedlich ist, wie der kurze Exkurs angedeutet hat, erscheint es nicht möglich, im folgenden pauschal, ohne Rücksicht auf den Typ des Unternehmens, zu argumentieren. Daher erfolgt hier eine Einschränkung auf die „Long-linked"-Industrie.[76]

2.2.3. Ergänzend zur Definition: Organisationstheoretische Verortung der Supply Chain

Die bisherigen Ausführungen haben zwar den Begriff „Supply Chain" definiert, können aber aus theoretischer Sicht noch nicht vollständig befriedigen, da die Einordnung in die be-

[75] Für einen detaillierten Vergleich siehe Stabell und Fjeldstad (1998).

[76] Zur Berücksichtigung der Thompson'schen Typen ist kritisch anzumerken: Erstens konzentriert sich die Supply Chain Management-Forschung nahezu ausschließlich auf „Long-linked"-Industrien; für eine der wenigen Ausnahme siehe Stabell und Fjeldstad (1998) oder Goldratt (1997). Ein Transfer wird nicht versucht. Zweitens nehmen viele Autoren unangebrachterweise keine Eingrenzung ihrer Aussagen auf die offensichtlich nur behandelte „Long-linked"-Industrie vor und statten ihre Beiträge mit einer aus dieser Perspektive nicht haltbaren Universalität aus. Vergleiche dazu ausführlicher Otto und Kotzab (1999).

triebswirtschaftliche Begriffswelt erst kursorisch erfolgt ist. Dies soll in diesem Kapitel nachgeholt werden. Angestellt werden dabei folgende Überlegungen: (1) Welcher Typus einer Unternehmensverbindung ist die Supply Chain? (2) Wodurch zeichnet sich der primäre Koordinationsmechanismus in der Supply Chain aus? (3) Mit welchen Termini kann der Kontext beschrieben werden, in dem die Unternehmen in der Supply Chain entscheiden? (4) Wo befindet sich die Supply Chain in einer Typologie kollektiven Handelns?

An dieser Stelle mag sich die Frage aufdrängen, warum die Supply Chain in der organisationstheoretischen Verortung nicht auch als ein Netzwerk charakterisiert wird. Neben der kurzen Nennung in der obigen Definition ist der Begriff noch nicht aufgetaucht. Dies soll aber auf das Kapitel 5 vertagt werden. Die alleinige Rückführung der Supply Chain auf den Typus „Netzwerk" wäre infolge der äußerst breiten Interpretation des Netzwerkbegriffs noch wenig hilfreich und bedürfte einer vorbereitenden Aufbereitung der Netzwerktheorie, die an dieser Stelle aber nicht sinnvoll erscheint.

2.2.3.1. Die Supply Chain als Typus einer kooperativen Unternehmensverbindung

Als ein „Netzwerk vertikal alliierter Unternehmen" ist die Supply Chain grundsätzlich eine Unternehmensverbindung. Wobei der Begriff in Anlehnung an Fischer (1995) über den in der Rechtswissenschaft üblichen Gebrauch (kapitalmäßige Verflechtung) hinausgehend verstanden werden soll und auch solche Unternehmen als verbunden ansieht, die sich im weitesten Sinne vertraglich zur Zusammenarbeit verpflichten. Abbildung 31 zeigt aber, dass die Prädikation „Unternehmensverbindung" kaum diskriminiert. Die Spannweite der organisationalen Arrangements, die als „Unternehmensverbindung" bezeichnet werden, ist sehr groß. Es gilt daher, die Aussage zu verfeinern.

Die Supply Chain kann weitergehend zunächst als eine kooperative Unternehmensverbindung charakterisiert werden, da die oben gegebene Definition von autonomen, das heißt rechtlich selbständigen Unternehmen ausgeht, konzentrative Unternehmensverbindungen im Schema von Fischer (1995) aber als solche definiert sind, bei denen die Mitglieder im Unternehmensverbund diese rechtliche Autonomie verlieren. Die weitergehende Verortung in Fischers Schema verursacht jedoch Schwierigkeiten, da die Supply Chain nach obiger Definition zwar durchaus von einigen der dort genannten Typen eindeutig negativ abgegrenzt werden, aber keinem eindeutig positiv zugeordnet werden kann. Die prima facie plausiblen Verortungen werden nachfolgend diskutiert.

Kein Kartell, kein Syndikat

Eine Supply Chain ist kein Kartell im Sinne des Gesetztes gegen Wettbewerbsbeschränkungen (GWB), da sich das Gesetzt auf Kooperationen zwischen Unternehmen bezieht, die miteinander im Wettbewerb stehen (horizontale Zusammenschlüsse; Wöhe 1981, S. 336): „Vereinbarungen zwischen miteinander im Wettbewerb stehenden Unternehmen, Beschlüsse von Unternehmensvereinigungen und aufeinander abgestimmte Verhaltensweisen, die eine Verhinderung, Einschränkung oder Verfälschung des Wettbewerbs bezwecken oder bewirken, sind verboten." (§ 1 GWB). Die Supply Chain ist jedoch eine vertikale Kooperation. Das bei

Fischer (1995, S. 17) separat erwähnte Syndikat ist eine spezielle Form eines Kartells, nämlich ein Absatzkartell, bei dem ein „Verkaufskontor" (Wöhe 1981, S. 340) eingerichtet wird, um die Marktdisziplin der Kartellmitglieder zu erzwingen. Für die Abgrenzung gegenüber der Supply Chain gilt daher das bereits genannte Argument.

Abbildung 31 Typologie von Unternehmensverbindungen (Basis: Fischer 1995, S. 17; Gulati und Singh 1998; stark verändert)

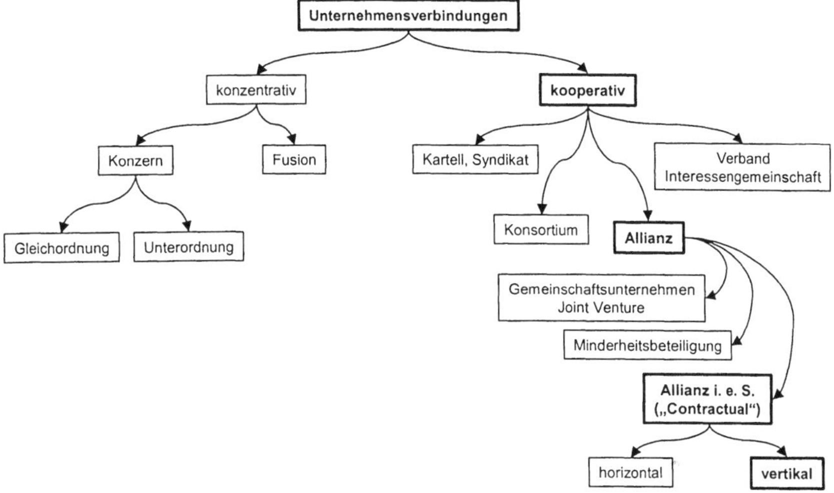

Kein Verband

Die Abgrenzung der Supply Chain von einem „Verband" ist schwierig, wenn man auf einem klaren Kriterium beharrt. Dieses Kriterium zu finden, würde voraussetzen, den Verband als Unternehmensverbindung präzise beschreiben zu können. In der Praxis erweist sich der Verband als eine „organisierte Interessenvertretung" (Fischer 1995, S. 40) jedoch als ein äußerst heterogenes Feld, das in der Literatur mit einer Vielzahl von Typologien zu ordnen versucht wird. Definiert man den Verband, ohne auf die Vielzahl dieser Typologien detaillierter einzugehen, jedoch als einen Zusammenschluss „...zur Wahrung der gemeinsamen wirtschaftlichen Interessen..." gegenüber diversen Anspruchsgruppen im Umfeld der Unternehmen (Wirtschaftsfachverband, Arbeitgeberverband, Kammern), treten die Unterschiede zur Supply Chain deutlich zu Tage. Letztere soll eindeutig nicht als ein Zusammenschluss verstanden werden, um gemeinsam den Ansprüchen gegenüber Dritten aus dem Umfeld gegenüber treten zu können. Auch ohne tiefer in die Verbandsliteratur einzudringen, erscheint diese Argumentation haltbar.

Kein Konsortium

Auch die Abgrenzung gegenüber Konsortien ist deutlich. „Konsortien sind Unternehmensverbindungen auf vertraglicher Basis, die zur Durchführung bestimmter, genau abgegrenzter Aufgaben gebildet werden und sich nach Erfüllung dieser Aufgaben wieder auflösen." (Wöhe

1981, S. 335). Die Supply Chain soll eindeutig nicht als Unternehmensverbindung verstanden werden, die projektartig gebildet und danach wieder aufgelöst wird. [77]

Kein Gemeinschaftsunternehmen

Das Gleiche gilt für die Abgrenzung gegenüber den Gemeinschaftsunternehmen, konkreter dem Joint Venture. Gulati und Singh (1998, S. 792) definieren ein Joint Venture als eine Form der hierarchischen Koordination im Rahmen einer speziell geschaffenen Hierarchie, die mit allen Mitteln der üblichen hierarchischen Koordination in einem Unternehmen ausgestattet ist. [78] Es wird deutlich, dass das oben als Netzwerk kooperierender autonomer Unternehmen beschriebene Arrangement typologisch kein Joint Venture ist. Die Supply Chain wird in dieser Arbeit, aber auch in der kompletten Literatur, nicht als ein per Vertrag geschaffenes, gemeinsames Vehikel angesehen.

Die Supply Chain als Allianz im engeren Sinne („Contractual Alliance")

Die Allianz hat als kooperative Verbindung von Unternehmen sowohl in vertikaler als auch in horizontaler Hinsicht in den letzten Jahren zunehmend an Bedeutung gewonnen (Gulati 1995, S. 619). Gulati und Singh (1998, S. 781) definieren: „An alliance can be „... defined as any voluntarily initiated cooperative agreement between firms that involves exchange, sharing, or co-development, and it can include contributions by partners of capital, technology, or firm specific assets."

Derart definiert, grenzt auch der Begriff „Allianz" nur wenig ein. Es entsteht erneut eine Bandbreite von Unternehmensverbindungen (Allianzen). Gulati und Singh (1998) schlagen vor, diese Bandbreite auf der Basis von zwei Kriterien zu ordnen. Erstens anhand der aufgebauten Führungsstrukturen: In welchem Ausmaß wird eine hierarchische Struktur zur Führung der Allianz aufgebaut? Zweitens anhand der Kapitalverflechtung: In welchem Umfang binden sich die Unternehmen durch den Austausch von Kapitalbeteiligungen? [79] Mit Hilfe dieser Kriterien bilden die Autoren drei Allianztypen: Das bereits angesprochene Joint Venture als Form der hierarchischen Allianz mit Kapitalverflechtung, die Minderheitsbeteiligung (Minority Investment) als Allianz mit geringer Kapitalverflechtung sowie die vertragliche Allianz (Contractual Alliance).

Minderheitsbeteiligungen sind Allianzen, in denen im Gegensatz zum Joint Venture kein neues wirtschaftliches Objekt geschaffen wird. Statt dessen beteiligt sich ein Unternehmen im geringen Umfang an dem Partnerunternehmen und erhält damit ein begrenztes Einwirkpotenzial auf dessen Entscheidungsfindung, bei gegenseitigen Beteiligungen üblicherweise in Form eines „Directory Interlock" (Mizruchi und Galaskiewicz 1993; Schoorman et al. 1981).

---

[77] Gleichwohl ist zu beachten, dass es in der Supply Chain Management-Literatur durchaus Beiträge gibt, die das projektartige „Zusammenstecken" von Kompetenzen, die in unterschiedlichen Unternehmen beheimatet sind, als eine Form des Management einer Supply Chain ansehen. Vergleiche dazu Kapitel 4.2.6, insbesondere die Seiten 192 ff.

[78] Ähnlich auch bei Pfeffer und Novak (1976, S. 399), Kumar und Seth (1998, S. 579).

[79] Das Kriterium „Kapitalverflechtung" benutzen auch Glaister und Buckley (1998, S. 90) zur Typologisierung von Allianzen.

Vertragliche Allianzen, Allianzen im engeren Sinne, sind eine Form der Verbindung zwischen Unternehmen, die sich in Gulati und Singhs Typologie durch die Abwesenheit einer Kapitalverflechtung auszeichnet. Nachdem in der Allianz im engeren Sinne weder eine gemeinsame Eigentumsstruktur noch eine gemeinsame extrakorporative Plattform zur Abwicklung des Leistungsaustausches existiert, ähnelt sie am stärksten der marktlichen Koordination.

Die Diskussion zeigt, dass das Bild der Supply Chain, so wie es oben definiert wurde, am besten auf eine Allianz im engeren Sinne („Contractual Alliance") zurückgeführt werden kann. Die Typologie der Allianzen nach Gulati und Singh (1998) ist dabei jedoch um das Kriterium des Wertschöpfungsbezuges zu ergänzen, da horizontale Verbindungen in deren Definition ebenfalls eingeschlossen sind.

2.2.3.2. Die Supply Chain als Form delegierter und partizipativer gegenseitiger Abstimmung

Für das Verständnis ist weiterhin hilfreich, die Supply Chain in Bezug auf den primären Koordinationsmechanismus zu charakterisieren. Dazu wird die Bandbreite alternativer Mechanismen zwischen den Extrema der marktlichen Koordination auf der einen Seite sowie der hierarchischen Koordination auf der anderen Seite aufgezogen. Abbildung 32 zeigt das entstehende Kontinuum, anhand dessen Überlegungen zur koordinationsorientierten Verortung der Supply Chain angestellt werden können.

Abbildung 32 Synopse der Koordinationsformen zwischen Markt und Hierarchie

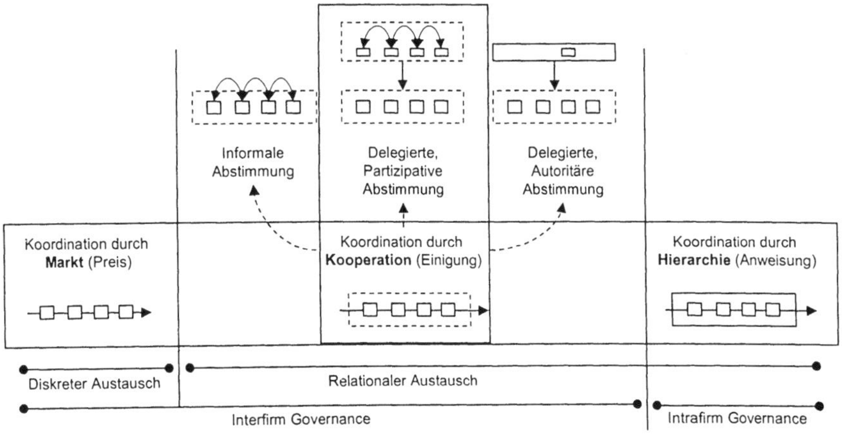

Der Unternehmensverbindungstyp „Supply Chain" ist nach Maßgabe der oben gegebenen Definition in die Mitte des Kontinuums zwischen Markt und Hierarchie einzuordnen. Dort erfolgt die Koordination arbeitsteiliger Prozesse grundsätzlich durch Kooperation. Dieser Mechanismus ist von der Koordination über den Preis sowie über hierarchische Anweisungen abzugrenzen. Koordination per Kooperation kann nur in einem relationalen, beziehungsorientierten Arrangement erfolgen. Die Abbildung grenzt daher im unteren Bereich relationale von diskreten Austauschen ab.[80] Die Abbildung zeigt jedoch weiterhin, dass innerhalb der kooperationsorientierten Koordination erneut ein Kontinuum von Varianten gegenseitiger Abstimmung erkennbar ist, das entlang folgender Achsen entsteht:

Delegationsgrad der Koordinationsvollmacht: Zwei Fälle sind zu unterscheiden. Die Akteure behalten ihre jeweilige Koordinationsvollmacht und stimmen sich entweder fallweise oder durch generelle Regeln [81] bi- oder multilateral ab („Council"), oder sie statten eine gemeinsame Koordinationsinstanz („Central Unit", Whetten 1987, S. 245) mit entsprechenden Vollmachten aus und delegieren damit die Koordination in definierten Bereichen an diese. Die Instanz muss nicht zwingend eine separate juristische Person sein. Auch ein Kreis von Vertretern der beteiligten Unternehmen, der zu bestimmten Themen tagt, jedoch das Verständnis besitzt, verbindliche Koordinationsbeschlüsse zu fassen, würde hierunter fallen. Auch wenn auf den hiermit angesprochenen Aspekt der institutionalen Umsetzung der Koordination in der Literatur kaum explizit Stellung bezogen wird, scheint es so, dass viele Autoren implizit die Existenz solcher Koordinationsgremien unterstellen. Wenn Austin et al. (1997) etwa empfehlen, über die komplette PC-Wertschöpfungskette gemeinsame Investitionsplanungen durchzuführen, ist es kaum denkbar, solches ohne ein Mindestmaß institutionalisierter gemeinsamer Entscheidungsfindung durchsetzen zu können.

Entscheidungsfindung in der Koordinationsinstanz: Erneut sollen hier nur die Varianten „autoritär" und „partizipativ" unterschieden werden. Eine partizipative Entscheidungsfindung in der Koordinationsinstanz liegt vor, wenn Vertreter aus den einzelnen Unternehmen dem Gremium unmittelbar als Entscheider beiwohnen. Im Fall autoritärer Entscheidungsfindung wird die Geschäftsführung der Koordinationsinstanz hingegen durch eine eigens für diesen Zweck beauftragte und wie auch immer besetzte Führungsmannschaft wahrgenommen. Wenn man unterstellt, dass bei nicht-delegierter Entscheidungsfindung immer partizipativ entschieden wird, entstehen mit diesen Kriterien drei zu unterscheidende Typen kooperativer Koordinationsformen, die in der Abbildung als „informal", „delegiert partizipativ" sowie „delegiert autoritär" bezeichnet werden. (1) Die informale ist die lockerste Form gegenseitiger Abstimmung zwischen den Partnern in einer Austauschbeziehung. Der Aufbau einer expliziten, „hauptamtlichen" Koordinationsinstanz unterbleibt. (2) Von delegierter, partizipativer Abstimmung soll gesprochen werden, wenn die Partner an eine Koordinationsinstanz Vollmachten abgeben, sich jedoch selbst aktiv an der dortigen Entscheidungsfindung beteiligen. (3) Als delegiert autoritär soll die Koordination bezeichnet werden, wenn die Koordinationsinstanz Vollmachten erhält, die Betroffenen Unternehmen aber nicht unmittelbar an der Entscheidungsfindung beteiligt sind.

Die oben vorgeschlagene Definition der Supply Chain hat das Arrangement einer delegierten, partizipativen Koordination vor Augen. Die weitere Diskussion geht also davon aus, dass es in der Supply Chain ein Gremium gibt, in dem kollektives Verhalten zentral abgestimmt

---

[80] Zu den Begriffen vergleiche noch einmal Seite 100.

[81] Zur Koordination von Netzwerken durch Regeln vergleiche Burr (1999).

und koordiniert werden kann, die Kette also unternehmensübergreifend handlungsfähig wird. In diesem Gremium können die teilnehmenden Unternehmen ihre Interessen entsprechend ihrer jeweiligen relativen Stärke einbringen.

2.2.3.3. Die Supply Chain als Föderation

Organisationale Entscheidungsfindung ist immer in einen interorganisationalen Kontext eingebunden. Dieser Kontext ist relevant für das Unternehmen, kann aber sehr verschieden sein (Emery und Trist 1965). Um das Agieren eines Unternehmens zu verstehen, ist es hilfreich, sich über den Kontext Klarheit zu verschaffen. Ein Kontext besteht aus einer Vielzahl von Variablen und entzieht sich damit zunächst einmal dem Versuch, Klarheit zu schaffen. Warren (1967) schlägt vor, die Summe der aufgrund der Vielzahl der Variablen entstehenden unterschiedlichen Kontextausprägungen auf vier Typen zurückzuführen. Er bezeichnet diese als unitär (Unitary), föderativ (Federative), koalitionär (Coalitional) sowie „Social Choice". Tabelle 15 erklärt die Kontexte. Die Bezeichnung „Social Choice" ist schwierig zu übersetzen. Warren bezieht sich damit explizit auf eine Wortprägung von Banfield (1961, S. 326), für den „Social Choice" eine Situation ist, die als zufälliges Nebenprodukt der Entscheidungsfindung zwischen Akteuren entsteht, die sich in keiner Weise durch die Verfolgung gemeinsamer Interessen leiten lassen. Auch in diesem Fall entsteht ein Kontext, in dem gehandelt wird. Dieser ist aber nicht die Folge bewusst koordinierten Handelns, Banfield (1961, S. 326) spricht von „Central Decisions", sondern vielmehr ein zufälliges Resultat.

Warren (1967, S. 404) hat die Typologie im Zuge einer Untersuchung des Einflusses des organisationalen Felds [82] auf das Verhalten von Einzelorganisation aufgestellt. Er hat dazu beobachtet, wie sich kommunale Agenturen [83] (Ämter) in drei amerikanischen Großstadtregionen verhalten.[84] Die Analogie zu den Supply Chain-Überlegungen besteht darin, dass Warren den einzelnen Ämtern grundsätzlich die Fähigkeit zuspricht, neben ihrer jeweiligen spezifischen Funktionserfüllung übergeordneten Ziele zu dienen, was jedoch eine gemeinsame Entscheidungsfindung voraussetzt: „Presumably a higher aggregate utility is attainable through joint decision making and action within the respective CDO's [Community Decision Organizations; AO] than if decisions within each field of concern were left to what Banfield calls 'social choice' ." (Warren 1967, S. 400).

Warrens Typologie orientiert sich ebenfalls an der Idee eines Kontinuums unterschiedlicher Ausprägungsformen interorganisationaler Zusammenarbeit. Aus diesem Kontinuum greift er

---

[82] Zum Begriff des „organisationalen Felds" vergleiche Seite 101.

[83] Er spricht von „Community Decision Organizations" (Warren 1967, S. 400).

[84] Die begriffliche Nähe seiner Bezeichnungen zu denen des Aufbaus politischer Systeme ist daher nicht zu zufällig. Dort wird auch von „Föderationen" oder von „unitarischen Bundesstaaten" gesprochen. Eine weitere begriffliche Parallele existiert zu Bartlett und Goshals (1998, S. 55 ff) Terminologie zur Differenzierung unterschiedliche Formen internationaler Unternehmen. Von den vier unterschiedenen Typen (Multinational, International, Global und Transnational) bezeichnen sie zwei ebenfalls als „föderativ". Die multinationale Organisation beschreiben sie als „dezentrale Föderation", die internationale Organisation als „koordinierte Föderation". Die globale Organisation hat den Charakter einer Föderation verloren. Die Autoren sprechen dort von einem „Centralized Hub", der die nationalen Niederlassungen eng und mit minimaler dezentraler Autonomie führt.

die vier genannten Konstellationen (Kontexte) heraus, die über sechs Kriterien voneinander abgegrenzt werden. Der unitäre Kontext unterstellt den höchsten Grad an Bindung, zentraler Ausrichtung und Autonomieverlust der Einzelorganisationen zu Gunsten der zentralen Koordinationsinstanz. Auf der gegenüberliegenden Seite des Kontinuums steht der „Social Choice"-Kontext, in dem die einzelnen Unternehmen vollkommen autonom entscheiden.

Tabelle 15 Kontexte interorganisationalen Handelns (Quelle: Warren 1967, S. 406)

Type of Context *Dimension*	*Unitary*	*Federative*	*Coalitional*	*Social Choice*
Relation of units to an inclusive goal	Units organized for achievement of inclusive goals	Units with disparate goals, but some formal organization for inclusive goals	Units with disparate goals, but informal collaboration for inclusive goals	No inclusive goals
Locus of inclusive decision making	At top of inclusive structure	At top of inclusive structure, subject to unit ratification	In interaction of units without a formal inclusive structure	Within units
Locus of authority	At top of hierarchy of inclusive structure	Primarily at unit level	Exclusively at unit level	Exclusively at unit level
Structural provision for division of labor	Units structured for division of labor within inclusive organization	Units structured autonomously; may agree to division of labor, which may affect their structure	Units structured autonomously; may agree to ad hoc division of labor, without restructuring	No formally structured division of labor within an inclusive context
Commitment to a leadership subsystem	Norms of high commitment	Norms of moderate commitment	Commitment only to unit leaders	Commitment only to unit leaders
Prescribed collectivity-orientation of units	High	Moderate	Minimal	Little or none

Die oben gegebene Definition der Supply Chain hat einen Kontext vor Augen, den Warren als „föderativ" bezeichnet. Die teilnehmenden Unternehmen haben unterschiedliche Ziele (Disparate Goals), betreiben jedoch eine, wenn mitunter auch nur rudimentär formale und nicht zwingend institutionale Organisation, um das Bündel gemeinsamer Ziele zu verwirklichen. In Bezug auf die delegierten Inhalte erfolgt die Entscheidungsfindung innerhalb der Koordinationsinstanz und nicht mehr innerhalb der Unternehmen [85]; die Umsetzung auch der Zentralentscheidungen ist jedoch an die Ratifizierung durch die Einzelorganisationen gebunden. Die Strukturierung der Einzelorganisationen im Feld (Ablauf- und Aufbauorganisation) erfolgt grundsätzlich im lokalen Ermessen und ist in erster Linie an der Verwirklichung der organisationalen Ziele orientiert. Im föderativen Kontext besteht jedoch die Bereitschaft, diese Strukturierung zugunsten einer verbesserten Zielerreichung auf der höheren Ebene (Supply Chain) anzupassen. Die Strukturbeeinflussung geht aber nicht soweit, dass Bereiche der Ein-

[85] Ein Großteil der später zu diskutierenden Supply Chain Management-Techniken befasst sich genau mit dieser Frage: welche Planungs- und Steuerungsinhalte sollten zentral, und welche können weiterhin lokal wahrgenommen werden.

zelorganisationen wie Abteilungen des Kollektivs geführt werden. Die Einzelorganisation zeichnen sich weiterhin dadurch aus, dass sie sich in einem moderaten Umfang sowohl der Verfolgung übergeordneter Ziele verschreiben sowie auch der übergeordneten Führungsinstanz verpflichtet fühlen. Die Quantifizierung „moderat" ist unpräzise, soll aber lediglich dazu dienen, die Besonderheit des föderativen Kontextes im Vergleich zum unitären beziehungsweise zum koalitionären Kontext herauszuarbeiten.

Warrens Typologie zeichnet in den wesentlichen Zügen auch die in der Abbildung 32 vorgenommene Abgrenzung nach. Innerhalb des Kontinuums der kooperativen Koordinationsformen wurde dort auch anhand der Existenz sowie der Ausprägung einer zentralen Koordinationsinstanz differenziert. Warren hält diesen Aspekt ebenfalls für relevant. So grenzt er den koalitionären vom föderativen Kontext explizit daran ab: „There [coalitional context; A. O.] is no formal organization or staff for inclusive decision making. Rather, decision making takes place at the level of the units themselves, as they interact with each other. Also, the coalition itself has no authority, the authority for its behavior resting with the units." (Warren 1967, S. 405).

2.2.3.4. Die Supply Chain als Typus kollektiven Handelns

Die Supply Chain ist oben bereits mehrfach als ein Kollektiv von Unternehmen beschrieben worden. Der Versuch, das Agieren und die Erfolgschancen des Agierens von der Einbindung des fokalen Unternehmens in seine „Population" abhängig zu machen, hat in der Betriebswirtschaftslehre Tradition (Hannan und Freeman 1993) beziehungsweise wurde aus anderen Disziplinen auch für Fragen der Betriebswirtschaftslehre angewendet (Hawley 1986). In einem zusammenfassenden Beitrag schlagen Astley und Fombrun (1983) vor, das Spektrum und die Situationen möglicher Einbindungen eines Unternehmens in die Population anhand von zwei Kriterien zu systematisieren. Der Ansatz soll hier dargestellt werden, da er hilft, die Supply Chain als Form kollektiven Handelns zu verorten.

Astley und Fombruns (1983, S. 580) Typologie unterscheidet die Kriterien „Interdependenzsituation" und „Interaktionssituation". Ersteres wurde aus der Ökologie auf die Betriebswirtschaftslehre übertragen. Dort wird eine Vielzahl von Interdependenzsituationen unterschieden. Relevant für die Typologie sind der Kommensalismus und die Symbiose (Hawley 1986). Von Kommensalismus wird gesprochen, wenn zwei Spezies A und B den gleichen Lebensraum bewohnen und A durch die Existenz von B profitiert, während B durch die Existenz von A weder Schaden noch Nutzen hat. Symbiose bezeichnet das Zusammenleben verschiedener Spezies, die jeweils von der Existenz des anderen profitieren, also gegenseitig voneinander abhängig sind; mitunter wird auch von „Mutualismus" gesprochen. In Bezug auf die Interdependenzsituation unterscheiden Astley und Fombrun zwei Formen. Explizite Interaktion besteht, wenn die Akteure einander zur Kenntnis nehmen und bewusst zusammenarbeiten. Demgegenüber entsteht bei impliziter Interaktion zwar ein Nutzen durch die Koexistenz, die Population der interagierenden ist aber so groß, dass die einzelnen Mitglieder nicht bewusst nutzenorientiert interagieren. Astley und Fombrun (1983, S. 580 ff) erstellen mit diesen

Kriterien eine Typologie kollektiven Handelns von Organisationen, die aus vier Feldern besteht (Tabelle 16).

Tabelle 16 Typologie kollektiven organisationalen Handelns (Quelle: Astley und Fombrun 1983, S. 580)

Interdependenzsituation / *Interaktionssituation*	*Commensalistic*	*Symbiotic*
Explizit	Confederate Collectives	Conjugate Collectives
Implizit	Agglomerate Collectives	Organic Collectives

„Confederate Collectives", wörtlich übersetzt als „verbündete Produktionsgemeinschaften", sind demnach Unternehmen, die sich in einer hochkonzentrierten, übersichtlichen Industrie befinden und explizit kollaborieren, um dadurch zu profitieren. Ein Beispiel ist das kollektive Verhalten von Anbietern auf Oligopolmärkten, auf dem die Teilnehmer gegenseitig voneinander abhängig sind (Phillips 1960, S. 602). „Agglomerate Collectives", agglomerierte Gemeinschaften, bestehen ebenfalls aus Unternehmen einer Branche. Die Branche ist jedoch derart weitläufig, dass eine Vielzahl von Organisation nebeneinander existieren können. Astley und Fombrun (1983, S. 581) erklären diesen Typ mit einem Verweis auf die Lebensverhältnisse auf echten Polypolmärkten.

Während die zuvor genannten Typen intra-industriell kooperieren, beziehen sich die nachfolgend genannten auf inter-industrielle Kooperation. „Conjugate Collectives", wörtlich übersetzt als „gepaarte Produktionsgemeinschaften", entstehen, wenn zwei Unternehmen aus verschiedenen Branchen, die Symbionten, über ihre jeweiligen Output- und Input-Sets (Evan 1966, S. 178) verknüpft sind. „Organic Collectives", organische Produktionsgemeinschaften, sind ebenfalls Unternehmen aus verschiedenen Branchen, die über einen Leistungsaustausch verknüpft sind und in diesem Sinne einander nutzen. Der Unterschied zu der zuvor besprochenen Gruppe besteht darin, dass die Symbionten sich über ihre gegenseitige Abhängigkeit nicht bewusst sind, beziehungsweise das Bewusstsein zwar grundsätzlich besteht, sich aber nicht auf das Managementhandeln auswirkt. So ist es einem PC-Händler wahrscheinlich durchaus bewusst, dass ein Produktionsausfall bei einem Halbleiterhersteller sich auch auf seinen Unternehmenserfolg auswirken wird; fraglich ist aber, ob dieses Bewusstsein sein Handeln beeinflusst. Ein organisches Kollektiv zeichnet sich nach Astley und Fombrun eben dadurch aus, dass solche „fernen" Ereignisse keine „lokalen" Konsequenzen haben.

Die Gegenüberstellung insbesondere der inter-industriellen Kollektive weist auf die Parallelen zur Supply Chain-Diskussion hin. In Astley und Fombrun's Sprache sind Unternehmen, die sich in einer Supply Chain binden, explizit interagierende Symbionten, also „Conjugate Collectives". Die Verbindung zwischen den Unternehmen manifestiert sich, anders als in den anderen Typen, über den Austausch der Produkte. Astley und Fombrun (1983, S. 584) prognostizieren für diesen Typ eine Absicherung der Kollaboration über formale und langfristige Vereinbarungen (Verträge) sowie die Realisierung der Zusammenarbeit über eine gegenseitige Abstimmung. Diese Beschreibung deckt sich weitgehend mit den tatsächlichen Verhaltensweisen.

3. Methodik zur Begründung der Informationsbasis: Themen und Modelle

Zusammenfassung

- Unternehmerisches Entscheidungshandeln orientiert sich an Themen. Will Controlling dieses Handeln unterstützen, muss es Informationen über die Themen liefern können. Die Informationsbasis ist der Speicher, in dem Informationen über Themen bereitgehalten werden. (Kapitel 3.1)

- Auch wenn Themen einen organisationalen Status haben können, bilden sie sich in den Köpfen von Thementrägern. Für diese Arbeit ist es interessant, sich mit dem Prozess der Themenbildung intensiv und aus verschiedenen Perspektiven auseinander zu setzen. Themen können aus psychologisch-philosophischer Sicht unterschiedliche entstehen: (1) als etwas Unvertrautes im undifferenzierten Feld (thematische Relevanz), (2) als ein Faktum, um auf einen Typus rückschließen zu können (Auslegungsrelevanz) oder (3) als sinnhafte Begründung ausgezeichneten Handlungsentwurfs (Motivationsrelevanz). Davon ist die nachgelagerte organisationale Themengenese zu unterscheiden. Dort sind drei Stufen erkennbar: Themen entwickeln sich aus organisationaler Sicht ausgehend von (1) individuellen Themen mit inhaltlichem Bezug auf das Unternehmen über (2) Themen für die Organisation hin zu den (3) Themen der Organisation. (Kapitel 3.1.1)

- Was in einem Unternehmen zu einem Thema wird, hängt von den Zielen des Unternehmens ab. Themen sind daher relativ und werden erst in Kenntnis der Ziele verständlich. (Kapitel 3.1.2)

- Die Themen für die Informationsbasis sollen per Induktion und per Deduktion ermittelt werden. Um die Themen per Deduktion begründen zu können, ist es erforderlich, sich eine theoretische Vorstellung über das zu analysierende Objekt, die Supply Chain, zu verschaffen. Der Erkenntnisgewinn über ein Objekt kann über dessen Modellierung verbessert werden. Daher wird die Supply Chain modelliert. Die allgemeine Netzwerktheorie ist eine potenziell gute Basis für diese Modellierung. (Kapitel 3.2)

3.1. Themen als Inhalte der Informationsbasis

Die Informationsbasis hat die Aufgabe, den Informationsbedarf organisationaler Entscheider zu befriedigen. Um präsituativ identifizieren zu können, welche Informationen Entscheider benötigen werden, gilt es zu spekulieren, welche Entscheidungen zu treffen sein werden. Es gilt also, die zukünftigen „Themen“ zu antizipieren und informational zu unterstützen. Themen sind damit von zentraler Bedeutung für die Definition einer Informationsbasis für das Controlling. Das gilt allgemein, nicht nur für das Controlling in einem Supply Chain-Umfeld. Themen determinieren den objektiven Informationsbedarf: „Der objektive Informationsbedarf resultiert allein aus der Aufgabe und ist unabhängig von der Person des damit beschäftigten Entscheidungsträgers.“ Bahlmann (1982, S. 40). Die Informationsbasis ist ein, gegebenenfalls um Wirtschaftlichkeits- und Machbarkeitsaspekte gekürzter Spiegel dieses Bedarfes. Abbildung 33 plakatiert diesen Zusammenhang zu Beginn dieses Kapitels noch einmal.

Abbildung 33 Der Zusammenhang zwischen Thema und Informationsbasis

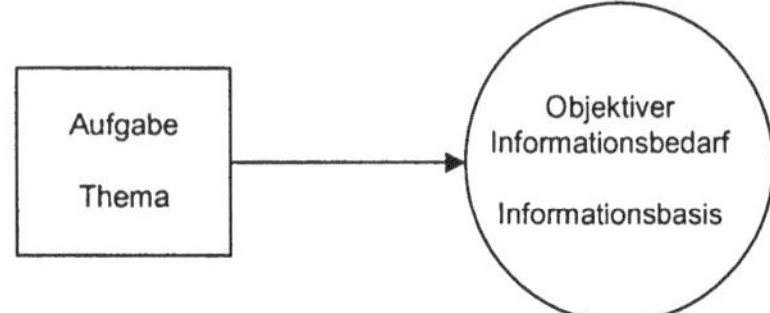

Es ist aus zwei Gründen hilfreich, den Terminus „Thema" hier derart in den Vordergrund zu stellen. Zunächst erschließt der Begriff einen Zugang zu einem Ausschnitt der philosophischen Literatur, der sich mit dem Begriff der „Relevanz" auseinandersetzt. Die Verbindung zwischen „Thema" und „Relevanz" erfolgt über das von Schütz (1982) eingeführte Konzept der „thematischen Relevanz", geht aber darüber hinaus, wie das nachfolgende Kapitel zeigen wird. Hier ist es insbesondere der Beitrag von Schütz (1982), der es lohnend erscheinen lässt, über „Themen" zu sprechen. Zweitens erschließt der Begriff „Thema" einen Bereich der Betriebswirtschaftslehre, der zwar wenig diskutiert wird, sich aber dennoch mit einer wichtigen Frage befasst. Es geht darum, wie Themen in Organisationen entstehen, warum bestimmte Themen auf die Agenda kommen und warum bestimmten anderen dies nicht gelingt. Hier wird eine Arbeit von Kirsch und Weber (1999) zur Themen- und Agendabildung die Plattform bilden, um die diversen Arbeiten aus angrenzenden Disziplinen (Politische Wissenschaft, Journalistik) einzubinden.

Der Ausgangspunkt der Argumentation sind also „Themen". Dieses Kapitel wird zeigen, was sich hinter dem Begriff verbirgt, auf welchen grundsätzlichen Wegen abgeschätzt werden kann, welche Themen auf Agenden kommen und welcher Nutzen daraus für die hier zu lösende Aufgabe daraus gezogen werden kann. Um die Orientierung zu erleichtern, stellt Abbildung 34 den Zusammenhang zwischen Themen, Agenden, Informationsbedarf, Informationsbasis, Entscheidung, Rationalität, Controlling und Unternehmenserfolg noch einmal her.

Abbildung 34 Der Zusammenhang zwischen Themen, Agenden, Informationsbedarf, Informationsbasis, Entscheidung, Rationalität, Controlling und Unternehmenserfolg

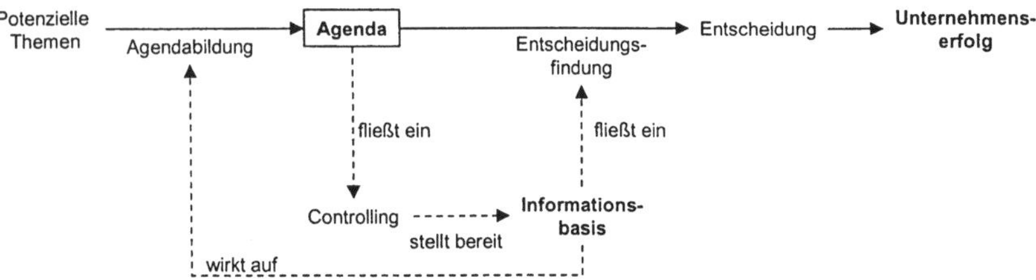

Die Darstellung zeigt: Im internen oder externen Umfeld des Unternehmens gibt es eine Vielzahl potenzieller Themen. Ein Bruchteil davon erreicht in einem Prozess der Agendabildung einen Agendastatus, der einem Thema Aufmerksamkeit und potenziell auch Ressourcen zuteil werden lässt. Organisationale Agenden haben unterschiedliche Effekte. Hier ist von Bedeutung, dass Agendapräsenz üblicherweise einen Entscheidungsprozess initiiert. Für diesen Entscheidungsprozess kann ein „objektiver" Informationsbedarf abgeschätzt werden. Der Entscheidungsprozess kann mehr oder weniger rational sein. Der Entscheidungsprozess determiniert das organisationale Verhalten und wirkt damit auf den Unternehmenserfolg. Die Begriffe Controlling und Informationsbasis sind bisher noch nicht aufgetaucht, woraus zunächst geschlossen werden kann, dass der Ablauf grundsätzlich auch ohne Controlling und eine institutionalisierte Informationsbasis funktioniert.

Will man deren Stellung in der Kette herausarbeiten, zeigen sich zwei Verbindungen: (1) Informationsbasis unterstützt Entscheidungsfindung: Eine rationale Entscheidungsfindung benötigt Informationen. Die Informationsbasis kann bei entsprechender Gestaltung diese Informationen bereitstellen. Das Controlling erstellt die Informationsbasis. Es „liest" dazu die organisationale Agenda und die sich darauf befindenden Themen und spekuliert, welcher Informationen es bedarf, um diese Themen rational zu bearbeiten. Die Informationsbasis befriedigt also in erster Linie den Informationsbedarf. (2) Informationsbasis beeinflusst Agendabildung: In weiterer Sicht hat die Informationsbasis aber auch Einfluss auf den Prozess der Agendabildung. Der Agendabildungsprozess ist komplex und wird unten noch eingehender beschrieben. Hier kann zusammenfassend gesagt werden, dass die Agendabildung als informationsverarbeitender Prozess ceteris paribus solche Themen eher auf die Agenda bringen wird, die durch die Informationsbasis gut unterstützt werden. Hält man diese Überlegung für plausibel, entsteht ein selbstverstärkender Zyklus zwischen den Komponenten Agendabildung, Agenda, Controlling und Informationsbasis, der in Kurzform folgendes bewirkt: Ein Thema, das sich bereits auf der Agenda befindet, drängt sich als faktisch Wichtiges dem Controlling auf und findet seinen Niederschlag in der Informationsbasis. Dessen dortige Präsenz macht es wahrscheinlicher, dass die ebendiesem Thema zugeschriebene Wichtigkeit, gegebenenfalls in benachbarter, abgewandelter Form (Redressing), im laufenden Prozess der Agendabildung ceteris paribus zumindest aufrechterhalten bleibt. Im Ergebnis bleiben etablierte Themen damit länger auf der Agenda, verhindern unter der Annahme begrenzter Agendakapazität das Eindringen neuer Themen sowie schaffen ein Umfeld, in dem ähnliche Themen schneller den Agendastatus erreichen. [86]

[86] Die weitere Argumentation wird sich diesem, für die Rationalität des Entscheidungshandelns kritischen Zyklus nicht weiter widmen, sondern lediglich an der Begründung der Informationsbasis arbeiten. Oben wurde ja bereits darauf hingewiesen, dass die Prozesse der Nutzung der Informationsbasis hier nicht beachtet werden. Freilich wird aber dennoch ein impliziter Beitrag erkennbar, um den selbstverstärkenden Zyklus aufbrechen zu können. Der später noch zu explizierende deduktive, netzwerkbasierte Ansatz zur Begründung der Informationsbasis unterbricht den Zyklus, weil auf diesem Weg neue, „theoretisch drängende" Themen auf die Agenda gedrückt werden.

3.1.1. Was ist ein „Thema"?

Der Begriff „Thema" entstammt ebenso sehr der Umgangssprache wie er in verschiedenen wissenschaftlichen Disziplinen auftaucht. Hier ist es uninteressant, die Breite der Disziplinen auszuleuchten. Von Interesse ist speziell die Terminologie der Betriebswirtschaftslehre. Um diese zu verstehen, ist es aber erforderlich, zunächst in der Philosophie und Psychologie zu beginnen. Denn dort liegen die Wurzeln dessen, was gemeinhin als Thema im Sinne eines Aufmerksamkeitsbereiches verstanden wird.

3.1.1.1. Psychologische Basis und Systematisierung: Schütz' System der Relevanzen

Ein Thema ist zunächst immer eine subjektive Angelegenheit. Wenn gesagt wird, ein Unternehmen habe Themen oder auf der Agenda stünden Themen, so sind dies metaphorische Aussagen, die nicht darüber hinwegtäuschen können: Die Themen auf der Agenda sind immer nur mehr oder weniger detailtreue Abspiegelungen subjektiver Themen - und diese befinden sich in den Köpfen der Thementräger. Der subjektive Charakter eines Themas macht es erforderlich, die Philosophie und Psychologie an den Anfang der Betrachtung zu stellen.

Mit eben diesen Disziplinen beginnt Schütz (1982) [87] seine Argumentation. Er nutzt dazu eine kleine Geschichte, die hier nacherzählt werden soll, da sie es gestattet, das umfassende System von „Relevanzen" darzustellen, das Schütz (1982) aufgestellt und ihm zugleich erlaubt hat, den Themenbegriff psychologisch zu fundieren: „... im Winter betriff jemand plötzlich ein schwach erleuchtetes Zimmer und erblickt in der Ecke ein Seilknäuel. Er sieht das Ding zwar, aber nicht deutlich. Ist es wirklich ein Seilknäuel oder ist es eine Schlange? Beides ist gleich möglich ... Was bewirkt, daß der Mann ... zwischen der Auslegung des Etwas in der dunklen Ecke als eines Seilknäuels oder als einer Schlange schwankt? Jede andere Auslegung kann ja auch offenstehen. Dieses Etwas könnte ein Steinhaufen sein, ein Wäschebündel und was nicht sonst. In seiner aktuellen Situation, es ist Winter, das Zimmer ist schlecht erleuchtet, er ist ängstlich - interessieren ihn Untersuchungen dieser Art nicht. Vielmehr interessiert ihn zu erfahren, ob der Gegenstand gefährlich ist. Das verlangt, gewisse Maßnahmen zu ergreifen und auf eine bestimmte Weise zu reagieren. Denn hier in der Zimmerecke, im unstrukturierten Feld der visuellen Wahrnehmung, liegt ein Gegenstand. Warum reizt dieser Gegenstand zunächst einmal in dem Maße zur Beachtung, daß der Mann ihn zum Thema seiner Auslegungstätigkeit macht? Was überhaupt läßt ihm die Auslegung des Gegenstandes zum Problem werden? In diesem Zimmer können ja viele andere Gegenstände sein, vielleicht in anderen Ecken, vielleicht in der derselben Ecke, die ihm ganz gleichgültig sind. Doch liegen sie alle in seinem unstrukturierten Blickfeld. Sie verbleiben im Horizont. In seiner aktuellen Situation werden sie nicht thematisch. Sie stellen kein Auslegungsproblem, oder irgend ein anderes Problem; deswegen ‚beachtet' er sie nicht. Dieses Etwas, das er als Seilknäuel oder als Schlange auszulegen versucht, ist vor allen anderen Gegenständen des Zimmers aus-

[87] Das Veröffentlichungsdatum dieser Arbeit ist irrleitend. Schütz hat diese Abhandlung zwischen 1947 und 1951 verfasst. Die Veröffentlichung des Manuskripts, das er selbst nicht zur Veröffentlichung vorgesehen hatte und das zu diesem Zweck leicht überarbeitet wurde, erfolgte erst nach seinem Tod.

gezeichnet. Es hebt sich von ihnen ab, es ist von Anbeginn für ihn *relevant* ...“ (Schütz 1982, S. 49 und 53 f).

Schütz liegt es nicht daran, mit dieser Geschichte den Begriff des Themas zu untersuchen. Sein Anliegen ist vielmehr der Begriff der „Relevanz“. Er baut ein System von Relevanzen auf, die sehr viel mit dem hier zu verfolgenden Themenbegriff zu tun haben. Zu unterscheiden sind demnach thematische Relevanzen, Auslegungsrelevanzen und Motivationsrelevanzen.

Thematische Relevanz: Etwas Unvertrautes im horizontalen Feld

Ein Thema entsteht, wenn in einem vertrauten Feld etwas Unvertrautes auftaucht. Der Bezug zu Schütz‘ Geschichte verdeutlich: Das Betreten eines Zimmers ist dem Mann durchaus vertraut. Der Umgang mit den gewöhnlich erwarteten Gegenständen wäre kein Problem. Das nicht eindeutig auslegbare Etwas ist aber unvertraut, ein Problem. Die Wortwahl von Schütz impliziert, dass die (Um-) Welt des Einzelnen voller potenzieller Themen ist, von denen im täglichen Leben die meisten, wenn nicht sogar alle, aber nicht zu einem Thema werden, weil sie vertraut sind. Vertraut zu sein, bedeutet, typisch zu sein. Ein Lichtschalter, ein Fenster oder Anderes im Zimmer wären dem Mann in Schütz‘ Geschichte wahrscheinlich vertraut gewesen. Eine Unvertrautheit aber ist eine unbestätigte antizipierte Typizität (Schütz 1982, 105). Bei Unterstellung eines typischen Zimmers wäre weder mit einem Seilknäuel noch mit einer Schlange zu rechnen gewesen. Die Antizipation, solches dort nicht vorzufinden, wurde nicht bestätigt.

Das Beispiel zeigt, dass der Aufbau einer thematischer Relevanz oder eines „Themas“ eine Konstitutionsleistung im undifferenzierten Feld ist. Aus der Vielzahl der Wahrnehmungen, dem Horizont, wird ein Aspekt prominent; er lenkt die Aufmerksamkeit auf sich. Etwas zu thematisieren bedeutet, horizontale Gegebenheiten in thematische Gegebenheiten umzuwandeln. Die Unvertrautheit darf nicht in der Indifferenz des begleitenden Horizonts bleiben. Das Feld der Beobachtungen gliedert sich durch das Auftauchen unvertrauter Erfahrungen in die Komponenten Thema und Horizont.

Die Überlegung zeigt weiterhin, dass für den Aufbau einer thematischen Relevanz mehr notwendig ist, als allein die Existenz des Objektes in der Ecke des Zimmers. Das Objekt allein reicht noch nicht aus. Ein zweiter Mann mag bei Betreten des Zimmers entweder keine Unvertrautheit spüren oder dem Ding in der Ecke trotz Unvertrautheit keine Bedeutung beimessen, da er Schlangen nicht fürchtet. Um vorhersagen zu können, was thematisch relevant sein wird, müsste man sich daher nicht nur aller Situationselemente versichern, sondern zudem die autobiographische Genese des Akteurs, also das, was Schütz (1982, S. 54) als persönlichkeitsprägende „Sedimentierung“ bezeichnet, berücksichtigen.

Die dermaßen beschriebene thematische Relevanz ist „auferlegt“. Der Akteur wird mit der Situation konfrontiert und muss sich mit der sich ihm aufdrängenden Unvertrautheit befassen. Thematische Relevanzen können aber auch freiwilliger Natur sein. Schütz (1982, S. 59) spricht dann von freiwilligen oder von wesentlichen thematischen Relevanzen. Sie entstehen, wenn ein Feld willentlich in einen thematischen Kern und einen horizontalen Hintergrund geteilt wird. Wäre der Mann in Schütz' Geschichte ein Schlangenkundler, würde die Furcht dem Interesse weichen; der Aufmerksamkeitsstrahl würde voluntaristisch auf das Nichtidentifizierbare gelenkt.

Ein neues kann ein altes Thema verdrängen. Dabei sind zwei Fälle zu unterscheiden. Erstens kann die Beschäftigung mit dem alten Thema willentlich unterbrochen oder beendet werden. Zweitens kann das neue Thema aber auch in den bisherigen Gedankengang eingewoben werden. Betritt der Mann das Zimmer, weil er sich dessen Beschaffenheit etwa im Zuge einer Hausbesichtigung versichern will, wird er das unvertraute Ding ebenfalls beachten, dabei aber nicht sein bisheriges Thema aufgeben, sondern als neuen Aspekt der Inventarisierung der Wohnung aufnehmen. Mit dem möglichen Seilknäuel wird ein Element des horizontalen Felds in den thematischen Kern hineingezogen.

Diese Differenzierung ist hier von Bedeutung, da sie den Begriff des „inneren Horizonts" plausibel macht. Der Prozess des Hineinziehens horizontaler Aspekte zeigt, dass ein Thema eine innere Struktur, einen inneren Horizont hat. Der thematische Kern, von dem Schütz spricht, kann aufgebrochen werden. Der innere Horizont ist dann die Menge aller Subthematisierungen innerhalb des Themas. Es entsteht eine hierarchische Struktur von Themen (Abbildung 35)[88]. Das gerade betretene Zimmer und alle Besonderheiten darin werden zu Elementen dieses inneren Horizonts. Kommt man auf den ursprünglich unterstellten Zweck zurück (Besichtigung des Hauses), finden diese aber einen spezifischen Platz in der gedanklichen Aufbereitung des Gesehenen, eben den eines Subthemas in Bezug auf das ausgezeichnete Thema. Letzteres, das ausgezeichnete Thema, „... bleibt im Griff als der ‚Ausgangspunkt' oder als das System, worin alle thematischen Relevanzen des Themas in Beziehung zueinander stehen. Thematisch sind diese Relevanzen gerade deswegen, weil sie dem ausgezeichneten Thema wesentlich zugehören." (Schütz 1982, S. 62). Mit der Festlegung des ausgezeichneten Themas wird abgesteckt, in welcher Richtung und in welcher Tiefe die wesentlichen Relevanzen bis zum Horizont verfolgt werden sollen. Das ausgezeichnete Thema steckt Lage und Reichweite des inneren Horizonts ab.

Bevor Schütz' Argumentation weiter verfolgt wird, gilt es zunächst, zu resümieren: Themen sind individuelle Bedeutungskomplexe, die dem Thementräger entweder durch eine Situation aufgedrängt oder durch den Thementräger willentlich konstituiert werden. Themen

---

[88] Die Abbildung verweist auch auf einen Sachverhalt, der im Text bisher nicht kommentiert wurde, weil er eher philosophischen Charakter hat und in der Betriebswirtschaftslehre entweder komplett ausgeblendet oder allenfalls stereotyp behandelt wird. Es geht um die Begriffe „Bewusstseinsfeld" und „ausgezeichnete Realität". Der das Zimmer betretende Mann kann seine Außenwelt als *die* ausgezeichnete Realität behandeln. Wenn er das tut, erlebt er die oben erzählte Situation. In gleicher Weise stünde es ihm aber auch frei, eine andere Welt als die Ausgezeichnete zu erklären. Er könnte in einem Tagtraum die Außenwelt negieren und der dortigen Situation Aufmerksamkeit schenken. Auf die Problematik der Erhebung von Wirklichkeitsregionen zu ausgezeichneten Wirklichkeiten soll hier aber nicht eingegangen werden. Abschließend dazu sei noch gesagt: Eine Voraussetzung, um betriebswirtschaftlich interessante Themen aufzubauen, besteht darin, überhaupt der Außenwelt, „... in der allein unsere körperlichen Tätigkeiten stattfinden können, die durch unser Wirken verwandelt und modifiziert wird - mit ihren besonderen räumlichen und zeitlichen Kategorien der Wirklichkeitsakzent erteilt wird, der jene vor allen möglichen anderen zur ausgezeichneten Wirklichkeit macht." (Schütz 1982, S. 32).

haben eine innere Struktur, die durch Subthematisierungen erschlossen werden kann. Das so gezeichnete Bild ist durchaus auf die organisationale Lebenswelt übertragbar: Akteure in Organisationen müssen sich mit bestimmten Themen befassen. Mit anderen hingegen können sie sich befassen. Diese Unterscheidung findet ihren Niederschlag auch in der aktuellen Agendaforschung, auf die das Nachfolgende noch Bezug nimmt. Walker (1977) spricht dort von „Chosen Problems" und grenzt diese von den aufgedrängten periodischen oder sporadischen ab.

Abbildung 35 Die Struktur eines Themas: ausgezeichnetes Thema, Subthematisierungen und Themen höherer Ordnung

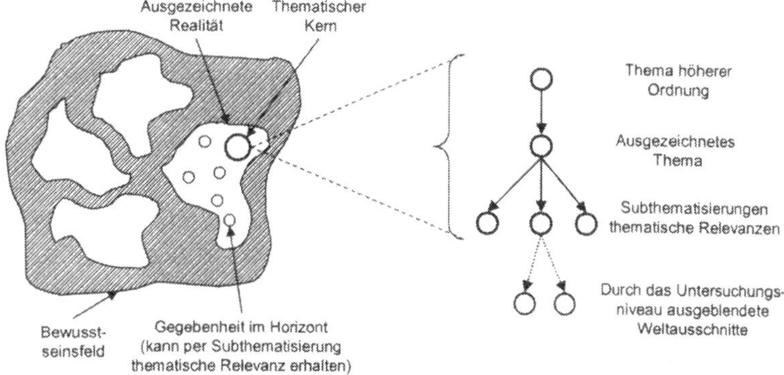

Auslegungsrelevanz: Fakten, um auf Typen rückschließen zu können

Der das Zimmer betretende Mann in Schütz' Geschichte wird mit Unvertrautem konfrontiert. Er beginnt dort mit einem grundlegenden psychologischen Mechanismus, den Schütz als Auslegung bezeichnet. Das für ihn nicht eindeutige Objekt wird mit bekannten Mustern (Typen) verglichen. Dies erfolgt, um es informational anzureichern und dann identifizieren zu können. Er subsumiert das situative Feld unter seinen individuellen Wissensvorrat. Die Identifikation erfolgt anhand der Kriterien Gleichheit, Ähnlichkeit und Selbigkeit. Die Rückführung des Unbekannten auf Bekanntes beginnt aber nicht ungerichtet an irgend einem beliebigen Punkt im Wissensvorrat. Der Ausgangspunkt wird vielmehr nach Maßgabe der spezifischen Konstellation der verfügbaren situativen Informationselemente in der Nähe der Lösung bestimmt. Für ein Seil spräche etwa, dass es sich nicht bewegt. Dagegen spräche, dass normalerweise in solchen Zimmern keine Seile liegen. Diese Beobachtungen allein gereichen also noch nicht zur eindeutigen Auslegung. Die Zweifel gelten in gleicher Weise für die konkurrierende Auslegung der Schlange. Beide Auslegungen sind mit den verfügbaren Informationen gleich wahrscheinlich.

Um die Zweifel zu beseitigen, sind weitere Beobachtungen erforderlich. Die „Auslegungsrelevanzen" sind noch nicht vollständig genug. Auslegungsrelevant sind alle Partikularmerkmale, die helfen, ein auszulegendes Objekt auf Bekanntes zurückzuführen. Entsprechend ist die Auslegungsrelevanz ein Maßstab für die Eignung eines Merkmals des auszulegenden Objekts, dessen Auslegung durch Subsumtion unter einen vertrauten Typ des Wissensvorrats zu ermöglichen. Ein Merkmal kann demnach mehr oder weniger auslegungsrelevant sein.

Üblichweise bietet sich die Optionen, zusätzliche Auslegungsmerkmale zu gewinnen. Abhängig von deren Merkmalsausprägungen kann dann auf die Identität des fokalen Objekts geschlossen werden. Um das zu demonstrieren, sei die Geschichte von Schütz (1982, S. 67 ff) fortgeführt: Der sich in dem Zimmer befindende und mit der oben beschriebenen auferlegten Relevanz konfrontierte Mann, ist sich über die Natur des Objekts unklar. Um es auslegen zu können, nimmt er einen Stock, um das Bündel zu berühren. Eine Schlange, so die Erwartung, würde sich nun bewegen. Durch diesen Test werden neue Auslegungsrelevanzen verfügbar. Weitere Manipulationen nach eben dieser Logik sind denkbar.

Zwei Motivationsrelevanzen: „Weil es wichtig ist" und „Um es zu erreichen"

Der Mann in Schütz' kurzer Geschichte berührt das ihm unvertraute Objekt in der Ecke des Zimmers. Er tut dies, weil er so seine Vermutung überprüfen kann. Um es gefahrlos tun zu können, benutzt er einen Stock. Um das Objekt berühren zu können, geht er einen Schritt vor und hebt seinen Arm.

Die Schilderung des Fortgangs der Geschichte illustriert eine dritte Klasse von Relevanzen, die Schütz (1982, S. 78 ff) Motivationsrelevanzen nennt. Motivationsrelevanz ist die Eigenschaft einer Handlung, einer Sache oder eines Zustands, zielführend zu sein. Die Formulierung „zielführend" ist hier angemessen offen, da zwei Arten von Motivationsrelevanzen zu unterscheiden sind. (1) Um-zu-Relevanz: Um-zu-Relevanzen sind technische Relevanzen. Sie verbinden Ursachen mit Wirkungen, Zielen mit Mitteln, bilden Kausalitäten ab. Es wird ein Stock benutzt, um die Gefahr einer Verletzung zu verringern. Ein Schritt vorwärts ist erforderlich, um die vermeintliche Schlange berühren zu können. Der das Zimmer betretende Mann erstellt einen Handlungsentwurf, in dem die genannten Einzelhandlungen kausal relevant sind. (2) Motivationsrelevanz: Offen bleibt hingegen, warum sich der Mann überhaupt bemüht, die Natur des Objekts zu enthüllen. Thematisch ist es relevant, weil es unvertraut ist. Eine eindeutige Auslegung ist mit den verfügbaren Auslegungsrelevanzen nicht zu erreichen. Warum belässt er es nicht dabei? Warum wird ein Handlungsentwurf erstellt. Auf diese Frage kann allein die Weil-Relevanz antworten. Die Schlange-berühren-Sequenz wird in Gang gesetzt, *weil* der Mann Schlangen fürchtet. Wäre diese Furcht nicht existent, wäre auch die Sequenz unnötig. (3) Die Überlegung zeigt weiterhin, dass eine Unterscheidung von Um-zu- und Weil-Relevanzen allein auf sprachlicher Ebene nicht möglich ist. Um-zu-Sätze lassen sich stets auch als Weil-Sätze umformulieren (... er nimmt den Stock, weil er die Verletzungsgefahr meiden will.) Maßgeblich ist die inhaltliche Analyse. Bezieht sich die Begründung der Handlung auf das Motiv (Warum wird überhaupt gehandelt?) oder auf die Technik (Warum wird gerade so gehandelt?)?

Die Unterscheidung von Um-zu- und Weil-Relevanzen kann auf Max Weber (1980, S. 3 ff) zurückgeführt werden, der dies vorgedacht hat - wenngleich auch mit anderen Termini. Er verwendet die Begriffe des „aktuellen Verstehens" sowie des „erklärenden Verstehens". „Wir

‚verstehen' ... das Verhalten eines Holzhackers oder jemandes, der nach der Klinke greift, um die Tür zu schließen oder der auf ein Tier mit dem Gewehr anlegt (rationales aktuelles Verstehen von Handlungen)." (Weber 1980, S. 3). Dieses aktuelle Verstehen, als ein kognitives Nachvollziehenkönnen der zugrunde liegenden Kausalität entspricht den Um-zu-Relevanzen. Man versteht, warum der Betrachtete nach der Klinke greift. Unbeantwortet bleibt damit, warum er die Tür überhaupt öffnen will. Was ist sein Motiv dazu? An dieser Stelle kommt Max Webers „erklärendes" Verstehen zum Zuge. „Wir verstehen das Holzhacken oder Gewehranlegen nicht nur aktuell, sondern auch motivationsmäßig, wenn wir wissen, daß der Holzhacker entweder gegen Lohn oder aber für seinen Eigenbedarf ... diese Handlung vollzieht." (Weber 1980, S. 4). Etwas sinnhaft zu erklären, bedeutet also, im Gegensatz zur kausalen, aktuellen Erklärung, den Sinnzusammenhang zu erfassen, in den die fokale Handlung hineingehört. Sinnhafte Erklärung, die Deutung von Weil-Relevanzen, setzt damit ein erweitertes Wissen über den Handelnden voraus. Für ein Verständnis des Motivs genügt es keineswegs, sich auf die Kenntnis einer Augenblicksaufnahme der Tätigkeit zu beschränken. Es setzt vielmehr Einblick in die Vergangenheit und Zukunft der Sequenz voraus (Schütz 1932, S. 25). Vergangenheit insofern, als zu wissen ist, dass der Holzhacker Teil einer Arbeitskolonne ist und Zukunft insofern, als zu wissen ist, dass die Arbeitsleistung einen Lohn erbringen wird.

Es muss darauf hingewiesen werden, dass auch mit dem Sprachspiel von Um-zu- und Motivationsrelevanz keine Letztbegründung gegeben werden kann. Die hier als handlungsbegründend aufgefasste Angst vor Schlangen kann erneut lediglich als kausal aufgefasst werden und wird damit Bestandteil der Um-zu-Relevanzen, die den Handlungsentwurf ausmachen. Die Logik wäre dann: Ich fürchte Schlangen, um zu überleben. Furcht wäre dann kein Motiv, sondern Instrument. Hier ist es aber uninteressant, über den Sinn eines solchen Hinausschiebens der Handlungsbegründung zu diskutieren. Für praktische Zwecke wird es sich als erforderlich erweisen, irgendwann einen „Pflock zu setzen", bestimmte Ziele (Furcht reduzieren, Kosten reduzieren, ...) als gegeben anzusehen und eine weiteren Hinterfragung zu unterbinden. [89]

Fazit: Die Bedeutung der Relevanzen für die Gestaltung der Informationsbasis

Bevor die Überlegung mit einem Argument von Kirsch und Weber (1999) im nächsten Kapitel noch einen Schritt vorangetrieben wird, ist hier vorab der Stellenwert der Schütz'schen Relevanzen zu diskutieren. Die These ist, dass diese von der betriebswirtschaftlichen Betrachtung ohne Zweifel sehr weit entfernte Ausarbeitung für das hier zu behandelnde Problem der Gestaltung der Informationsbasis unmittelbar verwertbar ist. Auch wenn die Idee einer zeitlichen Verknüpfung der einzelnen Relevanzen für die Geltung des Relevanzsystem ohne Bedeutung ist und damit einer einzelnen Relevanzklasse keineswegs eine herauszuhebende Stellung zugeschrieben werden soll [90], kann doch folgender Zusammenhang etabliert werden, um

---

[89] Kapitel 3.1.2 beschreibt, welche nicht weiter hinterfragbaren Ziele für diese Arbeit gesetzt werden sollen.

[90] Das wird von Schütz (1982, S. 107) auch abgelehnt.

den Bezug zur betriebswirtschaftlichen Problematik herzustellen: Ein Entscheidungsprozess beginnt idealtypisch mit der Entstehung einer thematischen Relevanz. Im undifferenzierten Feld zeichnet sich für den Entscheider ein thematischer Kern ab. Ein Problem entsteht. Die Lösung des Problems setzt voraus, zunächst Klarheit über dessen Wesen zu gewinnen. Die Problemsituation wird dazu nach Möglichkeit auf Bekanntes, auf ein Standardproblem zurückgeführt. Dazu dienen Auslegungsrelevanzen. Weil-Relevanzen begründen, warum der Entscheider entscheidet; Um-zu-Relevanzen begründen, warum er so und nicht anders entscheidet. Der ausgezeichnete Handlungsentwurf kommt zur Umsetzung.

Für das Controlling bedeutet das: (1) Ohne die Entstehung thematischer Relevanzen gibt es keine rationalen Entscheidungsprozesse. Die Informationsbasis sollte daher für das, was thematisch relevant werden könnte, Informationen liefern können (passiv), beziehungsweise durch die Lieferung von Informationen sicherstellen, dass bestimmte Sachverhalte, eine Chance bekommen, überhaupt thematisch relevant werden zu können (aktiv). (2) Die Informationsbasis sollte die informationale Infrastruktur bereitstellen, die erforderlich ist, um ein Problem identifizieren (auslegen) zu können. (3) Die Informationsbasis sollte zu den in einem Handlungsentwurf auftauchenden Phänomenen und Zuständen Informationen liefern können. Das zuletzt Genannte fordert das Controlling auf, eine Problemsituation polythetisch rekonstruieren zu können (Schütz 1982, S. 115 ff). Im Gegensatz zur monothetischen Rekonstruktion soll es möglich sein, die wesentlichen Stufen eines Handlungsentwurfs, gleichsam die Knoten des Ursache-Wirkungs-Netzes, in der Informationsbasis abzubilden. Eine monothetische Informationsbasis kann beispielsweise berichten, wie Kosten und Umsätze sind; eine polythetische hingegen dokumentiert zusätzlich, warum dies so ist.

3.1.1.2. Aus dem Kopf in die Organisation: Themen „mit Bezug auf", „für" und „des" Unternehmens - Kirsch und Webers Thementriade

Die oben dargestellten Überlegungen von Schütz (1982) beschreiben, was ein Thema ist und begründen, warum Themen intrasubjektiv entstehen. Diese psychologische Basis, so häufig sie in den Beiträgen zur Agendaforschung auch unterschlagen wird und daher umso wertvoller ist, kann für eine betriebswirtschaftliche Fragestellung allein aber nicht genügen. Die Themen, um die es in dieser Arbeit geht, sind „öffentliche" Themen; es sind solche Themen, die den intrasubjektiven Status verlassen haben und über die man im Unternehmen „redet". Es gilt daher, die Argumentation um zwei Schritte voranzutreiben. Erstens ist zu klären, wie interne und externe Themen begrifflich getrennt werden sollten. Zweitens soll kurz der Prozess beleuchtet werden, in deren Verlauf Themen aus dem Kopf heraus in das Unternehmen hinein gelangen.

Zum Themenbegriff: Der subjektive Charakter eines Themas impliziert eine gewisse Wegstrecke, die es zu durchschreiten gilt, wenn ein Thema aus dem Kopf des Thementrägers auf die Agenda der Organisation gelangen soll. Kirsch und Weber (1999, S. 140) schlagen die Thementriade vor (Abbildung 36), um eine mögliche Themengenese, aber auch eine Klassifizierung von Themen zu verdeutlichen. Sie unterscheiden individuelle Themen mit inhaltlichem Bezug auf die Organisation, Themen für die Organisation (Themenanforderungen) sowie Themen der Organisation.

Abbildung 36 Die Thementriade (Quelle: Kirsch und Weber 1999, S. 140)

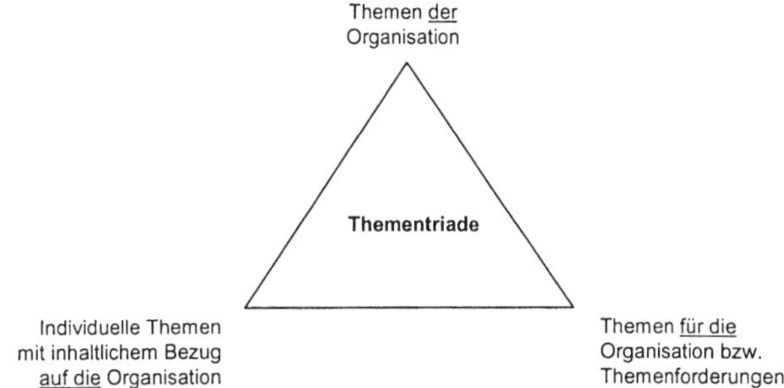

Individuelle Themen mit inhaltlichem Bezug auf die Organisation

Individuelle Themen sind analog zu Schütz' thematischen Relevanzen individuell verankerte Sinnkomplexe (Kirsch und Weber, S. 136), mithin also immer noch intrasubjektive Phänomene, denen auch ohne eine Artikulation nach außen Existenz zugesprochen wird. Einschränkend wird hier aber erwartet, dass der Sinnkomplex einen Bezug zum Unternehmen hat. Diese Bedingung war nicht Teil der Schütz'schen Überlegungen. Dort wurde „Thema" sehr viel weiter diskutiert. Themen in diesem Stadium können singuläre Phänomene sein, also lediglich von einem Akteur getragen werden. Es mag auch sein, dass dieser an einer weiteren Kommunikation seines Themas nicht interessiert ist oder die Kommunikation blockiert wird (Gatekeeping).[91] Aber auch mit einsetzender Kommunikation, in deren Verlauf das Thema parallelisiert und möglicherweise zu einem geteilten Thema wird, würde es noch in dieser Kategorie verbleiben.

Themen für die Organisation - Themenanforderungen

Individuelle Themen mit bezug auf die Organisation werden zu Themen für die Organisation, wenn sie als Forderungen an das politische System des Unternehmens artikuliert werden (Kirsch und Weber 1999, S. 140). Zusätzlich zur unverbindlichen und vielleicht „Stimmung machenden" Kommunikation im Vorfeld, rückt nun der Entschluss eines Akteurs oder einer Gruppe in das Blickfeld, „Nägel mit Köpfen" zu machen, also die Umsetzung des Themas zu betreiben, in dem es auf eine offizielle Agenda gesetzt wird.

Themen der Organisation

Themen der Organisation sind solche Themen, denen die entsprechenden Gremien politischen Willen attribuieren. Es gibt eine formale Autorisierung, die üblicherweise auch mit einer Zuteilung von Ressourcen verbunden ist.

---

[91] Man denke zum Beispiel an die Verhinderungsmechanik, die wahrscheinlich einsetzen wird, wenn man kritische Ergebnisse einer anderen Abteilung zur Diskussion stellen will.

Fazit: „Themen der Organisation“ und „Themen für die Organisation“ als Arbeitsbereiche für das Controlling

Für das Controlling ist diese Unterscheidung wichtig. Wenig Zweifel dürften bestehen, dass die Themen der Organisation durch die Informationsbasis informational zu unterstützen sind. Dort existiert der Wille der Agendaverantwortlichen, das Thema zum Wohle des Unternehmens umzusetzen. Mangelnde Unterstützung über die Informationsbasis wäre kontraproduktiv. Zweifel sind aber für die beiden anderen Kategorien angebracht. Kann es gelingen, ein Thema für die Organisation auf die Agenda zu bringen, wenn die informationale Unterstützung ausbleibt? Um es auf die Supply Chain-Problematik zu münzen: Investitionsentscheidungen über Supply Chain Management-Konzepte werden kaum auf die Agenda zur Entscheidung kommen, wenn deren Erfolgswahrscheinlichkeit nicht zumindest in Prinziprechnungen belegt werden kann. Die Überlegung gilt auch für andere Investitionsvorlagen. Die Themenanforderungen sollten daher auch Eingang in die Informationsbasis finden. Ausgeschlossen bleiben aber die individuellen Themen mit Bezug auf die Organisation; der Weg bis auf die Agenda ist derart ungewiss, dass eine ressourcenintensive informationale Unterstützung potenzieller thematischer „Blindgänger“ unwirtschaftlich wäre.

3.1.2. Worauf sich Themen beziehen: EVA™ als Ziel für das Supply Chain Management

Diese Arbeit geht davon aus, dass ein Unternehmen existiert, um ein spezifisches, wie auch immer gebildetes und durch wie viele Teilnehmer auch immer mitgetragenes Ziel zu verfolgen.[92] Das hier unterstellte Ziel besteht darin, den Unternehmenswert zu steigern.

Der Begriff „Unternehmenswert“ ist zu präzisieren. Als Messvorschrift zur Wertermittlung soll die von der Unternehmensberatung Stern, Stewart & Co. entwickelte Kennzahl „Economic Value Added“ (EVA™) (Ehrbar 1998) herangezogen werden. EVA™ ermittelt den Wert eines Unternehmens als Residualeinkommen. Vereinfacht gesprochen, erhöht eine Maßnahme (eine Investition) den Wert eines Unternehmens, wenn der zusätzliche Profit die zusätzlichen Kapitalkosten überschreitet. EVA™ misst, ob ein Projekt, eine Division oder ein ganzes Unternehmen mindestens seine Kapitalkosten verdient.

Residualmaße vermeiden einige Schwächen quotientenorientierter Erfolgsmaßstäbe, wie zum Beispiel dem „Return on Investment“ (Kaplan und Atkinson 1998, S. 507). Weiterhin hat sich in Untersuchungen gezeigt, dass auf Residualeinkommen basierende Kennzahlen offensichtlich besser in der Lage sind, die Leistungsfähigkeit eines Unternehmens in den Augen der Kapitalgeber abzubilden. Es zeigte sich eine engere Korrelation sowohl zu den gezahlten Dividenden als auch zu den realisierten Kursgewinnen als etwa für den „Return on Investment“ oder den „Return on Sales“ (Ittner und Larcker 1998b, S. 209 ff; Kaplan und Atkinson 1998, S. 508).

[92] Die Vorteilhaftigkeit eines solchen „Goal Attainment“-Ansatzes wird in der Literatur durchaus in Frage gestellt. Vergleiche dazu insbesondere Yuchtman und Seashore (1967).

Die Verwendung eines Residualeinkommens ist als Ausgangspunkt für die Konzeption der Informationsbasis für das Controlling in einem Supply Chain-Umfeld besonders geeignet.[93] Die Berechnungsvorschrift eröffnet einen Satz von Variablen, die durch das Supply Chain Management grundsätzlich angesprochen werden können und besitzt damit eine heuristische Kraft. Ausgehend von der Grundformel:

„EVA = NOPAT - KK * EK“

mit „NOPAT“ als „Net Operating Profit after Tax", "KK“ als „Kapitalkosten in Prozent“ und „EK“ als „eingesetztes Kapital“ kann formuliert werden:

„EVA = Umsatz * Umsatzrendite - KK * EK“.[94]

Supply Chain Management kann grundsätzlich auf alle vier Komponenten der Formel einwirken. Hier sollen aber nur drei betrachtet werden: (1) Umsatz: Supply Chain Management kann den Umsatz verbessern, indem Bestände in der Lieferkette neu positioniert werden. Dadurch kann der Lieferbereitschaftsgrad und damit der Umsatz erhöht werden. (2) Umsatzrendite: Die Umsatzrendite wird wesentlich determiniert über die Kosten des Leistungserstellungsprozesse. In den USA wird üblicherweise gesprochen von der „Operating Margin“. Die Kosten der Leistungserstellung werden etwa gesenkt, wenn durch eine verbesserte Koordination zwischen den Akteuren das Volumen von Eilsendungen oder von Rücksendungen bei gleichbleibendem Umsatz gesenkt werden kann. (3) Eingesetztes Kapital: Gelingt es dem Supply Chain Management, die Höhe der Bestände zu senken, sinkt damit das eingesetzte Kapital. (4) Ohne Beachtung bleiben soll die entferntere Verbindung zwischen Supply Chain Management und dem berechneten Kapitalkostensatz. Der Kapitalkostensatz ist das Ergebnis einer Risikobeurteilung, die von der Art der betroffenen Investition abhängt (Wie sicher ist die Gewinnerwartung?). Hier wird angenommen, dass alle Supply Chain Management-Investitionen mit dem gleichen Kapitalkostensatz belegt werden, da sie mit einem ähnlichen Risiko behaftet sind. Für die weiteren Überlegungen sollen die Kapitalkosten daher nicht mehr in der Zielfunktion berücksichtigt werden.

Bisher wurde das in dieser Arbeit zu unterstellende Zielsystem ohne weitere Berücksichtigung des Supply Chain-Umfelds entwickelt. Dies ist aber unzulässig: Ein in einer Supply Chain agierendes Unternehmen wird die oben genannten Ziele (Erlöse, Kosten, Kapitalbindung) doppelt reflektieren. Um die Auswirkungen „lokalen“ Entscheidens auf die Stabilität der Kette ermitteln zu können, ist eine institutional erweiterte Konsequenzenermittlung erfor-

[93] Die besondere Eignung des „Economic Value Added“ als Referenzpunkt zur Beurteilung von Supply Chain Management-Investitionen wird auch in der Literatur bestätigt. So verwenden Austin et al. (1997) in ihrer Studie zur Optimierung der PC-Industrie ebenfalls den „Economic Value Added“ nach Vorbild von Stern und Stewart.

[94] Es existiert eine Fülle unterschiedlicher Konzepte, wie die beiden Komponenten eines Residualmaßes, nämlich Profit und Kapitalkosten, zu bestimmen sind. In der von Stern und Stewart vorgeschlagenen Prozedur gilt zum Beispiel folgendes: (1) Der Profit wird ausgehend von den US-GAAP durch diverse Korrekturen ermittelt (Dodd und Johns 1999, S. 14). Stern und Stewart nennen diese Größe dann NOPAT (Net Operating Profit after Tax; AL Ehrbar 1998, S. 3). (2) Die Kapitalkosten werden nach Maßgabe des „Capital Asset Pricing Model“ (CAPM) ermittelt (Kaplan und Atkinson 1998, S. 508). Die Besonderheit besteht darin, dass der

derlich, die Sydow und Windeler (1998, S. 267) „Double Framing" oder „doppelte Reflexivität" nennen. Verfolgt Unternehmen B ein Ziel zu Lasten der vor- oder nachgelagerten A oder C, verschlechtert dies ceteris paribus deren jeweilige Teilnahmebilanz und damit auch die Stabilität des Arrangements. Die Ziele, aber insbesondere auch die Erfolgsfaktoren sowie die Etablierung der Voraussetzungen sind mit den Supply Chain-Partnern in Einklang zu bringen. Zu beachten ist, dass dies kein grundsätzlich neues, sondern nur ein graduell verstärktes Problem ist, da auch innerhalb eines Unternehmen keine Zielharmonie unterstellt werden kann. Auch dort gibt es die Überblendung der Ziele paralleler Divisionen, interagierende Abteilungen sowie die Verquickung personaler und organisationaler Ziele, die stets eine mehrfache Reflexion verlangen. Das gilt ebenso für die bereits angesprochene „soziale Verantwortung" eines Unternehmens gegenüber seinem Umsystem. Die Berücksichtigung der Netzwerkeinbindung des Unternehmen verkompliziert den Sachverhalt also insofern, als nun eine Anspruchsgruppe hinzutritt, nämlich die im Netzwerk eingebundenen Unternehmen. Eine prinzipielle Neuerung ist das aber nicht, wenngleich auch zu beachten ist, dass damit die Interessen von Akteuren auf die Tagesordnung kommen, für die traditionell nicht selten ein „Feindbild" kultiviert wurde.

3.2. Modelle als Basis einer Deduktion von Themen

Um die relevanten Themen des Supply Chain Managements deduzieren zu können, wird ein Modell des Managementobjektes, der Supply Chain, benötigt. Daraus resultieren zwei Probleme: Das Modell ist erstens auszuwählen und zweitens auszuformulieren. Dieses Kapitel trifft die Auswahl. Die Ausformulierung erfolgt in Kapitel 5.

Die Auswahl des Modells ist von grundlegender Bedeutung für das Ergebnis der Deduktion, da das Modell präjudiziert, was als relevant erachtet wird. Ein ungeeignetes Modell führt zu einer ungeeigneten Informationsbasis. Die Auswahl erweist sich jedoch als problematisch, da die Betriebswirtschaftslehre eine Vielzahl alternativer Modelle bereit stellt, von denen grundsätzlich jedes einzelne in der Lage wäre, eine Supply Chain abzubilden. Möglich wäre es etwa: (1) Auf der Basis eines entscheidungsorientierten Modells die Entscheidungsprozesse in der Supply Chain in der Vordergrund zu stellen und demzufolge die Informationsbasis zu füllen. (2) Die Supply Chain als eine Superorganisation mit Suborganisationen zu modellieren und dann auf Basis der Principal-Agent-Theorie einseitig die vertragstheoretischen Aspekte der Verhaltensbeeinflussung abzubilden. (3) Die Supply Chain als eine Kette von Einzelunternehmen zu interpretieren, von denen jedes aus faktoranalytischer Sicht als ein Input-Output-System modelliert wird. Diese knappe Nennung einiger Alternativen weist auf die Problematik der Beurteilung der Eignung der jeweiligen Modelle zur managementorientierten Abbildung von Supply Chains hin. Dieser Aspekt wird zum Ende des Kapitels noch einmal

---

Preis für das eingesetzte Kapitel je nach Industrie beziehungsweise Branche sowie Risikogehalt der betroffenen Investition angepasst werden kann.

intensiv aufgegriffen; hier sei vorab gesagt, dass diese Arbeit die Supply Chain als ein Netzwerk modelliert.

3.2.1. Das Modell als Ergebnis eines Abbildungsprozesses

Modelle sind Abbilder eines Originals.[95] Sie sind Repräsentationsinstrumente (Harré 1976) und finden in allen Wissenschaften und dort zudem jeweils sehr breite Anwendung. Um nur einige zu nennen: die Abbildung mentaler Prozesse in der Psychologie, die Abbildung industrieller Abläufe als Bestellsysteme, die Abbildung von Lernprozessen in der Didaktik, die Abbildung einer Volkswirtschaft als Input-Output-System in der Volkswirtschaftslehre, die Abbildung eines Fahrzeuges als Prototyp für Windkanalversuche in der Ingenieurwissenschaft oder die Abbildung von Kommunikation unter Rückführung auf formale Logik in der Linguistik. Ein systematischer Zugang kann über die allgemeine Modelltheorie erfolgen. Abbildung 37 zeigt die Einteilung von Stachowiak (1973) als einen möglichen Ansatz. [96]

Wenn im Folgenden über Modelle, eben über Modelle der Supply Chain, gesprochen wird, handelt es sich in der Systematik von Stachowiak um empirisch-theoretische Modelle, die als semantische Modelle von den grafischen sowie von den technischen Modellen abzugrenzen sind. Um die Abgrenzung mit dem Vokabular von Niemeyer (1977, S. 60 ff) weiterzuführen: Das hier zu entwickelnde Modell der Supply Chain wird ein statisches Modell sein. Solche Modelle dienen der Abbildung von Attributkombinationen; Attributinteraktionen hingegen könnten nur in dynamischen Modellen repräsentiert werden. Das hier zu Grunde zu legende Modell der Supply Chain wird weiterhin ein Realmodell sein (de Moliére 1984, S. 94). Realmodelle weisen im Gegensatz zu Idealmodellen einen zeitlichen wie auch räumlichen konkreten Bezug zur Realität auf. Dieser Modellaspekt ist zu präzisieren, da er zu Missverständnissen führen kann. „Real" bedeutet nicht, eine konkrete Supply Chain abzubilden. Es bedeutet vielmehr, eine Rekonstruktionstechnik auszuwählen, mit der eine konkrete Supply Chain modelliert werden kann. Es bedeutet weiterhin, nicht an Idealformen interessiert zu sein. Das Modell der Supply Chain muss es nicht gestatten, diverse Optimierungen funktional- oder sogar verhaltensanalog zu ermöglichen.

Unter Hinzunahme der von Bretzke (1980, S. 10 ff) eingeführten Unterscheidung allgemeiner und konkreter Modelle [97], kann der hier anzustrebende Abbildungscharakter noch weiter expliziert werden. Eine allgemeines Entscheidungsmodell (A-Modell) definiert sich seinen empirischen Gegenstand selbst. Es bleibt bis zu seiner Nutzung ohne empirisches Pendant, hat aber einen typbezogenen Kreis potenzieller empirischer Korrelate. Auch das allgemeinste A-Modell wird jedoch keinen übersituativen Geltungsanspruch rechtfertigen können. Ein A-

---

95 Allein diese Aussage ist bereits weitgehend programmatisch für das zu sehen, was in diesem Kapitel noch kommt. Modelle können simpel abbilden oder intelligent konstruieren. Ersteres wurde heftig kritisiert (Bretzke 1980; de Molière 1984). Um aber gleich zu Beginn zu offenbaren: hier wird es nicht um Entscheidungs- sondern um Monitoringmodelle gehen - und für diese ist der in den Kritiken angemahnte Problembezug und das kreative Konstruieren der Problemsituation nicht per se wünschenswert.

96 Für eine Alternative vergleiche etwa Niemeyer (1977b, S. 58 ff).

97 Bretzke spricht jedoch spezifischer über Entscheidungsmodelle.

Modell ist nicht allgemein, „... weil es immer gilt, sondern es ist allgemein, weil es unter bestimmten (in ihm selbst genannten) Voraussetzungen immer gilt." (Bretzke 1980, S. 11). Konkrete Entscheidungsmodelle (K-Modell) hingegen verweisen auf ein bestimmtes empirisches Original. Bildet man mit diesen Begriffspaaren eine Tabelle, wird deutlich, wie modelliert werden soll: diese Arbeit wird sich im süd-westlichen Quadranten bewegen. Abgebildet werden soll erstens eine generische und zweitens eine reale Kette, wobei real im Sinne von grundsätzlich empirisch nachweisbar zu verstehen ist.

Abbildung 37 Systematisierung von Modellen (Quelle: Stachowiak 1973; verändert)

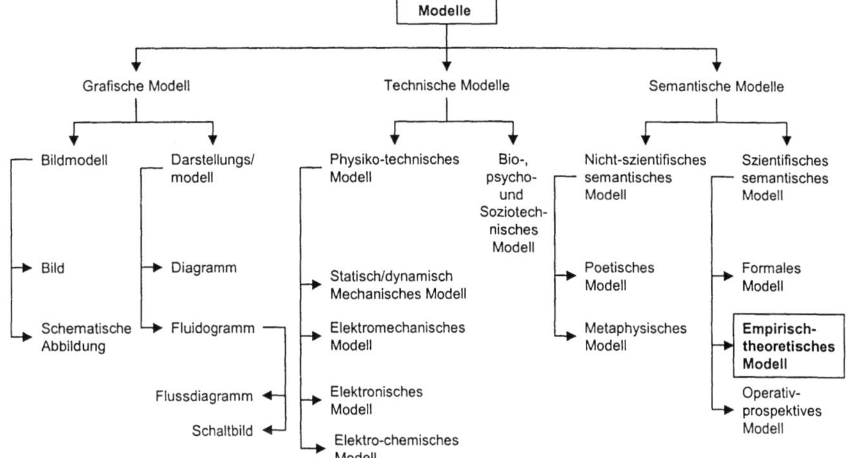

In Bezug auf den Verwendungszweck lassen sich vier Modellklassen unterscheiden: Monitoring-, Erklärungs-, Prognose- und Gestaltungsmodelle [98]. Das hier zu entwerfende Modell wird ein Monitoringmodell sein. Solche Modelle dienen der laufenden Erfassung, Abbildung und Ordnung von Systemzuständen (Niemeyer 1977, S. 61). Das zu erstellende Modell kann quasi als ein Gerüst mit einer Vielzahl von Leerplätzen verstanden werden. Jeder Leerplatz repräsentiert eine Relevanz. In zyklischen Läufen gilt es, den Zustand des Gesamtsystems über die Aktualisierung dieser Relevanzen auf einen aktuellen Stand zu bringen. Welche und wie viele Leerplätze es zu füllen gilt, ist Ergebnis der Modellauswahl und -detaillierung.

In der von Niemeyer (1977, S. 61) vorgeschlagenen verwendungsorientierten Klassierung nehmen die Monitoringmodelle eine Basisfunktion ein. Gestaltungsmodelle dienen der Ermittlung von Sollzuständen (Wie hoch sollte der Lieferbereitschaftsgrad für das Produkt A im Lager B sein?). Um entscheiden zu können, stellen Prognosemodelle Verbindungen zwischen Ursachen und Wirkungen her und können damit bei Vorhandensein der spezifischen Parametergarnitur künftige Systemzustände prognostizieren (Ein Verbesserung des Lieferbereitschaftsgrads von 95 auf 98 Prozent erhöht den Umsatz ceteris paribus um fünf Prozent.).

Haltbare Prognosen bedürfen einer Logik; die wirkenden Zusammenhänge sind zu erklären. Prognosemodelle sind daher auf Erklärungsmodelle angewiesen (Die Erhöhung des Lieferbereitschaftsgrads führt zu Umsatzsteigerungen, weil im letzten Quartal elf Prozent der Lieferanfragen nicht bedient werden konnten.) Schließlich wird deutlich, dass die Erklärungsmodelle lediglich dann inhaltlich gute Ergebnisse bringen können, wenn die aktuellen Systemzustände eingefüttert werden können. Die Eingrenzung des hier zu erstellenden Modells auf ein Monitoringmodell ist für die weitere Arbeit von Bedeutung. Monitoringmodelle müssen nicht zwingend einen Problembezug besitzen, woraus folgt, dass deren Erstellung auch mit „einfachen" Rekonstruktionstechniken möglich sein wird und damit auf den hier nicht wünschenswerten Einsatz hypothesengeladener, normativer betriebswirtschaftlicher Ansätze verzichtet werden kann. Auf dieses Argument geht Kapitel 3.2.3.2 noch einmal detailliert ein.

Tabelle 17 Der Charakter des hier zu erstellenden Modells der Supply Chain: real und allgemein

	Real	*Ideal*
Konkret	Ist-Modell einer konkreten Supply Chain	Ideal-Modell einer konkreten Supply Chain
Allgemein	Ist-Modell einer generischen Supply Chain	Ideal-Modell einer generischen Supply Chain

Modell und Modellsystem

Ein Modell wird hier definiert als ein Objekt, das von einem Subjekt (Modellnutzer und Modellbauer) auf der Grundlage einer Verhaltens-, Struktur- oder Funktionsanalogie zu einem Original eingesetzt und verwendet wird, um damit Aufgaben zu lösen, deren Durchführung am Original nicht möglich oder zu aufwändig wäre (Redaktion Philosophie 1987, S. 275). Modellbildung ist demnach immer ein aufgabenbezogener Akt und muss nützlich sein. Für Stachowiak (1973, S. 132) ist dies das pragmatisches Merkmal eines Modells: „Modelle sind ihren Originalen nicht per se eindeutig zugeordnet. Sie erfüllen ihre Ersetzungsfunktion a) für bestimmte ... Subjekte, b) innerhalb bestimmter Zeitintervalle und c) unter Einschränkung auf bestimmte gedankliche und tatsächliche Operationen.". Modelle sind daher nicht nur Modelle von etwas, sondern auch für jemanden, für einen bestimmten Zweck und eine bestimmte Zeit.

Ein Modell entsteht als eine „...homomorphe Abbildung eines realen Systems, d. h. als eine Transformation des Forschungsgegenstandes in eine vereinfachte Form, im Unterschied zu einer isomorphen Abbildung, welche eine Umsetzung ohne Informationsverlust bedeutet." (Hill et al. 1994, S. 47).[99] Die homomorphe Abbildung verkürzt damit die Realität: „Modelle erfassen im allgemeinen nicht alle Attribute des durch sie repräsentierten Originals, sondern nur solche, die den jeweiligen Modellerschaffern und/oder Modellnutzern relevant erschei-

[98] De Moliére (1984, S. 92) spricht von „Optimierungsmodellen".

[99] Ähnlich definiert auch Heinen (1992, S. 19) ein Modell als einen künstlich geschaffenen Gegenstand, „... der in vereinfachter Weise die wesentlichsten Merkmale eines Ausschnitts der Wirklichkeit wiedergibt." Zum Begriff der Isomorphie vergleiche Seite 133 und die dort vorzunehmende Relativierung des hier unterstellten Zusammenhanges von Isomorphie und Informationsverlust.

nen.“ (Stachowiak 1973, S. 132). Ein Modell ist daher nicht nur Surrogat, sondern auch Simplifizierung der Realität (Niemeyer 1977, S. 57). Die Verkürzung ist in der Regel eine essenzielle Teilaufgabe der Modellierung, da erst der damit erreichte Verzicht auf Komplexität es erlaubt, die komplexe Realität für die Entscheidungsfindung aufzubereiten (de Moliére 1984, S. 131).

Die Definition nennt die Elemente des Modellsystems: Original, Subjekt (Modellnutzer, Modellbauer) und Modell (Abbildung 38).[100] Das Subjekt ist das Controlling beziehungsweise der Controller; das Original ist die Supply Chain. Das Subjekt beobachtet das Original, um die Auswahl oder den Aufbau des Modells begründen zu können. Das Subjekt wird das Modell auch nutzen. Zu nutzen bedeutet hier, auf Themen zu schließen. Die Auswahl eines Modells wird unter anderem durch die Qualität der herstellbaren Analogien zwischen Modell und Realität bestimmt.

Die Herstellung dieser Analogien ist ein wesentliches Problem der Modellbildung. Strukturanalogie liegt vor, wenn strukturelle Merkmale des Originals (Anzahl der Elemente und deren Beziehungen untereinander) in die Modellbildung Eingang finden. Verhaltensanalogie liegt vor, wenn das Modell in der Lage ist, sich ähnlich oder exakt gleich zu verhalten, wie es das Original in der fokalen Situation tun würde. So entsteht etwa an einem Windkanalmodell eines Automobils ein exaktes Abbild der später am realen Fahrzeug auftretenden Umströmungsprozesse. Funktionsanalog ist ein Modell dann, wenn es in der Lage ist, in der fokalen Situation die gleiche Funktion wie das Original zu bewirken, was sich nicht zwingend auch in gleichem Verhalten manifestieren muss. Diese Analogien sind die wesentlichen Eigenschaften eines Modells. Erst der Nachweis von deren Existenz im Modell erlaubt es dem Modellnutzer, mit dem Modell produktiv zu arbeiten. Modelle ohne jede Analogie sind nutzlos.

Abbildung 38 Das Modellsystem: Original, Subjekt (Modellnutzer, Modellbauer) und Modell

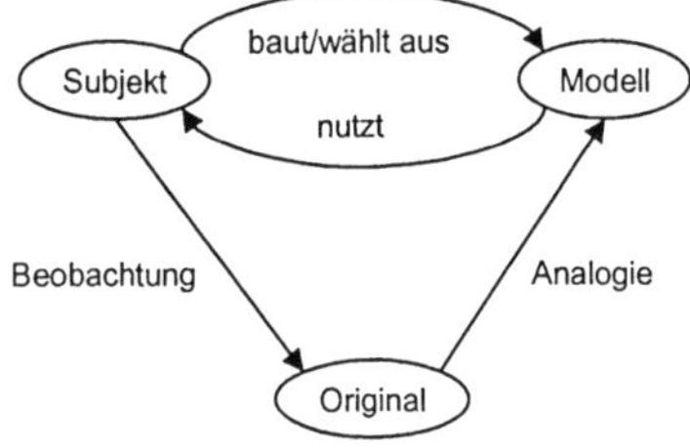

3.2.2. Die Beurteilung des Abbildungsprozesses

Ein Modell ist ein Instrument zur Repräsentation eines Objektes und damit grundsätzlich ein Zeichen. Ein Modell repräsentiert die Sache „... und erinnert zugleich an sie, ist für sie

[100] De Moliére (1984, S. 87 ff) schlägt für betriebswirtschaftliche Problembewältigungen eine vierstellige Relation vor; die drei genannten Komponenten sind um eine Problemkomponente zu ergänzen: das Subjekt arbeitet mit einem Modell, um ein Problem zu lösen. Neben dem Realitätsbezug zwischen Objekt und Modell wird damit auch ein Problembezug zwischen Problem und Modell thematisierbar. Die Hervorhebung des Problembezugs geht auf Bretzke (1980) zurück.

Zeichen." (Husserl 1988, S. 150)[101]. Aber anders als die beiden traditionellen Klassen von Zeichen, die „natürlichen" Zeichen, Schütz (1932, S. 131) spricht auch von „Anzeichen", sowie die bedeutsam gesetzten Zeichen (Symbole), entsteht das Modell in einem spezifischen Abbildungsprozess, der das Modell von diesen Zeichenklassen abhebt (Harré 1976, S. 16). Natürliche Zeichen repräsentieren eine Kausalität. Rauch (Anzeichen für Feuer) entsteht nicht ohne Feuer. Eine solche zwingende Kausalität besteht zwischen Modell und Original hingegen nicht. Bedeutsam gesetzte Zeichen (Symbole) können einem vollständig willkürlichen Abbildungsprozess erwachsen. Deren gemeinsame Nutzung beruht lediglich auf Konvention. Die Abbildungsähnlichkeit zwischen Symbol und Sache ist freiwilliger Natur. Das Verkehrszeichen „Vorfahrt achten" etwa ist ohne Kenntnis der Konvention nicht deutbar.

Diese grundsätzliche Offenheit zwischen Modell und Original macht es erforderlich, sich über den Abbildungsprozess klar zu werden. Die Qualität einer Abbildung [102] kann in den Dimensionen „Struktur" (Was beziehungsweise wie viel des Originals wird abgebildet?) und „Materialität" (Werden die Ausprägungen der abgebildeten Merkmale beibehalten oder umgedeutet?[103]) beschrieben werden.

In Bezug auf die strukturelle Qualität können isomorphe und monadische Modelle unterschieden werden. Isomorphie als Eigenschaft eines Modells beschreibt den Grenzfall, in dem das Modell dem Original strukturgleich (isomorph) ist. Monadische Modelle verkörpern lediglich *eine* strukturelle Eigenschaft des Originals. Die materiale oder inhaltliche Angleichung zwischen Original und Modell ist maximal, wenn die materiale Beschaffenheit der Originalattribute vollständig erhalten bleibt. Man spricht auch von einer kodierungsinvarianten Abbildung beziehungsweise von einem isohylen Modell. Sie ist hingegen minimal, wenn jedes erfasste Attribut eine inhaltliche Umdeutung (=semantische Neukodierung, Analogmodell) erfährt. Ist die Abbildung isomorph und isohyl, wird das Modell „adäquat" oder auch eine „Kopierung" genannt (Stachowiak 1973, S. 153).

Ein Beispiel mag die Begriffe erklären: Die Betriebswirtschaftslehre hat viel Mühe investiert, um Unternehmen zu modellieren. Organigramme sind eines von vielen Ergebnissen in diesem Bemühen; es sind Modelle, deren Abbildungsqualität auch mit dieser Terminologie beurteilt werden kann. Die strukturelle Angleichung des Modells „Organigramm" an das Original „Organisation" liegt je nach Detaillierung irgendwo zwischen den oben genannten Extrema. Das Organigramm bildet beispielsweise nicht strukturgleich ab, weil informale Beziehungen zwischen den Stellen in der Regel ohne Repräsentation bleiben (zu wenig Linien). Weiterhin reduziert das Organigramm durch die über Verbindungslinien modellierten Beziehungen zwischen Vorgesetzten und Nachgeordneten die Vielzahl der Beziehungen auf die hierarchisch-autoritäre. Die inhaltliche Angleichung zwischen Organigramm und Organisati-

---

[101] Erste Herausgabe des Werkes war 1901.

[102] Qualität ist hier aber nicht wertend zu verstehen, etwa im Sinne von „Je mehr abgebildete Eigenschaften desto besser".

[103] Zu der problematischen Differenzierung materialer und struktureller Merkmale des Originals vergleiche im Detail Stachowiak (1973, S. 144 ff).

on kommt einer semantischen Neukodierung sehr nahe. So wird das Merkmal der „Stärke" der Beziehung (Wie wirksam ist das Über-Unterordnungsverhältnis?), das in der Realität als graduell skaliert angenommen werden kann, im Modell in eine Null-Eins-Ausprägung umgedeutet, die nur noch zwischen „Beziehung" und „keine Beziehung" unterscheidet, die Grautöne aber nicht in die Darstellung aufnimmt (informationsarme Linien).

Die im Zuge einer Abbildung des Originals in einem Modell erlittenen Informationsverluste können präzisiert werden. Stachowiak (1973, S. 155 ff) benutzt dazu die Begriffe „Präterition" und „Abundanz". Modelle unterscheiden sich von ihren Originalen üblicherweise durch eine geringere Komplexität, die durch Weglassungen erreicht wird. In der Realität vorhandene Attribute werden nicht in das Modell übernommen. Abbildung 39 schlägt vor, diese Attribute als „präteriert" (übergangen) zu bezeichnen. Die Präterition erklärt einen Teil des Informationsverlustes infolge der Abbildung. Im linken Teil der Abbildung ist der maximal abbildbare Merkmalsraum (äußerer Kreis) größer als der tatsächlich abgebildete Merkmalsraum (innerer Kreis). Die Grafik zeigt weiterhin, dass der Abbildungsnachbereich (gepunkteter Kreis rechts) kleiner ist als der Abbildungsvorbereich (gepunkteter Kreis links). Dieser zusätzliche Informationsverlust entsteht durch eine materiale Reduktion. Vereinfacht gesprochen werden erstens nur wenige der möglichen Attribute des Originals in die Abbildung einbezogen. Von den Einbezogenen werden dann zweitens nicht alle der jeweils verfügbaren Attribute berücksichtigt.[104] Die Berücksichtigten gelangen dann zudem eventuell nur umgedeutet, mit umkodierten Attributen höherer Ordnung in das Modell.

Abbildung 39 Differenzen zwischen Original und Modell: präterierte und abundante Attribute (Quelle: Stachowiak 1973, S. 157; verändert)

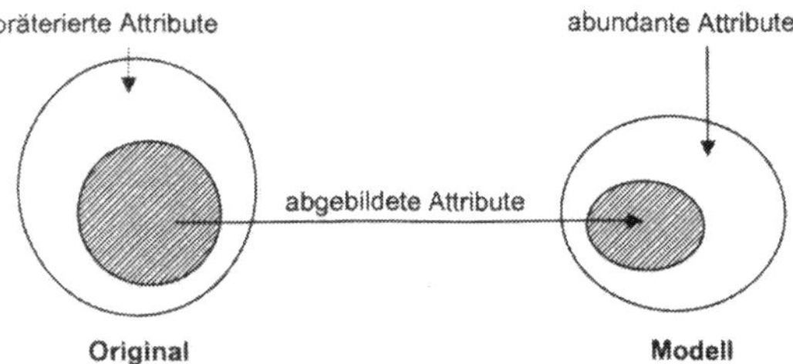

Abundant sind solche Attribute, die aus dem Original nicht ableitbar sind, aber dennoch im Modell vorhanden, also überschüssig (abundant) sind. Sie entspringen nicht der Abbildungsfunktion des Modells, vergrößern aber dessen Informationsgehalt - wenngleich auch durch „spekulative" Attribute. Abundanzen können abbildungstechnisch erzwungen sein (ein Guss-

[104] An dieser Stelle ist eine Sprachkonvention erforderlich, um das Beispiel verstehen zu können. Hier soll mit Stachowiak (1973, S. 134 ff) gelten: Ein Original kann in Teilobjekte zerlegt werden. Diese Teilobjekte werden als objekterstellende Elemente als Individuen bezeichnet. Ein Individuum hat eine Anzahl Attribute. Unter Attributen werden also die Eigenschaften eines Individuums verstanden. Die Attribute selbst können erneut Eigenschaften besitzen, die dann als Attribute zweiter Stufe bezeichnet werden, entsprechend also als Eigenschaften von Eigenschaften, grundsätzlich als Attribute höherer Stufe. Dieser Zweigliederung der Erstellungsmittel lässt eine flexible Objekterfassung und -beschreibung zu.

Gussmodell hat Ein- und Überströmkanäle, die technisch erforderlich, aber im Original nicht nachweisbar sind) oder überbrückungshypothetische Funktionen erfüllen. Letzte liegt vor, wenn dem Original als Abbildungsquelle Attribute entweder fingiert oder begründet unterstellt werden, weil deren Existenz im Modell für die weitere Arbeit mit demselben hilfreich ist (Schließen einer Abbildungslücke) oder weil durch die Unterstellung des abundanten Merkmals die Gewinnung zusätzlicher Informationen über das Original stimuliert werden soll. Hier kommt die Diskussion erneut auf Husserl zurück: „Danach heißt nämlich Vorstellung [per Modell; A.O.] soviel wie Repräsentation in dem doppelten Sinne der Vorstellungsanregung und Stellvertretung.“ (Husserl 1988, S. 151) [105] Ziel der Hinzunahme abundanter Attribute ist die „Vorstellungsanregung“. Wenn etwa die verhaltensorientierte Betriebswirtschaftslehre in das Modell des an der Organisation teilnehmenden Menschen eine Anreiz-Beitrags-Bilanz hineinmodelliert, handelt es sich dabei sicher um ein abundantes Merkmal. Dessen Existenz hilft aber, faktisch Erkennbares, zum Beispiel negative Teilnahmeentscheidungen, erklären zu können. Die kreative Aufgabe des Modellbauers besteht unter anderem in der Aufgabe, ein plausibles und Lösungen anregendes Analog der im Original tatsächlich arbeitenden Mechanismen zu formulieren. So wird eines der zentralen Ergebnisse der Modellierung der Supply Chain als Netzwerk darin bestehen, die Supply Chain gedanklich als ein Kompendium vier übereinanderliegender Partialnetze zu betrachten. [106] Diese Partialnetze sind abundant; sie sind im Original nicht nachweisbar - aber für den Zweck der Modellierung, hier die Ableitung von Themen für das Supply Chain Management, enorm hilfreich.

Die sich dem Modellbauer damit bietendende Freiheit, das Volumen an Abundanz und Präterition grundsätzlich nach eigenem Ermessen, eben in Abhängigkeit des Modellierungszwecks wählen zu können verdeutlicht neben dem repräsentativen auch den kreativen Charakter des Arbeitens mit Modellen. Harré (1976, S. 17) spricht von disziplinierter wissenschaftlicher Imagination: „... in its task of constructing conceptions of processes and structures that are immune from empirical investigation, and, yet they must be assumed to underlie and be productive of those patterns which can be studied empirically.“

Für die hier zu leistende Modellbildung bedeutet das, einerseits grundsätzlich die diszipliniert auszuübende Freiheit zu besitzen, das abzubildende Original, die Supply Chain, im Modell mit solchen Attributen zu repräsentieren, die einer empirischen Überprüfung nicht zwingend offenbar werden müssen, auf der anderen Seite jedoch kritisch zu prüfen, ob diese, wahrscheinlich abundanten Attribute, auch tatsächlich eine produktive Logik besitzen.

3.2.3. Die Auswahl eines Modells - Pragmatismus

Bisher wurde so getan, als stehe das Subjekt im Modellsystem, der Modellbauer und/oder der Modellnutzer, vor der Herausforderung, ein „neues“ Modell herstellen zu müssen. Für die meisten Situationen des Umgangs mit Modellen im Unternehmen ist das aber unrealistisch. Wahrscheinlicher ist ein Szenario, in dem der Modellbauer aus verfügbaren Modellen aus-

[105] Im Original zum Teil gesperrt.

wählt und allenfalls Anpassungen am fertigen Modell vornimmt, um es an die Situation anzupassen. Das gilt in besonderer Weise für das Hantieren mit betriebswirtschaftlichen Basismodellen, auf die sich das Nachfolgende konzentriert.

Hier wird vorgeschlagen, die Supply Chain als ein Netzwerk zu rekonstruieren. Nachdem aber beinahe „alles" als ein Netzwerk interpretiert werden kann, lautet die Frage nicht, ob ein Netzwerk existiert oder etwa, ob die Supply Chain tatsächlich ein Netzwerk ist, sondern, in welchen Fällen es relativ sinnvoll ist, eine Supply Chain als ein Netzwerk zu sehen. Relativ sinnvoll deshalb, weil eine Reihe anderer Rekonstruktionsalternativen verfügbar ist. Es gilt neben der eigentlichen Rekonstruktion zuvor also, ein Auswahlproblem zu lösen.

In der Auswahlsituation fällt auf, dass der Auswahlprozess einerseits von eminenter Bedeutung für das Ergebnis ist. Mitroff und Featheringham (1974, S. 383) sprechen vom „Fehler der dritten Art", der dadurch entsteht, dass ein Problem, oder allgemeiner eine Situation, „falsch" repräsentiert wird und damit letzten Endes auch das falsche Problem gelöst wird: „... the error or probability, of having solved the wrong problem, choosing the wrong problem representation, when one should have solved the right problem, chosen the right representation." Auch Churchman (1971) betont das Primat der Problemformulierung und des „Framing": die wichtigste Determinante der Problemlösung ist die Problemformulierung. Andererseits, und das stellt die Hürde für dieses Kapitel dar, wird ebendiese Auswahl der richtigen Repräsentation, und das gilt dementsprechend auch für das hier zu behandelnde Problem der Definition einer Informationsbasis für das Controlling in einem Supply Chain-Kontext, methodisch in der Betriebswirtschaftslehre kaum unterstützt. Beide Thesen (große Bedeutung, fehlende Unterstützung) sind zu begründen.

3.2.3.1. Die Bedeutung von Modellen im Erkenntnisprozess

Die Bedeutung, die man der Modellbildung für das Lösen von Managementproblemen, allgemeiner für die Gewinnung neuer Erkenntnisse zumisst, wird entscheidend durch die jeweils eingenommene epistemologische Grundposition bestimmt. Die Epistemologie als Teildisziplin der Philosophie setzt sich mit der Gewinnung von Erkenntnissen auseinander und hat in ihrer langen Geschichte zu der Frage, wie der Mensch Erkenntnisse erlangen kann, kontroverse Positionen entwickelt. In sehr verkürzter Form bewegen sich die Argumente zwischen folgenden Extrema.

Empirismus versus Rationalismus

Der Empirismus postuliert einen primär durch die Sinnesorgane bewirkten Erkenntnisgewinn. In dieser Tradition hat John Locke die Metapher des „weißen Blattes" formuliert, nach der das menschliche Bewusstsein anfänglich unbeschrieben ist und durch die Erfahrung der Welt zu Inhalten gelangt; das weiße Blatt wird sukzessive beschrieben. In seiner modernen Spielart, dem Positivismus, sind die Argumente noch einmal vorgetragen worden: Die Quelle der Erkenntnis ist das Gegebene, das durch Beobachtung sinnlich Erfahrbare, nicht das Ge-

---

[106] Vergleiche dazu Kapitel 5.2.

dachte. Was wirklich ist, wird über Empfindungsinhalte identifiziert. Gegenstand der Reflexion kann immer nur das zuvor Beobachtete sein. Die Grenze der Erkenntnis wird damit durch die Grenze der Erfahrung markiert. Eine partielle Erweiterung hat der Empirismus im Logischen Empirismus erfahren, der neben den empirischen Sätzen (Solche Sätze, in denen Erkenntnis ausgedrückt wird.) auch den Erkenntnisbeitrag logischer Sätze akzeptiert.

Der Rationalismus inklusive dessen Spielarten vertritt die grundsätzliche, wenn auch in den diversen Richtungen zerfaserte Gegenposition dazu. Als Rationalismus wird eine erkenntnistheoretische Position bezeichnet, die den Anteil der Vernunft an der Erkenntnisleistung betont. Demnach ist die menschliche Vernunft ein selbständiges, unabhängiges Erkenntnisorgan. Erkenntnis ohne Erfahrung wird möglich. Ausgangspunkt der Erkenntnis sind Begriffe (Ideen). Das sinnlich erfahrbare Materiale gewinnt erst durch das Denken seine Form beziehungsweise seine begriffliche Gestalt.

Hier maßgeblich: Pragmatismus - „Zu glauben, dass P, ist von Vorteil."

Mit diesen beiden Position wird bereits einiges über den Stellenwert von Modellen zur Erlangung von Erkenntnissen klar. Bevor aber das Fazit gezogen werden kann, ist mit dem Pragmatismus eine zusätzliche, und für die weitere Argumentation zugleich maßgebliche Position zu beschreiben.

Der Pragmatismus ist als eine Lebensphilosophie in der Mitte des neunzehnten Jahrhundert insbesondere in den USA entwickelt worden. Hier ist in erster Linie dessen relativierende Position in Bezug auf die Frage nach der Wahrheit von Interesse. Die Wahrheit und Gültigkeit von Theorien und Konzepten ist eine Funktion von deren Nützlichkeit in Bezug auf ein Wertesystem. Damit entwickelt der Pragmatismus im Kern eine neue Definition von Wahrheit, die das Kriterium der Verifikation für irrelevant erachtet und statt dessen nach deren Praktikabilität fragt. Die Aussage „Es ist wahr, dass P." wird umformuliert zu „Zu glauben, dass P, ist von Vorteil." Das menschliche Denken wird zu einem Werkzeugkasten, der mit Begriffen, Konzepten und logischen Strukturen angefüllt ist und die den Erfordernissen der Umwelt angepasst sind. Mit einer veränderten Umwelt bedürfen auch die gedanklichen Instrumente einer Weiterentwicklung. Aus dem Pragmatismus hat sich später insbesondere in den Arbeiten von White eine normative Erkenntnistheorie gebildet. Deren operationale Regel beschreibt Stachowiak (1973, S. 52) so: „Beschließe über dasjenige, was du unter ‚Erkenntnis' verstehen willst, immer nur bezüglich der Intentionen (Absichten, Zwecke, Ziele), die du dir als einzelner oder als Mitglied einer oder mehrerer intentionshomogener Gruppen für eine Zeitspanne gesetzt hast. Versuche also nicht, auf Intentionslosigkeit des Erkennens, auf eine Erkenntnis, die nicht ein ‚Wissen wozu' erzeugt, zu intendieren."

Mit diesen Positionen, die mit dem Gesagten nur äußerst knapp beschrieben sind, ist es möglich, sich die möglichen Stellenwerte eines Modells im Erkenntnisprozess zu vergegenwärtigen. Abbildung 40 zeigt den Sachverhalt, indem der Erkenntnisprozess aus naiv empiristischer, aus rationalistischer sowie aus pragmatischer Sicht analysiert wird.

Abbildung 40 Die Diskrepanz zwischen Sehen und Wahrnehmen

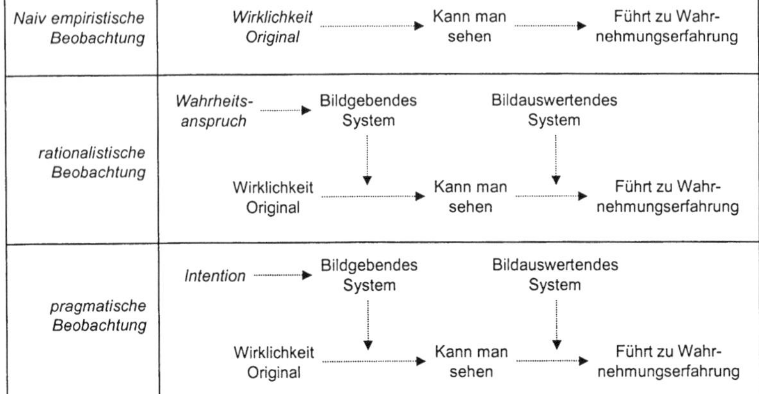

In naiv empiristischer Sicht kann Erkenntnis durch Beobachtung erlangt werden. Die Sequenz ist folgendermaßen: Der erkenntnissuchende naiv empiristische Beobachter nimmt die Realität, ein konkretes Objekt, die Wirklichkeit, das Original über seine Sinnesorgane zur Kenntnis. Physiologisch entsteht dabei ein Abbild des Originals auf der Retina des menschlichen Auges, die prinzipiell wie eine Leinwand funktioniert, auf die das über die Linse in das Auge eingedrungene Licht projiziert wird. So weit bestehen keine Dissonanzen. Fraglich ist nun aber, zu welchen Wahrnehmungserfahrungen das als physiologische Projektion nachweisbar Gesehene „hinter den Augen" des Betrachters führt, also auf dem Weg von der optischen zur kognitiven Abbildung. Die empiristische Beobachtung misst dieser Transformation keinen intervenierenden Effekt zu. Das visuelle Erkenntnisorgan funktioniert demzufolge wie ein Photoapparat. Wenn zwei Beobachter den selben Gegenstand sehen, führt das zu identischen kognitiven Repräsentationen und zu gleichen Wahrnehmungserfahrungen. Nur unter dieser Annahme ist es ja auch vertretbar, die Möglichkeit empirisch begründeter intersubjektiv nachvollziehbarer Beobachtung und induktiv gewonnener Verallgemeinerung zu akzeptieren.

Kognitive Interventionen: Kritik an der naiv empiristischen Beobachtungsthese

Es gibt aber eine Reihe von Belegen, dass die Wahrnehmungserfahrung, die der Beobachter beim Anblick eines Originals hat, nicht nur von Selbigem abhängen und kognitive Interventionen damit also durchaus eine Rolle spielen. Zwei Personen werden beim Anblick eines Objekts nicht zwingend den gleichen Eindruck erhalten. Zwei Beispiele verdeutlichen das: Abbildung 41 zeigt im linken Teil eine Treppe. Unklar ist aber, ob man die Treppe von oben oder von unten betrachtet. Erscheint sie dem Betrachter zunächst als Draufsicht, kann das Bild bei längerer Betrachtung umspringen, obwohl das Original gleich bleibt. Offensichtlich gibt es eine Intervention zwischen Retinaeindruck und Wahrnehmungserfahrung. Chalmers (1989, S. 29), der den Versuch beschrieben hat, zitiert Experimente, in denen eine kulturvariante Wahrnehmungserfahrung bei der „Auswertung" ebendieses Versuches notiert wurde. So erkennt eine Reihe afrikanischer Stämme, in deren Kultur es nicht üblich ist, dreidimensionale Objekte durch perspektivisches Zeichnen darzustellen, die Abbildung überhaupt nicht als Treppe, sondern lediglich als ein Linienmuster. Der gleiche Effekt zeigt sich dem Betrachter des Drahtwürfels im rechten Teil der Abbildung. Man kann gleichsam wählen, welche Seiten sich im Vordergrund befinden: ABCD oder EFGH. Eine weiteres Beispiel gibt Polanyi (1973, S. 101). Er beschreibt einen Medizinstudenten, der im Zuge seiner Ausbildung mit der Auswertung eines Röntgenbildes der Lunge konfrontiert wird. Während der ersten Sitzungen sind ihm die Erkenntnisse der lehrenden Radiologen unverständlich. Mit der Zeit erwirbt der Student jedoch die Fähigkeit, das Bild „anders“ zu sehen und Schlüsse zu ziehen. Er benutzt dazu die akquirierten Kenntnisse und beginnt in Konzepten zu denken, die es ihm ermöglichen, zum Beispiel Farbveränderungen als kritisch oder unkritisch zu werten.

Mit diesen Beispielen wird die rationalistische Kritik an der naiv empiristischen Beobachtungsthese verständlich. In Abbildung 40 ist daher die Wahrnehmungssequenz der rationalistischen Beobachtung um den Einfluss des bildauswertenden Systems ergänzt. Damit ist zum Beispiel die Vernunftleistung des Nachwuchsradiologen gemeint. Zu erklären ist weiterhin die zweite Ergänzung in der Grafik, nämlich der Effekt des bildgebenden Systems. Die Lunge eines Patienten kann nicht ohne weiteres beobachtet werden. Es bedarf einer Apparatur, die einem bestimmten Zweck folgend, ein Abbild des Originals erstellt und dabei einige der oben bereits besprochenen Konversionen vornimmt (Präterition und Umkodierung von Attributen, Einführung abundanter Attribute). Solche bildgebenden Systeme finden sich in vielen Anwendungen und Situationen der Erkenntnisgewinnung. In der Betriebswirtschaftslehre etwa kann das Rechnungswesen als ein solches bezeichnet werden. Fraglich ist, und damit wird der Übergang von einer rationalistischen zu einer pragmatischen Beobachtung angesprochen, anhand welches Kriteriums die Qualität des bildgebenden Systems beurteilt werden soll. Der Rationalist beurteilt die Sequenz von Original, Gesehenem und Wahrnehmungserfahrung an der Wahrheit der Sätze, die abgeleitet werden. Der Pragmatiker hingegen fragt, ob das bildgebende System zu nützlichen Einblicken führt.

Abbildung 41 Empiristische Beobachtung: bestimmt das Gesehene die Wahrnehmung? (Quelle: Chalmers 1989, S. 29)

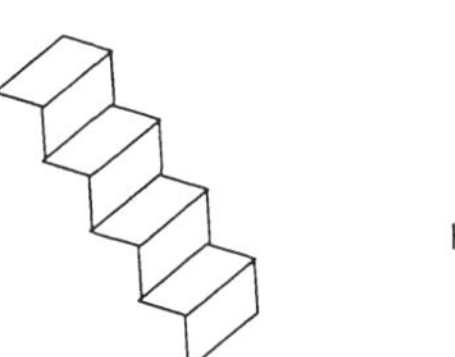

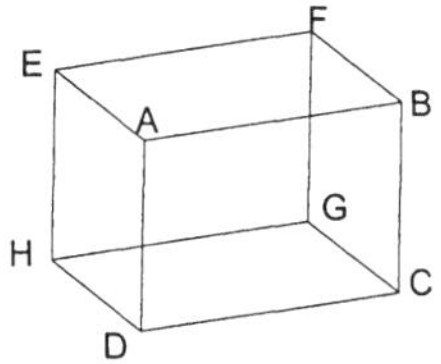

Die rationalistische Position setzt voraus, über eine zuverlässigere als die erfahrungswissenschaftliche Beurteilungsinstanz zu verfügen. Stachowiak (1973, S. 45 ff) lehnt deren Existenz und damit sämtliche Versuche der Letztbegründung jedoch ab: „ ... dass jeder mit rationalen Mitteln unternommene Versuch, die zur Kontrolle erfahrungswissenschaftlicher Theorie erforderlichen Entscheidungen über die Basissätze dieser Theorie in gleichsam tieferliegenden erkenntnisbegründenden Prinzipien zu verankern, zum Scheitern verurteilt ist." Aus diesen Überlegungen entwickelt Stachowiak (1973, S. 56 ff) ein „Modellkonzept" der Erkenntnis, mit dem auch der hier vertretene epistemologische Standpunkt ausgedrückt ist. Dessen Credo lautet, dass alle Erkenntnis in Modellen stattfindet und dass der erkennende Mensch nur über Modelle seine Umwelt zur Kenntnis nehmen kann. Das Modell gibt die Freiheit des Heraushebens abbildungsrelevanter sowie des Vernachlässigens irrelevant erscheinender Originalattribute. Erkenntnis wird durch ein Modell zweckangepasst, operational beweglich und multipel. Das Modell gleicht einer zentralen Variable, über deren Belegung im Erkenntnisgewinnungsprozess zweckorientiert zu entscheiden ist.

3.2.3.2. Grundsätzliche Alternativen zur Modellierung: Rekonstruktionstechnik versus Ansatz

Der hiermit abgeschlossene Exkurs in die Erkenntnistheorie war erforderlich, um die herausgehobene Bedeutung von Modellen für die Erkenntnisgewinnung sowie spezifischer auch für die Definition einer Informationsbasis aufzuzeigen. Es wurde deutlich, dass Modelle als bildgebende Systeme die Wahrnehmungserfahrung präjudizieren. Akzeptiert man zudem Stachowiaks Ablehnung einer Letztbegründung und folgt damit einem Modellkonzept der Erkenntnis, ergibt sich jedoch das oben bereits angekündigte Problem der Modellauswahl. Wäre die Wortwahl des „pragmatischen Entschlusses" nicht bereits von Stachowiak für einen anderen Sachverhalt belegt worden, würde sie das Auswahlproblem beziehungsweise dessen notgedrungen wahrscheinlich zu erwartende besondere Handhabung gut beschreiben. Die Betriebswirtschaftslehre bietet derart wenige Hinweise zur Beurteilung der Adäquanz eines Modells in Bezug auf eine zu beherrschende Managementsituation, dass der Controller zur Begründung der Informationsbasis in der Tat pragmatisch einen Modellierungsentschluss treffen muss. Ausgearbeitete Prüfschemata mit denen eine Modelleignung ex ante beurteilt werden kann, liegen nicht vor. Die Auswahl der Modellbasis ist eher ein Trial-and-Error-Unterfangen als ein Prozess systematischen Abwägens.

Der Zwang zur Wahl besteht, weil eine Vielzahl alternativer Modelle bereitstehen, die jeweils grundsätzlich geeignete Kandidaten der Modellbasierung wären. Tabelle 18 trägt einige populäre Modellierungskonzepte zusammen, von denen viele grundsätzlich geeignet wären, das Supply Chain Management zu unterstützen. Beziehungsweise negativ formuliert: Bei vielen wäre nicht sofort offensichtlich, warum sie dazu nicht in der Lage sein sollten. Offensichtlich ist es nicht so, dass sich die Betriebswirtschaftslehre hat dazu durchringen können, eines oder mehrere dieser Modelle als vollständig inferior, das heißt in allen denkbaren Belangen und Situationen als weniger leistungsfähig als ein anderes einzustufen. Eine evolutionäre Auskämmung des Modellbestandes im Sinne eines „Survival of the Fittest" fand bisher nicht statt.[107] Hier soll nicht darüber befunden werden, ob und in welchem Umfang die „Weichheit"

[107] Nicht einmal der mittlerweile viel gescholtene Taylorismus konnte nachhaltig entkräftet werden. Zu seiner aktuellen Bedeutung in einer zeitgemäßen Prinzipienlehre vergleiche zum Beispiel Strubl (1993, S. 65 ff).

der Betriebswirtschaftslehre als Sozialwissenschaft die Feststellung von Inferioritäten unterminiert. Tatsache ist aber, dass sich die verschiedenen Ansätze zwar in einer historischen Abfolge entwickelt, einander dabei aber nicht abgelöst haben, sondern sich heute als alternative „Approaches" präsentieren; eine Genese also durchaus erkennbar ist, eine Evolution hingegen aber nicht.

In den verfügbaren synoptischen Darstellungen betriebswirtschaftlicher Basisperspektiven, so zum Beispiel bei Kieser (1995), wird der vergleichenden Wertung und Favorisierung der Basisperspektiven absichtlich wenig Beachtung geschenkt. Üblicherweise wird das mit dem von Kuhn (1996) intensiv gebrauchten Begriff der „Inkommensurabilität"[108] von Theorien begründet: „Da es keine umfassende Theorie gibt, auch keine umfassende Wissenschaftstheorie, haben wir in solchen Fällen keine Basis, um zu entscheiden, welche Theorie die leistungsfähigere ist ..." (Kieser (1995, S. 3). Dann wird weiter geschlossen, dass ein postmodernes Wissenschaftsverständnis daher für „Vielfalt" plädieren müsse, was in der Forderung mündet, komplexer Sachverhalte multi-kontextuell zu betrachten (Kirsch 1994; Morgan 1997, S. 5).

Tabelle 18 Basisperspektiven -Basiskonzepte - Ansätze - Images: Verwirrende Anzahl von Alternativen zur Modellierung der Supply Chain

Autor	*Bezeichnung*	*Unterschiedene Ausprägungen*
Hill (1991)	Basisperspektive	Faktortheoretisch, verhaltenswissenschaftlich, systemtheoretisch, institutionell
Raffée (1989)	Basiskonzept	Sozialwissenschaftlich, ökonomisch
Meffert (1989a)	Ansatz	Produktions- und faktortheoretisch, verhaltenstheoretisch, systemtheoretisch, entscheidungsorientiert, situativ
Schaffitzel (1982)	Ansatz	entscheidungsorientiert, systemorientiert, führungsorientiert, axiomatisch-handlungstheoretisch, normativ-handlungswissenschaftlich
Morgan (1997)	Image	Machine, Organism, Brains, Cultures, Political System, Psychic Prison, Flux and Transformation, Instrument of Domination
Kieser (1995)	Ansatz	Bürokratietheorie, Taylorismus, Human-Relations-Bewegung, verhaltenswissenschaftliche Entscheidungstheorie, Organisationspsychologie, situativer Ansatz, institutionenökonomische Theorien, institutionalistische und interpretative Ansätze, evolutionstheoretische Ansätze

Auch wenn diese Gedankenführung nachvollziehbar und akzeptiert ist, leistet sie doch wenig für das hier vorliegende Problem. Der für den Entwurf der Informationsbasis Verantwortliche wird, wenn er deduktiv vorgehen will, und sich damit, wie oben argumentiert wurde, zwingend eines Modells bedient, eine Auswahlentscheidung treffen müssen. Die oben angemahnten multikontextuellen Erkenntnisse entstehen aber nicht ex nihilo, sondern sind in einem ressourcenintensiven Prozess zu gewinnen und zu verarbeiten. Um es konkreter zu machen: Jeder betriebswirtschaftliche Ansatz erfordert seine spezifische Sensorik. Wer als Controller Max Webers Managementkonzept über die Informationsbasis unterstützen will, muss über „Präzision, Schnelligkeit, Eindeutigkeit, Aktenkundigkeit, Kontinuierlichkeit, Diskretion, Einheitlichkeit, straffe Unterordnung, Ersparnisse an Reibungen, sachlichen und persönli-

[108] Verkürzt: Wenn Theorien auf unterschiedlichen Grundannahmen beruhen, sind sie auch dann nicht vergleichbar, wenn sie sich den gleichen Phänomenen zuwenden. Tut man es dennoch, wird die Auswertung der Befunde mit widersprüchlichen Ergebnissen enden.

chen Kosten ...“ in irgend einer Form berichten, um rational hinterfragen zu können, ob die bürokratische Verwaltung tatsächlich den „kollegialen oder ehren- und nebenamtlichen Formen“ überlegen ist und diese „auf das Optimum gesteigert“ hat (Weber 1980, S. 561 f). Soll multikontextuell zudem etwa Taylors Ansatz berücksichtigt werden, muss die Informationsbasis über geleistete „Meterkilogramme“ und über Kosten pro Outputeinheit bei Verwendung einer bestimmten Arbeitsmethode (Taylor 1995, S. 61 und 74) etwas sagen können. Um die Beispiele auch zu moderneren Ansätzen zu führen, müsste die gleiche Informationsbasis auch Stellung beziehen zur Balance von Anreizen und Beiträgen einzelner Mitarbeitergruppen.

Es wird deutlich, dass trotz der nachvollziehbaren Begründung einer multi-kontextuellen Problemhandhabung das Auswahlproblem besteht. Wie viele „online“ in der Informationsbasis unterstützte Kontexte sich ein Unternehmen erlaubt oder erlauben sollte, kann nicht prinzipiell beantwortet werden. Die Kosten und Nutzen jeder zusätzlichen Perspektive sind abzuschätzen. Klar wird aber, dass aus Sicht des zur Entscheidung gedrängten Praktikers jede Argumentation zur situativen Rangierung der Ansätze im Sinne von „Wenn-Dann“-Überlegungen und relativen Vorteilhaftigkeiten einer wie auch immer begründeten Unentschlossenheit vorzuziehen ist.

Um das Auswahlproblem handhaben zu können, wird ein zweistufiges Verfahren vorgeschlagen. Zunächst sollten die Begriffe „Rekonstruktionstechnik“ und „Ansatz“ unterschieden werden. (1) Eine Rekonstruktionstechnik soll als eine Vorschrift zur Abbildung (Rekonstruktion) der Realität werden. Die Vorschrift nennt den Sprachvorrat und im Zuge der Abbildung zu beachtende Prozeduren. Das Ergebnis der Rekonstruktion ist ein Modell. Die Rekonstruktionstechnik leitet den Modellierungsprozess - aber auch nicht mehr. Insbesondere ist eine Rekonstruktionstechnik nicht normativ, wenngleich auch die besondere Art der syntaktischen Aufbereitung der Realität bestimmte Schlüsse, die aus dem Model gezogen werden können, wahrscheinlicher und andere hingegen unwahrscheinlicher macht. Im Gegensatz zu der Flut von „Ansätzen“ (siehe unten), verwendet die Betriebswirtschaftslehre nach Kenntnis des Verfassers lediglich zwei Rekonstruktionstechniken: die allgemeine Netzwerktheorie sowie die allgemeine Systemtheorie. Für beide gilt, dass eine empirische Gegebenheit mit dem jeweiligen Sprachvorrat abgebildet werden kann. Das Ergebnis ist dann respektive ein Netzwerk oder ein System. Für beide gilt, dass damit grundsätzlich jedes Objekt rekonstruierbar ist. (2) Als ein „Ansatz“ soll ein Modellierungsverfahren verstanden werden, das im Gegensatz zur Rekonstruktionstechnik nicht lediglich „leidenschaftslos“ rekonstruiert, sondern das Rekonstruierte zugleich problematisieren kann und Lösungsprogramme bereithält. Ein Ansatz ist normativ und handlungsorientiert. Ein Ansatz mag auf einer Rekonstruktionstechnik basieren, geht aber darüber hinaus, weil er Lösungen bietet. In die Klasse der Ansätze fällt auch die Mehrheit der in Tabelle 18 aufgelisteten Beiträge.

Die Unterscheidung von Rekonstruktionstechnik und Ansatz mag am Beispiel der Unterscheidung von „allgemeiner Netzwerktheorie“ und „Netzwerkansatz“ deutlich werden. Beide Begriffe werden in Kapitel 5.1.1 ausführlich erläutert; hier sei vorab aber gesagt: Die allgemeine Netzwerktheorie kann beschrieben werden als eine Technik zur formalen, nichtnormativen Rekonstruktion realer Sachverhalte anhand eines stark eingegrenzten Vokabulars (Knoten und Kanten sowie einigen darauf aufbauenden zusammengesetzten Architekturen). Die allgemeine Netzwerktheorie wird in einer Vielzahl von Disziplinen verwendet; unter anderem auch in der Betriebswirtschaftslehre. Sie ist aber keine normative Theorie. Ganz anders der Netzwerkansatz: Darunter soll derjenige Bestand an Literaturbeiträgen verstanden werden, in dem empfohlen wird, ein Unternehmen sowie dessen Austauschbeziehungen mit dem Umfeld oder beides als Netzwerk aufzubauen. Ein Netzwerk wird dort als eine innovative und überlegene Form der Strukturierung und Koordination wirtschaftlicher Aktivitäten gesehen. Zur Analyse wird wie in der allgemeinen Netzwerktheorie empfohlen, in Knoten und Kanten zu denken. Der Ansatz macht darüber hinaus aber auch Empfehlungen zur Beurteilung von Ist-Zuständen, zu anzustrebenden Soll-Zuständen sowie zu Instrumentarien. Wenn hier gesagt und im Folgenden noch begründet wird, die Supply Chain werde mit Hilfe der Netzwerktheorie modelliert, so ist damit die „Netzwerktheorie“ als Rekonstruktionstechnik und nicht der „Netzwerkansatz“ als Ansatz gemeint. Eine Parallele zu dieser Begrifflichkeit mag auch zu sehen sein im Verhältnis zwischen allgemeiner Systemtheorie, wie sie etwa von Bertalanffy (1950) oder Boulding (1956) formuliert wurde, und dem systemorientierten Ansatz der Betriebswirtschaftslehre, wie er sich unter anderem in der Arbeit von Ulrich (1968) manifestiert.

3.2.4. Die Netzwerktheorie als Modellierungsbasis

Es ist festzuhalten, dass sich mit der Argumentation des letzten Kapitels die Problematik der Auswahl einer geeigneten Grundlage zur Modellierung der Supply Chain um eine zusätzliche Stufe erschwert hat. Nun ist erstens zu entscheiden, ob eine „Rekonstruktionstechnik“ oder ein „Ansatz“ zum Zuge kommen sollte. Ist dies geklärt, stellt sich die Wahl innerhalb dieser Kategorien. Um die Antwort vorweg zu nehmen: Die Entscheidung erfolgt zu Gunsten der Rekonstruktionstechniken, im Besonderen auf die Netzwerktheorie. Das ist wie folgt zu begründen:

Erster Schritt: „Rekonstruktionstechnik“ statt „Ansatz“

Gegen die Verwendung eines Ansatzes zur Modellierung der Supply Chain spricht dessen wahrscheinliche Partikularität und damit Vorurteilslastigkeit. Eine Ansatz, so die These, ist immer eine sehr spezielle, enge und sehr selektive Sicht auf die Realität. Es kann für die Gewinnung einer vielfältig einzusetzenden Informationsbasis aber nicht sinnvoll sein, so die Fortführung des Arguments, sich bereits in dieser grundlegenden und quintessenziellen Fragestellung durch Bekleidung einer Partikularposition festzulegen.

Oben wurde bereits argumentiert, dass die Supply Chain durch ein Monitoringmodell abgebildet werden sollte, wenn das Controllinginteresse für die Modellbildung im Vordergrund steht. Monitoringmodelle zeichnen sich insbesondere durch das Fehlen der Erklärungs-, Prognose- und Entscheidungskomponente aus. Um dieses Fehlen positiv zu wenden: Monitoringmodelle besitzen keinen unmittelbaren Problembezug. All die oben genannten betriebswirtschaftlichen Ansätze besitzen aber einen expliziten Problembezug. Betriebswirtschaftliche

Realität wird dort nicht deskriptiv und leidenschaftslos dargestellt. Die spezifische Art der Darstellung ist vielmehr mit einem mitgeführten Pool von Lösungsansätzen gekoppelt. Tabelle 19 zeigt das am Beispiel der verhaltensorientierten Betriebswirtschaftslehre, insbesondere für die Theorie der Organisationsentscheidung. Rekonstruktion, Standardproblemstellung und Standardlösung werden dort eng verquickt. Dies mag für die Mehrheit der Verwendungssituationen angemessen sein, in der ein Modellnutzer ein konkretes Problem hat und neben dessen Rekonstruktion mit ebendiesem Ansatz auch eine Lösungskomponente erwartet. Für die hier zu unterstützende Situation ist es aber nicht hilfreich, da die Dokumentation des Systemzustands im Monitoringmodell für die Informationsbasis zunächst möglichst unabhängig [109] von einer partikularen Perspektive erfolgen sollte. Das zu schaffende Modell der Supply Chain benötigt keinen Problem- sondern vordringlich einen Realitätsbezug. Das Modell soll einen Rahmen darstellen für später möglicherweise auf dieser Grundlage zu diskutierende Probleme

Tabelle 19 Portrait der verhaltensorientierten Betriebswirtschaftslehre: Der Ansatz liefert nicht nur die Rekonstruktion, sondern auch das Lösungsinstrument

Fragestellung	*Aussage*
Wie wird die Struktur des Unternehmens rekonstruiert?	Das Unternehmen besteht aus Entscheidern, die über alle hierarchischen Ebenen verteilt sind. Es besteht weiterhin aus einer organisatorischen Infrastruktur, mit der en Entscheidungsfindung beeinflusst werden soll.
Wie wird das Geschehen im Unternehmen rekonstruiert?	Das Geschehen wird als operatives Handeln und als Entscheidungshandeln rekonstruiert.
Welche Standardprobleme werden formuliert?	Trotz dezentraler und begrenzt rationaler Entscheidungsfindung eine gesamtorganisatorische Rationalität sicherstellen
Welche Standardlösungen werden formuliert?	Durch „Organisation" soll eine gesamtunternehmensbezogene Rationalität gewährleisten werden. Die Ebene der ausführenden Mitarbeiter („Operative") ist durch eine Ebene entscheidungsvorbereitender und -beeinflussender Mitarbeiter („Administrative") zu überlagern. Deren Aufgabe ist, sicherzustellen, dass die Arbeit der operativen Mitarbeiter koordiniert und effektiv erfolgt (Simon 1976, S. 3)

De Moliére (1984, S. 127) hält ebendiese Problemoffenheit für eine spezifische Besonderheit von Unternehmensmodellen, „... wobei darunter solche Modelle verstanden werden, in denen die wesentlichen Zusammenhänge des Unternehmensgeschehens erfassbar sind ... Unternehmensmodelle zeichnen sich häufig durch eine Vielzahl von Anwendungsmöglichkeiten aus und dienen je nach Bedarf der Erfüllung sehr unterschiedlicher, wechselnder Aufgaben, ohne daß sie auf eine spezielle Problemstellung ausgerichtet wären." Um damit noch einmal die Typisierung des hier zu entwerfenden Modells der Supply Chain anzuknüpfen: die Supply Chain wird als ein Unternehmensmodell rekonstruiert.

Die so umrissene Modellierungsaufgabe bleibt in den Maßstäben von Bretzke (1980) bescheiden, da das Modell vordringlich Abbildungs- und keinen Entscheidungscharakter haben wird. In seinen Worten geht es hier um eine reine Abbildung, die nicht mehr ist, als „... eine einfache Reproduktion vorgegebener Merkmalskomplexe, die von dem jeweiligen Modellher-

[109] Die Relativierung „möglichst unabhängig" ist erforderlich, da eine vollkommen neutrale Repräsentation der Realität ohnehin nicht möglich ist.

steller im Grunde nicht mehr verlangt als ein geschultes Wahrnehmungsvermögen, ein hohes Maß an Aufmerksamkeit und Unvoreingenommenheit und die Verfügbarkeit einer geeigneten Sprache für die formale Repräsentation der wahrgenommenen Strukturen." (Bretzke 1980, S. 30). Mit dieser Formulierung macht Bretzke das Verfahren natürlich etwas zu einfach, denn: Woher kommen denn die „vorgegebenen Merkmalskomplexe"? Deren objektive Existenz ist nach den Argumenten des Kapitels 3.2.3.1 nicht unterstellbar. Die Realität bietet diese nicht ex ante an. Sie ist vielmehr strukturlos, wie Bitz (1977, S. 57) hervorhebt: „Reale Gegebenheiten haben gar nicht eine Struktur; Struktur wird ihnen vielmehr erst durch eine unter ganz bestimmten Aspekten ordnende - in soweit also doch schon wieder abstrahierende - Betrachtung geschenkt." Ebenfalls fraglich bleibt, anhand welcher Überlegungen die unabdingbare Präterition von Attributen vorgenommen werden kann. Weiterhin: Nach welcher Maßgabe ist das bei Bretzke genannte Wahrnehmungsvermögen zu schulen? Eine theoriefreie Wahrnehmung ist nicht möglich. Ebenso: „Unvoreingenommenheit" kann man aus eben diesen Gründen nicht erreichen. Und zuletzt: Woher kommt die „geeignete Sprache", der Modellierungsvorrat, wenn nicht aus einem Akt zweckorientierter Definition? Es trifft sicher zu, dass abbildungsorientierte Modelle weit weniger hypothesengeladen sind als konstruktivistisch orientierte Modelle. Von einer simplen Reproduktion zu sprechen, lässt aber außer Acht, dass die dabei einzusetzende Reproduktionstechnik auch bereits „Programm" sind. Insgesamt erscheint es angemessener, Bretzkes Vokabel der „Reproduktion" durch „Rekonstruktion" zu ersetzen. Reproduktion erinnert an eine perfekte Kopie. Dieses Ergebnis ist für das hier fokale Objekt (Supply Chain) aber weder sinnvoll noch erreichbar.

Akzeptabel ist hingegen Bretzkes Formulierung einer „einfachen" Rekonstruktion. Was der Kreis der Nutzer der Informationsbasis aus dieser einfachen Rekonstruktion macht, bleibt aber zunächst ebenso offen, wie etwa die Frage, welche spezifischen Sonderrechnungen gefahren werden können, sobald eine Riebel'sche Grundrechnung verfügbar ist. Auch dort gilt, dass die Grundrechnung zunächst zweckunabhängig zu erstellen ist. Aus dieser Sicht sind die „lösungslosen" Rekonstruktionstechniken weniger vorurteilsbehaftet als die „Ansätze" und werden grundsätzlich die relativ größte Chance für eine problemoffene Abbildung bieten.

Zweiter Schritt: „Netzwerk" statt „System"

Mit der Einschränkung der potenziellen Modellierungsbasen auf die Rekonstruktionstechniken bleibt noch die Aufgabe offen, innerhalb dieser Gruppe eine Auswahl zu treffen. Hier werden nur zwei Alternativen gesehen: eine Supply Chain kann als ein Netzwerk oder als ein System rekonstruiert werden. Für die hier favorisierte Rekonstruktion als Netzwerk spricht eine Reihe von Argumenten und Autoren.

Grundsätzlich benötigt diese Auswahl, die als Wahl des Forschungsansatzes interpretiert werden kann, keine explizite Rechtfertigung, sondern kann innerhalb der Grenzen der Plausibilität und methodischen Adäquanz als „Freiheit des Forschers" angesehen werden. Aus Sicht des Praktikers, für den diese Arbeit auch geschrieben wird, endet diese Freiheit aber dort, wo ansatzpräjudizierte inferiore Ergebnisse erzielt werden. Wenn ein Modell relativ schlechte

Ergebnisse liefert, sollte es nicht verwendet werden. Das gilt auch für diese Arbeit. Es kann kaum unterstellt werden, dass die Netzwerktheorie und die Systemtheorie gleich gute Ergebnisse zur Begründung der Informationsbasis für das Controlling liefern werden. Dieser Zustand ist für den Forschungskonsumenten aber misslich; was ist von einer Forschung zu halten, die zwar Alternativen nennt, aber deren relative Vorteilhaftigkeit in einer konkreten Verwendungssituation nicht zu benennen weiß? Im Idealfall müsste es daher gelingen, ähnlich einer Nutzen-Kosten-Analyse oder zumindest einer Nutzwertanalyse die relative Vorteilhaftigkeit der Alternativen für das „Projekt" ermitteln zu können. Nach Kenntnis des Verfassers existieren aber keine Kriterien, die es zulassen, einen solchen Nutzwert auch nur annähernd abschätzen zu können. Das Nachfolgende liefert daher auch lediglich Fragmente einer Begründung.

Boissevains Plädoyer für die Netzwerktheorie

Eine umfassende Wertung der Vor- und Nachteile der Netzwerktheorie stammt von Boissevain (1979). Obwohl bereit über 30 Jahre alt und aus einem anderen fachlichen Blickfeld formuliert (Anthropologie), sind dessen Argumente erstens heute und zweitens für die Analyse einer Supply Chain gültig. Die Netzwerktheorie ist demnach aus folgenden Gründen attraktiv: (1) Die Netzwerktheorie lenkt die Aufmerksamkeit systematisch auf die Verknüpfungen und Beziehungen zwischen Akteuren und erschließt damit die soziale Struktur für die Betrachtung. Die nachfolgende Analyse der Supply Chain Management-Literatur wird zeigen, dass in der Supply Chain eben diese Verknüpfungen und Beziehungen von besonderem Interesse sind. Die Netzwerktheorie hat ebenso wie die Systemtheorie als analytischer Zugang diesbezüglich einen komparativen Vorteil gegenüber monadischen Ansätzen, in denen individualzentriert analysiert wird. [110] Gerade die Unfähigkeit monadischer Analyse hat zur Weiterentwicklung der Netzwerktheorie geführt. Dementsprechend programmatisch ist es zu sehen, wenn Katz und Kahn (1966) ihr Werk „The Social Psychology of Organizations", das als Auftakt einer intensiven Auseinandersetzung der Betriebswirtschaftslehre mit der Theorie offener Systeme angesehen werden kann, beginnen mit: „The psychological approach to the study of problems in the social world has been impeded by an inability to deal with the facts of social structure and social organization." (2) Die Netzwerktheorie lenkt die Aufmerksamkeit weiterhin auf die Interdependenzen zwischen den Akteuren. Mehr als alternative Paradigmen stößt die Netzwerkanalyse den Analytiker auf die Problematik der Prolongation von Eingriffen auf die vor- und nachgelagerten Knoten. Als Grundannahme lohnt es sich also, die Netzwerkanalyse einzusetzen, wenn man an der Interdependenz der Akteure interessiert ist und wenn man analysieren möchte, wie die Gruppe die Handlungsmöglichkeiten des Einzelnen fördert oder hemmt. Rogers und Agarwala-Rogers (1976, S. 111) sprechen von Systemeffekten: Auch wenn C und A einander unbekannt sind, beeinflusst C den A, wenn beide B kennen. (3) Die Netzwerktheorie ist hilfreich, weil die Entfernung der Vokabel „Grenze" aus

[110] Vergleiche dazu auch den tabellarischen Vergleich der Ansätze bei Rogers und Agarwala-Rogers (1976, S. 126).

dem Modellierungsvorrat der Netzwerktheorie es dem Analytiker schwer macht, in eine, aus Sicht des Supply Chain Managements nicht förderliche, institutional orientierte Partialanalyse zu verfallen, in der das Unternehmen herausgehoben analysiert und alles andere vergleichbar unintelligent, aber eben komplexitätsreduzierend als Umfeld abgetan wird. (4) Die Netzwerktheorie ist schließlich auch hilfreich, weil die Kategorisierung der Netzwerkinhalte eine differenzierte Analyse und später auch differenzierte Gestaltung des organisationalen Felds zulässt. Die Öffnung der Perspektive auch auf die nicht-technischen Aspekte des Managements der Supply Chain wird durch die explizite Analyse des organisationalen und des sozialen Netzwerks forciert. Die Gefahr einer Reduzierung des Supply Chain Managements auf die Implementierung integrierender Planungssoftware oder auf das Vereinbaren von Datentauschprotokollen wird dadurch gemindert. Der Bedarf für ein simultanes Voranschreiten des Integrationsprozesses in allen vier Partialnetzen wird in den Vordergrund gestellt. Weiterhin erweitert die Abbildung informaler Beziehungen zwischen den Akteuren, zum Beispiel der Existenz von Cliquen, das „zulässige" Vokabularium zur Erklärung von Erfolg oder Misserfolg.

Das strukturalistische Plädoyer für die Netzwerktheorie

(1) Für Aldrich und Whetten (1981, S. 400) ist die Netzwerktheorie nicht einer von vielen sondern vielmehr ein zwingender Zugang zur Analyse interorganisationaler Phänomene: „An important methodological issue involves the ontology of networks. Networks are essentially constructs created by researchers to aid the process of conducting interorganizational research." Ähnlich argumentieren Mizruchi und Galaskiewicz (1993, S. 46; 1994, S. 230), für die ein Netzwerk der logische Weg zur Analyse interorganisationaler Beziehungen ist. Diese ontologisch orientierte Argumentation stützt die hier verfolgte Vorgehensweise und bestätigt die Auswahl der Netzwerktheorie als Rekonstruktionstechnik. (2) Ein weiteres Argument stammt, zusammenfassend vorgetragen, von Cook und Whitmeyer (1992, S. 114). Die strukturalistische Perspektive der Netzwerktheorie formuliert in Übereinstimung mit der strukturalistischen Position in der Soziologie, wie sie etwa von Blau (1977) vorgetragen wurde, dass viele bedeutende soziale Phänomene mehrheitlich, wenn nicht sogar vollständig durch die Struktur des Netzes erklärt werden können, in das die fokale Einheit eingebunden ist. Davern (1997, S. 289) formuliert programmatisch: „Thus, just by knowing the configuration of the actors and social ties, well-substantiated hypotheses can be forwarded about the social and economic processes occurring within the network."

In der Literatur zur Netzwerktheorie gibt es eine, mitunter als „strukturalistisch" bezeichnete Tradition von Forschungsbeiträgen, die den Einfluss der Netzwerkstruktur auf zentrale Managementphänomene analysiert. Für diese Arbeit ist die strukturalistische Netzwerktheorie ein bestätigendes Argument, weil die Informationsbasis als ein Sammelbecken für eben solche zentralen Treiber verstanden werden kann. Die Begründung der Informationsbasis setzt ebenfalls voraus, diejenigen Faktoren zu identifizieren, durch die zentrale Phänomene maßgeblich beeinflusst werden. Tabelle 20 stellt einige Ergebnisse strukturalistischer Forschung zusammen.

Tabelle 20 Die strukturalistische Perspektive: Die Struktur eines Netzwerks kann zentrale soziale Phänomene erklären

Zu erklärendes Phänomen:	*Art und Erklärung des Zusammenhangs:*	*Quellen (Auswahl):*
Effizienz	Zentrale Netze fördern die Effizienz in der Durchführung von Routineaufgaben. Dezentrale Netze fördern die Effektivität bei kreativen und kollaborativen Aufgaben.	Bavelas und Barrett (1951)
Macht	Enge Korrelation zwischen Zentralität und Power.: „... power is first and foremost a structural phenomenon". Relevant für Power ist nicht das Ressourcenniveau, sondern vielmehr das Ressourcenvolumen das qua Position im NW mobilisiert werden kann.	Brass (1984) Mizruchi und Galaskiewicz (1993)
Performance	Die Netzwerkstruktur beeinflusst das Verhalten und die Performance der Mitarbeiter.	Brass (1981)
Kommunikation Problemlösungsverhalten	Position (Zentralität des Akteurs), Netzstruktur (Zentralität des Netzes) und Anreize determinieren das Kommunikationsverhalten der Akteure in Netzwerken.	Bonacich (1990)
Innovation	Innovation wird gefördert, wenn über die Kanten „sozial heterogene" Akteure verbunden werden; Homogenität tötet Kreativität. Know-how-Akquisition (Finden und Transferieren) ist von der Verteilung starker und schwacher Kanten abhängig. Die Anzahl der kommerziellen Verknüpfungen eines Jungunternehmens mit seinem Umfeld beeinflusst dessen Innovationsrate.	Ibarra (1992) Hansen (1999) Shan et al. (1994)
Diffusion und Adoption	Die Geschwindigkeit der Diffusion hängt ab von der Integration beziehungsweise Isolation der Akteure.	Coleman et al. (1957)
Mobilisierung, Bereitstellung öffentlicher Güter und effektive Handhabung des Freerider-Problems	Die Zentralität und Netzwerkdichte beeinflussen den erreichbaren Mobilisierungsgrad. Zentrale Systeme sind geeigneter, um öffentliche Güter zu produzieren. Die Position im Netzwerk beeinflusst den Grad der Mobilisierung.	Laumann et al. (1978) Gould (1993)
Profit	Die von einem Unternehmen erzielbare Profitrate (Return on Investment) ist wesentlich durch die „soziale Struktur" des Wettbewerbs determiniert: „The rate of return is keyed to the social structure of the competitive arena ..." (Burt 1995, S. 8).	Burt (1995)
Absentismus, Kündigungsraten	Kündigende Mitarbeiter strahlen auf Mitarbeiter aus, die sich in der gleichen Netzwerkposition (Rolle) befinden. Absentismusneigung wird in persönlichen Netzwerken übertragen.	Krackhardt und Brass (1994)
Arbeitszufriedenheit	Die Mitarbeiter in der Naben-Position eines Nabe-Speiche-Netzwerks (relative Isolates) zeigen ceteris paribus größere Arbeitszufriedenheit.	Bavelas und Barrett (1951)
Autonomie; Stakeholderdominanz	Die Dichte des Stakeholdernetzwerks und die Position des Unternehmens in diesem Netzwerk beeinflussen das Potenzial des Unternehmens, sich den Stakeholderanforderungen widersetzen zu können.	Rowley (1997)

Nach den skizzierten Literaturbeiträgen soll nun die Begründung der Auswahl der Netzwerktheorie noch einmal detailliert werden. Dazu ist es hilfreich, einen Bezug zu Heinens Modellierungsprogramm herzustellen.[111] Dessen vorgeschlagene Dreiteilung (Modellierung des Menschen, der Betriebswirtschaft sowie der Umwelt) ist insofern interessant, als hier nur eine Zweiteilung vorgeschlagen wird - die jedoch programmatisch zu verstehen ist. Konsens

[111] Heinen (1992) gliedert sein Hauptwerk, die „Einführung in die Betriebswirtschaftslehre" anhand von Modellen. Er hält für relevant: Grundmodelle des (1) „wirtschaftenden Menschen", (2) der „Betriebswirtschaft" sowie (3) der „Beziehungen zwischen Betriebswirtschaft und Umwelt".

besteht zur Bedeutung des Grundmodells „Mensch im Unternehmen", den Heinen als Entscheider modelliert. Dessen Trennung von Unternehmen und Umwelt hingegen wird bewusst vermieden. Statt dessen werden Unternehmen und Umwelt in *einem* Modell, dem Netzwerkmodell abgebildet. Es bleibt Kapitel 5 vorbehalten, das Netzwerkmodell und die Netzwerktheorie zu erläutern. Hier sei jedoch vorausgeschickt, dass gerade in der *gemeinsamen* Modellierung von Unternehmen und Umwelt, von Unternehmen und Lieferant, von Lieferant des Lieferanten und von Kunde des Kunden, nach Auffassung des Verfassers die besondere Verheißung der Netzwerktheorie für eine adäquate Abbildung unternehmensübergreifender Sachverhalte liegt.

Auf die Modellierung als Netzwerk zu verzichten, würde bedeuten, mit der traditionellen Trennung von Unternehmen und Umwelt bereits in der für das spätere Management grundlegenden Phase der Vorbereitung der Erkenntnisgewinnung und der Definition des Aktionsraumes für genau diejenige problematische Trennung von Innen und Außen sorgen, die ja überwunden werden soll, weil sie sich als Hindernis „höherer Optima" erwiesen hat. Supply Chain Management, verstanden als der aktuelle Status quo eines evolutionär voranschreitenden Integrationsgedankens in der Betriebswirtschaftslehre, ist über weite Strecken ein Programm zur Überwindung dieser Trennung. Die Metapher der funktionalen Silos kommt in den Sinn. Diese Silos gibt es unter anderem aber auch deshalb, weil sie, über die Betriebswirtschaftslehre vermittelt, zuvor modelliert wurden.

Die Anwendung der Netzwerktheorie zur Rekonstruktion bedeutet nicht zugleich, dem rekonstruierten Objekt die Eigenschaft des Entgrenztseins zu unterstellen. Gerade das Gegenteil wird ja bereits sprachlich impliziert: Von interorganisationalen Netzwerken kann man nur sprechen, wenn es ein „Inter" zwischen den Organisationen gibt, wenn diese voneinander abgegrenzt sind. Natürlich kann empirisch beobachtet werden, dass die Grenzen tendenziell durchlässiger werden (Picot et al. 1996, S. 263). Die allgemeine Netzwerktheorie will als lediglich beschreibende Theorie auch keine Wertung über die optimale Festigkeit dieser Grenzen, mithin also über den situativen Sinn oder Unsinn der „grenzenlosen Unternehmung" treffen. Sie stellt als Beschreibungstechnik jedoch sicher, dass in der analytischen Aufbereitung des Beobachteten zwischen innen und außen kein Detaillierungs- und Interessengefälle entsteht.

Nicht-fatalistische Behandlung des Umfelds in der Netzwerktheorie

Die Netzwerktheorie ist in besonderer Weise für die Modellierung von Supply Chains geeignet, da sie die traditionelle Trennung von Innen und Außen überwindet. Die Einbettung und Positionierung des Unternehmens in dessen Umfeld wird hier zu einem expliziten Managementproblem. Die Grenzziehung wird nicht länger als betriebswirtschaftliches Problem ausgeblendet (Delfmann 1989b, S. 97). Insbesondere der bereits genannte strukturalistische Ansatz bezieht das Umfeld intelligent ein und überwindet die über weite Teile fatalistische, negativ definierende („... everything that is not the firm ..."; Jarillo 1988, S. 32) und ausschließende Behandlung des Umfelds. Die stärkere Einbeziehung der Umwelt tritt deutlich in den Vordergrund, wenn man auf eine simple Systematik von Emery und Trist (1965, S. 22) den Vordergrund, wenn man auf eine simple Systematik von Emery und Trist (1965, S. 22) zurückgreift. Die Autoren gliedern die Vielzahl von Beziehungen, die innerhalb, zwischen und außerhalb von Unternehmen gepflegt werden, durch eine simple Notation (Abbildung 42). L_{11} ist die Menge alle Beziehungen zwischen Mitgliedern innerhalb eines Unternehmens. L_{12} und L_{21} sind die Mengen der grenzüberschreitenden Beziehungen. L_{22} repräsentiert die Menge aller Beziehungen zwischen Partnern außerhalb des fokalen Unternehmens. Das besondere der Netzwerktheorie kann darin gesehen werden, den L_{22} besondere Aufmerksamkeit zu widmen.

Abbildung 42 Systematisierung von Beziehungen in, zwischen und außerhalb des Unternehmens (Quelle: Emery und Trist 1965, S. 22)

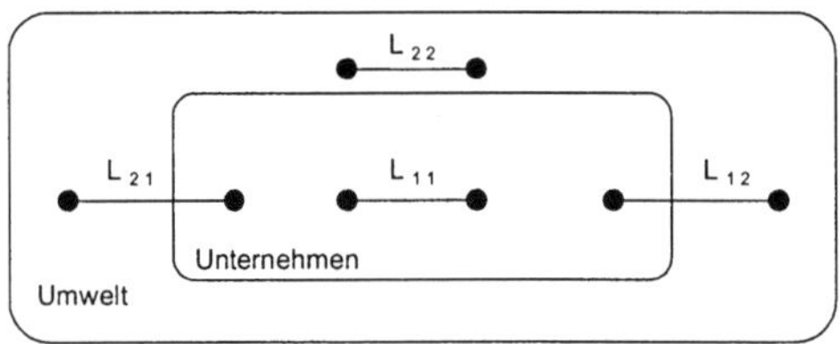

Der Bedarf für eine sorgfältige Analyse des Umfelds entstand bereits mit der Akzeptanz des Modells eines offenen und sich anpassenden Unternehmens (Katz und Kahn 1966; Thompson 1967). Dieses Modell bedeutete nicht nur, dass Unternehmen mit ihrer Umwelt in einer Austauschbeziehung stehen, sondern vielmehr, dass dieser Austausch das Unternehmen in seiner existenziellen Funktionsfähigkeit berührt. Das Interesse der nachfolgend entstandenen Forschungsarbeiten zur Struktur, Dynamik und Bedeutung des Umfelds für das Unternehmen (Emery und Trist 1965; Duncan 1972; Warren 1967) sowie zu möglichen Reaktionen des Unternehmens auf das Umfeld (Lawrence und Lorsch 1967) ist daher nicht verwunderlich. Erstaunlicher ist schon eher, dass sich die Netzwerkanalyse zwar in der Soziologie und Organisationssoziologie einen festen Platz behaupten konnte, nicht jedoch in der zu erwartenden Dominanz in der Managementlehre und Organisationstheorie. Dort dominierte über lange Zeit die schwarz-weiss orientierte, dichotomische und pauschalisierende Unternehmen-Umwelt-Unterscheidung. So etwa zu finden in Analysen von Pfeffer (1972), Duncan (1972) oder Leblebici und Salancik (1981). In vielen Forschungsbeiträgen war die Umwelt eben lediglich „anything out there“ Perrow (1986, S. 192).

Soll Controlling den Entscheider in einem Umfeld unterstützen, das sich durch das Streben nach einem integrativen Management langer Versorgungsketten auszeichnet und zudem mit dem Anspruch behaftet ist, die Reichweite des Managements deutlich über das eigene Unternehmen hinaus zu erweitern, wie es für das Supply Chain Managements charakteristisch ist, muss Controlling diesen besonderen Kontext für den Entwurf der Informationsbasis berücksichtigen. Daraus ergibt sich die Notwendigkeit einer Modellierung, in der das Umfeld bereits konzeptionell in den Wertschöpfungsprozess integriert wird. Eine solche konzeptionelle Integration geht über den in betriebswirtschaftlichen Lehrbüchern ubiquitären Hinweis hinaus, das Unternehmen als offenes System stehe mit Kunden und Lieferanten sowie weiteren, nach welchen Kriterien auch immer gebildeten Umwelten in einem Austauschzusammenhang. Letzterer wird für den hier zu verfolgenden Zweck unzureichend, wenn: in der Analyse das Unternehmen dann doch isoliert wird, die Umwelt mit einem deutlichen Detaillierungsverlust berücksichtigt wird, Probleme von außerhalb als gegeben akzeptiert werden sowie Lösungen nur innerhalb der Innen-Außengrenze gesucht werden.

Ein Beispiel mag die Kritik verdeutlichen: Unsicherheit ist eine der zentralen Einflussgrößen auf unternehmerisches Handeln. Sie wird üblicherweise als eine Funktion des Umfeldes modelliert (Thompson 1967, Duncan 1972). Die Antwort der Managementlehre sind dann Strategien zum Umgang mit dem Umfeld. So etwa die Vorschläge von Pfeffer (1972): Kooptation, Langfristverträge, Kartelle, Joint Ventures oder Lobbyismus. Dort wird jedoch nicht hinterfragt, in welchem Umfang die besondere „topografische" Lage des Unternehmens im Netzwerk zwischen anderen Unternehmen, Schäfer (1980, S. 4) spricht vom leistungswirtschaftlichen Standort, für das Ausmaß an Unsicherheit und deren Beeinflussbarkeit von Bedeutung ist. Diesen besonderen Blick lässt eine organisationszentrierte Perspektive (Barley et al. 1992, S. 311), in diesem Fall die Ressourcenabhängigkeitstheorie, konzeptionell nicht zu und kommt damit, obwohl ihr Erklärungsbeitrag für viele Fragestellungen (zum Beispiel die Motive zur Bildung von Unternehmensverbindungen) groß ist, zu einer insgesamt verkürzten Darstellung. Die organisationszentrierte Sicht modelliert lediglich die unmittelbaren Nachbarn des Unternehmens, verzichtet jedoch auf die Analyse der L_{22}-Beziehungen. Das verhindert jedoch Erkenntnis und ist zugleich der komparative Wettbewerbsvorteil der Netzwerktheorie: „... the webs are likely to exhibit structural patterns that are invisible from the perspective of a single organization caught in the tangle. To detect overarching structures, one has to arise above the individual firm and analyze the system as a whole." (Barley et al.1992, S. 312).

Ein weiteres Beispiel mag das Plädoyer für die Netzwerktheorie als Analyseinstrument für diese Untersuchung abschließen. Die Beurteilung der Machtposition, über die ein fokales Unternehmen in einer Wertschöpfungskette verfügt, ist ein möglicher Erklärungsparameter für Unternehmenserfolg (Stern und Reve 1980; Cool und Henderson 1998). Macht wird dabei üblicherweise zurückgehend auf Emerson definiert als die Fähigkeit eines Akteurs A, den Widerstand des Akteurs B potenziell zu überwinden zu können. Treiber der Macht des A gegenüber B ist die Abhängigkeit des B von A (Emerson-62, S. 33). Macht ist damit, und das ist der Punkt für diese Diskussion, eine Eigenschaft einer (sozialen) Beziehung zwischen Akteuren. Macht ist keine Eigenschaft, die einem Akteur unabhängig von dessen Einbindung in das Umfeld zu- oder abgesprochen werden kann. Ohne eine differenzierte Analyse des Umfelds kann „Macht" daher nicht adäquat analysiert werden. Dass es dabei auch noch unzureichend ist, die Beziehungen zwischen fokalem Unternehmen und Umfeld als Anzahl von Dyaden zu interpretieren, zeigen bereits die Überlegungen von Simmel (1964) zur Triade, die zwar in einem anderen Zusammenhang formuliert wurden, hier aber dennoch wirksam sind. Er notiert zur Bedeutung des „Dritten“ in sozialen Beziehungen, dass sich potenziell eine Situation des „lachenden Dritten“ ergeben kann (Simmel 1964, S. 154 ff). Wenn die zuvor dyadisch kooperiert habenden A und B nun durch den in die Analyse eintretende Akteur C dergestalt in eine neue Abhängigkeit (Machtstruktur) gebracht werden, dass C, ein Konkurrent von A, eine Beziehung mit B aufbaut, erreicht B eine Machtposition in der Triade, solange sichergestellt ist, dass A und C nicht interagieren. Wenn nun aber Akteur C mit dem fokalen Akteur A nicht kooperiert, wird C in einer traditionellen Rekonstruktion des Umfelds von A nicht als separate Entität auftauchen. Akteure, mit denen das fokale Unternehmen nicht interagiert, treten in die Grauzone des Umfelds zurück und entziehen sich damit einer, wie dieses formale Beispiel zeigt, angemessenen Würdigung. Um es positiv zu formulieren: Es ist gerade ein Anliegen der Netzwerktheorie, durch die Einbeziehung dyadenübergreifender „Baugruppen“ (Triaden usw.) die spezifische Architektur der Einbindung eines Akteurs in sein Umfeld für eine intelligente Analyse aufzubereiten.

Netzwerktheorie - Fazit zur Auswahl des Modells und zur „Dürftigkeit“ der Begründung

Dem Verfasser ist es durchaus bewusst, dass die Begründung sowohl der Favorisierung der „Rekonstruktionstechnik“ zu Lasten eines „Ansatzes“ wie auch die Bevorzugung der Netzwerktheorie gegenüber der Systemtheorie nicht auf festen, systematischen und in der Literatur nachweisbaren Quellen beruht. Im Grunde wurde für die erste Entscheidung lediglich ein Argument geliefert (Vorurteile und zu frühe Einengung vermeiden) und die Netzwerktheorie lediglich anhand ihrer hier noch spekulativ erscheinen müssenden Vorteile gegenüber der Systemtheorie gewählt. Eine solche argumentative Sparsamkeit ist umso kritischer, als es sich bei der Auswahl des Modells durchaus um einen wichtigen Schritt in der gesamten Argumentation handelt.

Dieser Missstand ist zweifach zu kommentieren: (1) Die flache Begründung weist auf einen Mangel an solchen Überlegungen hin, die sich mit der relativen Vorteilhaftigkeit von Ansätzen, Rekonstruktionstechniken, Metaphern, Basismodellen, Images oder wie man es auch immer nennen mag, befassen. Nach Kenntnis des Verfassers existiert keine Liste von Kriterien, die sich mit dem Problem stellen würde. (2) Der Missstand ist aber nicht ganz so misslich, wie er auf den erste Blick erscheint. Natürlich erfolgt mit der Modeliierung auf Basis der Netzwerktheorie ein „Schuss ins Blaue“. Am Ende der Arbeit soll jedoch resümiert werden, wie gut der Schuss war. Für diese, zugegeben dann sehr finale Prüfung lassen sich dann jedoch durchaus Kriterien zur Validierung finden. Gemessen werden soll das Netzwerkmodell also daran, ob es in der Lage ist, nachvollziehbare und innovative Themen zu begründen. Offen bleibt damit zwar immer noch, ob nicht die Verwendung der allgemeinen Systemtheorie zur Rekonstruktion der Supply Chain zu einer (noch) wirksameren Informationsbasis geführt hätte. Dazu kann im Zuge der geplanten Validierung keine Aussage getroffen werden.

4. Induktion: Rekonstruktion der Praxisthemen per Literaturreview

Zusammenfassung

- Um per Induktion auf die über die Informationsbasis zu unterstützenden Themen schließen zu können, wird die aktuelle Literatur zum Supply Chain Management ausgewertet. Die Systematisierung der Literatur erfolgt über die Rekonstruktion von Perspektiven. (Kapitel 4.1)

- In der aktuellen Supply Chain Management-Literatur können sechs Perspektiven unterschieden werden. Jede Perspektive rekonstruiert die Supply Chain anhand spezifischer Komponenten, nennt spezifische Probleme und Erfolgsfaktoren und ermöglicht es, auf relevante Themen zu schließen. (Kapitel 4.2)

- Als Ergebnis des Literaturreview entsteht eine Liste von Themen, die in die Informationsbasis Eingang finden sollten. (Kapitel 4.3.2)

- Der Literaturreview zeigt als Nebenprodukt, welche Forschungsfelder im Bereich des Supply Chain Management noch offen sind. (Kapitel 4.4)

Um die für das Supply Chain Management relevanten Themen induktiv ermitteln zu können, erfolgt in diesem Kapitel ein Review der entsprechenden Literatur. Das Kapitel besteht aus drei Teilen. (1) Nach einer kurzen Einführung nennt und beschreibt Kapitel 4.2 sechs in der Literatur nachweisbare Perspektiven, aus denen Supply Chain Management betrieben werden kann. Die Perspektiven sind sehr unterschiedlich voneinander und spannen einen breiten Raum dessen auf, was in die Informationsbasis aufgenommen werden sollte. Daneben kann der Literaturreview auch als eine kompakte Darstellung des State of the Art des Supply Chain Managements angesehen werden und mag aus diesem Motiv insbesondere für den Praktiker interessant sein, der einen theoriebasierten und geordneten Zugang in dieses zunehmend unübersichtlichere Feld finden will. (2) Kapitel 4.3 zieht ein erstes Fazit: Aus jeder Perspektive können in einer pragmatischen Synopse Themen für die Informationsbasis abgeleitet werden. Perspektivenbezogen wird dort deutlich, was jeweils relevant ist, beziehungsweise sein sollte. Dieses Fazit gibt eine erste Antwort auf die Forschungsfrage. Es ist weiterhin aber auch die Basis für eine methodische Frage. Das Kapitel 6 entwickelt ebenfalls eine Themenliste. Im Gegensatz zu der sehr pragmatischen Vorgehensweise dieses Kapitels, wird dort umfangreich methodisch argumentiert - wenn man es so will, mit „Kanonen" geschossen. Ein solches Verfahren ist forschungsökonomisch nur vertretbar, wenn die Ergebnisse tatsächlich deutlich besser sind. Dazu wird zwar erst in Kapitel 7 Stellung bezogen. Hier wird aber bereits die Basis für den Vergleich gelegt. (3) Dieses Kapitel schließt mit einer exkursartigen Betrachtung offener Forschungsfelder. Die Durchsicht der Perspektiven lenkt die Aufmerksamkeit auf eine Vielzahl noch offener Forschungsfragen. Insbesondere für den an der Weiterentwicklung des Forschungsfelds Interessierten mag die Übersicht von Nutzen sein (Kapitel 4.4).

4.1. Optionen für ein Review der Literatur

Wenn man Supply Chain Management durch Controlling unterstützen will, muss man klären, was „Supply Chain Management" sein soll. Solche definitorischen Annäherungen an den Untersuchungsgegenstand wissenschaftlicher Arbeit sind selten trivial, da es eine Review- sowie eine Auswahlarbeit zu erledigen gilt. In diesem Fall kommt jedoch eine zusätzliche Schwierigkeit hinzu. Die Supply Chain Management-Diskussion wird mittlerweile intensiv und leidenschaftlich geführt. Auf der einen Seite stehen dabei die Protagonisten; mehrheitlich Unternehmensberater, Wissenschaftler aus der Logistik und den angrenzenden Disziplinen sowie in zunehmendem Umfang auch ambitionierte Praktiker aus den Unternehmen, die „ihre" Best Practices schildern. Auf der anderen Seite stehen die Vertreter aus anderen Teildisziplinen der Betriebswirtschaftslehre, die entweder implizit (durch Nichtbeachtung) oder explizit auf den fehlenden oder geringen Innovationsgrad des Konzepts hinweisen. Stellt sich die Aufgabe, eine Bestandsaufnahme leisten zu müssen, läuft man in dieser Situation leicht Gefahr, einem dieser Lager zugeschlagen zu werden. Es ist also geboten, sich über die Form des Reviews Gedanken zu machen. Folgende Optionen stehen zur Verfügung:

Historische Einordnung - Über die „Neuigkeit des Weins" befinden

Zunächst bietet sich eine primär an der historischen Entwicklung der Idee interessierte Nacherzählung der Entwicklungsgeschichte des Supply Chain Management an. Das läuft unweigerlich darauf hinaus, über die „Neuigkeit des Weins" befinden: Gibt es wirklich neue Ideen im Supply Chain Management-Konzept? Dieser Weg ist auf der einen Seite reizvoll, da die historische Einbildung das Verständnis unterstützt und zudem die „Klassiker" zu ihrem Recht kommen. Auf der anderen Seite wird ein solches Vorgehen immer zu fragwürdigen Ergebnissen und kritischen Einwänden führen, die für den Zweck dieser Arbeit, in der ja nicht in erster Linie das Supply Chain Management-Konzept im Vordergrund stehen soll, sicher entbehrlich sind.

Die Diskussion um den Innovationsgrad wäre vorprogrammiert, weil die Datierung einer Idee in der Ideengeschichte der Betriebswirtschaftslehre selten eindeutig zu leisten ist. Ein wenig ist die Problematik bereits bei der Frage aufgetaucht, ob die Supply Chain etwas anderes ist, als etwa die „Value Chain" oder das „Value System". Aus dem Stegreif wird sich eine Vielzahl solcher potenzieller Streitfälle ergeben; etwa: (1) Ist Palamountain (1955) einer der Vordenker des Supply Chain Managements wenn er beobachtet, dass die großen Umwälzungen in Industrien und in der Wettbewerbssituation am Markt in erster Linie durch die Entstehung neuer Distributionskanäle entstehen? „Intertype Competition", der Wettbewerb der Distributionskanäle untereinander, ist seines Erachtens die kreative Kraft zur Verbesserung der Konsumentensituation (Palamountain 1955, S. 38). Was für ihn (er bezieht sich auf die 40'er Jahre) das „Mail-order House" war, durch dessen Einführung die Kunden von der regionalen

Monopolkraft der kleinen Einzelhändler zu schützen, kann heute das Internet sein. [112] (2) Ist die aktuelle „System Dynamics"-Diskussion (siehe Kapitel 4.2.1) lediglich eine Wiederentdeckung der Thesen von Forrester (1958) und Burbidge (1961), oder gibt es dort neue Inhalte? (3) Ist Supply Chain Management lediglich eine Ausdehnung der bekannten, wenn auch noch nicht sehr alten Idee, das funktionale zu einem prozessorientierten Unternehmen umzugestalten (LaLonde und Masters 1994, S. 38; Christopher 1999b, S. 16). Besteht die Innovation lediglich in einer graduellen Ausdehnung der fertigen Konzepte (zum Beispiel Integration) auf zwischenbetriebliche Beziehungen? (4) Ist die aktuelle Thematisierung der Kooperation ebenfalls nur eine Wiederentdeckung der bereits seit längerem im Marketing geführten Diskussion um Macht und kooperatives Verhalten im Vertriebskanal? Die Klärung solcher Streitfälle mag ideengeschichtlich von Interesse sein, ist hier aber sicher kein ökonomischer Weg, um den Status quo zum Supply Chain Management zu dokumentieren.

Ein „Big Picture" erzeigen - Lange Wellen

Einige Autoren, in der Regel solche mit akademischen Ambitionen, machen sich die Mühe, Supply Chain Management für ein besseres Verständnis als eine Entwicklungsstufe des Managementdenkens zu interpretieren. Diese Stufe wird dann beschrieben über die aktuelle Auslegung zentraler Managementvariablen oder über die Identifikation langer Entwicklungstrends im Managementdenken. So glaubt Hoek (1998, S. 188), sechs Managementvariablen gefunden zu haben, an denen ein Fortschritt im Sinne einer Umdeutung, die dort zugleich positiv gesehen wird, festgemacht werden kann (Tabelle 21).

Tabelle 21 Supply Chain Management als Entwicklungsstufe des Managementdenkens (Quelle: Hoek 1998, S. 188; verändert)

Managementvariable	*Bisherige „Deutung"*	*Deutung im Supply Chain Management*
Control	Based on ownership	Based on networking
Integration	Vertical	Across interfaces
Logistics	Cost saver	Value adder
Competitive unit	Companies	Supply chain
Authority basis	Position	Contribution to competitiveness
Organization	Static	Partial, temporal

Christopher (1999, S. 259 ff) erkennt einige lange Wellen im Management, die er als „Business Transformations" bezeichnet. Andere Autoren ergänzen das Bild. Diese Beiträge sollen mit jeweils wenigen Sätzen nachgezeichnet werden. (1) *Von Funktionen zu Prozessen*: Die traditionell vertikale Organisation des Unternehmens wird im Supply Chain Management durch eine prozessorientierte Organisation verdrängt. Material- und Informationsflüsse sollen integral geplant werden (Christopher 1999, S. 259). Offen bleibt aber, wie eine solche prozessorientierte Organisation in Praxi aussehen sollte. Die wenigen Beiträge dazu kommen nicht aus der Supply Chain Management-Diskussion, sondern aus der aktuellen Organisati-

[112] „The consumer was left to the mercy of the local merchant, and it was usually a newer form of distribution which released him from his thralldom. ... Similarly, advances in transportation and communication permitted the development of the mail-order house, which freed the rural dweller from much of his dependence on the local general store. 'The farmer's only friends are God and Sears Roebuck'. " (Palamountain 1955, S. 40)

onstheorie (Osterloh und Frost 1998) sowie aus der bereits älteren Auseinandersetzung mit dem „Business Process Reengineering“ (Harrington 1991; Striening 1988; Gaitanides 1983). (2) *Von Produkten zu Kunden*: Die produkt-, produktions- und auslastungsorientierte Gestaltung der Strukturen und Prozesse wird verdrängt durch eine kunden-, bedarfs- und pullorientierte Gestaltung („... tendency to manage products rather than customers ..."; Christopher 1999, S. 262). Primärer Referenzpunkt ist der Markt und nicht mehr der „Technical Core“ oder das Produkt. (3) *Von Umsatz zu Performance*: Die primär finanzorientierte weicht einer nicht-finanzorientierten Beurteilung des Unternehmensgeschehens (Christopher 1999, S. 261). Nicht-finanzorientierte Kennzahlen wie etwa Kundenzufriedenheit oder Flexibilität dokumentieren die Ursachen guter Ergebnisse; finanzorientierte Zahlen hingegen nur die Auswirkungen. (4) *Von Lagerbeständen zu Informationen*: Bestände werden vorgehalten, um Unsicherheiten zu kompensieren. Supply Chain Management verbessert das Informationsverhalten des Akteure in der Kette und vermindert damit das Unsicherheitsniveau. Eine Reduzierung der Lagerbestände wird möglich. Christopher (1999, S. 263) sieht darin eine weitere grundlegende Transformation des Managementdenkens. (5) *Von Transaktionen zu Beziehungen*: Die erkennbare Intensivierung der Beziehung zwischen dem fokalen Unternehmen und seinen Kunden (Christopher 1999, S. 264) wird begründet über den auch empirisch nachweisbaren Sachverhalt, dass Dauerkunden profitabler sind (Reichheld et al. 1990). (6) *Von Konfrontation zu Kollaboration*: Die traditionell durch Konfrontation und gegenseitiges Misstrauen geprägte Zusammenarbeit in der Kunden-Lieferanten-Beziehung mutiert zu einer durch Vertrauen und gegenseitige Abhängigkeit geprägten kollaborativen Zusammenarbeit (Ashkenas et al. 1998, S. 200 ff). (7)*Vom Trade-off-Management zur Trade-off-Auflösung*: Die traditionelle koordinationsorientierte, aber auf das Unternehmen beschränkt agierende Logistik hat versucht, Trade-offs sorgfältig auszubalancieren, um in der gegebenen, durch Sachzwänge gekennzeichneten Situation, das Zusammenspiel der Funktionalabteilungen zu optimieren. Supply Chain Management will die Trade-offs auflösen (Houlihan 1985), in dem die Sachzwänge soweit wie möglich durch gemeinsame Abstimmung über alle Partner in Frage gestellt oder durch gemeinsame Investitionsplanungen aufgelöst werden. (8) *Von der Unternehmensrationalität zur Supply Chain-Rationalität*: Unmittelbarer Referenzpunkt der Optimierung ist nicht mehr der Unternehmens-, sondern der Supply Chain-Erfolg. Unternehmenserfolg wird vielmehr als eine Folge des Supply Chain-Erfolgs gesehen (Ashkenas et al. 1998, S. 200).

Um das Bild der „langen Wellen“ aber nicht über Gebühr zu simplifizieren, erscheint es erforderlich, die durchaus vorhandenen, kritischen Stimmen einzubinden. Vorsicht ist insbesondere geboten mit der Vorstellung einer linearen Entwicklung hin zu immer enger integrierten Unternehmen, deren gemeinsames Schicksal in immer stärkeren Banden voneinander abhängt. Analysen von Industriestrukturen zeigen vielmehr eine zyklische als eine lineare Entwicklung. Austin et al.(1997, S. 8) skizzieren die wechselvolle Entwicklung der PC-Industrie, in der die starke vertikale Integration der wenigen DV-Anbieter in den 80‘er Jahren zugunsten einer weitgehenden Auflösung dieser proprietären Systeme gewichen ist. Interessanterweise ist erneut ein Integrationsprozess erkennbar; nun aber eine Integration durch Kooperation und nicht durch hierarchische Eingliederung. Demnach wäre das Supply Chain Management als enge Integrationsform (Supply Chain Integration) lediglich ein temporäres Entwicklungsstadium in einem dynamischen und revolvierenden Prozess der Mutation von Industriestrukturen. [113]

Ein sprachlicher Zugang: Die Analyse der Definitionen zum Supply Chain Management

Einen alternativen Zugang zur Supply Chain Management-Diskussion bietet die Analyse der in der Literatur vorfindbaren Definitorik. Ähnlich wie die Verständnisse zur „Supply Chain", differieren auch die zum „Supply Chain Management". Erneut sind also Gruppierungen vorzunehmen. Hier tritt aber eine zusätzliche Schwierigkeit hervor: Definitionen zum Supply Chain Management können sich bereits dadurch von anderen unterscheiden, dass der Protagonist eine abweichende Vorstellung über das Objekt des Managements, die Supply Chain, hat. Nachdem die Objektdifferenzierung oben aber bereits ausführlich vorgenommen wurde, kann dieser Teilaspekt der Definitorik ausgeblendet werden. Die Analyse der Definitorik beschränkt sich weiterhin auf die wesentlichen wissenschaftlichen Journale und Buchveröffentlichungen zum Supply Chain Management. Thematisch verwandte Beiträge aus „fremden" Journalen werden ausgeblendet.

Das Ergebnis der Analyse findet sich in Tabelle 22. Neben der wörtlichen Reproduktion der Definitionen soll hier zusätzlich ein simples Raster zu deren Analyse eingezogen werden. Als relevant wird erachtet: (1) Tätigkeit: „Was macht" Supply Chain Management? (2) Objekt: Was ist das Objekt des Supply Chain Managements? (3) Ziel: Was ist das Ziel der Tätigkeit?

Das Raster zeigt, dass ein wesentlicher Teil der in der Literatur auffindbaren Definitorik ausgesprochen informationsarm ist, da auf die genannten drei essentiellen Fragen entweder überhaupt keine oder eine nicht weiterführende Antwort gegeben wird. So etwa in der Definition von Ellram und Cooper (1993), in der die Tätigkeit des Supply Chain Managements mit „analysieren und managen" und das Ziel mit „best outcome for the whole system" beschrieben wird. Für eine konzeptionelle Klärung helfen solche Leerformeln („Supply Chain Management ist das Management von Supply Chains.") nicht weiter. In diesen Fällen bleiben die entsprechenden Tabellenfelder leer. [114]

---

[113] Vergleiche dazu auch die Weiterentwicklung dieses Gedanken bei Fine (1998, S. 43 ff), der diese revolvierende Bewegung genauer beschreibt (Kapitel 4.2.6).

[114] Damit soll der betreffende Beitrag nicht zwingend kritisiert werden. In dem genannten Fall von Ellram und Cooper ging es den Autoren nicht um eine Grundsatzarbeit zum Supply Chain Management, sondern vielmehr um die Bearbeitung eines Detailproblems.

Tabelle 22 Analyse der Definitorik zum Supply Chain Management

Definition	*Tätigkeit*	*Objekt der Tätigkeit*	*Ziel der Tätigkeit*
„The new way of managing supply chains known as SCM (supply chain management) is aimed at building trust, exchanging information on market needs, developing new products, and reducing the suppliers base to a particular OEM (original equipment manufacturer) so as to release management resources for developing meaningful, long-term relationships." (Berry et al. 1994, S. 20)	Vertrauen bilden, Bedarfsinformationen austauschen, Produkte designen, Lieferantenanzahl reduzieren		Langfristige Beziehungen aufbauen
"Supply chains .... are popular interfirm linkages to attain joint cost savings, product enhancements, and competitive services." (Cavinato 1991)	Verknüpfen	Zwischenbetrieblich	Kosten, Produktqualität, Servicequalität[115]
"Logistics is essentially a planning orientation and framework that seeks to create a single plan for the flow of products and information through a business. Supply Chain Management builds upon this framework and seeks to achieve linkage and coordination between processes of other entities in the pipeline, i. e. suppliers and customers, and the organization itself." (Christopher 1999b, S. 17)	Planen	Informationsfluss Materialfluss	Verknüpfung Koordination
„The management of upstream and downstream relationships with suppliers and customers to deliver superior customer value at less cost to the supply chain as a whole." (Christopher 1999b, S. 18)	Pflegen von Beziehungen	Beziehungen mit Kunden und Lieferanten	Kundennutzen Kostensenkung
"The integration of all key business processes across the supply chain is what we are calling supply chain management." (Cooper et al. 1997)	Integrieren	Geschäftsprozesse	
"Supply chain management has been characterized as a cross between traditional, open market relationships and full vertical integration. As such, supply chain management represents an innovative way to compete in today's ever changing global economy." (Cooper und Ellram 1993)	koordinieren	Unternehmen	Wettbewerbsfähigkeit
"... an integrative philosophy to manage the total flow of a distribution channel from supplier to the ultimate user." (Ellram und Cooper 1990)		„Totaler Fluss" (Material und Information)	
„Supply chain management is an approach whereby the entire network - from suppliers through to the ultimate customers, is analyzed and managed in order to achieve the 'best' outcome for the whole system." (Ellram und Cooper 1993, S. 1)		Gesamtnetz	
„SCM recognizes the need for coordination of decisions and actions in all areas, including product development, procurement, production, marketing, and distribution, across the chain of customers, suppliers, carriers, and other parties. This results in more efficient processes, reduced costs, and improved customers service and competitiveness." (Higginson und Alam 1997, S. 19)	Koordination	Produktentwicklung Beschaffung Produktion Marketing Distribution	Kostensenkung Kundenservice Wettbewerbsfähigkeit
"Supply Chain Management deals with the total flow of materials from suppliers through end-users. ... The key to efficiently managing a supply chain is to plan and control		Materialfluss	

[115] Konzeptionell wäre es streng genommen nicht erforderlich, Produkt- und Servicequalität begrifflich zu differenzieren, da die Servicequalität (Verfügbarkeit, Wartung, ...) nicht vom Produkt und damit von der Produktqualität lösbar ist. Beide sind Qualitätsdimensionen. Wenn hier dennoch getrennt wird, soll damit hervorgehoben werden, dass Cavinato die Produktqualität und damit die Gestaltung des Produkts explizit mit in den Aufgabenumfang des Supply Chain Managements einbezieht.

the inventories and activities as an integrated single entity. Three elements must come together …: recognizing end user customer service requirements level, defining where to position inventory along the chain and how much to stock at each point, developing the appropriate policies and procedures for managing the supply chain as a single entity." (Jones und Riley 1987, S. 97)			
„The idea [of integrated logistics; A. O.] … was that the movement of material throughout the firm could be managed in an organic and systemic way … Taking the system wide perspective allows the firm to make appropriate trade-offs between purchasing costs, transport costs, and inventory and warehousing costs. Close coordination between these operations can produce high levels of service and performance while reducing total costs incurred. … We will refer to the strategy of applying integrated logistics management to all the elements of a supply chain as supply chain management." (LaLonde und Masters 1994, S. 38)	Trade-offs managen Koordination	Materialfluss	Lieferbereitschaftsgrad Totale Kosten
„Increasingly the management of multiple relationships across the supply chain is being referred to as supply chain management (SCM). … SCM offers the opportunity to capture the synergy of intra- and inter-company integration and management." (Lambert et al. 1998, S. 1)		Beziehungen	
„The coordination of tasks from acquiring raw materials to distributing products to end-customers with large amounts of capital being tied up in production, transportation and inventories requires the effective and efficient management of material and information flows. Coping with these logistics problem is known as supply chain management." (Lanzenauer und Pilz-Glombik 1999, S. 102)	Koordination	Prozesse, Aufgaben	
"Integrated Supply Chain Management is a process-oriented, integrated approach to procuring, producing and delivering products and services to customers" (Metz 1997)	Beschaffen Produzieren Ausliefern	Produkte Dienstleistungen	
"The movement of product from the point of origin to the point of consumption in the least amount of time and the lowest cost." (Schlegel 1999, S. 51)	Bewegen	Produkt	Kosten Zeit
„Under the new paradigm … supply chain management is redefined as a process for designing, developing, optimizing, and managing the internal and external components of the supply system, including material supply, transforming materials and distributing finished products or services to customers, that is consistent with overall objectives and strategies." (Spekman et al. 1998, S. 631)	Designen Entwickeln Optimieren	Interne und externe Komponenten des Liefersystems	Konsistenz mit übergeordneten Zielen und Strategien
„The objective of managing the supply chain is to synchronize the requirements of the customer with the flow of material from suppliers in order to effect a balance between what are often seen as the conflicting goals of high customer service, low inventory investment and low unit cost." (Stevens 1989, S. 3)	Synchronisieren	Bedarfe und Lieferungen	Balance von Lieferbereitschaftsgrad, Lagerbestand und Produktionskosten
"Supply Chain Management is the integration of business processes from end user through original suppliers that provides products, services, and information that add value for customers." (The Global Supply Chain Forum 1998)	Integrieren	Geschäftsprozesse	Kundennutzen

Die Vielfalt akzeptieren: Ein Zugang über die Perspektiven zum Supply Chain Management

Die Analyse der Definitionen zeigt, dass es keinen Konsens über die Aufgaben oder das Instrumentarium des Supply Chain Managements gibt. Für diese Arbeit kann es daher nicht sinnvoll sein, die Themen des Supply Chain Managements von einer (einzigen) Definition ausgehend rekonstruieren zu wollen. Es erscheint sinnvoller, das Feld der potenziellen Themen nicht bereits im ersten Schritt durch eine definitionsgetriebene Synthese zu beschneiden. Hier gilt es vielmehr, die erkennbare Breite in der Literatur positiv zu wenden und in Ansatzpunkte zur Identifikation von Themen für die Informationsbasis umzumünzen. Wie oben bereits angekündigt, wird dieser Weg über die Rekonstruktion der in der Literatur erkennbaren Perspektiven zum Supply Chain Management gewählt.

4.2. Review: Sechs Perspektiven zum SCM

In diesem Kapitel erfolgt ein Review der Literatur zum Supply Chain Management. Der Anspruch des Review besteht darin, die sich aus der laufenden Diskussion abzeichnenden Perspektiven aufzuzeigen. Es geht also nicht um die explorative Frage, welchen Perspektiven denkbar wären oder Sinn machen würden, sondern lediglich darum, aus welchen Sichten in der Literatur tatsächlich argumentiert wird. Ergebnis des Review ist es, sechs Perspektiven zum Supply Chain Management zu unterscheiden. Tabelle 23 benennt die Perspektiven und bricht die jeweilige „Botschaft" auf einen Satz herunter. Nachfolgend werden die Perspektiven in den Kategorien "Struktur" sowie "Standardprobleme und -Lösungen" beschrieben.

Tabelle 23 Überblick: Perspektiven der Supply Chain Management Forschung

Perspektive	*"Botschaft"*
System Dynamics	Über alle Stufen planen und Trade-offs managen.
Operations Research und IT	Freiheitsgrade nutzen und das Optimum berechnen.
Logistik	Generische Prozesse sequentiell, vertikal und horizontal integrieren.
Efficient Consumer Response (ECR)	Die Effizienz und Koordination der operativen Auftragsabwicklung verbessern.
Marketing	Produkte und Kunden segmentieren und über den richtigen Absatzkanal verbinden.
Global Corporation	Weltweit Standortvorteile verbinden und Risiken reduzieren.
Organisation	Koordinationsbedarfe determinieren, beherrschen und Beziehungen managen.
Strategie	Kompetenzen zusammenführen und im tiefsten Abschnitt des "Profit Pools" schwimmen.

Die Identifikation der Perspektiven erfolgt literaturbasiert. Ausgewertet wurden die aktuellen Jahrgänge der einschlägigen Zeitschriften sowie aktuelle Buchveröffentlichungen zum Supply Chain Management, zur Logistik sowie zu einigen angrenzenden Gebieten (Internationales Marketing, Internationale Unternehmensführung). Es wurden auch Quellen einbezogen, die nicht explizit mit dem Titel Supply Chain Management überschrieben sind oder in denen der Ausdruck im Text nicht wörtlich vorkommt, in denen jedoch Sachverhalte behandelt werden, die in anderen Veröffentlichungen mit „Supply Chain Management" überschrieben sind. Diese Auswertungsstrategie neigt damit zur Eskalation; sie nimmt vergleichsweise viele Beiträge in die Analyse auf. Diese Eigenschaft wird aber in Kauf genommen, um zu Beginn der erst einsetzenden Diskussion um die Abgrenzung des Supply Chain Management nicht bereits per Vorurteil einige Äste aus dem Diskussionsbaum herauszutrennen.

Die Darstellung der einzelnen Perspektiven erfolgt gerafft und reproduziert keinesfalls das komplette Know-how der involvierten Wissensgebiete. Vielmehr portraitiert sie und arbeitet das jeweils Spezifische heraus. Die Anordnung der Perspektiven erfolgt chronologisch. Da die Datierung der korrespondieren Ideen nicht immer zweifelsfrei möglich ist, mag der Leser in diesem Punkt zu einer anderen Reihenfolge gelangen.

4.2.1. System Dynamics: über alle Stufen planen und Trade-offs managen

Die „System Dynamics"-Perspektive ist eine maßgebliche Basis der gesamten Supply Chain Management-Diskussion.[116] Das gilt sowohl in chronologischer Hinsicht als auch in Bezug auf Attraktivität und direkter operativer Umsetzbarkeit der Arbeitsergebnisse.

Rekonstruktion der Supply Chain: eine Sequenz lokaler Dispositionssysteme

Die Supply Chain wird aus der System Dynamics-Perspektive als eine Sequenz hintereinander geschalteter, über den Auftragsfluss verknüpfter, seriell interdependenter Auftragsabwicklungssysteme interpretiert (Abbildung 43). Die Analyse der Auftragsabwicklungssysteme wird dabei auf eine Eigenschaft reduziert: Die Systeme bilden jeweils eine Dispositionsstufe, in der Kundenbedarfe in Materialbedarfe und Material in Produkte transformiert wird. Jede Dispositionsstufe hat folgende Eigenschaften (Towill 1997, S. 624): Es findet ein Wertschöpfungsprozess statt. Es erfolgt eine Bedarfsermittlung, die entweder unabhängig über Prognosen oder über Aufträgen der nachgelagerten Stufen arbeitet. Die Weitergabe von Informationen an die vorgelagerte Stufe sowie die Weiterleitung von Produkten an die nachgelagerte Stufe erfolgt mit zeitlichen Verzögerungen. Es werden formale Dispositionsalgorithmen verwendet, um Reproduktions- und Bestellentscheidungen zu treffen.

Die einzelnen Auftragsabwicklungssysteme können koordiniert oder unkoordiniert arbeiten. Sie handhaben dabei bewusst oder unbewusst Trade-offs. Supply Chain Management ist aus dieser Sicht in erster Linie ein Trade-off-Management, für das ein Akteur in der Kette ein Auftragsabwicklungssystem beziehungsweise eine Dispositionsstufe und die Supply Chain eine Sequenz einzelne Dispositionsstufen ist. Aus dieser Perspektive ist es das Ziel des Supply Chain Managements, Kundennachfrage mit Versorgungsströmen zur Deckung zu bringen und dabei die konfliktären Ziele Kundenservice, Lagerbestand und Stückkosten zu balancieren (Stevens 1989, S. 3). Das Ineinandergreifen der Akteure in der dazu zu bildenden

[116] Die Basis der „System Dynamics" wurde von Forrester (1958) entwickelt, dessen Arbeit über das Verhalten eng gekoppelter Systeme (Industrial Dynamics) diesem Zweig auch den Namen gegeben hat. Annähernd zeitgleich ist eine ähnliche Arbeit von Burbidge (1961) erschienen, in der ebenfalls auf die Probleme solcher Unternehmensverkettungen hingewiesen wird. In den letzten Jahren haben insbesondere Towill et al. (Towill 1996a; Mason-Jones et al. 1997) , von der Cardiff Logistics Systems Dynamics Group sowie Lee et al. (Lee 1997, Austin et al. 1997) von der Stanford University, Global Supply Chain Management Forum die Forschung aus dieser Perspektive maßgeblich vorangetrieben.

Kette verursacht eine Vielzahl spezifischer Probleme, denen sich die System Dynamics Perspektive widmet.

Abbildung 43 Perspektive System Dynamics: Die Supply Chain als eine Kette verknüpfter Auftragsabwicklungssysteme (Quelle: Otto und Kotzab 1999)

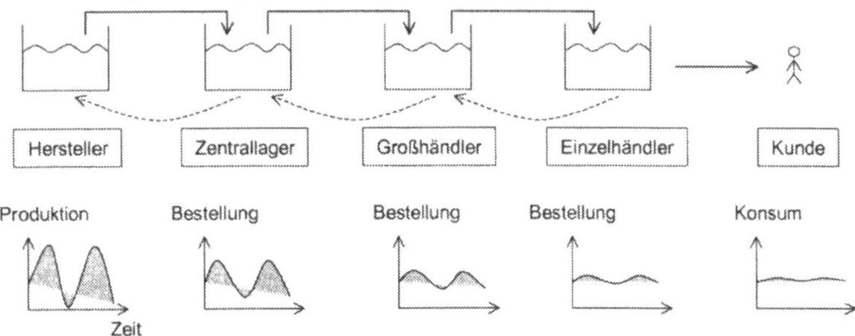

Problembereiche

Simulation und Empirie zeigen, dass die Kombination dieser Eigenschaften (serielle Interdependenz, dispositive Autonomie) zu einem Bündel an Problemen führt (Closs et al. 1998; Austin et al. 1997). Die isoliert optimierenden, aber sequentiell interdependenten Dispositionssysteme verhindern eine gute Marktversorgung, produzieren hohe Beständen und lasten die Kapazitäten über die Zeit und entlang der Kette nur ungleichmäßig aus. Im einzelnen sind erkennbar (Otto 1998):

Verzerrung von Nachfrageimpulsen (Nachfrageaufschaukelung, Peitscheneffekt)

Die über die Wertschöpfungskette bis an den Hersteller und dessen Lieferanten heraufließenden Kundenaufträge werden durch die beteiligten Akteure in zeitlicher und quantitativer Hinsicht systematisch und in mehrfacher Hinsicht verzerrt, was dazu führt, dass die Kurven von Konsum- und Produktionsverlauf kaum noch zur Deckung kommen (Forrester 1958; Lee et al. 1997; Houlihan 1985). Soweit ein Hersteller keinen Direktvertrieb unterhält, sind zuverlässige, primäre Informationen, welche Produkte wann in welchen Mengen vom Endkunden nachgefragt werden, für dessen Bedarfsplanung nicht verfügbar. Ursache der Impulsverzerrungen ist eine ökonomisch begründete Bildung von Einkaufs- und Fertigungslosen auf den diversen Handels- und Fertigungsstufen. Die in Abbildung 44 ursprünglich gleichmäßig verlaufende Endproduktnachfrage wird bereits auf der ersten Handelsstufe in ein diskontinuierliches Signal umgewandelt. Dispositions-, Produktions- und Distributionspraktiken führen dazu, dass auch kleine Nachfrageveränderungen auf der Einzelhandelsstufe großvolumige Schwankungen auf den nachgelagerten Versorgungsstufen verursachen.

Um die Ursachen und Effekte solcher Schwankungen quantitativ untersuchen zu können, hat Forrester (1958) mit Hilfe eines edv-gestützten Modells ein Produktions- und Distributionssystem mit den Stufen Einzelhandel, Großhandel, Fabrikzentrallager und Fertigung abgebildet und diverse Modellrechnungen durchgeführt.[117] Dabei hat sich gezeigt, dass zum Beispiel eine zehnprozentige Zunahme der Einzelhandelsbestellungen zu einer vierzigprozentigen Zunahme des Produktionsausstosses am Ende der Versorgungskette führt. Auf den dazwischen liegenden Großhandels- und Zentrallagerstufen erreichen die Schwankungen 16 beziehungsweise 28 Prozent. Weiterhin wird in den Berechnungen deutlich, wie die Amplitude der Schwankungen ausgehend vom ursprünglichen Impuls auf der Einzelhandelsstufe mit jeder nachfolgenden Stufe systematisch größer wird. In der Modellrechnung dauert es über ein Jahr, bis sich alle Versorgungsstufen auf die um zehn Prozent angewachsene Bedarfsrate eingeschwungen haben. Die unerwünschten Aufschaukelungseffekte lassen sich zurückführen auf Verzögerungen in der Übermittlung und Verarbeitung der Auftragsinformationen, durch die Verzögerungen in der Fertigung und Auslieferung der Produkte sowie durch Entscheidungen in der Materialwirtschaft zur Anpassung an veränderte Nachfragesituationen, insbesondere prognosebasierte Dimensionierungen der Auftrags- und Bestellgrößen. Eine Verstärkung nach gleicher Logik erfolgt auf der nächsten Konsolidierungsstufe (Großhandel, Zentrallager des Handels oder des Herstellers).

Abbildung 44 Nachfrageverstärkung und künstliche Bildung saisonaler Schwankungen als Standardprobleme industrieller Versorgungsketten (Quelle: Otto und Kotzab 1999)

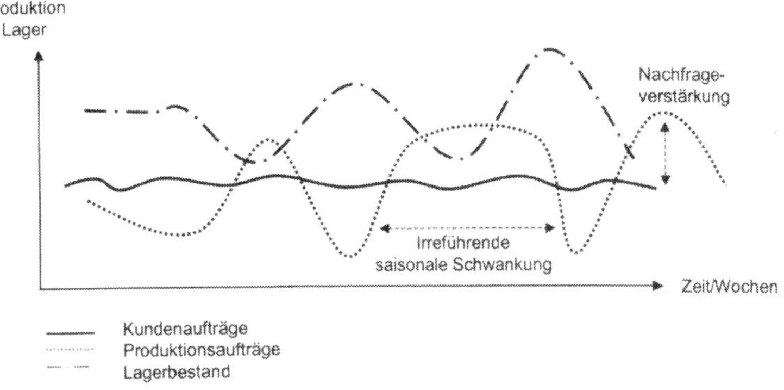

Die Verzerrung der Nachfrageimpulse hat negative Auswirkungen: (1) Zunächst wird das herstellende Unternehmen mit starken Nachfrageschwankungen konfrontiert, die eine gleichmäßige Kapazitätsauslastung und stabile und „erschütterungsfreie" Fertigungsabläufe verhindern. Die Schwankungen erschweren die saisonale Kapazitätsplanung, da aus Sicht des Herstellers kaum nachvollziehbar ist, welcher Anteil der Schwankungen nachfragebedingt und welcher künstlich erzeugt ist. (2) Weiterhin wird die Bestandssituation in der Versorgungskette intransparent. Es ist schwer rekonstruierbar, welcher Auftragsbestand sich bereits in der Pipeline befindet und damit bereits als disponibler Lagerbestand geführt werden kann. (3) Die

[117] Diese Simulation ist in vielen Beiträgen in gleicher oder ähnlicher Form reproduziert und in der wesentlichen Aussage bestätigt und verfeinert worden. Vergleiche dazu zum Beispiel Towill (1997).

periodisch schwankenden Bestellmengen verursachen hohe Bestände. Es kann simulativ (Towill 1996) aber auch empirisch (Anderson et al. 1996; Fine 1998, S. 90 ff) nachgewiesen werden, dass die Intensität der beschriebenen Effekte mit jeder zusätzlichen Wertschöpfungsstufe in der Supply Chain zunimmt.

Unkoordinierte Bestelldispositionen

Insbesondere auf Märkten mit kurzlebigen Produkten (PC-Industrie) ist es für alle Akteure in der Versorgungskette von großer Bedeutung, neu eingeführte Produkte schnell ausliefern und damit Premiumpreise realisieren zu können. Austin et al. (1997) zeigen empirisch, dass eine mangelnde Koordination des Bestellverhaltens der Akteure in diesen Situationen zu Lieferengpässen, Lagerbeständen, Obsoleszenzen und erhöhten administrativen Kosten der Auftragsabwicklung führt. Sie sprechen von Phantombestellungen. Phantombestellungen sind mengenmäßig überhöhte Bestellungen auf den einzelnen Distributionsstufen, die üblicherweise zu Beginn der Markteinführung neuer Produkte auftreten und negative Konsequenzen für die Marktversorgung und die Distributionskosten haben (Abbildung 45). Die Akteure auf den Distributionsstufen antizipieren bei Neuprodukteinführungen wahrscheinliche Fertigungsengpässe des Herstellers und versuchen, die daraus resultierenden drohenden Fehlmengen präventiv durch künstlich überhöhte Bestellmengen zu kompensieren ("The Guessing Game", Towill 1997). Der Hersteller reagiert auf die überschätzte Nachfrage mit einer Anhebung der Produktionskapazität, die jedoch erst mit zeitlicher Verzögerung, dann aber in überhöhter Menge in die Versorgungskette eingespeist wird. Auf den Handelsstufen treffen die überhöhten Mengen ein und führen zu Stornierungen von Fertigungsaufträgen, zu Beständen und zu Obsoleszenzen. Auf eine Phase der Unterversorgung zu Beginn der Produkteinführung folgt damit eine Phase der Überversorgung. Die mangelnde Koordination des Bestellverhaltens führt zu einer permanenten Diskrepanz von Angebot und Nachfrage.

Abbildung 45 Phantombestellungen (Quelle: Austin et al. 1997, S. 7)

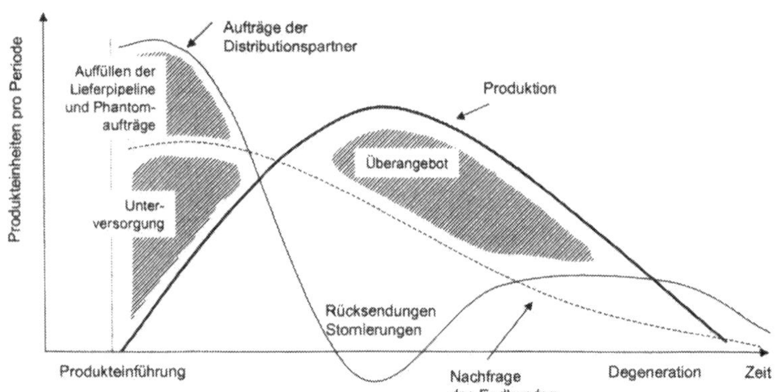

Unkoordinierte Bedarfsplanung und -prognose

Die in der Versorgungskette stromaufwärts liegenden Akteure sind infolge der großen Entfernung vom Markt gezwungen, die Bedarfs- und Produktionsplanung ausschließlich auf die verzerrten Nachfrageimpulse der jeweils vorgelagerten Wertschöpfungsstufe zu basieren. Weiterhin erfolgt die Prognose der Nachfrage auf den einzelnen Stufen üblicherweise isoliert voneinander, so dass die Erreichung des Zieles eines über die gesamte Kette optimierten Bestandes unwahrscheinlich wird.

Bestandsintransparenz

Die lediglich lokal, das heißt auf das Unternehmen beschränkt agierenden EDV-Systeme zur Auftragsabwicklung sind nicht in der Lage, die Bestandssituation in der gesamten Versorgungskette vom Hersteller bis an die Einzelhandelsstufe abzubilden und in die operative, kurzfristige Dispositionsarbeit einfließen zu lassen. Die daraus resultierenden Fehldispositionen münden in Unter- und Überversorgungen.

Unkoordinierte Produktionssteuerung

In der Versorgungskette entstehen Bestände und verlängerte Durchlaufzeiten, wenn Lieferanten und Hersteller mit unterschiedlichen Losgrößen und Reihenfolgeprioritäten bei der Auftragsabwicklung arbeiten. Mengen- und Zeitpuffer werden aufgebaut, um die unabhängige Optimierung der lokalen Pläne zu ermöglichen. Diese Analyse des Verhaltens mehrgliedriger Versorgungsketten wird ergänzt durch die ebenfalls systemdynamischen Überlegungen Goldratts zur kritischen Bedeutung von Engpässen in industriellen Fertigungen (Goldratt 1990; Umble und Srikanth 1990). Die „Theory of Constraints“ zeigt, dass Produktionsketten in Folge der immer zu erwartenden statistischen Fluktuationen in der zeitlichen Verfügbarkeit der Betriebsmittel gekoppelt mit serieller Interdependenz in der Auftragsbearbeitung (B kann nicht produzieren, bevor A fertig ist) dazu neigen, unterhalb der theoretischen Ausbringungsmenge zu arbeiten. Goldratt spricht vom „Spreading Phenomenon“.

Erfolgsfaktoren

Eliminierung von Dispositionsstufen

Aus der System Dynamics Perspektive kann ein zweistufiges Handlungsprogramm abgeleitet werden, um die Funktionsfähigkeit einer Supply Chain zu verbessern. Der langfristig größte Beitrag zur Leistungsverbesserung, so weist Towill (1996, S. 23) durch Simulation nach, besteht darin, komplette Dispositionsstufen zu eliminieren. Üblicherweise wird in solchen Überlegungen zunächst die Rolle des Importeurs oder des Großhändlers in Frage gestellt. Weitergehende Modelle überspringen jedoch alle Akteure im Vertriebskanal, wie etwa die direkte Versendung der auftragsbezogen gefertigten PC's durch die Firma Dell: „The direct model creates the most compressed PC supply chain ... by eliminating all of the supply chain intermediaries between the assembler and the end customer. ... Distributors and retailers disappear. This model eliminates all channel inventory and provides the most clear demand signal to the assembler." (Austin et al. 1997, S. 21). Die Leistungsverbesserung entsteht aber nicht primär durch die Einsparung der Gewinnspanne des eliminierten Akteurs, sondern durch die Beschleunigung der Material- und Informationsflüsse sowie durch eine Reduktion der Komplexität des Kette. Letzteres ist besonders relevant: "The efficiency of a manufacturing system is inversely proportional to the complexity of its material flow system." (Towill 1997, S. 627).

Jenseits solcher längerfristigen Rekonfigurationen sind taktisch-operative Verbesserungen möglich, indem die stufenweise lokale Optimierung auf der Basis systematisch verzerrter Bedarfsinformationen aufgebrochen und beschleunigt wird. Folgende Aspekte erscheinen erforderlich:

Bedarfstransparenz – „True Demand"

Es ist erforderlich, einen integrierten Informationsfluss aufzubauen, in dem insbesondere die Nachfragesituation auf dem Endproduktmarkt allen Beteiligten unverfälscht („Clean Marketplace Information", "True Demand") und unmittelbar zur Verfügung gestellt wird (Christopher und Braithwaite 1989, S.193; LaLonde und Masters 1994, S. 38; Austin et al. 1997; Lee et al. 1997). Das bedeutet etwa, dem Hersteller in der oben dargestellten Versorgungskette einen Einblick in die POS-Daten des Einzelhandels zu ermöglichen, wodurch er in die Lage versetzt wird, sofort auf reale Nachfrageschwankungen zu reagieren und den tatsächlichen Auftragseingang der nachgelagerten Großhandelsstufe im Kontext der aktuellen Situation auf dem Endproduktmarkt zu beurteilen.

Bedarfstransparenz - Guessing Game - Gemeinsame Bedarfsplanung

Die Transparenz über POS-Bedarfe wird ebenfalls verbessert, wenn die Akteure auf bedarfsverzerrende Dispositionsprozeduren wie etwa die EOQ-basierte Bildung von Bestell- oder Fertigungslosen oder „multi cycle"- und „multi phased"- Bestellungen weitgehend verzichten (Burbidge 1996, S. 11; Houlihan 1985, S. 34). Statt dessen wird gefordert, gemeinsame Prognosen zu verabschieden und Nachbevorratungen an diesen Zahlen zu orientieren.

Pipeline-Transparenz - Available to Promise

Weiterhin ist die Transparenz über Warenbewegungen in der Supply Chain zu verbessern. Zu jedem Zeitpunkt befindet sich ein bestimmtes Volumen an Produkten kurz vor der Fertigstellung in der Fertigung, in Fertigproduktlägern sowie im Transit. Dieses Material ist grundsätzlich zuteilungsfähig (ATP - Available to Promise). Ziel ist es, die ATP-Bestände transparent zu führen und effektiv zuzuteilen. Dazu gehört ebenfalls, ein virtuelles Lager zu führen. Die vielen verteilten physischen Lagerstandorte und -bestände werden für Dispositionszwecke in einem einheitlichen System quasi als ein Lager geführt. Towill (1996, S. 23) belegt, dass eine Verbesserung der Bestandstransparenz in der Pipeline das Ergebnis verbessert.

Bestellautomatik - Bestelldisziplin

Towill (1997, S. 623) zeigt, dass ein ungedämpfter Einsatz verketteter automatisierter Bestellsysteme zu stark schwankenden Produktflüssen (Wave-like Production), Beständen und Betriebsmittelnutzungen führt. Das Zusammenwirken der Bestellsysteme vom Kundenimpuls rückwärts entlang der Kette ist zu verbessern. Mason-Jones et al. (1997) zeigen in Simulationsstudien, dass durch eine Optimierung der Parameterkonfiguration der Bestellsysteme (Pipeline Feedback, Damping) bereits erhebliche Verbesserungen in der Leistung der gesamten Lieferkette erreicht werden können (Mason-Jones et al 1997).[118] Mit diesen algorithmusorientierten Überlegungen können die Routinenachbevorratungen optimiert werden. Um Phantombestellungen und die damit verbundenen gravierenden negativen Konsequenzen für alle Akteure in der Kette aber in den Griff zu bekommen, ist es erforderlich, darüber hinaus Spielregeln für die Bestellauslösung zu vereinbaren.

Synchronisierte Produktion

Schwankungen werden weiterhin reduziert, wenn die Akteure synchronisiert produzieren und nachliefern. Im Idealfall löst erst die Bedarfsinformation den Reproduktionsprozess aus, so dass auf prognosegetriebene Produktion verzichtet werden kann (Austin et al. 1997, S. 28). Gelingt das wegen einer Durchlaufzeitlücke nicht, ermöglicht ein durch den Lieferanten verantwortlich betriebenes Lager beim Hersteller (VMI - Vendor Managed Inventory) zumindest eine rasche und unverfälschte Übertragung des Nachfrageimpulses.

Gemeinsame Kapazitätsplanung

Eine noch weitergehendere Lösung besteht darin, Kapazitäten entlang der Kette gemeinsam zu planen. Eine simple Trichtermodellanalogie führt vor Augen, dass unabgestimmte Kapazitäten zwingend zu Unterauslastungen führen. Entweder ist der Endproduktmarkt oder ein einzelner Akteur in der Kette der Engpass. Eine gemeinsame Planung der Kapazitäten ermöglicht es, das Volumen solcher Fehldimensionierungen zu reduzieren (Austin et al. 1997, S. 29 ff).

4.2.2. Perspektive OR und IT: Freiheitsgrade nutzen und das Optimum berechnen

Die Operations Research-Perspektive (OR) bietet einen methodenorientierten Zugang. Eine Supply Chain wird hier als ein Ressourcennetz verstanden. Supply Chain Management bedeutet dann, dieses Ressourcennetz optimal zu konfigurieren. Hilfsmittel dazu sind Rechenverfahren.

Rekonstruktion der Supply Chain: ein struktur- und flusszuoptimierendes Ressourcennetz

Die Perspektive „Operations Research" modelliert die Supply Chain als ein konfigurierbares Ressourcennetz, durch das (vornehmlich) materielle Objekte unter Wahrung von Restriktionen optimal durchzuschleusen sind (Abbildung 46). Die Perspektive ist immer dann relevant, wenn die Supply Chain kurz-, mittel- oder langfristig „Freiheitsgrade" aufweist; wenn etwa kurzfristig alternative Zuordnungen der Systemelemente zu veränderten Kosten und Nutzen führen. Die Systemelemente können Produktionsstätten, Distributionsstätten, Zulieferer, Aufträge, Kunden, Produkte und Produktgestaltungen sowie Märkte sein.

---

[118] Ziel ist es grundsätzlich, den Nachfrageimpuls zügig weiterzuverarbeiten und dabei gleichzeitig die Schwankungen zu dämpfen. Maßstab für Performanceverbesserungen ist für Mason-Jones et al. (1997) in erster Linie die Güte der Anpassung der Reproduktionskurven an die Nachfragekurve des Endproduktmarktes.

Abbildung 46 Perspektive Operations Research: Die Supply Chain als ein Netz von Ressourcen, durch die Aufträge geschleust werden

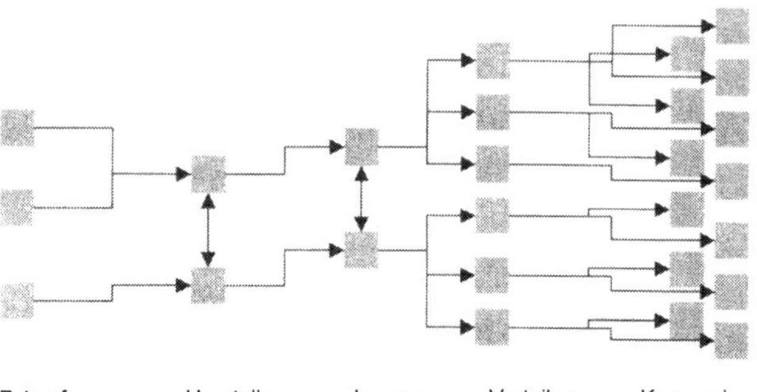

Solche Freiheitsgrade können nicht nur unterstellt werden, sondern sind geradezu die zentrale Herausforderung an das Management. Eine Beschaffungs-, Produktions- und Distributionskette, die auf mehreren Stufen jeweils Gestaltungsfreiräume bietet, entpuppt sich für den Planer als ein komplexes Gesamtsystem mit einer hohen Wahrscheinlichkeit, im täglichen Entscheidungsprozess Materialflüsse, gemessen am theoretisch erreichbaren Optimum, fehlzuleiten. Davis (1993, S. 36) beschreibt die Situation für das Unternehmen Hewlett Packard: „Large Manufacturing companies are 'hostage to complexity'. ... The nature of complexity is evident in a review of material flows for a complicated product. Multiple suppliers ship to manufacturing sites with varying regularity. There, subassemblies and final products are made by complicated and somewhat uncertain processes. ... The scene is further confused by the wealth of transportation options available: planes, trucks, and ships. And, of course, multiple carriers convey products to customers spread across the globe. The permutations (most of which are actually used) defy proper management."

Die von Davis (1993) beschriebene Situation ist insbesondere für weltweit agierende Hersteller typisch. In der Literatur findet sich eine Reihe von Beiträgen, die sich speziell mit deren Problematik auseinandersetzt (Levitt 1983; Kogut 1985; Goshal 1987; Hamel und Prahalad 1996; Porter 1998a; Bartlett und Goshal 1998). Aus der Perspektive globaler [119] Unternehmen dehnt sich der geographische Raum für mögliche Optimierungen des Ressourcennetzes auf den gesamten Globus aus. Die Welt besteht demnach aus einer Vielzahl von Endproduktmärkten, Herstellungs- und Beschaffungsquellen sowie von Chancen und Risiken, die aber nicht gleichmäßig über den Globus verteilt sind, sondern regional streuen. Solche regionalen Eigenschaften (Standortvorteile) können sein: Rohstoffvorkommen, F&E-Ressourcen, Lohnkosten, Besteuerung oder Kaufkraft. Hinzu kommen verzerrende regionale Besonderhei-

[119] Bartlett und Goshal unterscheiden die Begriffe international, multinational, global und transnational und nehmen. Für eine vergleichende Übersicht siehe Bartlett und Goshal (1998, S. 39 ff). Hier soll diese Differenzierung aber nicht gemacht werden.

ten wie Local-Content-Anforderungen [120] oder Steuer- und Zollbelastungen. F&E, Beschaffung, Produktion und Distribution sind optimal auf die Regionen zu verteilen. Die Supply Chain verbindet diese Regionen als Ergebnis spielbrettartig geführter Überlegungen („Global Chess") über einen kundenorientierten Material- und Informationsfluss. Aufgabe des Supply Chain Management ist es, die nutzbringenden Regionen in den Wertschöpfungsfluss einzubinden und so zu verknüpfen, dass erstens im Sinne eines Rosinenpickens weltweit Standortvorteile ausgebeutet (Abbildung 47), zweitens „Scales" (auflagebedingte Stückkostenvorteile) und drittens „Scopes" (sortimentsbreitenbedingte Stückkostenvorteile) realisiert werden (Kogut 1985; Goshal 1987). Ziel ist es, ein Produkt auf Weltklasseniveau (Effizienz, Innovation) unter Reduzierung von Risiken [121] herzustellen. Es entstehen internationale Supply Chains, in denen die Wertschöpfungsschritte über mehrere Länder verteilt sind (Levy 1997).

Abbildung 47 Perspektive Global Corporation: die Supply Chain verbindet weltweit leistungsfähige Regionen, um Produkte auf Weltmarktniveau herstellen und verkaufen zu können (Quelle: Otto und Kotzab 1999)

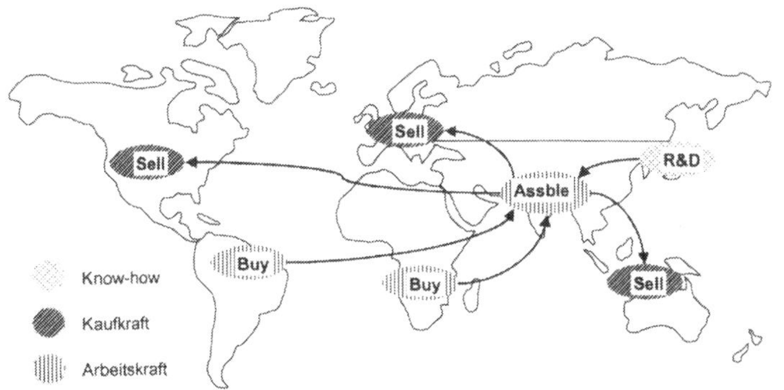

Problem: Quantitative Entscheidungsfindung in komplexen Entscheidungssituationen

Die Standardprobleme der OR-Sicht können sowohl in der managementorientierten Sprache der Problemhabenden als auch in der formalen Sprache der Problemlösenden formuliert werden. Erstere versuchen, ein wie auch immer definiertes Ziel als Output der Supply Chain zu erreichen und dabei die Kosten für Transformation und Transfer zu minimieren. In Partialbetrachtungen werden einzelne Ziele herausgebrochen; das mag sein: Sicherung des Lieferbereitschaftsgrads, Maximierung der Kapazitätsauslastung, Minimierung der Durchlaufzeit oder Gewährleistung von Versorgungssicherheit. Tabelle 24 listet beispielhafte Fragestellungen auf.

[120] Als „Local Content" werden nationale Leistungs- oder Lieferungsanteile an einer international erbrachten Wertschöpfung bezeichnet (Günter 1985). Insbesondere Entwicklungsländer binden die Auftragsvergabe zum Beispiel in Projektgeschäften mit der Bereitschaft des Auftragnehmers, die Volkswirtschaft des auftraggebenden Landes mit einer Quote, dem „Local Content", an der Herstellung der Leistung zu beteiligen.

[121] Goshal (1987, S. 429 ff) unterscheidet in makroökonomische, politische, Wettbewerbs- und in Ressourcenrisiken.

Tabelle 24 OR-Fragestellungen aus unterschiedlichen Funktionalbereichen (Quelle: Arntzen et al. 1995, S. 71; verändert)

Fertigung	- Wie viele Fabriken werden benötigt? - Welcher Integrationsgrad ist optimal? - Welche Produkte sollten in welchen Fabriken gefertigt werden? Welche zusätzlichen Kosten entstehen durch Standortspaltungen? - Reichen die Vorteile in Steueroasen aus, um die zusätzlichen Frachten und Zölle zu kompensieren?
Distribution	- Wie viele Distributionszentren sind erforderlich? - Welche Kunden sollen durch welches Distributionszentrum bedient werden?
Produktdesign	- Welches Design bietet die beste Balance zwischen den Gesamtkosten und den kumulierten Herstellungs- und Distributionszeiten? - Wie beeinflussen alternative Umsatzprognosen die Stückkosten und die Auswahl der Fertigungsstätten und Zulieferer?
Lieferanten	- Welche Lieferanten sollten welche Fabriken mit welchen Produkten beliefern?
Ersatzteile	- Welches Produktdesign minimiert die Kosten der Ersatzteilversorgung? - Wie viele Reparaturzentren sollten aufgebaut werden und welche Produkte sollten in welchen Zentren repariert werden?

Aus methodischer Sicht werden diese Anforderungen in formale Modelle übersetzt, was für diese „logistischen" Probleme in der Regel eine Abbildung als Netzwerkproblem bedeutet. Ein Netzwerk ist über die Lage und Anzahl der Knoten sowie über die Flüsse zwischen den Knoten zu beschreiben. Über die Lage und Anzahl der Knoten wird mit Verfahren der Standortplanung entschieden, wobei sich die Modelle durch Kapazitierung und Stufigkeit unterscheiden können (Domschke und Drexl 1990, S. 32 ff). Die Programmierung der Flüsse wird als Netzwerkflussproblem bezeichnet. Arlt (1994, S. 20 ff) nennt vier Spezialfälle[122]: (1) Transportproblem: Zu bestimmen ist der kostenminimale Beförderung zwischen einer Anzahl Quellen und einer Anzahl Senken. (2) Zuordnungsproblem: Zu bestimmen ist die optimale Zuordnung einer Menge von Bearbeitungsobjekten (im weitesten Sinne) zu einer Menge von Bearbeitungssubjekten (im weitesten Sinne). (3) Kürzeste Wege: Zu bestimmen ist der kürzeste Weg von einem Startknoten zu einem oder mehreren Zielknoten eines Netzwerks. (4) Maximaler Fluss: Zu bestimmen ist der maximale Fluss zwischen einer Quelle und einer Senke.

Erneut soll dies am Beispiel des globalen Supply Chain Managements erläutert werden. Dort besteht die Aufgabe darin, die Alternativen globaler Forschung und Entwicklung, Beschaffung, Produktion und Distribution zu identifizieren, zu bewerten und aus einer „Helikopter-Perspektive" dafür zu sorgen, dass die sich bietenden weltweiten Gestaltungsoptionen ausgenutzt werden. Supply Chain Management baut eine Wertschöpfungskette auf, die es erlaubt, die identifizierten Stärken der Regionen zu kombinieren, etwa ein „World Scale Plant" in Mexiko mit einem F&E-Zentrum im Silicon Valley sowie Absatzkanäle in die Triade-Märkte. Während die frühen Beiträge die Motivation für die Globalisierung der Aktivitäten in erster Linie in der Kostensenkung gesehen haben (Levitt 1983), wird in aktuellen Bei-

[122] Für einen tiefergehenden Überblick vergleiche zum Beispiel Ahuja et al. (1991) oder Ratliff und Nulty (1996).

trägen gefordert, Kosten, Erlöse und Know-how parallel zu berücksichtigen (Bartlett und Goshal 1998, S. 65 ff).

Der Aufbau eines transnationalen Wertschöpfungsnetzwerks hat Konsequenzen für das gesamte Unternehmen. Konzentriert man die Betrachtung jedoch auf das Supply Chain Management, treten folgenden Problembereiche in den Vordergrund: (1) Die Wertschöpfungsbausteine (Research, Buy, Assemble, Sell) sind so über den Globus verteilen, dass gleichzeitig [123] Marktchancen („National Responsiveness"), Lohnkostenvorteile und Know-how Pools genutzt werden. (2) In das globale Netzwerk sind ausreichende Flexibilitätsreserven einzubauen, um bei Änderungen von Planungsparametern und Restriktionen (zum Beispiel Zollvorschriften oder Wechselkurse) oder dem langfristigen internationalen Produktlebenszyklus (Vernon 1966; Kwan 1997) folgend, rasch rekonfigurieren zu können (Kogut 1985, S. 27; Bartlett 1998, S. 71). (3) Die Balance zwischen zentraler und dezentraler Entscheidungsfindung halten: Die Empfehlungen in der Literatur zur Auswahl eines „richtigen" Zentralisierungsgrades sind unterschiedlich. Christopher (1999b, S. 127 ff) fordert zur Durchsetzung globaler Strategien eine straffe und weitreichende Zentralisierung der Entscheidungsfindung. Andernfalls würde lokale Autonomie mit global integrierten Strategien kollidieren (Christopher 1999b, S. 141). Einige Entscheidungen sollen lokal (Marketingstrategie), die Fundamentalentscheidungen über Beschaffung, Produktion und Vertrieb, insbesondere die entsprechenden Standortentscheidungen jedoch zentral getroffen werden: „By their very nature, decisions on location in a global network can only be taken centrally." (Christopher 1999b, S. 143).

Erfolgsfaktor „Entscheidungsunterstützungssystem"

Die Standardlösung zum Management der Supply Chain besteht aus Sicht des Operations Research in einer dv-gestützten Modellierung der Entscheidungssituation sowie der nachfolgenden Anwendung von Optimierungsverfahren oder Heuristiken auf dieses Modell, um in kurz-, mittel- oder langfristigen Entscheidungssituation ein optimales Ergebnis ermitteln zu können und nachfolgend die reale Situation nach Maßgabe der Berechnungsergebnisse zu gestalten. Dieses Prozedere hat infolge einer Reihe längerfristiger Entwicklungen heute eine mächtige Position sowohl in der Literatur als auch in der Praxis erreicht. Geoffrion und Powers (1995, S. 106 ff) sehen den aktuellen Status quo als das Ergebnis sechs evolutionärer Prozesse: (1) Die Evolution der Logistik: Die Rolle der Logistik als unternehmerische Funktion und deren Bedeutung für das Unternehmensergebnis hat in den letzten zwei Jahrzehnten eine deutliche Aufwertung erfahren. Im Kielwasser dieser Entwicklung sind auch die Optimierungsmethoden, als die typischen Methoden der Logistik, aufgewertet worden. Insbesondere die koordinationsorientierte Sicht der Logistik (Klaus 1993; La Londe und Masters 1994) hat das Augenmerk auf die Notwendigkeit der unternehmensübergreifenden Optimierung gelegt: „Every company pays for the inefficiencies up-chain and down-chain." (Geoffrion und

[123] Für Bartlett und Goshal (1998, S. 65 ff) besteht die Besonderheit gerade des „Transnationalen Unternehmens" darin, den traditionell als konfliktär angesehenen Zusammenhang zwischen „National Responsiveness" und „Global Efficiency" harmonisieren zu können.

Powers 1995, S. 108). (2) Die Evolution der DV- und Kommunikationstechnik: Das sich dramatisch verbessernde Preis-Leistungsverhältnis für DV-Technik ist ein immer noch wirkender Treiber der Anwendung von OR-Methoden. [124] (3) Die Evolution der Algorithmen: Parallel zur Steigerung der Rechenleistung wurde auch ein Fortschritt in den Algorithmen zur Lokalisierung „optimaler" Lösungen erreicht. Die Anführungszeichen wurden gesetzt, da Geoffrion und Powers (1995, S. 114) zu Bedenken geben, dass trotz der Verfügbarkeit leistungsfähiger Optimierungsalgorithmen in der Praxis doch häufig auf Heuristiken zurückgegriffen wird. (4) Die Evolution der Datenhandhabungsinstrumente: 75 bis 80 Prozent der Ressourcen zur Optimierung eines Distributionssystems werden üblicherweise verschlungen für die Aufbereitung der in das Optimierungsmodell einzufütternden Daten (Geoffrion und Powers 1995, S. 115). Die weitgehende Standardisierung der Datenformate sowie die Vereinfachung der Datenkommunikation durch die Entwicklung diverser breit akzeptierter Standards hat in den letzten Jahren enorm zur Verbesserung dieses Missverhältnisses beigetragen. (5) Die Evolution der Softwaretechnik: Die heute am Markt verfügbaren Softwarepakete sind weitaus leistungsfähiger und benutzerfreundlicher als noch vor wenigen Jahren. Die Softwareumgebungen (Objektorientierung, graphische Benutzeroberfläche, Fenstertechnik) erlauben die Erstellung weitgehend intuitiv zu benutzender Programme. (6) Die Evolution des Nutzungsverhaltens in den Unternehmen: Geoffrion und Powers (1995, S. 120 ff) sehen als abschließenden Treiber ein problemorientierteres und offensiveres Nutzungsmuster der verfügbaren Softwarepakete durch die Gestalter in den Unternehmen. Die in der Regel enge Kooperation zwischen Softwareentwickler und Anwender hat die Akzeptanz und Verwendbarkeit des Systeme verbessert.

Diese Genese leistungsfähiger DV-Systeme hat insbesondere für das Supply Chain Management eine katalytische Funktion eingenommen. Auf eine DV-Unterstützung kann in Anbetracht der großen Erlössteigerungs- und Einsparungspotenziale durch bessere und schnellere Entscheidungen [125] nicht verzichtet werden. Typische Fragestellungen an solch ein Softwaresystem sind (Arntzen et al. 1995, S. 79): Welcher Pfad durch das Wertschöpfungsnetz liefert die geringsten Kosten? Welcher Pfad durch das Wertschöpfungsnetz benötigt die geringste kumulierte Produktions- und Transferzeit? Wie viel Mehrkosten verursacht eine Beschleunigung des Warenflusses, um zum Beispiel eine angekündigte Promotion in Deutschland mit in Japan gefertigten Produkten noch erreichen zu können? Welche Kosten- und Zeitdifferenzen ergeben sich zwischen dem aktuell konfigurierten Pfad und dem optimalen Pfad? Welche komparativen Auswirkungen haben einzelne Kostenreiber (Zölle, Lohnkosten, Steuern, Transportkosten oder Bereitschaftskosten) auf die Gesamtkosten? Auf welche realen Kosten-

[124] Der Übergang von Großrechnern auf PC's, von Stapel- zu Dialoganwendungen und deren Bedeutung für die Logistik ist eindrucksvoll geschildert in LaLonde und Masters (1994).

[125] Beachte etwa die extrem kurzen Produktlebenszyklen in der „MICE"-Industrie. „MICE" steht für Mikroelektronik, Informationstechnik, „Communicationstechnik" sowie Entertainment. In Deutschland wird mitunter auch von TIMES gesprochen: Telekommunikation, Informationstechnik und Internet, Multimedia, Entertainment und Sicherheit.

änderungen wird das Modell mit besonders starken Abweichungen vom Optimum reagieren? Wie wirken sich Local-Content-Veränderungen einzelner Länder auf Zeiten und Kosten aus?

Abbildung 48 SCM-Software zur unternehmensübergreifenden Optimierung der Supply Chain

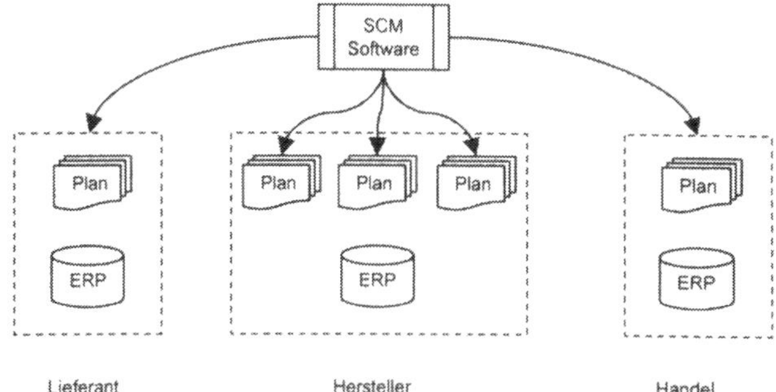

Während die frühen Anwendungen sich in erster Linie auf lokale Optimierungen beschränken mussten (zum Beispiel lineare Programmierung zur Optimierung von Produktionsprogrammen), hat die rasche Hardwareentwicklung die technischen Beschränkungen weitgehend entfernt und Raum für eine hinreichend detailorientierte aber dennoch schnell arbeitende Optimierung geschaffen. Es wird zunehmend versucht, die komplette Kette vom ersten Lieferanten bis zum Endkunden abzubilden. Zum Einsatz kommt dabei eine noch recht junge Klasse von DV-Programmen, die als häufig als „Advanced Planning Systems“ bezeichnet wird (Kilger 1998). Deren Grundidee besteht darin, die traditionell auf den isoliert voneinander ermittelten Planungsergebnisse der ERP-Systeme durch ein zentrales, die komplette Supply Chain abdeckendes Planungsmodell zu überlagern und die nachfolgende Exekution auf diesen einheitlichen Plan zu beziehen (Abbildung 48). Diese unternehmensübergreifende Optimierung der Supply Chain lässt sich mit ERP-Systemen nicht erreichen (Kilger 1998, S. 50). Die lokalen DV-Systeme werden dabei als Transaktionssysteme verstanden, aus denen die Bewegungsdaten aus dem Tagesgeschäft ausgelesen und an die das Optimierungsergebnis als verbindliches Werk von Eckdaten zurückgespielt wird („Backbone“). Im Vordergrund steht der Versuch, die gesamte Kette über einen zentralen, online gepflegten und in Echtzeit an veränderte Planungsgrundlagen angepassten Plan zu koordinieren. Es entsteht eine „End-to-End“-Planung (Christopher 1999b, S. 16).

4.2.3. Perspektive Logistik: generische Prozesse sequentiell, vertikal und horizontal integrieren

Aus einer Sicht, die hier als die „Logistikperspektive“ bezeichnet werden soll, besteht die Supply Chain aus einer Aneinanderreihung generischer Prozesse. Die Sicht ist zum Teil bereits in Kapitel 2.2.1 am Beispiel des Prozessmodells von Klaus (1998) geschildert worden. Darauf sei hier zunächst verwiesen. Über die Schilderung der Kette hinaus geht das Folgende nun aber auf den Managementaspekt ein.

Rekonstruktion der Supply Chain: Verquickung generischer Prozesse

Aus der Logistiksicht setzt sich die Supply Chain aus den im Verlauf des Tagesgeschäfts gebildeten Instanzen vier generischer zusammen (Abbildung 23, Seite 93). Produkte entstehen, indem die im Prozessmodell abgebildeten generischen Abläufe in die Tat umgesetzt werden. Nicht immer werden dabei alle Prozesse durchlaufen. Eine Lagerauffüllung im Zuge eines „Continuous Replenishment"-Prozesses etwa erfordert weder eine administrative Auftragsabwicklung noch die Einbeziehung von Fertigungs- oder Produktentwicklungsprozessen.

Die Logistiksicht ist stark konzeptionell geprägt und schlägt neben konkreten Lösungsansätzen zunächst vor, eine Supply Chain in einer bestimmten Weise zu analysieren. Demnach sollte die Supply Chain eines Unternehmens als Ausprägung eines allgemeinen Prozessmodells verstanden werden. Die tatsächlich im Unternehmen ablaufenden Prozesse sollen nur nach Maßgabe des allgemeinen Modells rekonstruiert werden. Die definierten generischen Prozesse haben Referenzcharakter. Damit sind zwei Vorteile verbunden:

(1) Erstens werden Prozessanalysen als eine Ausprägung des Managements einer Supply Chain beschleunigt und vollständiger. Das in der Regel für den Analytiker verwirrende Prozessgeflecht eines Unternehmens kann auf die vertrauten Muster des generischen Modells zurückgeführt werden. Unter der Annahme, dass der Sprachvorrat des Prozessmodells die Wirklichkeit treffend darstellen kann, wird damit die Modellierung erstens beschleunigt und zweitens heuristisch unterstützt. [126] (2) Zweitens wird es möglich, für ausgewählte neuralgische Komponenten des Prozessmodells präsituativ Standardlösungsansätze zu erarbeiten. Der Systemgestalter verfügt damit über ein Menü fertiger Handlungsoptionen. Im Idealfall können diese modulartig eingesetzt werden. Tabelle 25 zeigt die Überlegung an einem Beispiel: Klaus (2000) hat dort den „Order to Payment"-Prozess zum Ausgangspunkt für die Beurteilung der Eindringtiefe des E-Commerce auf die Auftragsabwicklung eines herstellenden Unternehmen gemacht. Für die Teilprozesse lassen sich jeweils Abwicklungsvarianten formulieren. Für den Teilprozess „Nachfragestimulation" sind zum Beispiel fünf Ausgestaltungsoptionen denkbar, die von einer konventionellen Variante (Autonom vom Nachfrager) bis zu einer E-Commerce-typischen Form (intelligenter Kühlschrank) reichen.

[126] Aus methodischer Sicht wirkt das Prozessmodell dann wie ein Typus (Schütz 1982, S. 90 ff). Eine empirische Erfahrung (das verwirrende Prozessgeflecht) wird vertraut, wenn sie auf einen bekannten Typus rückgeführt werden kann; wenn sie ausgelegt werden kann (Was ist es?). „Der Typus ist somit die Demarkationslinie zwischen den erforschten und unerforschten Horizonten des vorliegenden Themas ..." (Schütz 1982, S. 92). Überschreitet die auszulegende Praxis die Demarkationslinie nicht, wird die Schwierigkeit der Prozessanalyse deutlich reduziert, weil die auf den ersten Blick idiosynkratische Praxis sich als „alter Hut" entpuppt.

Tabelle 25 Morphologischer Kasten: Ausgestaltungsoptionen für ausgewählte Teilprozesse des Order to Payment -Prozesses (Quelle: Klaus 2000).

Nr.	Prozeßschritt	Ausgestaltungsoptionen (eher konventionell ->->->->-> eher E-Commerce-typisch)				
1	**Stimulation der Nachfrage**	Autonom vom Nachfrager	Durch Medien-Impulse, Print-Katolog Modell (Versandhaus)	Individualisiertes Angebot – Fax, Internet-Angebot (Direktvertrieb)	Interaktive Internet-Stimulation (Modell Amazon)	Automatisches Replenishment (Modell „ Intell. Kühlschrank")
2	**Auftragsannahme**	Konvent. Medien Brief, Fax	Call-Center	Email-Formular	Interaktives Internet-Formular	Persönlich durch Anlieferer
3	**Interne Auftragsabw.**	Nicht integriert	Workflow-Integration			
4	**Beschaffung/ Warennachschub-/ Einkaufsabwicklung**	Manuelles Beschaffungs-system	Standardprozeß ERP-System	Manuell ausgelöstes Replenishment	Automatisches Replenishment (VMI – Modell „ Walmart")	
5	**Produktion** (evtl. Vor-Prod. und Besch.)	Serienfertigung (Make-to-stock vorratsorientiert)	Flexible Losfertigung (Make-to-Stock bedarfsorientiert)	„ Assemble-to-order" dezentral (HP-Modell)	„ Assemble-to-Order" zentral (Dell-Modell)	
6	**Kommissionierung/ Versand**	Einstufige Einzelkommiss.	Ein/ mehrstufige Batch-Kommissionierg.	Mehrstufiges Wave-Picking mit Belegen	Belegloses halb-automat. Komm., „ pick-to-light"	Beleglose vollautomatische Kommissionierung
7	**Verpackung**	Verlust-verpackung	Verpackung mit sep. Rückgabeoption	„ Bag in Box" mit MTV-Behälter	Nutzer-Fertige Bereitstellung	
8	**Zusammenführung von Teillieferungen**	Unkoordinierte Anlieferung (Baustellen-Modell))	durch Log.Dienst-leister in zentr. Sammellager („ Abtrag" modell)	durch Log. Dienstleister im Transit („ Merge-in-Transit")	durch lokalen Servicebeauftragt („ Liberty" -Mod.).	Vor Ort beim Kunden – synchronisierte Anlieferung
9	**Letzte Meile/ Schnittstelle zum Konsumenten**	Bereitstellung Kofferraum („ Net" -Modell)	Shopping Box Zentral - Kund.nah	Home-Delivery konventionell (ohne/mit Avis oder Vertrauensadr.).	„ Streamline" - Schnittstelle	Intelligenter. Kühlschrank „ autom. Replenishment"
10	**Point-of-Use Service**	Nicht geboten/ Gebrauchsanweisung	Hotline	Off-line Installations-service	Integrierter Home-Delivery/ P-o-U Service	
11	**Re-Integration Rücksendungen**	Entsorgung	Dezentral – Offpreis Vertrieb	Zentral – Wiedereinlager Bestände		
12	**Inkasso**	Vorkasse/ Rechnungstellung	Nachnahme	Kreditkarte	Zertifizierte Elektron. Zahlung	

Problembereiche

Das generische Prozessmodell lenkt die Aufmerksamkeit auf folgende Bereiche:

Schnittstellen

Schnittstellen sind die über Zeit und Raum lokalisierbaren Punkte in einer Prozesskette, an der ein zu bearbeitendes Objekt von einem Bearbeitungsprozess an einen anderen Bearbeitungsprozess übergeben wird. Das Prozessmodell verdeutlicht, dass die Wertschöpfungskette, sowohl intra- als auch interorganisational eine Vielzahl von Schnittstellen aufweist. Die Schnittstellen sind kritisch, da sie erstens die Geschwindigkeit des Objektflusses potenziell reduzieren und zweitens potenziell Aufwand repräsentieren, der durch Transport zwischen den Bearbeitungspunkten und Inkompatibilitäten zwischen den Bearbeitungsprozessen entsteht.

Geometrische Form der intraorganisationalen Wertschöpfungskette

Das generische Prozessmodell stellt weiterhin die geometrische Form der intraorganisationalen Wertschöpfungskette in Frage. Das generisches Prozessmodell ist ein „Maximalmodell“, das den längstmöglichen Pfad abbildet. In Abbildung ist das zum Beispiel der „Make to Order-Flow", der durchlaufen wird, wenn der Kundenauftrag nicht bereits durch Rückgriff auf ein Fertig- oder Halbfertigprodukt auf einer marktnahen Lagerstufe bedient werden kann (Pick from Stock-Flow). Der Fluss durchzieht das gesamte Modell und greift dabei auf das komplette Prozessrepertoire des Unternehmens zurück. Im Gegensatz dazu wird eine Nachbestellung des Einzelhandels im Zentrallager eines Herstellers hingegen lediglich einen Nachbevorratungsauftrag auslösen, der nach einer kurzen Schleife das Unternehmen wieder verlässt. Das Managementproblem besteht darin, festzulegen, welcher Pfad beschritten werden soll, um einen Kundenauftrag zu bedienen.

Zykluszeit

Das generische Prozessmodell beginnt und endet explizit beim Kunden. Damit rückt der Zeitraum zwischen der Bedarfsmitteilung des Kunden und der Übergabe der bedarfsdeckenden Lösung an den Kunden, die Zykluszeit [127], in den Vordergrund.

Erfolgsfaktoren

Aus der Logistikperspektive ist Supply Chain Management in erster Linie ein „Integrationsmanagement“. Das Schnittstellenproblem soll durch eine Integration in drei Dimensionen beherrscht werden.

Klaus (1998) unterscheidet dazu eine sequentielle, horizontale und vertikale Integration (Abbildung 49 und Abbildung 50).[128,129]

Sequentielle Integration – Das Management von Kunden-Lieferanten-Beziehungen

Als sequentielle Integration bezeichnet Klaus (1998) einen Vorgang, in dessen Verlauf die Anzahl der ineinander greifenden Wertschöpfungsschritte eines generischen Prozesses erstens so weit wie möglich reduziert und zweitens nachfolgend möglichst eng verzahnt werden. Die Idee der sequentiellen Integration ist kein originäres Ergebnis der Supply Chain Management-Diskussion, sondern wird von dieser lediglich ein Stück vorangetrieben. Die Integration soll

---

[127] Für eine Detaillierung siehe Kapitel 6.1.2.2.

[128] An dieser Stelle ist die besondere Wortwahl von Klaus (1998) zu beachten, da er die Begriffe horizontale und vertikale Integration abweichend von der üblichen Verwendung einsetzt. Um seine Überlegungen authentisch darstellen zu können, wird dessen Wortwahl in diesem Kapitel übernommen. Für den Rest der Arbeit wird aber das traditionelle Verständnis unterstellt.

[129] In der Literatur existiert eine Vielzahl anderer Vorschläge zur Systematisierung von Integrationsprozessen. Siehe etwa Holmberg (1997, S. 33 ff) für einen aktuellen Beitrag aus der Supply Chain Management-Diskussion, der nach dem Objekt der Integration fragt und dementsprechend systematisiert in funktionale Integration, organisationale Integration, strategische Integration und inter-organisationale Integration.

auch die vor- und nachgelagerten Wertschöpfungsschritte der zuliefernden bzw. abnehmenden Unternehmen erfassen und eine interorganisationale Integration bewirken.

Abbildung 49 Supply Chain Management als Integrationsmanagement: generische Prozesse sequentiell und vertikal integrieren (zum Hintergrundbild vergleiche auch Abbildung 23, Seite 93)

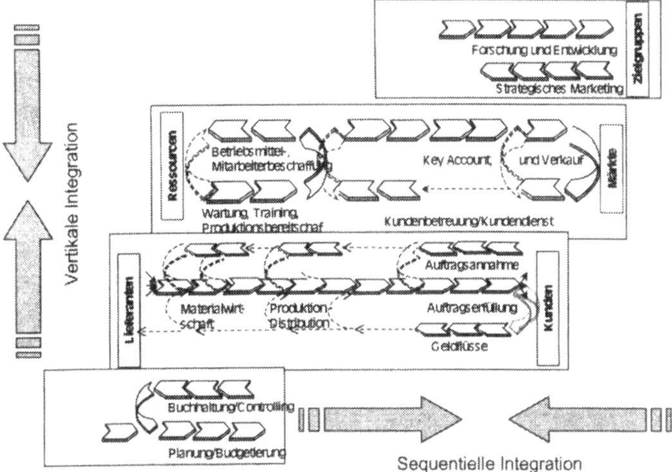

Vertikale Integration

Als vertikale Integration bezeichnet Klaus den Vorgang der engeren Verzahnung der vier generischen Prozesse „Idea to Market“, „Prospect to Sale“, „Order to Payment“ sowie „Record to Plans“. Beispiele sind etwa die zeitkomprimierende Optimierung der Schnittstelle zwischen Produktentwicklung und Serienanlauf im Automobilbau (Concurrent Engineering), die oben diskutierten Maßnahmen zur Reduzierung von Phantombestellungen bei Produkteinführungen in der PC-Wertschöpfungskette oder die kritische Fähigkeit des Einzelhandels, Ein- und Auslistungsentscheidungen schnell in den Outlets sowie im Nachschubkanal zu kommunizieren. Die Potenziale einer engeren Verzahnung von Produktentwicklung, Beschaffung, Produktion und Distribution wurden in der Literatur ausgiebig beschrieben (Womack und Jones 1994; Pfeiffer und Weiß 1994; Fine 1998).

Horizontale Integration

Als horizontale Integration bezeichnet Klaus einen Vorgang, in dessen Verlauf parallele Instanzen eines generischen Prozesses in verschiedenen Organisationseinheiten eines Unternehmens (Abteilungen, Divisionen) beziehungsweise zwischen Unternehmen enger verzahnt werden (Abbildung 50).

Ein Beispiel aus der PC-Industrie verdeutlicht den Ansatz. Die heute in der Regel am Markt angebotene breite Palette an PC-Modellen kann durch eine geschickte Positionierung des „Order Penetration Points“ in der Fertigung über weite Strecken als auftrags- und produktanonyme Massenproduktion behandelt werden, in der die Wertschöpfungsschritte der verschiedenen Produktlinien integriert werden und auf gemeinsame Ressourcen zurückgreifen.

Erst jenseits des „Order Penetration Points" erfolgt die Kopplung von Auftrag und Produkt und stößt damit die auftragsspezifische Konfiguration (zum Beispiel länderspezifische Software) oder Endmontage (zum Beispiel länderspezifische Tastatur) an. Andere Beispiele intraorganisatorischer Integration finden sich in divisionalisierten Konzernen, die versuchen, etwa die F&E-, Beschaffungs- oder Distributionsprozesse unterschiedlicher Divisionen zusammenzuführen, um damit Kosten-, Qualitäts- oder Zeitvorteile zu erzielen.[130]

Abbildung 50 Supply Chain Management als Integrationsmanagement: generische Prozesse horizontal integrieren

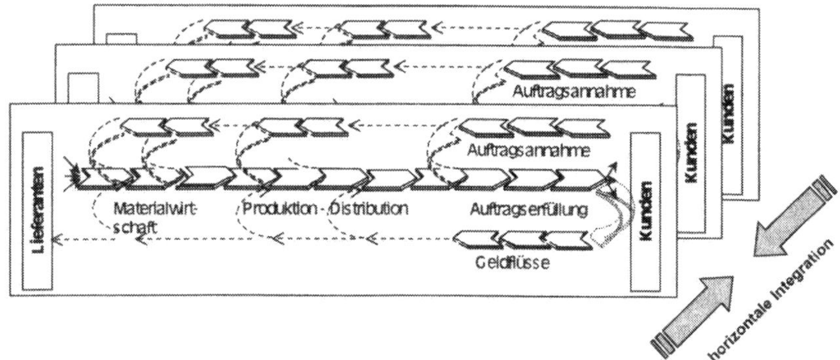

Order Penetration Point - Die Form des Wertschöpfungspfads gestalten

Die Logistiksicht lenkt die Aufmerksamkeit weiterhin auf die bewusste Gestaltung des Pfads, auf dem ein Auftrag das Unternehmen durchläuft. Aufgabe des Supply Chain Management ist es, die Schleifen zu bestimmen, in denen der Auftrag das Unternehmen durchläuft, mithin also die Positionierung des „Order Penetration Point".

Die Positionierung des „Order Penetration Point" ist ein Ergebnis der „Postponement"-Strategie. „Postponement" bedeutet, produktspezifizierende (differenzierende) Wertschöpfungsaktivitäten in Bezug auf die Produktgestalt sowie auf die geographische Streuung der Lagerbestände zu verzögern. Das Konzept wurde bereits sehr früh im Marketing entwickelt [131]: "... the most general method which can be applied in promoting the efficiency of a marketing system is the postponement of differentiation ... postpone changes in form and identity to the latest possible point in the marketing flow; postpone change in inventory location to the latest possible point in time." (Alderson 1957, S. 424). "Savings in costs related to uncertainty would be achieved by moving the differentiation nearer to the time of purchase, where demand, presumably, would be more predictable. Savings in the physical movement of

[130] Das Supply Chain Management kann aus dieser Perspektive auch als ein Ansatz interpretiert werden, um die in vielen Unternehmen in Folge des Lean Management verlorene Balance von zentral und dezentral, bzw. integriert und differenziert wahrgenommenen Funktionen wieder auszubalancieren.

[131] Es gibt unterschiedliche Interpretationen über die analytische Aufgliederung des Konzepts. Alderson (1950 und 1957) sowie Bucklin (1965) unterscheiden nur zwei Formen: „... the product itself and the geographical dispersion of its inventory ...". Dieser Zweiteilung in Form und Lokation soll hier gefolgt werden.

the goods could be achieved by sorting products in large lots and in relatively undifferentiated states." (Bucklin 1965, S.27).

Bovet und Sheffi (1998) sprechen vom „Freeze Point Delay", mit dessen Verschiebung Endproduktbestände, Obsoleszenzrisiken und Herstellungskosten gesenkt und der Lieferbereitschaftsgrad verbessert werden können. Eine Konsequenz des Postponement ist die strategische Positionierung von Lagerbeständen. Während Lagerbestände traditionell als das Ergebnis operativer Planungsprozesse angesehen wurden, verschiebt das Postponement die Grenze zwischen spekulativer Massenfertigung und auftragsbezogener Endmontage (Push-Pull Boundary) vor dem Hintergrund langfristiger Überlegungen und zwingt dazu, Bestände innerhalb der Supply Chain neu zu positionieren (Bozarth und Chapman 1996), wie Abbildung 51 zeigt. Die Abbildung unterscheidet fünf Fertigungstypen (Massenfertigung, ...) und weist für jeden Typ die Lage des „Order Penetration Points" aus. In einer prognosebezogenen Massenfertigung befindet sich der „Order Penetration Point" direkt beim Endkunden, was bedeutet, dass die gesamte Wertschöpfung spekulativ, auf einer Prognose über das wahrscheinliche Kaufverhalten des Kunden basiert. Im unteren Teil zeigt die Abbildung das Gegenteil: Der „Order Penetration Point" liegt am Beginn der Wertschöpfung; jeder Wertschöpfungsschritt kann damit einem Kunden zugerechnet werden.

Abbildung 51 Ergebnis des Postponement: die strategische Positionierung von Lagerbeständen

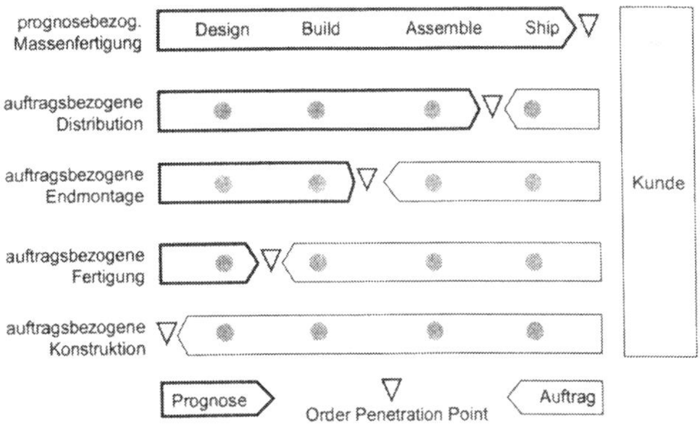

4.2.4. Perspektive Marketing: Produkte und Kunden segmentieren und über den richtigen Absatzkanal verbinden

Unternehmensübergreifendes Denken hat insbesondere im Marketing eine lange Tradition. Ohne die Vielzahl der Beiträge hier komplett Revue passieren zu lassen, lassen sich Bereiche identifizieren, in denen das Marketing Berührungspunkte zum Management von Supply Chains besitzt: Das Management der Kooperation in der Kette sowie die Optimierung des Zusammenhangs zwischen Beständen und Marktversorgung, häufig auch als Marketing- oder als Distributionslogistik bezeichnet (Pfohl 1972; Ahlert 1985; Delfmann et al. 1990; Christopher 1999b).[132]I n diesen Bereichen werden unterschiedliche Probleme bearbeitet, so dass eine separate, jeweils geraffte Darstellung sinnvoll erscheint.

Hier ausgeblendet: Relationales Marketing - Das Management der Kooperation im Absatzkanal

Hersteller und Kunde können über alternative Kanäle mit jeweils unterschiedlichen Kosten und Nutzen verbunden werden. Im Marketing wird auch vom Absatzkanal oder Absatzweg (Meffert 1998, S. 592; Ahlert 1985, S. 166) bzw. vom „Marketing Channel" (Palamountain 1955; Stern und El Ansary 1982; Kotler 1988, S.528) gesprochen. Dieser Kanal ist ein Gefüge interdependenter Organisationen, die mit jeweils spezifischen Aufgaben, aber auch eigenen Interessen dafür sorgen, dass ein Produkt den Endkunden erreicht. Ein wesentliches Problem des Managements dieses Gefüges besteht in der Wahl der Integrationstiefe mit den Extremen eines vollintegrierten Kanals, indem alle Akteure hierarchisch koordiniert werden können, sowie eines deintegrierten Absatzwegs mit vollständig autonomen Unternehmen. Ein beträchtlicher Teil der Marketingliteratur konzentriert sich auf dieses Problem und die daraus resultierenden Phänomen, wie etwa: (1) Macht und Machtverteilung im Kanal (El Ansary und Stern 1972; Hickson et al. 1971), (2) der produktive und destruktive Effekt sowie die Handhabung von Konflikten zwischen den Akteuren (Pondy 1967; Rosenberg und Stern 1971; Etgar 1979), (3) die Motivation autonomer Akteure für die Umsetzung systemorientierter Strategien (Anderson und Weitz 1992; Gundlach et al. 1995), (4) der Aufbau einer Lenkungsinstanz, um Maßnahmen innerhalb der Pipeline koordiniert durchsetzen zu können („Channel Control" [133], Frazier 1999).

Das Management der Kooperationsbeziehung ist in der Forschungslandschaft des Marketing ein Bruchteil eines größeren Programms, das mitunter auch als relationales Marketing bezeichnet wird; dort geht es zusammenfassend darum, erfolgreiche Austauschbeziehungen aufzubauen, zu pflegen und weiterzuentwickeln (Frazier 1999, S. 231; Morgan und Hunt 1994). Zu beachten ist, dass sich das Supply Chain Management auf die leistungswirtschaftlich unmittelbar relevanten Relationen konzentriert (Kunden, Kunden der Kunden, Lieferanten, Lieferanten der Lieferanten). Das relationale Marketing hingegen hat einen erweiterten Betrachtungsraum, der zum Beispiel die Beziehungen des Unternehmens zu Mitarbeitern, Wettbewerbern, Behörden und Non-Profit-Organisationen einschließt.. Die obige Auflistung zeigt, in welch großem Umfang das relationale Marketing Themen adressiert, die für das Management von Supply Chains relevant sind. In diesem Teil der Literatur wird die explizite Verbindung zum Supply Chain Management aber nicht sichtbar gesucht. Der Teil soll hier daher ohne Beachtung bleiben. Auch wenn die dort erzielten Einsichten in diesen ersten Review damit nicht einfließen, wird die Arbeit das Management der Kooperation in Kapitel 6.2

[132] Converse (1954) hat diesen Teil 1954 bereits bezeichnet als: „The Other Half of Marketing".

[133] „A set of agreements, programs and interactions used by a firm in an attempt to shape strategies and actions of associated members in the value chain." (Frazier 1999, S. 229)

noch einmal intensiv aufgreifen. Die weitere Analyse der Marketingperspektive konzentriert sich zunächst aber auf die Marketinglogistik.

Marketinglogistik: Rekonstruktion der Supply Chain als Pipeline

Kundenservice und Kosten werden als Output der Supply Chain aufgefasst (Stevens 1989; Sharma und Lambert 1994). Alternative Absatzwege (Supply Chains) bedienen Kunden mit alternativen Serviceparametern und verursachen unterschiedliche Kosten. Die Supply Chain ist demzufolge ein Hilfsmittel zur Servicedifferenzierung sowohl zwischen den Produkten eines Unternehmens (Fuller et al. 1993) als auch zwischen Unternehmen im Sinne eines Wettbewerbsvorteils (Porter 1998a, S. 52).

Die Marketingperspektive unterscheidet sich in einigen Aspekten von den zuvor besprochenen Perspektiven. Der Ansatz ist geteilt. Es geht nicht primär darum, die gesamte Kette mit allen Beschaffungs- und Absatzvorgängen über alle Akteure zu analysieren. Im Fokus steht mehrheitlich entweder das Beschaffungsmarketing (Upstream) oder die Strecke vom betrachteten Unternehmen bis zum Endkunden (Downstream), die in Abhängigkeit der institutionalen Position des Unternehmens natürlich unterschiedlich lang sein kann. Daneben ist die Betrachtung nicht primär an der Analyse der operativen Motorik innerhalb der Kette interessiert (Wie wird gelagert, welche DV-Systeme interagieren?), sondern versteht die Kette, im Gegensatz zum relationalen Marketing, vielmehr als eine Pipeline (van Amstel 1990), an deren Beginn und Ende die „interessanten“ Managemententscheidungen zu fällen sind (Abbildung 52).

Abbildung 52 Perspektive Marketinglogistik: Die Supply Chain als Pipeline verbindet Produkte und Kunden

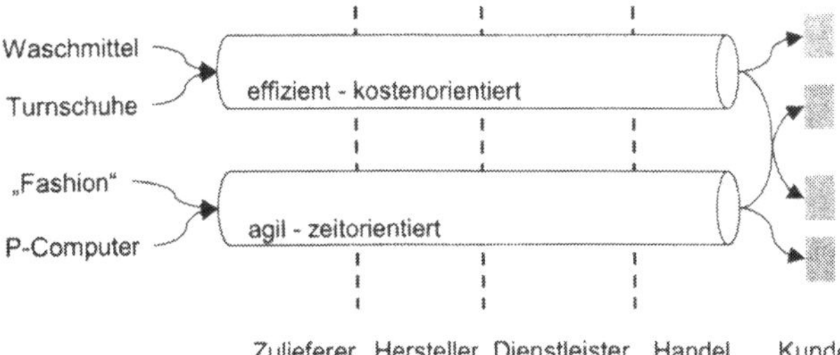

Problembereiche

Das Feld der Marketinglogistik ist mittlerweile unübersichtlich geworden. In einem groben Überblick treten folgende Probleme in den Vordergrund:

Bestimmung der Messlatte: Was soll „Customer Service“ sein und wie kann man das messen?

Die Pipeline-Analogie sieht die Supply Chain als ein Produktionsmittel, dessen Aufgabe in erster Linie darin besteht, Fertigprodukte für den Kunden verfügbar zu machen und damit „Kundenservice“ zu produzieren. Die Effektivität der Supply Chain kann daher final am erreichten Serviceniveau gemessen werden. Der Servicebegriff ist konzeptionell aber sehr diffus. Dessen Präzisierung kann durchaus als ein selbständiger Problembereich des Supply

Chain Managements aus der Marketingperspektive angesehen werden. Christopher (1999b) etwa widmet dieser konzeptionellen Arbeit rund ein Viertel seiner Monographie zum Supply Chain Management.

Geringer Lieferbereitschaftsgrad - Durchlaufzeitlücke

Ein Standardproblem des Supply Chain Managements aus der Marketingsicht besteht darin, das gesetzte Ziel für den Lieferbereitschaftsgrad unter Einhaltung des anvisierten Kostenniveaus zu erreichen. Das Problem wird umso dringender, je größer die Durchlaufzeitlücke ist. Die Durchlaufzeitlücke ist der Zeitraum, um den die Durchlaufzeit für ein Produkt die akzeptierte Wartezeit des Kunden für dieses Produkt übersteigt (Christopher 1999b, S. 168).

Kompromissorientierte Distributionssysteme

Die Ausdifferenzierung der Nachfrage hat zwar zu steigenden Investitionen in die Entwicklung von Produkt- und Prozesstechnik geführt, womit kundennutzenträchtige Produkte grundsätzlich zur Verfügung stehen. Eine ebenso intensive Ausdifferenzierung der Logistik- insbesondere der Distributionssysteme steht aber noch aus. Die Folge sind Kompromisse in der Auslieferung der Produkte. Murphy und Daley (1994) kritisieren, dass viele Unternehmen immer noch einen generischen Ansatz für die Supply Chain wählen, in dem alle Kundengruppen aus einem skaleneffektgetriebenen Ansatz („Consolidated Channels") mit einem durchschnittlichem Servicelevel bedient werden, woraus logistische Über- beziehungsweise Unterversorgungen resultieren.

„Richtung" der Schnittstelle

Die Wahl des Verlaufes der Schnittstelle durch die Supply Chain ist ein weiteres Problem. Das Beziehungsmanagement unterstellt traditionell Schnittstellen, die nach funktionalen beziehungsweise institutionalen Kriterien quer zum Wertschöpfungsprozess verlaufen, mit der Konsequenz eines exklusiven Kontaktes zur nächsten Wertschöpfungsstufe, respektive zum Endkunden durch jeweils einen einzigen Akteur. Anderson et al. (1997b) zeigen, dass dieses Muster häufig durch eine parallel zum Wertschöpfungsprozess verlaufende Schnittstelle ersetzt wird (Composite Channel). So etwa, wenn in einem Kontraktlogistikgeschäft der Hersteller mit dem Einzelhändler über Konditionen und Produkte verhandelt, die korrespondierenden Logistikleistungen aber zwischen Logistikdienstleister und Einzelhandel abgestimmt werden; oder wenn ein PC-Kunde Ware direkt vom Hersteller bezieht, Installation und Softwareversorgung jedoch über einen lokalen Händler erfolgt (Frazier 1999, S. 235).

Lieferservicepolitik

Die Formulierung einer Lieferservicepolitik für die gebildeten Produkt- und/oder Kundensegmente bildet eine weitere Aufgabe der Marketinglogistik (Christopher 1999b, S. 35 ff). Der Trade-off zwischen zusätzlichen Umsätzen durch höhere Verfügbarkeit und höheren Kosten durch höhere Bestände ist zu managen.

Erfolgfaktoren

Logistikorientierte Segmentierung des Sortiments - All fit one size?

Eine bedeutende Aufgabe ist die Segmentierung des Produktspektrums nach logistikorientierten Kriterien („Logistically Distinct Businesses", Fuller et al. 1993). Ziel ist erstens eine differenzierte Versorgung der intern homogenen aber untereinander heterogenen Kundensegmente (Meffert 1998, S. 174) sowie zweitens eine Senkung der Absatzwegekosten. Supply Chain Management bedeutet dementsprechend, das Unternehmen langfristig in die Lage zu versetzen, die gesamte Spannweite des Kundenspektrums zu bedienen, ohne dabei einigen Kunden logistisch zu überversorgen mit entsprechend hohen Logistikkosten und andere Kunden zu unterversorgen („Tailored Logistics", Fuller et al. 1993) mit entsprechend geringen Zufriedenheitsraten. Neben den traditionellen Kriterien zur Segmentierung der Kunden wie Geographie, Demographie oder Psychographie (Freter 1983; Bauer 1989; Hruschka 1985) schlägt die Marketinglogistik insbesondere eine Segmentierung der Kunden auf der Basis des erwarteten Service (zum Beispiel vollständige Belieferung, schadensfreie Belieferung, Verfügbarkeit von Tracking-Informationen; Sharma und Lambert 1994[134]) sowie der Produkte auf der Basis handling- und damit kostenorientierter Kriterien (Temperaturanforderungen, Handhabbarkeit, erforderliche Ladehilfs- und Umschlagsmittel, Größe und Gewicht oder Anzahl Bewegungen pro Monat; Fuller et al. 1993;) vor. Abbildung 53 demonstriert die Idee logistischer Segmentierung an einem Beispiel aus dem Lebensmittelhandel. Ziel der Segmentierung ist es, logistisch homogene Produktsegmente zu identifizieren. In den Zeilen der Tabelle sind aus Sicht der Logistik relevante Kriterien genannt. So sollten etwa alle Produkte in ein Segment zusammengefasst werden, die einer Kühlung von zehn Grad Celsius bedürfen, eine starke saisonale Schwankung aufweisen, in Mehrwegbehältern transportiert werden, für die eine Verfügbarkeit von 97 Prozent angestrebt wird und die eine hohen Umschlag haben (SD = Schnelldreher). Im Beispiel würden „Blattsalate" in dieses Segment fallen.

Differenzierung der Logistiksysteme - One size fits all?

Eine weitere Aufgabe der Marketinglogistik liegt in der Entbündelung und Rekonfiguration der Supply Chain. Die zuvor besprochene logistikorientierte Segmentierung von Produkten formuliert eine Garnitur segmentspezifischer Anforderungen an das Logistiksystem (Kühlung, Handling, Massenleistungsfähigkeit, ...). Es ist zu überprüfen, ob diese Anforderungen mit den gegebenen, möglicherweise undifferenzierten Logistiksystemen befriedigt werden können.

Fisher (1997) greift die Problematik auf und beantwortet über eine grobe Klassifizierung die Frage, welche Supply Chain für welche Produkte „richtig" ist. Er unterscheidet dazu funktionale Produkte, zum Beispiel Güter des täglichen Bedarfs wie Dosensuppen oder Waschmittel, und „innovative" Produkte, zum Beispiel modische Kleidung oder Eventartikel. Funktionale und innovative Produkte unterscheiden sich in mehrfacher Hinsicht (Tabelle 26): Nachfrageverhalten (stabil versus kaum planbar), Deckungsbeitrag pro Produkt (gering versus

[134] Sharma und Lambert (1994, S. 54 ff) unterscheiden insgesamt 48 Dimensionen des Kundenservice.

hoch), Produktlebenszyklus (lang versus kurz), Anzahl Varianten (gering versus sehr viele), erkannte Prognosefehler nach Anlauf der Fertigung (ausnahmsweise versus fast immer), Stock-Out-Quote (minimal versus hoch), zu gewährende Preisabschläge, um Obsoleszenzen zu vermeiden (nie versus regelmäßig).

Abbildung 53 Beispiel für logistikorientierte Segmentierung des Sortiments im Einzelhandel

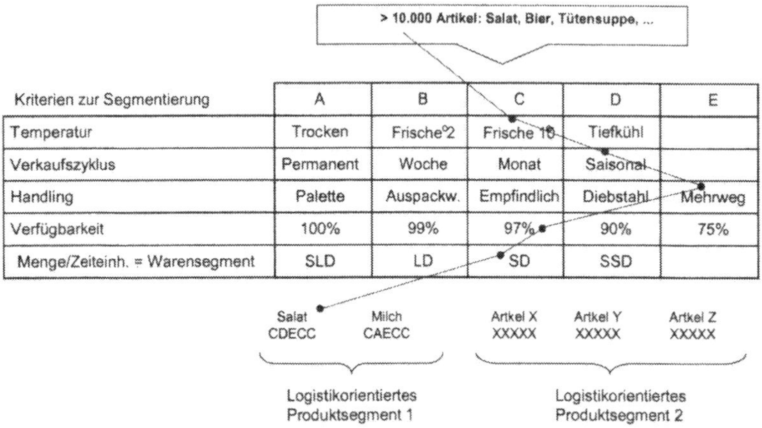

> 10.000 Artikel: Salat, Bier, Tütensuppe, ...

Kriterien zur Segmentierung	A	B	C	D	E
Temperatur	Trocken	Frische°2	Frische 10	Tiefkühl	
Verkaufszyklus	Permanent	Woche	Monat	Saisonal	
Handling	Palette	Auspackw.	Empfindlich	Diebstahl	Mehrweg
Verfügbarkeit	100%	99%	97%	90%	75%
Menge/Zeiteinh. = Warensegment	SLD	LD	SD	SSD	

Salat CDECC
Milch CAECC
Artkel X XXXXX
Artkel Y XXXXX
Artkel Z XXXXX

Logistikorientiertes Produktsegment 1
Logistikorientiertes Produktsegment 2

Die Kriterien machen deutlich, dass funktionale und innovative Produkte grundsätzlich verschiedener Zielsetzungen in der Gestaltung der Supply Chain bedürfen, die Fisher als „operativ effizient" beziehungsweise als „reaktionsschnell" bezeichnet. Christopher (1999a) unterscheidet in einem ähnlichen Zusammenhang zwischen „agilen" und „schlanken" Versorgungsketten.

Tabelle 26 Operativ effiziente versus reaktionsschnelle Supply Chain (Quelle: Fisher 1997; verändert)

Gestaltungsdimensionen	*„operativ effiziente" Supply Chain*	*„reaktionsschnelle" Supply Chain*
primäres Gestaltungsziel	stabile Nachfrage mit minimalen Kosten zuverlässig bedienen	auf schwer vorhersehbaren Bedarf schnell reagieren, um Stock-Outs, Preisabschläge und Obsoleszenzen zu minimieren
Gestaltungsparameter: Fertigung	hohe Auslastung der Betriebsmittel erzielen	„Aufholkapazitäten" bewusst vorhalten („Slack")
Gestaltungsparameter: Lagerhaltung	hohe Lagerumschlagshäufigkeit und minimale Bestände über alle Lagerstufen	„Pufferbestände" bewusst vorhalten
Gestaltungsparameter: Durchlaufzeit	Reduzieren solange keine zusätzlichen Kosten entstehen	investieren, um alle Potenziale zur Verkürzung auszuschöpfen
Gestaltungsparameter: Lieferantenauswahl	Primär nach Kosten und Qualität	primär nach Flexibilität und Reaktionsschnelligkeit
Gestaltungsparameter: Produktdesign	Funktionale Qualität bei minimalen Kosten	modulares, postponementfähiges Design, um die Produktdifferenzierung „downstream" schieben zu können

4.2.5. Perspektive Organisation: Beziehungen managen

Bisher liegen noch sehr wenige originäre Arbeiten vor, die sich explizit aus organisationaler Sicht mit dem Supply Chain Management auseinandersetzen. Die zuvor beschriebenen materialflussorientierten Perspektiven dominieren bisher eindeutig die Diskussion. Betrachtet man jedoch die hervorgehobene Stellung, die der Aufbau- und Ablauforganisation im Zusammenhang mit der Gestaltung umfassend integrierter Supply Chains zukommt, ist für die nächsten Jahre mit einem Wachstum in diesem Feld zu rechnen. Für das Supply Chain Management erscheinen zwei Problemkreise besonders relevant: (1) Die Alternativen zur Segmentierung des Unternehmens und der daraus resultierende Koordinationsbedarf zwischen den Unternehmen. (2) Das Management der interorganisationalen Beziehung.

In den wenigen verfügbaren Beiträgen wird aber ausschließlich das Beziehungsproblem behandelt. Für die Potenziale einer Ausformulierung der Koordinationssicht wird auf die Diskussion der Forschungsbedarfe in Kapitel 4.4 verwiesen.

Rekonstruktion der Supply Chain als Kette interorganisationaler Beziehungen

Der Leistungsaustausch in der Versorgungskette erfordert es, Beziehungen zwischen Unternehmen herzustellen. Die Beziehungen können in vielfältiger Weise gestaltet werden. Variabel sind etwa das Volumen des Leistungsaustausches, die Mechanismen zur Bindung oder die Dauer und Dichte der Beziehung. Es besteht Konsens darüber, dass sich diese Parameter auf den Erfolg der Unternehmen in der Supply Chain auswirken (Ellram und Cooper 1993). Christopher (1999b, S. 18) geht noch weiter und setzt die Begriffe Supply Chain Management und Beziehungsmanagement gleich („... the management of upstream and downstream relationships ...").

Aus der Beziehungsperspektive setzt sich die Supply Chain aus einer Vielzahl interorganisationaler Beziehungen zusammen (Skjott-Larsen 1999; Abbildung 54). Diese Beziehungen können dyadischen oder netzwerkartigen, vertikalen, horizontalen oder lateralen, markt- oder hierarchieähnlichen Charakter aufweisen, wenngleich hier die vertikalen Beziehungen von primärem Interesse sind. Supply Chain Management ist dementsprechend das Management der Beziehungen zu den vor- und nachgelagerten Unternehmen in der Versorgungskette (Christopher 1999b, S. 18; Bowersox 1999, S. 113). Diese Aufgabe wird infolge explodierender Vorbereitungszyklen und kontrahierender Produktlebenszyklen zu einer (zeit-) kritischen Kompetenz und Quelle für Wettbewerbsvorteile (Skjott-Larsen 1999).

Abbildung 54 Perspektive Organisation: Beziehungen zwischen den Supply Chain Akteuren als Gestaltungsparameter

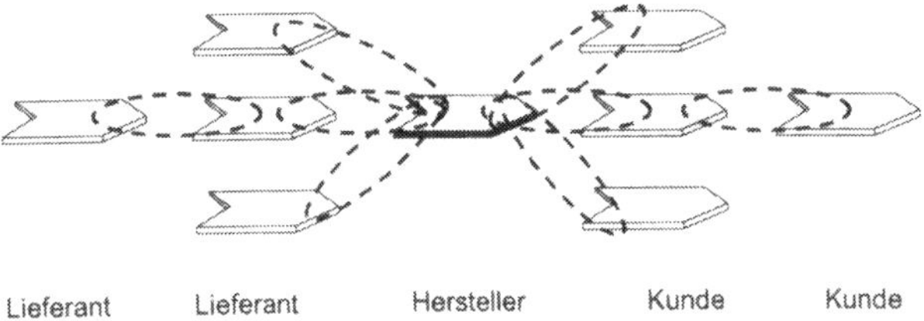

Mit dem Aufbau integrierter Supply Chains geht der grundsätzliche Bedarf einher für engere und längerfristige Beziehungen, Vertrauen und höheres gegenseitiges Committment (La-

Londe und Masters 1994, S. 38; Mason-Jones et al. 1997). Das ist sowohl in operativer wie auch in strategischer Hinsicht plausibel.[135]

Probleme

Die Standardprobleme aus der Beziehungsperspektive bestehen darin, für die auszutauschenden Leistungsinhalte eine angepasste Beziehungsform auszuwählen und zu gestalten. Das Problem wird in der Betriebswirtschaftslehre bereits seit längerer Zeit diskutiert. So etwa bei Wurche (1994), der die Dimensionen Dauer, Reichweite, Intensität und Symmetrie unterscheidet. Die Supply Chain Management-Diskussion greift diese Ergebnisse zwar auf (Laseter 1999b; Skjott-Larsen 1999). Die Rezeption ist aber noch schwach; aus der Supply Chain Management-Forschung liegen nur wenige originäre Beiträge vor. Folgende Problemkreise erscheinen jedoch relevant:

Integration und Performance

Der Zusammenhang zwischen der Dichte der Beziehung sowie dem Grad der vertikalen Integration und der Performance eines Unternehmens ist weithin ungeklärt (Nugent 1996). Auf innerbetriebliche Beziehungen fokussiert: Wie beeinflusst die Integration von Abteilungen die Logistikleistungsfähigkeit des Unternehmens (Kahn und Mentzer 1996)? In welchem Umfang beeinflusst die Integration der Zulieferer Kosten und Qualität in der Wertschöpfungskette (Liker et al. 1998)?

Bindungsdichte

Relevant ist weiterhin die Instrumentenausstattung des Supply Chain Managements: Welche Instrumente stehen bereit, um die Bindungsdichte zu variieren (Holmberg 1997)? Wie kann eine Langzeitbindung ohne Eigentumsveränderungen (Virtual Vertical Integration) sichergestellt werden (LaLonde und Masters 1994, S. 38)?

Kontrollstrukturen

Die zunehmend enger werdenden Beziehungen in der Kette erhöht die Anfälligkeit einzelner Akteure, infolge opportunistischer Praktiken geschädigt zu werden und damit auf lange Sicht das Arrangement zu verlassen. Im Zuge des Supply Chain Management wird daher der Aufbau von Kontrollstrukturen, mit denen sich die Beziehungspartner effizient gegenseitig vor opportunistischem Verhalten schützen können an Bedeutung gewinnen (Dyer 1997).

Konfliktmanagement

Die Supply Chain ist eine kooperative Organisationsform, in der das Konfliktmanagement eine kritische Kompetenz ist. Hier wird die enge Nachbarschaft zwischen der marketing- und der organisationsorientierten Perspektive zum Supply Chain Management deutlich. Forschungen zum Konfliktmanagement haben dort bereits eine lange Tradition.

---

[135] So können Nachfrageveränderungen nur dann in der Kette schnell nach hinten propagiert werden, wenn alle Akteure in der Kette bekannt sind und nicht in kurzen Abständen ausgewechselt werden. Weiterhin: Kooperatives Handeln kann zu Gewinnverschiebungen zwischen den Akteuren führen und erfordert daher korrigierende Umverteilungen. Die sind aber nur realistisch, wenn die Akteure in stabile Beziehungen bereit sind, Kompensationen zu akzeptieren.

„Director Interlocks"

Weiterhin ist zu analysieren, in welchem Umfang durch institutionale Verknüpfungen zwischen den Akteuren Vorteile realisierbar sind. Schoorman et al. (1981) sowie Haunschild und Beckman (1998) argumentieren, dass solche institutionalisierten Verknüpfungen nur für bestimmte Unternehmen in bestimmten Situation Sinn machen, da nur dann die durch den Interlock kommunizierte Information wertvoll ist. Die nachfolgende Auseinandersetzung mit den Optionen institutionaler Vernetzung, insbesondere das Kapitel 6.4, zeigt aber, dass die Vorteilhaftigkeit von Interlocks durchaus nicht nur auf den Kommunikationsaspekt beschränkt werden darf.

Lieferantensegmentierung

Dyer et al. (1997) argumentieren, dass der auf den ersten Blick erkennbare Trend zu immer engeren Beziehungen zwischen Kunden und Lieferanten nicht zwingend ein Erfolgsmuster sein muss. In einem Vergleich japanischer, koreanischer und amerikanischer Kunden-Lieferanten-Beziehungen in der Automobilindustrie haben die Autoren eine strategische Segmentierung der Lieferantenbasis als Erfolgstreiber des Supply Chain Management identifiziert. Die (nicht neue) Grundidee besteht darin, nicht pauschal eine engere Bindung, sondern für wenige ausgewählte Komponenten eine strategische Partnerschaft anzustreben und für die anderen Teile dauerhaft über eine lockere, investitionsarme und preisorientierte Beziehung zu beschaffen. Der Ländervergleich zeigt, dass japanische Unternehmen diesen Mix realisiert haben, koreanische Unternehmen daran gemessen einseitig zu enge Bindungen eingehen und amerikanische Unternehmen, aus einer mehrheitlich preisorientierten Beziehungslage kommend, Gefahr laufen, über das Ziel hinauszuschießen und sich dem koreanischen Modell anzunähern und damit den optimalen Mix, die strategische Segmentierung der Lieferanten, zu verfehlen.

4.2.6. Perspektive Strategie: Kompetenzen zusammenführen und im „Profit Pool" schwimmen

Es bereitet einige Schwierigkeiten, in der Supply Chain Management-Forschung einen strategischen Beitrag klar zu identifizieren. Der Grund dafür liegt nicht in der Abwesenheit solcher Überlegungen, sondern zunächst in der mehrdeutigen Interpretation des Strategiebegriffs.

Supply Chain Management als Domänenwahl

Dies ist kein angemessener Ort, um die Begriffswelt des strategischen Managements komplett auszubreiten. Die Diskussion zusammenfassend wird daher auf ein Resümee von Steinmann und Schreyögg zurückgegriffen, das klärt, was unter Strategie verstanden werden kann: „Strategien geben Antwort auf zwei grundsätzliche Fragen ...: (1) In welchen Geschäftsfeldern wollen wir tätig sein? (2) Wie wollen wir den Wettbewerb in dem(n) Geschäftsfeld(ern) bestreiten?" (Steinmann und Schreyögg 1990, S. 129).

Während die erste Frage die Wahl der „Domäne" betrifft, in dem das Unternehmen tätig sein will, fokussiert die zweite Frage auf die Positionierung in den ausgewählten Geschäftsfeldern. Noch knapper formuliert, geht es erstens um das „Was? beziehungsweise Wo?" und zweitens um das „Wie?". Diese Interpretation des strategischen Managements orientiert sich an Chandler (1969, S. 13), der die Fragen verknüpft: "Strategy can be defined as the determination of the basic long-term goals and objectives of an enterprise, and the adoption of courses of action and the allocation of resources necessary for carrying out these goals."

Eine Reihe der fundamentalen Beiträge zum strategischen Management lassen sich in diese Zweiteilung einordnen. So etwa der von Freeman (1983, S. 44), der ähnlich in eine „Corporate Strategy" ("... the question of the proper portfolio.") und in eine „Business Strategy" ("How do we compete in a particular business or set of businesses?") einteilt.[136] Auch Porters Ansatz der generischen Strategien passt in dieses Bild. Ihm geht es in erster Linie um das „Wie?" des strategischen Managements, also um die Formulierung einer Wettbewerbsstrategie: Strategy is "... outperforming other firms in an industry ..." (Porter 1998b, S. 35). Andere Autoren stellen die andere Frage in den Vordergrund. Zum Beispiel Rumelt et al. (1995b, S. 9): "Strategic management ... is about the direction of organizations, and most often business firms. It includes those subjects of primary concern to senior management, or to anyone seeking reasons for success and failure among organizations.".

Steinmann und Schreyöggs Zweiteilung ist hier hilfreich, da sie auf eine bisher einseitige Interpretation des „Strategischen" in der Supply Chain Management-Forschung hinweist. Supply Chain Management wird mehrheitlich als die Entwicklung und Perfektionierung von Werkzeugen und Techniken interpretiert, mit denen ein Unternehmen oder eine Gruppe von Unternehmen gegenüber der Konkurrenz eine überlegene Stellung zu erreichen trachtet. Es geht also um das „Wie"; Supply Chain Management ist eine „Business Strategy". In diesen Zusammenhang passen dann auch die üblichen Empfehlungen, die in den zuvor diskutierten Perspektiven bereits angeklungen sind: Erfolg durch Integration, durch gesamthafte Optimierung der Kette, durch enge Kunden-Lieferanten-Beziehungen usw.

Die Wahl der Domäne blieb bisher weitgehend unbearbeitet. In der Diskussion sind nur wenige Beiträge erkennbar, die sich damit befassen. Domänenwahl setzt die Bereitschaft eines Unternehmens voraus, sich zu „bewegen". Die Entscheidung besteht darin, in welchen Dimensionen welche Bewegungen eingeleitet werden sollen. Pümpin (1989, Sp. 1923) hat die verfügbaren Optionen, er spricht von „strategischen Grundverhaltensweisen", in einem morphologischen Kasten zusammengefasst (Tabelle 27). [137]

Nicht mit allen dort genannten Dimensionen kann sich das Unternehmen eine neue Domäne erschließen. Wohl aber innerhalb der drei Erstgenannten: Produkt-Markt-Matrix, Synergie und Integration. Die Produkt-Markt-Matrix geht auf Ansoff (1965) zurück, der die Pfade Marktdurchdringung (gegenwärtiger Markt und gegenwärtiges Produkt), Marktentwicklung (gegenwärtiges Produkt aber neuer Markt), Produktentwicklung (gegenwärtiger Markt aber

[136] Er nennt weiterhin noch die „Enterprise Strategy" ("What is the role of our organization in the society?"), die hier aber nicht weiter betrachtet werden soll.

[137] Zu den Begriffen wird im einzelnen auf die Literatur zum strategischen Management verwiesen.

neues Produkt) und Diversifikation (neues Produkt und neuer Markt) unterscheidet.[138] Mit der Marktentwicklung und der Diversifikation erschließt das Unternehmen eine neue Domäne. In diesem Sinne ebenfalls expansiv können synergieorientierte Verhaltensweisen sein: Die Optionen bestehen darin, durch werkstoff-, technologie- oder marktorientierte Expansionen in neue Domänen zu gelangen. In der Dimension, die Pümpin „Integration" nennt, ist das ebenfalls möglich. Grundsätzlich hat das Unternehmen aus dieser Sicht nur zwei Optionen: eine Bewegung nach vorn in Richtung Kunde oder nach hinten in Richtung Lieferant beziehungsweise Urproduktion.

Tabelle 27 Strategische Grundverhaltensweisen: In welchen Dimensionen bewegt sich das Unternehmen wohin? (Quelle: Pümpin 1989, Sp. 1924; leicht verändert)

Kriterien	*Ausprägungen*			
Produkt-Markt-Matrix	Marktdurchdringung	Marktentwicklung	Produktentwicklung	Diversifikation
Synergie	Werkstofforientiert	Technologieorientiert	Marktorientiert	
Integration	Vorwärtsintegration	Neutral	Rückwärtsintegration	
Portfolio	Desinvestition	Abschöpfung	Investition	Segmentation
Wachstum	Expandieren	Halten	Konsolidieren	Kontrahieren
Kooperation	Akquisition	Beteiligungen	Kooperation	Unabhängigkeit
„Breite"	Konzentration	Neutral	Broadening	
Verhalten gegenüber der Konkurrenz	Aggressiv	Neutral	Defensiv	

Rekonstruktion der Supply Chain als eine Kette von Kompetenzen und Profiten

Fokussiert man auf diese Dimension, ist es möglich, Supply Chain Management auch als einen Ansatz zum strategischen Management im Sinne der Domänenwahl zu begreifen. Die Supply Chain erhält dann einen, im Gegensatz zu den Beschreibungen der bisherigen Perspektiven, völlig anderen Charakter. Sie besteht nicht mehr aus Unternehmen, Prozessen oder Wertschöpfungsschritten, sondern erstens aus Kompetenzen und zweitens aus Profiten (Abbildung 55). Unternehmen besitzen Kompetenzen (Hamel und Prahalad 1996), die aneinandergereiht werden müssen, um Produkte fertigen zu können. Üblicherweise wird es erforderlich, dabei mehrere Unternehmen in die Verkettung aufzunehmen.

Managementrelevanz erhält diese sehr spezifische Form der Betrachtung der Supply Chain durch zwei Beobachtungen. (1) Kompetenzen: Kompetenzen sind ungleichmäßig über das Netz verteilt. Der Bedarf für Kompetenzen verändert sich zusammen mit einer Änderung des Produktspektrums. Die relative Kompetenzstärke einzelner Akteure verändert sich sehr schnell. (2) Profite: Die Profite, die sich für die Akteure ergeben, verteilen sich erstens nicht gleichmäßig über die Kette (Gadiesh und Gilbert 1998). Zweitens verändert sich das Muster der Gewinnverteilung über die Zeit (Fine 1998, S. 24).

[138] Vergleich dazu ähnlich, aber auf „Kompetenzen" und nicht auf „Produkte" bezogen, bei Hamel und Prahalad (1996, S. 250).

Abbildung 55 Perspektive Strategie: Die Supply Chain verbindet Kompetenzen von Unternehmen (Quelle: Fine 1998, S. 23; leicht verändert und übersetzt)

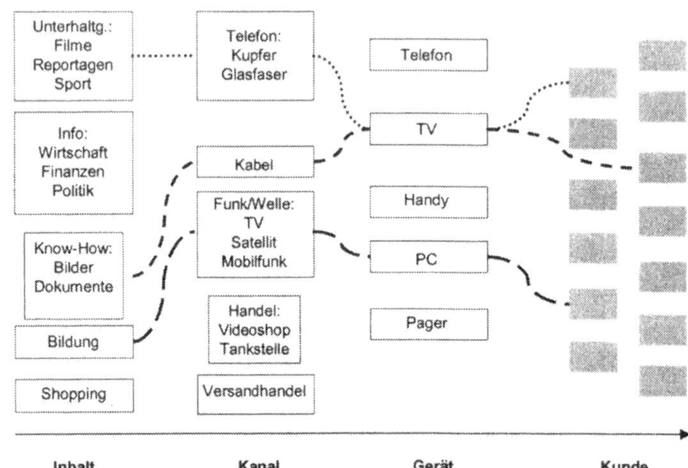

Probleme

Time to Market - Frühen Markteintritt sicherstellen

Abbildung 55 zeigt eine Entscheidungssituation aus der MICE-Industrie.[139] Eine Problemlösung für einen Endkunden setzt sich in dieser Prinzipdarstellung aus den Komponenten Inhalt, Kanal und Gerät zusammen, die mit gewissen Freiheitsgraden untereinander kombiniert werden können (Fine 1998, S. 23). So ist es für einen Videoanbieter möglich, seine Produkte über den Kanal „Satellit" in das TV-Gerät des Konsumenten einzuspeisen. Alternativ könnte er seine Supply Chain jedoch auch aus den Komponenten Kabel und PC oder Versandhandel und TV konfigurieren. Diese möglichen Kombinationen können als Chance oder Bedrohung angesehen werden; in jedem Fall repräsentieren sie eine problematische Fragestellung: Welche technischen Komponenten sollten ausgewählt werden, um das Produkt sowohl mit den geforderten Features anbieten, als auch mit leistungsfähigen Partnern effizient und schnell anbieten zu können.[140]

„Moving Target" - Profitlokationen antizipieren

Die Arbeiten von Gadiesh und Gilbert (1998) sowie Fine (1998) weisen auf ein anderes Problemgebiet des Supply Chain Management hin. Die erstgenannten Autoren schlagen vor, eine Industrie als einen „Profit Pool" zu interpretieren (Abbildung 56), der sich üblicherweise dadurch auszeichnet, nicht an allen Stellen (= Stufen in der Wertschöpfungskette) gleich tief (= Operating Margin) zu sein (Gadiesh und Gilbert 1998, S. 140). Die Segmentprofitabilität hängt unter anderem ab von den bedienten Kundengruppen, vom geografischen Markt oder

[139] Vergleiche Fußnote 125.

[140] Hier kann auch noch einmal auf die bereits angesprochene Passung zwischen Produkt und Supply Chain verwiesen werden (Seite194).

vom Distributionskanal. Darüber hinaus unterscheidet sich das Muster der Umsatzverteilung sehr häufig von dem der Profitverteilung. Abbildung 56 zeigt den Zusammenhang für die Automobilindustrie, in der eine sehr unausgewogenen Verteilung von Umsatz (Breite der Säule) und Profit (Höhe der Säule) erkennbar ist. So haben zum Beispiel die Gebrauchtwagenhändler einen relativ großen Anteil am Industrieumsatz, aber eine schlechte Umsatzrendite. Für Leasingunternehmen ist die Beziehung umgekehrt. Fine (1998, S. 23) entwickelt diesen Gedanken weiter. Er beobachtet für die MICE-Industrie, dass sich das Muster der Profitverteilung in der Kette über die Zeit verändert, so dass profitable Segmente über die Zeit unprofitabel werden und vice versa. Er spricht von einem wandernden „Pot of Gold".

Abbildung 56 Perspektive Strategie: die Supply Chain in der Automobilindustrie als „Profit Pool" (Quelle: Gadiesh und Gilbert 1998a, S. 142)

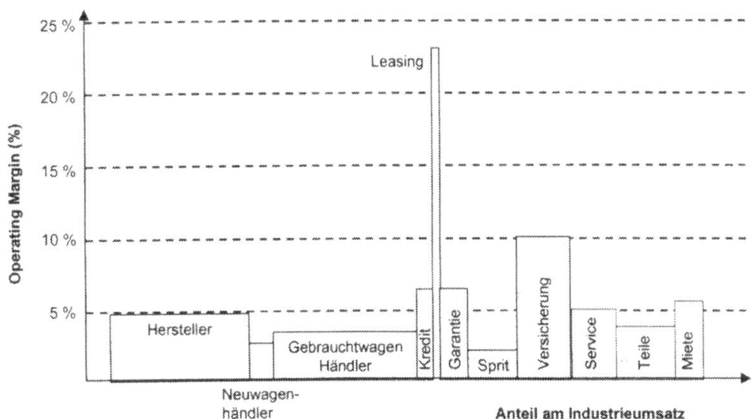

Für das Supply Chain Management stellen die Argumente von Gadiesh und Gilbert (1998) sowie Fine (1998) eine Herausforderung dar. Supernormale Renditen mögen von der Managementqualität innerhalb der angestammten Domäne abhängen. Ein wesentlicher Treiber, so die Argumentation, ist aber die Domäne selbst, hier verstanden als eine spezifische Position in der Wertschöpfungskette. Das strategische Management der Supply Chain besteht demzufolge darin, langfristig dafür zu sorgen, in den profitablen Bereichen der Wertschöpfungskette zu agieren.

Supply Chain-Flexibilität - Die Doppel-Helix beachten

Fine (1998) hat die Entwicklung der Industrie- und Produktstruktur in der DV-Industrie (Hardware) über eine längere Zeit untersucht. Es gibt dort, so seine Beobachtung, einen engen Zusammenhang zwischen hoch integrierten Unternehmen (IBM zum Zeitpunkt der Mainframedominanz) und hoch integrierten Produkten (IBM-Mainframe) einerseits sowie zwischen horizontal organisierten Industrien beziehungsweise vertikal differenzierten Unternehmen (PC-Industrie) und modularen Produkten (PC) andererseits. Modulare Produkte werden üblicherweise in modularen Supply Chains hergestellt, so seine Beobachtung. Die Produkt- und

Supply Chain-Eigenschaften wirken dabei gegenseitig selbstverstärkend: Modulare Produkte ermöglichen eine modulare Supply Chain. Je höher Produkte integriert sind, desto stärker wird auch der Designprozess integriert werden.

Industrien sind aber nicht entweder für immer integriert oder modular, sondern durchschreiten einen Zyklus, der sie aus einem integrierten in einen modularen Zustand beziehungsweise vice versa verwandelt. Fine (1998, S. 43) nennt den Prozess die „Business Double Helix": „... the double helix - a model based on an infinite double loop that cycles between vertically integrated industries inhabited by corporate behemoths and horizontally disintegrated industries populated by myriad innovators, each seeking a niche in the wide open space left by the earlier demise of the giants."

Integration und Differenzierung lösen einander in der Helix-Bewegung ab. Die einer engen Integration folgende Deintegration erklärt Fine (1998, S. 48 ff) durch; (1) eine hohe Wettbewerbsintensität, da viele Nischenanbieter in die üblicherweise profitablen hochintegrierten Märkte eindringen wollen; (2) die Beobachtung, dass es üblicherweise nicht möglich ist, über längere Zeit auf allen involvierten Technologiegebieten des hochintegrierten Produktes die Führerschaft aufrecht erhalten zu können sowie (3) durch die Beobachtung, dass große Unternehmen über die Zeit zur Ausbildung bürokratischer, die relative Leistungsfähigkeit senkender Strukturen neigen. Vertikal integrierte Industrien werden damit zu horizontalen Industrien. In der so entstanden horizontalen Industrie gibt es jedoch Reintegrationskräfte, woraus eine Pendelbewegung zwischen Integrations- und Differenzierungsbedarf entsteht, der sich auf die gesamte Supply Chain auswirkt. Die Reintegration erklärt Fine durch: (1) technische Überlegenheit, die sich zunächst in „Market Power" umsetzt, (2) und die es dann ermöglicht, erstens in einem Subsystem Bündelungen mit Nachbarsystemen (Betriebssystem mit Anwendungssoftware) herzustellen sowie zweitens proprietäre, bewusst inkompatible Systeme aufzubauen.

Hält man das Gesagte für plausibel, entsteht dadurch ein Managementproblem, da der Helix-Prozess die Unternehmen in der fokalen Industrie nicht automatisch „mitreisst", sondern gegebenenfalls an einem Unternehmen vorbeizieht und es mit einer nunmehr unpassenden Struktur hinter sich lässt. Vertikal eng integrierte Unternehmen werden über die Zeit gezwungen, zu deintegrieren und vice versa. Aus strategischer Sicht bedeutet Supply Chain Management damit nicht nur, sich an den richtigen Stufen der Wertschöpfungskette zu positionieren, sondern weiterhin, den engen Zusammenhang zwischen der Produktstruktur und dem Grad der vertikalen Integration des Unternehmens für die langfristige Gestaltung der Supply Chain zu beachten.

Erfolgsfaktoren

Virtuelle vertikale Integration

Auf die Time to Market-Problematik zurückkommend, bedeutet Supply Chain Management, einen Satz spezifischer Kompetenzen repräsentierenden Unternehmen schlagkräftig und schnell zu verbinden, beziehungsweise die erforderlichen Kompetenzen auf die richtige Anzahl Partner verteilen und die jeweiligen Wertschöpfungsanteile zu dimensionieren. Die Fähigkeit zum Aufbau, zur Koordination sowie zur Beendigung solcher Wertschöpfungsnetze wird zur Kernkompetenz (Fine 1998; Skjott-Larsen 1999). Vorgedacht wurde die Position bereits 1993 von Normann und Ramirez, für die Strategie nicht mehr darin besteht, die Position des Unternehmens im Wertschöpfungsnetz episodisch zu bestimmen und fortan in den so gesetzten Grenzen zu agieren. Sie sehen die Schlüsselaufgabe des Strategischen Managements vielmehr darin, die Rollen und Beziehungen zwischen den Akteuren permanent zu rekonfigurieren, um auf diesem Weg einen verbesserten Fit zwischen eingebundenen und vom Kunden geforderten Kompetenzen zu erreichen (Normann und Ramirez 1993, S. 66). [141]

Supply Chain Management bedeutet weiterhin, den Wertschöpfungsanteil des eigenen Unternehmens zu bestimmen (vertikale Integration), was voraussetzt, zwischen Kern-, Komplementär- und Peripheriekompetenzen zu unterscheiden (Hamel und Prahalad 1996, S. 223 ff). Insbesondere in Märkten mit kurzen Produktlebenszyklen kann der oben beschriebene Prozess des Kombinierens von Kompetenzen auch als Schaffung virtueller Unternehmen (Sieber 1998) interpretiert werden. Venkatraman und Henderson (1996) sehen das Organisieren von Marktinteraktionen („... deliver differential superior value in the market place ...") sowie die Kompetenzbildung durch „Virtual Sourcing" („... obtain and coordinate critical competencies ...") als substantielle Merkmale virtueller Unternehmen an. [142]

Vertikales Hedging: Die wahrscheinlichen Profitlokationen in der Supply Chain besetzen

Nachdem es aufgrund der Beobachtungen von Fine (1998) kaum möglich zu sein scheint, Profitverschiebungen in der Wertschöpfungskette verlässlich zu prognostizieren, entstehen spezifische strategische Verhaltensmuster, die Fine als „Hedging" und „Channel Control" bezeichnet. Beide weist er für die MICE-Industrie nach. Als vertikales Hedging bezeichnet er den Versuch eines Unternehmens, durch die spekulative Besetzung einer potenziell profitablen Position in der Supply Chain, den Erwartungswert für hohe Profite zu steigern. Diese offensichtlich wenig planvollen Bewegungen in der Kette sind durchaus rational, weil es in schnelllebigen Industrien kaum möglich scheint, die zukünftige Profitverteilung exakt vorher-

---

[141] Interessanterweise kommen Normann und Ramirez zu einer ähnlichen, in erster Linie durch „Modularität" geprägten Sicht der Supply Chain (sie benutzen den Begriff nicht). Am Beispiel IKEA erläutern sie, was es bedeutet, „Wertschöpfung" zu rekonfigurieren. IKEA hat, den Autoren zufolge, die Wertschöpfungskette sorgfältig analysiert, und gezielt einige Stufen, ähnlich zu der an einen morphologischen Kasten erinnernden Vorgehensweise von Fine (1998) in Abbildung 55, mit neuen Alternativen versehen: Möbel werden selbst geplant, aufgebaut und transportiert.

[142] Eine solche Organisationsform wird auch im Marketing diskutiert. Achrol (1991) spricht von der „Transorganizational Firm" mit den Spielarten der "Marketing Exchange Firm" (Nike, The Hollow Company) sowie der "Marketing Coalition Firm". „Marketing Coalition Firms" sind polymorphe Organismen, die sich an das turbulente Umfeld anpassen, in dem sie multiple Strukturen entwickeln (Achrol 1991, S. 85). Es entwickelt sich eine Arbeitsteilung im Netzwerk, in dem das Marketing-Unternehmen die Stimme des Kunden repräsentiert und den Nukleus der Koordination darstellt. Konsequent weitergedacht bedeutet das, dass sich erneut eine funktionale Teilung der Wertschöpfung einstellt. Nun aber nicht innerhalb des Unternehmens (F&E, Beschaffung, Produktion, Vertrieb), sondern innerhalb der Kette. Ein Unternehmen hat den Kundenkontakt und organisiert die Wertschöpfung; andere forschen, produzieren oder distribuieren. Die funktionale Differenzierung der Kette lässt ein Gebilde entstehen, dass einem traditionellen Unternehmen gleicht, wohl aber aus verschiedenen Akteuren besteht (Virtual Vertical Integration).

zusagen (Brown und Eisenhardt 1998). "The hedging comes about because few players can predict with confidence which sector (content, pipeline or box) [vergleiche Abbildung 55; AO] is most likely to provide this pot of gold, let alone pick individuals or companies have the best chance." (Fine 1998, S. 24). [143]

Horizontales Hedging: Vertriebskanäle testen

Die Unsicherheit sich schnell entwickelnder Märkte führt auch zu horizontalem Hedging. Das turbulente Umfeld erschwert eine Prognose, welcher Absatzweg erfolgreich sein wird. Supply Chain Management kann daher auch darin bestehen, sich strategische Optionen zu sichern. Eine solche Option kann als kleine Investition verstanden werden, die das Unternehmen darauf vorbereitet, es aber nicht verpflichtet, in der Zukunft einen bestimmten Pfad zu beschreiten (Anderson et al. 1997, S. 63). Strategische Optionen sichern damit Zeit und Know-how. Anderson et al. (1997) sehen insbesondere für die Distribution einen Hedging-Bedarf (Channel Diversity). Erfolgreiche Unternehmen bauen in einer frühen Phase der Markterschließung alternative Kanäle auf, um dann später selektiv einige zu schließen und in andere massiv zu investieren. Dieses Verhalten erscheint zunächst unentschlossen, ist aber ein durchaus rationaler Ansatz strategischen Verhaltens. Brown und Eisenhardt (1998) sprechen von einer semi-kohärenten strategischen Richtung, deren Ziel es ist, einen ununterbrochenen Strom potentieller Wettbewerbsvorteile zu generieren. Die Supply Chain ist eine Quelle solcher Vorteile.

Flexibilität, Rekonfiguration - Den Helix-Fit sicherstellen

Für das Supply Chain Management bedeutet die Helix-Bewegung, erstens den geforderten Fit zwischen Produkt und Supply Chain während des Mutationsprozesses zu gewährleisten sowie zweitens in Kenntnis der Temporalität dieses Fits über eine Flexibilisierung [144] der Kette die Voraussetzungen für aufwandsarme nachfolgende Reorganisationen zu schaffen.

Produktdesign - 3D-Engineering

Neben dem Design der Supply Chain spielt das Design des Produkts eine weitere Rolle. Spätestens seit der Publikation der „Zweiten Revolution der Automobilindustrie" (Womack und Jones 1994) steht der profitdeterminierende Effekt des Designs außer Frage. Konsequenterweise wird der Aspekt auch in der Supply Chain Management-Forschung aufgegriffen. Der Aufbau des Produktes, die Spezifikation der Komponenten und der Toleranzen, so die These, determinieren die sich später ergebenden Kosten der Komponenten, deren Verfügbarkeit, die Anzahl leistungsfähiger Lieferanten sowie weitere kritische Eigenschaften. Das Ziel der Produktgestaltung besteht neben der traditionellen Ausrichtung am Kundennutzen (Innovation, Features) auch darin, erstens effiziente Abläufe in der Supply Chain zu ermöglichen und

[143] Fine (1998, S. 23) zufolge ist „Hedging" auch ein guter Ansatz, um die vielen beobachtbaren „großen" Bewegungen der Akteure in der „MICE"-Industrie erklären zu können. Stimmig damit wäre Disneys Kauf von „ABC Broadcasting", Microsofts Akquisition von „NBC Broadcasting" sowie von „Comcast", einem großen Anbieter von Kabelfernsehen.

[144] Flexibilität wird hier verstanden als die Fähigkeit, „... to change or react with little penalty in time, effort, cost or performance." (Upton 1994, S. 73).

zweitens für alle Akteure ein profitträchtiges Produkt zu entwerfen (Austin et al.1997, S. 35 ff). Der Schlüssel zur Entwicklung wird in der Bildung kooperativer Designteams gesehen.

Auch wenn sowohl die Einsicht in die kostentreibende Wirkung des Entwurfs (Opitz 1970) als auch die Forderung frühzeitiger und kooperativer Entwicklung (Pfeiffer et al. 1982) bereits seit längerer Zeit in der Betriebswirtschaftslehre diskutiert wird, greift die aktuelle Supply Chain Management-Diskussion den Punkt noch einmal auf (Austin et al. 1997). Eine Verfeinerung der Ideen besteht darin, dass die traditionell zu berücksichtigenden Dimensionen von Produkt und Prozess nun durch eine dritte Dimension, eben durch die Supply Chain, ergänzt wurden (3D-Engineering; Fine 1998, S. 133). IBM habe, so seine Erläuterung für das 3D-Konzept, mit der PC-Einführung nicht nur Produkt und Prozess aufeinander abgestimmt, sondern auch einen neuen, ebenfalls abgestimmten Vertriebskanal aufgebaut. Die ausgedehnte Koordination soll insbesondere drei Abstimmungen sichern: Fokus, Technologie und Architektur (Abbildung 57). „Fokus" bezieht sich auf die Abstimmung zwischen Entscheidungen im Fertigungssystem (Transformation) mit denen im Logistiksystem (Transfer). „Technologie" steht für die traditionelle Abstimmung von Produkt- und Prozesstechnik. „Architektur" thematisiert den Bezug zwischen Produktdesign und Supply Chain-Design.

Abbildung 57 Der erweiterte Abstimmungsbereich: Produkt - Prozess - Supply Chain (Quelle: Fine 1998, S. 147)

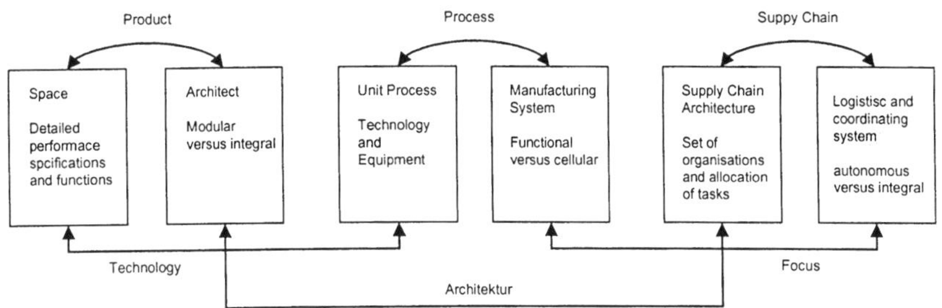

4.3. Ergebnis des Review

4.3.1. Tabellarische Synopse der Perspektiven

Die vorangegangene Darstellung hat die Breite und die vielen Facetten aufgezeigt, in denen Supply Chain Management aktuell in der Literatur diskutiert wird. Um diese Vielfalt noch einmal, wenn auch plakativ, nebeneinander zu stellen, schließt dieser Review mit einer vergleichenden tabellarischen Darstellung (Tabelle 28[145]). Die Perspektiven werden anhand folgender Kriterien skizziert: Rekonstruktion der Supply Chain (Kriterien 1 und 2), Beurteilung der Supply Chain (Kriterien 3 bis 5), Management der Supply Chain (Kriterien 6 bis 9).

[145] Zu den Quellen wird auf die vorangegangene Darstellung verwiesen. Um die Darstellung knapp zu halten, wird mitunter „schwarz-weiß" argumentiert.

Tabelle 28 Synopse: Sechs Perspektiven zum Supply Chain Management

	System Dynamics	*OR/IT*	*Logistik*	*Marketing*	*Organisation*	*Strategie*
Struktur - woraus besteht die SC?	Lokale Dispo-Systeme	Ressourcennetz mit Freiheitsgraden	Generische Prozesse	Pipeline zwischen Hersteller und Kunde	Interorganisationalen Beziehungen	Kompetenzen, Profite
Prozesse - was passiert in der SC?	Aufträge durchlaufen Abwicklungssysteme sequentiell	Produkte fließen durch ein konfigurierbares Netz zum Kunden	Aufträge durchlaufen vorgezeichnete Pfade des Prozessmodells und passieren Schnittstellen	Produkte durchlaufen die Pipeline und befriedigen Kunden	Beziehungen werden auf- und abgebaut, Organisationen interagieren in diesen Beziehungen	Unternehmen kombinieren Kompetenzen zu Produkten, die Industriestruktur mutiert
Angestrebter Idealzustand	Gleichmäßige Produktion in opt. Losgrößen, schnelle Anpassung an Endprodukt-schwankungen	kostenminimaler Produktfluss unter Wahrung der Serviceziele	Kompaktes, stabiles, integriertes und schnittstellenoptimiertes Prozessmodell	Kundengruppen erhalten maßgeschneiderten, kostenminimalen Service	die Beziehungswahl unterstützt die Unternehmensziele	Produkte erreichen schnell den Markt, die profitablen Segmente der Supply Chain sind besetzt
Standardprobleme	Trade-offs sind nicht optimiert; starke Schwankungen in Materialfluss und Kapazitätsauslastung	Flussprogrammierung ist suboptimal	Generische Prozesse sind mangelhaft konfiguriert und programmiert	Mangelnder Fit zwischen Produkt, Kunde und Pipeline, Serviceziel verfehlt, zu hohe Bestände	Schlechter Fit von Beziehungsform und Produkt	Zeitverlust bei Aufbau der Kompetenzkette, langsame Anpassung des vertikalen Integrationsgrades
Standardlösungen	Wertschöpfungsstufen eliminieren, gemeinsam planen, offene Info-Systeme, Signale dämpfen	Ausgangslage modellieren und quantitativ optimieren	Netzkonfiguration (cut, switch, rearrange, append), Flussprogrammierung, Mobilisierung	Produkte logistikorientiert segmentieren, Logistiksystem differenzieren	Noch offen	Virtuelle vertikale Integration, vertikales und horizontales Hedging
Messgrößen, Indikatoren	Stückkosten, Kapazitätsauslastung, Bestände, Stock-Outs, Time Lags, Time to Adpapt, Marktversorgung	Logistikkosten pro Stück, Servicelevel, Channel Costs, Time to Serve	Durchlaufzeiten, Zykluszeit, Bestände, Wertschöpfungsanteile, Robustheit und Flexibilität der Prozesse,	Kundenzufriedenheit, Servicelevel, Stückkosten, Channel Costs	Transaktionskosten, Time to Network, Synergie, Flexibilität des Arrangements, Bindungsdichte	ROI, Time to Market, EVA
Kritische Produktionsfaktoren	Dispositionsverfahren, EDV (Nachfragetransparenz), mittleres Management (Joint Planning)	Optimierungsverfahren und DV-Unterstützung (APS), Datentransparenz	Konfigurationsverfahren, ablauforganisatorische Modelle (Kanban, ...), EDV (Schnittstellen)	Mittleres Management (Segmentierung), Finanzmittel (physische Segmentierung)	Mittleres Management (Change Management)	Top Management (Voraus-schau und Mut für Hedging, permanente Kompetenzakquisition)
Fristigkeit der Lösungen	Kurz	Kurz bis mittel	Kurz bis lang	Mittel	Mittel bis lang	Mittel bis lang

Instituti-onale Reichwei-te der Lösungen	Zwingend alle Wertschöp-fungsstufen	Offen, im Extrem über alle Wert-schöpfungsstu-fen	Primär eigenes Unternehmen sowie bilateral für Schnittstel-len	Hersteller bis Einzelhandel	Variabel, primär bilat-eral	Alle Wert-schöpfungsstu-fen

4.3.2. Die Themen der Praxis - Eine erste Liste von Relevanzen für die Informationsbasis

Mit dem Abschluss des Reviews ist der erste Schritt zur Beantwortung der Forschungsfrage geleistet: Unter Beachtung der oben getroffenen Annahmen zur Repräsentativität der aktuellen Literatur zum Supply Chain Management kann eine induktiv gewonnene Liste mit Themen für das Supply Chain Management aufgestellt werden. Abbildung 58 stellt die Themenlandschaft dar. Aus den Perspektiven „System Dynamics", „OR/IT", „Logistik", „Marketing" und „Strategie" können Themen abgeleitet werden. Zu deren Erläuterung wird auf das oben Gesagte verwiesen. Der in der Abbildung hergestellte Bezug zum EVA™-Ziel ist allerdings zu kommentieren. EVA™, also der durch das Supply Chain Management zu erhöhende Unternehmenswert, wurde hier als Ausgangspunkt der Betrachtung definiert. Nur wenige Beiträge, die in diesen Review eingeflossen sind, legen allerdings explizit offen, welches Ziel sie für das Supply Chain Management unterstellen. Austin et al. (1997) ist eine der Ausnahmen; dort wird das EVA™-Ziel bestätigt. Trotz der damit einfließenden Spekulation, erscheint es aber nicht abwegig, die Verbindungen zwischen den Themen und dem Ziel einzuzeichnen, da der „Economic Value Added" mit den Variablen „Umsatz", „Kosten", und „eingesetztes Kapital" die traditionellen Komponenten eines „normalen" betriebswirtschaftlichen Zielsystems beinhaltet. Dass mit diesen Variablen ein Residual- und keine Quotientenmaß ermittelt wird, ist für die hier relevante Fragestellung unerheblich.

Abbildung 58 Die Themen der Praxis - Eine erste Liste von Relevanzen für die Informationsbasis

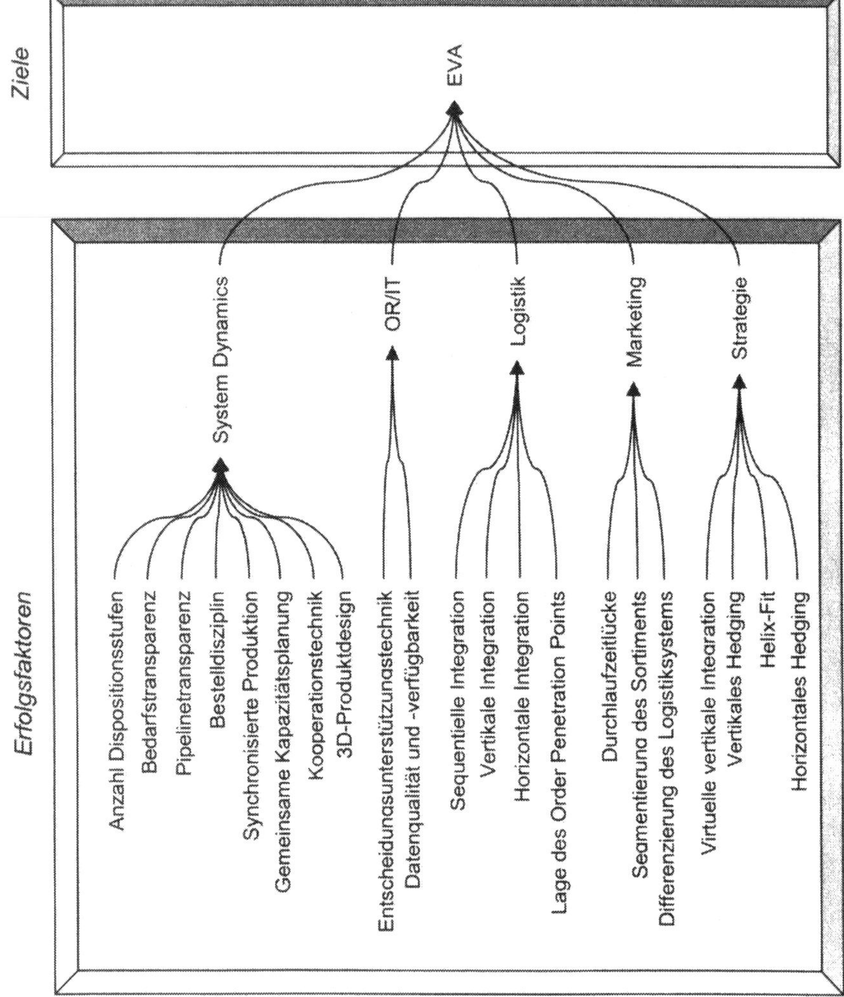

4.4. Nebeneffekt: Forschungsbedarfe für das SCM

Die Argumentation hat gezeigt, dass sich nach rund 15 Jahren Supply Chain Management-Forschung bereits eine Reihe durchaus sehr unterschiedlicher Perspektiven zur Analyse und zum Management von Supply Chains herausgebildet hat, was zunächst einmal für die These spricht, Supply Chain Management sei mehr als ein weiterer „Management Fad". Ein Blick in die Literatur legt es jedoch nahe, darüber nachzudenken, noch weitere Perspektiven für die Supply Chain Management-Forschung zu erschließen beziehungsweise bereits erschlossene zu vertiefen. Folgende Forschungsbedarfe sind erkennbar:

Netzwerktheorie – Macht

Supply Chain Management ist eng verbunden mit der Netzwerktheorie (Holmberg 1997; Skjott-Larsen 1999; siehe auch die nächsten Kapitel). Dort wird unter anderem auf die zentrale Bedeutung der Machtverteilung in Netzwerken für deren Funktionsfähigkeit, Effizienz und Stabilität hingewiesen (Tichy et al. 1979; Thorelli 1986). Zu untersuchen wäre aus der Netzwerksicht, in welchem Umfang die Machtverteilung in der Kette (Channel Power) für die entstehenden Integrationsmuster und Beziehungen ausschlaggebend ist. Eine Aufbereitung der Netzwerktheorie für Fragen des Managements, etwa der Unternehmensführung, ist bereits seit längerem erfolgt (Delfmann 1989b; Goshal und Bartlett 1990; Wildemann 1997). Die Übertragung auf die Probleme des Managements von Supply Chains steht noch aus. Dieser Aspekt wird weiter unten vertieft. Hier soll daher der kurze Ausblick genügen.

Supply Chain Management als Koordinationsmanagement

Forschungsarbeiten, die explizit den Beitrag alternativer Aufbauorganisationen für den Erfolg des Supply Chain Managements untersuchen, stehen nach Kenntnis des Verfassers noch aus. Das erstaunt umso mehr, als solchen Arbeiten ein hoher Relevanzgrad attestiert werden kann. Viele Probleme in langen Versorgungsketten können als Koordinationsprobleme interpretiert werden. Zur Verdeutlichung sei auf Kapitel 4.2.1 (System Dynamics) verwiesen, in dem die diversen Koordinationsmängel in einer PC-Kette geschildert werden. Dementsprechend wäre es sinnvoll, Supply Chain Management explizit als ein Koordinationsmanagement aufzufassen. Eine solche Sichtweise würde die Aufmerksamkeit auf die Eigenschaft der Aufbauorganisation lenken, ein zentraler Gestaltungsparameter für das Supply Chain Management zu sein. Die Aufteilung des Unternehmen in kleinere Einheiten (Strukturierung [146]) kreiert eine spezifische Interdependenzsituation, die im Nachgang über die Ausübung von Koordination zu beherrschen ist (Abbildung 59; Thompson 1967; Frese 1998; Nadler und Tushman 1997). Ein traditionelles Beispiel ist die nach funktionalen Gesichtspunkten gruppierte vertikale Silo-Organisation, in der Koordination zwischen Abteilungen nur noch von der Unternehmensführung geleistet werden kann (Osterloh und Frost 1998, S. 29). Analog gilt der Zusammenhang auch für die Strukturierung der Supply Chain und die daraus resultierenden interorganisationalen Interdependenzen.

Abbildung 59 Der Zusammenhang von Aufbauorganisation und Koordinationsbedarf

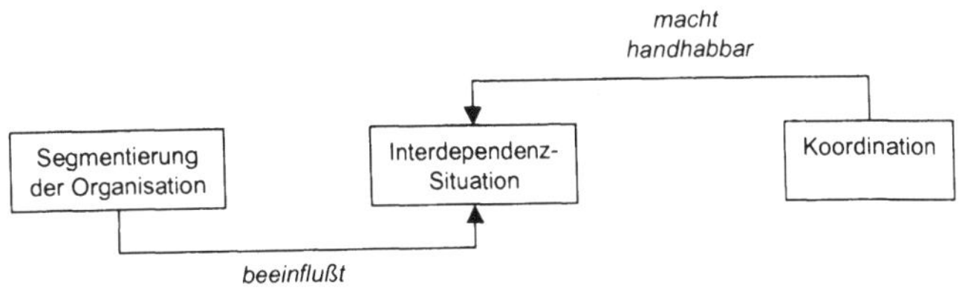

[146] Alternative Begriffe bei Thompson (1967, S. 57, „Homogenizing"), Frese (1989: Segmentierung) oder Nadler und Tushman (1997, S. 71 ff, „Grouping").

Aus organisationaler Sicht ist die Supply Chain eine Menge miteinander in Beziehung stehender organisatorischer Einheiten (Abteilungen, Unternehmen), deren Aufbau- und Ablauforganisation sowie deren Abgrenzung voneinander den Koordinationsbedarf in der Kette determinieren (Abbildung 60). Die Aufgabe des Supply Chain Managements besteht darin, die Aufbauorganisation der Unternehmen in der Kette koordinationsorientiert zu gestalten. In einen gleichsam ordnungspolitischen Ansatz kann versucht werden, den Bedarf für nachgeschaltete prozesspolitische Eingriffe zu reduzieren. Die oben an diversen Stellen beschriebenen Koordinationsprobleme sind aus dieser Sicht die Konsequenz einer fragwürdigen Gliederung der Organisation. Im Idealfall kann auf eine kostspielige Fremdkoordination verzichtet werden.

Abbildung 60 Perspektive Organisation: Die Supply Chain besteht aus organisatorischen Einheiten, deren Aufbauorganisation Koordinationsbedarf und Kundenorientierung determiniert

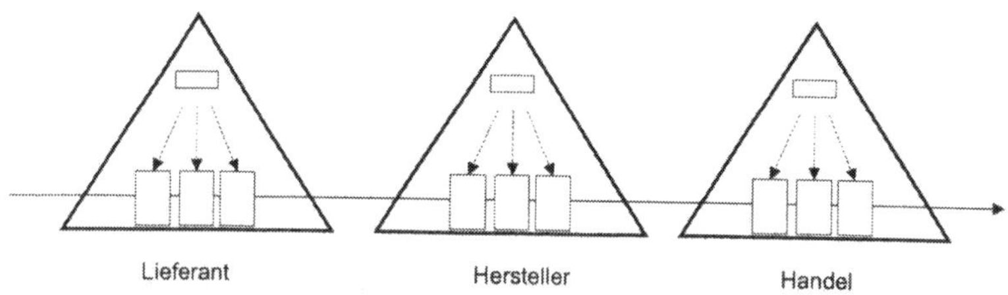

Organisation – Selbstorganisation

Die Argumentationen von Frese (1989) sowie Nadler und Tushman (1997) weisen darauf hin, dass der Zwang zur Ausübung kostspieliger Koordination eine Folge der Segmentierung des Unternehmens, mithin also hausgemacht, wenngleich auch nicht vollständig verzichtbar ist. Alternative Organisationsformen benötigen alternative Koordinationsintensitäten. Das gilt innerhalb sowie zwischen Unternehmen. Hier mag es hilfreich sein, über Selbstorganisation als Alternative zur Fremdkoordination nachzudenken: In welchen Situationen werden Abteilungen in Unternehmen oder Akteure in einer Versorgungskette einen eigenen Antrieb entwickeln, sich zu integrieren? Forschungsergebnisse zu diesen Fragen liegen aus der Betriebswirtschaftslehre (Katz und Kahn 196; Ulrich und Krieg 1973; Probst 1989; Gomez 1988; Malik 1992,) sowie aus der Politischen Ökonomie vor (Olson 1985[147]; Marwell und Oliver 1993; Axelrod 1984).

[147] Dort fragt sich etwa Olson (1985), unter welchen Bedingungen es einer Hausgemeinschaft gelingen wird, sich auf die Montage einer Hausantenne zu einigen. Die Analogie zur Supply Chain Situation kann hergestellt werden: koordiniertes Handeln ermöglicht das Angebot eines „öffentlichen Gutes“, von dessen Nutzung alle profitieren. In der Supply Chain könnte etwa die „Nachfrage-„ oder „Bestandstransparenz“ zu einem solchen öffentlichen Gut werden. Olson zeigt unter anderem, dass im Fall der Hausantenne die Zusammensetzung der Hausgemeinschaft determinieren wird, ob es zu einer Selbstorganisation der Bereitstellung der Antenne kommen wird. Interessanterweise organisieren sich solche Gruppen mit der größten Wahrscheinlichkeit autonom, die in Bezug auf das den einzelnen Akteuren jeweils personal zurechenbare realisierbare Nutzenpotenzial durch das öffentliche Gut besonders heterogen sind. Haben auf der anderen Seite alle Akteure das gleiche Nutzenvolumen (homogene Gruppe), wird kein Teilnehmer ohne Zwang die Initiative ergreifen wollen (Freerider-Problematik). Die Übertragung solcher Ergebnisse auf die Supply Chain bedarf natürlich eini-

Organisation - Kontrollstrukturen und Kontaktmuster

Der gestiegene Koordinationsbedarf entlang der Kette ist beschrieben worden. Offen ist, ob es ausreicht, Koordination durch originär auf das fokale Unternehmen bezogene und für diesen Zweck entwickelte Kontrollstrukturen auszuüben. Das „Industrial Marketing" hat sich intensiv mit diesen Fragen beschäftigt (siehe zusammenfassend Ford 1990a). Dort wird unter anderem auf die Bedeutung der Kontaktmuster zwischen den Partnern hingewiesen, die sich durch Frequenz, Breite und hierarchischem Level unterscheiden (Cunningham und Homse 1990). Für die Gestaltung der Supply Chain Beziehungen ist es durchaus relevant, über diese Fragen eine Vorstellung zu gewinnen. So etwa, ob es erforderlich ist, wie Kumar und Seth (1998) für die Führung von Joint Ventures vorschlagen, die lokalen durch supraorganisationale, integrative Kontrollstrukturen zu überlagern (direkter Kontakt zwischen Top-Management, gemeinsame Langfristplanung, „Sozialisierung" des Managements, übergreifende Incentive-Pläne, Personalaustausch).

Konzentration – Verbandsstrukturen

Supply Chains wurden oben als Unternehmensverbindungen definiert, die sich aus Unternehmensmehrheiten (Fischer 1995, S. 4) zusammensetzen und kollektive Strategien verfolgen. Solche Gebilde wurden bisher in der Betriebswirtschaftslehre häufig unter dem Label Kartell, Interessengemeinschaft oder Verband diskutiert; also als Organisationen, die ihre Aufgabe auch darin sehen, für koordiniertes Verhalten der Mitglieder zu sorgen. Daraus entstehen zwei Fragen: (1) Ist das Endstadium der Entwicklung von Supply Chains eine kartellierte Wirtschaftsstruktur, in denen dauerhaft verbundene, erstarrte Ketten einander konkurrenzieren? Eine vergleichende Darstellung von Supply Chains und Keiretsus wurde von Ellram und Cooper (1993) bereits vorgenommen. (2) Verbände sehen ihre Aufgabe unter anderem darin, über die Beeinflussung des sozioökonomischen Umfelds die Voraussetzungen für den Erfolg der Mitglieder zu verbessern. Offen ist, ob auch dieser Aspekt ein Aufgabenfeld des Supply Chain Managements wird.

Strategie – Konflikte

Die Mitglieder einer Supply Chain verfolgen gemeinsame Strategien (zum Beispiel: hochpreisige Mode schnell designen, fertigen und distribuieren). Deren Umsetzung erfordert es, inner- sowie zwischenbetriebliche Abläufe und Strukturen an die Strategie anzupassen. Typischerweise sind Unternehmen jedoch nicht nur Mitglieder einer Supply Chain, so dass Strategiekonflikte und Probleme mangelnder unternehmensinterner Kompatibilität zwischen den Supply Chain-induzierten Segmenten innerhalb des Unternehmens entstehen können. Etwa: Kann ein Lieferant gleichzeitig Teilnehmer einer „High-Speed-Kette" und einer „Low-Cost-Kette" sein? Damit wird das grundsätzliche Verhältnis von Unternehmens- und Supply Chain-Strategie berührt.

ger Vorsicht, da die Situationen nicht vollständig vergleichbar sind (bestehende Macht- und Organisationsstrukturen in der Supply Chain; Gutscharakter der potentiellen öffentlichen Güter).

Komplexität und Kopplung

Der Ansatz, abteilungs- oder sogar unternehmensübergreifend Wertschöpfungsströme zu optimieren, führt zu komplexeren Entscheidungssituationen. Das ist zweifach relevant. Zunächst weist Dörner (1990) in seinen Arbeiten darauf hin, dass Menschen in komplexen Situationen mit geringerer Qualität entscheiden. So haben Tests die geringe Fähigkeit des Menschen zur adäquaten Erfassung bzw. Prognose nichtlinearer, exponentieller Abläufe nachgewiesen.[148] Dörner verweist weiterhin darauf, dass in komplexen Systemen der Großteil an Maßnahmen „ballistisch" getroffen wird (siehe oben). Das Bild ist treffend, wenn man bedenkt, dass ein kettenweites Controlling eher die Ausnahme als die Regel ist. Der zentrale Planer, den die Hersteller von Supply Chain Management-Software vor Augen haben, wird in einer solchen Situation zwingend ballistisch entscheiden müssen, da er den „Einschlag" seiner Aktionen kaum beobachten kann (im besten Fall im eigenen Unternehmen; aber dann auch nicht in allen relevanten Dimensionen). Perrow (1992, S. 95 ff und 126 ff) ergänzt die Argumentation: In einer Arbeit über das Katastrophenpotenzial von Systemen hat er den Begriff der Kopplung von Systemen entwickelt und unterscheidet zwischen enger und loser Kopplung. Eng beziehungsweise lose gekoppelte Systemen besitzen unterschiedliche Risiken. Komplexe und eng gekoppelte Systeme haben ein vergleichsweise höheres Katastrophenpotenzial. Integrierte Supply Chains sind eng gekoppelte Systeme mit wenigen Puffern und unmittelbareren Verknüpfungen - in Perrows Sicht damit Systeme mit einem hohen Katastrophenpotenzial. Gegenstand weiterer Untersuchungen könnte daher sein, die Relevanz dieser, ohne Bezug zum Supply Chain Management, entwickelten Aussagen für das Management der Supply Chain zu überprüfen.

„Technology" – Wertschöpfungsmuster

Die technologische Einseitigkeit der bisherigen Supply Chain Management-Forschung wurde bereits aufgezeigt (Kapitel 2.2.2, Seite 104). Jenseits der dominanten Perspektive „Long-linked Industry" wird es fruchtbar sein, die Übertragbarkeit der Supply Chain Management-Präskriptionen auf „vermittelnde" oder „intensive" Technologien im Sinne Thompsons (1967) zu beurteilen. [149]

Unternehmensführung - polyzentrische Systeme

Eine Grundidee des Supply Chain Management besteht darin, Informations- und Materialflüsse, „Demand" und „Supply", zu koordinieren. Das führt zunächst zu locker integrierten Unternehmen (Material und Information). In den letzten Jahren hat jedoch eine Entwicklung eingesetzt, sei es durch Notwendigkeit oder Möglichkeit veranlasst, an deren Ende eine mehrdimensional, dicht integrierte Kette steht. Die Spannweite der oben geschilderten Perspektiven verdeutlicht die Eskalation der Bindungsdichte.

[148] Üblicherweise wird die Geschwindigkeit unterschätzt. Das konnte am Beispiel der Fehleinschätzung des logarithmischen Ausbreitungsmusters der Aids-Durchseuchung eindrucksvoll belegt werden (Dörner 1990).

[149] Für erste Versuche vergleiche Stabell und Fjeldstad (1998) sowie Otto und Kotzab (1999).

Daraus entwickelt sich ein Problem der Unternehmensführung: Supply Chains unterscheiden sich als Objekt der Führungslehre von der traditionellen Vorstellung eines monozentrischen Unternehmens, an dessen Spitze *ein* Entscheidungszentrum steht. Supply Chains sind polyzentrische Systeme mit relativ selbständigen, verteilten Aktionszentren. [150] Die Führbarkeit dieses Typus einer Unternehmensverbindung ist in der betriebswirtschaftlichen Führungslehre bisher wenig intensiv diskutiert worden (Obring 1992). Offen ist, *wie* eine solche Unternehmensverbindung geführt werden kann [151], *ob* sie geführt werden muss und in welchem Umfang die Übertragung des Konstruktes „Führung“, das primär für monozentrische Organisationen entwickelt wurde, auf polyzentrische Unternehmensverbindungen zu guten Ergebnisse führt.

IT-Einsatz - Zusammenhang Problemlösungsverfahren und Ordnungssystem

Insbesondere in der populärwissenschaftlichen Diskussion wird Supply Chain Management über weite Strecken mit dem Einsatz von Supply Chain Software gleichgesetzt. Die Überlegungen zur Begründung dieser Systeme sind dargestellt worden (Kapitel 4.2.2). Grundidee ist dort die Erarbeitung eines zentralen Plans, an dem sich die lokalen Entscheider verbindlich orientieren (Fernsteuerung). Aus der Perspektive der strategischen Unternehmensführung ist dieser Ansatz ebenso interessant wie riskant. In der formalen Sprache von Malik (1992, S. 248 ff) entspricht das Hantieren mit dieser Software einer analytisch konstruktiven Art, Probleme zu lösen. Dieses Problemlösungsverfahren, im Gegensatz zum evolutionär kybernetischen, ist jedoch nur kompatibel mit taxischen [152] Ordnungssystemen (Malik 1992, S. 346 ff). Supply Chains sind per Definition aber keine taxischen, monozentrischen sondern organische, polyzentrische Systeme. Daraus ergibt sich für den Systemgestalter der Zwang, quasi als Voraussetzung der Anwendbarkeit dieser Software, die Unternehmensverbindung taxisch zu „machen“; ein Versuch, dessen Sinn und Erfolgswahrscheinlichkeit von Malik (1992, S. 347) grundsätzlich in Frage gestellt wird: „Wie die Ausführungen gezeigt haben, sind in sozialen Systemen zwar taxische Ordnungsformen zu finden, doch basiert ihre wirkliche Funktionsfähigkeit wesentlich auf ihrem polyzentrischen Charakter. Die spontane Ordnungsform sozialer Systeme, ihre selbstorganisierenden Tendenzen, setzen sich gewissermaßen gegen die Absicht der an taxische Ordnungsformen orientierten Organisatoren durch“. Zusätzliche Brisanz erhält der Sachverhalt, weil gerade multi-organisationale Unternehmensverbindungen (wie Supply Chains) den besten Nährboden für die Entwicklung von Polyzentrismus bieten (Obring 1992, S. 17).

---

[150] Zum Begriff „polyzentrisches System“ vergleiche Malik (1992) und Obring (1992), zur Interpretation von Netzwerken als polyzentrische Systeme Wildemann (1997) , Männel (1996, S. 27 ff) oder Burr (1999).

[151] Zu möglichen Alternativen vergleich etwa Kapitel 2.2.3.2 (Seite 109).

[152] Malik (1992, S. 215 ff) unterscheidet zwei Arten von Ordnung: Die gemachte, bewusst geplante bezeichnet er als taxische Ordnung. Die zweite ist eine gewachsene oder spontan entstandene Ordnung, die er im Gegensatz zur Taxis mit „Kosmos“ umschreibt.

Kreislaufbetrachtung, Retrologistik

Supply Chain Management hat den Anspruch, durch eine kettenweite Betrachtung Potenziale zu heben. Diesen Anspruch einzulösen, bedeutet konsequenterweise, auch Entsorgungs- und Recyclingprozesse zu integrieren (Retrologistik). Dazu gehören etwa Retourenbearbeitungen bei Versandunternehmen, Reststoffentsorgungen aus Haushalten und gewerblichen Stätten oder Augleichsbewegungen bei Mehrwegtransportverpackungen und Ladehilfsmitteln und -Gefäßen. Diese Gedanken sind in den einschlägigen Journalen mit nur wenigen Ausnahmen (Pohlen und Farris 1992) bisher nicht behandelt worden. Vielleicht erweist sich der Begriff „Supply Chain" dabei auch als wenig hilfreich, da er dazu verführt, ausschließlich „vorwärts" zu denken.

Lobbyismus - politisches Handeln

Mit zunehmendem Umfang kollektiver Willensbildung und Strategieumsetzung und den daraus zwingend folgenden Umverteilungen von Kosten und Nutzen zwischen den Akteuren, bekommt das Management eine zusätzliche, in mehrheitlich isoliert oder lediglich bilateral kooperierenden Unternehmen in dieser Form nicht präsente Dimension: Management wird zu einem politischen Prozess. Aus der politischen Perspektive zeichnen sich andere Prozesse ab: der Leistungsprozess (Delivery) und der (politische) Prozess der Ressourcenakquisition (Geld und Autorität). Letzterer ist entscheidend für die Performance in den Leistungsprozessen (Benson 1975, S. 231). Supply Chain Management kann daher auch bedeuten, Ressourcen in der Kette zu akquirieren bzw. dafür zu sorgen, dass die Ressourcenallokation bestimmten Zielen gerecht wird. Die Bedeutung dieser Perspektive hängt davon ab, in welchem Umfang die Supply Chain als Lieferant öffentlicher Güter interpretiert und damit von den Partnern mit öffentlichen Geldern alimentiert werden wird; also ob es einen „öffentlichen Haushalt" geben wird. Vorüberlegungen zu dieser Sicht sind verfügbar (Benson 1975; Stern und Reve 1980; March 1988b).

5. Deduktion vorbereiten: Die Supply Chain als Netzwerk

Zusammenfassung

- Die Literatur zur betriebswirtschaftlichen Netzwerktheorie kann in vier Felder systematisiert werden (Netzwerk als Metapher, als archetypische Koordinationsform, als innovative Organisationsform, als natürliche Organisationsform). Hilfreich zur Rekonstruktion der Supply Chain als Netzwerk ist vornehmlich die Metapher-Perspektive. (Kapitel 5.1.1)

- Jede Verbindung zwischen zwei Unternehmen kann methodisch als Netzwerk interpretiert werden. In dieser Arbeit soll aber lediglich von einem Netzwerk gesprochen werden, wenn die verbundenen Unternehmen bestimmte Bedingungen erfüllen. (Kapitel 5.1.2)

- Die Supply Chain stellt einen bestimmten Typus eines Netzwerks dar. Um die Besonderheit herauszuarbeiten, werden in einer auf den Zweck des Netzwerks abstellenden Typologie fünf Netzwerktypen unterschieden: Reproduktionsnetzwerk, Innovationsnetzwerk, Vermittlungsnetzwerk, Multiplikationsnetzwerk, Transportnetzwerk. Die Supply Chain ist ein Reproduktionsnetzwerk. (Kapitel 5.1.3)

- Die Netzwerktheorie stellt ein reichhaltiges Instrumentarium zur Beschreibung und Analyse bereit. Mit diesen Instrumenten wird nachfolgend gearbeitet. Sie sind daher zu beschreiben. (Kapitel 5.1.4)

- Die Netzwerktheorie empfiehlt, komplexe Netzwerke gedanklich in übereinanderliegende Partialnetze zu zerlegen, in denen jeweils bestimmte Objekte fließen. Die Partialnetze können unterschiedliche Strukturen haben. Hier werden vier Partialnetze unterschieden (Güternetzwerk, soziales Netzwerk, Datennetzwerk, institutionales Netzwerk) und beschrieben. (Kapitel 5.2)

- Die Netzwerktheorie ist eine formale Rekonstruktionstechnik. Sie bietet keine Norm, um den Zustand der rekonstruierten Partialnetze beurteilen zu können. Um die Partialnetze dennoch einer Beurteilung und damit einem Controlling zuführen zu können, werden ihnen spezifische Aufgaben zugeschrieben. Der Zustand eines Partialnetzes ist demnach „gut", wenn es seine Aufgabe erfüllt. (Kapitel 5.3)

- Jedes Partialnetz hat genau eine Aufgabe. Die Aufgaben greifen ineinander: Das Güternetzwerk verbessert den Unternehmenswert gemessen an der Kennzahl „Economic Value Added" (EVA™). Das Güternetzwerk kann den Unternehmenswert aus Sicht des Supply Chain Management nur steigern, wenn die Supply Chain-Partner kooperativ Leistungen erstellen. Das soziale Netzwerk ermöglicht die kooperativen Leistungserstellung im Güternetzwerk, indem es die kooperative Entscheidungsfindung zwischen den Supply Chain-Partnern verbessert. Das Datennetzwerk ermöglicht eine kooperative Entscheidungsfindung zwischen den Supply Chain-Partnern, indem es die Datentransparenz verbessert. Das institutionale Netzwerk ermöglicht die in den drei anderen Partialnetzen erforderlichen idiosynkratischen Investitionen, indem es die wahrgenommene Verhaltensunsicherheit der Supply Chain-Partner reduziert. (Kapitel 5.4)

- Aus dieser Arbeitsteilung zwischen den Partialnetzen entstehen acht Arbeitsfelder für das Controlling. Für jedes Partialnetz ist erstens zu ermitteln, ob die jeweilige Aufgabe wahrgenommen wird sowie zweitens, wie gut die Voraussetzungen für eine verbesserte Aufgabenerfüllung sind. Aus jedem Arbeitsfeld können Themen für die Informationsbasis gewonnen werden. Die zweifache Fragestellung pro Partialnetz stellt die geforderte polythetische Aufbereitung der Situation sicher. (Kapitel 5.5.1)

5.1. Die Modellierung der Supply Chain als Netzwerk

Die These, eine Supply Chain sei ein Netzwerk, führt zunächst noch nicht sehr viel weiter. Dazu ist der Netzwerkbegriff zu unbestimmt. Ebenso wenig wie es *eine* Systemtheorie gibt, gibt es *eine* Netzwerktheorie. Der Begriff „Netzwerk" ist umgangssprachlich präsent (Stromnetz, Eisenbahnnetz, Netzwerk freundschaftlicher Kontakte, ...) und gehört daneben zum Vokabular diverser wissenschaftlicher Disziplinen, wie etwa der Soziologie (Simmel 1964; Laumann et al. 1978; Mizruchi und Galaskiewicz 1993, Cook 1977, Burt 1995), der Ökologie (Lewis 1976), der Mathematik (Ahuja et al. 1991) oder der Anthropologie (Jay 1964; Boissevain 1979). Auch diverse Disziplinen innerhalb der Betriebswirtschaftslehre bedienen sich der Netzwerktheorie, so etwa die Innovationsforschung zur Analyse der Ausbreitung von Innovationen (Rogers 1995; Ibarra 1993; Powell et al. 1996), die Finanzwirtschaft zur Vernetzung von Zahlungsströmen (Srinivasan und Kim 1986), das Operations Research zur Optimierung transaktionaler Netze (Ahuja et al. 1991; Ratliff und Nulty 1996) oder das internationale Management zur Rekonstruktion global agierender Unternehmen (Goshal und Bartlett 1990). Ein weiterer Überblick findet sich bei Aldrich und Whetten (1981, S. 394 ff).

Gemeinsam ist diesen Anwendungen die Überzeugung, es sei vorteilhaft, ein zu untersuchendes Objekt als ein Verteilung von Punkten mit einem Muster verbindender Linien zu interpretieren (Boissevain 1979, S. 392). Die Punkte und Linien erfahren in den fachorientierten Anwendungen spezifische Ausdeutungen. Damit ist üblicherweise aber noch keinerlei präskriptiver Gehalt verbunden. Es handelt sich lediglich um eine Analysetechnik. Aldrich und Whetten (1981, S. 387) formulieren für eine Anwendung in der Ökonomie: „A network ... is constructed by finding the ties between all the organizations in a population under study ... A ... part of a strategy for analyzing interorganizational relations."

Wenn die Betriebswirtschaftslehre heute auf fertige Techniken zur Analyse sozioökonomischer Netze zurückgreifen kann, so ist das in erster Linie ein Verdienst der Nachbarwissenschaften, allen voran der Soziologie.[153] Ein (soziales) Netzwerk ist dort ein „... Ge-

[153] Ob die methodische Ausarbeitung der Netzwerktheorie durch die Soziologie wirklich ein „Verdienst" ist, wird nicht von allen Autoren positiv gesehen. Boissevain (1979, S. 393), der sich der Frage widmet, warum sich die Netzwerktheorie nicht so erfolgreich durchsetzen konnte, wie es zu erwarten gewesen wäre, sieht in

flecht sozialer Beziehungen, das als Ganzes betrachtet das Verhalten der verbundenen sozialen Einheiten beeinflusst und zur Interpretation dieses Verhaltens herangezogen werden kann.“ (Wegmann und Zimmermann 1998, S. 251).

Mit dieser einsilbigen Rekapitulierung der soziologischen Perspektive, die im Kern zurückgeht auf Moreno, der in der Literatur (o. V. 1933) mehrheitlich als der Erfinder der Soziometrie, also der quantitativen Analyse sozialer Beziehungen zwischen Mitgliedern kleiner Gruppen (Wasserman und Faust 1994, S. 11), genannt wird, werden zwei für diese Arbeit wichtige Aspekte deutlich: Erstens kann die Soziologie als ein Fundus von Analysetechniken verstanden werden. Zweitens zeigt sich aber auch, dass die soziologische Perspektive das hier relevante betriebswirtschaftliche Problem der Gestaltung der Supply Chain allein nicht abdecken kann, da sie es im Kern nicht adressiert. Im Fokus der Soziologie steht der Mensch und nicht das ihn umgebende Netzwerk. Die Soziologie untersucht nicht die zweckorientierte Funktionsfähigkeit sozialer Netze oder das Netzwerk als Ergebnis bewussten organisationalen Handelns, sondern deren Determinanz für das Verhalten Einzelner. Supply Chain Management fragt hingegen umfassender. Erstens in gleicher Weise, welche Determinanz das Netz ausübt. Zweitens aber weitergehend und auch mit höherem Stellenwert, wie es gestaltet werden sollte, damit die Akteure ihre Ziele erreichen. Das Netz ist nicht nur Determinante, sondern auch Gestaltungsobjekt. Diese manipulationsorientierte Sicht des Netzes hat in der Soziologie nur einen vergleichsweise schwachen Stellenwert. [154]

Das, was häufig als Netzwerktheorie bezeichnet wird, ist auf der Ebene dieses Minimalkonsens‘ zunächst keine Theorie, sondern vielmehr eine Analysemethode oder ein paradigmatischer Zugang zum Untersuchungsobjekt [155] - woraus aber auch theoretische Implikationen entstehen. Oben wurde auch der Begriff der Rekonstruktionstechnik benutzt. Wenn hier dennoch von Netzwerktheorie gesprochen wird, ist damit vereinfachend der gesamte, und mitt-

---

der mathematischen, insbesondere graphentheoretischen Überfrachtung der Netzwerkanalyse durch die Soziometrie einen wesentlichen Hemmschuh. Die Verkomplizierung wirkt demnach erstens abschreckend für den Anwender, senkt zweitens die Forschungsproduktivität („Flies are killed with dynamite.“; Boissevain 1979, S. 393) und verleitet drittens dazu, auch höchst triviale Aussagen als wissenschaftliche Leistung zu verkaufen, weil sie mit eben diesen anspruchsvollen Methoden gewonnen wurden. Er gibt ein Beispiel: „Thus we learn that if you ask several hundred persons to name a few persons outside their households with whom they have close relationships, these turn out to be typically kin or friends. ... Is this news?” (Boissevain 1979, S. 393)

154 Einige Beiträge hat unter anderem Burt (1995, 1997, 2000) verfasst - dort wird von „Social Engineering“ gesprochen.

155 In diesem Zusammenhang kann man sich durchaus die Frage stellen, ob die Netzwerktheorie überhaupt eine „Theorie“ ist. Legt man die Kriterien von Merton (1945) zu Grunde, der sich mit der Frage befasst, was eine „soziologische Theorie“ ist, wird man die Frage negativ bescheiden müssen. In dessen Unterscheidung von sechs Typen wissenschaftlicher Arbeit („...six types of work, which are often lumped together as comprising sociological theory ...”; Merton 1945, S. 463) wäre die allgemeine Netzwerktheorie wohl eine „General Sociological Orientation“, damit aber nicht als soziologische Theory einzustufen. Auch gemessen an den Kriterien von Sutton und Staw (1995) ist die Netzwerktheorie keine Theorie. Nach deren Maßstäben beantwortet eine Theorie Fragen nach dem „Warum“ bestimmter Phänomene. Eine Theorie ist eine „Story“ darüber, warum etwas so passiert, wie es passiert (Sutton und Staw 1995, S. 378). Die allgemeine Netzwerktheorie bietet solche „Stories“ nicht an. Wenn hier dennoch von „Theorie“ gesprochen wird, dann erfolgt das als Anpassung an den gängigen Sprachgebrauch.

lerweile sehr umfangreiche Fundus an Ideen und Konzepten zur Analyse, Darstellung, Gestaltung und Beurteilung von Netzwerken gemeint.

5.1.1. Vier Bedeutungen des Netzwerkbegriffs in der Betriebswirtschaftslehre

Soll die These (Supply Chain != Netzwerk) Gehalt bekommen, muss man angeben, was mit „Netzwerk" gemeint ist. In der Betriebswirtschaftslehre ergeben sich dazu sehr unterschiedliche Verständnisse. Häufig erklären Autoren nicht explizit, wie sie Begriffe nutzen. Um die Verständnisse rekonstruieren zu können, war es daher erforderlich, zunächst die Divergenzen herauszukristallisieren. Dazu schlägt dieses Kapitel vor, vier Bedeutungen zu unterscheiden: (1) das Netzwerk als Metapher, (2) das Netzwerk als Organisationstypus, (3) das Netzwerk als innovative, überlegene Organisationsform sowie (4) das Netzwerk als natürliche Organisationsform im Sinne von Thompson (1967).

Methodenorientiert: Das Netzwerk als Metapher - Die Netzwerktheorie als Rekonstruktionstechnik

Die Netzwerktheorie kann als eine Analysetechnik verstanden werden. Sie ist dann ein Konstrukt, mit dem der Untersuchende wirtschaftliche Aktivitäten analysiert (Aldrich und Whetten 1981, S. 391). Die Netzwerktheorie schlägt vor, eine beobachtbare Gesamtheit als eine Menge von Knoten aufzufassen, die über Kanten verbunden sind. In Bezug auf die Kanten ein wenig einschränkend, aber die Offenheit des Ansatzes noch immer erhaltend definieren Laumann et al. (1978, S. 458) in einem soziologischen Kontext ein Netzwerk als: „... set of nodes (e. g. persons, organizations) linked by a set of social relationships (e. g. friendship, transfer of funds, overlapping membership) of a specified type." In der Literatur lassen sich ähnliche Definitionen nachweisen (Tabelle 29). Allen gemeinsam ist die sparsame Abbildung der Realität allein mit den Bauelementen Knoten und Kante. An dieser Stelle wird bereits deutlich, dass die Netzwerktheorie Realität nicht umfänglich beschreiben, sondern selektiv rekonstruieren will.

Verschreibt man sich dem Versuch, ökonomische oder soziale Sachverhalte mit dieser sehr simplifizierenden Perspektive, die jedoch nicht darüber hinwegtäuschen darf, dass Totalanalysen solcher Netzwerke in der Regel dennoch äußerst komplex werden, zu analysieren, wird damit ein spezifische Basisperspektive eingenommen. Nohria (1992b, S. 3) spricht von einem „Mode of Enquiry", von einer spezifischen Perspektive für das Studium von Organisationen. Die besondere Adäquanz dieses Ansatzes für bestimmte Situationen wird in der Literatur breit bestätigt. Für die Soziologie argumentieren Mizruchi und Galaskiewicz (1993, S. 46): „Because of its focus on the relation among social actors, network analysis was seen by many organizational researchers in the 1970s as a logical way to study relations among organizations." Ebenso Davern (1997, S. 288): „The social network image is one way to conceptualize social structure ...". Für das Studium globaler Unternehmen präferieren Goshal und Bartlett (1990, S. 604) ebenfalls die Netzwerksicht: „... we believe, that the concept of a network, ..., reflects the nature and complexity of the multinational organization and can provide a useful lens through which to examine such an entity."

Tabelle 29 Das Netzwerk als Metapher: Einige Definitionen

Autor	*Definition*
Davern (1997, S. 288)	"Thus, a social network consists of a series of direct and indirect ties from one actor to a collection of others, whether the central actor is an individual person or an aggregation of individuals ..."
Iacobucci und Hopkins (1992, S. 5)	"A network is a composite of a larger number of actors and the pattern of relationships that ties them together. ... we consider dyadic interactions as a special case of networks, in which pairs of actors are independent and not embedded in an interconnected network."
Tichy et al. (1979, S. 507)	"... a specific set of linkages among a defined set of persons, with the additional property that the characteristics of these linkages as a whole may be used to interpret the social behavior of the persons involved."
Thorelli (1986, S. 38)	"Generically, a network may be viewed as consisting of nodes or positions (occupied by firms, households, departments, ...) and links manifested by interaction between the positions."

Die Netzwerktheorie zu verwenden hat deutliche Konsequenzen für das Forschungsprogramm der Betriebswirtschaftslehre (Nohria 1992, S. 8): Mit der anderen Brille, durch die organisationale „Wirklichkeit" gesehen wird, ergibt sich zugleich die Notwendigkeit, andere Typen von Daten in den Unternehmen zu erheben, neue Analysemethoden zur Auswertung dieser Daten zu erlernen sowie andere Erklärungsansätze zur Interpretation und Erklärung der Datenlage zu finden. Kapitel 5.1.4 führt in diejenigen Methoden ein, die benötigt werden.

Die Netzwerktheorie, in der Deutung als Metapher, darf als offene, allgemein verwendbare und stark abstrahierende Analysetechnik keinesfalls mit dem Anspruch belastet werden, normative Aussagen zur Gestaltung eines Objektssystems begründen zu können. Ebenso wie ein Familie als soziales Netz rekonstruiert werden kann, ist es möglich, eine Gruppe von miteinander in Verbindung stehender Computer ebenfalls in dieses Sprachspiel einzuordnen. Der Vorteil breiter Anwendbarkeit wird mit dem Nachteil fehlender unmittelbarer Präskriptivität erkauft. Daraus kann aber nicht zugleich gefolgert werden, der Netzwerktheorie fehle es an einer eigenen produktiven Logik zur Analyse und Gestaltung von sozialer oder ökonomischer Sachverhalte. Das Gegenteil ist der Fall, worauf die oben zitierten Eignungsbestätigungen ja auch bereits hingewiesen haben.

An dieser Stelle widmet sich die Schilderung kurz einem Problem, das allen allgemein einsetzbaren Rekonstruktionstechniken inne wohnt. Es geht um die Frage der Ein- oder Ausgrenzung von Analyseobjekten in die fokale Untersuchung, allgemeiner um die Abgrenzung des Netzes. War die Frage der Abgrenzung von innen und außen in Max Webers bürokratischer Organisation kein Problem, stellt sich diese Frage spätestens mit der Akzeptanz eines offenen Systemmodells (Katz und Kahn 1966; Thompson 1967) als nicht mehr trivial dar. Ähnlich wie in der Systemtheorie zu klären ist, ob und welche Umsysteme in die Analyse einzubeziehen sind, ist in der Netzwerkanalyse zu entscheiden, welche Knoten zum fokalen Netzwerk gehören sollen. Sind etwa die vielen kleinen Zulieferer eines Automobilherstellers Teil des Netzwerks? Aus methodischer Sicht ermöglicht die Netzwerktheorie deren Integration; zur Nützlichkeit einer solchen Ausdehnung der Analyse kann sie aber keine Antwort geben. Im Idealszenario, dessen Verfolgung durch die diesbezüglich wohl als naiv einzustufenden Definitionen der Supply Chain impliziert wird, stellt sich das Abgrenzungsproblem noch nicht. Die Supply Chain, so der dortige Tenor, reicht von der Urproduktion bis zum Endkunden. Verkürzungen der Analysereichweite, diese Konnotation schwingt mit, forcieren das eigentlich zu überwindende Ausschnittdenken und sind daher nicht wünschenswert. Das Neue, um die Position zu Ende zu bringen, besteht eben gerade darin, die gesamte Kette zu betrachten.

Natürlich birgt die Forderung Probleme. Methodisch mag es grundsätzlich noch möglich sein, eine komplette Supply Chain mit vielleicht sechs oder acht Stufen soziometrisch zu erfassen und überischtlich darzustellen. Unrealistisch hingegen wird es sein, alle Akteure in diesem Netz auch tatsächlich in Entscheidungsprozessen zu berücksichtigen oder sogar zu beteiligen, mithin also das analysemethodisch in den Griff bekommene Netzwerk auch tatsächlich als solches zu managen. Es wird deutlich, wie zwingend eine Abgrenzung erforderlich wird. Die Netzwerktheorie kann für die Abgrenzung aber keine Hilfestellung bieten. Die Abgrenzung muss aus einer anwendenden Theorie heraus erfolgen; dort sind die Kriterien zu nennen. Hier wird dazu auch Stellung zu nehmen sein. Dazu wird auf Kapitel 5.1.2 verwiesen, in dem definiert wird, was als Netzwerk angesehen werden soll und wie entschieden werden kann, ob bestimmte Akteure „dazu" gehören oder nicht.

Koordinationsorientiert: Das Netzwerk als archetypische Koordinationsform

Die zweite Bedeutung des Netzwerkbegriffs ist organisationstheoretischer Natur. Demnach wird mit dem Begriff des Netzwerks ein bestimmter Typus einer Organisation („Netzwerkunternehmen") verknüpft, was darauf hinausläuft, das Netzwerkunternehmen von anderen Typen abzugrenzen. Es besteht die Annahme, dass es möglich ist, ein Netzwerkunternehmen anhand bestimmter nachweisbarer Kriterien (z.B. Vernetzungsgrad der Teilnehmer) von anderen Typen abgrenzen zu können. Im Vordergrund der Kriteriendiskussion steht dabei der Koordinationsmechanismus.

Die Abgrenzung in der Literatur orientiert sich üblicherweise an der Idee eines Kontinuums von Unternehmensverbindungen zwischen Markt und Hierarchie, wie es bereits in den Kapiteln 2.2.3.1 und 2.2.3.2 beschrieben wurde. Ein beträchtlicher Teil der Netzwerktheorie befasst sich mit der Positionierung von Netzwerken in diesem Kontinuum. So verwundert es nicht, dass Grandori und Soda (1995, S. 186) aus historischer Perspektive zunächst konstatieren, dass es eine lange Zeit lang gedauert hat, bis das Netzwerkunternehmen als generischer Typus von der Vermutung befreit werden konnte, lediglich ein unperfektes Mittelding zwischen Markt und Hierarchie zu sein.

Trotz intensiv geführter Diskussion ist eine akzeptierte organisationstheoretische Explikation des Typus „Netzwerkunternehmen" nicht in Sicht. Die Eckpunkte der Diskussion werden durch folgende Argumente abgesteckt: In einigen Beiträgen besetzen Netzwerkunternehmen eine Mittelposition im Kontinuum zwischen Markt und Hierarchie; sind also organisationstheoretische Zwitter. Die Gegenposition dazu wird unter anderem vertreten durch Alstyne (1997, S. 87), der die Einpositionierung als „Mittelding" ablehnt und statt dessen von einem separaten organisationalen Archetypus spricht. Er begründet die typologische Eigenständigkeit damit, dass ein Netzwerkunternehmen in Bezug auf einige organisationstheoretisch relevante Dimensionen zur Abgrenzung von Organisationstypen eben nicht in der Mitte zwischen Markt und Hierarchie positioniert werden kann. Das gilt etwa für die Variablen Vertrauen, Zugehörigkeit oder Loyalität. Dort ähneln Markt und Hierarchie einander stärker als eine Ähnlichkeit zwischen Netzwerk und Markt oder Netzwerk und Hierarchie erkennbar wäre. Zu dieser differenzierten Einschätzung gelangt auch Sydow (1999b, S. 1), der im Editorial eines Sammelbands zum Management von Netzwerkorganisationen resümiert: „Netzwerke, genauer interorganisationale bzw. Unternehmensnetzwerke, stellen insoweit eine zwar diskrete, gleichwohl hybride Organisationsform ökonomischer Aktivitäten dar.“ In jedem Fall ist das Netzwerk eine organisationstheoretisch willkommene Form, da sie in der Lage ist, eine konzeptionelle Heimat für die Vielzahl der empirisch erkennbaren Arrangements zu bieten, in denen sich Unternehmen, entweder vom Markt oder von der Hierarchie kommend, als etwas Dazwischenliegendes manifestieren. Ortmann und Sydow (1999, S. 206) nennen als Beispiel etwa die Vielzahl der Outsourcingarrangements, in der „... Hierarchie nicht einfach durch Markt, sondern durch netzwerkförmige Arrangements wie zum Beispiel ‚Unternehmensnetzwerke‘ ... substituiert oder zumindest ergänzt ...“ werden.

Managementorientiert: Das Netzwerk als innovative Organisationsform

In der dritten Deutung ist das Netzwerk eine innovative und überlegene Form der Strukturierung und Koordination wirtschaftlicher Aktivitäten. Diese These wird in wissenschaftlichen und mitunter auch in aktuellen populärwissenschaftlichen Beiträgen zum Management aufgestellt und ist dort mit eindeutig normativen Konnotationen belegt (Tabelle 30). Ähnlich wie „Business Process Reengineering” oder “Lean Management” über einige Jahre als Standardlösungen verkauft wurden, gilt das Netzwerkunternehmen heute als diejenige Organisationsform, die zu implementieren ist, um die Probleme der Zeit zu lösen (Nohria 1992, S. 1; Arabie und Wind 1994, S. 258).[156]

Die in diesen Beiträgen angestellten Überlegungen zur Fundierung der komparativen Überlegenheit der Netzwerkform basiert üblicherweise darauf, einen Bedarf für einen Anpassungsprozess zu unterstellen. Die Strukturierung eines Unternehmens erfolgt demnach als Anpassungshandlung an das Umfeld. Veränderte Umfeldbedingungen bringen mithin auch veränderte Anforderungen an eine optimale Organisationsform mit sich.[157] Das Unternehmen reagiert auf den Veränderungsbedarf mit einer Anpassung der Struktur („... reinventing themselves as network organizations ...”, Arabie und Wind 1994, S. 258). Die Netzwerkform ist daher eine kontingente Form. Die Umfeldveränderungen der letzten Jahre, so die Argumentation, haben eine Situation geschaffen, in der das Netzwerk die beste Anpassung darstellt. Pro-

---

156 Wie kurzlebig solche „Empfehlungen“ sein können, zeigt ein aktuellerer Beitrag von Miles et al. (1997), in dem das Netzwerkunternehmen bereits unmodern geworden ist und durch die „Cellular Form“ abgelöst wird.

157 So etwa bei Sydow (1999b, S. 1): „Anders als im Fall der vertikalen oder horizontalen Integration wird bei der Netzwerkorganisation *angesichts zunehmend turbulenter Wettbewerbsumwelten* ...“. Kursivstellung ergänzt.

grammatisch formuliert DiMaggio [158]: „The moment for those who come from a network perspective to be the head priests of organizational analysis is now."

Tabelle 30 Das Netzwerk als innovative Organisationsform: Einige Definitionen

Autor	*Definition*
Miles und Snow (1986, S. 62)	„Two major outcomes of the search for new competitive approaches are already apparent: First, the search is producing a new organizational form - a unique combination of strategy, structure, and management processes that we refer to as the dynamic network. The new form is both a cause and a result of today's competitive environment: The same 'competitive beast' that some companies do not understand has been the solution to other companies' competitive difficulties." [159]
Jarillo (1988, S. 32)	"I see strategic networks as long-term, purposeful arrangements among distinct but related for profit organizations that allow those firms in them to gain or sustain competitive advantage vis-a-vis their competitors outside the network."
Sydow (1992, S. 82)	Unternehmensnetzwerke stellen „eine auf die Realisierung von Wettbewerbsvorteilen zielende, polyzentrische, u. U. von einer oder mehreren Unternehmung(en) strategisch geführte Organisationsform ökonomischer Aktivitäten zwischen Markt und Hierarchie dar, die sich durch komplex-reziproke, eher kooperative denn kompetitive und relativ stabile Beziehungen zwischen rechtlich selbständigen jedoch zumeist abhängigen Unternehmungen auszeichnet."
Sydow (1999b, S. 1)	„Faktisch stellt die Netzwerkorganisation, die ein erhebliches Maß an strategischer Flexibilität aufweisen soll, *das* Gegenmodell zur vertikal tief integrierten und/oder breit diversifizierten Unternehmung dar."

In der Diskussion stehen dann vor allem folgende Aspekte der Umfeldveränderungen im Vordergrund: (1) Fertigungstiefenreduzierung: Die 80'er und 90'er Jahre sind von sinkender Fertigungstiefe gekennzeichnet. Netzwerke sind ein gutes Instrument, so die These, um trotz der gebotenen Aufteilung der Wertschöpfung koordinationsfähig zu bleiben. Die als Alternative zum Netzwerk gesehene vertikale Integration wird dem Verdacht unterstellt, den erforderlichen Strukturwandel zu flexiblen Formen zu blockieren (Miles und Snow 1986, S. 72). (2) Rekonfigurationsbedarf: Die neue und intensivere Form des Wettbewerbs zwingt die Unternehmen, lockerere Unternehmensverbindungen einzugehen (Rockart und Short 1991, S. 195; Nohria 1992, S. 1). (3) Kontrahierende Produktlebenszyklen: Die Zeitspanne zur Amortisation der im Beobachtungs- und Entwicklungszyklus getätigten Investitionen in ein Produkt schrumpft säkular. Das Netzwerk wird als Chance angesehen, diese Kosten auf mehrere Akteure zu verteilen und über einen früheren Markteintritt ein vergrößertes Marktvolumen zu realisieren. (3) Sinkende Koordinationskosten: Das Nutzenpotenzial der traditionell vorhandenen komparativen Vorteile des Netzwerks gegenüber alternativen Koordinationsformen wurde noch bis vor kurzem durch die fehlende Technik zur schnellen und kostengünstigen Vernetzung relativiert. Die Weiterentwicklung der Informationstechnik vereinfacht die Vernetzung und vergrößert damit ceteris paribus das Einsatzfeld von Netzwerken (Rockart und Short 1991, S. 196). (4) Legitimität - Mode: Weiterhin gibt die akademische Weiterentwicklung der Netzwerktheorie der praktischen Anwendung einen Schub; mittlerweile ist es in Mode, von Netzwerken zu sprechen.

[158] Zitat eines mündlichen Konferenzbeitrages; in Nohria (1992b, S. 16).
[159] Kursivstellungen im Original unterdrückt.

Die komparative Überlegenheit der Netzwerkorganisation wird darin gesehen, dem Unternehmen trotz zunehmender Größe und Komplexität die in der veränderten Marktsituation geforderte Reaktionsfähigkeit eines kleinen Unternehmens zu erhalten (Rockart und Short 1991, S. 191). Größe, Komplexität und Reaktionsfähigkeit können in einem Netzwerkunternehmen, so die These, simultan gesteigert werden. Weiterhin wird der Netzwerkorganisation eine besondere Fähigkeit zur Koordination interdependenter Arbeitsprozesse zugeschrieben (Rockart und Short 1991, S. 193).

Die Deutung des Netzwerkbegriffs als innovative und überlegene Organisationsform bringt infolge der stark normativen Ausrichtung auch eine Reihe dedizierter Vorstellungen über die Qualität und Reichweite der Zusammenarbeit mit sich (Rockart und Short 1991, S. 192 ff): (1) Gemeinsame Ziele: Netzwerke arbeiten auf der Grundlage gemeinsame Ziele (Alstyne 1997, S. 86). In Abwesenheit autoritärer oder anderer Bindungsmechanismen dient die gemeinsame Vision als Medium zur Stabilisierung der Verbindung. (2) Know-how Diffusion und schnellere Kommunikation: Netzwerke zeichnen sich durch eine schnelle und offene Diffusion von Know-how und Expertenwissen aus. Als „informationsreiche" Organisationsstruktur ermöglicht ein Netzwerk unmittelbare Punkt-zu-Punkt-Kommunikation unter Umgehung hierarchieorientierter Kommunikationskanäle (Alstyne 1997, S. 86). (3) Erweitere Arbeitsteilung: Netzwerke erlauben es durch die permeablen Grenzen zum Umfeld (Alstyne 1997, S. 86), auch über die Grenze des Unternehmens hinaus, Arbeit schnell und flexibel zu teilen beziehungsweise zu verteilen. Eine konkrete Ausprägung findet diese Eigenschaft in Produktionsnetzwerken.[160] (3) Gemeinsame Entscheidungsfindung: Netzwerke bieten die Chance, durch die Einbeziehung einer Vielzahl von Akteuren aus unterschiedlichen Bereichen des Netzes die Entscheidungsqualität zu verbessern - was üblicherweise jedoch durch einen langwierigeren Entscheidungsprozess zu erkaufen ist. (4) Gemeinsame Priorisierung, Umsetzung und Steuerung: Netzwerke ermöglichen neben der gemeinsamen Entscheidungsfindung auch die gemeinsame Priorisierung und Exekution des Geplanten. Alstyne (1997, S. 86) spricht von „Joint Control". (5) Gemeinsame Verantwortung, Vertrauen: Mit dem zurückgehenden Volumen persönlicher Interaktionen (Face to Face) in den räumlich tendenziell verteilteren Netzwerken sowie über die gestiegene Arbeitsteilung im Netzwerk steigt sowohl die gegenseitige Abhängigkeit der Akteure voneinander wie auch die Bedeutung von Vertrauen untereinander (Alstyne 1997, S. 86). (6) Konsensuale Profitverteilung: Netzwerke erschweren ceteris paribus die Zurechnung von Erfolg oder Misserfolg auf einzelne Akteure. Die subjektiv akzeptable Verteilung von Erfolgsbestandteilen ist jedoch eine Bestandsbedingung für ein Netzwerk.

Es ist bemerkenswert, dass Rockart und Short (1991), obwohl sie offen lassen, ob das Konzept „Netzwerk" inter- oder intra-organisational zu verstehen ist, mit dieser Aufzählung sehr nahe an das Handlungsprogramm des Supply Chain Managements, wie es in umfassenderen Beiträgen gefordert wird, heranreichen. Die genannten Eigenschaften (gemeinsame Ziele, gemeinsame Entscheidungsfindung und Umsetzung, ...) stehen auch im Mittelpunkt der Forderungen der Supply Chain Management-Literatur. Wenngleich diese Beobachtung allein noch nicht abschließend begründen kann, warum es für diese Arbeit vorteilhaft ist, eine Supply Chain als ein Netzwerk aufzufassen, ist sie doch ein Beleg für die konzeptionelle Nähe von Supply Chain und Netzwerk.

Organisationstheoretisch orientiert: Das Netzwerk als natürliche Organisationsform im Sinne von Thompson

Der Netzwerkbegriff kann schließlich auch mit Bezug auf eine Unternehmenstypologie gedeutet werden, die Thompson (1967) vorgeschlagen hat. Dieses Verständnis ist in der aktuellen Diskussion aber kaum von Bedeutung. Zu nennen ist lediglich der Beitrag von Stabell und Fjeldstad (1998).

In der Thompson'schen Sicht zeichnet sich ein Netzwerkunternehmen durch die verwendete Basistechnologie, hier die „Mediating Technology" aus.[161] Das Netzwerkunternehmen ist demnach ein verbindendes oder vermittelndes Unternehmen und in bestimmten Branchen (Transport, Kredit, Versicherung) damit einer natürliche Strukturform. Ohne direkten Bezug zu Thompson (1967), aber den Unternehmenstyp bestätigend, identifizieren Coyne und Dye (1998) ebenfalls den Typ der „Network Based Businesses", zu denen sie die Unternehmen der Telekommunikations-, Transport-, Finanz- und Gesundheitsindustrie zählen. Auch in dieser Deutung ist die Zuschreibung der Eigenschaft, ein Netzwerk zu sein, normativ belegt. Sowohl Thompson (1967) als auch Coyne und Dye (1998) verbinden damit Standardprobleme (Überkapazitäten, fixkostengetriebene Preiskämpfe, Marktfriktionen durch Deregulierung) und Standardlösungen.

Das „natürliche" Netzwerk verdeutlicht auch noch einmal die Gefahr von Missverständnissen. So ist es durchaus möglich, dass Transportunternehmen als „natürliche" Netzwerkunternehmen aus koordinationsorientierter Sicht wie hierarchische, wie marktorientierte oder tatsächlich wie netzwerkorientierte Unternehmen geführt werden. Am Beispiel der Verkehrsführung in einem solchen Unternehmen können die Optionen verdeutlicht werden: Hierarchische Koordination kann dort bedeuten, dass eine zentrale Verkehrsplanung, möglicherweise unter Einbeziehung der Interessen einzelner Niederlassungen des Unternehmens, einen für alle Niederlassungen verbindlichen Fahrplan entwickelt. Eine marktorientierte Koordination würde vollständig auf eine zentrale Planung der Transportbewegungen im Netz zu Gunsten bi- oder multilateraler gegenseitiger Abstimmung verzichten. Von netzwerkorientierter Koordination könnte gesprochen werden, wenn die einzelnen Niederlassungen die Verkehrsführung derart abstimmen, dass sich eine Verbesserung des Gesamterfolgs des Unternehmens ergibt, wobei billigend in Kauf genommen wird, den eigenen Erfolg dabei ceteris paribus nicht maximieren zu können, jedoch über eine nachgeschaltete Kompensation einen Ausgleich zu erhalten. Diese etwas umständliche klingende Formulierung zur Portraitierung eines Netzwerkverhaltens

---

[160] Vergleiche zu diesem Typus eines Netzwerks die Typologie in Kapitel 5.1.3.

[161] Die Typologie wurde bereits in Kapitel 2.2.2 (Seite 98 ff) erklärt; darauf wird hier verwiesen.

darf nicht verwundern. In der Tat ist es problematisch, organisationales Verhalten eindeutig als netzwerkorientiert zu qualifizieren. Damit wird der Problemkomplex der Abgrenzung des Netzwerks von anderen Formen angesprochen. Das nachfolgende Kapitel widmet sich ausschließlich dieser Frage.

5.1.2. Hier relevant: Das Netzwerk als Form intensiver interorganisationaler Kooperation

Aus methodenorientierter Sicht kann man fast alles als ein Netzwerk ansehen: So kann ein Team weltweit vernetzter Investmentbanker ebenso ein Netzwerk sein, wie die Gruppe von Unternehmen, die gemeinsam Automobile bauen. Ein Netzwerk bilden ebenfalls die Bibliotheken der bayerischen Hochschulen - aber auch die Menge der untereinander verbundenen Fahrkartenautomaten des Nürnberger Hauptbahnhofs. Enger auf den Supply Chain-Kontext bezogen, wäre eine Gruppe von Unternehmen, die in sehr lockeren Kunden-Lieferanten-Beziehungen zusammenarbeiten ebenso ein Netzwerk, wie ein Gruppe mit sehr viel engeren Bindungen.

Offensichtlich ist eine Abgrenzung zu leisten. Solange auch die besagten Fahrkartenautomaten als Netzwerk qualifiziert werden, bedeutet die Aussage, diese oder jene Supply Chain sei ein Netzwerk, wenig. Der Begriff ist zu präzisieren. Dabei geht es nun nicht mehr darum, welche Phänomene formal, methodenorientiert als Netzwerk bezeichnet werden können, sondern darum, welche Phänomene hier als Netzwerk bezeichnet werden sollen. Insbesondere geht es um die Frage, ob und wie man eine Kette eng gebundener Dyaden begrifflich von einem Netzwerk abgrenzen kann. Folgende Kriterien sollten beachtet werden:

Kriterium „Austausch zwischen den Knoten" - Transaktionale Netze

Die Suche nach den konstitutiven Merkmalen eines Netzwerks wird erleichtert, wenn zunächst zwischen attributiven und transaktionalen Netzwerken unterschieden wird (Fombrun 1982, S. 280; Whetten 1987, S. 242). Attributive Netzwerke verbinden solche Objekte (Mitarbeiter, Organisationen) miteinander, die gleiche oder ähnliche Eigenschaften aufweisen; so etwa alle Mitarbeiter einer definierten Karrierestufe eines Unternehmens, alle weiblichen Mitarbeiter, alle Auszubildenden oder alle Quereinsteiger. Ein transaktionales Netzwerk hingegen verbindet solche Objekte, zwischen denen Austauschbeziehungen existieren. Diese Arbeit beschränkt sich ausschließlich auf transaktionale Netze. Mit der Unterscheidung ist zugleich auch ein erstes konstitutives Merkmal der hier favorisierten Terminologie gefunden: Als Netzwerke sollen nachfolgend nur solche Gesamtheiten aufgefasst werden, zwischen denen Austauschbeziehungen bestehen. Eine Austauschbeziehung ist eine freiwillige Transaktion zwischen zwei oder mehreren Akteuren, in dessen Verlauf Ressourcen transferiert werden und aus der die Beteiligten Nutzen ziehen (Cook 1977, S. 64). Akteure können Personen, aber auch Organisationen sein. Zwischen den Knoten, also auf den Kanten, werden Objekte im weitesten Sinne transferiert. Attributive Kanten sind nicht zulässig. Die Existenz, Form und Rekonfiguration transaktionaler Netze kann daher grundsätzlich über die Austauschtheorie erklärt werden (Cook 1977; Cook und Whitmeyer 1992).

Kriterium „Interdependenz" - Interdependente Dyaden

Von einem Netzwerk soll erst dann gesprochen werden, wenn das Verhalten der Partner A und B in der Dyade sich entweder auf das Verhalten Dritter auswirkt, oder das Verhalten Dritter auf die Dyade A B wirkt. Yamagishi (1988, S. 835) definiert: „The mere fact, that two exchange relations, A-B and B-C, share the same actor, B, is not sufficient that the two relations constitute a network, A-B-C. Rather, two exchange relations, A-B and B-C, are defined as connected at B to form the larger network structure, A-B-C, only when exchange between A and B to some degree affects exchange between B and C, and vice versa." Ein Netzwerk besteht demnach aus einer Anzahl interdependenter Dyaden. Realistischerweise grenzt dieses Kriterium die potentielle Objektmenge aber nicht sonderlich ein, da die geforderte dyadenübergreifende Interdependenz in nahezu allen ökonomischen Austauschprozessen unterstellt werden kann. So definiert Thompson (1967, S. 15 ff) die „Long-linked Technology" gerade über dieses Kriterium der seriellen Interdependenz: Die Dyade B-C ist nicht arbeitsfähig, wenn in der Dyade A-B das Material blockiert ist.

Kriterium „Besonderheit der Beziehung"

Sydow und Windeler (1998, S. 266) schlagen drei Kriterien vor, um interorganisationale Netzwerke von anderen Formen interorganisationaler Zusammenarbeit zu unterscheiden: „... an interfirm network is conceived as an institutional arrangement among distinct but related for-profit organizations which is characterized by (1) a special kind of (network) relationship, (2) a certain degree of reflexivity, and (3) a logic of exchange that operates differently from that of markets and hierarchies. Interfirm networks differ from any interorganizational arrangement of firms at least with respect to these three structural properties, all of which make the organizing of this form, if compared with organizational design, more difficult, but also offer additional capabilities for organizing." Interorganisationale Netzwerke sind demnach charakterisiert durch eine besondere (Netzwerk-) Beziehung. Das Besondere besteht darin, (1) dass in Netzwerken vergleichsweise intensiv interorganisational interagiert wird, (2) dass die Beziehungen „dickere" Informationskanäle darstellen, (3) dass zu deren Aufrechterhaltung ein höheres Maß an Loyalität und Vertrauen erforderlich ist sowie, (4) dass die Beziehungen ein Maß an sozialer Einbindung (Granovetter 1985) zeigen, welches sonst nur intraorganisationalen Interaktionen gemein ist.

Eine kritische Beurteilung des ersten von Sydow und Windeler vorgeschlagenen Kriteriums („... special kind of (network) relationship ...") lässt Zweifel aufkommen, ob damit eine eindeutige Abgrenzung geleistet werden kann. Die Merkmale zur Charakterisierung der Besonderheit der Beziehung erlauben zwar eine graduelle Abgrenzung (intensivere Interaktion, dickerer Kanal, mehr Loyalität, engere soziale Einbindung) von anderen Interaktionsformen, ermöglicht aber keine prinzipielle Unterscheidung.

Kriterium „Doppelte Reflexivität - Netzwerkrationalität" - Netzwerk durch Verhaltensänderung

Sydow und Windeler nennen weiterhin die doppelte Reflexivität als Besonderheit interorganisationaler Netzwerke. Reflexion ist eine Komponente organisationaler Entscheidungsprozesse.[162] Reflexion bedeutet, ein zu erwartendes Konsequenzenspektrum anhand einer Zielfunktion zu beurteilen. In Einzelunternehmen liegt der Reflexion lediglich die Zielfunktion des Unternehmens zugrunde. Es wird also nur einmal reflektiert. Im Gegensatz dazu erfolgt in einem interorganisationalen Netzwerk eine doppelte Reflexion. Entscheidungsprozesse sind sowohl anhand der Zielfunktion des Unternehmens, als auch an der des Netzwerkes zu beurteilen. Sydow und Windeler (1998, S. 267) weisen auf die daraus entstehende zusätzliche Belastung des Entscheiders in einem Netzwerkkontext hin, identifizieren aber auch spezifische Vorteile, die sich einstellen, sobald die Akteure beginnen, die Gesamtsicht verbindlich in die lokale Perspektive einfließen zu lassen.

Dieses Kriterium führt weiter, da es eindeutig ist. Die Akzeptanz des Reflexivitätskriteriums zur Abgrenzung bedeutet faktisch, dass ein Netzwerk durch Beschluss seiner Mitglieder zum Leben erweckt oder zu Ende gebracht werden kann. Eine zuvor existente Kette sich bilateral koordinierender Dyaden verwandelt sich in ein Netzwerk, wenn die Entscheider beginnen, die externen Effekte interner Entscheidungen auf die jenseits der Dyade liegenden vor- und nachgelagerten Unternehmen zu beachten - also doppelt zu reflektieren. Die Entstehung eines Netzwerks ist damit die Folge einer kollektiven Verhaltensänderung.

Abbildung 61 Netzwerkrationalität und doppelte Reflexion: Kriterien zur Identifikation von Netzwerken

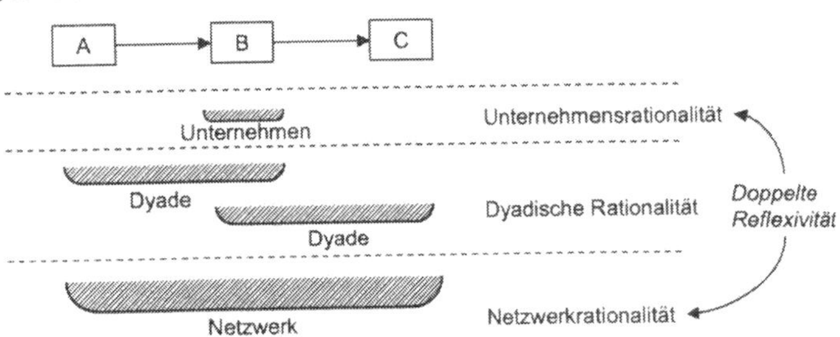

Mit dieser Überlegung ist ein klares, wenngleich auch verhaltensorientiertes und nicht durch bloßes Beobachten der Struktur zu verifizierendes Kriterium zur Identifikation eines Netzwerks gefunden. Das Netzwerk entsteht als Managementobjekt beziehungsweise als Managementrealität durch den Beschluss der Akteure, Rationalität unternehmens- und dyadenübergreifend zu beurteilen, beziehungsweise, die faktisch regelmäßig vorhandene dyadenübergreifende Interdependenz auch tatsächlich in die lokale Entscheidungsfindung einfließen zu lassen. Abbildung 61 zeigt die alternativen Kalküle zur Beurteilung von Rationalität beziehungsweise zur Reflexion. Von einem Netzwerk soll erst dann gesprochen werden, wenn zusätzlich zur engen Unternehmens- oder Dyaden- noch die erweiterte Netzwerkrationalität zur Verhaltenssteuerung tritt.

[162] Vergleiche dazu auch noch einmal Kapitel 2.1.

Kriterium „kollektive Austauschlogik - Reziprozität auf hohem Partnerschaftsniveau"
Interorganisationale Netzwerke arbeiten mit einer transaktionskosteneffizienteren Austauschlogik als Märkte oder Hierarchien. Die Besonderheit liegt in der sozialen Einbettung der einzelnen Transaktionen und Entscheidungsprozesse, oder allgemeiner des Verhaltens, in das interpersonal sowie interorganisational gebildete Beziehungsgeflecht zwischen den Akteuren. Der Begriff der sozialen Einbettung (Social Embeddedness) geht auf Granovetter (1985) zurück, der untersucht hat, in welchem Umfang ökonomisches Handeln durch den sozialen Kontext in dem es stattfindet, beeinflusst wird. Im Gegensatz zu den in der Literatur durchaus verbreiteten, seines Erachtens jedoch jeweils einseitigen über- beziehungsweise untersozialisierten Konzepten zur Wirkung des sozialen Kontextes, formuliert er das „Embeddedness Argument" (Granovetter 1985, S. 490):„The embeddedness argument stresses instead the role of concrete personal relations and structures (or 'networks') of such relations in generating trust and discouraging malfeasance." Transaktionspartner stützen sich also weder einseitig auf ein Vertragsgeflecht (... das defizientes Verhalten verhindern soll), noch, ebenso einseitig, auf die Unterstellung einer allgemeinen Moral (... die defizientes Verhalten verhindern soll). Die Absicherung geschieht sehr viel unmittelbarer; sie erfolgt über die Auswertung des informationsreicheren und damit zuverlässiger prognostizierenden sozialen Gefüges bestehender Beziehungen. „The widespread preference for transacting with individuals of known reputation implies that few are actually content to rely on either generalized morality *or* institutional arrangements to guard against trouble." (Granovetter 1985, S. 490). Akteure, die eine gemeinsame Vergangenheit und eine geplante gemeinsame Zukunft verbindet, werden aus ökonomischen Gründen vertrauenswürdig sein. Parallel dazu wird die ökonomische Beziehung mit der Zeit durch soziale Bindungen überdeckt, die Opportunismusneigungen reduzieren und Vertrauen aufbauen (Granovetter 1985, S. 490).

Auf die Situation transaktionaler Netzwerke angewendet bedeutet Granovetters Argumentation, dass die im Netzwerk ablaufenden Transaktionen in einen unmittelbar und hochwirksam verhaltensbeeinflussenden ökonomisch und sozial begründeten Kontext eingebunden sind. Die stabilen und intensiven Beziehungen zwischen den Netzwerkunternehmen prägen ebenso die Erwartungen der Akteure an den jeweiligen Partner wie auch das persönliche Verhalten beider Seiten. Stabile Austauschsituationen produzieren stabile Erwartungen und stabile Verhaltensweisen die dann erneut stabile Austauschsituationen (re-) produzieren. Es kommt zu einer sich selbst bestätigenden Reproduktion der Situation, an deren Ende eine Institutionalisierung oder gar Reifikation stehen kann (Berger und Luckmann 1966, S. 47 ff, 80 ff). Die über die Zeit gewachsene und zunächst idiopersonal gesicherte kollektive Austauschlogik sedimentiert zu einer objektiven Realität.

Die Verhaltensstabilisierung und gegenseitige Abhängigkeit berechtigt die Transaktionspartner, ein ausreichend reziprokes Verhalten unterstellen zu dürfen.[163] Aus komplementären,

[163] Der Zusatz „ausreichend" ist erforderlich, da Reziprozität zwar als allgemeine Norm kulturinvariant unterstellt werden kann (Gouldner 1960, S. 171), damit jedoch noch keine Aussage über das Volumen von Nutzen

machtorientierten Beziehungen, in denen das Recht des Einen die Pflicht des Anderen bedeutet, entstehen reziproke Beziehungen (Abbildung 62). Damit ist gemeint, dass die beteiligten Akteure gegenseitige Rechte und Pflichten anerkennen; sich gegenseitig helfen, wenn ihnen geholfen wird und demjenigen nicht schaden, der ihnen geholfen hat (Gouldner 1960, S. 171). Die ursprüngliche Austauschlogik mutiert zu einer kollektiven Logik (Sydow und Windeler 1998, S. 267) .

Abbildung 62 Komplementäre und reziproke Beziehungen

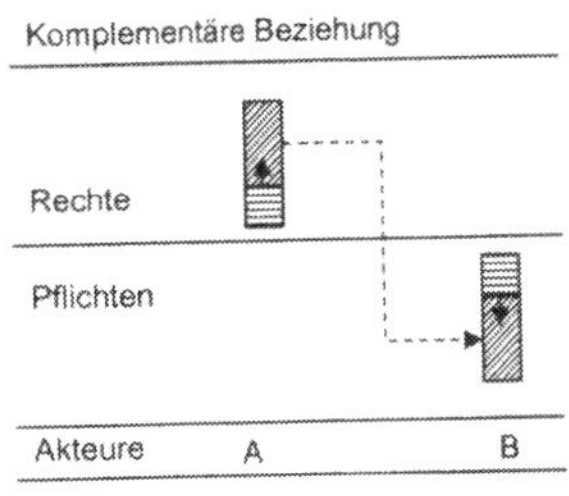

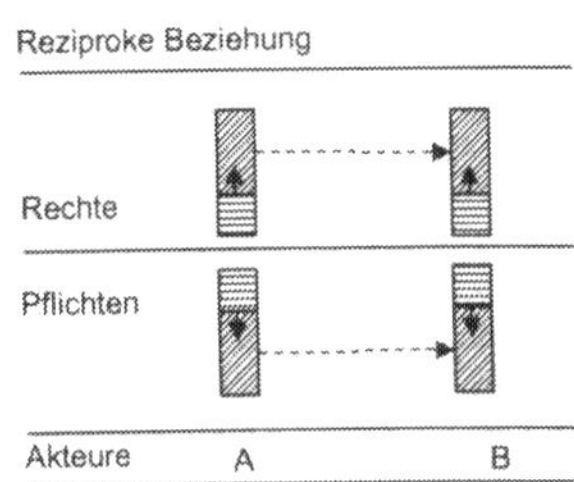

Die Eignung des Kriteriums der „kollektiven Austauschlogik" zur Abgrenzung von Netzwerken ist differenziert zu beurteilen. Zunächst hängt es mit dem zuvor Diskutierten eng zusammen. In einer Situation mangelnder sozialer Einbettung kann keine kollektive Logik entstehen.[164] In der Folge wird damit auch die Bereitschaft der Austauschpartner zu doppelter Reflektion unterminiert. Das Kriterium ist aber dennoch nicht überflüssig. Es sagt zunächst aus, die obige Argumentation damit bestätigend, dass ein Netzwerk verhaltensorientiert definiert werden kann. Eine beobachtbare kollektive Austauschlogik und Reziprozität auf hohem Partnerschaftsniveau sind die Erkennungszeichen. Weiterhin spezifiziert es eine oben getroffenen Aussage. Netzwerke lassen sich nicht ex nihilo durch einen spontanen Entschluss der Teilnehmer zu doppelter Reflexivität begründen. Das kann lediglich der abschließende Teilschritt sein. Voraussetzung ist die soziale Einbettung.

Das Kriterium ist weiterhin schwierig handhabbar, weil es erneut lediglich graduell, nicht jedoch prinzipiell nachweisbar ist. Der in der Institutionenökonomie idealisierte Spotmarkt [165], der sich durch jegliches Fehlen sozialer Einbettung auszeichnet, ist ein typologischer Idealfall; soziale Einbettung ist eher die Norm als die Ausnahme (Granovetter 1985, S. 495; Williamson 1983, S. 106). Wenngleich in der Abgrenzung zum (Spot-) Markt eine hinreichend große Differenz an sozialer Einbettung grundsätzlich unterstellbar sein mag, wird die Eindeutigkeit der Kriteriums zur Abgrenzung etwa einer stabilen Kette von Dyaden zum Netzwerk zweifelhaft.

---

oder Schaden einer „Rückzahlung" getroffen ist. In einer ökonomischen Austauschbeziehung kommt es darauf aber an.

164 "Where buyer and seller accept no obligation with respect to their future conduct, ..., then cooperation does not take place ..." Richardson (1972, S. 886)

165 Vergleiche zu den Begriffen Seite 96 ff.

Kriterium: „Mehrstufige Kompensation"

Die Umsetzung doppelt reflexiver Entscheidungsfindung führt zu Kompensationsbedarfen. Lediglich in besonderen Situationen wird unternehmensübergreifendes Management ohne Kompensation auskommen. Dies sind Fälle, in denen alle Akteure in Folge einer gemeinsam verabschiedeten Maßnahme einen gleichen prozentualen „Return on Investment" erhalten. Wird etwa beschlossen, durch eine veränderte Informationspolitik die Transparenz über den Endkundenbedarf in der Kette zu verbessern, kann sich ein solcher „glücklicher" Zustand ergeben, wenn allen Akteuren jeweils soviel Nutzen zufließt, dass sich unter Anrechnung der ihnen im Verlauf der Umsetzung der erforderlichen Maßnahmen entstehenden Kosten ein identisches prozentuales Verhältnis ergibt.

Die Kosten und Nutzen solcher Maßnahmen werden sich üblicherweise aber ungleichmäßig verteilen. Wahrscheinlicher wird es eben sein, dass ein oder wenige Akteure investieren, damit, um im Beispiel zu bleiben, Bedarfstransparenz hergestellt werden kann. Wenn alle anderen nicht investieren, aber nutzen, entsteht eine ungleichmäßige und auf Dauer nicht akzeptable Situation. Es ergeben sich dann folgende Optionen für das weitere Vorgehen.[166] (1) Auf die Durchsetzung der Maßnahme wird verzichtet. (2) Die Maßnahme ist für mindestens einen Nutzer derart positiv, dass er unter Inkaufnahme der Finanzierung von Trittbrettfahrern die vollen Kosten der Umsetzung trägt. (3) Diejenigen Akteure, für die sich ein inakzeptables Kosten-Nutzen-Verhältnis ergibt, werden zur Partizipation oder im Extrem zur alleinigen Umsetzung ohne Kompensation gezwungen. (4) Die Akteure, für die sich ein inakzeptables Kosten-Nutzen-Verhältnis ergibt, stimmen der Maßnahme zu, weil sie kompensiert werden. Die Beurteilung dieser Optionen aus Sicht des Supply Chain Managements orientiert sich an zwei Kriterien: Erstens daran, ob das theoretisch realisierbare Nutzenpotenzial durch die faktische Entscheidungsfindung erschlossen wird. Option 1 wäre demnach negativ. Zweitens daran, in welcher Weise die Durchsetzung der Organisationsentscheidung die Teilnahmeentscheidung und damit die Stabilität der Kette berührt. Tabelle 31 fasst die Beurteilung zusammen.

Option 1, in der die Umsetzung der Maßnahme durch die Verlierer (negative Kosten-Nutzen-Bilanz) blockiert wird, führt erstens zu einem Verlust an Wohlfahrt für die gesamte Kette, da die fokale, das Profitniveau über die gesamte Kette steigernde Verbesserung ausbleibt. Option 1 wirkt weiterhin destabilisierend auf das organisationale Arrangement, wenn die Akteure in alternativen Supply Chains ein besser organisiertes Umfeld finden, in dem ebensolche Chancen realisiert werden können. Die Neigung, sich als in die Kette investierender Akteur zurückzuziehen, wird ceteris paribus steigen. Auch wenn die These schwerlich in

[166] Nachfolgend wird unterstellt, dass die fokale Maßnahme im Sinne des Kaldor-Hicks-Wohlfahrtskriteriums (Recktenwald 1983, S. 298) sinnvoll ist. Das ist der Fall, „... wenn diejenigen Wirtschaftssubjekte, die durch eine Maßnahme begünstigt werden, sich in der Lage sehen, einesteils alle dadurch benachteiligten für ihre Nutzeneinbußen zu entschädigen und andernteils auch noch ihr eigenes Nutzniveau zu steigern." (Hanusch 1987, S. 19).

Zahlen belegt werden kann, scheint das Besondere des Supply Chain Managements gerade darin zu bestehen, die Wahrscheinlichkeit dieser Option in Zukunft zu reduzieren.

Tabelle 31 Der Beitrag von Kompensationen zur Steigerung des Supply Chain-Erfolgs

Durchführungsmodus / *Beurteilungskriterium*	*Blockiert (Option 1)*	*Einer für alle (Option 2)*	*Zwang (Option 3)*	*Kompensation (Option 4)*
Effizienz, Profitniveau über die gesamte Kette	-	+	+	+
Stabilität der Kette	+/-	+/-	-	+

Option 2 ist unproblematisch, da die Realisierung der Maßnahme und damit der Erhöhung des Nettonutzens über die gesamte Kette allein durch die heterogene Nutzerstruktur sichergestellt ist. Fraglich ist, ob der die Maßnahme allein umsetzende Akteur in der Lage oder bestrebt ist, Trittbrettnutzer auszuschließen. Wenngleich in dieser Konstellation das Effizienzziel erreicht wird, dürfte der das Nutzenvolumen generierende Akteur die Trittbrettnutzung als unkooperativ und langfristig inakzeptabel empfinden, da er bei kooperativem Verhalten der Trittbrettfahrer ein höheres Nutzenniveau erreichen würde.

Option 3 ist aus Effizienzsicht akzeptabel, da das Nutzenpotenzial realisiert wird. Bei Vorliegen einer Alternative werden die Gezwungenen jedoch die Teilnahme an der Austauschbeziehung beenden. Es kann aber durchaus unterstellt werden, dass in der Praxis sehr viele Kunden-Lieferanten-Beziehungen über solche machtbasierten Entscheidungsprozesse gestaltet werden. Es scheint es aber auch so, dass die diesem Prozedere inhärente unzufriedenheitsgetriebene Instabilität den Ausschlag gegeben hat, in Supply Chain Management-Konzeptionen machtbasierte Koordination zu ersetzen.

Option 4 kompensiert die Akteure so, dass für alle ein gleiches prozentuales Kosten-Nutzen-Verhältnis entsteht. Mehrheitliche Nutzer werden redistributiv belastet, mehrheitliche Zahler redistributiv entlastet. Sowohl aus Effizienz- als auch aus Stabilitätssicht ist diese Variante optimal.[167]

Die Überlegung zeigt, dass für den als realistisch zu unterstellenden Fall einer in der Ausgangssituation über die Akteure ungleichmäßigen Kosten-Nutzen-Verteilung gilt, dass, gemessen an den Kriterien „Effizienz" und „Stabilität", lediglich durch eine Kompensation das maximale Nutzenniveau (maximale Effizienz und Stabilität) erreichbar ist. Kompensation erlaubt es, die Effizienzwirkung einer Maßnahme von deren Verteilungswirkung abzukoppeln. Formal führt die Erlaubnis zur Kompensation dazu, eine wichtige Bedingung aus dem Optimierungstableau entfernen zu können; nämlich, dass der Nettonutzen aus der primären Verteilung für alle von der Maßnahme Betroffenen positiv sein muss. Der Sachverhalt wird auch in der Finanzwissenschaft diskutiert. Dort untersucht man etwa in Nutzen-Kosten-

[167] Hier muss beachtet werden, dass die Effizienzbeurteilung unvollständig bleibt, wenn die „Abwicklungskosten" und Verhaltenseffekte der Redistribution der Projektkosten- und Nutzen nicht einbezogen werden. Darauf soll aber nur nachrichtlich in dieser Fußnote hingewiesen werden.

Analysen, in welchem Umfang die Befreiung des Entscheiders von der Rigidität des Pareto-Kriteriums [168] zusätzliche Wohlfahrtsgewinne ermöglicht (Hanusch 1987).

Für das hier relevante Problem der Explikation des Netzwerkbegriffs bedeutet die zuvor geschilderte Überlegung folgendes: Eine Kette interorganisationaler Beziehungen soll ceteris paribus erst dann als Netzwerk bezeichnet werden, wenn die Akteure grundsätzlich bereit sind, auch solche kollektiven Entscheidungen zu akzeptieren, die erst nach Durchführung einer mehrstufigen Kompensation für das eigene Unternehmen von Vorteil sind. Um die Abgrenzung deutlicher zu machen: Lassen die Akteure in der Kette jeweils nur bilateral dyadische Kompensationen zu, soll noch nicht von einem Netzwerk gesprochen werden. Auch dieses Kriterium ist also verhaltensorientiert.

Tabelle 32 Systematisierung möglicher Kompensationen

Reichweite der Kompensation *interorganisational*	*Intertemporal* *1 Periode*	*Intertemporal* *n Perioden*
1 Unternehmen	Keine Kompensation, Spotmarkt	Hierarchie
2 Unternehmen	Dyade	Strategische Dyade
n Unternehmen	Netzwerk	Strategisches Netzwerk

Der zuvor verwendete Begriff der „mehrstufigen Kompensation" ist zu erläutern. Tabelle 32 systematisiert dazu mögliche Formen der Kompensation in Wertschöpfungsketten anhand der zeitlichen und institutionalen Reichweite. (1) Spotmarkt: In der engsten Form erfolgt weder interorganisational noch intertemporal eine Kompensation. Jede lediglich gemeinschaftlich umsetzbare Maßnahme zur Optimierung der Wertschöpfungskette muss erstens sofort und zweitens für alle betroffenen Akteure mit einem akzeptablen Nutzenzuwachs verbunden sein, um beschlussfähig zu sein. (2) Hierarchie: Eine leichte Lockerung ergibt sich, wenn die Akteure zumindest solchen Maßnahmen zustimmen, in denen sich der Nettonutzenzuwachs erst in einer späteren Periode einstellt. Es wird also akzeptiert, heute zu zahlen und erst morgen zu nutzen. Trotz intertemporaler Kompensation wird eine interorganisationale Kompensation aber immer noch abgelehnt. Die Situation wird als „Hierarchie" bezeichnet, weil die Koordination in einer Hierarchie üblicherweise Projekte akzeptiert, die intertemporal zu „finanzieren" sind. (3) Dyade und strategische Dyade: Eine weitergehende Lockerung mit entsprechend positiven Konsequenzen für das erreichbare Effizienzniveau ergibt sich, sobald interorganisationale Kompensation zulässig wird. Damit wird dasjenige Bündel von Maßnahmen umsetzbar, in dem Unternehmen A mehrheitlich zahlt und Unternehmen B mehrheitlich nutzt. Von dyadischer Kompensation wird gesprochen, wenn die Akteure lediglich dann Kompensationslösungen akzeptieren, wenn die Vergütung innerhalb einer Dyade erfolgt. Damit ist die Kompensation auf diejenigen Akteure beschränkt, zwischen denen eine Wertschöpfungsbe-

[168] Das Kriterium besagt, dass sich für die Gesellschaft erst dann ein Wohlfahrtsgewinn ergibt, wenn „... sich der Nutzen eines einzelnen oder einer Vielzahl von Wirtschaftssubjekten vermehrt, ohne dass er zugleich auch nur bei einem einzigen Individuum absinkt." (Hanusch 1987, S. 18)

ziehung besteht. Im Fall einer strategischen Dyade stimmt der schlechter gestellte Akteur auch dann der Maßnahme zu, wenn er nicht in der gleichen Periode entschädigt wird. Das setzt eine geplante gemeinsame Zukunft voraus. (4) Netzwerk und strategisches Netzwerk: Den weitesten Optimierungsraum eröffnet die Netzwerkkompensation. Die Verlierer einer Maßnahme akzeptieren, dass sie erstens von solchen Unternehmen kompensiert werden, mit denen sie keine unmittelbare Wertschöpfungsbeziehung haben. Im oben genannten Fall würde etwa der in die Bedarfstransparenz investierende Einzelhandel darauf vertrauen, dass der davon profitierende Lieferant des Konsumgüterherstellers in der gleichen Kette bereit sein wird, einen Teil des Nutzens zur Kompensation des in Vorlage getretenen Händlers abzutreten. In einem strategischen Netzwerk würde der Handel zweitens akzeptieren, dass die Kompensation erst in einer Folgeperiode erfolgt. Das dazu erforderliche erhebliche Maß an Vertrauen wird deutlich.

Die Überlegung macht deutlich, dass die Bereitschaft der Akteure in einer Kette, kompensationsbedürftige Investitionen mitzutragen, durchaus als ein Indikator für eine Netzwerkbeziehung definiert werden kann. Doppelte Reflexivität (siehe oben) setzt Zuversicht in die Vertrauenswürdigkeit der Partner voraus. Ein Manifest dieses Vertrauens ist die Kompensationsbereitschaft.

Kriterium: „Vernetzungsmuster"

Während die zuvor genannten Kriterien zur Definition eines Netzwerks für den Zweck dieser Arbeit verhaltensorientiert waren, kann abschließend ein strukturorientiertes Kriterium genannt werden. Die Bereitschaft zu Kompensation und doppelter Reflexion setzt ein hohes Maß an Vertrauen voraus, was erneut erst dann gegeben sein wird, wenn zwischen den Akteuren in der Kette Beziehungen bestehen - wenn die Akteure also über Kanten miteinander verbunden sind. Man kann davon ausgegangen, dass Akteure, die sich nicht kennen, grundsätzlich auch nicht vertauensvoll miteinander umgehen werden. Demnach kann die Wahrscheinlichkeit der Bereitschaft zu vertrauensbedürftigem Verhalten ceteris paribus anhand der Vernetzungsstruktur, also der Struktur der interpersonalen und interorganisationalen Beziehungen beurteilt werden. Zur Analyse dieser Vernetzungsstruktur ist es jedoch erforderlich, die Ebene des Güterflusses zu verlassen. Abbildung 63 zeigt dazu schematisch eine Supply Chain, die aus den Stufen Lieferant, Hersteller, Großhandel und Einzelhandel besteht. Die durchgezogenen Linien stellen den von links nach rechts laufenden Güterfluss dar. Die Vernetzung der Akteure über den Güterfluss ist in dem hier dargestellten Fall immer nur bilateral. Der Lieferanten liefert an den Hersteller, nicht aber an den Groß- oder Einzelhandel. Daraus folgt zunächst, dass die Betrachtung allein des Materialflusses die oben geforderte kettenübergreifende Vertrauensbeziehung zwischen *allen* Akteuren weder begründen noch darstellen kann. Um dyadenübergreifend Vertrauen aufzubauen, müssen die Akteure eine vom Materialfluss abweichende soziale Vernetzung mit einem höheren Vernetzungsgrad etablieren. In der Abbildung ist dieses mit gestrichelten Punkten dargestellt.[169] Der Lieferant unterhält zum Beispiel, abweichend von der Architektur des Materialflusses, zu bestimmten weiteren Akteuren in der Kette Beziehungen. Das Vernetzungsmuster dieser über das jeweils durchfließende Objekt unterschiedenen Netzwerke ist also unterschiedlich.

In vielen Beiträgen zum Supply Chain Management wird eine intensive Vernetzung auf der organisationalen und informatorischen Ebene angemahnt. Die Akteure entwickeln damit sozialen und informatorischen Kontakt, ohne transaktionalen Kontakt (=Güteraustausch) zu vollziehen. Das ist ein konstitutiver Unterschied zu den traditionellen dyadischen Unternehmensverbindungen. Hier haben die Partialnetze (soziales Netz, Güternetz, Datennetz, institutionales Netz) gleiche Vernetzungsgrade.[170]

Abbildung 63 Unterschiedliche Grade der Vernetzung in der Supply Chain

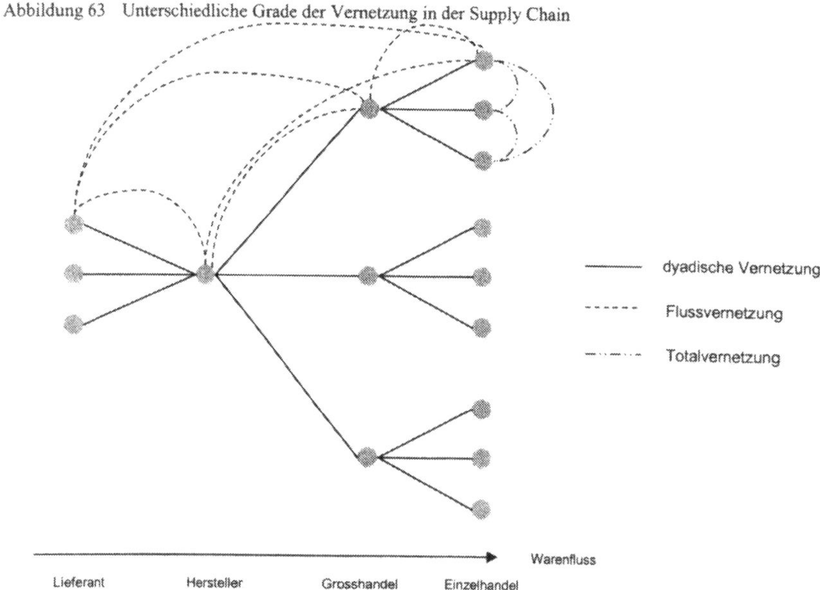

Damit wird gefordert, den Güteraustausch mit einem „info-sozialen" Überbau zu überdecken. Die Abbildung 63 impliziert das auch grafisch: Die wenigen Kanten, auf denen Güter ausgetauscht werden, sind nicht ausreichend, um Vertrauen und in der Folge etwa eine Bereitschaft zur dyadenübergreifenden Kompensation aufzubauen. Eine dichtere soziale, organisationale und informationale Vernetzung soll das kompensieren. Dyadisch vernetzte Wertschöpfungsketten ermöglichen lediglich bilaterale Koordination. Ein flussvernetzter [171] Überbau erlaubt multilaterale Koordination.

[169] Für eine Detaillierung dieser Andersartigkeit sei auf das Kapitel 6.4 verwiesen.

[170] Zur Beschreibung der Partialnetze vergleiche Kapitel 5.2 ff.

[171] Der Begriff der „Flussvernetzung" ist nicht üblich, daher zu erläutern. Gemeint ist ein Vernetzungsmuster, das sich auf der einen Seite von der dyadischen Vernetzung durch zusätzliche Kanten unterscheidet, auf der anderen Seite aber dennoch keine totale Vernetzung (Vollvermaschung) darstellt, weil die Akteure nur mit

Offen bleibt, ob diese Koordinationsschicht auf längere Sicht in einem formalen Koordinationsinstrument (Supply Chain-Board) institutionalisiert wird (Infusion of Hierarchy; Zenger und Hesterly 1997). Lincoln et al. (1992, S. 563 ff) dokumentieren, dass auch zwischen Keiretsu-Unternehmen solch eine Superstruktur aufgebaut wird, um dem Leistungsaustausch zu erleichtern. An dieser Stelle zeigt sich auch noch einmal die Position eines Netzwerks zwischen Hierarchie und Markt. Die zentrale Koordination per Hierarchie wird nicht völlig einer komplett bilateralen Koordination geopfert. Der info-soziale Überbau fängt den Koordinationsbedarf auf und ermöglicht eine hierarchieähnliche multilaterale, möglicherweise zentrale Koordination.

Fazit: Kriterien zur Identifikation eines Netzwerks

Die Argumentation dieses Kapitels zusammenfassend soll in dieser Arbeit demnach von einem Netzwerk gesprochen werden,

- wenn zwischen Akteuren (Individuen oder Organisationen) ein Austausch stattfindet,
- wenn die Akteure dyadenübergreifend interdependent sind,
- wenn unternehmensbezogene Entscheidungsprozesse einer doppelten Reflexivität unterzogen werden und sich die dyadenübergreifende Interdependenz auch in Entscheidungsprozessen manifestiert,
- wenn eine kollektive Austauschlogik und eine Reziprozität des Verhaltens auf hohem Partnerschaftlichen Niveau beobachtbar ist,
- wenn die Akteure zu einer mehrstufigen Kompensation bereit sind, sowie
- wenn zumindest die Akteure über das Güterflussnetz hinaus miteinander verbunden sind.

5.1.3. Hier relevant: Die Supply Chain als Reproduktionsnetzwerk

Kapitel 5.1.2 hat geklärt, welche Kriterien erfüllt sein müssen, damit aus managementorientierter Sicht in dieser Arbeit von einem Netzwerk gesprochen werden kann. Auch unter Berücksichtigung dieser Einschränkung verbleibt jedoch eine große Anzahl sehr unterschiedlicher Unternehmen begrifflich eingeschlossen. Wenn man aussagekräftige, spezifische Begriffe erzeugen will, kann die Situation daher noch nicht befriedigen. In der Literatur werden unter dem Stichwort „Netzwerk" sehr unterschiedliche Unternehmenstypen behandelt. So wäre auf der einen Seite das bei Sydow und Windeler (1998) beschriebene Unternehmen MLP,

---

solchen Akteuren vollvermascht sind, mit denen sie, wenngleich zum Teil auch nur mittelbar, Güteraustausch betreiben. In Abbildung 63, die aus Gründen der Übersichtlichkeit lediglich die Vernetzung einiger Akteure darstellt, ist erkennbar, dass zum Beispiel die Einzelhändler in der Flussvermaschung untereinander nicht vernetzt sind, da sich auch keinen Güteraustausch betreiben. Das Bild würde sich freilich ändern, wenn die Einzelhändler etwa Querlieferungen zur Sortiments- und Bestandskorrektur zwischen den „Point s of Sale" vereinbaren würden, wie es zum Beispiel bei vertikal voll integrierten Herstellern modischer Textilien bereits betrieben wird.

gemessen an den oben entwickelten Kriterien, durchaus ein Netzwerk. Auf der anderen Seite unterscheidet sich MLP sehr deutlich von dem Arrangement, das die Supply Chain Management-Autoren mehrheitlich vor Augen zu haben scheinen. Dort geht es üblicherweise um „Fast Moving Consumer Goods" wie etwa Personal Computer, modische Textilien oder Automobile, aber nicht um Versicherungs- und Finanzdienstleistungen. Um zu klären, an welchen Netzwerken diese Arbeit primär interessiert ist, wird daher eine Netzwerktypologie aufgebaut.

Die Typologie orientiert an der primären Funktion des Netzwerks. Es wird vorgeschlagen, fünf Funktionen zu unterscheiden: reproduzieren, innovieren, vermitteln, multiplizieren, transportieren. Zur Realisierung dieser Funktion bilden die Netze jeweils spezifische Netzwerkarchitekturen. Abbildung 64 zeigt die typische Form der sich jeweils ergebenden Netzwerke. Die Erläuterung der Typen erfolgt in Tabelle 33.

Die Supply Chain Management-Literatur bezieht sich mehrheitlich auf eine Wertschöpfungskette, die hier als Reproduktionsnetzwerk bezeichnet werden soll. Dieser Netzwerktypus kann anhand der in Tabelle 33 vorgeschlagenen Kriterien von den vier anderen Typen abgegrenzt werden. Nachfolgend soll diese Abgrenzung vorgenommen werden; dabei besteht aber kein ausreichender Raum, um auch die anderen Typen umfassend zu beschreiben. Die Darstellung wird sich daher auf eine gegenüberstellende Explikation des Reproduktionsnetzwerks beschränken.

Abbildung 64 Funktionale Typologie von Netzwerken: reproduzieren, innovieren, vermitteln, multiplizieren, transportieren

Reproduktions-netzwerk | Innovations-netzwerk | Vermittlungs-netzwerk | Multiplikations-netzwerk | Transport-netzwerk

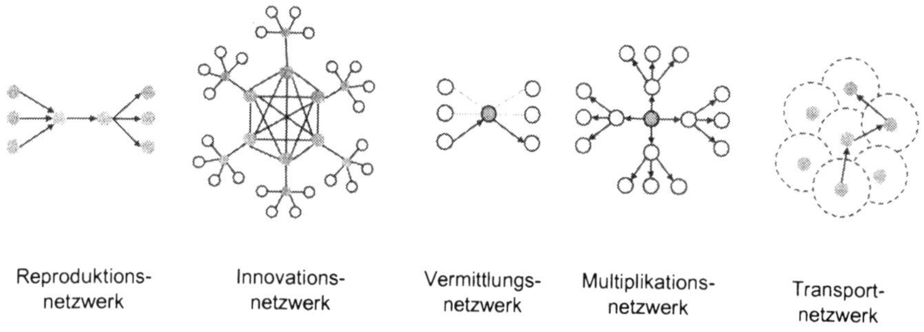

Funktion

Ein Reproduktionsnetzwerk produziert massenhaft und routiniert „fertig" konstruierte materielle oder immaterielle Objekte, wie etwa Personal Computer, Textilien und Dosensuppen (materiell), aber auch Akten, Versicherungspolicen oder Rechnungen (immateriell) in immer gleichen, standardisierten Abläufen. Es geht in keinem Fall darum, in einem innovationsähnlichem Wertschöpfungsprozess Produkte in kleiner Stückzahl oder in Einzelfertigung zu erstellen. Wie aus dieser Eingrenzung hervorgeht, verarbeiten Reproduktionsnetzwerke auch immaterielle Produkte. In der hier relevanten Hinsicht bestehen zwischen der Produktion eines Personal Computers und der Abwicklung eines Debitorenvorgangs keine Unterschiede.

Beide Ketten können vorgeplant und instrumentell optimiert werden. Der Fokus der Gestaltung des Reproduktionsnetzwerks liegt primär auf der „Operational Excellence", auf geringen Kosten der Reproduktion unter Einhaltung definierter Nebenbedingungen (Durchlaufzeit, Flexibilität).

In das Reproduktionsnetzwerk werden nur definierte Objekte als gut strukturierte Probleme übergeben, die über Standard Operating Procedures verarbeitbar sind. Ziel ist es, diese Prozeduren gut aufeinander abzustimmen. Eine Koordination der Leistungserstellung durch einen Plan ist möglich. Das Reproduktionsnetzwerk wird bewusst über eine dedizierte Instanz koordiniert. Die Architektur des Netzes (Knoten und Kanten zu einem bestimmten Zeitpunkt) ist das Ergebnis eines Managementprozesses.

Das Innovationsnetzwerk ist auf die Entwicklung exzellenter Produkte und Konzepte oder allgemeiner auf die problemorientierte Gewinnung von Know-how fokussiert. Das Arrangement erinnert eher an eine „Cocktail Party" als ein „Sit-down-Dinner". Beispiele sind F&E-Netzwerke oder MICE-Cluster in High-Tech-Regionen. Der kritische Beitrag des Innovationsnetzwerks für den Erfolg der individuellen Akteure besteht im Know-how-Austausch über den „State of the Art". Das vorrangige Ziel ist das projektbezogene optimale Arrangement der Arbeitsteilung, das schnelle Zusammenfügen von Kompetenzen sowie die Aufnahme von Know-how durch weit gestreute Verbindungen. Die Verbindung zwischen den Knoten ist projektorientiert.

Die anderen vier Netzwerktypen haben respektive die Funktionen, Kontakte zwischen Quellen und Senken herzustellen (zum Beispiel die Vermittlung eines Personalberaters zwischen Personalsuchendem und Arbeitsuchendem), ausgearbeitete Dienstleistungskonzepte durch eine Vielzahl organisierter Agenten massenhaft anzuwenden zu lassen (zum Beispiel das Dienstleistungskonzept eines Fast-Food-Herstellers) oder an einem grundsätzlich transportierbarem Objekt (Mensch, Sache, Information) eine Raumüberbrückung zu bewirken.

Die Auflistung der Funktionen macht deutlich, dass eine Eins-zu-Eins-Zuordnung zwischen den funktional definierten Netzwerktypen und empirisch erkennbaren, konkreten Unternehmen weder beabsichtigt, noch möglich ist. So wäre das Unternehmen BMW nicht nur, sondern auch ein Reproduktionsnetzwerk. Das tägliche Geschäfts des Autobauens, der Order to Payment-Prozess, erfolgt sicher in einem solchen Netzwerk. Daneben betreibt BMW aber auch Forschung und Entwicklung. Dort benötigt man jedoch eine andere Netzarchitektur, so die These. Das gilt auch für das bereits angesprochene Unternehmen MLP. In der Sprache dieser Typologie handelt es sich dabei vornehmlich um ein Multiplikationsnetzwerk. Eine zentrale „gute" Idee, ein Konzept, wird in möglichst identischer Form durch eine Vielzahl konzeptorientiert koordinierter Agenten an einen großen Kundenkreis vermarktet. Natürlich gibt es in einem solchen Unternehmen aber auch Leistungssequenzen, die den Charakter einer Reproduktion oder einer Innovation besitzen. So wird etwa das Anfertigen, Weiterreichen, Archivieren oder spätere Editieren von Versicherungspolicen unter dem gleichen Vorzeichen instrumentaler Perfektion ablaufen, wie der materielle Reproduktionsprozess eines Automobilherstellers.

Netzstruktur, Richtung und Stabilität des Produktflusses

Reproduktionsnetzwerk: Die Struktur eines Reproduktionsnetzwerks ist ein Spiegel der Produkt- und Kundenstruktur und daher grundsätzlich variabel. Abbildung 64 stellt eine typische Abfolge von Konvergenz und Divergenz in simplifizierter Form dar. Die Konvergenz ergibt sich aus einem zu montierenden Produkt. Der Materialstrom konvergiert entlang der Montagevorschrift bis zur Komplettierung des Produktes. Mitunter wird auch von einer „A-Form" oder von synthetischer Fertigung gesprochen. Die darauf folgende Divergenz repräsentiert die Distribution des Fertigprodukts an die regional verteilten Kunden, gegebenenfalls noch verkompliziert durch die Etablierung alternativer Distributionskanäle sowie die Zwischenschaltung zusätzlicher Lagerstufen. Charakteristisch ist weiterhin, dass der Materialfluss uniform nach „vorn" in Richtung des Endkunden gerichtet ist. Das Netz ist weiterhin quasi geschlossen; es ist nicht förderlich, neue Knoten ad hoc zu integrieren, da dies die operative Exzellenz in Gefahr bringt.

Innovationsnetzwerk: Die Struktur des Innovationsnetzes unterscheidet sich durch einen höheren Binnenvernetzungsgrad, der dem diskursiven, wenig planbaren und mit Rücksprüngen lebenden Charakter von Innovationsprozessen Rechnung trägt. Das Innovationsnetzwerk ist in erster Linie ein Kommunikationsnetzwerk, das von der Existenz im Idealfall direkten, aber zumindest hinreichend transienten indirekten Verbindungen zwischen allen Akteuren lebt. Die schnelle, projektorientierte Einbindung zusätzlicher Akteure wird angestrebt.

Eine anschauliche Parallele zur Auffinden- und Einsammelfunktion dieser Architektur liefert Milgrams (1967) „Small World"-Versuch. Er liefert zugleich auch Hinweise auf die Gestaltungsrichtlinien für ein Innovationsnetzwerk . „Die Welt ist klein!" ist eine Phrase, die häufig fällt, wenn A und B unerwartet feststellen, einen gemeinsamen Bekannten C zu haben. C ist beiden bekannt, weil er durch beide auf irgend einem Pfad in deren persönlichen Netzen erreichbar ist. Üblicherweise sind dazu mehrere Kanten erforderlich, ansonsten wäre das Erstaunen nicht groß. Milgram hat das Phänomen der kleinen Welten, das zugleich auch als ein Phänomen sehr leistungsfähiger personaler Netzwerke formuliert werden kann, mit einem Versuch analysiert: Eine zufällig ausgewählte Person (Sender) im mittleren Westen der USA wurde beauftragt, eine ebenso willkürlich gewählte Person (Ziel) in Cambridge, Massachusetts, mit einer Mitteilung zu erreichen. Bedingung war, den Kontakt zum Ziel nur über dem Sender persönlich bekannte Personen herzustellen. Ausgewertet wurde, wie viele Kontakte dazu erforderlich waren. Erstaunlicherweise waren im Mittel lediglich fünf Kontaktpersonen erforderlich, um die Aufgabe zu lösen.[172] Eine besonders kompakte Kette, über die Milgram berichtet, hatte nur zwei Kontaktpersonen: Der Sender sprach mit dem örtlichen Pfarrer, der

[172] Die Zahl Fünf darf freilich nicht darüber hinweg täuschen, dass dennoch zwischen Sender und Empfänger eine gewaltige Distanz besteht. Man sollte sich nicht fünf Personen, sondern besser fünf einander wahr-

mit dem Pfarrer in der Gemeinde der Zielperson befreundet war, wodurch der Kontakt zur Zielperson zustande kam. Der Mittelwert von fünf Kontakten zeigt zwar, dass dies offensichtlich ein Glücksfall war, auf der anderen Seite aber keinesfalls eine solche große Kontaktanzahl benötigt wurde, wie man intuitiv erwarten würde.

Tabelle 33 Funktionale Typologie von Netzwerken - Kriterien und Ausprägungen zur Beschreibung der Typen

Typus / *Kriterium*	*Reproduktionsnetzwerk*	*Innovationsnetzwerk*	*Vermittlungsnetzwerk*	*Multiplikationsnetzwerk*	*Transportnetzwerk*
Beispiel	Automobilfertigung	F&E-Prozess, Unternehmensberatungsprozess	Kreditvermittlung, Personalvermittlung	Franchise: Fast Food, Finanzdienstleistungen	Sammelgutspedition
Funktion	Massenhafte Reproduktion	Erstellung innovativer Entwürfe	Kontaktherstellung: Quelle und Senke	Massenhafte Anwendung fertiger Konzepte	Raumüberbrückung
Netzstruktur	Produktorientierte Folge von Konvergenz und Divergenz	Vollvermascht	Stern	Mehrstufiger Stern	Stern, Magistralen
Zuordnung der Knoten	Fest verknüpft, Zwangsablauf	Offen, ergibt sich im Projekt	Offen, Zuordnung = Wertschöpfung	Fest verknüpft; Zwangsablauf	offen
Transaktionsobjekt	Definiertes materielles Objekt	Undefiniertes immaterielles Objekt	Bedarfs-/ Angebotsinformation	Organisationsanweisungen	Materielles oder immaterielles Objekt, Energie
Aktive Knoten pro Auftrag	Alle	Unterschiedlich	Nur Zentrale	Nur eine Filiale bzw. ein Agent	Sehr wenige
Wertschöpfungslokus	In den Knoten; kumulativ	Im Netz	In der Zentrale	Zentrale: Konzept Filiale: Umsetzung	Auf den Kanten
Richtung des Flusses	Gerichtet, nach "vorne"	kreuz und quer; auch zyklisch	Gerichtet, von außen nach innen nach außen	Gerichtet, nach „außen"	Kreuz und quer
Stabilität des Flusses	Sehr hoch, Planergebnis	Gering, projektbezogen	Gering, sporadisch	Hoch	Gering, sporadisch
Komplexität	Design: hoch Steuerung: gering	Design: hoch Steuerung: gering	Design: gering Steuerung: gering	Design: hoch Steuerung: gering	Design: hoch Steuerung: gering
Netzbezogener Erfolgsfaktor	Prozessuale Integration des Netzes	Problemorientierte Rekonfiguration des Netzes	Größe des Netzes	Standardisierung des Netzes	Auslastung des Netzes

Relevant für die Gestaltung eines Innovationsnetzwerk ist aus diesem Versuch folgendes: Die gestellte Aufgabe, eine Zielperson zu kontaktieren, kann grundsätzlich mit dem Auftrag eines Innovationsnetzwerks verglichen werden, Know-how, das ebenfalls in Personen inkorporiert ist, zu lokalisieren. Die Sender waren erstens erfolgreich, weil sie selbst und auch die von ihnen angesprochenen Sender mobilisiert waren, den Auftrag auszuführen. Trotz zunehmender Entfernung der Akteure vom Initialimpuls wurde der Auftrag verlustfrei übertragen und ausgeführt. Zweitens wurde das Ziel erreicht, weil die Sender nicht in den Grenzen ihrer

scheinlich überlappende, aber mindestens berührende Kreise vorstellen, auf denen jeweils einige Hundert primäre Kontakte des jeweils fokalen Akteurs aufgereiht sind.

jeweiligen primären Gruppen agierten, sondern für die Aufgabe auch die schwachen Kanten ihres persönlichen Netzes aktivierten.

Für die Idealstruktur eines Innovationsnetzwerks folgt daraus, erstens innerhalb der fokalen Gruppe einen hohen Vermaschungsgrad anzustreben sowie zweitens in hohem Maße nichtredundante Kontakte nach außen zu legen. Milgram (1967, S. 63) berichtet über frühere Arbeiten am Massachusetts Institute of Technology, in denen ermittelt wurde, dass der durchschnittliche amerikanische Bürger rund 500 unmittelbare persönliche Kontakte zu Mitbürgern hat. Daraus kann aber nicht zugleich abgeleitet werden, das Netz mittelbarer Kontakte für eine beliebige Person, wenn man eine Brückenperson zulässt, sei 25.000, weil die Wahrscheinlichkeit besteht, dass ein mittelbarer Kontakt des A über B zu C lediglich einen bereits bestehenden Kontakt zwischen A und C bestätigt. [173] Burt (1995, S. 21) greift die damit angesprochene Problematik redundanter Kontakte auf, die es, seiner Argumentation folgend, zu vermeiden gilt. Seine Empfehlungen („Social Engineering") für die Gestaltung eines persönlichen Netzes sind: (1) Effizient, redundanzfrei: Unter Berücksichtigung der Kosten sowie der begrenzten Kapazität zur Pflege eines Netzes persönlicher Kontakte gilt es, redundante Kontakte zu vermeiden. Redundante Kontakte führen auf unterschiedlichen Wegen zu gleichen Akteuren, bringen also keine zusätzlichen Gelegenheiten und keine zusätzlichen Know-how-Quellen. Die unerwünschte Redundanz entsteht, sobald ein Akteur über mehr als einen Pfad im Netzwerk erreicht werden kann. Kontakte zu untereinander stark kohäsiven (Strong Ties; Granovetter 1973) sowie zu strukturell äquivalenten Akteuren sind grundsätzlich redundant. Der Effizienzmaßstab für die Netzwerkstruktur ist die Anzahl der pro primärem Kontakt erreichten sekundären Kontakte. Das Managementproblem besteht in der Festlegung der Akteure, zu denen primäre Kontakte aufrechterhalten werden sollten. Jeder redundanzfreie primäre Kontakt erschließt ein Bündel sekundärer Kontakte und übernimmt damit einen Teil der Netzwerkpflege.[174] (2) Effektiv: Grundsätzlich bietet ein größeres Netz eine größere Wahrscheinlichkeit, dort einen Kontakt zu haben, wo wertvolle Informationen zu Tage treten. Der Effektivitätsmaßstab ist daher die gesamte Anzahl Akteure, die über die primären Kontakte erreicht werden können.

Vermittlungsnetzwerk: Der Aufbau eines Vermittlungsnetzes es entspricht grundsätzlich einer Nabe-Speiche-Architektur, bei der die Kunden in der Peripherie durch jeweils nur eine auf die Zentrale führende Kante mit dem restlichen Netzwerk verbunden sind. Eine Besonderheit, die in der Abbildung 64 aber nicht dargestellt ist, kann entstehen, wenn die Vermitt-

---

[173] Die Höhe dieser Wahrscheinlichkeit ist eine Folge der sozialen Struktur der Gesellschaft, in der ein solcher Versuch unternommen wird. Eine etwa nach Einkommensschichten und sozialem Status undurchlässige Sozialstruktur würde es wohl sehr viel schwerer machen, Milgrams Flaschenpost von einem Arbeitslosen Farbigen zu einem weißen Investmentbanker zu manövrieren. Die Undurchlässigkeit würde es verhindern, dass der Impuls die sendende Schicht verlässt.

[174] Die Überlegung wird präzisiert, wenn man die Wahrscheinlichkeit einbezieht, mit der primäre und sekundäre Kontakte funktionieren, also tatsächlich Information transferieren. Wahrscheinlichkeiten kleiner 1 auf den Kanten repräsentieren Informationsverluste und legen es nahe, weitere (redundante) Kontakte in den Cluster zu legen.

lungsleistung nicht in einem Knoten, sondern erneut in einem Netzwerk entsteht. So arbeiten etwa überregionale Personalvermittlungen; eine einlaufende Anfrage wird in das Netz der assoziierten Büros eingestellt und dort bearbeitet. Die dergestalt mit einer Innenarchitektur ausgestattete „Zentrale“ hat dann die Struktur eines Innovationsnetzes (Vollvermaschung). In Bezug auf das Gesamtnetz bleibt es aber dabei: Die Kunden sind nur über eine Speiche an die Nabe angeschlossen. Die Wahrung eben dieser Netzstruktur ist für den Netzbetreiber unbedingt erforderlich, da er die unten noch zu erläuternde Position des „lachenden Dritten“ einnehmen muss, um als Vermittler Profite erwirtschaften zu können. Direkte Kontakte zwischen den Kunden, also Ansätze zu einer Vollvermaschung, unterminieren die Vermittlungsposition.

Multiplikationsnetzwerk: Das Multiplikationsnetzwerk hat die Form eines mehrfach gestuften Sterns. Das in der Zentrale dieser Architektur entwickelte zu multiplizierende Konzept wird an einen Kreis von Agenten verteilt. Diese wenden entweder bereits auf dieser Stufe das Konzept an und erstellen die Marktleistung (Fast Food, Versicherungsabschluss), oder bauen erneut eine Multiplikationsstruktur auf und fungieren dann erneut als Verteiler (Bezirksdirektion) in diesem dann um eine zusätzliche Multiplikationsstufe gewachsenen Netz. Das Ziel der Netzbildung ist in der Regel die Abdeckung regional definierter Räume. Die Lokalisierung eines Produktflusses hängt davon ab, was als Produkt definiert wird. Die Marktleistung entsteht nur am Rand des Netzes in unmittelbarem Kontakt mit den Endkunden. Wird definiert, erst dort von einem „Produkt“ zu sprechen, gibt es im Multiplikationsnetzwerk keinen Produktfluss. Innerhalb des Netzes fließen gleichwohl, ausgehend von der Zentrale, ein Strom von Koordinations- und Optimierungsinformationen (Verhaltensanweisungen, Produktverbesserungen, Marketinghinweise, ...). Werden diese als Teil des Produktes interpretiert, existiert ein nach außen gerichteter Produktfluss.

Transportnetzwerk: Die Struktur eines Transportnetzwerks wird in Bezug auf die peripheren Knoten gebildet durch die Lage der Quellen und Senken sowie in Bezug auf die Lage und Anzahl der räumlich innenliegenden Knoten durch das zu verarbeitende Netzaufkommen. Möglich sind Nabe-Speiche-Systeme, die gegebenenfalls mehrfach gestuft werden, um trotz geringen Aufkommens geringe Stückkosten zu erreichen, sowie Magistralen zwischen Quellen und Senken, die einen schnelleren, weil direkten Transport unter Inkaufnahme potenzieller Stückkostennachteile gewährleisten sollen. Eine feste Zuordnung von Richtung des Produktflusses und Kante existiert nicht. Hier erscheint eine zusätzliche Abgrenzung erforderlich: Ein Transportnetzwerk besteht in dem hier relevanten Sinne lediglich aus den Knoten und Kanten, die an der räumlichen Beförderung des Objektes „physisch“ beteiligt sind. Ausgeschlossen sind damit zum Beispiel die Büros eines „Sofa-Spediteurs“ (kein eigener Fuhrpark und keine „Hallen“), der nach Maßgabe dieser Definition kein Transportnetzwerk betreiben würde. Nicht Bestandteil des Transportsnetzes wären ebenso die Verkaufsbüros eines Energieversorgers oder eines Telekommunikationsanbieters.

Transaktionsobjekt

Reproduktionsnetzwerk: Das gemeinsame Merkmal der hier ausschließlich diskutierten transaktionalen Netzwerk besteht in der Existenz eines Objektflusses. In Reproduktionsnetzwerken fließen vornehmlich materielle Objekte. Natürlich wird dieser Objektfluss auch immer durch andere, induzierte Flüsse begleitet (Information, Geld). Hier wird aber lediglich auf den unmittelbar wertschöpfenden Güterfluss abgestellt.

Das während des Durchflusses zu verarbeitende Objekt ist weiterhin „definiert". Damit wird auf eine Unterscheidung von Perrow (1967) rekurriert, mit deren Hilfe Perrow eine Typologie von Organisationen aufgebaut wird, die sich auf die Kriterien „Perceived Nature of Raw Material" und „Variability of Material" bezieht. Um diese Kriterien zu verstehen, ist es hilfreich, sich kurz mit dessen Technologiebegriff vertraut zu machen. Perrow (1967, S. 195) definiert Technologie als „... the actions that an individual performs upon an object, with or without the aid of tools or mechanical devices, in order to make some change in the object." Die Frage ist nun, mit welchem Objekt es der Bearbeiter zu tun hat. Unzureichend verstandene Objekte sind solche, in denen sich der Bearbeiter über die Ursache-Wirkungs-Zusammenhänge nicht hinreichend im Klaren ist. Ein Schraube, auf die ein Gewinde geschnitten werden soll, dürfte ein hinreichend bekanntes Objekt sein. Ganz im Gegenteil dazu aber ist ein Kind in der Schule zu beurteilen. Die Produktionsfunktion ist dort kaum abschätzbar. Kinder reagieren individuell unterschiedlich auf den Unterricht. Das zweite Kriterium bezieht sich auf die Anzahl der möglichen Ausgangszustände, in denen das Material (die Schrauben in der Fabrik oder die Kinder in der Schule) bereitsteht. Die Spannweite kann minimal (nur ein bestimmter Normstahl wird geschnitten), aber auch kaum absehbar sein (in der Schulklasse sitzen hochbegabte neben lernbehinderten Kindern). Reproduktionsnetzwerke verarbeiten in dieser Sprache nur solches Material, das erstens beherrscht und in Bezug auf die zu applizierenden Ursache-Wirkungs-Modelle von den Applizierenden verstanden wird sowie zweitens nur in definierten Zuständen in die Kette hineingelangt sowie dort weitergereicht werden darf. Auf allen Stufen der Verarbeitung entlang der Kette wird instrumentale Perfektion durch eine optimale Passung von maschineller Apparatur und zu bearbeitendem Objekt angestrebt. Es werden nur solche Materialien in die Kette eingespeist, für die auf jeder Bearbeitungsstufe ein Arbeitsplan verfügbar ist. Unkonformes Material wird weder eingespeist, noch weiterbefördert.

Innovationsnetzwerk: Das Innovationsnetz kann im Gegensatz zum Reproduktionsnetz auch mit undefinierten Objekten umgehen. Die Verarbeitung erfolgt explorativ; die nächste Schnittstelle, der nächste Partner, der Zustand des Objekte bei der nächsten Übergabe ist offen. Die Funktion des Innovationsnetzwerks besteht gerade darin, undefinierte „Ideen", die lediglich bedarfs- oder potenzialseitig als Profitvermutung verankert sind, in einen definierten Zustand zu überführen. Reproduktion bedarf vorhergehender Innovation.

Vermittlungsnetzwerk: Das Vermittlungsnetzwerk befördert Bedarfs- und Angebotsinformation, die von den Anbietern an die Netzwerkzentrale gelangen und von dort in aufbereiteter

Form an einen Nachfragerkreis weitergereicht werden. Multiplikationsnetzwerken verarbeiten Organisationsanweisungen; diese kommen aus der Zentrale und wirken auf die Erstellung der Dienstleistung gegenüber dem Kunden an den Rändern des Netzes.

Aktive Knoten pro Auftrag und Wertschöpfungslokus

Reproduktionsnetzwerk: In einem Reproduktionsnetzwerk sind alle oder zumindest die Mehrzahl der Knoten notwendig an der Verarbeitung eines Kundenauftrags beteiligt. Ebenso wie ein Automobil alle geplanten Fertigungsschritte durchlaufen muss, ist die Verarbeitung eines Zahlungsvorgang erst erledigt, wenn alle geplanten Schreibtische passiert wurden. Die Wertschöpfung erfolgt kumulativ; das Objekt wird mit jedem Wertschöpfungsschritt wertvoller. Der Kundenutzen entsteht in den Knoten.

Innovationsnetzwerk: Im Gegensatz dazu müssen in einem Innovationsnetzwerk nicht bei jedem Auftrag zwingend alle Knoten (Akteure) angesprochen werden. Es mag sein, dass ein konkreter Entwicklungsauftrag eine bestimmte Gruppe von Kompetenzen nicht benötigt. Der Objektfluss spart diese dann aus. Eine Definitionsfrage ist, ob die Ausgesparten dann überhaupt Teil des Netzwerks sind. Hier wird vorgeschlagen, dass Innovationsnetzwerk als ein Netz potenzieller und tatsächlich realisierter Kontakte zu interpretieren. Einem Unternehmen steht ein Innovationsnetzwerk auch dann zur Verfügung, wenn es zum betrachteten Zeitpunkt davon gerade keinen Gebrauch macht. Das potenzielle Netz ist ein Möglichkeitsraum, der bedarfsorientiert erschlossen werden kann. Der Kundennutzen, also die Weiterentwicklung und Verfeinerung des Entwurfs, entsteht grundsätzlich in den Knoten, wobei das erreichbare Niveau durch die projektorientierte Konfiguration des Netzes präjudiziert wird. Powell et al. (1996) gehen sogar noch weiter; ihres Erachtens liegt der Lokus der Wertschöpfung in solchen Netzwerken nicht mehr in den einzelnen Unternehmen, sondern im Netzwerk. [175]

Vermittlungsnetzwerk: In Vermittlungsnetzwerken erfolgt die Wertschöpfung in der Zentrale; dort werden Angebot und Nachfrage mit einem Vergleichsalgorithmus zusammengeführt. Das erreichbare Niveau des Kundennutzens wird jedoch nicht in der Zentrale determiniert, sondern getrieben durch die Struktur, insbesondere die Größe des Netzes.

Multiplikationsnetzwerk: Über die Definitionsabhängigkeit der Lokalisierung der Wertschöpfung in Multiplikationsnetzwerken wurde oben bereits gesprochen. Betrachtet man lediglich die Marktleistung als Produkt, entsteht die Wertschöpfung in den peripheren Knoten mit Kundenkontakt. Daran ist nur ein Knoten beteiligt. Der erreichbare Kundennutzen wird aber über die Produktdefinition weitgehend in der Zentrale präjudiziert.

Transportnetzwerk: In Transportnetzwerken sind nur sehr wenige, mindestens aber der ein- und der ausspeisende Knoten an der Beförderung des Objekts beteiligt. Die Wertschöpfung erfolgt entlang der Transportstrecke, also auf den Kanten.

---

[175] Die Autoren argumentieren am Beispiel der Biotechnologie und knüpfen die zitierte Lokalisierungsaussage an situative Bedingungen: Die Wissensbasis der betrachteten Industrie ist komplex, verteilt (dispersed) und wächst schnell.

Management des Netzes: Design, Steuerung und zentrale Erfolgsfaktoren

Reproduktionsnetzwerk: Die Managementproblematik in Reproduktionsnetzwerken ist durch die grundsätzliche Planbarkeit und Stabilität der Abläufe gekennzeichnet. Daraus folgt auf der einen Seite eine hohe Designkomplexität. Die Qualität der Vorstrukturierung des Layouts und der Abläufe entscheidet über das später, während der laufenden Reproduktion, erreichbare Kostenniveau. Die Steuerungskomplexität tritt im selben Umfang zurück. Die vorgedachte Struktur des Ablaufs reduziert den operativen Koordinationsbedarf.[176] Ein zentraler Erfolgsfaktor in Reproduktionsnetzwerken ist die grundsätzlich mögliche und daher bei Nichtrealisierung als relative Schwäche wirkende prozessuale Integration der vielen Wertschöpfungsstufen.

Innovationsnetzwerk: Innovationsnetzwerke besitzen ebenfalls eine hohe Designkomplexität. Hier wird sogar argumentiert, der wesentliche Erfolgsfaktor bestehe in der schnellen projektorientierten Rekonfiguration des Netzwerks. Die Steuerungskomplexität tritt ebenfalls in den Hintergrund. Im Ideal bedarf es keiner zentralen Steuerung, weil die Knotenakteure das Weiterreichen des „Halbfertigproduktes" selbständig steuern. Sie tun dies autonom, da sich die Abläufe infolge der oben als für dieses Netzwerk typisch beschriebenen unsicheren Ursache-Wirkungs-Mechanismen des verarbeiteten Materials einer zentralen und präsituativen Steuerung ohnehin entziehen.

Vermittlungsnetzwerk: Der Erfolg eines Vermittlungsnetzwerks ist in erster Linie durch dessen Größe bestimmt. Mit zunehmender Anzahl Bedarfe und Angebote einleitender Teilnehmer wächst die Leistungsfähigkeit des Netzes aus Sicht des einzelnen Kunden. Das Design des Netzwerks ist infolge der Sternstruktur einfach und wenig komplex.[177] Das gilt auch für die Verarbeitung eines einzelnen Kundenauftrags, die sich auf die Exekution des Zuordnungsalgorithmus beschränkt.

Multiplikationsnetzwerk: Multiplikationsnetzwerke sind erfolgreich, wenn es gelingt, das zentral konzipierte Produkt in möglichst standardisierter Form in der Vielzahl der lokalen Märkte zu erstellen. Erst dann wird die zur Senkung der Stückkosten benötigte optimale Passung zwischen vorgehaltenem Betriebsmittel und damit zu realisierendem Prozess möglich. Sonderwünsche der Kunden verursachen Unruhe in den Verkaufsstellen. Dementsprechend hoch ist die Komplexität des Strukturdesigns, der Vorstrukturierung der Abläufe aber auch die Gestaltung der Anreize, mit denen ein systemkonformes Verhalten der Agenten sichergestellt werden soll. Daraus folgt ebenso eine vergleichsweise geringe Komplexität der operativen Steuerung der Abläufe. Das zentrale Produktkonzept zwingt dazu, inkompatible Bedarfe

---

[176] Wenn freilich insbesondere im Hinblick auf die Steuerungsprobleme in der industriellen Fertigung (Werkstattfertigung) konstatiert wird, die Steuerungskomplexität sei eher hoch als gering, so ist das in erster Linie wohl Ausfluss einer reduzierten Planbarkeit. Unter der Annahme stabiler (planbarer) Auftragsbestände und Betriebsmittelverfügbarkeiten (inklusive Personal) reduziert sich diese Steuerungskomplexität erheblich. Als Extrem mag die im Verhältnis zur Designkomplexität relativ geringe Steuerungskomplexität einer Raffinerie angesehen werden.

auszufiltern mit dementsprechend positiven Folgen für das Volumen der zu beherrschenden Ausnahmesituationen.

Transportnetzwerk: Der Erfolg eines Transportnetzwerks steigt ceteris paribus im Gleichschritt mit dessen Auslastung. Die Vorhaltung der Knoten- und Kantenkapazitäten verursacht gemessen an den Gesamtkosten eine hohe fixe Belastung, die nur über eine hohe Auslastung in wettbewerbsfähige Stückkosten umgewandelt werden können. Die Vorstrukturierung des Netzes ist komplex und bedarf einer Optimierungsrechnung. Weiterhin sind periodische Überprüfung zu leisten, da eine bislang optimale Netzstruktur mit der Veränderung des Kundenbesatzes suboptimal werden kann. Ein solcher permanenter Zwang zur Rekonfiguration insbesondere der Kantenstruktur ergibt sich nur für Transportnetzwerke. Mit etablierter Netzstruktur sind die Zuordnungsprobleme zwischen Kunde und Netzknoten grundsätzlich präsituativ gelöst; die operative Steuerung des Netzes reduziert sich auf die Behandlung von Sonderfällen.

5.1.4. Handwerkszeug: Termini und Techniken zur Analyse von Netzwerken

Bisher wurde ein Netzwerk nur sehr grob als ein Gebilde von Knoten und Kanten beschrieben. Einige daraus formbare Architekturen, wie etwa die Dyade oder die Triade wurden ebenfalls angesprochen. Zur differenzierteren Beschreibung und Analyse von Netzen hat die Wissenschaft jedoch eine Reihe exakter Termini entwickelt. Von besonderer, weil allgemeiner Bedeutung für diese Arbeit sind insbesondere die Termini der sozialen Netzwerkanalyse. Diese sollen hier in sehr knapper Form reproduziert werden. Spezifischere Konzepte zur Beschreibung von Partialnetzen, wie sie etwa die Betriebswirtschaftslehre, die Psychologie, die Mathematik oder die Kommunikationswissenschaft verwendet, werden in den Kapiteln 6.1 ff erst im unmittelbaren Kontext erläutert.

Die Netzwerkanalyse [178] liefert eine fertige Garnitur von Begriffen und Konzepten, mit denen Populationen von Unternehmen als Netzwerke rekonstruiert werden können. Sie bietet an, das in der Praxis Erkennbare in einer spezifischen Sprache zu modellieren. Ein Netzwerk, so auch eine Supply Chain, kann aus einer Reihe einzelner Komponenten zusammengesetzt werden; deren Visualisierung erfolgt in einem Graph (Aldrich und Whetten 1981, S. 397; Abbildung 65). Für soziometrische Zwecke kann ein Netzwerk ergänzend auch als Matrix abgebildet werden. Für eine umfassende Schilderung der Grundlagen sowohl der soziometrischen Analyse als auch der Darstellung sozialer Netze als Graphen wird auf das Kompendium von Wasserman und Faust (1994) verwiesen. Hier erfolgt lediglich eine Übertragung der zur Rekonstruktion einer Supply Chain wesentlichen Konzepte.

---

177 Daraus kann freilich nicht gefolgert werden, es sei ebenso leicht, für die erforderlich Größe und Kooperationsbereitschaft des Netzes zu sorgen. Der damit verbundene Kontaktaufbau und deren Pflege sind zu beachten.

178 Ein häufig verwendeter Terminus ist „Social Network Analysis“, also die Analyse sozialer Netze. Wenn nachfolgend von Netzwerkanalyse gesprochen wird, ist damit immer die „Social Network Analysis“ gemeint.

Abbildung 65 Bausteine der Rekonstruktion: das Instrumentarium der sozialen Netzwerkanalyse

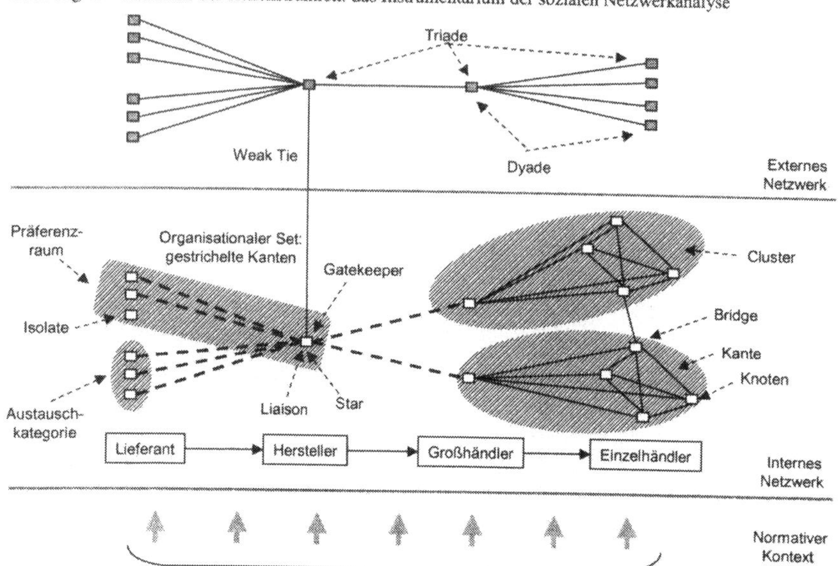

Knoten

Knoten sind die elementaren Einheiten, aus denen sich Netzwerke zusammensetzen. In den Knoten können Transfers oder Transformationen stattfinden. In sozialen Netzwerken repräsentieren die Knoten soziale Akteure, die Individuen, Unternehmen oder organisationale Kollektive sein können (Wasserman und Faust 1994, S. 17).

Besondere Knoten

Einzelne Knoten (Akteure) übernehmen besondere Funktionen beziehungsweise besetzen besondere Positionen im Netzwerk. Die soziale Netzwerkanalyse hat zu deren Beschreibung besondere Begriffe und zu deren Identifikation besondere soziometrische Methoden entwickelt. Zu den herausgehobenen Positionen zählen:

(1) Star: Der Akteur mit der höchsten Anzahl von Verknüpfungen (Tichy et al. 1979, S. 508). Dabei kann unterschieden werden, ob ein- oder auslaufende Kanten gezählt werden sollen. (2) Liaison: Ein Akteur, der nicht Mitglied derjenigen Cluster ist, die er verbindet (Rogers und Agarwala-Rogers 1976, S. 135). (3) Bridge: Ein Akteur, der Mitglied in mehreren Clustern ist. Die Literatur verwendet den Begriff uneinheitlich. Abweichend von dieser Auslegung, die sich unter anderem bei Tichy et al. (1979) findet, ist für Granovetter (1973, S. 1364) „Bridge“ nicht ein Knoten sondern ein Kante; und zwar diejenige Kante, die die einzige Verbindung zwischen zwei Knoten bildet. In der Sache geht es aber um das gleiche: Bestimmte Regionen eines Netzes können nur über bestimmte Verbindungsakteure erreicht werden. Diesen Akteuren kommt eine herausgehobene Stellung zu. In diesem Sinne wird der Begriff auch von Allen und Cohen (1969, S. 13) verwendet, die den Know-how-Austausch

zwischen Laboratorien und deren Außenwelt (Scientific Community) untersucht haben. (4) Isolate: Ein Akteur, der (zum Betrachtungszeitpunkt) keine Verbindung zum Netzwerk hat, aber dennoch als Mitglied des Netzwerks erachtet wird. (5) Gatekeeper: Ein Akteur, der aufgrund seiner Position im Netzwerk in der Lage ist, den Kommunikationsfluss im Netz erheblich zu beeinflussen (Allen und Cohen 1969, S. 13; Rogers und Agarwala-Rogers 1976, S. 133). Gatekeeper-Positionen sind zum Beispiel sämtliche Stellen, an denen Informationen vor der Weitergabe gebündelt werden (Chefsekretärin). Gatekeeping erfolgt sowohl gruppenintern als auch zwischen Gruppen. Insbesondere in der letzteren Situation erfüllt der Gatekeeper die Funktion der Selektion und Klassifikation (Coding Process [179]) der in die Gruppe einlaufenden Informationen.[180] (6) Kosmopolit: Ein Akteur mit einem hohen Anteil an Außenkontakten (Rogers und Agarwala-Rogers 1976, S. 139). Kosmopoliten können sein: Die Geschäftsführung, die auf einer hohen hierarchischen Ebene Außenkontakte pflegt; aber auch Mitarbeiter unterer hierarchischer Ebenen, die im Zuge des Leistungsaustausches mit den Agenten der vor- und nachgelagerten Unternehmen interagieren. Häufig sind Kosmopoliten auch Gatekeeper, weil sie den einlaufenden Strom der Umfeldinformationen kanalisieren.

Attribute

Den Knoten kann eine theoretisch unbegrenzte Anzahl von Attributen zugeschrieben werden, wenngleich für praktische Zwecke die Attributliste aber in der Regel eher kürzer ausfallen wird. Solche Attribute können sein: Alter oder Geschlecht sozialer Akteure oder Rechtsform institutionaler Akteure (Davern 1997, S. 289).

Kanten (Beziehungen)

Die Kanten verbinden die Knoten eines Netzwerks und repräsentieren in Austauschnetzwerken Austauschprozesse. Kanten können beschrieben werden über folgende Eigenschaften (Laumann et al. 1978, S. 464 ff; Tichy et al. 1979, S. 509; Granovetter 1973, S. 1361): (1) Intensität, Frequenz: Die Intensität einer Beziehung kann ermittelt werden über die Anzahl von Kontakten in einem definierten Zeitraum sowie über den Grad der verpflichtenden Wirkung, die darauf abzielt, wieviele Kosten Akteur A aufwendet, um seiner Verpflichtung gegenüber B gerecht zu werden (Burt 1995, S. 19). (2) Reziprozität (Symmetrie): Das Ausmaß, in dem die Akteure einer Dyade gleiche Intensitäten in Bezug auf einen definierten Netzwerkinhalt (was fließt?) aufweisen. (3) Konsens: Das Ausmaß, in dem die Akteure in den jeweils an den Anderen gerichteten Verhaltenserwartungen übereinstimmen. (4) Multiplexität: Die Anzahl der Rollen, über die Akteure in einer Dyade miteinander verbunden sind. (5) Formalisierung: Die Dichte der auf das Verhalten der Akteure einwirkenden Konventionen.

---

[179] Katz und Kahn (1966, S. 227), die an der zitierten Stelle den informationalen Austauschprozess zwischen System und Umsystem analysieren, beschreiben den Prozess der Codierung: „Any system which is the recipient of information, whether it be an individual or an organization, has a characteristic coding process, a limited set of coding categories to which it assimilates the information received. The nature of the system imposes omission, selection, refinement, elaboration, distortion, and transformation upon the incoming communications."

[180] Vergleiche dazu auch noch einmal die Bedeutung von Klassifizierungsprozessen (Seite 64).

Besondere Kanten - „Weak Ties"

Granovetter (1973) hat die Skalierung der Intensität von Kanten zu einem eleganten Argument ausgebaut. In seiner Dissertation ist er auf das zunächst erstaunliche empirische Phänomen gestoßen, dass Arbeitssuchende mehrheitlich nicht über starke sondern über schwache Kontakte erfolgreich waren, einen Arbeitsplatz zu finden. Starke Kontakte (hohe Anzahl von Kontakten pro Periode) bestehen innerhalb eng vernetzter Gruppen. Sie liefern jedoch aufgrund des homogenen Informationsstands innerhalb der Gruppe keine frischen Informationen, so dass in diesem Sinne Informationsarmut trotz starker Kontakte herrscht. Frische Information fließt, wie Granovetter festgestellt hat, vielmehr über schwache Kanten (ein Uni-Bekannter, den man nach Jahren auf einer Party trifft) mit heterophilen Austauschpartnern. Allgemeiner formuliert, wird die Informationsstärke einer Kante durch die Hetero- oder Homophilität [181] der interagierenden Akteure bestimmt (Rogers und Agarwala-Rogers 1976, S. 115).[182]

Granovetter (1973) hat die Logik verallgemeinert und die besondere Bedeutung der „Weak Ties" hervorgehoben: einerseits zur Diffusion von Informationen zwischen den Clustern eines Netzes; andererseits für die ceteris paribus überlegene Position, die den die schwachen Beziehungen herstellenden Akteuren (Bridge) zukommt. [183]

Struktur und Prozess

Knoten und Kanten sind die einzigen „Bauelemente" der Netzwerktheorie. Mit der Anordnung und Verknüpfung der Knoten durch Kanten ist die Struktur des Netzwerks festgelegt. Die in den nachfolgenden Überschriften beschriebenen Begriffe weisen lediglich auf analytisch interessante Substrukturen der Gesamtstruktur hin. Struktur wird dabei verstanden als das spezifische Muster der Kanten zwischen einem fokalen Set an Akteuren (Cook und Whitmeyer 1992, S. 118, Doreian und Stokman 1997b, S. 1).[184] Netzwerkprozesse sind Handlungen, in deren Verlauf soziale Strukturen aufgebaut, gepflegt und aufgelöst werden (Doreian und Stokman 1997b, S. 3).

---

[181] Die Begriffe werden zur Analyse von Kommunikationsnetzwerken verwendet, um die Gleich- oder Verschiedenartigkeit von Sender und Empfänger in Bezug auf definierte Attribute beurteilen zu können (Rogers und Agarwala-Rogers 1976, S. 14). Grundsätzlich gilt dort, dass die Kommunikation in heterophile Dyaden schwerer aber auch lohnender ist.

[182] Das „Weak Tie"-Konzept ist in der Literatur mehrfach zum Ausgangspunkt von Analysen gemacht worden. So stellt Hansen (1999) in einer aktuellen Untersuchung fest, dass Know-how-Gewinnungsprozesse davon betroffen sind. Schwache Kanten helfen zwar, frisches Know-how zu lokalisieren - insoweit wird Granovetters Beobachtung gestützt. Zu dessen Transfer sind aber starke Kanten erforderlich, wenn das Know-how komplexer ist. Beide Kanten, schwache und starke, haben demnach Stärken und Schwächen in Innovationsprozessen.

[183] Burt (1995, S. 25 ff) hat dieses Argument später explizit in seine Theorie der „Structural Holes" eingebaut; dabei jedoch präzisiert: Die schwache Beziehung ist nicht deshalb wertvoll, weil sie „schwach" ist, sondern weil sie das „strukturelle Loch" zwischen zwei Clustern überbrückt. Die überbrückende Kante muss dazu nicht zwingend schwach sein; jedoch ist deren Wahrscheinlichkeit, schwach zu sein, groß. Der Nutzen entsteht unabhängig davon aber lediglich durch die Überbrückung.

[184] Mitunter wird ein davon abweichendes Verständnis gepflegt: Struktur ist eine Abweichung des beobachtbaren Knoten- und Kantengefüges von einer gleichmäßigen Verteilung. Die Frage ist dann, welche Faktoren diese Ungleichverteilung verursachen.

Zusammengesetzte Formen - strukturell nachweisbar

Dyade

Eine Dyade ist die kleinste zusammengesetzte Strukturform in einem Netzwerk. Eine Dyade besteht aus zwei Knoten und den möglichen Kanten. [185] Zwischen zwei Knoten existiert also auch dann eine Dyade, wenn diese nicht durch eine Kante verbunden ist (Null-Dyade; Wasserman und Faust 1994, S. 511).[186]

Triade

Eine Triade besteht aus drei Knoten und deren möglichen Verbindungen untereinander. Die Betrachtung von Triaden bringt gegenüber der Dyade ein zusätzliches Element zum Vorschein. Knoten können mittelbar verbunden werden. Hierbei wird insbesondere die Transitivität und Balance gemessen (Wasserman und Faust 1994, S. 19). Akteure, die nur über eine Triade, also nur mittelbar erreicht werden können, sind sekundäre Kontakte (Burt 1995, S. 21). Die besondere Beachtung der Triade ist berechtigt, weil dort, wie auch in noch größeren Baugruppen, ein Effekt auftritt, den Rogers und Agarwala-Rogers (1976, S. 111) als Systemeffekt bezeichnen: Das Verhalten Einzelner kann erst dann erklärt werden, wenn nicht nur dessen unmittelbare sondern auch die nur mittelbaren Kontakte beachtet werden. In Abbildung 66 wird das Verhalten (Wissen, Werte und Einstellungen, beobachtbares Verhalten [187]) von Akteur 1 zunächst durch den direkten, dyadischen Kontakt zu Akteuren 2 bis 6 erklärt werden. Akteur 2 verknüpft Akteur 1 aber mit „weiteren Welten", die potenziell verhaltensrelevant sind.

Abbildung 66 Triaden (Systemeffekt): Auch die mittelbaren Kontakte beeinflussen Verhalten (Quelle: Rogers und Agarwala-Rogers 1976, S. 114; leicht verändert)

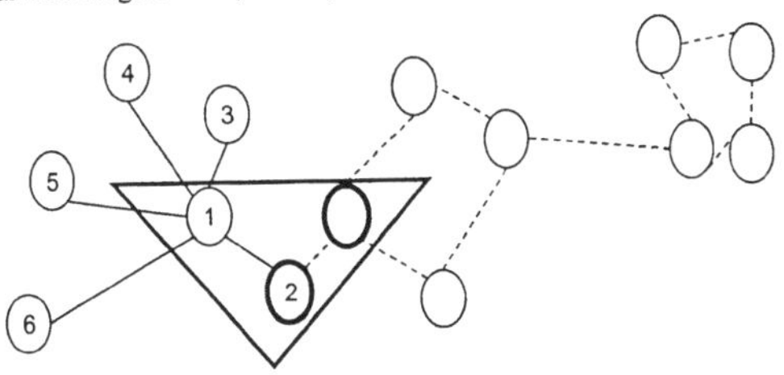

Der Triadenmechanismus ist handlungsorientiert auch als Brokerage-Modell beschrieben worden. Eine unvollständig vernetzte Triade kann einem Akteur eine lukrative Brokerposition einbringen (Burt 1995, S. 30 ff). Die Wahrscheinlichkeit, aus einer Verhandlung als Gewinner hervorzugehen, ist durch die soziale Struktur der Verhandlungssituation geprägt. Es geht um die Frage, wer zu wem Kontakt hat. Wollen die einander unbekannten Akteure B und C von

---

185 Mitunter wird die Dyade jedoch nicht als Teil des Netzwerks, sondern als vom Netzwerk abgetrennt verstanden: "... we consider dyadic interactions as a special case of networks, in which pairs of actors are independent and not embedded in an interconnected network." (Iacobucci und Hopkins 1992, S. 5)

186 In gerichteten Graphen können darüber hinaus durch Berücksichtigung der Flussrichtung und der Reziprozität symmetrische (mutuale) und asymmetrische Dyaden unterschieden werden.

187 Vergleiche Rogers und Agarwala-Rogers (1976, S. 9) für diesen erweiterten Verhaltensbegriff.

A etwas erwerben, ist letzterer in der komfortablen Position, die Kontrahenten ausspielen zu können. Das Bild des „lachenden Dritten" geht auf Simmel (1964, S. 154) zurück.

Cliquen - Cluster

Cliquen (Cluster) sind Regionen eines Netzwerks, die sich durch einen höheren Binnenvernetzungsgrad gegenüber den angrenzenden Bereichen des Netzes auszeichnen. Eine Clique ist eine kohäsive Teilgruppe eines Netzwerks (maximal kompletter Teilgraph), die soziometrisch identifizierbar ist. Sie besteht aus der Menge aller Knoten, die alle aneinander angrenzen und für die gilt, dass der Gruppe kein Knoten hinzugefügt werden kann, der ebenfalls an alle anderen angrenzt (Wasserman und Faust 1994, S. 254). Cliquen sind für die Netzwerkanalyse interessant. Sie bilden Bereiche intensiven Austausches der tendenziell, wenn sich die Aussage nicht bereits auf ein Kommunikationsnetz bezieht, auch zu intensiver Kommunikation führt. Intensive Kommunikation führt weiterhin zu einer Angleichung von Werten und Verhaltensweisen. Cliquen sind daneben von Interesse, weil deren Existenz und Struktur die Leistungsfähigkeit eines Netzwerks in Bezug auf bestimmte Indikatoren beeinflusst. Bei gegebener Größe des Netzwerks reduziert eine große Anzahl stark ausgebildeter Cliquen erstens die Geschwindigkeit der Diffusion von Innovationen und zweitens die Produktivität des Gesamtnetzes für alle Aufgaben, in denen die Kooperation aller Akteure erforderlich ist (Rogers und Agarwala-Rogers 1976, S. 144).

Der Cliquenbegriff hängt eng dem der Dichte zusammen. Die Mitglieder einer Clique sind dichter verknüpft als alle Nicht-Mitglieder. Die Netzwerkdichte (Density) misst den Anteil tatsächlich realisierter Verknüpfungen in Bezug auf die Anzahl möglicher Verknüpfungen und liefert damit eine prozentuale Aussage über die erreichte Dichte (Wasserman und Faust 1994, S. 101 ff; Aldrich und Whetten 1981, S. 398). Einhundert Prozent Dichte bedeutet, dass jede mögliche Verknüpfung zwischen den Knoten des Netzwerks tatsächlich realisiert ist; eine nullprozentige Verknüpfung ist der andere Extremfall völlig fehlender institutionaler Vernetzung. [188]

Japanische vertikal kooperierende Unternehmensgruppen weisen ein spezifisches Dichtemuster auf (Scott 1991, S. 192). Die Unternehmen etablieren innerhalb der Gruppe ein sehr dichtes Netz, pflegen nach außen aber nahezu keine Kontakte. Ein solches Dichtegefälle kann als Grenzdichte (Across Density; Goshal und Bartlett 1990, S. 610) im Gegensatz zur Binnendichte (Within Density) ermittelt werden. Gemessen wird dann, wie intensiv die Unternehmen der fokalen Clique mit „Fremden" verknüpft sind.

Zusammengesetzte Formen: attributiv nachweisbar

Relation

Als Relation wird die Gesamtheit alle Kanten gleicher Art (gleichen Inhalts) eines Netzes oder eines definierten Ausschnitts daraus bezeichnet (Wasserman und Faust 1994, S. 20). In

---

[188] Der in soziologischen Beiträgen (Blau 1986, S. 60 ff) in der Regel verwendete Begriff der Kohäsion kann in gleicher Weise operationalisiert werden.

einer Supply Chain kann das etwa die Gesamtheit der Kanten sein, über die Bedarfsinformationen ausgetauscht werden.

Austauschkategorie

Eine Austauschkategorie beinhaltet alle Akteure eines Netzes, die über gleiche Ressourcen verfügen und in gleicher Weise auf den Zufluss bestimmter Ressourcen angewiesen sind (Cook 1977, S. 69). Unternehmen in der gleichen Austauschkategorie konkurrieren miteinander, während solche aus unterschiedlichen Kategorien tendenziell eher zu kooperativem Verhalten bereit sind. In Abbildung 67 bilden alle Lieferanten für Komponente 1 eine Austauschkategorie, ebenso alle Lieferanten für Komponente 2. Alle Akteure innerhalb einer Austauschkategorie sind negativ gekoppelt, was bedeutet, dass ein Volumenzuwachs für Lieferant A eine Minderung für B mit sich bringt. Es entsteht eine Wettbewerbssituation: „... in a competitive situation the goals for the participants are contriently interdependent. Contrient interdependence is the condition in which participants are so linked together that there is a negative correlation between their goal attainments." Deutsch (1973, S. 20). Die Kategorien untereinander sind positiv gekoppelt. Ein Mengenzuwachs im Einzelhandel bedeutet ceteris paribus auch einen Zuwachs auf den davor liegenden Wertschöpfungsstufen. Positiv gekoppelt sind auch unterschiedliche Kategorien auf der gleichen Wertschöpfungsstufe; in der Abbildung die Kategorien „Komponente 1" und „Komponente 2". Dort entwickelt sich eine kooperative Situation; erneut Deutsch (1973, S. 20): „... cooperative situation as one in which the goals of the participants are so linked that any participant can attain his goal if, and only if, the others with whom he is linked can attain their goals."

Abbildung 67 Vokabular zur Beschreibung eines Netzwerks: Austauschkategorien und Qualität der Kopplung

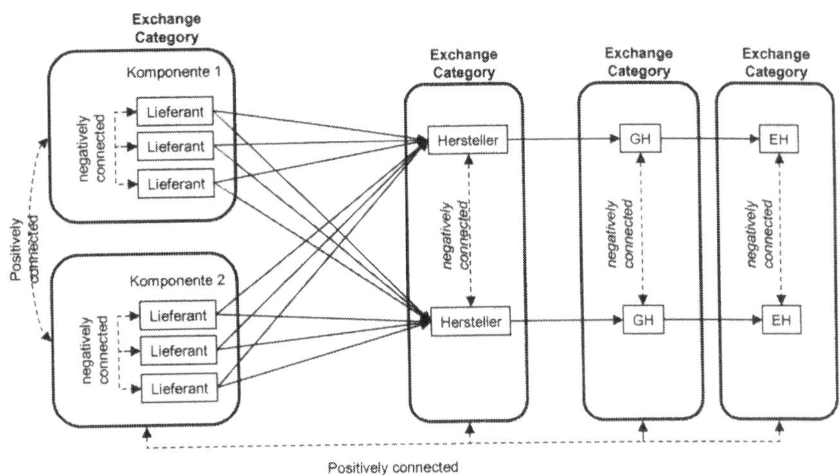

Präferenzraum

Eine enge Verknüpfung von Akteuren in einem Netzwerk reduziert sowohl deren ökonomische Fähigkeit als auch deren soziale Bereitschaft, die Transaktionspartner zu wechseln. Durch solche Ein- und Ausstiegsbarrieren entstehen imperfekte Märkte (Baumol 1982), auf denen kleine Preisänderungen nicht mehr zu entsprechenden Anpassungsprozessen führen. Vielmehr findet Austausch vornehmlich in einem etablierten Kreis einander bekannter Partner statt. Diese Menge bezeichnen Laumann et al. (1978, S. 471 ff) als Präferenzraum (Opportunity Structure): A "... subnetwork within which exchange relations tend to be confined as a function of the resources involved, legal or institutional constraints on permitted partners, geographical proximity, functional similarity, or preexisting organizational overlaps." Unternehmen außerhalb des Präferenzraumes haben geringere Chancen, in den Austausch einbezogen zu werden.

Netzwerk, Set und normativer Kontext

Netzwerk, externes Netzwerk

Das Netzwerk besteht aus der Summe der Knoten und Kanten einer zweckorientiert abgegrenzten Gesamtheit sozialer Akteure. Der Netzwerkbegriff kann mit variabler Analysetiefe verwendet werden. Ein bestehendes internes Netzwerk kann als Knoten eines externen Netzwerks interpretiert werden. In einer anderen Deutung, der auch Abbildung 65 zugrunde liegt, ist das externe Netz ein paralleles Netz (Tichy et al. 1979, S. 509), zu dem Kontakte bestehen können, das aber nicht Gegenstand der Analyse ist.

Organisationaler Set

Als organisationaler Set wird die Summe der interorganisationalen Beziehungen bezeichnet, die ein Unternehmen mit den Netzwerkpartnern aufgebaut hat (Evan 1966; Aldrich und Whetten 1981, S. 386). In der Kommunikationstheorie wird das Äquivalent dazu, also das Netzwerk der Kommunikationsbeziehungen, das ein einzelner Akteur hat, als persönliches Netzwerk bezeichnet (Rogers und Agarwala-Rogers 1976, S. 114).

Normativer Kontext

Ein interorganisationales Feld hat einen bestimmten normativen Kontext, der die Strukturen und das Verhalten der Akteure innerhalb des Netzwerks beeinflusst (Laumann et al. 1978, S. 465 ff; Davern 1997, S. 289). Der normative Kontext besteht aus institutionalisierten Denkhaltungen, die als integrale, wenngleich auch nicht autonom gestaltbare Komponenten der organisationalen Kultur bestimmen, welche Verhaltensweisen für rational erachtet werden. Laumann et al. (1978) unterscheiden einen Wettbewerbs- und einen kooperativen Kontext. Ersterer ist durch antagonistische Beziehungen zwischen den Akteuren gekennzeichnet. Fester werdende Verknüpfungen sind zu meiden. Unternehmen, die solches anstreben, werden in der Community negativ eingeschätzt, weil sie sich dem Verdacht aussetzen, den Marktmechanismus außer Kraft setzen zu wollen. Der zentrale Hebel für Effektivität ist vielmehr die Sicherung eines hohen Maßes Autonomie. Der kooperative Kontext zeichnet das gegensätzliche Bild. Die Akteure suchen bewusst die Kooperation, um den Zielerreichungsgrad zu verbessern. Basis des kooperativen Verhaltens ist die Überzeugung, dass eine bewusste und gemeinsam vereinbarte Strukturierung der interorganisationalen Aktivitäten zu einem besseren Ergebnis führt, als wenn man sich auf die Koordinationswirkung der „unsichtbaren Hand" des Marktmechanismus verlässt.

Die relative Wirksamkeit bestimmter Substrukturen - Kleingruppenexperimente

Wenngleich die Anzahl denkbarer Netzwerkarchitekturen unbegrenzt ist, lassen sich Grundmuster der Vernetzung sozialer Akteure systematisieren. Diese Muster gehen auf die „Small Group Studies" am Massachusetts Institute of Technology in den fünfziger und sechziger Jahren zurück, die in den Arbeiten von Bavelas und Barrett (1951), Leavitt (1951) und Cohen et al. (1962) und anderen veröffentlicht wurden. In diesen Studien wurden jeweils kleine Gruppen beauftragt [189], bestimmte Aufgaben, deren Erledigung Kommunikation bedarf, unter Laborbedingungen zu lösen. In einem Versuch hat zum Beispiel jeder der fünf Probanden eine Karte mit sechs verschiedenen Symbolen erhalten. Herauszufinden war, welches Symbol auf jeder der fünf Karten präsent war. In verschiedenen Durchläufen wurde die Architektur der Kommunikation zwischen den Probanden, wie in Abbildung 68 dargestellt, variiert, um deren komparative Leistungsfähigkeit beurteilen zu können.

Abbildung 68 Grundmuster der Vernetzung (ähnlich zum Beispiel bei Leavitt 1951 oder Bavelas und Barrett 1951)

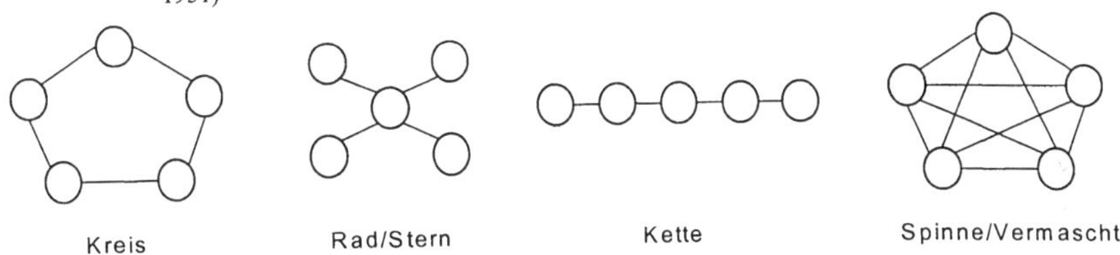

Auch wenn die pauschale Übertragbarkeit der dabei gefundenen Ergebnisse sowohl von den Forschern selbst als auch von zeitgenössischeren Autoren kritisch diskutiert (Becker 1954; Rogers und Agarwala-Rogers 1976) [190] und weiterentwickelt [191] wurde, sind die folgenden Grundaussagen auch das Management von Supply Chains interessant, weil sie relevante

---

[189] Wie von Mears (1974) betont, ist diese Kleingruppensituation zwar eine Laborkonfiguration, durchaus aber nicht unrealistisch. Da eine Vielzahl von Arbeiten in Organisationen in solch kleinen Gruppen erledigt wird, ist es statthaft, eine Organisation als eine Menge solcher Kleingruppen zu interpretieren.

[190] Als problematisch wurde insbesondere die Ausblendung der personalen Netzwerke der Probanden jenseits der Versuchsarchitektur angesehen. Becker (1954) spricht von „Käfig-Versuchen" und zweifelt an, dass die studentischen Probanden sich wie „echte" Mitglieder in Organisationen verhalten haben. Gleichwohl wurde die Arbeit in den Kleingruppen von einer Reihe weiteren Forschern fortgesetzt und hat, trotz der nicht zu entkräftenden Kritik, zu breit akzeptierten Ergebnissen geführt. Vergleiche dazu etwa die auch an anderer Stelle zitierte Arbeit von Bonacich (1990).

[191] Vergleiche beispielhaft die Arbeit von Cohen et al. (1962), der ebenfalls in Kleingruppenstudien festgestellt hat, dass sich die von Bavelas und anderen analysierten Performance-Variablen neben den zuvor bestätigten Zusammenhängen auch in Abhängigkeit der Erfahrung der Teilnehmer mit unterschiedlichen Netzwerkkonfigurationen verändern. So lösen Akteure in einer Kreis-Konfiguration Probleme schneller, wenn sie zuvor in einer Stern-Konfiguration tätig waren. Ebenso sind Akteure in Stern-Konfigurationen unzufriedener, wenn sie zuvor in einer Kreis-Konfiguration arbeiten konnten.

Gestaltungsoptionen (Zentralität des Kommunikationsnetzwerks, ...) und Effizienzmaßstäbe (Zeit, Qualität, ...) ansprechen.

Zusammenfassend wurde beobachtet, dass erstens alle Konfigurationen grundsätzlich in der Lage waren, die Aufgabe zu lösen. Zweitens ist keine Konfiguration allen anderen in allen Performance-Aspekten überlegen. Es gibt also keinen „One Best Way". Die Gestaltung des Netzes ist immer ein Kompromiss. Im einzelnen gilt: (1) Zeit: Das Rad beziehungsweise der Stern ist den anderen Formen in Bezug auf den Zeitbedarf der im Labor zu bearbeitenden einfachen Aufgaben überlegen. Ursächlich ist die größere Zentralität des Sterns. (2) Qualität: Der Stern produziert eine höhere Fehlerquote als weniger zentrale Konfigurationen. Rogers und Agarwala-Rogers (1976, S. 121) erklären das mit der Tendenz, im zentralen Netz eine unidirektionale Kommunikation aufzubauen, in der Feedback in die peripheren Knoten zurückgedrängt wird. Mit steigender Vermaschung steigt die Anzahl der produktiv an der Lösung Beteiligten. Im Stern ist das nur der zentrale, aber leicht zu überfordernde Akteur. (3) Zufriedenheit: Periphere Akteure sind unzufriedener als zentrale Akteure. Hohe Zentralität bedeutet Unabhängigkeit, geringe Zentralität hingegen Abhängigkeit. Die peripheren Akteure im Stern waren daher in den Untersuchungen jeweils unzufriedener als der zentrale Akteur, während dieses Gefälle im Kreis und in der Spinne nicht aufgetreten ist (Bavelas und Barrett 1951, S. 370).[192] (4) Führung: Die jeweiligen Architekturen befördern einzelne Akteure in herausgehobene Positionen. Ohne eine Vorgabe durch den Forscher hat der zentrale Akteur im Stern in allen Versuchen immer eine soziometrisch dominante Stellung eingenommen (Bavelas und Barrett, 1951, S. 370). In den anderen Konfigurationen war das nicht der Fall. Auch nach einer größeren Anzahl von Wiederholungen hat sich weder ein stabiles Kommunikationsmuster noch ein Konsens über einen „Leader" ergeben. (6) Anpassung: Weiterhin hat sich gezeigt, dass die Kreisarchitektur die beste Anpassungsfähigkeit an schnelle und überraschende Aufgabeninhalte besitzt (Bavelas und Barrett, 1951, S. 371).

Analysetechniken

Die soziale Netzwerkanalyse hat neben den oben genannten Termini zur prägnanten Beschreibung eines Netzwerks auch eine Vielzahl spezifischer Analysetechniken entwickelt. Es wäre sinnlos, diese hier zu reproduzieren, da deren Mehrheit hier nicht von Bedeutung sein wird. Lediglich auf zwei Techniken wird kurz hingewiesen, da sie im Fortgang des Kapitels benutzt werden.

Mitgliedschaften (Modus)

Bisher wurde implizit ein uni-modales Netzwerk unterstellt. Um Mitgliedschaften (Affiliations) einzelner Akteure zu vordefinierten Gruppen (zum Beispiel Clubs, Vereine, Interessenvertretungen), in der Netzwerktheorie wird von „Events" gesprochen, darstellen zu können, sind bi-modale Netze erforderlich (Wasserman und Faust 1994, S. 30; Abbildung 69). Üblicherweise setzten sich bi-modale Netze aus zwei Sets von Akteuren zusammen. Die Abbil-

---

[192] Ohne explizite Nennung in den Berichten aber aufgrund der Logik zu erwarten ist, dass die beiden „Außenseiter" in der „Kette" wegen geringerer Punktzentralität ebenfalls unzufriedener sein dürften.

dung von Mitgliedschaften erfordert aber eine spezielle Variante, in der die Events den zweiten Set bilden (Wasserman und Faust 1994, S. 291). Die Berücksichtigung von Mitgliedschaften, gegebenenfalls auch multipel, geht auf eine Überlegung von Simmel (1955, S. 150) zurück, der davon ausgeht, die Identität eines sozialen Akteurs durch die Berücksichtigung der multiplen Mitgliedschaften (Social Circles) besser rekonstruieren und begründen zu können. Neben den Mitgliedschaften Einzelner in den grundlegenden sozialen Gruppen wie Familie oder Arbeitgeber können im organisationalen Netz etwa Mitgliedschaften in Aufsichtsräten, Kammern, Arbeitskreisen, Rationalisierungsverbänden oder Kartellen von Bedeutung sein. Diese Mitgliedschaften sind interessant für die Netzwerkanalyse, weil sie die Diffusion von Informationen, gegebenenfalls auch zwischen überlappenden Gruppen (siehe Großhändler in Abbildung 69) sowie die Koordination paralleler Events beeinflussen.

Abbildung 69 Die Abbildung von Mitgliedschaften in einem bi-modalen Netzwerk

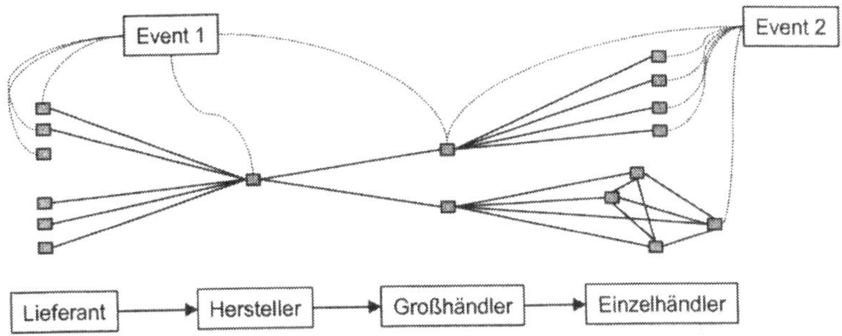

Positionale und relationale Analyse

Netzwerke, insbesondere soziale Netzwerke sind komplexe, mehrdimensionale Gebilde, die nicht in einem einzigen, großen mehrdimensionalen Analyseprozess erfasst werden können. Ein solches Verfahren wäre erstens nicht durchführbar und zweitens potenziell ineffizient, da der Forscher in der Regel nur an einer oder wenigen Dimensionen interessiert ist. Es haben sich in Netzwerkanalyse unterschiedliche, jeweils sehr selektive Analysestrategien herausgebildet, deren Kenntnis von Bedeutung ist, wenn man die dann jeweils verwendeten Konzepte und Maße zur Beschreibung und soziometrischen Vermessung eines Netzes verstehen will. Unterschieden werden sollten zumindest die relationale und die positionale Analyse. (1) Die relationale Analyse [193]: konzentriert sich auf die direkten Beziehungen zwischen den Akteuren (Mizruchi und Galaskiewicz 1993; Monge und Contractor 1999, S. 5) und versucht üblicherweise, Regionen unterschiedlich intensiver Vernetzung innerhalb des

[193] Die Unterscheidung von relationaler und positionaler Analyse wird in der Literatur nicht mit den gleichen Inhalten vorgenommen. Während Wasserman und Faust (1994, S. 347) die Begriffe synonym verwenden („These methods, which have been referred to as positional, role, or relational approaches …", wird in anderen Quellen unterschieden (Mizruchi und Galaskiewicz 1993; Monge und Contractor 1999). In einem ganz anderen Zusammenhang verwenden Tichy et al. (1979, S. 510) den Begriff. Eine positionale Analyse ist dort eine bestimmte Technik zur empirischen Erhebung soziometrischer Daten. Die positionale Erhebung benutzt die Daten der formalen Organisation (zum Beispiel ein Organigramm), um das Netzwerk aufzubauen. Alternativen dazu sind nach Tichy et al. (1979, S. 510): reputationale (Wer hat Einfluss?), dezisionale (Wer entscheidet?) oder interaktionale (Wer interagiert?) Erhebungen.

weise, Regionen unterschiedlich intensiver Vernetzung innerhalb des Netzwerks zu lokalisieren (Cliquen). (2) Das Ziel der positionalen Analyse besteht in jeweils abgewandelten Formen immer darin, bestimmte Muster in der Vernetzung der Akteure mit der Hilfe soziometrischer Techniken zu identifizieren: „... goal of representing patterns in complex social network data in simplified form to reveal subsets of actors who are similarly embedded in networks of relations and to describe the associations among the relations in multi-relational networks." (Wasserman und Faust 1994, S. 347). Wasserman und Faust stellen damit die beiden zentralen Aspekte positionaler Analyse heraus. Erstens die Identifikation sozialer Positionen: Eine Position in einem sozialen Netzwerk besteht aus der Gruppe aller Akteure, die in gleicher oder hinreichend ähnlicher Weise in das Netz eingebettet sind (Wasserman und Faust 1994, S. 348). Formal ist dieser Aspekt der positionalen Analyse ein Gruppierungsproblem; strukturell äquivalente Akteure bilden eine Gruppe. Zwei Akteure sind strukturell äquivalent, wenn alle Kanten von und zu allen anderen Akteuren identisch sind (Wasserman und Faust 1994, S. 356). Strukturelle Äquivalenz ist damit eine formale, mathematisch definierte Eigenschaft von Akteuren, die benutzt wird, um deren Zugehörigkeit zu Äquivalenzklassen zu ermitteln. [194] Zweitens die Rekonstruktion sozialer Rollen: Soziale Rolle sind Bündel normativer Verhaltenserwartungen, die von Bezugsgruppen an den Inhaber einer sozialen Position herangetragen werden (Peukert 1998, S. 290). In der sozialen Netzwerkanalyse werden Rollen über Vernetzungsmuster rekonstruiert: „... role refers to the patterns of relations which obtain between actors or between positions." (Wasserman und Faust 1994, S. 348). Rollen und Positionen hängen demnach eng zusammen. Ausgehend von einem soziometrischen Datensatz entstehen Positionen durch die Gruppierung strukturell äquivalenter Akteure und Rollen durch die Gruppierung von Relationen.

Die positionale Analyse ist das Herzstück einer organisational orientierten Netzwerkanalyse. Die Positionen und die in diesen Positionen ausgeübten Rollen, die sich in etablierten Beziehungen manifestieren, konstituieren die relativ stabile Struktur eines Unternehmens (Monge und Contractor 1999, S. 5). Die Persönlichkeit der die Positionen und Rollen ausfüllenden Akteure wird in dieser Analyse ausgeblendet; organisationales Verhalten sowie Meinungen, Überzeugungen und Werte de Stelleninhaber werden als durch die Netzwerkposition determiniert angesehen.

5.2. Quintessenz der Netzwerktheorie: Vier Partialnetze unterscheiden

Beziehungen zwischen Organisationen sind komplexe Phänomene. Güter und Leistungen werden ausgetauscht; Geldflüsse sind erkennbar; Bedarfsinformationen fließen; Mitarbeiter kennen, mögen oder mögen sich nicht; Aktienpakete werden getauscht, Kredite vergeben, langfristige Partnerschaften geschlossen, Aufsichtsräte werden ausgetauscht usw. Damit ist

[194] Die Ermittlung strukturell äquivalenter Akteure ist Ausgangspunkt vieler Fragestellungen. So etwa bei Burt (1995, S. 82 ff), der damit eine Landkarte der us-amerikanischen Industrie aufbaut. Ähnliche Unternehmen sind darauf benachbart eingetragen. Ähnlichkeit besteht zwischen Unternehmen (oder Branchen), die an gleiche Kunden verkaufen und von gleichen Kunden einkaufen.

das Geflecht gegenseitiger Berührungspunkte nicht annähernd vollständig beschrieben. Zwischen den Akteuren einer Supply Chain bestehen ebenfalls derart komplexe Beziehungen. Eine Supply Chain als Netzwerk zu rekonstruieren wird daher kein triviales Unterfangen sein. Um die Analyse kompakt und übersichtlich zu halten, ist methodische Hilfe erforderlich.

Die Netzwerktheorie hat Techniken entwickelt, um komplexe Beziehungen hinreichend reduktiv modellieren zu können. Im Vordergrund steht hier folgendes: Die Netzwerktheorie empfiehlt, transaktionale Netze als multiple Netze zu begreifen. Ein Netzwerk kann demnach gedanklich in mehrere separat zu analysierende und später auch hinreichend separat gestaltbare übereinander liegende Partialnetze zerlegt werden. Das konstituierende Merkmal zur Unterscheidung der Partialnetze ist das jeweils durchfließende Objekt. Das bedeutet: Um die Partialnetze gedanklich auseinanderhalten zu können, fragt die Netzwerktheorie, welche Objektkategorien ein Netz durchfließen. Pro Objektkategorie sollte ein Partialnetz unterschieden werden. Da die Partialnetze potenziell unterschiedliche Strukturen (Laumann et al. 1978, S. 463) besitzen, sollte eine Netzwerkanalyse immer mit deren Unterscheidung beginnen (Fombrun 1982, S. 281).

Die prima facie verkomplizierende Schichtensicht wird sowohl in der methoden- als auch in der managementorientierten Diskussion gefordert. Aus der methodischen Sicht sind insbesondere die Beiträge von Tichy et al. (1979), Fombrun (1982) sowie Ford (1990) zu nennen; aus managementorientierter Sicht zum Beispiel Krackhardt und Brass (1994, S. 212): „Complex organizations contain a multitude of networks arising from a variety of relationships." Mitunter werden aus diesem Geflecht der Partialnetze dann einzelne zur separaten Analyse herangezogen, wie etwa bei Hutt et al. (2000), die das soziale Netzwerk einer strategischen Allianz untersuchen. Totalanalysen sind indes seltener. Eine konsequente Nutzung der partialnetzbezogenen Analyse von Supply Chains wird nach Kenntnis des Verfassers in der Literatur aber selten verfolgt. [195]

In der Literatur werden die Objektkategorien zur Unterscheidung der Partialnetze nicht vollständig deckungsgleich definiert. Tichy et al. (1979, S. 509) und später gleichlautend auch Fombrun (1982, S. 281) haben jedoch eine akzeptierte Position entwickelt.[196] Dort wird unterscheiden in: (1) Expressive Netze, in denen affektive Inhalte (Freundlichkeit, Zuneigung, Loyalität) ausgetauscht werden. (2) Instrumentale Netze, in denen Verhaltensanweisungen ausgetauscht werden. (3) Kognitive Netze, in denen Informationen ausgetauscht werden. (4) Materielle Netze, in denen Güter oder Dienstleistungen ausgetauscht werden.

Die differenzierte Betrachtung von Partialnetzen ist für die weitere Argumentation wichtig, da sie anregt, eine Supply Chain als ein multiples Netzwerk zu interpretieren und dementspre-

---

[195] Für eine ähnliche Vorgehensweise vergleiche aber Männel (1996, S. 154 ff).

[196] Ähnlich aber nicht gleichlautend unterscheidet Ford (1990, S. 13) ebenfalls vier Kategorien, wenngleich dessen Beitrag sich auch nicht der Netzwerktheorie sondern dem interaktionsorientierten Investitionsgütermarketing widmet. Demnach sollten folgende Austauschobjekte unterschieden werden: Produkte oder Dienstleistungen, Information (technisch, ökonomisch, organisational), Finanzen und soziale Werte. Ein weiterer Vorschlag geht auf Aldrich und Whetten (1981, S. 385) zurück. Dort wird vorgeschlagen, drei Partialnetze zu unterscheiden: Information, Güter und Dienstleistung sowie gegenseitige Verhaltenserwartungen.

chend auch mit einem multiplen Ansatz zu analysieren. Die ursprünglich formulierte Aufgabenstellung lautet dann präzisier: Die Supply Chain wird gedanklich in vier Partialnetze zerlegt. Jedes Partialnetz ist ein separates Managementobjekt und ebenso eine separate Quelle zur Begründung von Themen für die Informationsbasis. Damit ist implizit auch gesagt, dass jedes Partialnetz separat „controllt" werden kann.

Abbildung 70 Konsequenz aus der Netzwerktheorie: Zur Analyse und Gestaltung der Supply Chain vier Partialnetze unterscheiden

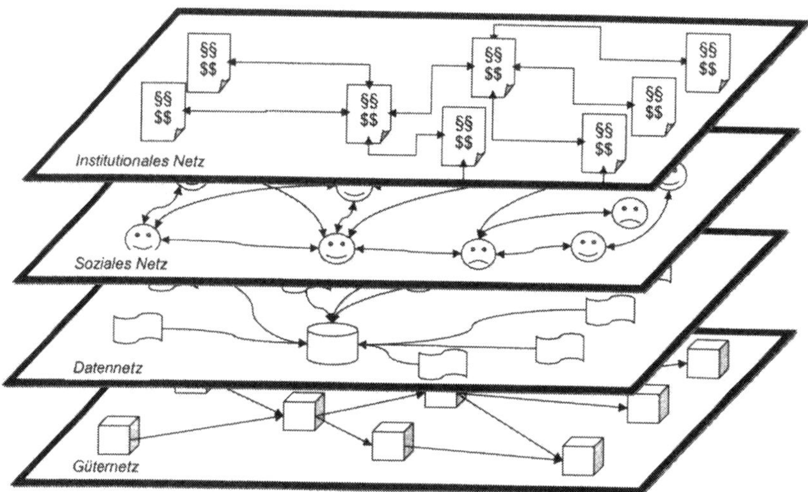

Die restliche Argumentation der Arbeit ist damit absehbar: Die einzelnen Partialnetze werden separat analysiert und für das Controlling aufbereitet. Pro Partialnetz kann ein Katalog von Themen abgeleitet werden. Das erfolgt in Kapitel 6. Zunächst operationalisiert der Rest dieses Kapitels aber die Idee der Partialnetze. Hier werden dazu unterschieden: ein Güternetz, ein soziales Netz, ein Datennetz sowie ein institutionales Netz. Die Abbildung 70 versucht, das nicht triviale gedankliche Konstrukt grafisch darzustellen. Die vier Partialnetze liegen wie Ebenen übereinander und besitzen jeweils eine individuelle Struktur. Auf die zwischen diesen Ebenen vorhandenen Interdependenzen geht die Abbildung nicht ein.

5.3. Explikation der Partialnetze

Um die analytische Schärfe der Netzwerkanalyse aufrecht zu erhalten, sollte jedes Partialnetz eindeutig über die Nennung von Knoten, Kanten und Austauschobjekten beschreib- und abgrenzbar sein. Tabelle 34 nennt zunächst die Ausprägungen zu diesen Kriterien in einem Überblick. In den vier nachfolgenden Teilkapiteln werden die Partialnetze detailliert beschrieben.

Tabelle 34 In der Analyse zu unterscheidende Partialnetze

Bezeichnung des Partialnetzes	*Knoten*	*Kanten und Austauschobjekte*
Institutionales Netzwerk	Unternehmen, zentrale Koordinationsinstanzen	Kooperationsverträge (Rechte und Pflichten); Kapitalbeteiligungen (Kapital); Interlocks (Interessen)
Soziales Netzwerk	Entscheider	Persönliche Beziehung (Interessen)
Güternetzwerk	Transfermechanismen, Transformationsmechanismen	Transportsysteme (Güter und Dienstleistungen)
Datennetzwerk	Informationsverarbeitungssysteme (Mensch oder Maschine)	Kommunikationskanal (Daten)

5.3.1. Die Supply Chain als institutionales Netzwerk

Dieses Kapitel zeigt zunächst die Bedeutung des institutionalen Netzwerks für das Supply Chain Management und nennt dann die Instrumente institutionaler Vernetzung.

Zur Bedeutung des institutionalen Netzwerks für die Analyse einer Supply Chain

Die Analyse des institutionalen Netzwerks fragt danach, ob zwischen Akteuren, die leistungswirtschaftlich verbunden sind, auch institutionale Beziehungen bestehen. Beziehungsweise umgekehrt und indikativ für das Supply Chain Management: Bestehen zwischen Unternehmen in der Supply Chain, die leistungswirtschaftlich unverbunden sind, dennoch institutionale Verknüpfungen? Nach einer soziometrischen Analyse einer konkreten Supply Chain wird man möglicherweise überhaupt kein „richtiges" Netzwerk vorfinden, sondern lediglich eine Anzahl unverbundener Knoten (Unternehmen), beziehungsweise, um in die soziometrische Tabellensicht zu springen, eine mehrheitlich mit Nullen gefüllte Beziehungsmatrix. Die Verknüpfung zwischen den institutionalen Akteuren fällt regelmäßig sehr viel spärlicher aus, als deren leistungswirtschaftliche Vernetzung. Grundsätzlich ist es ja auch möglich, Leistungsaustausch ohne institutionale Besicherung zu praktizieren.

In dieser Untersuchung die Existenz eines institutionalen Netzes zu unterstellen, entspringt folgenden Überlegungen. Erstens ergibt sich dessen Relevanz unter Verweis auf die möglichen Entwicklungspfade einer Supply Chain (Zenger und Hesterly 1997). Bildet sie sich ausgehend von einem hierarchischen Arrangement (Infusion of Market), kann das institutionale Netzwerk als der für eine Minimalkoordination erforderlich angesehene „Hierarchie-Rest" sein. So etwa, wenn die gesellschaftsrechtlich ausgegliederte Tochter eines Textilherstellers nun den zuvor im Mutterunternehmen betriebenen Einzelhandel für das Unternehmen übernimmt, das Mutterunternehmen sich aber zur Wahrung der Interessen ein Mitspracherecht über eine Beteiligung sichert. Bildet sich die Supply Chain ausgehend von einem Marktarrangement (Infusion of Hierarchy), kann das institutionale Netzwerk als institutionaler Überbau zur Koordinationssicherung erforderlich werden. In der Sprache von Chandler (1977) wäre das institutionale Netzwerk dann die „Visible Hand". Die Akteure in der Supply Chain erachten den Markt als für zu bedeutend, als ihn allein den Marktkräften zu überlassen - ein Manipulationsmedium wird geschaffen.

Zweitens ist die klassische organisationstheoretische Begründung relevant: Unternehmen scheuen auf der einen Seite die Bildung enger interorganisationaler Beziehungen, da dies ceteris paribus mit einem Verlust an Autonomie verbunden ist. Sie streben auf der anderen Seite jedoch nach stabiler Absicherung der Bezugswege für überlebenswichtige Ressourcen (Aldrich und Pfeffer 1976; Yuchtman und Seashore 1967). Eine institutionale Vernetzung stellt eine unter mehreren Optionen (Kooptation, Joint Venture, Kartell, ...) dazu dar (Pfeffer 1972). Das Motiv der Vernetzung ist demnach die Kontrolle über das Umfeld oder zumindest die Reduktion der Abhängigkeit von diesem Umfeld (Resource Dependence View). [197]

Das Ergebnis der Vernetzung ist eine spezifische Machtstruktur zwischen den Unternehmen, die mitunter auch mit den Etiketten „Industriestruktur", „Branchenstruktur", „Corporate Network" oder „Networks of Corporate Power" diskutiert wird. Die aktuelle Fusionswelle dokumentiert den hohen unterstellten Erfolgsbeitrag dieses Gefüges. Auch von akademischer Seite wird der institutionalen Vernetzung große Aufmerksamkeit gewidmet. Eine Fülle empirischer Studien (Useem 1984; Mintz und Schwartz 1985), sehr viele davon auf Japan gerichtet (Lincoln et al. 1992; Asanuma 1989; Gerlach 1992a), widmet sich dem Phänomen. Die japanischen Unternehmen, so deren Ergebnis, nutzen die Verknüpfungsinstrumentarien intensiv. Dort existieren ausgefeilte institutionale Strukturen, mit denen sich die Unternehmen in ein komplexes Gefüge von Wettbewerb und Kooperation („Coopetition") versetzen: „Over the course of time, structures of cooperation have become institutionalized features of the Japanese industrial landscape. Six major keiretsu now exists in Japan: the Mitsui, Mitsubishi, Sumitomo, Fuji, Sanwa, and Dai-Ichi Kangyo groups. Although various differences exist in the coherence of this six groupings, they have nevertheless demonstrated generally similar patterns of membership and activities. ... Each has used monthly presidents' councils as a forum for interaction among members companies' top executives." (Gerlach 1992, S. 110).[198] Diese Studien liefern dokumentierende Aussagen über die Machtstruktur in einer Branche oder einem Konzern, vergleichende Aussagen über die strukturelle Kohärenz innerhalb verschiedener Unternehmensgruppen oder theoriebildungsorientierte Aussagen über den Beitrag struktureller Kohärenz zur Erklärung von Unternehmensprofiten mithin also die Beurteilung des produktiven Werts einer Gruppe.

Im Gegensatz zu anderen betriebswirtschaftlichen und soziologischen Partialdiskussionen umschifft die Supply Chain Management-Diskussion diesen Aspekt der Integration der Supply Chain mehrheitlich. Institutionale Integration wird kaum thematisiert.[199] Die nachfolgende Diskussion wird aber zeigen, dass es sich durchaus lohnt, darüber nachzudenken. Wie Kapitel 6.4 zeigen wird, kann das institutionale Netz Verhaltensunsicherheit reduzieren und

[197] Als eskalierende Formen dieses Kontrollstrebens können Fusionen oder Unternehmenskäufe angesehen werden. In beiden Fällen verlieren jedoch zuvor rechtlich selbständige Unternehmen ihre Existenz und werden Bestandteil hierarchisch koordinierter Arrangements. Institutionale Vernetzung kann daher als marktorientierte Variante des Strebens nach Reduzierung von Unsicherheit angesehen werden.

[198] Kursivestellung im Original nicht übernommen.

[199] Eine Ausnahme mag etwa in der diesbezüglich bereits zitierten Arbeit von Fine (1998) gesehen werden.

liefert damit eine fundamentale Basis für die Rechtfertigung idiosynkratischer Investitionen in die Supply Chain. Die Indikatoren und Treiber institutionaler Integration sind damit grundsätzliche Kandidaten für die Informationsbasis.

Die Instrumente institutionaler Vernetzung

Das interorganisationale Gefüge von Beziehungen kann mit Hilfe der Netzwerktheorie dargestellt werden. Die einzelnen Unternehmen werden als Knoten, deren Beziehungen untereinander als Kanten abgebildet. Trotz der bereits vorgenommenen Kategorisierung der Austauschbeziehungen verbleibt auch diese Partialsicht immer noch vielschichtig, da sich Unternehmen einer Vielzahl von Verknüpfungsinstrumenten bedienen können, um ihre Interessen zu verfolgen. Hier werden folgende Instrumente unterschieden: Kooperationsverträge, Kapitalbeteiligungen, Interlocks und Koordinationsinstanzen.

Kooperationsverträge

Unternehmen binden sich mit ihrem Umfeld über eine Vielzahl von Verträgen. Austauschprozesse werden von (Kauf-) Verträgen begleitet. Hier werden aber lediglich Kooperationsverträge beachtet. Kooperationsverträge binden zwei oder mehrere Akteure über einen längeren Zeitraum aneinander und fördern deren kooperative Zusammenarbeit unabhängig von einzelnen Transaktionen. Das Ziel besteht darin, die Beziehungen zwischen den Unternehmen zu stabilisieren und damit Unsicherheit zu reduzieren. Pfeffer (1972) spricht allgemeiner von langfristigen Verträgen (Long-term Contracts); hier soll aber einschränkender von Kooperationsverträgen gesprochen werden, weil zum Beispiel langfristige Mietverträge für Gebäude bereits sprachlich ausgegrenzt werden sollen. Kooperationsverträge können formal oder informal geschlossen werden. Sie beinhalten unabhängig davon aber zwei Komponenten (Macaulay 1963, S. 56). Eine rationale Planung des zu regulierenden Vertragsinhalts sowie den Verweis auf Sanktionen um die Einhaltung des Vertrages zu fördern oder bei Nichteinhaltung die Kompensation des Geschädigten zu regeln.

Kapitalbeteiligungen

Zwischen den Unternehmen können weiterhin gesellschaftsrechtliche Beziehungen bestehen. Mögliche Ausprägungen sind ein- oder gegenseitige Kapitalbeteiligungen. Über die Kanten der damit entstehenden Vernetzung von Unternehmen fließen Kapital und Mitspracherechte. Ebenfalls als ein Teil dieses Vernetzungsmodus‘ sollen bedeutende Kreditvergaben und gegenseitigem Aktienbesitz [200] unter den Partnern in der Supply Chain angesehen werden.

Director Interlock

Eine in der Literatur viel diskutierte Praktik institutionaler Vernetzung ist der ein- oder gegenseitige Austausch von Aufsichtsräten oder anderen hochrangigen Interessenvertretern und

---

200 Für westliche Verhältnisse mag gegenseitiger Aktienbesitz vertikal kooperierender Unternehmen eher ein Ausnahme sein. Wie Lincoln et al. (1992, S. 563 ff) berichten, ist dies aber zum Beispiel in Japan eher die Regel als die Ausnahme. Während in den USA rund 50 Prozent des Aktienvolumens institutional gehalten wird, sind das in Japan rund 75 Prozent. Zudem sind die institutionalen Anleger in den USA mehrheitlich Pensionskassen und andere Kapitalsammelstellen. Nicht so in Japan; dort halten Industrieunternehmen in großem Umfang Aktienpakete der Unternehmen, mit denen sie im Leistungsaustausch stehen.

Koordinatoren. Die Literatur nennt dies häufig „Director Interlock" (Mariolis und Jones 1982; Scott 1991; Haunschild und Beckman 1998); hier soll kürzer von „Interlock" gesprochen werden. Üblicherweise sind damit Mitglieder des Aufsichtsrats gemeint, die im einstufigen us-amerikanischen Board-System neben den „Executives" auch als Direktoren bezeichnet werden. Ein Interlock entsteht, wenn ein Direktor zeitgleich in mehreren „Boards" sitzt (Useem 1984, S. 38; Mintz und Schwartz 1985, S. 127).

Die Motive für Interlocks sind vielfältig. Während in älteren Analysen das Kontrollmotiv im Vordergrund steht, gehen aktuelle Beiträge von verschiedenen Gesichtspunkten aus. Dazu gehören (Mintz und Schwartz 1985, S. 127): Kontrolle und Einflussnahme, nicht-hierarchische Koordination, Kommunikation, persönliche Bindungen des Top-Management sowie die Bildung eines „Inner Circles". Die vielfältigen Motive weisen bereits auf einen schwierigen Umgang des Supply Chain Managements mit dem institutionalen Netz hin. Das Supply Chain Management kann das institutionale Netz (ebenso wie die anderen Partialnetze) instrumentalisieren, so die in Kapitel 6.4 noch auszuführende These. Die diffuse Motivlage wird dabei aber zu Interessenkonflikten führen. Wenn das Controlling die Wirksamkeit der institutionalen Vernetzung zur Förderung der Supply Chain Management-Ziele messen will, sind diese Interdependenzen zu beachten.

Die nachfolgenden Überlegungen sollen nicht mit der Implikation begonnen werden, ein gutes institutionales Netzwerk sei per se eng vernetzt, beziehungsweise eine Supply Chain sei institutional möglichst vollständig zu vernaschen. Es erscheint vielmehr angebracht, hier erneut auf den fehlenden normativen Charakter der Netzwerktheorie hinzuweisen. In der Literatur gibt es zwar reichlich Beispiele, in denen die damit implizierte Kausalität (dichtes Netz - viel Erfolg) zum Thema gemacht wird. So resümieren Lincoln et al. (1992, S. 561) etwa: „... keiretsu networks, like other institutions in Japanese economic life, are increasingly credited with conferring a key competitive advantage on Japan. For their member firms, keiretsu networks reduce costs and risk, facilitate communication, ensure trust and reliability, and provide insulation from outside competition." [201] Eine erweiterte Sichtung der Literatur stellt den Zusammenhang aber in Frage. Mizruchi und Galaskiewicz (1993, S. 56 ff) konstatieren nach einem Review entsprechender Studien keinen konsistent empirisch nachweisbaren Zusammenhang.[202] Trotz der unklaren argumentativen Gemengelage ist die Abbildung von Interlocks für diese Analyse aber von Bedeutung, da der Personalaustausch ohne Zweifel eine soziale Verknüpfung der Unternehmen bewirkt. Useem (1984, S.) hat für die USA gezeigt, dass der Kreis der Entsendeten erstens erstaunlich eng begrenzt ist und zweitens mehrfache Ent-

---

[201] Kursivestellung im Original nicht übernommen.

[202] Haunschild und Beckman (1998, S. 817) weisen ergänzend auf Studien hin, die zwar einen positiven Zusammenhang zwischen Interlock und der Kohärenz der strategischen Entscheidungsfindung konstatieren. Sie sehen aber das Erfordernis, ein Kontingenzmodell zu entwickeln, um die (dann situative) Vorteilhaftigkeit enger Interlocks konsistent nachweisen zu können.

sendungen pro Akteur üblich sind. Es entsteht ein „Inner Circle“ [203], der ein wirksames Netz persönlicher Beziehungen über die Unternehmen legt.

Zentrale Koordinationsinstanz

Der Aufbau einer zentralen Koordinationsinstanz ist ein weiterer Modus institutionaler Vernetzung. Als zentrale Koordinationsinstanz soll hier eine Gruppe von Entscheidern verstanden werden, die autorisiert ist, Entscheidungen zu treffen, die für mehrere Unternehmen in der Wertschöpfungskette Konsequenzen haben. Treffen sich Mitglieder aus verschiedenen Unternehmen, um einen gemeinsamen Produktions- oder Absatzplan zu verabschieden, soll dies als zentrale Koordination aufgefasst werden. Treffen sich diese Mitglieder regelmäßig und wird das Prozedere der Entscheidungsfindung durch einen Satz akzeptierter Regeln geleitet, soll von einer zentralen Koordinationsinstanz im Sinne einer institutionalisierten zentralen Koordination gesprochen werden. Mit dieser Explikation ist aber noch nichts über den Delegationsgrad der Koordinationsvollmacht oder über die Repräsentation der Einzelinteressen in der Instanz gesagt. Die Koordinationsinstanz kann autoritär oder partizipativ agieren. [204]

5.3.2. Die Supply Chain als Datennetzwerk

Bis in die Mitte der 80‘er-Jahre sahen sich Forscher, die sich der betriebswirtschaftlichen Kommunikationsforschung verschrieben hatten, immer noch in der Situation, ihre Argumentation zunächst mit der These beginnen zu müssen, Kommunikation sei mehr als ein zu vernachlässigender Produktionsfaktor. Die dazu verwendeten Begründungen rekurrierten mehrheitlich auf die Bedeutung der Kommunikation für eine reibungslose Koordination. Insbesondere stark arbeitsteilige Leistungsprozesse, so die These, sind fundamental davon abhängig, eine gute Kommunikationsinfrastruktur zu besitzen: „In an organization, whose success hinges upon the coordination of the efforts of all its members, the managers depend completely upon the quality, the amount, and the rate at which relevant information reaches them." (Bavelas und Barrett 1951, S. 368). [205] Die von Bavelas und Barrett beschriebene Situation trifft die Problematik des Managements der Supply Chain direkt. Dort steht ebenfalls die Koordination der ansonsten lokal und unternehmenszentriert agierenden Akteure im Vordergrund. Der Review der Literatur in Kapitel 4 hat auch gezeigt, dass in der Supply Chain Manage-

---

203 Der Begriff geht auf Useem (1984) zurück und bezeichnet eine abgrenzbare, kleine Gruppe hochrangiger Mitglieder des Top-Managements verschiedener Unternehmen mit landesweiter regionaler Ausdehnung, die sich in vielen Bereichen von Wirtschaft und Gesellschaft Einfluss verschaffen kann und die nach bestimmten Regeln besetzt wird und „funktioniert“. Useem (1984, S. 3): „Most business leaders are not part of what I shall term here the inner circle. Their concerns extend little beyond the immediate welfare of their own firms. But those few whose positions make them sensitive to the welfare of a wide range of firms have come to exercise a voice on behalf of the entire business community. Central members of the inner circle are both top officers of large firms and directors of several other large corporations in diverse environments. Though defined by their corporate positions, the members of the inner circle constitute a distinct semiautonomous network, one that transcends company, regional, sectoral, and other politically divisive fault lines within the corporate community."

204 Für diese Gestaltungsoptionen vergleiche noch einmal Kapitel 2.2.3.2.

205 Vergleiche auch ähnlich Rogers und Agarwala-Rogers (1976, S. 7): „Communication is a thread that holds the various interdependent parts of an organization together."

ment-Praxis der Gestaltung der Kommunikationsbeziehungen ein zunehmender Stellenwert beigemessen wird.

Eine Supply Chain als ein Kommunikationsnetzwerk [206] aufzufassen ist auf den ersten Blick plausibel, terminologisch aber durchaus problematisch und daher zu erläutern. Die Problematik entsteht, weil nahezu über jede der vielfältigen Beziehungen in den Partialnetzen, die hier analysiert werden, reichhaltig kommuniziert wird. Kommunikation ist ein Prozess, in dessen Verlauf „Ideen" zwischen Sendern und Empfängern übertragen werden, um deren Wissen, Einstellungen und Werte und/oder deren manifestes Verhalten zu beeinflussen (Rogers und Agarwala-Rogers 1976, S. 9). Kommunikation ist ein omnipräsentes organisationales Phänomen. Wenn Austin et al. (1997) etwa fordern, Bedarfsinformation sei schneller vom Point of Sale an alle Betroffenen zu leiten, ist damit sicher ein Kommunikationsproblem angesprochen. Gleiches gilt etwa für die Forderung, die Produktions- und Investitionspläne interorganisational abzustimmen. Die Abstimmung ist ebenfalls eine Form der Kommunikation. Strategisches Management „ist" Kommunikation, wenn schwache Signale aus einem turbulenten Umfeld akquiriert werden; Produktionsplanung und -steuerung „ist" Kommunikation, wenn die Planergebnisse an die produzierenden Einheiten verteilt werden; Marketing „ist" Kommunikation, wenn Werbebotschaften an die Kunden gerichtet werden; die Liste lässt sich beliebig fortsetzen. Bavelas und Barrett (1951) sehen Kommunikation als derart zentral, dass sie eine Organisation als ein Mechanismus zum Management von Informationsflüssen verstehen. Ebenso Rogers und Agarwala-Rogers (1976, S. 7): „From an open system perspective, an organization is an elaborate set of interconnected communication channels designed to import, sort and analyze information from the environment and export processed messages back to the environment."

Gerade diese Omnipräsenz der Kommunikation, wohl am treffendesten ausgedrückt in der Phrase von Watzlawick et al. (1967, S. 49) „... no matter how one may try, one cannot not communicate.", macht es auf der anderen Seite schwierig, das Kommunikationsphänomen in eine systematische Analyse einzuordnen. Das oben beschriebene institutionale Netzwerk könnte auch aus Kommunikationssicht analysiert werden. Noch stärker, und in der Tat auch unausweichlich, ist die Durchsetzung des Netzwerks personaler Kontakte mit Kommunikationsprozessen. Personale Kontakte „sind" Kommunikation.

Dieses Analyseproblem führt aber nicht zwingend dazu, die Idee der Partialnetze aufzugeben. Es bedeutet vielmehr, die Omnipräsenz in den Griff zu bekommen. Das kann anhand einer Überlegung von Fisher (1978) erfolgen, der vorschlägt, Kommunikation aus vier unterschiedlichen Perspektiven zu interpretieren.

Diese werden hier in Anlehnung an Krone et al. (1987) bezeichnet als mechanisch, psychologisch, interpretativ sowie interaktionsorientiert. Die Sichten sind nachfolgend zu erläutern;

[206] Hier sei Vorab angemerkt: Auf den nächsten Seiten wird zunächst entgegen der Kapitelüberschrift von einem Kommunikationsnetzwerk gesprochen. Das Datennetzwerk ist ein Fragment des Kommunikationsnetzwerks.

vorab sei gesagt: Die Kommunikation aus der mechanischen Perspektive kann als ein separates Problemfeld abgegrenzt werden, das hier unter der Überschrift „Datennetzwerk“ behandelt wird. Mechanische Kommunikation überträgt Bits. Kommunikation ist dann gut, wenn alle gesendeten Bits in unverfälschter Form alle intendierten Empfänger erreichen. Das ist gleichsam der nachrichtentechnische Aspekt von Kommunikation. Diese Interpretation grenzt viel aus. Häufig kommuniziert man nicht, damit Bits verfügbar werden, sondern damit Empfänger ihr Verhalten oder ihre Einstellungen bestimmten Sachverhalten gegenüber ändern. Wenngleich dies auch voraussetzt, Bits zu übertragen, geht die Aufgabe doch darüber hinaus. Die anderen Perspektiven sind für das Supply Chain Management nicht minder wichtig, sollten aber getrennt von der Nachrichtentechnik diskutiert werden, weil damit auch deutlich andere Probleme und Lösungen verbunden sind. Die psychologische und interpretative Sicht werden also von der mechanischen Sicht separiert. Beide sind derart eng mit dem sozialen Partialnetz verwoben, das sie in dessen Analyse integriert werden können. Die pragmatische Sicht wird in die weiteren Überlegungen nicht einfließen. Für die weitere Behandlung der „Kommunikation“ bedeutet das: Nachfolgend ist zunächst die Unterscheidung der vier Kommunikationsperspektiven zu erläutern (Kapitel 5.3.2.1). Die Perspektive „mechanische Kommunikation“ wird dann herangezogen, um die Supply Chain als ein Datennetzwerk zu rekonstruieren (Kapitel 5.3.2.2). Die damit noch offenen Kommunikationsperspektiven werden in Kapitel 5.3.3 als Analysekategorie des Netzwerks sozialer Beziehungen behandelt.

5.3.2.1. Das Datennetzwerk als Ausschnitt der Kommunikationsbeziehungen

Das Datennetzwerk wird hier als ein Teil des Kommunikationsnetzwerks verstanden. Um die Breite des Kommunikationsphänomens ausleuchten und nachfolgend das Datennetzwerk dort einordnen zu können, werden nachfolgend zunächst die bereits zitierten Perspektiven der Kommunikationsforschung erläutert. Tabelle 35 gibt eine zusammenfassende Vorschau: In den Spalten sind die Kommunikationsperspektiven genannt. Die bei Fisher (1978) erwähnte interpretative Perspektive wird unten zwar kurz erläutert, in diese Synopse aber nicht aufgenommen, da deren Beachtung für die zu lösende Aufgabe nicht hilfreich erscheint. In den Zeilen sind Kriterien aufgelistet, die helfen sollen, die Perspektiven aussagekräftig zu beschreiben. Die Inhalte der Tabelle werden in den nachfolgenden vier Teilkapiteln erläutert.

Die weitere Diskussion wird sich zwar auf das Datennetzwerk konzentrieren, hier ist aber zunächst der umfassendere Kontext der „Kommunikation“ anzusprechen.

Tabelle 35 Perspektiven zur Analyse von Kommunikationsprozessen

Perspektive / *Kriterium*	*Mechanisch*	*Psychologisch*	*Interpretativ*
Ziel der Kommunikation	Informationsaustausch	Verhaltensänderung	Aufbau eines organisationalen Bedeutungsraums; Sinn(re)produktion
Konzeption der Nachricht	Nachricht als übertragenes Signal	Nachricht als Einfluss	Nachricht als Bindeglied
Kritische Komponente	Sender	Empfänger	Dyade
Kommunikationsobjekt: was ist zu übertragen?	Symbol („Bit")	Bedeutung, Nachricht	Persönliche Interpretation der Situation
Lokus der Kommunikation; wann und wo entsteht Kommunikation	Verteilung der Information; … auf der Kante	Übersetzung (De-/Kodierung) der Symbole; … im Empfänger	Akzeptanz oder Redefinition des Bedeutungsraums
Kommunikation ist „fertig", wenn	… die Information zugestellt ist	… der Empfänger das Symbol übersetzt hat	… ist nie „fertig".
Beurteilung der Kommunikationsqualität	- lexikalische Äquivalenz (Unversehrtheit, Vollständigkeit, Eindeutigkeit der Information) - Zeitliche und räumliche Verfügbarkeit der Information	- semantische Äquivalenz zwischen Sender und Empfänger - Grad an Mehrdeutigkeit in der Auslegung - bewirkte Verhaltensänderung; Entscheidungsqualität	- Akzeptanz des Bedeutungsraums - Spezifität des Bedeutungsraums - Abdeckungsgrad des Bedeutungsraums
Kritische Prozesse und Zustände	- Verteilung - Zusammenfassung - Veränderung durch den Sender - Verzerrung währen der Übermittlung - Verzögerung - Rauschen - Teilnahmebereitschaft (Senden, Empfangen)	- Informationsüberladung des Empfängers - intervenierende Dekodierungsstrukturen	
Zentrale Managementvariablen	- Vernetzungsgrad (Konnektivität) - Kapazität (Sender, Empfänger, Kanal) - Motivation (Sender, Empfänger)	- qualitative und quantitative De-/Kodierungskapazität - Nachrichteninhalt	

Kommunikation als Informationsaustausch: Die mechanische Perspektive

In der mechanischen, mitunter auch informationstechnisch genannten Perspektive bedeutet Kommunikation Informationsaustausch. Scherr (1998, S. 176) definiert: „Kommunikation bezeichnet … den Vorgang des Informationsaustausches zwischen einem Sender und einem Empfänger mittels bestimmter Zeichen und Codes …". Kommunikation erfolgt, um Nachrichten weiterzuleiten; die Nachricht selbst wird behandelt wie ein physisches Objekt, das über einen Kanal versendet, von anderen Akteuren aufgegriffen, vielleicht gelagert, verändert, rekonfiguriert und weitergereicht wird. Kommunikation ist ein mechanischer Prozess. Mitunter wird eine solche Betrachtung auch als „Informationslogistik" bezeichnet ter wird eine solche Betrachtung auch als „Informationslogistik" bezeichnet (Huber und Daft 1987, S. 142).

Kommunikation verfolgt das Ziel, Information zu übertragen, damit Empfänger darüber verfügen können. Die Perspektive ist ingenieurwissenschaftlich, insbesondere durch Shannons Informationstheorie geprägt. Information hat einen quasi-materiellen Zustand; deren Präsenz kann lokalisiert und gemessen werden. Information kann über einen Kanal übertragen, dabei gespeichert, sortiert, gruppiert und manipuliert werden. Information ist in den Kategorien einer TUL-Logistik handhabbar.[207] Die mechanische Perspektive selektiert aus dem Grundmodell der Kommunikation [208] einige relevante Aspekte heraus und vernachlässigt andere. Beachtet werden: der Kodierungsprozess, die Verteilung von Information über einen Kanal sowie die Dekodierung. Diese Vorgänge lassen sich in einer ingenieurorientierten Terminologie abbilden und berechnen.

Im Gegensatz zu den anderen Perspektiven ist eine Kommunikationssequenz in der mechanischen Sichtweise dann abgeschlossen, wenn die zu übermittelnden Symbole dem oder den Empfängern in einer dekodierbaren Form zugänglich sind; die Nachricht gilt als „zugestellt". Kommunikation entsteht bereits dann, wenn im empfangbarer Form gesendet wird. Was mit der Nachricht beim Empfänger passiert, bleibt in der mechanischen Perspektive ohne Beachtung. Dementsprechend selektiv sind auch die zur Beurteilung der Kommunikationsqualität heranzuziehenden Kriterien. Kommunikation gilt als gut, wenn die Information vollständig, eindeutig und lexikalisch unversehrt [209] übermittelt wurde. Die räumliche und zeitliche Verfügbarkeit der Information sind weitere Kriterien.

Für die Qualität der Kommunikation in der mechanischen Sichtweise ist eine Reihe informationslogistischer Prozesse mitbestimmend (Huber und Daft 1987, S. 146). (1) Nachrichtenverteilung (Message Routing): Der Akteur mit Außenkontakt (Sensor) bestimmt, an welche internen Units einlaufende Nachrichten zu verteilen sind. Damit bestimmt der Sensor die Verteilung der Informationslast (-überlast), die intern zu tragen ist. Üblicherweise geht es darum, sicherzustellen, dass einlaufende Nachrichten nicht unkontrolliert einer großen Anzahl Empfängern angeboten werden, da dies erstens deren Kapazität belegt und zweitens die Wahrscheinlichkeit ungewollter und mehrfacher aber unabgestimmter Interpretationen vergrößert. (2) Nachrichtenzusammenfassung (Message Summarizing): Zusammenfassung bedeutet, den Umfang der Nachricht zu reduzieren, dabei aber die Aussage nicht zu verfälschen. Ziel der Zusammenfassung ist es, die kognitive und logistische Belastung der empfangenden Einheiten zu reduzieren. (3) Nachrichtenverzögerung (Message Delay): Nicht alle Nachrichten können mit der gleichen Priorität weitergeleitet werden. Die begrenzte Kapazität des Sensors zwingt zur Vergabe von Prioritäten, die zu einer Verzögerung unwichtiger und zu einer Beschleunigung wichtiger Nachrichten führt. (4) Nachrichtenveränderung (Message Modifi-

---

[207] TUL steht für Transport, Umschlag und Lager.
[208] Vergleiche Kapitel 5.3.2.2.
[209] Krone et al. (1987, S. 23) sprechen von „Fidelity" (Genauigkeit).

cation): Mitunter werden Nachrichten vor der Weiterleitung nach innen inhaltlich verändert. Das Spektrum reicht von hilfreicher Anpassung an das erwartete oder verarbeitbare kognitive Niveau des Empfängers oder Fehlerentfernung bis hin zur bewussten Verfälschung der Nachricht.

Mangelnde Teilnahmebereitschaft an Kommunikationsprozessen ist ebenfalls ein kritischer Zustand. Sender und Empfänger besitzen die Möglichkeit, Kommunikationsprozesse zu stoppen, indem sie entweder versendbare Nachrichten nicht versenden, also horten [210] (Sender), oder empfangbare Nachrichten nicht empfangen oder empfangene Nachrichten nicht bearbeiten (Empfänger). [211]

Die zentralen Variablen des Managements zur Optimierung der „mechanischen Kommunikation" sind: (1) Kapazität (Sender, Empfänger, Kanal): In der ingenieurwissenschaftlich geprägten mechanischen Perspektive sind die bedeutenden Maßnahmen zur Optimierung der Kommunikation ebenso ingenieurwissenschaftlich geprägt. Der zentrale Verbesserungsansatz besteht darin, die Kapazität der beteiligten Komponenten zu erhöhen, also zusätzliche oder leistungsstärkere Sender, Kanäle oder Empfänger. (2) Technischer Vernetzungsgrad: Der Grad der Vernetzung einer Population (Connectivity) kann technisch und sozial definiert werden. Als technisch vernetzt gelten zwei Akteure, wenn sie über einen Kanal direkt miteinander kommunizieren können (Monge et al. 1998, S. 415). Soziale Vernetzung entsteht hingegen erst, wenn die Akteure von der Tatsache, technisch vernetzt zu sein, auch tatsächlich Gebrauch machen. Die Etablierung zusätzlicher oder der Ausbau bestehender Kommunikationskanäle wird dazu beitragen, die technische Vernetzung der Akteure zu verbessern. (3) Motivation: Soziale Vernetzung ist als ein Nutzungsgrad definiert (Monge et al. 1987, S. 415). Sender und Empfänger nutzen die bereitgestellten Potenziale in geringerem Umfang als geplant und produzieren damit nicht nur Leerkosten, sondern auch Qualitätseinbußen. Stellhebel des Management ist die Veränderung der Motivationslage für die Verweigerer. [212]

Kommunikation als Verhaltensbeeinflussung: Die psychologische Perspektive

Die psychologische Perspektive zur Analyse von Kommunikationsprozessen verlegt den Schwerpunkt der Betrachtung von den Kanten auf die Knoten. Die in diese Richtung arbeitenden Forscher interessieren sich für die Kodierungs- und insbesondere für die Dekodierungsprozesse, die beim Empfänger einer Nachricht ablaufen und dafür sorgen, dass Symbole in Bedeutungen transferiert werden. Ziel der Kommunikation aus der psychologischen Perspektive ist nicht die Übertragung von Zeichen, sondern die Beeinflussung des Empfänger-

---

[210] Bonacich (1990) widmet sich der Frage, warum Mitarbeiter in Unternehmen Informationen horten.

[211] Man mag über die Einordnung dieses Problems in eine der vier Perspektiven zu unterschiedlichen Ergebnissen kommen. Für die Einordnung in die psychologische Perspektive würde sprechen, dass Teilnahmeentscheidungen ebenfalls „Knoten-Phänomene" sind. Dagegen spricht jedoch, dass mangelnde Teilnahmebereitschaft kein psychologisches Problem in dem hier zu diskutierenden Sinne ist (Kodierungen, Dekodierung, Effekterzielung). Das Teilnahmeproblem soll daher als Teil der mechanischen Perspektive behandelt werden, weil es sich schließlich auch in den dort relevanten Kategorien manifestiert: nicht gesendet - nicht empfangen.

[212] Wie das im Detail erfolgen könnte, kann hier nicht diskutiert werden.

verhaltens.[213] Dass dazu Zeichen übertragen werden müssen, liegt in der Natur der Sache, ist aber nicht Selbstzweck. Kommunikation entsteht erst dann, wenn der Empfänger die Nachricht dekodiert und als verhaltensrelevanten Stimulus verarbeitet hat.

Die Qualität eines Kommunikationsprozesses kann in unterschiedlich weitreichender Form an zwei Kriterien beurteilt werden. In einer engeren Sicht ist die semantische Äquivalenz zwischen Sender und Empfänger ein Indikator. Zu fragen ist, wie gut sich die Bedeutung, die sich infolge des Dekodierungsprozesses beim Empfänger aufbaut (empfangene Bedeutung) mit der intendierten Bedeutung deckt, die der Sender dem Kodierungsprozess zu Grunde gelegt hat (gesendete Bedeutung). Die semantische geht über die lexikalische Äquivalenz der mechanischen Sicht hinaus. Letztere ist grundsätzlich Ursache für erstere; lexikalische Unschärfen werden semantische Unschärfen forcieren, wobei homophile Diskutanten trotz lexikalischer Inäquivalenz dennoch semantische Äquivalenz erreichen können. Voraussetzung zur Ermittlung des erreichten Niveaus an Äquivalenz ist jedoch zunächst, dass der Sinn der Nachricht für den Empfänger eindeutig erkennbar ist. Das muss nicht zwingend gewährleistet sein; der Empfänger mag zu konkurrierenden Deutungen, was gemeint sein könnte, kommen (Blatant Ambiguity; Stohl und Redding 1987). Daneben ist ein weiterer Fall zu beachten: Stohl und Redding (1987) sprechen von subtiler Mehrdeutigkeit (Subtle Ambiguity), wenn der Empfänger zwar zu einer subjektiv eindeutigen Interpretation gekommen ist, sich diese aus objektiver Sicht aber als inkongruent zu der des Senders herausstellt.

In einer erweiterten Form wird Kommunikation daran gemessen, ob die intendierte Verhaltensänderung erzielt wird; also ob der Empfänger einen Zugewinn an Wissen erzielt, ob sich dessen Werte und Einstellung und ob sich dessen Verhalten ändert. Da Verhaltensänderungen im letztgenannten Sinne das Ergebnis von Entscheidungsprozessen sind, kann Kommunikation auch daran gemessen werden, ob sie die Qualität der Entscheidungsprozesse in dem vom Sender intendierten Sinne verbessert.

Kritische Zustände während des Kommunikationsprozesses sind die Informationsüberladung des Empfängers sowie intervenierende Dekodierungsstrukturen. Beide senken die Wirksamkeit der Kommunikation. Informationsüberladung verhindert eine sachgerechte Beachtung der Nachricht durch den Empfänger, der infolge zu rasch einlaufender oder zu komplexer Stimuli überfordert ist. Die kommunizierte Nachricht „geht unter". Eine intervenierende Dekodierungsstruktur führt hingegen zu einer Veränderung der Dekodierungslogik. Der Empfänger entschlüsselt die Nachricht unter dem Einfluss intervenierender Strukturen [214] anders als bisher und damit für den Versender unvorhergesehen. Eine intervenierende Dekodierungsstruktur ist das psychologische Pendant zum „Rauschen" (Noise) der mechanischen Perspektive.

---

[213] Wobei „Verhalten" erneut in der oben definierten Weise verstanden werden soll: Wissen/Know-how, Werte und Einstellungen sowie beobachtbares Verhalten im engeren Sinne.

[214] Solche Strukturen können etwa sein: persönliche Erlebnisse, erweiterte Wissensbasis, veränderte theoretische Modelle.

Wenn organisationale Kommunikationssequenzen nicht die gewünschten Verhaltensänderungen produzieren, können Maßnahmen zur qualitativen oder quantitativen De-/Kodierungskapazität eingeleitet werden. Damit können Informationsüberladungen reduziert werden. Weiterhin kann die verfehlte Verhaltensveränderung durch unwirksame Nachrichteninhalte verursacht sein; der Empfänger verfügt bereits über das gesendete Know-how, er hält die mit der Nachricht implizierte Wertvorstellung für inakzeptabel und verweigert die Verhaltensveränderung.

Kommunikation schafft intersubjektive Bedeutungsräume: Die interpretative Perspektive

Um über die interpretative Perspektive nachdenken zu können, ist es erforderlich, sich mit einem keinesfalls offensichtlichen, philosophischen Problem auseinander zu setzen. Interpretativ" arbeitende Forscher finden einen Konsens in der Aussage, dass das, was als organisationale Wirklichkeit erfahren wird, sozial konstruiert und damit keinesfalls a priori gegeben ist (Morgan 1997, S. 142). „Sie würden betonen, dass die Organisationsmitglieder in einer von ihnen selbst konstruierten Wirklichkeit agieren, dass bei der Konstruktion der Wirklichkeit die Interpretationen der Organisationsmitglieder eine entscheidende Rolle spielen und dass es jenseits der Interaktionen und Interpretationen keine (für die organisationstheoretische Betrachtung relevante) Wirklichkeit gibt." (Wollnik 1995, S. 308).

Um sich mit dieser philosophischen Position anzufreunden, mag es hilfreich sein, einen Gedanken von Berger und Luckmann (1966) einzubringen. Deren These ist, dass nicht nur eine, sondern eine Vielzahl sozialer Wirklichkeiten existiert. Zwischen diesen wechselt der Einzelne im Alltag, wahrscheinlich unbewusst, aber mit voranschreitender Sozialisierung zunehmend leichter, hin und her. Wenngleich auch eine dieser Realitäten, die des Alltags (Reality of Everyday Life), so umfassend ist, dass sie die Überzeugung, es gäbe alternative Wirklichkeiten, mitunter grotesk erscheinen lässt, sind die Alternativen doch existent. Der am Abend mit seinen Kindern spielende Manager taucht in diese alternative Wirklichkeit ebenso ein wie der Theaterbesucher, für den das hin- und herwechseln zwischen den Wirklichkeiten auch symbolisch durch das Heben und Senken des Vorgangs eingeläutet wird (Berger und Luckmann 1966, S. 25). Mit Beginn der Vorstellung wird der Zuschauer in eine andere Welt mit anderen Regeln befördert. Mit dem Ende der Vorstellung erfolgt die Rückkehr in die Wirklichkeit des Alltags. Dass diese Rückkehr bei Kindern nicht so rasch und vollständig erfolgt, zeugt von deren noch geringerer Dominanz des Alltags.

Hier ist kein ausreichender Raum, um die Erschaffung, Reichweite und Pflege dieser Wirklichkeiten detailliert zu diskutieren. Daher kann die Grundidee nur in wenigen Sätzen skizziert werden: Verbindliche soziale Wirklichkeit entsteht durch Institutionalisierung und nachgeschaltete Legitimisierung (Berger und Luckmann 1966). Wann immer Menschen zusammen leben und/oder ökonomisch interagieren, tun sie dies im Rahmen einer sozialen Ordnung.[215] Diese Ordnung ist durch institutionalisierte Handlungen geprägt. Institutionen entstehen durch reziproke Typifizierung habitueller Handlungen durch typifizierte Akteure (Berger und Luckmann 1966, S. 54). [216]

Die interpretative Perspektive unterscheidet sich sehr deutlich von den zuvor diskutierten Ansätzen. Kommunikation wird weder als ein zweckdienlicher und organisationaler Optimierung zugänglicher Prozess noch als ein Vorgang in einem bestehenden System angesehen. Kommunikation ist nicht länger eine abhängige Variable der Organisationsstruktur. Vielmehr ist Kommunikation ein unausweichliches Resultat sozialer Interaktion in deren nur bedingt steuerbarem Verlauf die Organisation als Teil der Wirklichkeit sozial (re-) konstruiert wird. „Thus, rather than passively submitting to some organizationally determined view of the workplace, the interpretive-symbolic perspective posits that by virtue of their ability to communicate, individuals are capable of creating and shaping their own social reality." (Krone et al. 1987, S. 27).

Die Essenz von Kommunikation in der interpretativen Perspektive besteht darin, dass die Kommunizierenden die Bedeutungen und Wertungen, die sie Phänomenen beimessen, vergleichen, gegenseitig verstehen und auf längere Sicht entweder ablehnen, anerkennen oder einander anpassen. Kommunikation konstruiert einen Raum gegenseitig akzeptierter, intersubjektiver Bedeutungen, innerhalb dessen sie sich abspielt und für deren effizientes Funktionieren sie zugleich die Voraussetzung bietet. Kommunikation leistet interaktive Sinnproduktion und -reproduktion (Weick 1995; Wollnik 1995, S. 309). Dem physisch erkennbaren wird ein sozialer Bedeutungsschleier übergeworfen. Der organisationale Bedeutungsraum ist kein statisches, einmal festgeschriebenes Gebilde, sondern wird durch fortgesetzte Kommunikation permanent rekonstruiert (Morgan 1997, S. 141). Die Dynamik erkennt man, wenn man etwa nach einer längeren Abwesenheit an den Arbeitsplatz zurückkehrt. Ebenso wie nach einem „Black-out", etwa nach einem Unfall, wird dort eine Re-Orientierung auf den aktuellen Stand erforderlich.

Der psychologische Ansatz hat die Frage ausgeblendet, ob die Kodierungsschemata veränderlich sind. Dort wird lediglich erklärbar, warum Sender und Empfänger trotz lexikalischer Äquivalenz zu unterschiedlichen Bedeutungen gelangen können. Offen bleibt dort hingegen,

---

215 Berger und Luckmann (1966, S. 52) führen die Omnipräsenz sozialer Ordnung auf biologische Treiber zurück. Die unzulängliche biologische Ausstattung des Menschen zwingt ihn dazu, seinen Lebenserhalt in koordinierter Form mit seinen Leidensgenossen zu sichern. „These biological facts serve as a necessary presupposition for the production of social order."

216 Ein Institution entsteht also nicht bereits durch das Erlernen einer habituellen Handlung durch einen isolierten Akteur. Um diese geraffte Erklärung zu verstehen, ist es hilfreich, sich den unwahrscheinlichen Fall einer vollständig uninstitutionalisierten Gruppe vorzustellen. Eine solche Gruppe besteht aus Individuen, die (1) für den Anderen jeweils untypisch sind, das heißt, sich nicht auf bekannte Typen zurückführen lassen und (2) möglicherweise habituell, aber ebenfalls untypisch handeln. Die uninstitutionalisierte Gruppe birgt in diesem Sinn „Überraschungen", weil weder die Akteure noch deren Handlungen auf Bekanntes zurückführbar sind. Im Gegensatz dazu erlaubt die institutionalisierte Gruppe „erwartete", planbare Interaktionen: auf bekannte Typen rückführbare Individuen handeln in von der Gegenseite jeweils auf Typen rückführbaren Sequenzen. Eine Institution in dieser Gruppe kann vorsehen, dass eine Handlung vom Typ x durchgeführt wird durch einen Akteur vom Typ y (Berger und Luckmann 1966, S. 54).

ob und wie sich die Schemata verändern können. Der interpretative Ansatz widmet sich diesem Problem. Die Konstitution des Bedeutungsraums ist eine Folge fortgesetzter Kommunikation, in deren Verlauf gemeinsame Werte, Überzeugungen, Verständnisse und Sinnvermittlung entstehen. Für Morgan (1997, S. 138) sind all diese Begriffe Synonyme von „Kultur“. [217] Kultur ist demnach ein Prozess der Konstruktion sozialer Realität, in dessen Verlauf die Beteiligten dazu kommen, Situationen, Handlungen, Objekte oder verbale Äußerungen in einer bestimmten Weise zu interpretieren und bestimmten Konventionen zu folgen (Morgan 1997, S. 138). [218] Die Mitglieder eines Kulturkreises, und damit kann auch ein Unternehmen oder eine Unternehmensverbindung (Supply Chain) gemeint sein, kommen zu einem ähnlicheren Verständnis als solche, die nicht zu diesem Kreis gehören. Neue Mitglieder des Kulturkreises erlernen die Interpretationsmuster und tragen zugleich zu deren Mutation bei. Kultur wird über die Zeit internalisiert; sie erreicht eine holografische Qualität.

In der mechanischen Perspektive wird lexikalische Übereinstimmung verfolgt; in der psychologischen Sicht steht die Gleichheit der Kodierungsschemata im Vordergrund. Die interpretative Sicht geht darüber hinaus und betrachtet die Wertung und Einschätzung des Kommunizierten durch Sender und Empfänger. Das Empfangene wird interpretiert. Von Interesse ist, ob Sender und Empfänger zum gleichen Interpretationsergebnis gelangen. Bestimmte, insbesondere leistungsrelevante Bedeutungen, müssen identisch interpretiert werden, wenn organisationale Interaktion effizient ablaufen soll. Krone et al. (1987, S. 28) sprechen von Kongruenz: „Congruence refers to a consensus of meaning in interpreting events ...“. In einem Gespräch zwischen Vorgesetztem und Mitarbeiter ist etwas anderes, sich semantisch eindeutig darüber zu verständigen, dass Personal abgebaut werden muss, als zu bewirken, dass diese Nachricht von beiden Seiten gleich bewertet wird. Dieser Konsens, verstanden als Aufbau organisationaler Bedeutungsräume, wird durch Kommunikation wahrscheinlicher (Wollnik 1995, S. 309). Erst durch Kommunikation kann gegenseitiges, kongruentes Ver-

[217] Eine solche Gleichsetzung ist sehr verkürzend, da der Begriff „Kultur“ in der Betriebswirtschaftslehre keinesfalls eindeutig verwendet wird. Ganz im Gegenteil wird mit der hier intendierten Bedeutung auf eine ganz spezifische Interpretation abgezielt, die Smircich (1983) als „Organizational Symbolism“ bezeichnet. Smircich (1983) unterscheidet fünf Interpretationen von „Kultur“, die in die Organisationstheorie Eingang gefunden haben, von denen die stärker rezipierten vier Ansätze nachfolgend genannt werden: (1) Kultur als externe Konstante: Unternehmen agieren in einem Kulturkreis. Kultur ist eine exogene Variable, auf die das Unternehmen reagieren muss. (2) Kultur als interne Variable: Kultur ist eine von vielen manipulierbaren kritischen Erfolgsfaktoren. Unternehmen können erfolgreich werden, wenn sie eine „starke“ Kultur aufbauen. Die folgenden Interpretationen sehen Kultur nicht mehr als eine Variable oder Konstante, auf die das Unternehmen reagiert oder die es „hat“, sondern als eine Perspektive zur Analyse eines Unternehmens. (3) Kultur als „Stock of Knowledge“: Eine Organisation (=Kultur) ist ein System von Wissen und Know-how (kollektive kognitive Infrastruktur), das steuert, wie empirische Phänomene interpretiert werden (Frame of Reference) und welche Reaktionen opportun sind. In dieser Sicht ähnelt Kultur einem Paradigma. (4) Kultur als „Stock of Symbols“: Eine Organisation (=Kultur) wird interpretiert als ein symbolorientierter Diskurs, der von den Teilnehmern gelesen und entziffert werden muss, bevor Verständnis und produktive Teilnahme erfolgen kann. Die Entzifferung (Interpretation) der Symbole und der empirischen Phänomene (Experience) ist Bestandteil der Kultur.

[218] Für Morgan (1997, S. 139 ff) besteht Kultur aus einer Menge von Regeln (Normen; Man schaut in der U-Bahn seinem Gegenüber nicht minutenlang direkt in die Augen ...) sowie der Fähigkeit, diese Regeln und Normen situationsgerecht einzusetzen (Kann man sich auf einer Party am Kühlschrank selbst bedienen?).

ständnis (Shared Meaning) etwa für die Wertung geplanter Ziele, erreichter Zustände oder dazu in Gang gesetzter Prozesse und genutzter Potenziale aufgebaut werden. Kommunikation führt damit zu einer tendenziellen Vereinheitlichung der Interpretationen. Sie führt, wie Schütz (1932, S. 117 ff) es ausdrückt, zu einem besseren „Fremdverstehen".

Kommunikation ist Verhalten: Die interaktionsorientierte Perspektive

Die interaktionsorientierte, mitunter auch als „pragmatisch" bezeichnete Perspektive eröffnet erneut eine deutlich andere Sicht auf die Kommunikation. Während Kommunikation insbesondere in der psychologischen Perspektive in erster Linie als Ursache, nämlich als Ursache von Verhaltensänderungen analysiert wird, hebt die interaktionsorientierte Perspektive diese Trennung auf: Jede Form von Verhalten, nicht nur Sprechen, *ist* Kommunikation (Watzlawick et al. 1967, S. 22). „Rather than view behavior as an outcome or effect of the communicative act, pragmatics implies that communication and behavior are virtually synonymous." (Fisher 1978, S. 195). Dementsprechend fokussiert die Analyse der Kommunikation auch nicht auf die spezifischen Inhalte, sondern vielmehr auf den Verlauf der Kommunikationssequenz, des Kommunikationsprozesses.

In der mechanischen und psychologischen Sicht sind Aussagen wie „A kommuniziert mit ..." von Interesse. Dort geht es darum, den Erfolg des Kommunizierens an bestimmten Kriterien zu messen. Kommunikation ist eine zielgerichtete Handlung, die einem ökonomischen Kalkül unterworfen ist. Demnach wäre Kommunikation etwa dann sinnlos, wenn Gewissheit bestünde, den potenziellen Empfänger nicht zu erreichen. Die interaktionsorientierte Perspektive trennt sich von dieser voluntaristischen Sicht. Erstens kann sich der Einzelne der Kommunikation nicht entziehen. Das vielzitierte Wort in diesem Zusammenhang stammt auch von Watzlawick et al. (1967, S. 51), die häufig als Begründer der pragmatischen Kommunikationstheorie bezeichnet werden: „To summarize, a metacommunicational axiom of the pragmatics of communication can be postulated: one cannot not communicate." [219] Die Akzentverschiebung bedeutet weiterhin, dass Kommunikation als systembildend verstanden wird. Das soziale System ist ein Kommunikationssystem (Fisher 1978, S. 226). In einer formalen Organisation, etwa einem Unternehmen, existiert ein kontinuierlicher Kommunikationsstrom. Der Einzelne hat die Option, sich in diesen Strom einzuklinken oder darauf zu verzichten. [220] Kommunikation dort initiieren, wo zuvor keine Kommunikation bestand, kann er aber nicht. Kommunikation kann man nicht „machen", sondern nur daran partizipieren.

Eine Kommunikationssequenz besteht aus einer Reihe von (Sprech-) Akten. Ein einzelner Sprechakt erfolgt in der Dyade zwischen den Akteuren A und B und ist der elementare Baustein der Kommunikation (Fisher 1978, S. 225). Nachdem Kommunikation aber nur im Ausnahmefall auf eine Dyade beschränkt bleibt, ist die Analyse des Verhaltens des durch A angesprochenen Akteurs B ebenfalls von Interesse. Dessen Verhaltensweise ist zunächst durch den

[219] Kursivsetzung des Originals nicht übernommen.

[220] ... was aus pragmatischer Sicht aber auch als Kommunikation, eben als Nicht-Kommunikation, verstanden wird.

Sprechakt des A beeinflusst. Diese Bedingtheit heißt Interakt. Wenn die Reaktion des B in eine Erwiderung der Kommunikation gegenüber A mündet, wird von einem doppelten Interakt gesprochen (Weick 1995, S. 130). Die interaktionsorientierte Perspektive rekonstruiert Kommunikation, indem die Aneinanderreihung solcher (doppelten) Interakte beobachtet wird. Abbildung 71 zeigt ein Beispiel. Abgebildet ist der kommunikative Fortgang einer Ehekrise, in der der Ehemann sich aus dem Eheleben zurückzieht (1->2), dessen Ehefrau dieses Verhalten negativ kommentiert (2->3). Dieses Nörgeln führt zu weiterem Rückzug (3->4). Die Analyse solcher Sequenzen ist aus folgenden Gründen interessant:

Abbildung 71 Kommunikation in der interaktionsorientierten Perspektive: eine Kette von Interakten (Quelle: Watzlawick et al. 1967, S. 57; verändert)

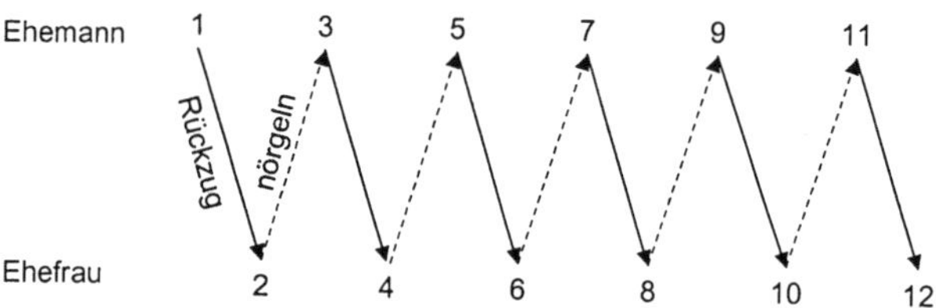

Redundanz, Vorhersagbarkeit, Unsicherheit

Von Redundanz wird gesprochen, wenn ein fokales Objekt höher verfügbar ist, als erforderlich, um einen bestimmten Zweck zu erfüllen. Redundanz kann sich auf materielle Objekte beziehen, so etwa auf Betriebsmittel, die aus Sicherheitsgründen mehrfach (redundant) vorgehalten werden, um die Realisierung eines Systemzwecks nicht durch unvorhergesehene Störungen zu gefährden. Redundanz ist aber auch eine Eigenschaft von Kommunikation. Das gilt für alle semiotischen Ebenen (Watzlawick et al. 1967, S. 35). Syntaktische Redundanz besteht, wenn die Anzahl der zur Kodierung eines Sachverhaltes verwendeten Zeichen reduziert werden kann ohne die eindeutige Dekodierung zu gefährden. Natürliche Sprachen sind in hohem Maße redundant. Erkennbar wird dies zum Beispiel, wenn ein Leser Worte trotz ausgelassener „Buchstabn“ noch lesen kann (Fisher 1978, S. 206).[221] Semantische Redundanz besteht, wenn der Sinn einer zu übermittelnden Nachricht auch dann bereits erschlossen werden kann, wenn nicht alle Zeichen transferiert wurden. Die alltägliche Kommunikation besitzt bedeutende semantische Redundanzen. Insbesondere in den eine Kommunikationssequenz einführenden und beendenden Phasen wird das erkennbar. Üblicherweise sind die Kommunikationspartner in der Lage, auch ohne exaktes Zuhören Smalltalk zu betreiben. In der interaktionsorientierten Perspektive ist die pragmatische Redundanz menschlichen Verhaltens (Kommunizierens) von Interesse. Redundanz bedeutet dann, auf Grund eines Ausschnitts beobachteten Verhaltens auf den weiteren Ablauf einer Interaktion schließen zu können. Redundante Interaktionen sind vorhersagbar, erlauben Verhaltensprognosen und reduzieren Unsicherheit. Negativ gewendet sind sie jedoch inflexibel und verhindern Anpassungen. Stabile

Interaktionen verengen den Möglichkeitsraum. Redundanz ist daher auch ein Maß für die Breite des Verhaltensspektrums. Für eine Extremform verweist Fisher (1978, S. 227) auf das Fliessband, indem maximale Redundanz mit den hier nicht im Detail zu diskutierenden positiven und negativen Folgen hergestellt wird.

Wenn Sequenzen oft genug stereotyp ablaufen, entsteht ein Muster (Pattern). Die interaktionsorientierte Perspektive ist davon geprägt, Kommunikation zu „verstehen", indem nach solchen Mustern gesucht wird (Fisher 1978, S. 225).

Phasen

Jenseits der Analyse des Interaktionsmusters (Interaction Pattern) sind im Kommunikationsverlauf üblicherweise unterschiedliche Phasen (Phasic Patterns) erkennbar. So etwa der Ablauf von „einführender Smalltalk" gefolgt von „thematischer Diskussion" und beendet mit „ausklingender Smalltalk". Aus dieser Sicht ist auch die in Abbildung 71 dargestellte Kommunikationssequenz lediglich eine Phase, die wahrscheinlich durch eine Beginn- und Abschlusssequenz eingerahmt wird.

Segmentierung (Punctuation)

Für die subjektive Bewertung von Kommunikationssequenzen durch die Kommunikanten ist es von Bedeutung, in welche Segmente der Prozess zerschnitten wird (Watzlawick et al. 1967, S. 56 ff). Die Ehekrise in Abbildung 71 besteht aus Sicht des Ehemannes darin, dass seine Frau ihn kritisiert und er damit „reagiert", sich zurückzuziehen. Der Interakt ist aus seiner Sicht mit dieser defensiven Maßnahme beendet. Ein weiterer wird aber durch die nächste Kritik eingeläutet. Die Ehefrau hingegen schneidet die Interaktion aus ihrer Sicht. Sie nimmt den Rückzug des Mannes als auslösende Aktion wahr und reagiert in der bereits bekannten Form. In einer Reihe organisationaler Situationen wird von beiden Kommunikanten eine Kenntnis der üblichen Segmentierung der Interaktion erwartet. So wird etwa der Vorgesetzte erwarten, dass ihm in einem Gespräch mit einem Mitarbeiter das Recht zukommt, ein Thema zu beginnen (den Interakt einzuläuten) und bei Bedarf abzuschließen. Das es dabei zu gegenseitigen Fehleinschätzungen über den Taktgeber kommen kann, zeigt das Beispiel der Ratte im Versuchslabor, die den Wissenschaftler trainiert: mit jedem Auslösen des Kontaktes gibt er Futter in den Käfig.

5.3.2.2. Rekonstruktion der Supply Chain als Datennetzwerk

Eine Supply Chain besteht aus einer Vielzahl informationsverarbeitender Einheiten. Einige sind Menschen, andere Maschinen. Bevor die Kette rekonstruiert werden soll, ist es sinnvoll, sich kurz mit den Grundmodell von Kommunikationsprozessen vertraut zu machen.

Grundmodell des Kommunikationsprozesses

Abbildung 72 zeigt das Grundmodell der Kommunikation. Kommunikation beginnt demnach mit der Übermittlung einer Nachricht durch den Sender, der ein Individuum, eine Gruppe oder eine Organisation sein kann. Die Nachricht besteht aus Symbolen, die sowohl für den

---

221 Computersprachen sind in diesem Sinne üblicherweise redundanzfrei. Eine Variation der Syntax führt ent-

Sender als auch für den Empfänger eine Bedeutung besitzen, wobei nicht sichergestellt sein muss, dass diese Bedeutungen gleich sind. Vor der Versendung muss der Sender die zu übertragende Bedeutung (seine Idee) kodieren. Kodieren bedeutet also, die zu übertragende Idee in eine dem gewählten Versandverfahren angemessene Form zu überführen (Kodierung: Bedeutung -> Symbol). Die kodierte Nachricht wird über ein Medium, den Kommunikationskanal übertragen. Dabei sind Massenmedien (1:n) und interpersonale Medien (1:1) zu unterscheiden.

Der Empfänger dekodiert die Nachricht; das heißt er übersetzt die empfangenen Symbole in Bedeutungen (Dekodierung: Symbol -> Bedeutung). Mit der Dekodierung erhält die Nachricht eine andere Qualität für den Empfänger. Bis zum Moment der Dekodierung ist Kommunikation ein einseitiger, senderdominierter Prozess, in dem dafür gesorgt wird, dass die Nachricht in einer „physisch" beobachtbaren Form vorliegt (Ostensively Displayed; Stohl und Redding 1987, S. 454). Mit der Dekodierung wird die Nachricht zu einem empfängerdominierten Event, der einer kognitiven Verarbeitung bedarf (Internally Experienced; Stohl und Redding 1987, S. 454). [222]

Damit Kommunikation entstehen kann, müssen Sender und Empfänger über ein Mindestmaß gemeinsamen Vokabulars verfügen; ohne diese Basis gibt es keine sinnvolle Dekodierung.[223] Jedoch wird es selten vorkommen, dass Sender und Empfänger vollkommen gleiche Routinen zur Kodierung und Dekodierung verwenden, so dass Dekodierungsfehler und Verzerrungen zwischen gesendeter und empfangener Kopie der „Idee" entstehen. Weiterhin ist zu beachten, dass sich das Dekodierungsverhalten des Empfängers über die Zeit verändert; eine gespeichert Nachricht führt so zu verschiedenen Zeitpunkten zu verschiedenen Dekodierungsergebnissen.

Der Effekt der Kommunikation besteht in der Veränderung des Verhaltens des Empfängers, wobei darunter Veränderungen des Wissens sowie des Know-hows, der Einstellungen, Werte und Überzeugungen sowie des beobachtbare Verhalten subsumiert werden. Üblicherweise ergibt sich dabei eine Sequenz: Zunächst wird Wissen und Know-how angenommen, dann folgt eine Anpassung der Werte und Einstellungen, die durch eine Verhaltensänderung im engeren Sinne gefolgt wird. Feedback ist die Reaktion des Empfängers auf die Nachricht. Positiver (negativer) Feedback bedeutet, dass die Verhaltensänderung (nicht) erreicht wurde. Feedforward ist Information über den Empfänger, die der Sender vor Beginn der Kommunikation akquiriert.

---

weder zu Verwechselungen oder zu Übersetzungsfehlern.

222 Die Kodierungs- und Dekodierungssequenz erinnert an die Kryptographie, also an die sicherheitsorientierte Verschlüsselung zu übertragender Nachrichten. Interessanterweise gehen die Grundlagen der Informationstheorie auf Shannon zurück, der sich zum Ende des zweiten Weltkrieges auf Seiten der Amerikaner intensiv in der Kryptographie geforscht hat (Rogers 1997, S. 411 ff).

223 Als Maß für diese gemeinsame Basis gibt die Homophilie an, in welchem Grad eine Dyade von Sender und Empfänger in Bezug auf bestimmte Attribute gleich sind.

Abbildung 72 Grundmodell der Kommunikation: Die in Symbole kodierte Bedeutung löst beim Empfänger einen Effekt aus

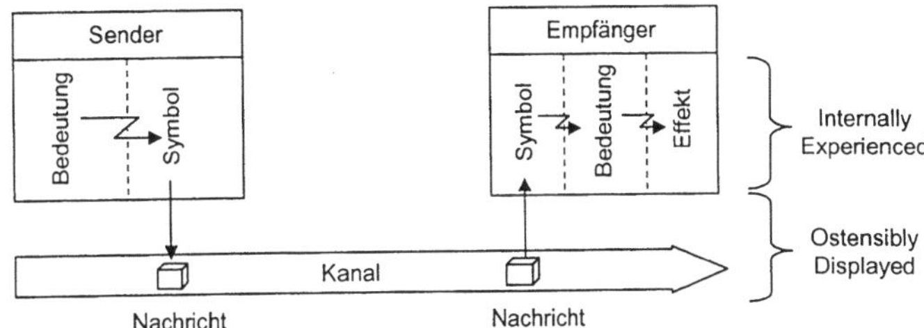

Sender und Empfänger als grundlegende Komponenten eines Kommunikationssystems sind in der Kommunikationstheorie abstrakte Mechanismen zur Verarbeitung von Informationen (Nachrichten). Abbildung 73 zeigt die dabei ablaufenden Prozesse: Die über verschiedene Kanäle verfügbaren Nachrichten werden importiert und sortiert. Die empfangende Kommunikationseinheit kann daraufhin eine Nachricht exportieren. Zuvor wird die empfangene Nachricht jedoch in einen Entscheidungsprozess analysiert. Um die Funktion des Weiterreichens von Information insbesondere in einem Netzwerkkontext hervorzuheben, sprechen Rogers und Agarwala-Rogers (1976, S. 109) von „Transceivern", in denen die Funktionen „Receive" und „Send" ineinander übergehen.

Abbildung 73 Prozesse zur Verarbeitung von Nachrichten innerhalb einer Kommunikationseinheit

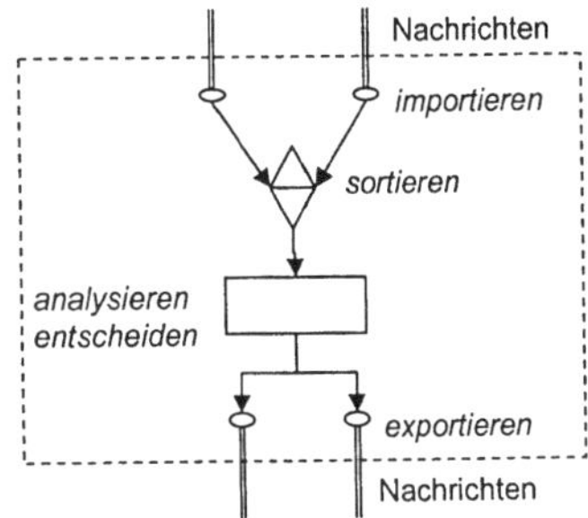

Einschränkung auf formale Information

In einem interorganisationalen Netzwerk wird eine Vielzahl von Informationen gesendet und verarbeitet. Diese Arbeit analysiert nur einen kleinen Ausschnitt daraus: Berücksichtigt wird lediglich die Kommunikation formaler Inhalte über formale Kanten. [224] Tabelle 36 zeigt, dass mit dieser Einschränkung ein erheblicher Teil täglicher organisationaler Kommunikation ausgeschlossen bleibt. Formal ist solche Kommunikation, die sich auf das Unternehmen bezieht und gleichzeitig durch den Sender als verbindliche Nachricht gesendet wird (offizielle Stellungnahme des Vorstands zum Quartalsergebnis); informal hingegen solche, die sich zwar

[224] Diese Systematisierung geht auf Downs (1966, S. 113) zurück, wurde aber verändert. Downs unterteilt in formal, subformal und personal.

auf das Unternehmen bezieht, aber nicht verbindlich gesendet wird (Stellungnahme des Vorstands zum Quartalsergebnis gegenüber seinen Kollegen). Kommunikation die das Unternehmen nicht betrifft, ist persönlich. Die Unterscheidung eines formalen und informalen Kanals bezieht sich auf das Organigramm. Kommunikation über einen formalen Kanal erfolgt ausschließlich entlang der Organigrammbeziehungen.

Tabelle 36 Systematisierung möglicher Kommunikationsformen anhand des Inhalts sowie des Kanals

Kanal / *Gegenstand*	*Formaler Kanal*	*Informaler Kanal*
Formal	Verteilung der Umsatzzahlen an alle Bereichsleiter	Weitergabe der Umsatzzahlen an einen Mitarbeiter eines anderen Bereichs
Informal	„private" Kommentierung der Umsatzzahlen an einen Bereichsleiterkollegen	„private" Kommentierung der Umsatzzahlen an einen Mitarbeiter eines anderen Bereichs
Persönlich	Gespräch über die Kinder im Kreis der Kollegen	Gespräch über die Kinder mit einen Mitarbeiter eines anderen Bereichs

Mit diesen Vorarbeiten (Grundmodell, Abgrenzung) ist es möglich, ein grobes, für diese Zwecke aber ausreichendes Modell der Supply Chain aus der Kommunikationssicht zu entwerfen (Abbildung 74). Die Knoten werden durch Datenverarbeitungssystemen im weitesten Sinne, die Kanten durch Kommunikationskanäle gebildet. Die Knoten nehmen die Basisfunktionen der Kommunikation aus der mechanischen Sicht wahr: Kodierung, Auswertung, Dekodierung, Versand, Empfang, Weiterleitung.

Abbildung 74 Rekonstruktion der Supply Chain als Datennetzwerk

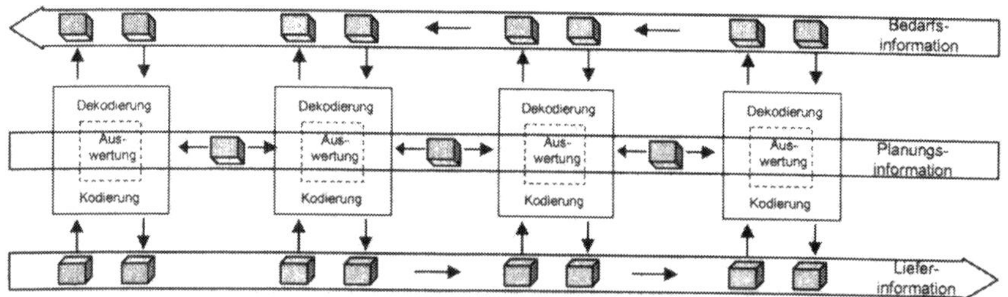

5.3.3. Die Supply Chain als soziales Netzwerk

Die Rekonstruktion der Supply Chain als soziales Netzwerk führt zu einem Arrangement aus Knoten und Kanten, in denen die Knoten einzelne Mitarbeiter in Unternehmen und die Kanten deren Beziehungen untereinander darstellen. Die Beziehungen sind sehr vielfältig. Auf einer groben Ebene können formale und informale Beziehungen unterschieden werden. Die formalen Beziehungen zwischen den Akteuren folgen den offiziellen Kanten des Organigramms beziehungsweise den offiziellen Standard Operating Procedures zur Abarbeitung interorganisationaler Kontakte. [225] Jenseits der formalen Beziehungen existiert ein Netzwerk informaler Beziehungen. „In addition to the formal structure of hierarchical statuses and patterned communication flows, every system has an informal structure that is also very much present." (Rogers und Agarwala-Rogers 1976, S. 81).

Für die Netzwerkanalyse ist die Unterscheidung relevant, da Menschen in formalen Organisationen dazu neigen, hinter den offiziellen Rollen und Beziehungen zwischen diesen Rollen, also hinter dem offiziellen Netzwerk, ein persönliches, informales Netzwerk aufzubauen. Ibarra (1993) spricht von „Prescribed versus Emergent Networks". Das informale kann strukturell dem formalen Netzwerk ähneln, wird üblicherweise aber nicht strukturgleich sein. Es folgt sowohl in der Entstehung als auch in der Pflege und De-Installation anderen Regeln. Auch wenn das persönliche Netz nicht Gegenstand der offiziell und nach Rationalitätsaspekten gestalteten Architektur des Unternehmens ist, beeinflusst es dessen Funktionsfähigkeit gravierend. Die Unternehmensführung mag in der Lage sein, in einem konstruktivistischen Akt neue Verbindungen in das organisationale Netzwerk einzuzeichnen. Wer etwa die Ausführungen von Austin et al. (1997) zur Bedeutung des Nachfragemanagements zur Kenntnis nimmt, mag als Geschäftsführer eines herstellenden Unternehmens verleitet sein, zwischen der eigenen Produktionsplanungsabteilung, den Produktionsplanern der vorgelagerten Zulieferer sowie die Disponenten und Einkäufern der nachgelagerten Handelunternehmen eine engerer Zusammenarbeit anzuweisen. Auch wenn dieser Entschluss durch die anderen Geschäftsführungen konsensual getragen wird, bleibt der Erfolg davon abhängig, ob es gelingt, die Kooperation auch auf die persönlichen Ebene auszudehnen. Hier entscheiden Sympathie, Motivation zur Kooperation oder Widerstände darüber, ob „Dienst nach Vorschrift" gemacht wird. Die Integration der Supply Chain ist immer auch eine „soziale" Integration.

Abbildung 75 zeigt einen beispielhaften Ausschnitt aus dem sozialen Netz, das zwischen der Verkaufsabteilung eines Zulieferunternehmens und der Einkaufsabteilung eines Herstellers existiert. Die informalen Beziehungen (gestrichelte Linien) sind zusätzlich zu den formalen Beziehungen (durchgehende Linien) eingezeichnet. In diesem konstruierten Beispiel wird deutlich, dass Akteur A entgegen seiner Position im Organigramm im informalen Netzwerk eine herausgehobene Position besitzt, da er sowohl vertikal als auch horizontal, in Richtung Kunde, ein dichteres persönliches Netz aufgebaut hat.

Akzeptiert man die produktive Logik des Netzwerks sozialer Beziehungen [226], erhält dieser Aspekt einen bedeutenden Stellenwert für die Analyse von Unternehmensverbindungen. Für diese Arbeit folgt daraus, das Netz persönlicher Beziehungen als separate Realität der Supply Chain zu identifizieren, zu modellieren und für das Controlling aufzubereiten. Diese Arbeit wird sich lediglich mit dem Netz interorganisationaler sozialer Beziehungen befassen. Die vermutlich noch sehr viel reichhaltigere Problematik der intraorganisationalen sozialen Beziehungen bleibt ohne Beachtung.

---

[225] Vergleiche dazu auch erneut Tabelle 36.

[226] In der von Max Weber geprägten frühen Organisationstheorie (Bürokratietheorie) ist die informale Organisation ein Fremdkörper, der die offiziellen Kommunikationswege mit negativen Auswirkungen durchkreuzt. Erst später wurde begonnen, die unausweichlichen sozialen Beziehungen in den Dienst der Wertschöpfung zustellen, gleichsam also aus der Not eine Tugend zu machen.

Abbildung 75 Die Supply Chain als soziales Netz: informale und formale Beziehungen vernetzen die Akteure

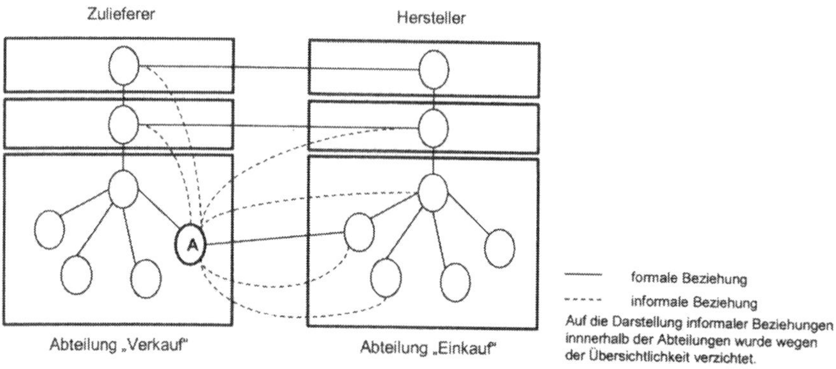

5.3.4. Die Supply Chain als Güternetzwerk

Konzentriert man die Analyse der Supply Chain nicht auf soziale oder Informationen austauschende Beziehungen, sondern auf Materialflüsse, entsteht ein deutlich anderes, wenngleich auch für den an Fragen des Supply Chain Managements Interessierten wahrscheinlich sehr viel vertrauteres Bild (Abbildung 76).

Abbildung 76 Die Supply Chain als Güternetz

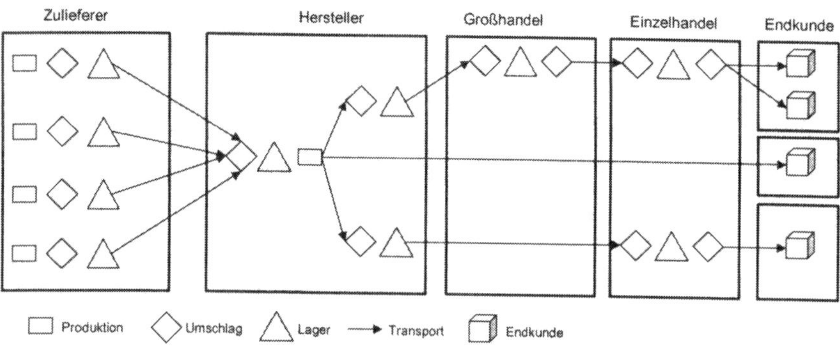

Es ist ein Bild, in dem Rohstoffe auf einem mitunter langen Weg zunächst in Halbfertigprodukte und dann in Fertigprodukte transformiert und über diverse Distributionskanäle und -stufen zum Endkunden transportiert werden. Die Knoten dieses Netzes werden gebildet durch Transformations- und Transfermechanismen.[227] Die Kanten stellen ausschließlich Transfermechanismen (Translokation: Transport, Grenzüberwindung) dar. Das Güternetz blendet institutionale und soziale Beziehungen aus. Dort ist es nicht von Bedeutung, ob etwa das in der Abbildung eingetragene Zentrallager des Herstellers vom Hersteller oder von einem

[227] Zu diesen Begriffen vergleiche Ihde (1984).

Logistikdienstleister betrieben wird. In dieser Darstellung ist allein relevant, ob dort gelagert wird und welche Handels- und Endkunden über dieses Lager versorgt werden.

5.4. Ziele und Mittel der Partialnetze sowie deren Ineinandergreifen

Nach Ansicht des Verfassers ist es erforderlich, die Gestaltung der Partialnetze an deren jeweiliger Aufgabenstellung zu orientieren. Nachdem der Versuch, eine Supply Chain anhand von Partialnetzen zu rekonstruieren und den einzelnen Netzen eine begründbare Aufgabenstellung zu verordnen, nach Kenntnis des Verfassers in der Literatur bisher nicht vorgenommen wurde, ist dies zu explorieren (Tabelle 37). Es ergibt sich eine filigrane Arbeitsteilung zwischen den Partialnetzen, die Abbildung 77 darzustellen versucht: Im Mittelpunkt des Supply Chain Managements besteht die Gestaltung des Güternetzes; dieses Netz erzeugt den Kundennutzen und damit den Profit. Die anderen drei Partialnetze haben die Aufgabe, die Leistungsfähigkeit des Güternetzes sicherzustellen.

Abbildung 77 Das Ineinandergreifen der Partialnetze: Ziele, Mittel und Voraussetzungen

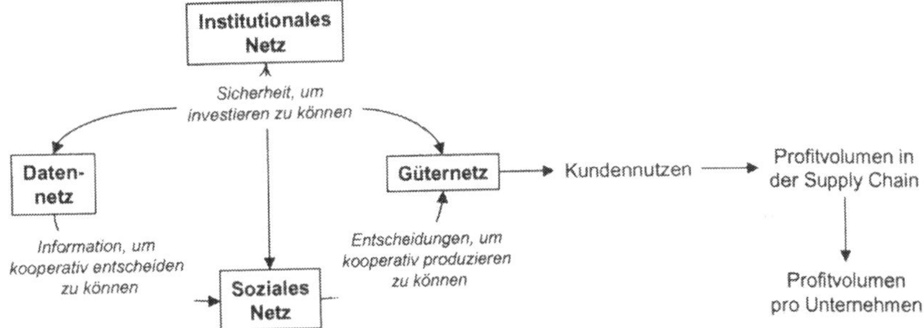

(1) Herausragende Bedeutung des Güternetzes

Allein das Güternetz produziert die Marktleistung (Sachleistungen oder Dienstleistung), generiert den Umsatz und damit den in der Kette verteilbaren Profit sowie den Profitanteil für das einzelne Unternehmen. Natürlich tragen die anderen Partialnetze auch dazu bei. Aber weder das Daten-, noch das soziale oder das institutionale Netzwerk produzieren unmittelbar Kundennutzen. Die Würdigung der mittelbaren Wertschöpfungsbeiträge dieser Netze wird weiter unten noch ausführlich vorgenommen. Hier erscheint es aber angeraten, die Arbeitsteilung zwischen den Netzen klar herauszustellen: Das Ziel eines einzelnen Unternehmens besteht darin, Leistungen in der richtigen Qualität [228] zu geringen Kosten an die Kunden zu liefern. Falls diese Ziele auch ohne kooperative Leistungserstellung [229] erreichbar sind, ist es nicht erforderlich, etwa in den Aufbau eines interorganisationalen Güternetzes zu investieren. Das ist quasi der Normalfall interorganisational arbeitsteiliger industrieller Produktion.

---

[228] Es mag sein, dass die Formulierung durch einige weitere „r's" (richtiger Ort, richtige Menge, ...) präzisierbar ist. Die weiteren „r's" stecken im Begriff „richtige" Qualität. Hier reicht diese kurze Form völlig aus.

[229] Der Begriff soll hier die komplette Sequenz von „Buy", „Move", „Make" und „Sell" einschließen.

Die Abweichung von diesem Normalfall, eben der Aufbau eines kooperativ agierenden Güternetzes, verursacht Kosten und ist über zusätzliche Nutzen zu rechtfertigen. Die aktuelle Stimmungslage des Supply Chain Managements scheint darauf hinzudeuten, dass sich die Investition rechnet. Die gleiche Ziel-Mittel-Beziehung gilt auch für die anderen Partialnetze. Wenn es den Unternehmen etwa gelingt, das Güternetz auch ohne das bewusste Management der anderen Partialnetze kooperativ zu betreiben, sind diese entbehrlich. Das Daten-, das soziale und das institutionale Netzwerk sind lediglich Mittel zum Zweck. Kein Unternehmen wird sich im Rahmen eines Supply Chain Management-Programms institutional binden, wenn sich dies auf kurz-, mittel- oder langfristige Sicht nicht positiv auf den Leistungserstellungs- oder -verwertungsprozess auswirkt. [230] Unternehmen werden ebenfalls nicht in den Ausbau des interorganisationalen Netzwerks personaler Kontakte investieren, wenn dies den Leistungsaustausch nicht fördert. Daraus folgt, dass die Entscheidung über Aufbau oder Aufrechterhaltung, Veränderung oder Demontage eines Partialnetzes an dessen Unterstützungsbeitrag für die Funktionsfähigkeit des Güternetzes zu orientieren ist.

(2) Ziele, Mittel und Ineinandergreifen der anderen Partialnetze

Abbildung 77 und Tabelle 37 zeigen weiterhin, dass diese Unterstützungsbeiträge kaskadiert wirken. Demnach besteht das Ziel des Güternetzes darin, Leistungen in der richtigen Qualität zu geringen Kosten an die Kunden liefern. Das Supply Chain Management versucht dieses Ziel zu erreichen, indem es eine kooperative Leistungserstellung anstrebt. Das soziale Netz wirkt unmittelbar unterstützend auf das Güternetz. Die hiermit aufgestellte zentrale These lautet: Effektive Kooperation in der Leistungserstellung (Buy, Make, Move, ...) bedarf kooperativer Entscheidungsfindung (Planung). Das kann die Beschaffungs-, Produktions-, Absatz-, Produktions- und Investitionsplanung betreffen. Das Ziel des sozialen Netzes ist es daher, eine interorganisational kooperative Leistungserstellung im Güternetz zu ermöglichen, indem kooperativ interorganisational entschieden (geplant) wird (Mittel). Um es erneut negativ zu sagen: Wenn Unternehmen nicht bereit sind, in der Leistungserstellung zu kooperieren (sondern in der traditionellen Arms-Length-Beziehung - wofür es weiterhin natürlich viele gute Gründe gibt), erübrigt sich auch die ressourcenintensive Pflege eines sozialen Netzwerks. Das zentrale Phänomen des sozialen Netzwerks ist die Kommunikation, hier verstanden aus der psychologischen sowie interpretativen Perspektive.

Den grundlegendsten Beitrag zum Aufbau des Netzgefüges leistet das institutionale Netzwerk. Alle drei anderen Netze bedürfen für Aufbau und Pflege idiosynkratischer Investitionen. Das sind solche Investitionen, deren Barwert sich jenseits der intendierten Verwendungssituation stark oder vollständig reduziert (Williamson 1981, S. 555). Die Vereinbarung gemeinsamer Standards für die Übertragung von Daten („Asset Specificity"; Datennetzwerk), die Pflege eines „Inner Circles" hochrangiger Entscheidungsträger („Human Asset Specifici-

[230] Freilich mag für ein Unternehmen eine Reihe anderer, mit dem Supply Chain Management unverbundener Gründe, für institutionale Bindungen existieren. So etwa ein verbesserter Zugang zu Märkten (Kapital, Arbeit, Produkt) infolge legitimisierender Kooperation mit einem „guten Namen".

ty"; soziales Netzwerk) oder die Abstimmung der physischen Maße für Kleinladungsträger (Güternetzwerk) sind Investitionen, die nur im fokalen Arrangement ihren Wert behalten, bei Ausscheiden eines Partners aus der Kette aber sicher für den Ausscheidenden und möglicherweise auch für die Verbleibenden eine Entwertung bedeuten. Solche Investitionen werden nur getroffen, wenn entweder die Wahrscheinlichkeit oder die Folgekosten des Ausscheidens Einzelner gering sind. Idiosynkratische Investitionen in die einzelnen Partialnetze werden bei hoher Unsicherheit über die Stabilität des Arrangements nicht getroffen. Unsicherheit unterminiert damit die Umsetzung erfolgversprechender Supply Chain Management-Maßnahmen. Es gilt, das unsichere Umfeld durch Verhandlungen im weitesten Sinne in den Griff zu bekommen (Negotiated Environment; Cyert und March 1963; S. 118 ff). Gäbe es entweder keine Verhaltensunsicherheit oder keinen Bedarf für idiosynkratische Investitionen, wäre der Aufbau eines institutionalen Netzes aus Sicht des Supply Chain Managements entbehrlich. Das zentrale Phänomen des institutionalen Netzes besteht in den Verhandlungen zur Schaffung ein-, zwei- oder mehrseitiger Abhängigkeiten und Bindungspotenzialen.

Tabelle 37 Das Ineinandergreifen der Partialnetze: Ziele, Mittel und Voraussetzungen

	Ziel des Partialnetzes	*Mittel*	*Zentrales Phänomen*
Güternetz	Leistungen in der richtigen Qualität zu geringen Kosten an die Kunden liefern …	… durch kooperatives Produzieren.	Transformation Transfer
Soziales Netz	Die kooperative Produktion im Güternetz ermöglichen …	… durch kooperative Entscheidungsfindung.	Kommunikation auf der psychologischen und interpretativen Ebene
Datennetz	Die kooperative Planung im personalen Netz ermöglichen …	… durch Aufbau von Transparenz.	Kommunikation auf der mechanischen Ebene
Institutionales Netz	Idiosynkratische Investitionen in den Partialnetzen ermöglichen …	… durch Reduktion von Unsicherheit.	Verhandlung; Schaffen von Abhängigkeiten und Bindungen

(3) Unterschiedliche Motive zum Management eines institutionalen Netzes

Das Gesagte geht davon aus, es sei Aufgabe des institutionalen Netzes, durch den Aufbau von Bindungspotenzialen die Arrangementunsicherheit zu reduzieren und damit die Basis für idiosynkratische Investitionen zu legen. Diese Überlegung kann auch als das „Public Goods"-Motiv bezeichnet werden. Die Akteure in der Kette erkennen die Problematik der drohenden Arrangementfriktionen und schaffen entweder auf Initiative eines Einzelnen oder der Gruppe das öffentliche Gut „Arrangementsicherheit".[231] Dieses Bindungsmotiv taucht auch in der Literatur auf. Pfeffer (1972) zeigt, dass Unternehmen fusionieren, eine extreme Form der institutionalen Vernetzung, wenn das institutionale Umfeld unsicher ist. Vertikal verbundene Unternehmen fusionieren, um symbiotische Interdependenz zu reduzieren (Pfeffer 1972, S. 382).

[231] Dass interorganisationale Gruppen in der Lage sind, sich mit öffentlichen Gütern zu versorgen, wird breit diskutiert. Für einen aktuellen Überblick vergleiche zum Beispiel Monge et al. (1998) oder Marwell und Oliver (1993).

Die betriebswirtschaftliche Theorie bietet neben der Public Goods-These weitere Erklärungsansätze, warum Unternehmen sich institutional binden.[232] Darauf ist kurz einzugehen, da zu begründen ist, warum hier gerade das Public Goods-Motiv unterstellt wird. (1) Das Koordinations-Motiv, das unter anderem im Marketing (Channel Research) entwickelt wurde, geht davon aus, das institutionale Bindung eine Machtposition schafft, die ein Koordinationsmonopol im Marketingkanal bereitstellt (Heide 1994). Voraussetzung dazu ist eine Machtasymmetrie. (2) Das Hedging-Motiv empfiehlt eine Beteiligung an solchen Unternehmen, die prospektiv gewinnbringende Positionen in der Wertschöpfungskette besetzen (Fine 1998). (3) Schließlich kann noch ein Imitationsmotiv beziehungsweise Legitimationsmotiv unterstellt werden, dass davon ausgeht, dass Unternehmen in einem organisationalen Feld einem Homogenisierungszwang unterworfen sind, der dafür sorgt, dass als erfolgreich erachtete Managementpraktiken adoptiert werden (DiMaggio und Powell 1983).

Diese Motive werden aus folgenden Gründen nicht in die Überlegung einbezogen: Das Koordinations-Motiv sowie das Hedging-Motiv sehen das Netzwerk utilitaristisch als Werkzeug eines fokalen Unternehmens, um seinen „privaten" Profit zu erhöhen. Unkoordinierbare Akteure werden durch enge Bindungen konditioniert. Lockende Profite in anderen Unternehmen durch Beteiligungen konsumiert. Diese Beweggründe sind nachvollziehbar, sehen eine Supply Chain aber nicht als Gruppe, die kollektiv eine Rente produzieren kann, sondern als Aktionsraum eines mächtigen Akteurs. Es mag offen bleiben, welchen Beitrag dieses Motiv zur Erklärung des empirisch erkennbaren Zusammenrückens in Wertschöpfungsketten hat; hier ist von Bedeutung, dass mit der Unterstellung dieses oder jenen Motivs andere Ziele und Mittel zu formulieren sind. Aus Sicht des Koordinationsmotivs wäre es sinnlos, pauschal Unsicherheit zu reduzieren. Es würde vielmehr darum gehen, gezielt die unkoordinierbaren Akteure institutional zu binden. Das Hedging-Motiv würde fordern, sich an dem wahrscheinlich profitabelsten Akteur in der Kette zu beteiligen. Das Imitationsmotiv mag ebenfalls einen Erklärungsbeitrag in der aktuellen Supply Chain Management-Euphorie besitzen. Als Ausgangspunkt für ein konsistente Ableitung von Gestaltungsempfehlungen und von Relevanzen für die Informationsbasis ist es aber nicht geeignet, da der Aufbau des institutionalen Netzes beziehungsweise, aus Sicht eines einzelnen Akteurs in der Kette, dessen Beteiligung daran, nicht mehr ein Mittel zum Zweck, sondern ein Zweck ist. Die Imitation allein legitimiert bereits.

(4) Useems Interviews - Weitere Motive für das Management des institutionalen Netzes

Auch wenn die Ressourcenabhängigkeitstheorie erklären kann, warum sich Unternehmen institutional und sozial binden (zum Beispiel über Interlocks), ist die Besicherung kommerzieller Transaktionen doch nicht das einzige Motiv. Ganz im Gegenteil, wie Useem (1984) argumentiert. Interlocks werden in der Regel nicht zur bilateralen Besicherung kommerzieller Beziehungen gelegt, sondern um Informationen über das Wettbewerbsumfeld und aktuelle Managementpraktiken aus erster Hand und über personale Kontakte auf höchster Ebene zu

[232] Für einen Überblick vergleiche Pfeffer (1972) sowie Oliver (1990).

erhalten (Business Scan; Useem 1984, S. 45): „The logic of interlocking directorate, I found, was not reducible to particularistic, pairwise ties between firms, but rather originated in an entirely different business consideration, and one that is far more likely to generate a diffusely structured network. The central dynamic lies instead in efforts by the large companies to achieve an optimal 'business scan' of contemporary corporate practices and the general business environment."

Das Supply Chain Management kann daher lediglich eine Komponente des Motivationsbündels zur Begründung institutionaler und sozialer Beziehungen sein. Die tatsächlich entstehenden Netzwerke dürfen in der beobachtbaren Faktizität daher weder allein dem Supply Chain Management zugeschrieben werden, noch darf allein das Supply Chain Management daran gemessen werden, wie rational die Netze gestaltet sind. Die Vielfalt der Motive kann diese Untersuchung aber nicht davon abhalten, aus Sicht des Supply Chain Management eben nur die genannten sehr speziellen Ziele zum Ausgangspunkt der Betrachtung zu machen und Effektivität nur in Bezug auf diese Ziele zu beurteilen.

5.5. Konsequenz: Für jedes Partialnetz Wirksamkeit und Voraussetzungen ermitteln

Die Bildung der Partialnetze sowie die Zuschreibung der jeweiligen Ziele und Mittel in den vorangegangenen beiden Teilkapiteln zeichnet die nächsten Schritte zur Begründung der Themen, die in die Informationsbasis für das Controlling aufzunehmen sind, im wesentlichen vor. In diesem Kapitel werden dazu noch zwei weitergehende Überlegungen angestellt.

5.5.1. „Wirksamkeit" und „Voraussetzungen" pro Partialnetz ermitteln: Acht Themenfelder für das Controlling der Supply Chain

Tabelle 37 hat das Ineinandergreifen der Wirkungsweise der einzelnen Partialnetze durch die Nennung der jeweiligen Ziele und Mittel dargestellt. Dieses Argument wird noch einmal aufgegriffen, um darüber hinaus auch den Mittelcharakter der Partialnetze in Bezug auf das einzelne Unternehmen, das sich für oder gegen die Teilnahme entscheiden muss, noch einmal herauszustellen. Tabelle 38 zeigt den Zusammenhang. Die ersten vier Zeilen sind eine Kopie von Tabelle 37. Die weiteren Zeilen zeigen jedoch, dass die Zweck-Mittel-Beziehung sowohl der Partialnetze als auch des Gesamtnetzes mit gleicher Logik auf ein einzelnes Unternehmen heruntergebrochen werden kann.

Die Partialnetze reduzieren Unsicherheit, bauen Transparenz auf, planen kooperativ und produzieren kooperativ. Diese Aspekte wurden bereits erläutert. Um die Wirkkette bis auf das einzelne Unternehmen herunterbrechen zu können, ist es jedoch erforderlich, zur Kenntnis zu nehmen, dass die kooperative Produktion erneut lediglich ein Mittel zum Zweck ist. Kein Unternehmen kooperiert des Kooperierens wegen. Das Ziel besteht vielmehr darin, das verteilbare EVA™-Volumen zu vergrößern. Das Supply Chain Management kann dazu lediglich einen unterstützenden Beitrag leisten, eben den der Kooperation. Daneben fließt ein ganzes Bündel anderer „Mittel" ein. So etwa der Beitrag modernerer Betriebsmittel, um Produktionskosten zu senken; der Beitrag motivierter Mitarbeiter, um den Umsatz auszuweiten; der Beitrag einer

Outsourcingentscheidung, um die Kapitalbindung und damit die Kapitalkosten als weitere Komponente des EVA™ zu senken.

Tabelle 38 Die Komplettierung der Zweck-Mittel-Betrachtung: Den Zusammenhang zwischen den Partialnetzen und der Teilnahmeentscheidung herstellen

Zu „controllendes" Netz bzw. Mechanismus	*Ziel des Netzes bzw. Mechanismus'*	*Durch das Netz oder den Mechanismus eingesetzte Mittel*
Institutionales Netz	Idiosynkratische Investitionen in den anderen drei Partialnetzen ermöglichen ...	... durch Reduktion von Unsicherheit.
Datennetz	Die kooperative interorganisationale Entscheidungsfindung (Planung) im sozialen Netz ermöglichen ...	... durch Aufbau von Transparenz.
Soziales Netz	Die kooperative interorganisationale Produktion im Güternetz ermöglichen ...	... durch kooperatives interorganisationales Entscheiden (Planen).
Güternetz	Ein hohes EVA™-Volumen für die einzelnen Unternehmen in der Supply Chain ermöglichen ...	... durch kooperatives interorganisationales Produzieren.
Profit-sharing-Mechanismus	Die Stabilität der Teilnahmeentscheidungen der einzelnen Akteure zu unterstützen ...	... durch „gerechte" Verteilung von Kosten und Nutzen.
Einzelnes Unternehmen in der Supply Chain	Das Erfolgsziel des Kapitalgebers unterstützen ...	

Das Controlling des Güternetzes steht daher vor zwei Aufgaben. Zunächst ist zu beurteilen, ob das Supply Chain Management-bezogene Ziel (kooperativ produzieren) erreicht wird und wie gut die Voraussetzungen dazu sind. Daneben ist das Güternetz aber auch das „Medium", über das sich alle anderen „Managements" am Markt manifestieren müssen, da allein das Güternetz die kausale Verbindung zwischen getroffenen Maßnahmen und verbesserten Erfolgen etablieren kann. Die zweite Aufgabe des Controllings des Güternetzes muss daher darin bestehen, zu ermitteln, wie viel EVA™ tatsächlich produziert wurde - ohne Rücksicht auf den Supply Chain Management-induzierten Anteil. Auf der Ebene des Supply Chain Management-orientierten Güternetzes bedeutet Effektivität, zu kooperativ zu produzieren. Auf der Ebene des Management-orientierten Güternetzes bedeutet Effektivität, EVA™ zu produzieren. Controlling sollte diese Aufgaben unterscheiden.

Die Tabelle weist auf eine weitere Ebene hin. Das in der Kette erwirtschaftete Profitvolumen (= Ziel des Gesamtnetzes) fließt den Unternehmen in einer durch die Umsätze bedingten primären Verteilung zu. Oben wurde bereits argumentiert, dass die primäre Verteilung in der Regel „ungerecht" ist, da die Kosten und Nutzen infolge der Supply Chain Management-Maßnahmen üblicherweise ungleichmäßig verteilt sind. Es ist ein Profit Sharing-Mechanismus aufzubauen, dessen Ziel darin besteht, die Stabilität der Teilnahmeentscheidungen der einzelnen Akteure zu unterstützen, indem Kosten und Nutzen „gerecht" verteilt werden. Erst das auf diesem Wege umverteilte Profitvolumen fließt den einzelnen Unternehmen zu und hilft dort, das für diese Betrachtung nun finale Ziel, den „Economic Value Added" für den Kapitalgeber, zu unterstützen. Der Profit Sharing-Mechanismus wurde zu Beginn der

Arbeit (Kapitel 1.6.7) von der Betrachtung ausgeschlossen. Die nachfolgenden Überlegungen werden sich daher allein auf die vier Partialnetze beschränken.

Nachdem mit dieser Überlegung die Felder festgelegt sind, in denen Controlling geleistet werden sollte, gilt es nun, sich den Relevanzen innerhalb dieser Felder zuzuwenden; konkreter geht es um die Frage, *was* controllt werden sollte. Tabelle 39 gibt die Antwort: Jedes Netz sollte erstens in Bezug auf die Zielerreichung sowie zweitens in Bezug auf die Voraussetzungen zur Zielerreichung beurteilt werden. Diese Zweiteilung ist ein Ergebnis der oben geführten Themen-Diskussion: Die Informationsbasis soll in erster Linie über den Status quo der Themen der Organisation aussagekräftig sein. Dazu dient die Aussage über die Zielerreichung. Über einen Status quo zu berichten, bedarf lediglich einer monothetischen Informationsbasis. [233] Nachdem in Kapitel 3.1.1.1 aber gefordert wurde, polythetisch zu dokumentieren, ist neben dem Status quo auch das Gefüge der Voraussetzungen, der innere Horizont des Themas, aufzunehmen.

Dort wurde argumentiert, dass ein Thema einen erschließbaren inneren Horizont hat, der über Subthematisierungen den aktuellen Status quo erklären kann. Die Zielerreichungsaussage allein kann das aber nicht leisten. Es mag durchaus kritisch diskutiert werden, wie tief das Controlling präsituativ Informationsbestände aufbauen sollte, um innere Horizonte aufzubauen. Eine Extremposition wäre, darauf komplett zu verzichten. Der Controller könnte dann zum Beispiel lediglich berichten, wie sich die Kennzahl EVA™ entwickelt hat; zu ursachenorientierten Details aber keine Antwort geben. Dass eine solche Position aber immer weniger repräsentativ für die Philosophie zur Gestaltung des innerbetrieblichen Rechnungswesens ist, verdeutlicht auch die laufende Diskussion über den Stellenwert nicht-finanzieller Kennzahlen. [234] Dort geht es nicht mehr um die Frage des „Ob" sondern lediglich um das „Wie" der Einführung von Metrics. Rechnungswesen soll, so der Tenor, frühzeitig und unverfälscht berichten. EVA™ bietet dies nicht. Erstens werden Profite und Kapitalkosten nur periodisch ermittelt. Frühzeitigkeit verlangt aber, auch zwischen Stichtagen berichten zu können. Zweitens führt die hohe Aggregation der Kennzahl zu Vermischungen der Effekte aus der Gesamtzahl der in der Berichtsperiode umgesetzten Maßnahmen. Akzeptiert man die Forderung, den inneren Horizont abzubilden, gilt es, rascher zu erhebende und isoliert berichtende Items in die Informationsbasis aufzunehmen. Im Idealfall dokumentieren diese Items jede Maßnahme des agierenden Supply Chain Managers erstens unverzüglich und zweitens ohne Verfremdungen.

---

[233] Zur Erinnerung: Eine monothetische Informationsbasis kann berichten, wie Kosten und Umsätze sind; eine polythetische hingegen zusätzlich, warum dies so ist.

[234] Vergleiche dazu unter anderem Atkinson et al. (1997a), Kaplan und Norton (1996), Ittner und Larcker (1998b) oder Hiromoto (1989a).

Tabelle 39 Die Fragen der Praktiker an die Supply Chain: Ziele, Kosten und Voraussetzungen

Grundsätzlich zu „controllendes" Netz beziehungsweise Mechanismus	*Themenfeld „Zielerreichung"*	*Themenfeld „Voraussetzungen"*
Institutionales Netz	Wird Unsicherheit reduziert?	Wie kann der aktuelle Stand erklärt werden? Wie gut sind die Voraussetzungen für eine Verbesserung der Zielerreichung?
Datennetz	Wird Transparenz erzeugt?	s.o.
Soziales Netz	Wird kooperativ interorganisational entschieden (geplant)?	s.o.
Güternetz	Wird kooperativ interorganisational produziert? Wird das EVA™-Ziel erreicht?	s.o.
Profit-sharing-Mechanismus	Werden Kosten und Nutzen „gerecht" verteilt?	
Einzelnes Unternehmen in der Supply Chain	Entsteht ein positiver „Return on Supply Chain Management"?	

Während Tabelle 39 die zu analysierenden Bereiche aus Sicht des für die Netzgestaltung verantwortlichen Managers formuliert hat (Wird Unsicherheit reduziert), übersetzt Tabelle 40 dessen Informationsbedarf in die daraus abzuleitende Informationsbereitstellungsaufgabe für das Controlling. Damit sind dann auch die Fragen für die folgende Detailuntersuchung pro Partialnetz genannt; am Beispiel des institutionalen Netzes demonstriert, sind dies: (1) Themenfeld „Zielerreichung": Anhand welcher Indikatoren kann beurteilt werden, ob Unsicherheit reduziert wird? (2) Themenfeld „Voraussetzungen": Anhand welcher Indikatoren kann abgeschätzt werden, wie gut die Voraussetzungen für weitere Reduzierungen sind? Damit ergeben sich acht Themenfelder für die Informationsbasis.

Tabelle 40 Das Arbeitsprogramm für das Controlling: Indikatoren definieren, um Zielerreichung und Voraussetzungsstatus pro Partialnetz ermitteln zu können

Grundsätzlich zu „controllendes" Netz beziehungsweise Mechanismus	*Themenfeld „Zielerreichung"*	*Themenfeld „Voraussetzungen" - Die Subthematisierungen des inneren Horizonts*	
Institutionales Netz	Anhand welcher Indikatoren beurteilen, ob Unsicherheit reduziert wird?	Anhand welcher Theorien begründen, warum der aktuelle Stand erreicht ist und wie gut die Voraussetzungen für Verbesserungen sind?	(Kapitel 6.4)
Datennetz	Anhand welcher Indikatoren beurteilen, ob Transparenz erzeugt wird?	s. o.	(Kapitel 6.3)
Soziales Netz	Anhand welcher Indikatoren beurteilen, ob kooperativ interorganisational geplant wird?	s. o.	(Kapitel 6.2)
Güternetz	Wird das EVA™-Ziel erreicht?	s. o.	(Kapitel 6.1)

Abschließend ist die Eintragung in der Zeile „Güternetz" in der Tabelle 40 noch zu kommentieren. Der Unterschied zur Tabelle 39 besteht darin, dass nun das Themenfeld „Zielerreichung" auf das EVA™-Ziel beschränkt wird. Damit wird für das Controlling die Frage ausgeblendet, ob im Güternetz kooperativ produziert wird. Die Ausblendung wurde im Hinblick auf eine kompaktere Argumentation vorgenommen. Wenn im sozialen Netz bereits über Indikatoren abgeprüft wird, ob kooperativ entschieden wird, geht diese Arbeit davon aus, unterstellen zu können, dass eine positive Prüfung (es wird kooperativ entschieden) auch von einer entsprechenden kooperativen Ausführung gefolgt wird.

5.5.2. Einschränkung: Die Produktivität der Netze im Sinne eines „Return on Supply Chain Management" wird nicht ermittelt

Das bisher erarbeitete Messprogramm ist zwar komplex, aber immer noch unvollständig, wenn man es an den üblichen Maßstäben einer umfassenden ökonomischen Analyse beurteilt. Das wird anhand einer Überlegung von Caplice und Sheffi (1994) deutlich (Abbildung 78).

Die Autoren haben sich mit der Systematisierung von Kennzahlensystemen befasst. Sie argumentieren, dass die Vielfalt der in der Literatur erkennbaren Kennzahlen auf eine simple Taxonomie zurückgeführt werden kann. In der Regel, so die Überlegung, werden ökonomische Vorgänge als Transformationsprozess dargestellt. Im Verlauf dieses Prozesses werden Inputs unter Verwendung von Ressourcen in Outputs transformiert. Soll der Prozess mit Kennzahlen belegt werden, stehen grundsätzlich drei generische Typen zur Verfügung: Auslastung, Produktivität und Effektivität. [235]

(1) Auslastung (Utilization): Auslastung wird definiert als „tatsächlicher Input / geplanter Input". Beispiele sind „tatsächlich nachgefragte Betriebsstunden an Regalförderzeugen in einem Lager / bereitgehaltene Betriebsstunden" oder „tatsächliche benötigte Lademeter auf der Tour München-Hamburg / bereitgestellte Lademeter". (2) Produktivität (Productivity): Produktivität wird definiert als „tatsächlicher Output / tatsächlicher Input). Beispiele sind „distribuierte Tonnage / Distributionskosten", „umgeschlagene Tonnage / Umschlagskosten". Die Produktivität misst die erreichte Effizienz des Transformationsprozesses. (3) Effektivität (Effectiveness): Effektivität wird definiert als „tatsächlicher Output / geplanter Output", also als Zielerreichungsgrad. Beispiele sind „tatsächlich distribuierte Tonnage / geplante Tonnage" oder „Anzahl Kommissionierfehler / Anzahl Kommissionen".

Ein Vergleich des erarbeiteten Messprogramms mit dieser Typologie zeigt die Lücke auf. Die Untersuchung bezieht sich lediglich auf die Effektivität der Partialnetze. Es wird jeweils ermittelt, ob gesetzte Ziele erreicht werden. Dies kann gemessen an der Typologie ohne konzeptionelle Abstriche ermittelt werden. Auf eine Produktivitätsaussage muss wegen der Datenlage jedoch verzichtet werden. Der Output steht lediglich als Zielerreichungsgrad, der Input hingegen überhaupt nicht in quantifizierbarer Form zur Verfügung. Um den Input pro Partialnetz zu ermitteln, müssten Kosten zum Beispiel auf das Zurechnungsobjekt „Soziales Netz" zugerechnet werden. Das wäre aber unrealistisch. Mit dieser Problematik wird auch

---

[235] Ein ähnliches Modell hat Ljungberg (1994) entwickelt. Er unterscheidet neben den genannten Kriterien Effizienz und Effektivität aber noch die Dimension der Qualität (Objektqualität und Prozessqualität), wodurch das Modell grundsätzlich auch für Dienstleistungen sinnvoll anwendbar wird. Nachdem Ljungberg allerdings keine ebenso klare generische Formulierung der Kennzahlen gelingt wie Caplice und Sheffi, wird deren Modell hier der Vorzug gegeben.

deutlich, dass ebenfalls keine Auslastungsaussage geliefert werden kann. Der Verzicht auf die Produktivitätsermittlung zwingt weiterhin, auf eine Aussage über die absolute Wirtschaftlichkeit einzelner Partialnetze zu verzichten - ein „Return on Supply Chain Management" kann auf diesem Wege nicht ermittelt werden. Einzige Ausnahme ist die Betrachtung des Gesamtnetzes. Nachdem das Gesamtnetz erstens nicht mehr bemüht ist, die durch das Supply Chain Management induzierten Kosten und Nutzen isoliert zu betrachten und sich zweitens infolge der Einbeziehung des „zahlenden" Endkunden die Nutzenbetrachtung nicht mehr auf „Wirksamkeiten" berufen muss, sondern mit Erlösen arbeiten kann, sind dort grundsätzlich die Bedingungen gegeben, um eine Effizienzaussage treffen zu können - offensichtlich kann diese dann nicht mehr nur allein auf das Supply Chain Management bezogen werden.

Abbildung 78 Drei generische Kennzahlen zur Beurteilung der Performance von Prozessen (Quelle: Caplice und Sheffi 1994)

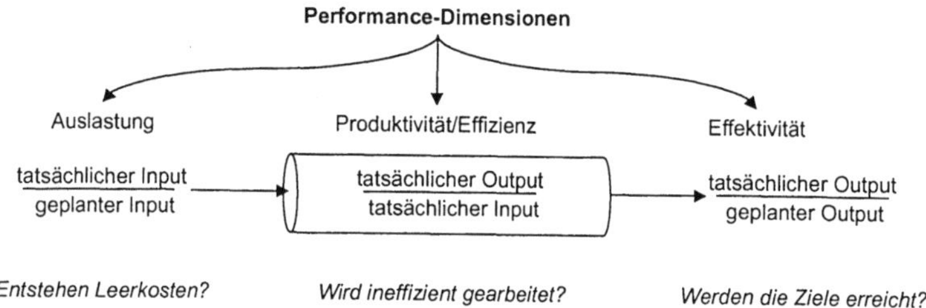

6. Deduktion: Eine Konstruktion von Themen mit Hilfe der Netzwerktheorie

Zusammenfassung

- Das Controlling des Partialnetze erstreckt sich auf jeweils zwei Themenfelder: Wird die Aufgabe wahrgenommen? Wie gut sind die Voraussetzungen für eine Verbesserung?
- In jedem dieser Themenfelder können diverse Themen für das Supply Chain Management identifiziert werden. Diese Themen sollten Eingang in die Informationsbasis finden.
- Die Analyse der Partialnetze wird jeweils mit einer Synopse der identifizierten Themen beendet.

Die Zuschreibung spezifischer Aufgaben zu den Partialnetzen impliziert ein dediziertes Aufgabenprofil für das Supply Chain Managements (Abbildung 79). Das Gesamtprogramm besteht demnach aus vier wesentliche Aufgaben: (1) das Management des Güternetzes mit dem Ziel kooperativen Produzierens sowie der Sicherstellung eines ausreichenden EVA™-Ergebnisses, (2) das Management des sozialen Netzes mit dem Ziel kooperativen Entscheidens, (3) das Management des Datennetzwerks mit dem Ziel, Transparenz als Voraussetzung für kooperatives Entscheiden zu liefern sowie (4) das Management des institutionalen Netzwerks mit dem Ziel, Verhaltensunsicherheit zu reduzieren, um die erforderlichen idiosynkratischen Investitionen zur Realisierung der zuvor genannten Managementkomponenten zu ermöglichen.

Abbildung 79 Acht Themenfelder für das Controlling: in vier Partialnetzen jeweils Zielerreichung und Kostensenkungspotenziale beobachten

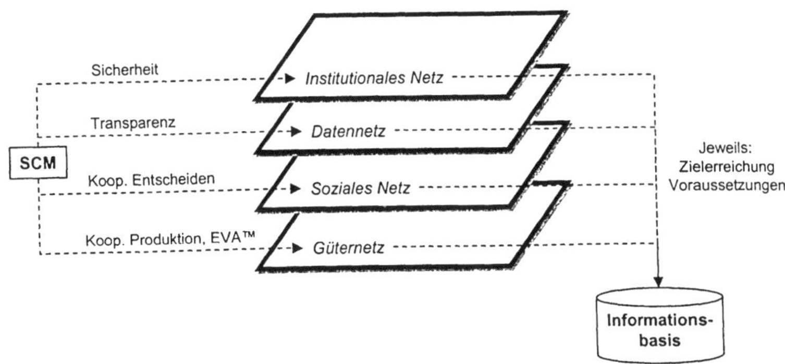

Die Inhalte der Informationsbasis orientieren sich an dieser Aufgabenprofil: Für jedes Partialnetz sind zwei Themenfelder zu beachten: Wird das jeweilige Gestaltungsziel erreicht? Wie kann der aktuelle status quo erklärt werden beziehungsweise wie sind die Voraussetzungen für eine Verbesserungen des Status quo? Vor dem Hintergrund dieser spezifischen, netzwerkorientierten Interpretation des Begriffes Supply Chain Management kann nun der letzte

Schritt der Argumentation geleistet werden: die Deduktion der Themen und deren innere Horizonte. Bevor die Themen gelistet werden, erscheinen zwei Bemerkungen hilfreich.

Primat der Frage - Das Problem ist eigentlich schon gelöst ...

Natürlich wird man in einer Arbeit über die Begründung der Inhalte der Informationsbasis für das Controlling erwarten, dass ebendiese Inhalte auch genannt werden. Das erfolgt in diesem Kapitel. Es sollte aber erstens klar sein, dass das Kind konzeptionell an dieser Stelle bereits „im Brunnen liegt". Wenn man das institutionale Netz beauftragt, Unsicherheit zu reduzieren, wird es für den Controller kein besonders großes Problem mehr bedeuten, den Erfolg dieses Bemühens zu überprüfen und zu dokumentieren; eben die komplette Mechanik in Gang zu setzen, die in Kapitel 2.1.3 als das Aufgabenfeld für ein entscheidungsorientiertes Controlling formuliert wurde. Hat sich der Controller in eine solche Operationalisierung der vagen Idee „Supply Chain Management" auf diesem Wege eingebracht und auf die Nennung konkreter Ziele (Sicherheit, Transparenz, ...) gedrungen, ist die „halbe Miete" bereits eingefahren. Nachfolgend besteht das Problem lediglich darin, zu konkretisieren, was genannte Ziele wie „Unsicherheit" oder „kooperatives Planen" bedeuten sollen und wie sie gemessen werden können. Eine Aufgabe des Nachfolgenden wird daher noch darin bestehen müssen, die Ziele in diesem Sinn zu konkretisieren. Nach Auffassung des Verfassers ist der schwierige Teil des Problems aber bereits gelöst.

Auf die Methode kommt es an - Konzeptionelle Vollständigkeit versus „Alle Metrics nennen"

Die Informationsbasis wird eine Vielzahl von Kennzahlen enthalten. Bereits ein kurzer Blick in die Literatur zeigt, dass es an Konzepten für solche Kennzahlenlisten wahrlich nicht mangelt. Ittner und Larcker (1998b, S. 210) sprechen von einem „Metric war". Wer sich vor diesem Hintergrund der Aufgabe widmet, eine Informationsbasis zu begründen, wird sich daher immer der Gefahr aussetzen, viele Kennzahlen aus diesen Sammlungen nicht zu nennen. Diese Arbeit ist sich der Problematik durchaus bewusst, will auf der einen Seite aber keine weder erfolgversprechende noch fruchtbare „vollständige" Liste erzeugen, noch auf der anderen Seite „Mut zur Lücke" demonstrieren. Der Anspruch besteht vielmehr darin, konzeptionelle Vollständigkeit zu begründen. Dazu soll die Partialbetrachtung der Netze beitragen. Ob dies gelungen ist, bleibt zu beurteilen. Für die weitere Argumentation bedeutet dies, dass die Nennung konkreter Kennzahlen sparsam erfolgen kann und auch wird. Es macht keinen Sinn, einen einzelnes Partialnetz oder sogar ein einzelnes Themenfeld in diesem Themenbereich mit einer auf Vollständigkeit hoffenden Garnitur von Kennzahlen zu überziehen, wenn zugleich andere Felder oder gar Bereiche ohne Abdeckung bleiben. Aus nutzen-kostenanalytischer Hinsicht ist es demnach sogar zu begrüßen, nicht mit einer weiteren „Komplettliste" für einen sinkenden Grenznutzen des Controlling beizutragen. Darüber hinaus wird es für den Controller in der Praxis leicht sein, weitere Kennzahlen zu bilden oder in der Literatur zu finden, wenn ein Rahmen zu deren Ordnung existiert. Diese Arbeit will in erster Linie den Rahmen vorschlagen.

6.1. Die Supply Chain als Güternetzwerk: EVA erwirtschaften

6.1.1. Die Wirksamkeit des Güternetzes: Wie viel EVA™ wird erwirtschaftet?

Die Wirksamkeit des Güternetzes ohne Einschränkung der Betrachtung auf den Supply Chain Management-induzierten Leistungsanteil kann beurteilt werden, indem der als Spitzenkennzahl definierte Performanceindikator beobachtet wird. Hier wurde vereinbart, den „Economic Value Added“ (EVA™) als diese Kennzahl anzusehen. Dessen Komponenten (Umsatz, Kosten, gebundenes Kapital) können grundsätzlich isoliert und zudem auf unterschiedlich detaillierte Phasen des Wertschöpfungsprozesses bezogen werden. Damit wird es etwa möglich, die Kosten-, Umsatz- und Kapitalbindungsentwicklung entlang der Supply Chain zu dokumentieren und für diverse Analysen aufzubereiten.

Im Ergebnis bedeutet das Gesagte, die Abbildung relevanter Sachverhalte in der Informationsbasis auf der Ebene des Güternetzes mit einer sehr groben, aber finalen Ermittlung des „Economic Value Added“ zu beginnen. Die grundlegendste Frage, die das Controlling demzufolge beantworten können sollte, ist, ob in der Supply Chain ein verteilbarer „Economic Value“ produziert wurde. Aus einer an den Details zur Rechentechnik interessierten Perspektive ist mit diesem Vorschlag sicher wenig gewonnen. Ein Problem dürfte gerade darin bestehen, *wie* eine konsistente Ermittlung des EVA™ über alle einzubeziehenden Akteure sichergestellt werden kann. Diese Arbeit hat sich in der Einleitung aber die Freiheit genommen, diese Problematik auszugrenzen.

6.1.2. Den inneren Horizont aufdecken: Die Voraussetzungen zur Verbesserung der Wertsteigerung durch die Gestaltung des Güternetzwerks

Mit dem bisher vorgeschlagenen Item „Economic Value Added“ hat die Informationsbasis den inneren Horizont des Themas „Gestaltung des Güternetzes“ noch nicht berührt. EVA™ berichtet lediglich über Wirkungen, aber jenseits der beiden auf formalem Wege isolierten Komponenten (NOPAT, Kapitalkosten) nicht über Ursachen. Dieses Kapitel erschließt ergänzend dazu den inneren Horizont. Das Güternetzwerk ist eine Verkettung von Transfer- und Transformationsmechanismen. Eingeschleuste unreife Produkte werden durchgeleitet, sukzessive veredelt (Wertschöpfung) und schließlich ausgeschleust. Aus diesem Pipelinedenken können einige Gestaltungsprinzipien abgeleitet werden. Dazu werden zwei Gestaltungsbereiche unterschieden: Die Gestaltung der Netzarchitektur sowie die Gestaltung des Objektflusses durch diese Architektur.

6.1.2.1. Netzarchitektur

Die Architektur des Güternetzes besteht aus Knoten und Kanten. Die Beurteilung der Architektur sollte sich auf folgende Themen beziehen:

Anzahl Knoten und fixe Kosten der Knoten

Die Pipelinemetapher lenkt die Aufmerksamkeit zunächst auf die Anzahl Knoten. Das Supply Chain Management hat eine Verbesserung erreicht, wenn es ceteris paribus in der Lage ist, einen Knoten aus der Supply Chain zu eliminieren. Das kann sein: ein Lieferant, dessen

Volumen durch einen anderen Lieferanten in der gleichen Austauschkategorie mit abgedeckt werden kann; ein Regionallager, dessen Bestände nun ausschließlich im Zentrallager vorgehalten werden; ein Einzelhändler, dessen Warenhandhabungsfunktionen nun durch den Logistikdienstleister mit übernommen werden. Die Messung der Knotenanzahl mag ein rüder Indikator für das Supply Chain Management sein. Es dürfte aber zugleich Reflex der Zuversicht sein, dass eine schlankere Wertschöpfungskette im Zweifel einer weniger schlanken Kette überlegen ist (Klaus 1993). Ergänzend zur groben Ermittlung der Anzahl der Knoten kann der Fortschritt in der Netzgestaltung auch über die Ermittlung der fixen Kosten der Aufrechterhaltung der Leistungsbereitschaft in den Knoten ermittelt werden.

Räumliche Distanz zwischen den Knoten und Transportkosten

Die Pipeline-Metapher macht weiterhin auf die räumliche Distanz zwischen den Knoten aufmerksam. Es gilt, dass eine räumliche Kompression des Netzes ceteris paribus zu einer Verbesserung der Performance führt, da sowohl Transport- und Kapitalbindungskosten wie auch die Zykluszeit aus Sicht des Kunden reduziert werden. Erneut gilt, dass eine ergänzende monetäre Ermittlung des Gestaltungsfortschritts die Aussage präzisiert. Das kann über eine Ermittlung der Transportkosten pro Transporteinheit (zum Beispiel DM pro Tonne für die Distribution von Konsumgütern aus dem Herstellerzentrallager in das Einzelhandelsgeschäft) erfolgen.

Festigkeit der Verknüpfungen zwischen den Knoten, Durchflusssicherheit

Die Architektur des Güternetzes wird verbessert, wenn es ceteris paribus gelingt, die Durchflusssicherheit zu erhöhen. Durchflusssicherheit entsteht, wenn bei Ausfall einer Komponente in der Pipeline der Güterfluss über einen alternativen Weg umgeleitet werden kann. Eine solche Fehlertoleranz setzt voraus, dass Knoten und Kanten nicht starr sondern flexibel verknüpft sind, so dass eine Kante bei Defekt eines Knotens „umgelegt“ werden kann.

Kapazitäten: Harmonisierung, Anpassung

Die Pipeline-Metapher macht weiterhin auf die Problematik der Bereitstellung, Harmonisierung und Auslastung sowie der zyklischen Anpassung der Kapazitäten aufmerksam.

Harmonisierung, Auslastung und Durchsatz

Werden die Kanten als Röhren interpretiert, durch die Güter fließen, wird der Durchsatz des Netzes durch die Kante mit dem geringsten Querschnitt beziehungsweise durch den Knoten mit dem geringsten Durchsatz determiniert. Auf den daraus entstehenden Koordinationsbedarf wird weiter unten in Bezug auf die Bestandsharmonisierung beingegangen. Hier ergibt sich das gleiche Problem für die Kapazitätsharmonisierung: Eine mangelnde Abstimmung der Kapazitäten (Rohrquerschnitte) führt zu Minderauslastungen, da allein die Engpasskapazität vollständig ausgelastet wird, alle anderen Kapazitäten aber Leerkosten produzieren.

Anpassung an Bedarfsschwankungen, Flexibilität:

Bovet und Sheffi (1998) halten die Fähigkeit, sich den Schwankungen des Kunden anzupassen, für eine Kernkompetenz einer Lieferkette und kreieren das Bild eines in regelmäßigen Zügen, aber eben nicht gleichmäßig atmenden Kunden, an den sich das Unternehmen kapazitiv anpassen muss. Hartz (1996) hat ebenfalls die Vision eines atmenden (Automobil-) Unternehmens aufgezeigt, in dem sich die Produktion den jährlichen Schwankungen des Bedarfs anpasst. Kapazitäten werden bereitgestellt, wenn Arbeit da ist - er bezieht sich in erster Linie auf das Personal.

Die Fähigkeit eines Unternehmens, solche Anpassungen schnell und mit geringen negativen Konsequenzen für Kosten und Performance vornehmen zu können, soll als Flexibilität bezeichnet werden. So verstanden, kann Flexibilität anhand von drei Indikatoren gemessen werden (Upton 1994, S. 80): Anpassungsraum (Range), Mobilität (Mobility) und Friktion (Uniformity). (1) Anpassungsraum: Der Anpassungsraum repräsentiert die Menge aller Kundenbedarfe, die mit dem vorhandenen Produktionssystem (im weitesten Sinne: Technik, Organisation, Mensch) bedient werden können. Je größer dieser Raum ist, desto flexibler ist das System. (2) Mobilität: Um tatsächlich veränderte Kundenbedarfe bedienen zu können, muss eine Bewegung im Anpassungsraum vorgenommen werden. Der Indikator „Mobilität" misst, mit wie viel Aufwand (Zeit und Kosten) diese Bewegung verbunden ist. Im Idealfall können sämtliche Positionen des Möglichkeitsraums sofort und ohne zusätzliche Kosten eingenommen werden. Ein System ist flexibel, wenn der Bewegungsaufwand gering ist. (3) Friktion: Neben dem zusätzlichen Aufwand können während des Anpassungsprozesses Störungen eintreten. Der Indikator „Friktion" misst das Volumen dieser Störungen. Beobachtet wird, wie stark und in welcher Richtung sich wichtige Kennzahlen während der Anpassung verändern. Ein System ist flexibel, wenn die wesentlichen Kennzahlen stabil bleiben.

6.1.2.2. Produktfluss

Die Analyse und Gestaltung des Produktflusses kann aus zwei Gründen gute oder schlechte EVA™-Performance erklären und ist daher relevant: (1) Der Produktfluss erzeugt zufriedene oder unzufriedene Kunden (Lieferservice). (2) Der Produktfluss produziert Kosten (Bestände).

Lieferservice als Output des Produktflusses

Der Lieferservice ist aus zwei Gründen ein zu beachtendes Thema für das Supply Chain Management. Lieferservice repräsentiert auf der einen Seite Kundenzufriedenheit und wirkt damit auf den Umsatz. Auf der anderen Seite führt schlechter Lieferservice zu zusätzlichen Kosten und wirkt damit ebenfalls auf das EVA™-Ziel.

Die Pipeline-Metapher erlaubt es, das Güternetz anhand zweier unterschiedlicher Normen zu optimieren. Auf der einen Seite kann das Netz per Push-Prinzip bewirtschaftet werden. Die Aufgabe lautet dann, möglichst viele Produkte in möglichst wenig Zeit durch das Netz zu „pumpen". In der Systemforschung (Operations Research) ist diese Aufgabenstellung eines der fundamentalen Optimierungsprobleme („Maximum Flow Problem"; Ahuja et al. 1991). Zielführend ist diese Sicht, wenn das Fertigungssystem (die Supply Chain) der Engpass ist, wenn also der Ausstoß des Fertigungssystems geringer ist als der Bedarf.

Ist aber nicht die Supply Chain, sondern der Markt (die Kundenbedarfe) der Engpass, produziert das Push-Prinzip kein akzeptables Ergebnis. Durch die fehlende Berücksichtigung des

Kunden kann auf der einen Seite nicht gewährleistet werden, dass die richtigen Produkte und auf der anderen Seite nicht verhindert werden, dass unbenötigte Produkte „durchgepumpt" werden. Im Ergebnis kann dieser Ansatz wartende Kunden lediglich verhindern, indem spekulative Bestände aufgebaut werden. An diesem Problem setzt das Pull-Prinzip zur Gestaltung eines Netzes an. Die Aufgabe lautet aus dieser Sicht, die nachgefragten Produkte innerhalb der akzeptierten Wartezeiten für den Kunden bereitzustellen. Der Lieferservice misst, wie gut das gelingt. Der Lieferservice wird dann als der Output des Bereitstellungssystems, hier der Supply Chain, interpretiert. Häufig wird auch die Logistik mit diesem Ziel gleichgesetzt: „Logistics has to provide customers what they need and when they need it." (Maltz und Maltz 1998, S. 103)

Die Vorschläge zur konzeptionellen Beherrschung des Begriffs „Lieferservice" sind unterschiedlich präzise und weitreichend. Unklarheit entsteht insbesondere durch die Abgrenzung zum Begriff des „Kundenservice" (Customer Service). Die nachfolgende kurze Diskussion kann keinesfalls zu einer Begriffsklärung beitragen. Sie zeigt lediglich die verfügbar Konzepten, mit denen die Effektivität einer Supply Chain aus Kundensicht beurteilt werden kann. Um die Konzepte in einen Kontext bringen zu können, greift die Darstellung zunächst den umfassenderen Begriff des Kundenservice (Customer Service) auf.

Kundenservice ist ein konzeptionell offener Begriff; zwei Dimensionen der Offenheit sind erkennbar: (1) Wann soll das erreichte Niveau des Kundenservice ermittelt werden (Christopher 1999b, S. 39)? Die Alternativen sind vor, während oder nach der Transaktion. (2) Anhand welcher Merkmale soll das erreichte Niveau des Kundenservice ermittelt werden? Für diese Dimension erscheint es nicht möglich, eine abschließende Liste möglicher Merkmale zu nennen. Grundsätzlich kann jedes Produktmerkmal als Komponente des Kundenservice aufgefasst werden. Die Abgrenzung zum Konzept der „Qualität" fällt schwer. So spielt dort zum Beispiel auch die „Verfügbarkeit" eines Produktes als Teilqualität eine Rolle (Otto 1993, S. 229). Hier wird vorgeschlagen, den Begriff Lieferservice als eine Komponente des Kundenservice zu interpretieren. Lieferservice wird während der Transaktion gemessen und betrachtet lediglich ein Merkmal, nämlich ob die Bestellung verfügbar ist. Allerdings ist der Begriff der Verfügbarkeit erneut zu präzisieren. Es ist sinnvoll, dabei zwischen System- und Produktgeschäft zu unterscheiden (Davis 1993, S. 40).

Systemgeschäft: Kundenservice als Wartezeit

Verfügbarkeit wird im Geschäft mit Investitionsgütern und langlebigen Konsumgütern, die üblicherweise nicht als Lagerprodukte verkauft werden (Systemgeschäft), gemessen als Wartezeit. Wartezeit ist dann der Zeitraum von der Bestellung bis zur gebrauchsfertigen Verfügbarkeit der Ware. Als ergänzende Komponente können Überschreitungen der vereinbarten Wartezeit ermittelt werden. Ein Produkt ist demnach verfügbarer, wenn es mit kürzerer Wartezeit geliefert werden kann. Diese Größe wird in der Literatur auch bezeichnet als „Cycle Time", „Order Cycle Time", „Reproduction Cycle Time", „Total Cycle Time", „Time to Serve" oder „Total Turnaround Time" (Bozarth und Chapman 1996; LaLonde und Masters

1994; Braithwaite 1993; Christopher und Peck 1997; Christopher 1999b). Ein Güternetz wird verbessert, wenn es gelingt, Wartezeit und/oder Verzugszeit zu reduzieren. Offen ist, ob lediglich auf die Warte- und Verzugszeit des Endkunden abgestellt werden sollte. Für eine finale Aussage ist das ausreichend, da lediglich die (wartezeitbedingte) Zufriedenheit des Endkunden über die Höhe des Umsatzes in der Kette entscheidet. Will man die Ursachenforschung vorantreiben (Warum kann der Einzelhandel nicht an den Endkunden liefern?), sind alle Warte- und Verzugszeiten entlang der Kette zu dokumentieren.

Produktgeschäft: Kundenservice als Lieferbereitschaftsgrad

Im Geschäft mit Lagerprodukten (Produktgeschäft) bedeutet Verfügbarkeit, Kundenaufträge mit gelagerten Produkten bedienen zu können. Den Lagerbeständen wird damit eine „Fähigkeit" zugesprochen. Ein vorhandener Bestand hat nicht zwingend die Fähigkeit, Bedarfe zu decken; es gibt auch unproduktive Lagerbestände. Lieferservice kann daher nicht von der Aufwands- sondern nur von der Leistungsseite (bediente Kundenaufträge) beurteilt werden. Folgende Komponenten können separiert werden: (1) Lagerverfügbarkeit: (a) Ist das nachgefragte Produkt überhaupt verfügbar (Stock out) ? (b) Ist es in der richtigen Menge verfügbar („Fill Rate" oder „Line Item Fill Rate"; Davis 1993, S. 40)? (c) Kann das Produkt bei Nicht-Verfügbarkeit substituiert werden? (d) Die zuvor genannten Merkmale beziehen sich auf eine einzelne Auftragszeile. In Summe repräsentiert diese Betrachtung die Fähigkeit einer Supply Chain, nachgefragte Produkte bereitzustellen. Ergänzend sollte aber ermittelt werden, wie viele Aufträge komplett beziehungsweise inkomplett bedient werden können. (2) Kommissionierung und Transport: Jenseits des Endproduktlagers gilt es, die Bestellung des Kunden zu kommissionieren und zu transportieren. Beide Prozesse werden möglicherweise nicht termingerecht oder fehlerhaft durchgeführt, was zu einer weiteren Senkung des Lieferservice führt. (3) In den Lieferservice kann weiterhin einfließen, wie viel Zeit die Reproduktion nicht verfügbarer Positionen einer Bestellung in Anspruch nimmt. Will man auch im Produktgeschäft diese Wartezeiten der Kunden beobachten, kann eine „Order Aging Curve" erstellt werden (Davis 1993, S. 41). Abgebildet wird dort, wie viel Prozent der eingelaufenen Aufträge nach jeweils wie viel Tagen komplett ausgeliefert werden können. Jenseits einer Aussage über die mittlere Wartezeit wird dann die Verteilung zwischen unmittelbar nachgelieferten Aufträgen und Langzeitverzügen offengelegt. (4) Die Komponenten „Lagerverfügbarkeit" und „Kommissionierung und Transport" können zusammengefasst als „Perfect Order" gemessen werden (Bowersox und Closs 1996, S. 76). Christopher (1999b, S. 53) spricht dann von einer „OTIF-Order" (On Time - In Full - Error Free). [236]

Die Neuprodukteinführung stellt einen Teilaspekt der Produktverfügbarkeit dar. Zu beobachten ist, wie schnell es gelingt, ein neues Produkt am Point of Sale verfügbar zu machen. Gemessen werden kann diese, insbesondere in Industrien mit kurzen Produktlebenszyklen relevante Fähigkeit anhand der Neuproduktpenetrationsdauer. Die kann definiert werden als der Zeitraum zwischen der gebrauchsfertigen Verfügbarkeit des Produkts oder der Dienstleistung (dort: nicht gebrauchs- sondern reproduktionsfähig) an der Produktionsstelle und der Verfügbarkeit an den Points of Sale. Damit würde lediglich der Weg der fertigen Produkte durch den Distributionskanal thematisiert. Alternativ ist es auch denkbar, den kompletten oder auch lediglich Teile der Produktionsprozesse in die Kennzahl einfließen zu lassen. Im Extrem könnte die Neuproduktpenetrationsdauer den Zeitraum zwischen der Verfügbarkeit der fertigen Produktidee und der Verfügbarkeit der produzierten und distribuierten Produkte über alle Akteure abbilden.

Bestände

Die zu Beginn des Kapitels bemühte Pipelinemetapher, durch die Produkte und Dienstleistungen in Richtung Kunde fließen, macht neben der Durchlaufzeit auch auf die Bestände in den „Röhren" aufmerksam. Hier soll zunächst mit der Formulierung einer generellen Norm begonnen werden, die dann zu spezifizieren ist. Grundsätzlich gilt, dass eine Supply Chain ceteris paribus verbessert wird, wenn es gelingt, die Bestände zu reduzieren. Die ceteris paribus-Einschränkung ist erforderlich, weil Bestände aus Sicht des Unternehmens zwar mehrheitlich Kosten bedeuten, für den Kunden über einen erhöhten Vorbereitungsgrad jedoch Nutzen darstellen.

Kapitalbindung - Beschleunigung

Bestände binden Kapital. Wenn es gelingt, die Kapitalbindung unter Wahrung der Serviceziele zu reduzieren, bedeutet das eine Verbesserung des Güternetzes. Kapitalbindung kann aus Sicht der durch das Supply Chain Management beeinflussbaren Faktoren anhand des Cash-to-Cash-Zyklus gemessen werden; dessen Verkürzung reduziert die Kapitalbindung. Der Cash-to-Cash-Zyklus beginnt mit der geleisteten Bezahlung der beschafften Vorprodukte und endet mit der erhaltenen Bezahlung der in Rechnung gestellten Endprodukte. Die absolute Messung über das Inventar, kann über die Ermittlung der über den Umsatz beziehungsweise Lagerabgang relativierten Maße Lagerumschlagshäufigkeit ergänzt werden.

Weitere Indikatoren zur Beurteilung der Effektivität der Bestandsführung im Güternetz sind die „Dwell Time" (Morash und Clinton 1997) sowie das „Pipeline Volume" (Scott und Westbrook 1991). Die „Dwell Time" (Verweilzeit) misst, an wie vielen Zeiteinheiten (Tage, Stunden) pro Betrachtungsperiode sich ein nämlicher Bestand (zum Beispiel eine Charge Halbleiter) in der Wertschöpfungskette nicht in Richtung Fertigprodukt bewegt hat. Hohe Verweilzeiten korrespondieren mit geringen Lagerumschlagshäufigkeiten, können aber einen ergänzenden Einblick in die Bewegungsstruktur der Bestände bringen. So mag es sein, dass der Großteil der Halbleiter das Netz schnell durchläuft, einige große Chargen aus diversen Gründen aber geparkt werden müssen.

Das „Pipeline-Volumen" ist ein Reichweitemaß und ermittelt in Zeiteinheiten, wie lange es dauert, bis eine Lieferkette bei einer Reduzierung der Bedarfsmenge am Point of Sale auf das gewünschte Bestandsniveau zurückgefahren werden kann, beziehungsweise, wie lange es

---

[236] Weitere zusammengefasst Indizes werden vorgeschlagen von Christopher (1999b, S. 65 ff).

dauert, bis die Bestände unter Beibehaltung des aktuellen Bedarfs am Point of Sale auf Null reduziert werden können. Abbildung 80 zeigt den Zusammenhang am Beispiel eines Produktionsprozesses aus der Textilindustrie (Scott und Westbrook 1991, S. 25). Die horizontalen Linien repräsentieren die Durchlaufzeitanteile zwischen den Lagerorten (also die Produktionsprozesse inklusive der dortigen Liege- und Wartezeiten). Die vertikalen Linien repräsentieren die Verweilzeiten in den Lagerpunkten. Die Abbildung zeigt zum Beispiel, dass nach dem Prozess „Zuschneiden" (Component Cutting) ein Lagerpunkt für die zugeschnittenen Teile eingerichtet wurde, in dem der Materialfluss im Beobachtungszeitraum im Mittel über fünf Tage zum Stillstand kam, bevor die Produktion mit dem zusammennähen der geschnittenen Teile fortgesetzt wurde. Das Pipeline-Volumen kann anhand dieser Darstellung als die Summe der jeweils Zeiteinheiten repräsentierenden horizontalen und vertikalen Linien ermittelt werden.

Abbildung 80 Pipeline-Länge und Pipeline-Volumen zur Beurteilung der Bestandssituation im Güternetz (Quelle: Scott und Westbrook 1991, S. 25)

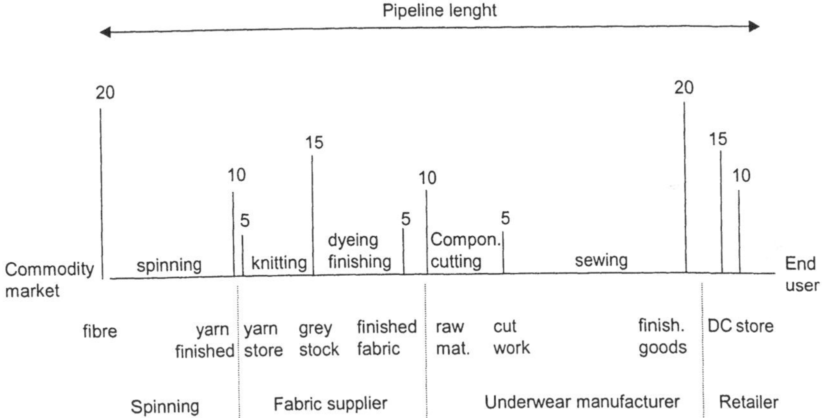

Risiko und Kapitalbindung - Postponement

Bestände bedeuten ein Risiko, weil sie aus physischen, technischen oder wirtschaftlichen Gründen ihre Eignung, Bedarfe zu befriedigen, verlieren können. Die Treiber dieses Eignungsverlustes sind vielfältig und mehrheitlich nicht über das Supply Chain Management beeinflussbar (technischer Wandel, qualitative und quantitative Bedarfsschwankungen). Supply Chain Management ist jedoch in der Lage, die negativen Konsequenzen der treibenden Kräfte zu relativieren, indem die Anfälligkeit der Bestände für Verderb reduziert wird. Die Grundidee besteht darin, den Beständen verderbnisträchtige Eigenschaften erst so spät wie möglich aufzuprägen (Postponement; Alderson 1950; Bucklin 1965). Verderbnisträchtig sind insbesondere folgende Eigenschaften:

(a) Produktspezifika: Produktvielfalt, gemessen als Anzahl zu disponierende Lagerartikeln (Stock Keeping Units), ist eine Reaktion des Unternehmens auf differenzierte Kundenbedarfe und zugleich ein Treiber hoher Bestände. Die Produktvielfalt vergrößert sich aber nicht pro Arbeitsschritt in gleichen Raten, sondern erfährt typischerweise in den wenigen letzten Schritten einen großen Schub. Abbildung 81 zeigt den Zusammenhang am Beispiel der Textilindustrie (Scott und Westbrook 1991, S. 26). Die Artikelanzahl explodiert in den letzten beiden Wertschöpfungsschritten (Färben, Konfektionieren). Der Zusammenhang zwischen Produktvielfalt und Bestandskosten kann daher manipuliert werden, indem der Zeitpunkt der Entstehung der Vielfalt verschoben wird. Das Prinzip des Postponement schlägt vor, das Aufprägen solch endproduktspezifizierender Eigenschaften so lange wie möglich wie verzögern. Für die betrachtete Textilproduktion könnte das bedeuten, den Färbe- und Konfektionsprozess erst dann in Gang zu setzen, wenn die Kundenaufträge bekannt sind. Das kann in einem Beispiel aus der PC-Industrie bedeuten, das länderspezifische Betriebssystem erst dann auf den PC zu kopieren, wenn die länderspezifische Verteilung der PC-Bedarfe bekannt ist. Vor dem Kopieren ist der PC noch ein wenig „generischer" als danach.

Abbildung 81 Die Entstehung von Produktvielfalt entlang der Wertschöpfungskette (Quelle: Scott und Westbrook 1991, S. 26)

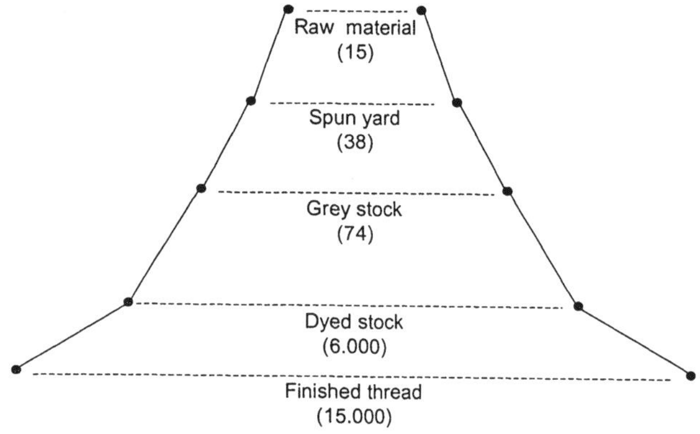

Aus Sicht des Unternehmens werden Bestände im Idealfall in Form generischer Produkte, Halbfertigprodukte oder sogar Rohmaterialien gehalten.[237] Damit wird neben der Verderbniswahrscheinlichkeit auch der Verderbnisschaden sowie die Kapitalbindungskosten reduziert, da „rohe" Bestände weniger wertvoll sind. Eine späte, kundennahe Positionierung des Spezifikationszeitpunktes (Order Penetration Point [238]) in der Sequenz der Wertschöpfungsschritte wird auf der anderen Seite aber mit einem sinkenden statischen Vorbereitungsgrad (Ellinger 1963) erkauft. Die Bestände befinden sich in einem konsumfernen Zustand und bedürfen einer zusätzlichen Durchlaufzeit, um Konsumreife zu erlangen. Die durch den Kunden akzep-

[237] Wobei ein generisches Produkt freilich auch als Halbfertigprodukt bezeichnet werden könnte. Hier soll aber dennoch von generischen Produkten gesprochen werden, um die Intentionalität des damit hergestellten Wertschöpfungsstadiums hervorzuheben. Ein generisches Produkt ist nicht deshalb halb fertig, weil es noch nicht fertig gemacht werden konnte, sondern weil es nicht „sollte".

tierte Wartezeit wird daher ebenfalls auf die Positionierung des Spezifikationszeitpunktes Einfluss haben.

(b) Raumspezifika: Bestände erhalten weiterhin ein zusätzliches Verderbnisrisiko (Wahrscheinlichkeit und Schadensvolumen) durch jeden spekulativ vorgenommenen Transport. Auch hier gilt das Postponement-Prinzip, den Spezifikationszeitpunkt so weit wie möglich hinaus zu zögern. Im Idealfall wird ein Bestand erst dann transportiert, wenn der Endkunde und damit der Zielort bekannt ist. Ebenfalls gilt auch hier: das räumliche Postponement ist aus Sicht des Unternehmens attraktiv, bedeutet aus Sicht des Kunden aber ein zwar grundsätzlich gebrauchsfertiges, aber räumlich entfernt (zentral) gelagertes Produkt und damit zusätzliche Durchlaufzeit. Das räumliche und das konstruktive Postponement können kombiniert zur Anwendung kommen (Pagh und Cooper 1998).

Vorbereitungsgrad und Koordination

Die positiv gekoppelten Akteure in der Supply Chain sind sequentiell interdependent. Ein Hersteller H kann nicht montieren, wenn dessen Zulieferer A nicht liefert. Der Montagestillstand bei H sorgt auch bei den Zulieferern B und C für einen Stillstand, da H deren Teile nicht verbauen kann. Die leistungswirtschaftliche Vernetzung bewirkt, dass ein nämlicher kostenträchtiger Lagerbestand in der Lieferkette nur dann seine nutzenträchtige Funktion der Erhöhung des Vorbereitungsgrads zur schnelleren Erfüllung eines Kundenbedarfs erfüllen kann, wenn auch alle anderen Pfade des Montagebaums mit dem gleichen Bestandsniveau besichert sind. Andernfalls entsteht ein Engpass, der den Durchsatz der Lieferkette reduziert. Die unkoordinierte (isolierte) Erhöhung eines Bestands erhöht den Vorbereitungsgrad (Durchsatz) der gesamten Lieferkette aus Sicht des Kunden ebenso wenig, wie eine isolierte Reduzierung eines Bestands gemessen am Verfügbarkeitsverlust aus Sicht des Kunden eine zu rechtfertigende Kostensenkung bewirkt.

Veralterung, Frische, Verderb

Der Frischeverlust beziehungsweise Verderb eines Produktes in der Pipeline kann anhand der Durchlaufzeit eines Fertigungsauftrages abgeschätzt werden. Die Durchlaufzeit eines Fertigungsauftrages beginnt mit der Freigabe und endet mit der Auslieferung an den Kunden beziehungsweise mit der Verfügbarkeit zur Auslieferung. In den Verderb sind sowohl die stofflichen Veränderungen im Laufe der Durchlaufzeit (zum Beispiel Reife- oder Fäulnisprozesse) wie auch der wirtschaftlicher Verderb durch sinkende Marktpreise (sinkender Bedarf, steigende Nachfrage) einbezogen. Verderb entsteht auch durch wechselnde technische Spezifikationen während des Transits eines Objektes in der Pipeline.

Aufträge

Die Schwankungen des Produktflusses im Güternetz werden zum Teil durch Bedarfsschwankungen des Endkunden verursacht und sind damit für das Supply Chain Management wie ein Datum zu behandeln. Daneben entstehen Schwankungen aber auch durch das isolierte

[238] In der Literatur wird dieser Begriff in der Regel verwendet, obwohl er ein wenig irrleitend ist, da die Spezifizierung nicht zwingend dann erfolgen muss, wenn die Kundenorder das generische Produkt penetriert.

Agieren auf den einzelnen Ebenen des verketteten Bestellsystems, wie in Kapitel 4.2.1 ausführlich dargelegt wurde. Die Schwankungen manifestieren sich in schwankenden Auftragsgrößen. Die Auftragsschwankungen führen dann zu schwankenden Produktflüssen und Kapazitätsbelastungen. Die Beherrschung dieser Schwankungen verursacht zusätzliche und gemessen an den in der Regel geringeren Schwankungen des Endproduktbedarfs unnötige Kosten, die grundsätzlich reduzierbar sind. Es gilt daher, dass eine Reduzierung des Auftragsschwankungsvolumens zu einer Verbesserung der Performance des Güternetzes führt.

6.1.3. Synopse: Relevante Themen zum Management des Güternetzwerks

Abbildung 82 stellt die zuvor erarbeiteten Indikatoren grafisch zusammen. Diese Indikatoren erlauben es, erstens zu beurteilen, in welchem Umfang das Güternetzwerk die definierten Ziele erreicht hat, sowie zweitens zu erklären, warum dieser Stand erreicht wurde beziehungsweise wie gut die Voraussetzungen für weitere Verbesserungen sind.

6.2. Die Supply Chain als soziales Netzwerk: Kooperation ermöglichen

Die Literatur quillt über mit Aussagen und empirischen Untersuchungen zur großen Bedeutung der „weichen" Konstrukte, die zum Thema „soziales Netzwerk" schnell in den Sinn kommen und die infolge dieser Penetration auch sehr rasch mit einer Relevanzvermutung ausgestattet werden. Zu diesen Konstrukten gehören etwa Vertrauen, Committment, Konflikt oder Macht. Das Controlling sollte sich aber davor hüten, diese, mit ein wenig Sorgfalt durchaus auch einer plausiblen Messung zuführbaren Konstrukte allzu schnell in die Informationsbasis aufzunehmen. Denn in der Regel geht es in einem Unternehmen letztlich ja nicht darum, Vertrauen und Committment zu schaffen oder Konflikte zu beseitigen. Ohne eine Geschäftsmodell, indem diese Größen in einen Zusammenhang mit dem Unternehmensziel gebracht werden können, macht es keinen Sinn, Vertrauen zu maximieren oder Konflikte zu vermeiden. Benötigt wird eine Mechanik, in der diese Konstrukte in einer nachvollziehbaren Weise auf die Bottomline, auf den Satz organisationaler Ziele heruntergebrochen werden können. Dieses Kapitel, wie insbesondere auch Kapitel 6.4, wollen diese Zusammenhänge dort, wo sie realistisch erscheinen, rekonstruieren und damit den großen Bestand theoretischer Vorarbeiten aus diversen Disziplinen für das Supply Chain Management erschließen. Dazu gehören unter anderem: das industrielle Marketing mit den Forschungen zum „Marketing Channel", die Arbeiten zum Beschaffungsmanagement, die soziologischen Arbeiten zu Netzwerken und anderen Themen sowie die Arbeiten aus der Politikwissenschaft zu Fragen kollektiven Handelns und zur Kooperation.

Die zentrale Voraussetzung, um in diesem Dickicht von Präskriptionen aber nicht den Blick auf das Ziel zu verlieren, besteht darin, sich strikt auf die oben entwickelte teleologische Betrachtung der Partialnetze zu konzentrieren. Das bedeutet: Die Partialnetze führen kein Eigenleben. Das soziale Netz hat nicht per se den Auftrag, Vertrauen zu maximieren; das Datennetzwerk soll nicht pauschal jeden mit jedem verbinden und jedes Bit allen verfügbar machen. Die Aufgaben sind verteilt. Für das in diesem Kapitel zu diskutierende soziale Netz gilt: Das soziale Netz hat aus Sicht des hier allein maßgeblichen Supply Chain Managements die Aufgabe, interorganisationale Kooperation zu fördern. Unter diesem Vorbehalt ist das Nachfolgende zu sehen.

Abbildung 82 Synopse der Themen zur Gestaltung des Güternetzwerks

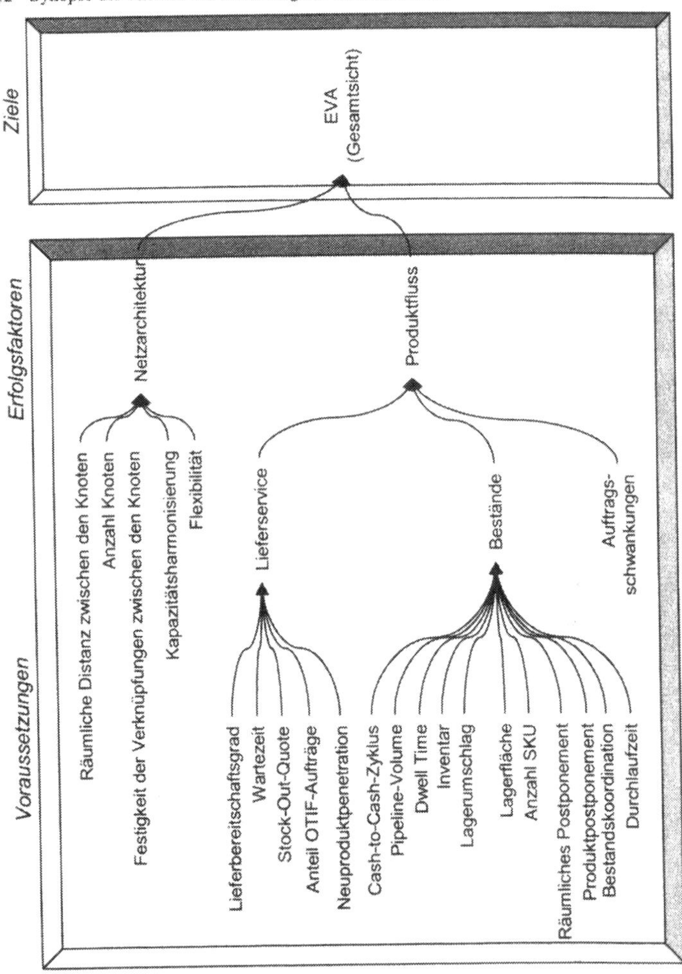

In der Literatur bestehen wenig Zweifel an der Erfolgsrelevanz des sozialen Netzwerks. Das institutionale Netzwerk als das „offizielle" Netz der Beziehungen zwischen Unternehmen, wird durch ein Netz persönlicher Beziehungen überzogen. Dieses Netz beeinflusst zentrale Erfolgsfaktoren, wie etwa die Qualität der Kommunikation, der Konfliktregulierung des Krisenmanagements und der soziale Bindungen (Cunningham und Homse 1990, S. 106). Das soziale Netz ist weiterhin relevant, weil es das primäre Medium zur Übertragung von Normen und Einstellungen ist. Krackhardt und Brass (1994, S. 209) sprechen von der „Rotten Apple"-Theorie: Positive wie negative Einstellungen pflanzen sich über das soziale Netz fort - ob man es als separates Managementobjekt zur Kenntnis nimmt oder nicht. In vielen Fällen wird das aber übersehen: Ashkenas et al. (1998, S. 207) sehen das soziale Netz als „Trust Barrier" auf dem Weg zu einer „grenzenlosen Unternehmung". Bereits *innerhalb* der Organisation ist die Kooperation ein permanentes Thema für das Management, so deren These. Die Forderung interorganisationaler Kooperation erschwert den Sachverhalt noch. Sie sehen dort einen Wettbewerbsvorteil japanischer Unternehmen. Auch für Hutt et al. (2000, S. 51) ist das Management des sozialen Netzes die Achillesferse: „...many alliances fail to meet expectations because little attention is given to nurturing the close working relationships and interpersonal connections that unite the partnering organizations."

Eine Supply Chain kann als ein soziales Netz rekonstruiert werden. In dieser Sicht besteht sie aus sozialen Akteuren sowie deren Beziehungen untereinander. Das zentrale Phänomen in sozialen Netzen ist die Kommunikation. Dessen Aufgabe aus Sicht des Supply Chain Management ist es, eine effektive Kooperation zwischen den Akteuren zu ermöglichen. Für das Controlling entstehen daraus zwei Aufgabenfelder: Erstens ist zu beobachten, ob tatsächlich effektiv kooperiert wird. Es sind Indikatoren zu bestimmen, anhand derer dies beurteilt werden kann. Zweitens sind, ebenfalls anhand zu bestimmender Indikatoren, die Voraussetzungen zur Verbesserung der Kooperation zu beurteilen.

6.2.1. Die Wirksamkeit des sozialen Netzes: Wird interorganisational kooperiert?

Kooperation bedeutet, gemeinsam Aufgaben zu erledigen. Diese umgangssprachliche Definition dient als hinreichender Ausgangspunkt, um das Kooperationsphänomen für die Informationsbasis aufzubereiten. Die Definition verweist auf zwei Komponenten der Kooperation: Gemeinsamkeit und Aufgaben.

Kooperationsfelder als abstimmungsbedürftige Kunden-Lieferanten-Beziehungen

Eine Aufgabe hat immer einen Verrichtungs- und einen Objektbezug. Das Objekt ist das Ding, um das es geht, wenn kooperiert wird. Die Verrichtung ist die Funktion, die an diesem Ding bewirkt werden soll. Verrichtungen können mit Referenz auf den Managementprozess auf einer groben Ebene unterschieden werden anhand der Phasen „Planen/Entscheiden", „Durchführen" und „Kontrollieren". Zu kooperieren kann also bedeuten, gemeinsam zu planen und zu entscheiden, gemeinsam durchzuführen oder gemeinsam zu kontrollieren. Bezieht man die Managementphasen auf die elementaren Wertschöpfungsfunktionen eines Unternehmens, die hier erneut grob durch die Kategorien „Beschaffen", „Fertigen", „Distribuieren" und „Verkaufen" repräsentiert werden sollen, differenziert sich der Verrichtungsbezug möglicher Kooperation. In den hier ausschließlich betrachteten Austauschnetzwerken sind die Objekte der Kooperation die Austauschobjekte, also die durch das Netz fließenden Güter. Zu kooperieren kann dann sehr viel bedeuten; etwa gemeinsam über die Beschaffung (Verrichtung: Funktion) eines Rohmaterials (Objekt) zu entscheiden (Verrichtung: Phase). Tabelle 41 zeigt am Beispiel der Beschaffungssituation eines Hersteller von Herrenoberbekleidung die anhand dieser Überlegungen entstehenden möglichen Bereiche, in denen grundsätzlich kooperiert werden kann (Kooperationsfelder).

Tabelle 41 Systematisierung möglicher Kooperationsfelder am Beispiel der Beschaffung eines Herstellers von Herrenoberbekleidung

Funktion / *Phase* / *Objekt*	*Beschaffung* *Planung/ Entscheidung*	*Durchführung*	*Kontrolle*
Oberstoff			
Futter		*Kooperationsfelder*	
Knöpfe			
Einlagen			
Garn			
...			

Ergänzt man die Systematisierung für den hier beispielhaft betrachteten Bekleidungshersteller durch eine Komplettierung der wahrzunehmenden Funktionen (Beschaffen, Fertigen, Distribuieren, Verkaufen) entsteht ein komplexes Bild möglicher Kooperationsfelder (Abbildung 83).

Abbildung 83 Mögliche Kooperationsfelder für einen Hersteller von Herrenoberbekleidung

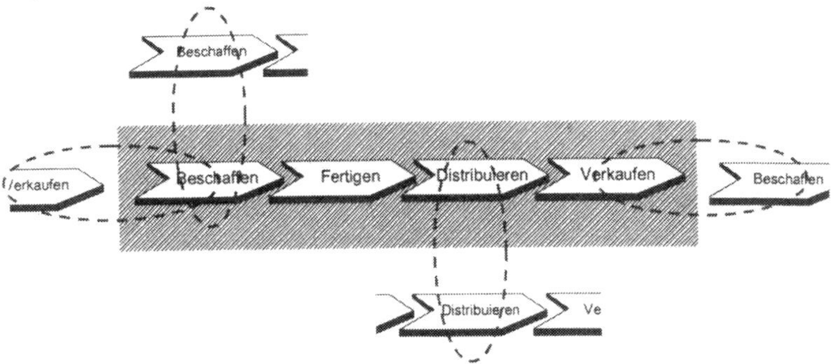

Für das Supply Chain Management sind jedoch nur einige dieser Felder interessant. Die Abgrenzung wird durch die Unterscheidung vertikaler und horizontaler Kooperation gebildet. Horizontale Kooperation entsteht zwischen Akteuren auf der gleichen Wertschöpfungsstufe, vertikale Kooperation zwischen Akteuren auf unterschiedlichen Wertschöpfungsstufen. Das Supply Chain Management ist primär an der Initiierung vertikal kooperativen Verhaltens interessiert. Das bedeutet nicht zugleich, dass innerhalb einer Supply Chain nicht auch horizontal kooperiert werden darf oder soll; es bedeutet lediglich, dass der Schwerpunkt des Managementhandelns auf vertikales Kooperieren gelegt wird. Vertikale Kooperation bedeutet, dass zwei unterschiedliche Funktionen kooperieren. Um erneut auf Tabelle 41 Bezug zu nehmen, kooperiert die Beschaffungsabteilung des fokalen Herstellers mit der Verkaufsabteilung des Lieferanten sowie die Verkaufsabteilung des Herstellers mit der Beschaffungsabteilung des Kunden. Das Supply Chain Management ist also primär an der Kooperation an den vertikalen Schnittstellen des Unternehmens, den Kunden-Lieferanten-Beziehungen, interessiert.

Nach dieser Einschränkung ist es weiterhin hilfreich, Überlegungen zur Frage anzustellen, was Kooperation verhaltensorientiert bedeutet. Anders formuliert: Wenn die Kunden-Lieferanten-Beziehung das Spielfeld für Kooperation ist, welche Verhaltensweisen von Käufer und Verkäufer sollen als „kooperativ“ bezeichnet werden? Wird nicht jeder Verkäufer kooperativ sein müssen, um etwas verkaufen zu können? Kann man eine Grenze ziehen zwischen kooperativem und „normalem“ Verhalten? Das Problem soll anhand eines Beispiels aus dem „Kooperationsalltag“ des oben bereits betrachteten Herrenoberbekleidungsherstellers analysiert werden. Angenommen sei, der Hersteller H bestelle bei seinem Lieferanten L einen bestimmten Oberstoff in einer bestimmten Menge zu einem bestimmten Preis zu einem bestimmten Termin. Kann L liefern, ist die Transaktion perfekt. Haben die Akteure dann kooperiert? Hier wird vorgeschlagen, in diesem Fall nicht von Kooperation zu sprechen. Andernfalls müsste jeder Supermarktbesuch, der mit einem erfolgreichen Griff in ein Regal endet, auch als Kooperation bezeichnet werden. Davon soll hier Abstand genommen werden. Transaktionen, die durch zufälliges Parallelverhalten (Gerth 1971, S. 11) zustande kommen, sind keine kooperativen Transaktionen. Positiv formuliert: Von Kooperation soll erst dann gesprochen werden, wenn für die Realisierung des erwünschten Parallelverhaltens (L kann liefern) eine bewusste Abstimmung zwischen den Akteuren erstens erforderlich ist und diese zweitens auch vorgenommen wird.

Indikator der Kooperationssituation: „Intensität der Kooperation“

Nach dieser Abgrenzung gilt es nun, die Formen kooperativen Verhaltens zu differenzieren. In der Literatur findet sich dazu eine Vielzahl von Vorschlägen. Hier erscheint es aber ausreichend, eine Kooperation anhand der Merkmale Intensität und Reziprozität zu beschreiben. Um diese Merkmale zu erläutern, soll der Bezug zum oben genannten Beispiel noch einmal hergestellt werden: Kann der Lieferant L die Bestellung des Herstellers H zwar grundsätzlich liefern, nicht aber zum genannten Termin, sondern erst später, entsteht in der Terminologie von Gerth (1971) unparalleles Verhalten. Um das aufzulösen, müssen sich die Akteure abstimmen, eben kooperieren. Dieser Abstimmungsprozess kann erstens unterschiedlich intensive Konsequenzen für die Strukturen und Prozesse in den von der Abstimmung betroffenen Unternehmen haben (Intensität) sowie zweitens den Kunden und den Lieferanten unterschiedlich stark in Anspruch nehmen (Reziprozität). Abbildung 84 zeigt beide Zusammenhänge.

Eine Kooperation ist intensiv, wenn der Abstimmungsprozess weitreichende Konsequenzen für die Strukturen und/oder die Prozesse in einem oder in beiden kooperierenden Unternehmen hat. Um das im Beispiel beschriebene Lieferproblem lösen zu können, könnte der Lieferant: (1) Den Transportprozess ändern, um vorrätige Ware früher, als es ohne Abstimmung der Fall gewesen wäre, an den Hersteller zu liefern. Die Abstimmung würde dann die lediglich Distributionsfunktion einbeziehen. (2) Falls damit der Liefertermin aber noch nicht realisiert werden kann, könnte der Lieferant seine Produktionsplanung verändern und damit ebenfalls die Fertigung in den Kooperationsraum integrieren. Die Konsequenzen der Herstellung parallelen Verhaltens dringen dann bereits tiefer in das Lieferunternehmen ein. (3) Falls auch bei veränderter Produktionsplanung der Termin nicht zu halten ist, mag eine Anpassung der Beschaffungsplanung den Engpass beseitigen. (4) Darüber hinaus ist es denkbar, dass die Kooperationsbereitschaft des Lieferanten über sein eigenes Unternehmen hinausgeht. Der Lieferant könnte erneut seinen Lieferanten oder einen seiner Konkurrenten in die Kooperation einbeziehen, um den Auftrag des Herstellers bedienen zu können. Es entstehen dann die Ketten unternehmensübergreifenden Handelns, die im Supply Chain Management als Instrument zur Beherrschung der Käufermärkte diskutiert werden (Abbildung 85).

Abbildung 84 Intensität und Reziprozität als Merkmale kooperativen Handelns

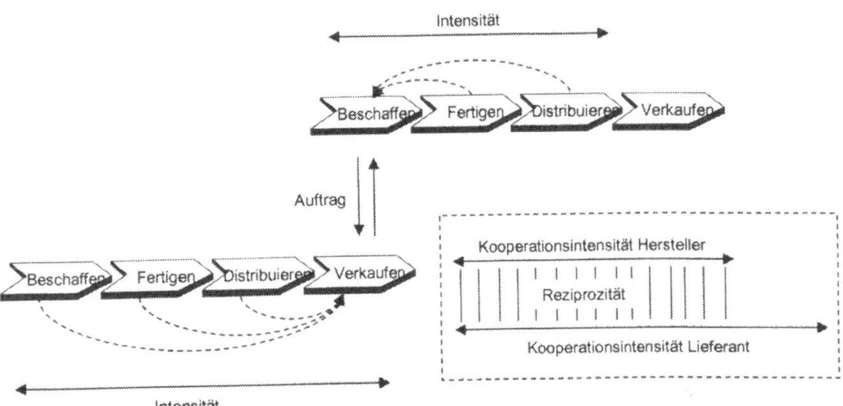

Die in diesem Beispiel skizzierte Situation eines problematischen Liefertermins gilt in analoger Weise auch für alle anderen disponiblen Merkmale des Austauschobjektes. So ist es etwa auch denkbar, den Abstimmungsprozess in Gang zu setzen, um einen herabgesetzten Zielpreis oder eine heraufgesetzte Zielqualität erreichen zu können. Grundsätzlich kann die für die Kooperation erforderliche Abstimmung erfolgen, indem entweder der Lieferant durch die Anpassung seiner Strukturen und Prozesse seinen Möglichkeitsraum so anpasst, dass die Anfrage damit abgedeckt werden kann, oder der Kunde seine Anfrage derart modifiziert, dass der Lieferant auch aus seinem bestehenden Möglichkeitsraum heraus liefern kann. Variiert der Kunde seine Anfrage, schwenkt der Lokus kooperativen Verhaltens auf dessen Unternehmen. Hier sind grundsätzlich die gleichen Eskalationsstufen möglich: Um sich dem Möglichkeitsraum des Lieferanten anzupassen, kann der Kunde seine Beschaffungsplanung ändern, Fertigungsvorschriften anpassen oder im Extrem mit seinem Kunden eine Leistungsvariation vereinbaren.

Hier soll noch nicht über die Wahrscheinlichkeit solch ausgeprägter Kooperationsbereitschaft spekuliert werden. Zunächst geht es darum, die Reichweite möglicher Intensität der Kooperation auszuleuchten. Dazu kann festgehalten werden, dass die Intensität einer Kooperation erstens anhand der Anzahl einbezogener Funktionen (Funktionalbereiche) sowie zweitens der Anzahl einbezogener Unternehmen gemessen werden kann. Pro Funktion sollte weiterhin beachtet werden, ob der Kooperierende lediglich Prozesse oder auch Strukturen anpasst. Im genannten Beispiel mag die Produktionsplanung mit den gegebenen Kapazitäten den geforderten Liefertermin nicht erreichen können. Möglicherweise könnte der Termin aber gehalten werden, wenn der Lieferant bereit wäre, seine Kapazitäten anzupassen. Das würde aber eine Anlehnung der Investitionsplanung an den Kunden bedeuten.[239]

Abbildung 85 Die Entstehung integrierter Wertschöpfungsketten als Sequenz vertikaler Kooperationen

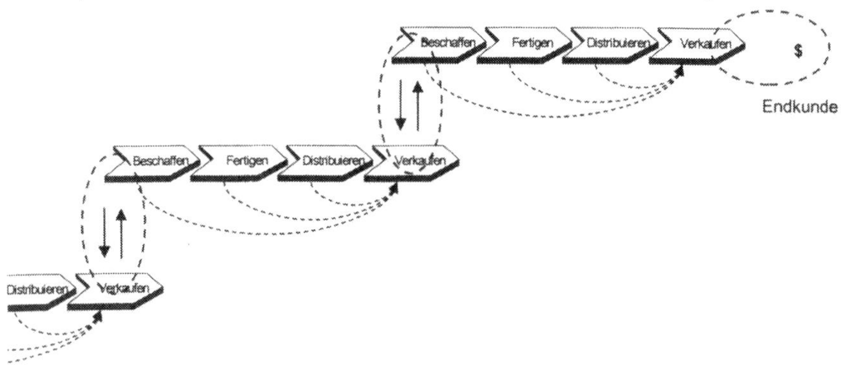

Zusammengefasst kann intensive von extensiver Kooperation in einer fokalen Kunden-Lieferanten-Beziehung damit unterschieden werden (1) über die Anzahl sich abstimmender Unternehmen, (2) über die Anzahl sich innerhalb der Unternehmen abstimmender Funktionalbereiche sowie (3) über die in die Abstimmung einbezogenen Strukturen und Prozesse pro Funktionalbereich (Abbildung 86).

Abbildung 86 Systematik zur Ermittlung der Kooperationsintensität

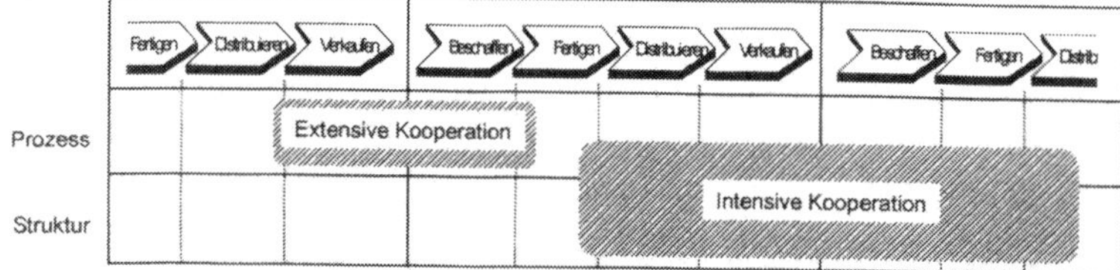

Indikator der Kooperationssituation: „Reziprozität" beziehungsweise „Symmetrie der Kooperation"

Ein Kooperationsfeld kann weiterhin beschrieben werden anhand der Reziprozität der stattfindenden Kooperation. Im zuvor diskutierten Beispiel des Textilherstellers ging die Kooperation „zu Lasten" des Lieferanten. Kooperation bedeutete dort, dass der Lieferant Strukturen und Prozesse zur Disposition stellt, um den Kundenbedarf zu befriedigen. Hier soll nicht über die Erfolgsaussichten dauerhaft einseitiger Kooperationen spekuliert werden. Zunächst ist lediglich festzuhalten, dass einseitige Kooperation als asymmetrisch, nicht-reziprok bezeich-

[239] Dies wäre zugleich ein Beispiel für die idiosynkratischen Investitionen, die es über das institutionale Netz-

net werden soll. Eine symmetrische beziehungsweise reziproke Kooperation liegt vor, wenn beide Partner in der Kunden-Lieferanten-Beziehung bereit sind, Strukturen und Prozesse in Frage zu stellen, um eine Aufgabe gemeinsam erledigen zu können. Die dem Lieferanten gestellte Aufgabe (Lieferung der nämlichen Ware zum bestimmten Termin) kommt damit gleichsam zum Kunden zurück. Kooperation kann bedeuten, dass der Lieferant im oben genannten Beispiel aus der Textilindustrie darauf hinweist, er könne liefern, wenn eine alternative Rollenbreite des Stoffes zulässig sei, wenn das zulässige Qualitätsniveau reduziert wird, wenn die Ware lediglich bis zum Importeur zu verschaffen sei oder wenn Teillieferungen erlaubt würden. Auch für den Hersteller entsteht damit die oben bereits für den Lieferanten durchgespielte Eskalationsroutine: (1) Eine Veränderung der Rollenbreite sowie des Qualitätsniveaus erfordert Anpassungen im Produktionsbereich. Das Beschaffungsproblem strahlt auf die Produktion ab. (2) Sind die Anpassungen in der Fertigung entweder nicht möglich oder nicht ausreichend, können die Distributionsprozesse für die Fertigware in die Betrachtung einbezogen werden. So mag es sein, dass die angebotenen Teillieferungen des Oberstoffes auch Teillieferungen der Fertigware erforderlich machen würden. Eine Intensivierung der kooperativen Beschaffung des Vormaterials würde dann eine kooperative Distribution der Fertigprodukte erfordern. Möglicherweise gilt auch hier, dass das Problem der Oberstofflieferung erst dann gelöst werden kann, wenn der Hersteller mit seinem Kunden kooperiert und Liefermodalitäten anpasst. Erneut ist das nicht die Stelle um darüber zu befinden, wie wahrscheinlich es ist, dass der „Schwanz mitunter mit dem Hund zu wackeln“ scheint. Im Kielwasser der Supply Chain Management-Diskussion, so der Eindruck der Verfassers, wird es aber zunehmend opportun, solche Fragen zu stellen.

Reziprozität und Intensität einer Kooperationsbeziehung können in einer zusammenfassenden Tabelle ermittelt werden (Tabelle 42).

Schwerpunkte setzen: Kooperationsbedarf und dessen Treiber

Die bisher erarbeiteten Indikatoren erlauben eine Abschätzung, wie intensiv in potenziellen Feldern entlang der Supply Chain tatsächlich kooperiert wird. Wenn man der Überzeugung ist, Supply Chain Management sei in erster Linie ein Programm zur Intensivierung von Kooperation in der Lieferkette, kann mit diesem Instrumentarium bereits eine fundamentale Aussage getroffen werden; nämlich, ob und wie intensiv tatsächlich kooperiert wird. Ergibt eine erste Bestandsaufnahme in den meisten Kooperationsfeldern lediglich ein zufälliges Parallelverhalten, deuten dieses Ergebnis grundsätzlich auf Verbesserungspotenziale hin.

Die Einschränkung „grundsätzlich“ ist erforderlich, weil nicht jede Kunden-Lieferanten-Beziehung kooperativ betrieben werden sollte. Ganz im Gegenteil wird es viele Beschaffungssituationen geben, in denen unterstellt werden kann, dass das fokale Beschaffungsproblem mit einer ausreichend hohen Wahrscheinlichkeit durch ein zufälliges Parallelverhalten ausreichend gut gelöst wird. Gemäß der oben eingeführten Definition wären diese Beschaf-

---

werk zu besichern gilt (Kapitel 6.4).

fungssituationen keine Kooperationsfelder, weil die Transaktion auch ohne Kooperation zu einem akzeptablen Ergebnis führt. Für das Management der Supply Chain ist es daher erforderlich, sich darüber klar zu werden, in welchen Kunden-Lieferanten-Beziehungen kooperiert werden sollte, wo also Kooperationsfelder mit der definierten normativen Konnotation existieren. Sind diese Felder identifiziert, können die anhand der oben entwickelten Indikatoren tatsächlicher Kooperation vorgefundenen kooperativen Kunden-Lieferanten-Beziehungen den Kooperationsfeldern gegenüber gestellt werden. Abweichungen zwischen geplanter und realisierter Kooperationsintensität werden erkennbar und deuten auf Kooperationsdefizite hin.

Tabelle 42 Ermittlung von Reziprozität und Intensität einer Kooperationsbeziehung

Kunde passt an / *Lieferant passt an*	*Nichts*	*Beschaffung*	*Produktion*	*Distribution*
Nichts	Symmetrisch, keine Kooperation	→	→	asymmetrisch kundenlastige Kooperation
Distribution	↓			↓
Produktion	↓			↓
Beschaffung	asymmetrisch lieferantenlastige Kooperation	→	→	symmetrische intensive Kooperation

Daraus entsteht eine weitere Aufgabenstellung für dieses Teilkapitel: Es sind Indikatoren zu finden, anhand derer auf den Kooperationsbedarf einer Kunden-Lieferanten-Beziehung geschlossen werden kann. Hier wird vorgeschlagen, mit folgenden Indikatoren (Treibern) des Kooperationsbedarfs zu arbeiten [240]:

(1) Wahrscheinlichkeit zufälligen Parallelverhaltens: Wenn die Wahrscheinlichkeit zufälligen Parallelverhaltens hoch ist, besteht kein Kooperationsbedarf. Diese Wahrscheinlichkeit hängt ab vom Beschaffungsobjekt sowie von der Intensität der Einbindung des Lieferanten in den Verwendungsprozess.[241] (a) Beschaffungsobjektspezifität: Im Beispiel des Textilherstellers wäre eine Situation zufälligen Parallelverhaltens gegeben, wenn der Bedarf mit den Merkmalsausprägungen „1000 m Stoff, Qualität XYZ, Liefertermin KW 34" regelmäßig problemlos durch einen oder viele Anbieter ohne jede Form vorheriger Abstimmung befriedigt werden könnte. Für die überwiegende Zahl der Beschaffungstransaktionen im täglichen Leben eines Unternehmens wird das typisch sein.[242] Leitzordner, Kopierpapier, Normschrau-

240 Diese Liste ist als ein knapper Vorschlag zu sehen. Die Literatur zur Bestimmung des optimalen Kooperationsgrads ist sehr umfangreich, kann hier aber nicht befriedigend eingearbeitet werden. In dieser Arbeit soll es aber auch, wie in der Einführung bereits eingeschränkt wurde, nicht primär um eine tiefe Operationalisierung einzelner Themen, sondern vielmehr um die Begründung der Notwendigkeit der Beachtung eines Katalogs von Themen gehen.

241 Wobei zu beachten ist, dass die Intensität der Einbindung des Lieferanten in den Verwendungsprozess auch vom Beschaffungsobjekt abhängig ist.

242 Freilich wird bei der Beurteilung des Spezifitätsgrads zu beachten sein, dass tatsächlich nachgefragte geringe Spezifität (=Standardprodukt) eine Folge unkooperativer Lieferanten sein kann. Wie oben bereits angesprochen, wird der Kunde bei unkooperativen Lieferanten eben nicht auf deren Anpassung des Möglichkeitsraums pochen können, sondern muss seinerseits mit einer Variation des Bedarfsprofils, eben in Richtung

ben, Bürostühle und diverse weitere Kategorien strukturellen oder laufenden Inputs stehen auch ohne Kooperation zur Verfügung. Für solche Standardprodukte kann eine hohe Wahrscheinlichkeit zufälligen Parallelverhaltens unterstellt werden. Produkte mit einem hohen Spezifitätsgrad hingegen bieten diese Gewähr nicht. Die zuvor genannte Stoffbestellung dürfte in diese Klasse fallen. Die Wahrscheinlichkeit, dass ein Anbieter genau die gewünschte Merkmalskombination (Menge, Qualität, Termin, ...) zufällig bereitstellen kann, sinkt mit der Besonderheit des Bedarfs. Weiterhin sinkt mit dem Grad der Besonderheit auch die Anzahl potenzieller Anbieter. Der „Markt" für diese Produkt ist klein. Austauschobjekte mit hohem Spezifitätsgrad bedürfen, so die Konsequenz der Überlegung, intensiverer Kooperation als solche mit geringerer Spezifität. (b) Intensität der Einbindung des Lieferanten in den Verwendungsprozess: Die zuvor aufgestellte Regel (Standard = keine Kooperation) wird relativiert durch die Qualität der Einbindung des Lieferanten in den Verwendungsprozess. Normschrauben bedürfen keiner kooperativen Beschaffung, wenn sie über ein konventionelles Lagerhaltungsmodell bewirtschaftet werden. Der Kooperationsbedarf steigt aber, wenn zum Beispiel ein bestandsminimierendes Modell eingeführt wird. Dies kann darin bestehen, die Verantwortung für die ständige Verfügbarkeit der Schrauben von der Materialdisposition des Unternehmens auf den Schraubenlieferanten zu transferieren. Der Kooperationsbedarf aus Sicht des Lieferanten wächst damit sehr deutlich, weil er die Führung der Bestandssituation für den Kunden in seine Prozesse und Strukturen integrieren muss. Üblicherweise hat die Umstellung auf dieses Versorgungsmodell auch Konsequenzen für den Kunden, der in seiner Fertigung zum Beispiel Flächen bereitstellen muss, auf denen der Lieferant die Nachbevorratung ausführen kann. Weiterhin benötigt der Lieferant einen Zugang zum Werksgelände, was ebenfalls einen Eingriff in bestehende Abläufe und Praktiken bedeutet. Daraus folgt: Eine enge technisch-organisatorische Einbindung des Lieferanten beziehungsweise des Austauschobjektes in den Verwendungsprozess, Dögl (1986) spricht von „Integraler Qualität" des Gutes, reduziert die Wahrscheinlichkeit zufälligen Parallelverhaltens.

(2) Transaktionsfrequenz und -volumen: Der hier abzuschätzende Kooperationsbedarf soll dem Supply Chain Manager aufzeigen, ob eine identifizierte Nicht-Kooperation in einer konkreten Kunden-Lieferanten-Beziehung ein Managementproblem darstellt, ob also das Kooperations-Soll vom Kooperations-Ist abweicht. Unabhängig von allen anderen Überlegungen kann argumentiert werden, dass Kunden-Lieferanten-Beziehungen mit sowohl kleinen Transaktionsvolumina als auch geringen Transaktionsfrequenzen auch bei Nicht-Kooperation nicht auf ein Kooperationsdefizit hinweisen; wahrscheinlich ist sogar eher das Gegenteil der Fall. (3) Beschaffungsobjekt - Wert: Wertvolle Beschaffungsobjekte binden mehr Kapital als wertlose Objekte. Wenn gilt, per kooperativer im Vergleich zu unkooperativer Beschaffung Bestände senken zu können, gilt ebenfalls, für wertvolle Güter einen höheren Kooperationsbedarf unterstellen zu können. (4) Beschaffungsobjekt - Versorgungsrisiko: Neben der Kapital-

Standard reagieren. Es kann also damit gerechnet werden, dass in funktionierenden Supply Chains das Volumen spezifischer, Kooperationsbedürftiger Güteraustausche zunehmen wird.

bindung ist die Versorgungssicherheit ein weiteres Ziel in der Gestaltung der Beschaffungssituation. Es gilt, das Beschaffungsrisiko zu minimieren. Neben den intraorganisationalen Unsicherheitspotenzialen werden weitere Potenziale über die Beschaffungssituation importiert. Dazu gehören etwa lieferantenbedingte Nicht- oder Schlechtlieferungen sowie die daraus resultierenden Produktionsminderungen. Wenn unterstellt werden kann, diese lieferantenbedingten Risiken durch Kooperation reduzieren zu können, ist für Kunden-Lieferanten-Beziehungen mit hohem Versorgungsrisiko ein hoher Kooperationsbedarf zu unterstellen.

Fazit: Bedarf, Intensität und Reziprozität der Kooperation gegenüberstellen

Mit den Vorarbeiten ist es möglich, die Wirksamkeit des sozialen Netzes zu beurteilen. Indikator der Wirksamkeit ist die Intensität realisierter kooperativer Entscheidungsfindung, relativiert über den Kooperationsbedarf. Die Beurteilung kann in Form einer tabellarischen Darstellung der Kunden-Lieferanten-Beziehungen vorgenommen werden (Tabelle 43).

Tabelle 43 Beispielhafte Gegenüberstellung von Kooperationsbedarf, Kooperationsintensität und Kooperationsreziprozität

Merkmal / *Kunden-Lieferanten-Beziehung*	*Kooperationsbedarf*	*Kooperationsintensität*	*Kooperationsreziprozität*
Hersteller - Lieferant Oberstoff	Sehr hoch	Gering	Asymmetrisch kundenlastig
Hersteller - Lieferant Garne	Gering	Gering	Symmetrisch
...			

Das Ergebnis der Untersuchung kann in unterschiedlichen Detaillierungsgraden (nur fokales Unternehmen - gesamte Supply Chain) und Darstellungsformen (Portfolio, Netz, ...) erfolgen. Abbildung 87 stellt zunächst die gesamte Supply Chain dar. Erneut wird dabei Bezug genommen auf das Beispiel aus der Textilindustrie. Die grauen Flächen repräsentieren die Austauschkategorien, die Knoten jeweils einen Akteur, die Kanten die sozialen Beziehungen zwischen den Akteuren, jedoch reduziert auf die Kunden-Lieferanten-Beziehung. In dieser verdichtenden Gesamtsicht ist nicht die gesamte Bandbreite möglicher Verhältnisse von Kooperationsqualität (Zusammenfassung von Kooperationsintensität und Kooperationsreziprozität) und Kooperationsbedarf dargestellt. Gestrichelte Kanten zeigen eine zu geringe Kooperationsintensität an und deuten damit auf Managementbedarfe hin. Die durchgehenden Kanten zeigen die ausgewogenen Kunden-Lieferanten-Beziehung (Kooperationsqualität = Kooperationsbedarf). Die weißen Kreise in den Austauschkategorien sind Akteure, mit denen zwar Austausch betrieben wird (es gibt also eine Kunden-Lieferanten-Beziehung), der Kooperationsbedarf jedoch als sehr gering eingeschätzt wird.

Abbildung 87 Gegenüberstellung von Kooperationsbedarf, Kooperationsintensität und Kooperationsreziprozität für die gesamte Supply Chain

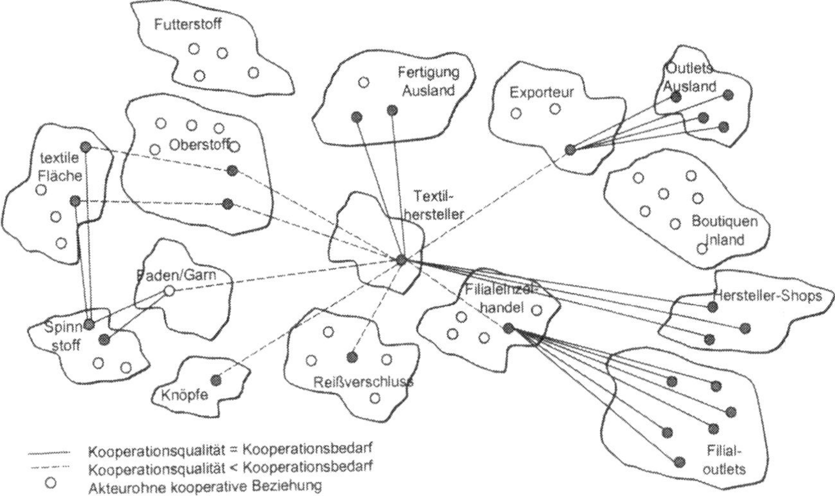

Abbildung 88 stellt die Kooperationssituation alternativ dazu allein aus Sicht des Textilherstellers in Form eines Portfolios dar. Die Reaktionsvariable ist der Kooperationsbedarf; die Aktionsvariable ist die Kooperationsqualität, die sich zusammensetzt aus der Kooperationsintensität sowie der Kooperationsreziprozität. Die Portfoliodarstellung deckt Managementbedarfe auf: Alle Kunden-Lieferanten-Beziehungen, die nicht auf der grau schraffierten südwest-nordost Diagonale liegen, weisen ein Missverhältnis zwischen Kooperationsqualität und Kooperationsbedarf auf.

Abbildung 88 Beispielhafte Gegenüberstellung von Kooperationsbedarf, Kooperationsintensität und Kooperationsreziprozität in einem Portfolio für ein fokales Unternehmen

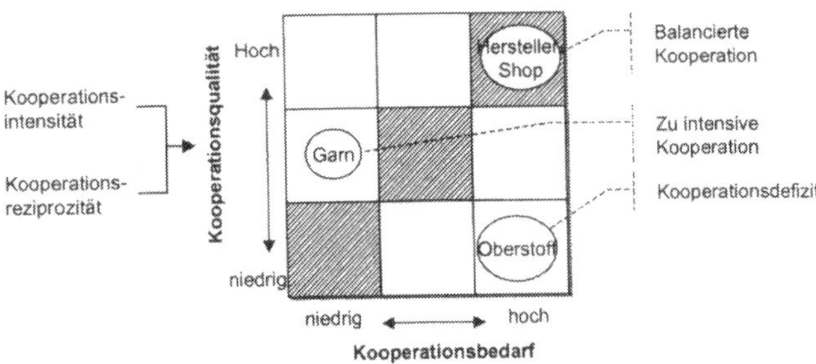

Abbildung 89 zeigt erneut die gesamte Supply Chain, bildet aber nur Dyaden ab (Kunden-Lieferanten-Beziehungen) und gruppiert diese anhand des Kriteriums „Balance von Kooperationsqualität und Kooperationsbedarf“. Die Dyaden in der oberen Schicht stellen ausgewogene Kunden-Lieferanten-Beziehungen dar. Die mittlere Schicht repräsentiert Beziehungen mit einem Kooperationsdefizit. Die untere Schicht nennt alle Dyaden, in denen kein Kooperationsbedarf gesehen wird.

Abbildung 89 Beispielhafte Gegenüberstellung von Kooperationsbedarf (KB) und Kooperationsqualität (KQ) für einzelne Kunden-Lieferanten-Beziehung entlang der Wertschöpfungskette

Rohmaterial	Zutaten	Herstellung	Großhandel Absatzmittler	Einzelhandel	
Spinnstoff — Garn Spinnstoff — Textile Fläche		Textil-hersteller — Fertigung Ausland		Exporteur — Outlets Ausland Filial-einzelhandel — Filial-outlets Textil-hersteller — Hersteller-Shops	KQ = KB
	Oberstoff — Textil-hersteller Garn — Textil-hersteller Knopf — Textil-hersteller		Textil-hersteller — Filial-einzelhandel		KQ < KB
	Reiß-verschluss — Textil-hersteller Futter-stoff — Textil-hersteller			Textil-hersteller — Boutiquen Inland	KB = 0

Exkurs: Indikator für die Messung der Umsetzung - McPhail und Wohlsteins Analogie der marschierende Truppe

Zu kooperieren bedeutet, zusammen zu arbeiten, obwohl die Option besteht, dies nicht zu tun. Es geht also um eine nutzen-kosten-kalkül-basierte Zusammenarbeit, die nicht per Zwang (Autorität) verordnet ist. Kooperation ist die Folge eines Entscheidungsprozesses. Der Entscheidungsprozess wird in einer Anweisung an das Güternetzwerk münden, sich in einer bestimmten Weise zu verhalten. Kooperation kann dann daran gemessen werden, wie gut es gelingt, das Ergebnis des Entscheidungsprozesses tatsächlich in kooperatives Agieren umzusetzen. Auch wenn in dieser Arbeit wird die Operationalisierung der Themen nicht bearbeitet wird, scheint der nachfolgend beschriebene Ansatz zur Kooperationsmessung aber die Essenz der Kooperation gut zu treffen und soll daher kurz dargestellt werden.

McPhail und Wohlstein (1986) schlagen vor, zur Messung kooperativen Verhaltens einer Gruppe auf das Bild einer marschierenden Kolonne zurückzugreifen. Die Autoren haben sich mit der Beschreibung, Analyse und Erklärung kollektiven Verhaltens befasst. Aus deren Ergebnissen ist für diese Arbeit interessant, die Qualität der „Collective Locomotion", also die Qualität gemeinsamer, gegenseitig abgestimmter Bewegung mehrerer Akteure, anhand von Indikatoren zu beurteilen. Diese Indikatoren können auch das Ausmaß kollektiven Verhaltens in der Supply Chain abbilden und sind daher hilfreich. McPhail und Wohlstein (1986, S. 450) schlagen drei Indikatoren vor: (1) Initialisierung (Initiation): Dieser Indikator misst, wie viel Prozent der Akteure sich zum gleichen Zeitpunkt in Bewegung setzen. Um dieses Maß für die Kooperationsbeurteilung sinnvoller auszulegen, sollte ermittelt werden, wie viel Prozent der Akteure sich zum geplanten Zeitpunkt in Bewegung setzen. Null Prozent bedeutet, dass keiner Akteur das Geplante zum geplanten Zeitpunkt in die Tat umsetzt. (2) Verbund (Connectivity): Der Verbund dokumentiert (in der auf das Kooperationsproblem angepassten Auslegung), wie viele Akteure sich zu einem bestimmten Zeitpunkt in die geplante Richtung bewegen und wie schnell sie vorankommen. Haben alle Akteure zu einem bestimmten Zeitpunkt jeweils den geplanten Status erreicht, ist der Verbund einhundert Prozent. (3) Gleichschritt (In Step): Der Gleichschritt misst im übertragenen Sinne, ob im Prozess der kooperativen Ausführung die Zwischenergebnisse im gleichen Takt erreicht werden; um die Analogie zur marschierenden Truppe noch einmal zu bemühen, wird beobachtet, ob die handelnde Supply Chain nach außen das Bild sich im Takt bewegender Akteure darstellt. Ermittelt wird der Anteil von Unternehmen, die zum gleichen Zeitpunkt den „gleichen Fuß" auf dem Boden haben. McPhail und Wohlstein (1986, S. 450) verdichten diese Aspekte kollektiver Bewegung in einen Index, der als Mittelwert der drei Prozentzahlen entsteht. Fußgängergruppen auf einem Bürgersteig erreichen den Beobachtungen der Autoren zufolge üblicherweise einen Koordinationsindex von 0,31, Demonstranten 0,38; ein Zug gedrillter Soldaten sollte 1,0 erreichen.

6.2.2. Den inneren Horizont aufdecken: Die Voraussetzungen zur Verbesserung der Kooperation durch die Gestaltung des sozialen Netzwerks

Mit dem oben entwickelten Instrumentarium gelingt es, den Status quo des Kooperationsgeschehens in der Supply Chain problemorientiert abzubilden. Das Controlling kann damit den ersten Teil der Dokumentationsaufgabe lösen; nämlich die Beantwortung der Frage, ob interorganisational kooperiert wird. Offen bleibt, wie gut die Voraussetzungen sind, um die Kooperationsintensität und Kooperationsreziprozität in der Supply Chain verbessern zu können. Dieses Kapitel entwickelt Indikatoren, um die Qualität des Vorbereitungsgrads für eine weitergehende Kooperation beurteilen zu können.

6.2.2.1. Kooperationsintensität

Im Idealfall entspricht in jedem Kooperationsfeld die Kooperationsqualität dem Kooperationsbedarf. Abweichungen von diesem Zustand können entstehen, weil die Herstellung der Kooperationsbalance entweder nicht im Managementfokus steht, oder weil zwar der Wille des Managements vorhanden ist, der Umsetzung aber Hemmnisse gegenüberstehen. Dieses Kapitel konzentriert sich auf die Analyse der Kooperationshemmnisse. Kooperationshemmnisse können diverse Ursachen haben. Hier werden drei Ursachengruppen unterschieden: technische Hemmnisse, wirtschaftliche und psychologische Hemmnisse sowie organisatorische Hemmnisse.

Technische Hemmnisse: Nicht kooperieren können

Die Kooperationsqualität kann hinter dem Kooperationsbedarf hinterherhinken, weil die Kooperationspartner technischen Restriktionen unterworfen sind.

(1) Entscheidungsunterstützungssystem zur Konsequenzenermittlung

Kooperationsentscheidungen sind Optimierungsentscheidungen. Im oben diskutierten Beispiel aus der Textilindustrie erwägt der Lieferant etwa, sukzessive in seiner Wertschöpfungskette nach hinten schreitend die möglichen Anpassungen, bei deren Umsetzung der Liefertermin gegenüber dem Kunden gehalten werden kann. Wenn man davon ausgeht, dass die

Parametersituation vorher den Ansprüchen der Entscheider genügt hat, bringt die kooperationsinduzierte Anpassung das System in Unordnung. Die Aufgabe besteht darin, die Konsequenzen der geplanten Anpassung abzuschätzen. Insbesondere wenn der Anpassungsprozess mehrere Funktionalbereiche berührt (Umplanung von Distribution, Produktion und Beschaffung) oder im Extrem mehrere Unternehmen umspannt, ist die Konsequenzenermittlung nur noch über spezifische Entscheidungsunterstützungssysteme möglich. So ist auch das Auftauchen einer ganz neuen Klasse von Optimierungsprogrammen, den „Advanced Planning Systems" zu erklären (4.2.2). Diese Systeme haben allein die Aufgabe, die im Zuge interorganisationaler Kooperationsprozesse entstehenden Trade-offs handhaben zu können. Hier gilt: Können die Kooperierenden auf solch ein Entscheidungsunterstützungssystem zurückgreifen, wachsen ceteris paribus die Chancen für eine zukünftig intensivere Kooperation. Beziehungsweise negativ formuliert: Kunden-Lieferanten-Beziehungen ohne solch ein System sind nicht in der Lage, die Vorteilhaftigkeit komplexer Abstimmungsprozesse ermitteln zu können und werden diese daher nicht durchführen.

(2) Betriebsmittelflexibilität

Jenseits der bisher diskutierten Hemmnisse auf der Ebene der kooperativen Entscheidungsfindung, wird Kooperation unmöglich, wenn die Betriebsmittelausstattung in den betroffenen Funktionalbereichen keine Anpassungen zulassen. Die Fähigkeit der Betriebsmittel, solche Anpassungen zu ermöglichen, wurde oben bereits als Flexibilität definiert (Seite 284). Hier gilt: Flexible Betriebsmittel verbessern die Chance, Kooperation zu intensivieren. Alle oben genannten Aspekte der Flexibilität sind von Interesse: Ein zu kleiner Möglichkeitsraum verhindert die Anpassung technisch. Auch bei ausreichend weitem Möglichkeitsraum können die Mobilitätskosten für Anpassungen in diesem Raum die Kooperation zu teuer werden lassen. Ebenso können Friktionen während der Anpassungshandlung die Kosten-Nutzen-Bilanz des Anpassungen negativ belasten.

(3) Finanzielle Flexibilität, Budgetspielraum

Kooperation ist ein ressourcenverzehrender Prozess. Ressourcen werden verzehrt im Verlauf des Entscheidungsprozesses (Teilnahme der Mitarbeiter, Bereitstellung eines Entscheidungsunterstützungssystems, ...) sowie in der Umsetzung der vereinbarten Anpassungshandlungen. Gleichwohl folgt dem Ressourcenverzehr im Fall wirksamer Kooperation ein überkompensierender Nutzenzuwachs; die Investition in die Kooperation ist aber vorzufinanzieren. Es gilt: Akteure mit engen Budgetrestriktionen senken die Wahrscheinlichkeit, den vollen Kooperationsnutzen ausschöpfen zu können.

(4) Infrastruktur: Koordinationsinstanz und andere öffentliche Güter

Eine effiziente Kooperation zwischen vielen Akteuren in einem komplexen Gebilde benötigt eine leistungsfähige Infrastruktur. Die Gruppe muss sich selbst mit einem Satz öffentlicher Güter (im weitesten Sinne) ausstatten, um funktionieren zu können. Der produktive Beitrag einer Infrastruktur öffentlicher Güter wird in der Volkswirtschaftslehre intensiv diskutiert. Eine plakative Zusammenfassung der Argumentation aus neoklassischer Betrachtung gibt North (1988, S. 44): „Der Staat wird die Regeln festlegen, um das Einkommen des Herrschers und seiner Gruppe zu maximieren ... Abgesehen von dieser Anfangsbeschränkung wird der Herrscher zum Zwecke der Transaktionskostensenkung eine System von Regeln und deren Durchsetzbarkeit als öffentliches Gut bereitstellen - darunter die Festlegung einheitlicher Maße und Gewichte [243], ein System von Eigentumsrechten zur Förderung von Produktion und Handel, sowie ein System der Rechtsprechung zur Beilegung von Streitigkeiten und Vollzugsverfahren zur Durchsetzung von Verträgen." Auch wenn die Supply Chain kein Staat ist (wenngleich sie faktisch so geführt werden mag) und auch keinen offiziellen Herrscher ausrufen wird (auch wenn sie faktische einen haben mag), ist die Parallele doch evident. Auch in der Supply Chain geht es darum, das Einkommen der Gruppe zu maximieren. Der Leistungsaustausch kann nur effizient funktionieren, wenn ein System von Regeln installiert ist. Freilich ist das Regelungsvolumen ein anderes. Dort wo der Staat in einem rechtsfreien Raum die Grundlagen setzt, findet die Supply Chain ein filigranes Gefüge von Gesetzen und Normen vor, die den Leistungsaustausch regeln und bereits ein bestimmtes Maß an Austauscheffizienz gewährleisten. Dieses, aus Sicht des Supply Chain Managements prä-existente, Regelungswerk gilt aber für eine gesamte Volkswirtschaft beziehungsweise mit den entsprechenden Einschränkungen sogar für die Weltwirtschaft und ist daher lediglich ein Minimalkonsens. In großen, heterogenen Gruppen (zum Beispiel Staat) führt ein hohes Angebotsvolumen öffentlicher Güter zu Verschwendung (weil nicht alle Mitglieder in gleicher Weise an dem Gut interessiert sind), beziehungsweise im Fall meritorischer Güter zu Behinderungen (weil die Regelung für einige Mitglieder effizienzhemmend ist), was zur Folge hat, dass üblicherweise lediglich eine Minimalversorgung entsteht. In einer kleineren Gruppe kann filigraner geregelt werden. Man kann ohne Verschwendung und Behinderung eine höhere und spezifischere Regelungsdichte etablieren, die in einen höheren Vorbereitungsgrad zur Abwicklung des Austausches mündet.

Dieser produktive Beitrag öffentlicher Güter wird in diesem und in den nächsten Kapiteln an mehreren Stellen zu diskutieren sein. Dabei geht es um solch vordergründig unterschiedliche Aspekte wie Koordinationsinstanzen und Rahmenkonzepte, die das Kooperationsprozedere regeln sollen; um Sozialkapital, ohne deren Existenz Kooperation zu einem Kampf aller gegen alle degeneriert (Putnam 1993, S. 178); um Gruppenstrukturen, die über den Mobilisierungsbedarf entscheiden; oder um EDV-Protokolle, die reibungslose Datenkommunikation erlauben sollen.

In diesem Teilkapitel geht es zunächst aber um den technisch-organisatorischen Aspekt: Eine intensive Kooperation bezieht per Definition viele Entscheidungsträger in den Entscheidungsprozess ein. Möglicherweise auch aus Unternehmen, die mit dem die Kooperationsepisode auslösendem Akteur keine transaktionalen Beziehungen haben (der Lieferant des Liefe-

[243] In der Fußnote 13 ergänzt North (1988, S. 44): „Man beachte jedoch, dass die Art der Festlegung von Maßen und Gewichten im Hinblick auf die Maximierung des Einkommens des Herrschers bestimmt wird. Die Ge-

ranten). Nachdem der Entscheidungsprozess grundsätzlich wie eine Diskussion unter Gleichen abläuft, wird argumentiert, dass allein die Anzahl der Teilnehmer sowie deren organisationskulturelle Distanz möglicherweise noch gepaart mit Rollenmissverständnissen die Chancen für das Zustandekommen von Kooperation sogar dann reduzieren, wenn das Konfliktpotenzial (Zieldivergenz, Autonomiestreben) gering ist. Kooperation scheitert dann bereits an der Diskussionsprozedur. Hier gilt daher: Besteht entweder eine formale, interorganisational akzeptierte Koordinationsinstanz oder zumindest ein Rahmenkonzept (Kirsch 1997, S. 441 ff), in dem das Prozedere interorganisationaler Kooperation verbindlich geregelt ist, steigen die Chancen für eine Intensivierung kooperativen Verhaltens. Beziehungsweise negativ formuliert: Ohne diese Hilfsmittel verhindern ineffiziente Kooperationsverhandlungen die Realisierung von Kooperationspotenzialen.

Wirtschaftliche und psychologische Hemmnisse: Nicht kooperieren wollen

Neben die zuvor diskutierten technischen Barrieren tritt ein Bündel wirtschaftlicher und psychologischer Hemmnisse, die dafür sorgen können, dass Akteure nicht kooperieren *wollen*. Deren Explikation erfolgt erneut am Beispiel der bereits betrachteten potenziell kooperativen Kunden-Lieferanten-Beziehung zwischen Herrenoberbekleidungshersteller und Oberstofflieferant. Die Ausgangsfrage lautet: Warum kooperieren Kunde und Lieferant nicht? Die Antwort in diesem Teilkapitel ist, „weil sie nicht wollen". Nachfolgend werden Gründe abgeleitet, warum eine oder beide Parteien nicht kooperieren wollen könnten.

(1) Kooperationsnutzen asymmetrisch verteilt - Kompensation also „soziales" Risiko

Der Lieferant wird nicht kooperieren, wenn ihm die Kooperation auch auf lange Sicht keinen Nettonutzen bringt. Das für den Lieferanten relevante Volumen des durch die Kooperation verfügbar werdenden Nettonutzens hängt erstens vom Effizienzgewinn durch die Abstimmungsmaßname (Wie groß ist der verteilbare Kuchen?) sowie zweitens von dessen Verteilung zwischen Kunde und Lieferant ab. Problematisch ist eine Konstellation, in der der verteilbare Nettonutzen positiv ist, der Lieferant der Kooperation aber nicht zustimmt, weil die Kosten mehrheitlich ihm und die Nutzen mehrheitlich dem Kunden zufallen. Wird in dieser Situation nicht kooperiert, entsteht ein Wohlfahrtverlust für die Dyade. Der Wohlfahrtsgewinn kann grundsätzlich erschlossen werden, indem der Nettonutzer den Nettozahler kompensiert.[244] Hier gilt daher: Die Wahrscheinlichkeit intensiverer Kooperation hängt von der Akzeptanz einer Kompensation durch den zu Kompensierenden ab.

In der Literatur gibt es eine Reihe von Überlegungen, mit denen abgeschätzt werden kann, wie groß die Kompensationsakzeptanz sein wird. Hier erscheinen relevant: (a) Sozialkapital: Das in der Struktur der sozialen Netzes gebundene Sozialkapital gestattet es dem Kompensationsnehmer, auf die Ehrlichkeit des Kompensationsgebers zu vertrauen. Der Erwartungswert einer interorganisationalen Kompensation steigt in Netzwerken mit hohem Sozialkapital. Das

schichte von Maßen und Gewichten wird erst sinnfällig, wenn wir die Vorrangstellung der herrscherlichen Interessen berücksichtigen."

Volumen des Sozialkapitals ist eine Funktion der Netzwerkstruktur. (b) Kontinuität: Der Erwartungswert einer Kompensationszahlung wird ceteris paribus höher sein, wenn die Partner an die Fortsetzung der Kunden-Lieferanten-Beziehung „glauben". Die Aspekte sind nicht voneinander unabhängig.

(a) Sozialkapital erhöht den Erwartungswert von Kompensationszahlungen: Sozialkapital (Social Capital) ist ein Bündel von Vorteilen, das durch die Netzwerkstruktur verfügbar und determiniert ist (Coleman 1988; Putnam 1993; Burt 2000). Kapital kann als ein Potenzial verstanden werden, das dem darüber Verfügenden ermöglicht, in einer bestimmten Weise zu handeln. Unterschieden werden können physisches Kapital, Humankapital und Sozialkapital (Coleman 1988). Sozialkapital ermöglicht dem Verfügenden ebenfalls, sein Ziel besser zu erreichen. Im Gegensatz zum physischen oder Humankapital ist das Sozialkapital aber in der Struktur des Netzwerks gebunden. Eine geeignete Netzwerkstruktur bietet mehr Sozialkapital als eine ungeeignete. Burt (2000a, S. 3) fasst das Konzept zusammen: „ … social structure is a kind of capital that can create for certain individuals or groups a competitive advantage in pursuing their ends. Better connected people enjoy higher returns." [245]

Coleman (1988) ist insbesondere an den Vorteilen interessiert, die einer Gruppe zufließen. Seine These ist, dass Änderungen der Beziehungen zwischen den Akteuren einer Gruppe deren Zusammenarbeit erleichtern (verbessern). Eines seiner Beispiele beschreibt den Großhandel mit Diamanten in New York (Coleman 1988, S. 98): Das Geschäft wird ausschließlich innerhalb einer ethnisch-religiös streng abgegrenzten Gruppe, in diesem Fall von Juden, abgewickelt und dadurch enorm erleichtert. Die Netzwerkstruktur der Gruppe erlaubt den Verzicht auf explizite (teure) Kontrollmechanismen. Abweichungen eines Kontrahenten von den Verhaltensnormen sind unwahrscheinlich, weil sie einen Ausschluss aus der Gruppe nach sich ziehen. In der Analyse zeigen sich drei Mechanismen, die den Vorteil produzieren (Coleman 1988, S. 101 ff). (1) Gegenseitige Verpflichtungen und Vertrauen: Das „Eine Hand wäscht die andere"-Prinzip funktioniert nur in überschaubaren Gruppen. Dabei entsteht eine Verpflichtung des heute Profitierenden gegenüber dem heute in Vorlage Tretenden. Coleman (1988, S. 102) spricht von „Credit Slips", die später eingelöst werden, mithin also den Charakter einer Kompensation haben. Solche „Credits" zu haben, ist vorteilhaft, da sie es ermöglichen, bei Bedarf große Ressourcenvolumina mobilisieren zu können. (2) Information: Vorteile entstehen ebenfalls durch den leichteren Zugang zu Informationen innerhalb der Gruppe. (3) Normen und Sanktionen: Normen und Sanktionen produzieren diverse Vorteile. Neben den be-

---

[244] Vergleiche zur Bedeutung von Kompensationen in Netzwerken auch noch einmal Kapitel 5.1.2, insbesondere Seite 220 ff.

[245] Jenseits dieser allgemeinen Formulierung lassen sich zwei Interpretationen des Begriffs unterscheiden, die einander ähnlich aber nicht gleich sind. Der grundlegende Unterschied besteht in der Gestaltungsempfehlung für eine das Sozialkapital maximierende Netzwerkstruktur. Burt (2000a) kommt zu einer anderen Schlussfolgerung also Coleman. Er argumentiert nicht aus Sicht der Gruppe, sondern eines einzelnen Akteurs. Dieser solle, so seine These, ein Netzwerk aufbauen, das über „strukturelle Löcher" verfügt. Die Lochstruktur produziert ebenfalls Sozialkapital, da der Burt vorschwebende Netzwerk-Entrepreneur durch seine Brokerposition sowohl Informations- als auch Verhandlungsvorteile erhält (Burt 2000a, S. 9).

reits erwähnten sinkenden Kontrollkosten (Diamanthandel) können Normen es zum Beispiel ermöglichen, unbeschadet bei Nacht einen Park zu durchqueren oder einem Familienmitglied ohne Sicherheiten einen Kredit zu gewähren.

Ohne bereits eine instrumentale Handreichung bekommen zu haben, kann hier bereits als Zwischenfazit festgehalten werden, dass Sozialkapital eine Treiber der Kompensationsakzeptanz sein wird und daher grundsätzlich erklären kann, warum ein Lieferant in einer bestimmten Situation einer kompensationsbedürftigen Kooperation zustimmen wird, in einer anderen hingegen nicht.

Die weitergehende Frage ist nun, wie ein Netzwerk gestaltet sein sollte, damit das Sozialkapital maximiert wird. Colemans These ist, das Netz sei zu schließen (Closure of Social Networks; Coleman 1988, S. 105 ff). Normen, Vertrauen und Zugang zu Informationen können nur entstehen, wenn die Akteure untereinander eng vernetzt sind.[246] Im Idealfall kennt jeder jeden; das Netz hat keine offenen Flanken. Offene Flanken würden den Aufbau von Normen verhindern, da sie die dann zwangsläufig entstehenden relativ zentralen Akteure in Brokerpositionen versetzen. [247] Das hiermit angesprochene Bild des lachenden Dritten ist bereits beschrieben worden (Seite 240). Sobald die Akteure B und C in der bisher offenen Triade (A-B, A-C) eine Beziehung aufbauen, kann der bisherige Broker A diszipliniert werden. Durch das von Coleman geforderte Schließen des Netzwerks entsteht eine Gruppe, beziehungsweise soziometrisch ausgedrückt, eine Clique (maximal dicht verbundener Teilgraph), wobei unterstellt wird, dass die geschlossene Gruppe Teil eines größeren Netzwerks ist. Der Begriff der Gruppe wird in der Soziologie intensiv verwendet. Dort hat Blau (1986, S. 60 ff) die Argumentation in ähnlicher Form, wenngleich auch ohne Bezug zur Struktur eines Netzwerks, ebenfalls vorgetragen. Kohäsion, so seine These, verstärkt die Fähigkeit einer Gruppe, gemeinsame Ziele zu verfolgen, fördert den Konsens sowie den Aufbau von Normen. [248] Kohäsion verstärkt damit soziale Kontrolle und erleichtert Koordination.

Unmittelbar akzeptabel ist Colemans These, ein geschlossenes binnendichtes Netz stelle ceteris paribus mehr Sozialkapital bereit und sei daher wünschenswert. Damit kann die Binnendichte als ein Erfolgsfaktor identifiziert werden und sollte in der Informationsbasis Berücksichtigung finden. Freilich dürfte Colemans Ideal eines komplett geschlossenen Netzwerks in einem Supply Chain-Umfeld weder realisierbar noch wünschenswert sein. Denkt man an das bereits diskutierte Netzwerk der Textilindustrie, würde das etwa bedeuten, dass ein Knopfhersteller eine Beziehung zu einem Outlet des Filialeinzelhandels aufbaut, was sicher unrealis-

---

[246] Coleman weist darauf hin, dass dies noch keine hinreichende, zumindest aber eine notwendige Bedingung ist.

[247] Der Zusammenhang gilt auch für intergenerative Netzwerke. Kinder im Kindergarten oder in der Schule kennen sich zwangsläufig. Kennen sich aber auch die Eltern, wird der Aufbau sozialer Kontrolle etwa über Normen vereinfacht. Im übertragenen Sinne wird das auch für die Führung von Joint Ventures gelten. Pflegen die „Eltern" enge Kontakte, verschlechtert sich die Brokerposition für das „Kind".

[248] Wenngleich in der Literatur auch keine einhellige Meinung über den soziometrischen Nachweis von „Kohäsion" besteht (Wasserman und Faust 1994, S. 251), ist doch zentrale Voraussetzung, dass die kohäsiven Akteure miteinander in Beziehung stehen müssen; dass also Kanten existieren (was auch immer dann in diesen Kanten fließen mag).

tisch wäre. [249] Die Forderung hoher Binnendichte gilt eben nicht pauschal für alle Akteure des Netzwerks.

(b) *Kontinuitätserwartung durch Vertrauen, Kommunikation und Machtgleichgewicht*: Die Wahrscheinlichkeit, dass ein Lieferant eine kompensationsbedürftige Kooperation eingeht, wird von dessen Kontinuitätserwartung in Beug auf die Kunden-Lieferanten-Beziehung abhängen. Glaubt er nicht an die Fortsetzung der Beziehung, wird er zukünftige Kompensationen nicht in sein Kosten-Nutzen-Bilanz aufnehmen. Eine Reihe empirischer Studien haben sich mit der Einschätzung der Kontinuität in Kunden-Lieferanten-Beziehung auseinandergesetzt. Ganesan (1994) hat 124 Einzelhändler sowie 52 Lieferanten dieser Einzelhändler untersucht. Es hat sich gezeigt, dass der Kontinuitätswunsch sowohl des Lieferanten als auch des Kunden erstens von deren gegenseitiger Abhängigkeit voneinander sowie zweitens von deren gegenseitigem Vertrauen abhängt. [250] Beide Faktoren wirken positiv. Interessant ist weiterhin die Studie von Anderson und Weitz (1986). Die Autoren haben in 690 Dyaden untersucht, wovon es abhängt, ob ein Handelvertreter an eine kontinuierliche Zusammenarbeit mit dem Hersteller glaubt (Perceived Continuity of Relationship). Es hat sich gezeigt, dass die Variablen „Vertrauen", „Kommunikation" und „Machtgleichgewicht" (gegenseitige Abhängigkeit) die Kontinuitätserwartung des Handelsvertreters im hohen Maße erklären können. Für das hier zu diskutierende Problem sind diese Studien relevant, weil sie darauf hindeuten, dass die Kontinuitätserwartung und der Kontinuitätswunsch durch Vertrauen, Kommunikation und Machtgleichgewicht gefördert wird, wodurch erneut der Erwartungswert von Kompensationszahlungen steigen wird.

(2) Rollenblockade - Diffusion und Mobilisierung für die Idee der „Schicksalsgemeinschaft"

Die Akteure der Kunden-Lieferanten-Beziehung (Käufer - Verkäufer) agieren im Rahmen der Kooperationsentscheidung in ihren jeweiligen organisationalen Rollen. Diese Rollen determinieren das Prozedere, den zulässigen Lösungsraum sowie die Kriterien zur Beurteilung der Kooperation. So mag es die Rolle des Kunden vorsehen, Verhandlungen solange und mit so vielen Lieferanten zu führen, bis Gewissheit besteht, den günstigsten Preis ausgehandelt zu haben. Die Rolle kann weiterhin ausschließen, dass ein Lieferant auf eine Anfrage des Kunden damit reagiert, in der Sphäre des Kunden Verbesserungen vorzuschlagen, um die in der Anfrage genannten Konditionen halten zu können. Von einer Rollenblockade soll gesprochen werden, wenn das freie gedankliche Durchspielen solcher Optimierungsoptionen in Kunden-Lieferanten-Beziehungen unterbleibt, weil eine oder beide Parteien dies mit explizitem oder implizitem Verweis auf Rollenkonventionen entweder nicht zulassen oder nicht anstreben. So

---

249 Weitaus realistischer erscheint eine solche Vollvermaschung im Datennetzwerk.

250 Zu beachten ist, dass Vertrauen hier nicht auf die eigene Prognosefähigkeit (Vertrauen als Zuversicht, das die eigenen Erwartungen eintreffen werden), sondern auf das Verhalten eines Anderen bezogen ist. Vertrauen ist dann die Bereitschaft, sich auf einen Partner zu verlassen (Ganesan 1994, S. 3). Ein "... psychological state comprising the intention to accept vulnerability based upon positive expectations or intentions or behavior [of a partner]" (Rousseau et al. 1998, S. 395). Anderson und Weitz (1986, S. 312) definieren in der oben zitierten Studie: „We define trust as one party's belief that its needs will be fulfilled in the future by actions undertaken by the other party."

mag die Weigerung des Kunden, Optimierungen der eigenen Abläufe in Erwägung zu ziehen, begleitet werden durch die Weigerung des Lieferanten, weder über den möglichen Effizienzgewinn solcher Maßnahmen überhaupt nachzudenken, noch diese Spekulationen in den Gesprächen auf den Tisch zu bringen.

Hier gilt: Die Wahrscheinlichkeit für eine Intensivierung der Kooperation sinkt mit der Stärke der Rollenblockaden auf beiden Seite der Kunden-Lieferanten-Beziehung. Um Kooperation intensivieren zu können, ist es erforderlich, Rollenblockaden aufzubrechen. Erforderlich ist quasi eine Resozialisierung, sowohl für den Kunden als auch für den Lieferanten. Der Raum dessen, was man als Kunde darf und was man sich nicht bieten lassen muss, sowie dessen, was man als Lieferant muss und was man nicht darf, ist neu zu definieren. Es gilt, die betroffenen Entscheidungsträger von der Notwendigkeit zu überzeugen, dass ein Aufbrechen der „alten" Rollenverständnisse solche Effizienzpolster erschließt, die mit der traditionellen Arbeitsteilung im Denken unerreichbar bleiben. Wenn das Supply Chain Management Fortschritte erzielen soll, gilt es, die Idee des „gemeinsamen Schicksals" der Unternehmen in der Supply Chain (Kapitel 1) oder noch weitreichender, die Idee des Ablebens des Wettbewerbs zwischen Unternehmen zu Gunsten des Wettbewerbs zwischen Supply Chains zu etablieren und zu diffundieren. Diffusion bedeutet dann aber nicht mehr lediglich das Plakatieren von Slogans der Unternehmensführung, sondern vielmehr die Initialisierung eines (Um-) Lernprozesses, in dessen Verlauf eben die Rollenverständnisse auf den Prüfstand zu stellen sind. Lernen bedeutet, Verhalten zu ändern. Das Resultat des Umlernprozess wird von der Stärke der einwirkenden mobilisierenden Kräfte sowie von den Widerständen abhängen. Neben den organisationsbedingten Widerständen, die in ein „Nicht kooperieren sollen oder dürfen" münden, werden hier zunächst die der aktuelle Status, die Bedarfe sowie die Treiber der Mobilisierung untersucht.

(a) Die vorhandene Mobilisierung messen - Commitment

Bevor über die Treiber weitergehender Mobilisierung nachgedacht wird, ist es hilfreich, sich zunächst ein Bild darüber zu verschaffen, wie stark sich die relevanten Mitarbeiter in den Supply Chain-Unternehmen mit der Idee der „Schicksalsgemeinschaft" identifizieren. Es bietet sich an, für diese Messung auf das Konzept des „Commitment" zurückzugreifen. Etzioni (1975a, S. 8) definiert Commitment als eine stark positive Einstellung gegenüber einer Sache, als „Moral Involvement". Buchanan (1974, S. 533) definiert im gleichen Sinne, aber ausführlicher: „Commitment is viewed as a partisan, affective attachment to the goals and values of an organization, to one's role in relation to goals and values, and to the organization for its own sake, apart from its purely instrumental worth."

Zur Operationalisierung der Messung von Commitment gibt es eine Reihe von Vorschlägen. Hier soll auf das Konzept von Buchanan (1974) zurückgegriffen werden. Commitment wird demnach über drei Komponenten gemessen. (1) Identifikation: Adoptiert der fokale Akteur die Ziele und Werte der Organisation - hier der Supply Chain?[251] (2) Verinnerlichung (Involvement): In welchem Grad hat der fokale Akteur die Ziele und Werte psychologisch verinnerlicht und ist bereit, diese auch in seine tägliche Entscheidungsfindung einfließen zu lassen? (3) Loyalität: In welchem Umfang verhält sich der fokale Akteur loyal zur Organisation - hier der Supply Chain?

Die Beurteilung des Mobilisierungsgrads über das Konzept des Commitment erscheint durchaus final. Akteure mit Commitment, so die Literatur, werden kooperativer sein: Akteure mit Commitment akzeptieren kurzfristige Verluste, um längerfristige Nutzen erschließen zu können (Gundlach et al. 1995). Akteure mit Commitment werden gewillt sein, in idiosynkratische Investitionen einzuwilligen und bringen damit die für eine Mobilisierung erforderlichen kritischen Vorleistungen (Anderson und Weitz 1992).

(b) Den benötigten Mobilisierungsdruck beurteilen: Kollektives Handeln und Olson's Gruppensystematik

Olson's Logik des kollektiven Handelns (Olson 1985) ist für die Beurteilung der Wahrscheinlichkeit einer starken Mobilisierung von grundlegender Bedeutung. Seine Arbeit ist grundlegend, weil in der Zeit vor dessen Veröffentlichung kollektives Handeln[252] als der Normalfall angesehen wurde. Ökonomische Akteure, so die Annahme, werden kollektiv agieren, wenn sie damit ein gemeinsames Ziel erreichen können. Zu erklären war für die Wissenschaft daher nicht die kollektive Aktivität, sondern vielmehr die kollektive Inaktivität (Marwell und Oliver 1993). Olson (1985, S. 1) hat die Beweislast umgekehrt: „Aus der Annahme, daß Mitglieder einer Gruppe ein gemeinsames Interesse oder Ziel haben und sie alle besser daran wären, wenn dieses Ziel erreicht würde, schien logisch zu folgen, daß die einzelnen Mitglieder einer solchen Gruppe, sofern sie sich rational im Eigeninteresse verhalten, so handeln werden, daß dieses Ziel erreicht wird. Tatsächlich ist es jedoch *nicht* richtig, daß die Folgerung, Gruppenwürden in ihrem Eigeninteresse handeln, sich logisch aus der Annahme rationalen Verhaltens im Eigeninteresse ergibt."

Olson's These lautet, dass kollektives Handeln nicht der Normalfall ökonomischen Agierens ist, sondern einen Besonderheit darstellt, zu der es lediglich in bestimmten Situationen kommt. Ohne dessen Theorie hier vollständig diskutieren zu müssen, werden diese Situationen in seiner Systematik der Gruppen deutlich (Olson 1985, S. 42 ff): (1) Eine privilegierte Gruppe liegt vor, wenn jedes oder zumindest ein einzelnes Mitglied der Gruppe Veranlassung hat, das Kollektivgut bereitzustellen, selbst es dazu die gesamte Last der Finanzierung allein tragen muss. Eine privilegierte Gruppe ist zum Beispiel die Hausgemeinschaft, in der ein Mitbewohner die defekten Glühbirnen der Treppenhausbeleuchtung auf eigene Kosten wechselt, weil er einen Sturz vermeiden möchte. Ein Kollektivgut (Treppenhausbeleuchtung) wird

---

[251] Die Messung setzt aber voraus, dass die verantwortlichen Akteure zumindest über einen groben Kanon von Zielen und Werten interorganisational Konsens finden.

[252] Als kollektives Handeln soll hier jedes Handeln aufgefasst werden, dass auf die Bereitstellung eines öffentlichen Gutes gerichtet ist (Marwell und Oliver 1993, S. 4). Auch ein Einzelner kann daher kollektiv handeln.

also durch freiwilliges, eigennütziges Handeln bereitgestellt.[253] (2) Eine latente Gruppe liegt vor, wenn die Kontribution oder Nicht-Kontribution eines einzelnen Mitglieds für die anderen Mitglieder nicht spürbar ist und diese darauf daher auch nicht reagieren. Eine latente Gruppe bietet daher keine Anreiz für kollektives Handeln; im Gegenteil wird eine Nutzung ohne Zahlung provoziert („Free Riding"). (3) Aus einer latenten Gruppe wird eine mobilisierte latente Gruppe, wenn es entweder durch Zwangsmaßnahmen oder durch die Gewährung selektiver Anreize [254] gelingt, die Mitglieder dazu zu bewegen, im Gruppeninteresse zu handeln. (4) Eine große Gruppe wird von Olson über die Anzahl der Mitglieder sowie über Gruppeneffekte definiert. Eine große Gruppe zeichnet sich insbesondere dadurch aus, dass es ihr nicht gelingt, sich mit einem Kollektivgut zu versorgen (Olson 1985, S. 44). Dieses Unvermögen beruht auf drei Mechanismen: Je größer die Gruppe ist, desto kleiner ist der Anteil des Kontribuierenden am erzeugten Gruppenvorteil und desto kleiner dessen Anreiz zu Kontributionen. Je größer die Gruppe ist, desto kleiner wird die Wahrscheinlichkeit, dass ein Einzelner so viel nutzt, dass er ein öffentliches Gut allein finanzieren könnte. Je größer die Gruppe wird, desto höher werden die Organisationskosten und damit auch die Hürden, die es zu überwinden gilt, um eine Fremdorganisation (im Gegensatz zur Selbstorganisation) zu installieren.

Für das hier relevante Problem der Erzeugung von Mobilisierungsdruck ist Olson's Systematik der Gruppen von Bedeutung. Vor dem Transfer ist aber zu präzisieren, ob und welche öffentlichen Güter in einer Supply Chain bereitgestellt werden (können). Ein öffentliches Gut ist ein Mittel zur Deckung eines Bedarfes, das sich von Individualgütern durch zwei Eigenschaften unterscheidet (Hanusch 1987, S. 70; Recktenwald 1983, S 470). Nichtrivalität: Mehrere Akteure können gemeinsam konsumieren, ohne dass sie einander behindern. Nichtausschließbarkeit: Es ist nicht möglich, Einzelne von der Nutzung des Gutes auszuschließen. Ein klassisches öffentliches Gut ist zum Beispiel die innere Sicherheit, die ein Staat seinen Bürgern gewährt.

In einer Supply Chain können diverse öffentliche Güter bereitgestellt werden. Hier soll aber lediglich in Bezug auf die zu erhöhende Kooperationsintensität argumentiert werden. Das dazu erforderliche öffentliche Gut kann als ein „Kooperationsklima" oder präziser als die „Zuversicht, dass kooperatives Handeln für alle Akteure in der Supply Chain ein höheres Profitniveau erzeugen wird, sowie die Zuversicht, dass sich alle Akteure kooperativ verhalten werden" definiert werden. Diese Zuversicht ist erforderlich. Während die Kosten intensiverer Kooperation in der Regel unmittelbar in monetärer Form im Unternehmen nachweisbar sind, entstehen die Nutzen erstens mit zeitlicher Verspätung sowie zweitens verteilt über zwei oder mehrere Akteure. Daraus entsteht eine Bewertungsunsicherheit, die tendenziell negative Ko-

[253] Zu beachten ist, dass die Bereitstellung des Gutes dann enden wird, wenn der Nutzengewinn für den Leistenden durch dessen Kostenzuwachs überkompensiert wird. Der Mitbewohner wird das Treppenhaus nur bis zu seiner Etage ausleuchten. Darüber hinausgehende Kontributionen sind für ihn nutzlos und unterbleiben daher. Bemerkenswert ist aber dennoch, dass bis zu diesem Grad alle anderen nutzen, ohne zu leisten. Olson (1985, S. 34) nennt das die Ausbeutung der Großen durch die Kleinen.

[254] Selektiv bedeutet, dass im Gegensatz zur Nutzung des Kollektivguts hier lediglich der Leistende einen Vorteil beziehungsweise der Nichtleistende einen Nachteil erfährt (Olson 1985, S. 49).

operationsentscheidungen favorisiert. Das Kooperationsklima wirkt dieser Unsicherheit entgegen. Auf die Bedeutung von „Vertrauen" ist oben bereits hingewiesen worden.

Olson's Gruppensystematik erlaubt es nun, die Voraussetzungen zur Versorgung der Supply Chain mit dem so formulierten öffentlichen Gut über den Bedarf für eine Mobilisierung der Gruppe abzuschätzen. Liegt eine privilegierte Gruppe vor, werden ein oder mehrere Akteure in der Supply Chain bemüht sein, die Intensität interorganisationaler Kooperation zu steigern. Das mag in dem Beispiel aus der Textilindustrie etwa der Hersteller sein, der durch eine engere Kooperation mit den Webereien, in deren Verlauf die Durchlaufzeiten reduziert würden, in der Lage wäre, in kürzerer Zeit nachzuproduzieren und damit schneller auf Volumenschwankungen am Endproduktmarkt zu reagieren. Der Bedarf für „künstlich" erzeugte Mobilisierung wäre in dieser Situation gering. Hat die Supply Chain jedoch eher den Charakter einer latenten Gruppe, wird sie ohne weiteres keinerlei Impulse zur Selbstorganisation hervorbringen. In diesen Fällen ist Managementaufmerksamkeit erforderlich, um die Kooperationsintensität zu forcieren. Das kann über Zwangsmaßnahmen, aber auch über selektive Anreize erfolgen. Hier ist es aber ausreichend festzustellen, dass der Gruppencharakter hilft, die Voraussetzung zur Erhöhung des Mobilisierungsdrucks abzuschätzen.

Zum Abschluss dieser Diskussion um Gruppen und öffentliche Güter sei noch einmal angemerkt, dass die Situation und das Verhalten der Akteure in einer Supply Chain natürlich nicht ohne weiteres etwa mit denen einer Hausgemeinschaft verglichen werden kann, die sich im wesentlichen zwanglos und machtfrei auf ein wie auch immer dimensioniertes Niveau zur Versorgung mit öffentlichen Gütern vereinbaren kann. Die Supply Chain ist ein Austauschnetzwerk, in dem ökonomische Zwänge, Abhängigkeiten und damit auch Machtkonstellationen deutlich höhere "Fügungsgrade" („Compliance"; Etzioni 1975a) der Beteiligten sicherstellen. Der den Olson'schen Thesen zu Grunde liegende Zusammenhang zwischen Gruppengröße und -zusammensetzung und der Selbstorganisationsfähigkeit gilt grundsätzlich aber auch in austauschgefügten Gruppen.

(c) Den benötigten Mobilisierungsdruck beurteilen: Weick's partielle Inklusionen

Unternehmen halten ebenso wie Personen Mitgliedschaften in diversen Gruppen aufrecht. Diese Mitgliedschaften können einander verstärken, sich gegenseitig behindern, einander ausschließen sowie sich zueinander neutral verhalten. Simmel (1964b) spricht von einer „Kreuzung sozialer Kreise". Um die Bereitschaft eines Akteurs zu intensiverer Kooperation beurteilen zu können, ist es erforderlich, dessen soziale Kreise zu kennen, also dessen Ego-Netzwerk zu analysieren. Das resultiert aus den folgenden Thesen. (1) „Eine Person investiert nicht ihr gesamtes Verhalten in eine einzige Gruppe; Bindungen und Verknüpfungen sind verstreut auf mehrere Gruppen. " (Weick 1995, S. 139). [255] Um das Verhalten eines Akteurs in einer Gruppe vorhersagen zu können, „... müssen wir wissen, was sie in die mit dieser Gruppe verflochtenen Verhaltensweisen investiert hat und in welchem Ausmaß signifikante Verhaltensweisen

[255] Es gibt eine Reihe von Begründungen für dieses Verhaltens (Sicherheit, Autonomie, Vielfalt, ...). Auf deren Explikation soll hier aber verzichtet werden.

anderswo eingebunden sind." (Weick 1995, S. 140).[256] Eine Mitgliedschaft in einer Gruppe ist daher üblicherweise lediglich eine partielle Inklusion. (2) Eine partielle Inklusion wird um so unwirtschaftlicher, je umfassender die geforderte Mitgliedschaft in der betreffenden Gruppe ist. Eine Mitgliedschaft ist umfassend, wenn sowohl viele Bereiche (Funktionen, Strukturen, Prozesse) des mitgliedseienden Subjekts (Person, Unternehmen) infolge der Mitgliedschaft einer autonomen Gestaltung entzogen werden als auch in jedem Bereich die Gruppennormen eine hohe Eindringtiefe erreichen. Wenn es nicht gelingt, mit gegebenen Funktionen, Strukturen und Prozessen multiple umfassende Mitgliedschaften aufrechtzuerhalten, entstehen zusätzliche Kosten für die dann zu multiplizierenden Funktionen, Strukturen und Prozesse. Im Extrem wird eine Parallelorganisation aufgebaut. Unwirtschaftlichkeit entsteht, wenn die zusätzlichen Kosten der zusätzlichen Mitgliedschaft nicht durch zusätzliche Nutzen aus eben dieser Mitgliedschaft kompensiert werden.

Nimmt man an, dass sich Akteure für oder gegen eine Mitgliedschaft in einer Supply Chain entscheiden müssen, weil partielle Inklusionen erstens für den Ohnmächtigen organisatorisch und wirtschaftlich auf Dauer nicht realisierbar sind und zweitens für den Mächtigen einen Machtverlust bedeuten, wird das Supply Chain Management die Etablierung eines minimal grenzdichten Netzwerks einleiten. Die Parallele zu der oben beschriebenen japanischen Industriestruktur geschlossener Gruppen (Scott 1991, S. 192) wird deutlich. Ob es parallel dazu gelingt, auch Binnendichte herzustellen, ist eine Managementherausforderung. Für das Controlling ist es zweifelsohne wichtig, über den Status dieser Integration berichten zu können.

Das Supply Chain Management schafft zunehmend eine Situation, in der umfassende Mitgliedschaften gefordert werden. Wenn im Zuge einer Reorganisation eine engere Integration innerhalb der Kette gefordert wird, die zum Beispiel gemeinsame Produktions- und Absatzplanungen, Qualitätssicherungsnormen für den Bezug des Rohmaterials oder die Akzeptanz zur Fremdbesetzung einer Aufsichtsratsposition im eigenen Unternehmen beinhaltet, werden die Grenzen multipler Mitgliedschafen beziehungsweise die Chancen für die Befriedigung des Bedarfs nach lediglich partiellen Inklusionen deutlich reduziert. Unter der Annahme begrenzt flexibler Strukturen wird es für die Unternehmen ceteris paribus unwirtschaftlicher, in vielen Supply Chains voll eingebunden zu sein.

Die Überlegung ist hier von Bedeutung. Das Controlling sollte die Qualität der Einbindung der institutionalen Akteure analysieren. Multiple Einbindungen senken die Chancen für eine hohe Kooperationsintensität. Die Qualität der Einbindung kann soziometrisch ermittelt werden. In einfachen Worten ist ein Akteur exklusiv in eine Supply Chain eingebunden, wenn er „stromabwärts" lediglich eine Kanten zu einem Kunden bedient. Betreibt ein Unternehmen jedoch Kontakte zu mehreren Kunden, entsteht ein Definitionsproblem. Dann ist zu definieren, ob diese verschiedenen Kunden „dazu" gehören oder nicht. Das bedeutet, dass die soziometrischen Verfahren voraussetzen, zwischen innen und außen unterscheiden zu können.

---

[256] Hervorhebung im Original entfernt.

(d) Den erzeugbaren Mobilisierungsdruck beurteilen - Etzionis radikalisierende Schließung

Die im Supply Chain Management geforderte enge Kooperation bedeutet für die betroffenen Mitarbeiter einen Umlernprozess. Die realisierte Geschwindigkeit und Richtung dieses Umlernprozesses hängt von der relativen Stärke der auf den Lernenden einwirkenden Normen ab. Daher ist für das Aufbrechen der Rollenblockaden von Bedeutung, ein ausreichend hohes Beeinflussungsmoment auf den Entscheidungsträger vor Ort zu projizieren. In welchem Umfang dies Aussicht auf Erfolg hat, hängt erstens von der Struktur des Netzes ab, in das der zu Beeinflussende eingebunden ist sowie zweitens von dessen Position in diesem Netzwerk. Etzioni (1975a) argumentiert in Bezug auf die Struktur; für die Analyse der Bedeutung der Position wird auf die nächste Zwischenüberschrift verwiesen.

Eine hohe Netzdichte führt zu einer Intensivierung beziehungsweise Radikalisierung der Einstellung des Einzelnen gegenüber einem fokalen Objekt (Etzioni 1975a, S. 298). [257] Die Einstellung (Involvement) des Einzelnen gegenüber dem Objekt, hier zum Beispiel gegenüber der Idee ausgedehnterer Kooperation, kann beschrieben werden über die „Richtung" (positiv oder negativ) und über die „Intensität" (stark oder schwach). Zu beachten ist, dass ein geschlossenes, kohäsives Netz [258] nicht die Richtung der Einstellung verändert, sondern lediglich deren Intensität. So wird nicht-normkonformes Verhalten in kohäsiven Netzen ceteris paribus rascher auf die Norm zurückgedrängt - was immer die Norm sein mag. [259] Transformiert man offene Gruppen durch zusätzliche Kanten in geschlossene Gruppen mit höherer Dichte, entsteht dieser Radikalisierungseffekt. Zu beachten ist, dass die Schließung deshalb eben auch kontraproduktive Konsequenzen haben kann. Haben etwa die in Folge der Schließung des Netzwerks nun radikalisierten Akteure mehrheitlich eine negative Einstellung zur Sache, zum Beispiel zur Integration der Supply Chain, fördert die Investition in die Verdichtung der Netzwerkstruktur den Widerstand.

(e) Den erzeugbaren Mobilisierungsdruck beurteilen - Goulds Theorie der Kontribution

Gould (1993) hat sich mit der Frage auseinandergesetzt, wovon es abhängt, wie viel ein Einzelner bereit sein wird, zum Zustandekommen einer kollektiven Anstrengung (zum Beispiel Produktion eines kollektiven Guts) zu kontribuieren, wovon also der Grad der Mobilisierung für kollektives Handeln abhängt. Sein Modell enthält zwei Annahmen: Einzelne werden kontribuieren, wenn Andere dies auch tun (Norm der Fairness).[260] Einzelne werden weiterhin erst dann kontribuieren, wenn deren Kontribution nicht Gefahr läuft, verschwendet zu werden (Norm der Effizienz). Wenn die Kontribution sichtbar ist, geraten die Nicht-Kontribuierenden

---

257 „Einstellung" steht hier für eine, zugegeben nicht befriedigende Übersetzung des Begriffs „Involvement".

258 Etzioni (1975a, S. 280) definiert Kohäsion als „...positive expressive relationship among two or more actors ...".

259 Zur Präzisierung sei gesagt: Dieser Zusammenhang gilt nach Etzioni (1975a, S. 300) für die „Peer Cohesion", also für Kohäsion in einer Gruppe von Gleichen. „Hierarchical Cohesion", die Kohäsion in einer Gruppe hierarchisch Ungleicher, wirkt anders: Dort, so Etzioni, führt eine positive Einstellung des Vorgesetzten zu einer Richtungsänderung und Intensivierung der Nachgeordneten.

260 Gould (1993, S. 185) gibt zu Bedenken, dass die Norm der Fairness nur dann verhaltenssteuernd wirken wird, wenn für den Einzelnen eine Gruppe erkennbar ist, in der er Mitglied ist. Gegenüber Fremden besteht kein Zwang zur Fairness.

unter sozialen Druck, kontribuieren zu müssen. Gould hat mit diesen Annahmen den in bestimmten Situationen zu erwartenden Mobilisierungsgrad mathematisch modelliert. Folgende Ergebnisse sind hier interessant: Der größte Mobilisierungseffekt wird erreicht, wenn in einem sternförmigen Netzwerk der zentrale Knoten (die Nabe) eine Kontribution macht. Dieser Knoten hat erstens den größten Einfluss auf die anderen Knoten. Die Initialisierung kollektiven Handelns wird im Netzwerk maximal sichtbar. Die peripheren Knoten sind weiterhin auf Grund ihrer sternförmigen Einbindung nur von der Nabe beeinflusst. Kanten, über die konkurrierende Nachrichten empfangen werden könnten, existieren nicht. Gemessen am zentralen Knoten sind die anderen relative „Isolates“. Sie empfangen lediglich das Signal, dass ein Anderer (der zentrale Knoten) kontribuiert. Unter der Annahme der Fairness-Norm werden sie ebenfalls kontribuieren. Wären die peripheren Knoten über weitere Beziehungen auch mit den anderen Akteuren des fokalen Sets verknüpft, wäre die Situation anders. Geht man etwa von fünf vollvermaschten Akteuren aus, von denen einer kontribuiert, würde der fokale Akteur zum Zeitpunkt der Kontribution vier Signale empfangen, von denen lediglich eines eine Kontribution meldet, die anderen drei hingegen nicht. Die mobilisierende Wirkung der Kontribution wird relativiert.

Goulds Analyse führt zu der kontra-intuitiven Einsicht, dass ein dichtes Netz den Mobilisierungsgrad mindert, wenn die initialisierende Kontribution durch einen zentralen Akteur erfolgt (Gould 1993, S. 191). Sinkende Netzdichte, also das Entfernen von Kanten aus dem Netz, erhöht den über das gesamte Kontributionsvolumen gemessenen Mobilisierungsgrad. Dies gilt solange, bis über ein weiteres Entfernen von Kanten absolute Isolates entstehen, also Akteure, die nicht mehr mit den Übrigen verbunden sind. Auf der anderen Seite gilt aber, dass ein dichteres Netz wirksamer sein wird, wenn die initialisierende Kontribution nicht durch einen zentralen sondern durch einen peripheren Akteur erfolgt (Gould 1993, S. 193). Agiert der Periphere, sind dessen Beiträge für alle anderen ceteris paribus mobilisierender, wenn er intensiver in das Netzwerk integriert wird.

Man kann die Bereitschaft einzelner Akteure in einem Netzwerk, intensiver zu kooperieren, ebenfalls als eine Kontribution zu einem öffentlichen Gut ansehen. Der die Bereitschaft Zeigende tritt in Vorleistung, ohne zum Leistungszeitpunkt über den Erfolg der Beitrags sicher zu sein. Der Einzelne, wie auch alle anderen, wird in der Kooperation investieren, wenn Andere dies ebenfalls tun (Fairness). Goulds Überlegung weist nun darauf hin, dass die Ausbreitung eines initiierenden kooperierenden Handelns effektiver sein wird, wenn dies erstens in einem Nabe-Speiche-Netzwerk passiert und der Initiator zudem in der Nabe sitzt. In dem in der Abbildung 87 dargestellten Netzwerk der Textilindustrie würde der Textilhersteller diese Voraussetzungen erfüllen. Eine Initialisierung zur Intensivierung von Kooperation müsste demnach dort erfolgen.

(3) Konflikte - „Breakdown“ in der interorganisationalen Entscheidungsfindung

Kunden-Lieferanten-Beziehungen sind durch das permanente Nebeneinander von Kooperation und Konflikt gekennzeichnet. Von einem interorganisationalen Konflikt soll gesprochen werden, wenn in einer Kunden-Lieferanten-Beziehung ein Akteur das Verhalten des anderen Akteurs als Behinderung für seine Zielverfolgung ansieht (Etgar 1979, S. 61).[261] Auch wenn Konflikte nicht per se als zu vermeidendes Übel angesehen werden müssen (Pondy 1967), wird hier die These vertreten, dass es in einem konfliktgeladenen Umfeld ceteris paribus unwahrscheinlicher sein wird, die Kooperationsintensität zu steigern, als in einem harmonischen Umfeld. Für die Analyse der Gründe, warum die Akteure in der hier als Ausgangsbasis genommenen Textil-Kunden-Lieferanten-Beziehung nicht kooperieren wollen könnten, ist das Konfliktniveau in der Dyade damit eine mögliche Ursache.

Kunden-Lieferanten-Beziehungen sind aus zwei Gründen grundsätzlich konfliktgeladen (Pondy 1967). (1) Systems Model of Conflict: Kunde und Lieferant haben jeweils eine Garnitur von Interessen. Falls Kooperation für den grundsätzlich dazu bereiten Lieferanten bedeutet, mit den zur Umsetzung der Kooperation erforderlichen Anpassungsmaßnahmen gegen seine eigenen Interessen zu verstoßen, wird er dazu grundsätzlich nicht bereit sein. Das gleiche gilt für den Kunden. Pondy (1967, S. 298) nennt diesen Konflikt den „Systems Conflict", der unter hierarchisch Gleichen über einen Austauschprozess gekoppelten Akteuren entsteht. (2) Bureaucratic Model of Conflict: Kooperation kann freiwillig oder erzwungen sein. Die Abgrenzung ist fließend, wie es durch die Phrase des „vorauseilenden Gehorsams" auch ausdrückt. Neben der konkreten Verletzung unmittelbar messbarer wirtschaftlicher Interessen kann Kooperation, wenn sie den freiwilligen Bereich verlässt, auch das Autonomiestreben der Akteure verletzen. Hat der Kunde die Macht, die Kooperation des Lieferanten zu erzwingen, verliert dieser Autonomie. Pondy (1967, S. 298) spricht vom „Bureaucratic Model of Conflict", das er auf Konfliktsituationen innerhalb einer Hierarchie zugeschnitten hat (Superior-Subordinate Conflicts). Aber sowohl der von Pondy beschriebene Versuch des Mächtigen, das Verhalten des Abhängigen zu steuern wie auch dessen Strategie, sich dieser Manipulation zu entziehen, sind grundsätzlich auch auf Kunden-Lieferanten-Beziehungen übertragbar.

Jenseits dieser grundsätzlichen Systematisierung des Konfliktpotenzials finden sich in der Literatur einige Vorarbeiten zur empirischen Messung von Konfliktstärke und Konfliktursachen im Absatzkanal, die hier unmittelbar hilfreich sind, weil die dort entwickelten Indikatoren auch im Prozess der Abschätzung der Chancen zur Erhöhung der Kooperationsintensität Verwendung finden können. So schlägt Etgar (1979) vor, die möglichen Ursachen von Konflikten anhand folgender Indikatoren zu messen [262]: Sind die Rollen, die Käufer und Verkäufer in der Dyade spielen sollen, klar definiert? Erfüllt der Hersteller (Lieferant) die ihm zugedachte Rolle? Erfüllt der Händler (Kunde) die ihm zugedachte Rolle? Stimmen Kunde und

---

[261] Vergleiche ähnlich auch Rosenberg und Stern (1971, S. 437): " ... frustration prevails when one or several interdependent components perceive one another as impeding attainment of its goals or its effective performance."

[262] Für einen alternativen Zugang vergleiche zum Beispiel Benson (1975, S. 235), der keine Konflikt- sondern Konsensfelder definiert. Seines Erachtens sind relevant: Domänenkonsens, Ziel-Mittel-Konsens sowie gegenseitige institutionale Wertschätzung.

Lieferant in wesentlichen Fragen der Gestaltung des Absatzkanals sowie der Verteilung von Verantwortlichkeiten in der Dyade überein? Stimmen Kunde und Lieferant in der Beurteilung der Wettbewerbsfähigkeit der Produkte sowie in Bezug auf die Entwicklung des Marktes ü-berein? Wie ist das gegenseitige Informationsverhalten? Informiert der Hersteller den Händler über Produktinnovationen? Informiert der Händler den Hersteller über Marktentwicklungen? Wie schnell wird der Hersteller über Auftragsstornierungen informiert?

Die genannten Indikatoren sind alle verhaltensorientiert. Etgar (1979) hat in seiner empirischen Untersuchung festgestellt, dass dieser Ursachenkomplex weitaus besser die tatsächliche Konfliktstärke im Kanal erklären kann, als es über die strukturorientierten Ursachen (Zieldivergenz, Autonomiestreben, Ressourcenkompetenz) möglich ist. Für das Supply Chain Management ist die Untersuchung daher nicht nur wegen der Operationalisierung der Konfliktmessung hilfreich. Sie weist auch darauf hin, dass das Verhalten der Akteure weitaus relevanter für eine harmonische Kunden-Lieferanten-Beziehung ist, als die systemischen oder bürokratischen Konflikte (Ziele, Autonomie).

(4) Effizienz und Gerechtigkeit - Kriterien zur Beurteilung der Kooperation

Die Wahrscheinlichkeit einer Intensivierung der Kooperation wird weiterhin davon abhängen, wie die Beteiligten den Austausch beurteilen. In der Literatur finden sich dazu die Kriterien „Effizienz" und „Fairness". (a) Effizienz: Ring und Van de Ven (1994, S. 93) halten die Effizienz für relevant. Eine Kunden-Lieferanten-Beziehung wird in Anlehnung an die Transaktionskostentheorie als fortsetzungswert erachtet, wenn sie effizienter ist, als die Alternativen. (b) Fairness: Neben diesem allein ökonomischen Kriterium erhalten aber auch Verteilungsaspekte Relevanz. Eine Kunden-Lieferanten-Beziehung kann demnach als fair oder unfair empfunden werden; diese Wertung kann zu einem anderen Ergebnis führen als die Effizienzsicht. Fraglich ist, wie ein solches Fairness-Urteil gebildet wird. Deutsch (1975) hält drei Kriterien für relevant, die ihren Ursprung in der Vertragstheorie haben. Akteure verfolgen demnach zwar Eigeninteressen in den interorganisationalen Beziehungen, wägen diese aber mit der Notwendigkeit ab, die Beziehung aufrecht zu erhalten. Er betrachtet zunächst die Leistungsgerechtigkeit (Equity). Ein Austausch wird als fair empfunden, wenn eine Korrespondenz zwischen Input und Output hergestellt werden kann. Ring und Van de Ven (1994, S. 94) nehmen an, dass dieser Maßstab, verstanden als Reziprozität (wer zusätzlich gibt, darf zusätzlich nehmen, Gouldner 1960), als ausreichend erachtet wird. Ein Fairnessurteil auf Basis des schärferen „Quid pro Quo"-Prinzips, in dem gemessen wird, ob die Partner genau so soviel Nutzen erhalten, wie sie zuvor investiert haben, halten sie für unnötig. Zu beachten ist weiterhin, dass Leistungsgerechtigkeit nicht zwingend bedeutet, dass die Partner gleiche Nutzenanteile erhalten. (b) Deutsch zufolge wird das Fairnessurteil weiterhin von der empfundenen Verteilungsgerechtigkeit (Equality) abhängen. Ein Austausch wird demnach als fair empfunden, wenn gleiche Akteure gleiche Vergütungen beziehen. Deutsch argumentiert drittens, dass die Bedürftigkeit (Needs) der einzelnen Partner ebenfalls die Fairnesseinschätzung beeinflusst. Ein Austausch wird demnach als fair empfunden, wenn jeder Austauschpartner zumindest ein so dimensionierte Vergütung erhält, dass er weiterhin am Austausch teilhaben kann. Die unterschiedliche motivatorische Herkunft dieser Fairness-Indikatoren (Leistungsprinzip, Gleichheitsprinzip, Sozialprinzip) bringt es mit sich, dass die am Austausch Beteiligten diese Kriterien wahrscheinlich in unterschiedlicher Gewichtung zur Beurteilung der Austauschsituation heranziehen werden.

(5) Kommunikationsblockaden - Semantische Äquivalenz und Bedeutungsräume

Ein Kooperationsprozess ist immer auch ein Kommunikationsprozess. Die in Kapitel 5.3.2.1 vorgenommene Differenzierung des Kommunikationsphänomens in vier Perspektiven gestattet es, weitere Indikatoren zur Abschätzung der Chancen einer Intensivierung der interorganisationalen Kooperation begründen zu können. Akteure in einer Kunden-Lieferanten-Beziehung werden demnach ceteris paribus nicht intensiver kooperieren wollen, wenn einer oder beide das Gefühl haben, einander nicht zu verstehen. Ein solches „Nicht-Verstehen" kann aus der psychologischen Kommunikationsperspektive als semantische Differenz und aus der interpretativen Perspektive als inkongruenter Bedeutungsraum verstanden werden.

(a) „Nicht-Verstehen" als semantische Differenz: Eine Kooperationsepisode besteht aus einer Reihe von Kommunikationsepisoden, die erneut aus einer Reihe von Kommunikationsakten besteht. Aus der psychologischen Sicht besteht das Ziel eines einzelnen Kommunikationsakts darin, eine Änderung des Empfängerverhaltens zu bewirken.[263] Die Voraussetzung für die Verhaltensänderung ist ein korrekter Dekodierungsprozess auf der Empfängerseite. Der Empfänger kann aber erst dann korrekt dekodieren, wenn er über die erforderlichen Dekodierungsschemata verfügt. Diese können spezifisch sein und dessen Vorbereitungsgrad zur Dekodierung übersteigen. Spezifität kann sich zum Beispiel manifestieren in Fremdsprachen, technischen Termini, organisatorisch oder rollenbezogen spezifisch sowie interpersonal verabredeten Termini. Gemessen werden kann der Grad der Übereinstimmung zwischen Sende- und Empfangsschema als semantische Äquivalenz (Kapitel 5.3.2.1). Hier wird argumentiert, dass Kommunikationsprozesse und damit auch Kooperationsprozesse als nicht-zufriedenstellend und bei Permanenz dieses Zustands auch als abbruchbedürftig angesehen werden, wenn es nicht gelingt, semantische Äquivalenz herzustellen. Insbesondere vor dem Hintergrund der angemahnten interorganisationalen Kooperationsprozesse über mehrere Unternehmen erscheint es nicht realistisch, pauschal eine hinreichende semantische Äquivalenz zu unterstellen. Sobald Akteure kooperieren wollen, die erstens bisher keinen gemeinsamen Leistungsaustausch hatten (Lieferant des Lieferanten und Kunde des Lieferanten), zweitens aus einander fremden [264] Brachen kommen und drittens gegebenenfalls noch mit fremden Sprachen konfrontiert werden, wird eher semantische Differenz als Äquivalenz zu erwarten sein. Natür-

---

[263] „Verhalten" wird erneut verstanden als Wissen und Know-how, Werte und Einstellungen sowie beobachtbares Verhalten im engeren Sinne.

[264] Fremdheit bezieht sich auf die Terminologie und die gegenseitige Kenntnis der fundamentalen betriebswirtschaftlichen und technischen Probleme der jeweiligen Branche. So mag der kooperationswillige Textilhersteller letzten Endes mit den Problemen der Baumwollerzeugung konfrontiert werden, wenn er sich „upstream" auf den Weg macht, die Ursachen für Lieferverzüge per Kooperation in den Griff zu bekommen.

lich wird die semantische Distanz überbrückbar sein; hier ist aber zunächst festzuhalten, dass sie die Chancen intensiverer Kooperation eher behindert.

(b) „Nicht-Verstehen" als inkongruenter Bedeutungsraum: Mitarbeiter erzeugen objektive Welten im Rahmen von Prozessen subjektiver Sinnsetzung (Wollnik 1995, S. 309).[265] Ein Aspekt der Sinnsetzung ist die Beurteilung von Sachverhalten. Mitarbeiter beurteilen Sachverhalte mit unterschiedlichen Maßstäben und kommen auf diesem Wege zu unterschiedlichen Beurteilungsergebnissen. Das gilt in und zwischen Organisationen. Ein weiterer Aspekt ist die Kreation von Standard Operating Procedures, die über die tägliche Reproduktion den Status einer Norm erhalten. Das betrifft etwa die Frage, wie man Verhandlungen mit Lieferanten führt, wie man eine strategische Analyse erstellt oder über welche Kanäle ein Vorgesetzter mit seinen Mitarbeitern kommunizieren sollte. Dieser „Social Stock of Knowledge" ist reichhaltig und penetriert eine Organisation in jeglicher Hinsicht. Lediglich die „Väter" dieser künstlich geschaffenen Objektivität sind sich über deren Subjektivität bewusst. Die mit den Regeln großwerdenden „Kinder" können diese aber nicht mehr hinterfragen. Institutionalisierung entsteht. Es kann unterstellt werden, dass die Prozesse der Sinnkonstitution (Sense Making; Weick 1995) zu interorganisational divergenten Wirklichkeiten (Bedeutungsräumen) führen. Die organisationale Wirklichkeit des Lieferanten wird eine andere sein als die des Kunden.

Problematisch wird die Divergenz, weil in der Kooperation efferente Sinngebungsprozesse aufeinanderprallen. Efferente Sinngebung bedeutet, dass das sinnerfahrende Subjekt seine individuelle, auch durch die Organisation geprägte Vorstellung über ein Objekt in die Außenwelt verlagert, dort einpflanzt und später eben diese Vorstellung als Wissen über dieses Objekt wieder entdeckt (Weick 1995, S. 229). Weick (1995, S. 230) nennt einen Musikkritiker als Beispiel, der die Interpretation einer Musik mit der Prämisse beginnt, es gäbe in der Kunst nichts, das ohne Ursache, ohne Logik sei. Es mag dann nicht verwundern, in jeder Musik eine Logik zu entdecken. Efferente Sinngebung ist in Kunden-Lieferanten-Beziehungen kritisch, weil die efferierten Sinne aus den oben genannten Gründen divergieren werden. Situationen, in denen dem Anderen eine Fehlinterpretation unterstellt wird, sind vorprogrammiert. Hier soll daher die These vertreten werden, dass stark divergente interorganisationale Profile in der Beurteilung von für die Leistungsfähigkeit der Kunden-Lieferanten-Beziehung wichtigen Sachverhalten, die Bereitschaft zur Kooperation senken und eine hohe Kooperationsintensität verhindern. Auch wenn eine interorganisationale Angleichung der Wirklichkeiten (Bedeutungsräume) grundsätzlich per Kommunikation möglich ist (Wollnik 1995, S. 309; Kapitel 5.3.2.1), kann unterstellt werden, dass die gegenseitige Akzeptanz der Bedeutungsräume insbesondere in Situationen angestrebter interorganisationaler Kooperation über mehrere Unternehmen in einer „ungemanagten" Ausgangssituation gering sein wird.

Neben dem zu unterstellenden geringen Ausgangsniveau muss zudem gerade in einer Supply Chain ein besonders hoher Bedarf für komplementäre Sinngebung unterstellt werden.

Das hohe zu erwartende Kompensationsvolumen sowie der Konsequenzenreichtum der angemahnten engen interorganisationalen Kooperation bedürfen einer in hohem Maße vertrauensvollen Zusammenarbeit. Mit Rückgriff auf die Systematik der Koordinationsformen von Ouchi (1979) und Ouchi (1980), wird die Zusammenarbeit in einer Supply Chain eher über den Mechanismus „Clan" als über „Bürokratien" oder „Märkte" koordiniert. Ouchi (1979, S. 838) argumentiert nun, und damit wird das Dilemma deutlich, dass eine Koordination per Clan in besonderer Weise und als einziger Koordinationsmechanismus auf die Existenz gemeinsamer Werte und Überzeugungen angewiesen ist: „Because the clan lacks the explicit price mechanism of the market and the explicit rules of the bureaucracy, it relies for its control upon a deep level of common agreement between members on what constitutes proper behavior, and it requires a high level of commitment on the part of each individual to those socially prescribed behaviors. Clearly, a clan is more demanding than either a market or a bureaucracy in terms of the social agreements which are prerequisite to its successful operation." (Ouchi 1979, S. 838)

(6) Den einzelnen Kooperateur betrachten: Expansion, Attraktivität und Reziprozität

Jeder Mitarbeiter in einem Unternehmen wird eine „persönliche" Meinung zur Kooperation mit anderen organisationalen Akteuren besitzen. Nicht alle dieser Meinungen sind aber gleich wichtig, da die Kooperationsintensität und -reziprozität nicht von allen Mitarbeitern in gleicher Weise beeinträchtigt wird. Hier soll argumentiert werden, dass eine selektive Betrachtung der wenigen Akteure mit „Boundary Spanning"-Aufgaben bereits eine ausreichende Aussage über das Niveau des Kooperationswillens und der persönlichen Disposition zur Wahrnehmung dieser Aufgaben leisten kann.

Die Analyse fokussiert damit auf einzelne Individuen. Deren Befähigung zur Kooperation kann grundsätzlich in psychologischen oder soziologischen Kategorien ermittelt werden. Die psychologische Analyse setzt im Sinne einer Eignungsdiagnostik (Gebert und von Rosenstiel 1996, S. 210 ff) ursachenorientiert und bezogen auf das Spannungsfelde „Person - Situation" am Individuum an. Mögliche Ergebnisse wären Beurteilungen der kognitiven und interkulturellen Kompetenzen, des Führungsverhaltens oder von Ängsten und Selbstsicherheiten. Daneben ist der soziologische Ansatz zu beachten. Im Fokus steht erneut das Individuum, nun aber nicht dessen psychologischer Disposition, sondern dessen Einbindung in das soziale Netz. Diese Analyse scheint gemessen an der Aufgabe ergebnisorientierter. Die Literatur schlägt eine Vielzahl von Indikatoren zur Beurteilung sozialer Einbindung vor, die aber auf drei grundlegende Fragestellungen zurückgeführt werden können (Iacobucci und Hopkins 1992, S. 6 ff). Die soziale Position Einzelner im Netz kann demnach ermittelt werden anhand der Indikatoren „Expansion", „Popularität" und „Reziprozität". Diese Indikatoren erfassen statistisch, wie viele Kontakte der Beobachtete im Beobachtungszeitraum aussendet („... send relational ties ..."; Expansion), wie viele Kontaktanfragen er erhält („... receive relational ties ..."; Popularität) sowie wie viele zweiseitige Kontakte mit beidseitig ähnlicher Intensität

[265] Vergleiche dazu noch einmal Kapitel 5.3.2.1.

aufgebaut wurden (Reziprozität). Dabei ist es zunächst gleichgültig, welcher Art diese Kontaktanfragen sind. Informale Kanten mögen ebenso aussagekräftig sein wie formale Kanten. Individuen mit schwachen Ausprägungen in diesen Kategorien deuten grundsätzlich auf Managementbedarf hin; möglicherweise kann die Kooperationsqualität durch personale Umbesetzungen verbessert werden.

Intra-organisatorische Hemmnisse: Nicht kooperieren dürfen oder sollen

Neben den technischen, wirtschaftlichen und psychologischen Gründen sind organisatorische Gründe erkennbar, warum die Akteure in einer Kunden-Lieferanten-Beziehung die Kooperationsintensität nicht erhöhen. Diese werden hier unter der Überschrift „Nicht kooperieren dürfen oder sollen" diskutiert. Die Annahme ist also, dass es organisationale Regeln gibt, die unmittelbar oder mittelbar den Freiraum des Entscheiders für kooperatives Handeln einschränken. Zwei Bereiche sollten beachtet werden; deren Diskussion erfolgt erneut am bereits beschriebenen Beispiel der Kunden-Lieferanten-Beziehung in der Textilwirtschaft: (1) Kompetenzen, (2) Anreizsysteme.

Kompetenzen: Anpassungen vornehmen dürfen

Kooperation bedeutet in der oben definierten Form immer eine Veränderung des Status quo. Um darüber zu entscheiden, benötigt der Kooperierende ausreichende Kompetenzen. Diese beziehen sich auf Veränderungen in seinem eigenen Verantwortungsbereich (Darf der Verkäufer des Oberstoffherstellers die organisatorischen Regeln für die Zuteilung von Fertigprodukten zu Kunden abändern, um den angefragten Liefertermin des fokalen Textilherstellers halten zu können?) sowie auf dessen Freiheitsgrad zur Initialisierung unternehmensinterner horizontaler Gespräche mit Kollegen auf der gleichen hierarchischen Ebene (Darf der Leiter Verkauf auf direktem Wege mit dem Produktions- und Beschaffungsleiter kooperieren, um den Liefertermin zu halten?). Es kann unterstellt werden, dass mangelnde Kompetenzen zur Anpassung innerhalb und zwischen den Abteilungen die Bereitschaft zur Steigerung der Kooperationsintensität verschlechtern. Besitzt der Verkäufer unzureichende Kompetenzen wird die Verhandlung für den Einkäufer unproduktiv sein, da er keinem Entscheider, sondern einem Vermittler gegenübersitzt.

Anreizsysteme: Anpassungen vornehmen wollen

Mitarbeiter werden nicht kooperieren, wenn sie daraus persönliche Nachteile erfahren. Solche persönlichen Nachteile können über bewusste oder unbewusste Effekte von Anreizsystemen entstehen. In dem diskutierten Beispiel mag eine Umplanung der monatlichen Distribution der Fertigware des Oberstoffherstellers es erlauben, den angefragten Liefertermin des Kunden zu halten. Durch diese Maßnahme entstehen zusätzliche Kosten, die aber durch den zusätzlichen Umsatz überkompensiert werden. Grundsätzlich wäre der Anpassung zuzustimmen. Ein Konflikt (Behinderung der Zielverfolgung) ergibt sich aber, wenn der Distributionsleiter an den Distributionskosten pro Tonne gemessen wird. Für ihn wäre es lokal und subjektiv irrational, zu kooperieren. Ohne das Beispiel vertiefen zu müssen, wird erkennbar, dass eine Erweiterung interorganisationaler Kooperation mit großer Wahrscheinlichkeit mit den bestehenden lokalen Anreizsystemen kollidieren wird. Ist die Gestaltung unternehmensorientierter Anreizsysteme bereits eine Herausforderung, wird das Netz der zu beachtenden „Nebenwirkungen“ bei der Bestimmung der Vergütungsgrundlagen für die leitenden Mitarbeiter in einem interorganisationalen Kontext noch weitaus unübersichtlicher. Hier gilt: Die Chancen für intensivere Kooperation werden durch lokalorientierte Anreizsysteme reduziert.

Prozeduren: Die Intensität der „verordneten“ Kanten

Granovetter (1973) hat die Unterscheidung von starken und schwachen Kanten vorgeschlagen (Seite 238), was zu Folge hatte, den schwachen Kanten in Kooperationsanalysen häufig eine besondere Stellung beizumessen. In einer aktuellen Argumentation hat Hansen (1999) aber zu Bedenken gegeben, dass schwache Kanten nur bestimmte Aufgaben zu leisten vermögen; so etwa das kostengünstige Auslesen des Umfelds. Ist bei Innovations- oder Kopierprozessen das Ziel ausgemacht, sind aber starke Kanten erforderlich, um die Transferpotenziale ausschöpfen zu können. Gleiches gilt für die hier relevanten Kooperationsprozesse. Lediglich über starke Kanten können die erhofften Anpassungsprozesse ausgehandelt werden. Unter Einbeziehung der Vorarbeiten aus dem Kapitel 5.1.4 (insbesondere: Woran erkennt man eine starke Kante?), kann demnach abgeleitet, dass die Voraussetzungen zur Erhöhung der Kooperationsqualität ceteris paribus besser sind, wenn die Akteure in der Dyade häufig, reziprok und konsensual interagieren, über mehrere Rollen miteinander verbunden sind und der Austausch auch formal besichert ist. Diese Gruppe von Indikatoren wird unter der Überschrift „organisatorische“ Hemmnisse diskutiert, da davon auszugehen ist, dass die Kantenintensität in einem technokratisch geschaffenem Netzwerk (Prescribed Network; Ibarra 1992) im Gegensatz zu emergenten Netzwerken das Ergebnis organisatorischer Anweisungen ist.

6.2.2.2. Kooperationsreziprozität

Eine Kooperation ist reziprok (symmetrisch), wenn beide Parteien bereit sind, Anpassungen vornehmen, um die gemeinsame Aufgabe erledigen zu können. Die Beachtung der Reziprozität ist für das Supply Chain Management und damit auch für die Informationsbasis relevant, weil symmetrische Kooperationen in Folge des höheren Freiheitsgrads ceteris paribus ein höheres Optimalitätsniveau erreichen können als unsymmetrische Kooperationen. Es ist weiterhin relevant, weil Akteure in Kunden-Lieferanten-Beziehungen mit fortgesetzt asymmetrischer Machtverteilung eine geringere Kontinuitätserwartung haben als in symmetrischen Kooperationen (Anderson und Weitz 1986). In diesem Kapitel werden Indikatoren zur Beurteilung der Voraussetzungen zur Erhöhung der Reziprozität gesucht.

Die faktische Reziprozität der Kooperation hängt von drei Faktoren ab: Kooperationslokus, Verteilung der Kooperationsnutzen und Macht. (1) Der Kooperationslokus ist der institutionale Bereich in dem die Kooperationsmaßnahme umgesetzt (nicht entschieden!) werden muss, damit der Kooperationsnutzen entstehen kann. Für diese Überlegung ist es ausreichend, als Kooperationslokus lediglich grob die Sphäre des Lieferanten und/oder die des Kunden zu verwenden. Eine fokale Kooperationsmaßnahme kann sich demnach im Unternehmen der Lieferanten, im Unternehmen des Kunden oder in beiden manifestieren. (2) Das gleiche gilt für die Verteilung des Kooperationsnutzens. Der Nutzen kann dem Lieferanten, dem Kunden oder beiden in Teilen zufließen. (3) Macht bedeutet hier die Fähigkeit, den Partner in der Kunden-Lieferanten-Beziehung zur Umsetzung der fokalen Kooperationsmaßnahme zwingen zu können. Diese Macht kann entweder der Lieferant oder der Kunde besitzen. Mit diesen drei Faktoren können die möglichen Reziprozitätssituationen systematisiert werden. Tabelle 44 variiert im linken Teil die möglichen Ausprägungen der Faktoren und stellt im rechten Teil die bei dieser Faktorkombination zu erwartende Kooperationsreziprozität dar. Die erste Zeile bedeutet etwa: Wenn die Macht zur Durchsetzung von Kooperationsmaßnahmen beim Kunden (K) liegt, der Kooperationsnutzen sowie der Kooperationslokus ebenfalls dort lokalisiert sind, ist zu erwarten, dass die Kooperation kundenlastig sein wird. Die anderen Zeilen sind analog zu lesen.

Tabelle 44 Systematik möglicher Reziprozitätssituationen (K: Kunde, L: Lieferant, •: Kooperationsintensität, ←: Kompensation)

	Macht	Kooperationsnutzen	Kooperationslokus	Zu erwartende Kooperationsreziprozität		Bezeichnung der Situation
				lieferantenlastig	kundenlastig	
1	K	K	K		•••••••••••••	-
2	K	K	L	•••••••••••••		Erzwungene Kooperation
3	K	L	L	•••••••••••••		-
4	K	L	K	•	•	Nicht-Kooperation
5	K	L	K	→→→	•••••••••••••	Kompensation

Die Tabelle zeigt nur einen kleinen Ausschnitt der möglichen Kombinationen. Die abgebildeten Kombinationen sind aber ausreichend, um die hier relevanten Situationen diskutieren zu können. Die Zeilen 1 und 3 sind Grenzfälle, in denen keine interorganisationale Kooperation entsteht. In beiden Situationen fallen Kooperationsnutzen und Kooperationslokus zusammen; es ist keine interorganisationale Kooperation erforderlich, um den Kooperationsnutzen erschließen zu können. Zeile 2 zeigt den Fall der erzwungenen Kooperation. Der Kunde hat die Macht, die effizienzverbessernde Kooperationsmaßnahme durchzusetzen und nutzt auch ausschließlich, der Lieferant hingegen ist ausschließlich mit der Finanzierung belastet. In Zeile 4 ist der gegensätzliche Fall abgebildet. Der Kunde hätte die Möglichkeit einer Effizienzverbesserung für den Lieferanten, nutzt aber nicht und wird daher auch nicht umsetzten, weil er die Macht hat, den Kooperationsvorschlag des hoffenden Lieferanten auszuschlagen. Dieser Fall soll „Nicht-Kooperation“ genannt werden. Zeile 5 (Kompensation) zeigt die Kombination, die zuvor zur Nicht-Kooperation geführt hat, erlaubt nun aber die Kompensation des leistenden Kunden durch den nutzenden Lieferanten.

Für das Supply Chain Management sind die Zeilen 2, 4, 5 und 6 von Interesse. Die erzwungene Kooperation (Zeile 2) weist darauf hin, dass die Kooperationsreziprozität sinken wird, wenn ohnmächtige Akteure die Mächtigen begünstigende Effizienzpotenziale beherbergen, zu deren Realisierung sie gezwungen werden können. Zeile 4 weist darauf hin, dass bei einem Auseinanderfallen von Macht und Kooperationsnutzen zwar Symmetrie entsteht, aber lediglich auf dem aus Gesamtsicht unbefriedigenden Nicht-Kooperations-Niveau. Zeile 5 verdeutlicht, dass die Akzeptanz von Kompensationen die Kooperationsreziprozität zwar reduziert, dabei jedoch die Kooperationsintensität ansteigt.

Für das hier zu verfolgende Ziel der Bildung von Indikatoren zur Beurteilung der Voraussetzung zur Verbesserung der Kooperationsreziprozität bedeutet die Tabelle folgendes: Die Kooperationsreziprozität hängt ab von der Machtverteilung und vom Kooperationslokus; auf beides kann das Supply Chain Management zwar keinen Einfluss nehmen, die Indikatoren sind aber dennoch zu nennen. Durch das Management unmittelbar beeinflussbar ist lediglich die Verteilung des Kooperationsnutzens. Dazu bedarf es einer redistributiv wirkenden Kompensation. Kompensationen verbessern zwar die Kooperationsintensität, senken aber die Kooperationsreziprozität.

6.2.3. Synopse: Relevante Themen zum Management des sozialen Netzwerks

Abbildung 90 stellt die zuvor erarbeiteten Indikatoren grafisch zusammen. Diese Indikatoren erlauben es, erstens zu beurteilen, in welchem Umfang das soziale Netzwerk die definierten Ziele erreicht hat, sowie zweitens zu erklären, warum dieser Stand erreicht wurde beziehungsweise wie gut die Voraussetzungen für weitere Verbesserungen sind.

6.3. Die Supply Chain als Datennetzwerk: Transparenz sicherstellen

Das interorganisationale Datennetzwerk besteht aus Knoten und Kanten. Über die Kanten werden Daten ausgetauscht; die Knoten sind Informationsverarbeitungssysteme (Menschen oder Maschinen). Das interorganisationale Datennetzwerk hat eine spezifische Aufgabe: Es soll die kooperative interorganisationale Entscheidungsfindung (Planung), die sich im sozialen Netzwerk manifestiert, unterstützen (Ziel), indem es Transparenz herstellt (Mittel). Dieses Kapitel erarbeitet einen Vorschlag, welche Themen in der Gestaltung des Datennetzwerks relevant sind und daher Eingang in die Informationsbasis finden sollten. Die Aufgabe wird erneut in zwei grobe Teile zerlegt. Zunächst sind Indikatoren zu finden, anhand derer die Wirksamkeit des Datennetzwerks in Bezug auf das Ziel dokumentiert werden kann. Es ist also zu dokumentieren, ob das Datennetz tatsächlich Transparenz erzeugt (Kapitel 6.3.1). Kapitel 6.3.2 entwickelt dann Indikatoren, mit denen die Voraussetzungen zur Verbesserung der Transparenz dokumentiert werden können. Kapitel 6.3.3 stellt die vorgeschlagenen Indikatoren in einer Tabelle zusammen.

Abbildung 90 Synopse der Themen zur Gestaltung des sozialen Netzwerks

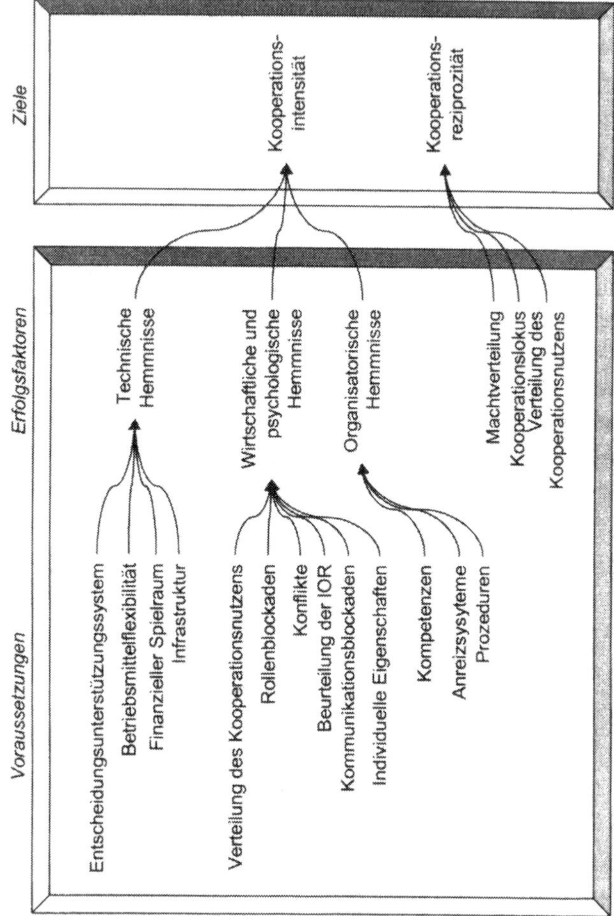

6.3.1. Die Wirksamkeit des Datennetzwerks: Wird Transparenz erzeugt?

Die Aufgabe des sozialen Netzes wurde darin gesehen, den im Supply Chain Management stark ansteigenden Bedarf an interorganisationaler Kooperation in die Tat umzusetzen. Diese Kooperation wurde auf kooperatives Entscheiden bezogen. Als Ausgangspunkt wurde dazu eine Kunden-Lieferanten-Beziehung analysiert. Intensität und Reziprozität wurden als Indikatoren zur Messung des realisierten Kooperationsgrads vorgeschlagen. Um effektiv kooperieren zu können, sind eine Vielzahl von Voraussetzungen erforderlich. Einige wurden in der Diskussion des sozialen Netzes bereits angesprochen. So etwa „Vertrauen" und „Sozialkapital", mit dem kompensationsbedürftige Kooperationen erst möglich werden oder Entscheidungsunterstützungssysteme, ohne die in komplexen interorganisationalen Situationen eine optimale Entscheidung nicht gefunden werden kann. Ein zentraler Aspekt wurde bisher aber ausgespart: Nämlich die Transparenz über die Situation. Das Datennetzwerk soll diese Transparenz schaffen. Die Aufgabe für das Controlling des Datennetzwerks besteht darin, zu messen, wie viel Transparenz geschaffen wird. Die Aufgabe für dieses Kapitel besteht darin, Indikatoren zu entwickeln, mit denen das Controlling in die Lage versetzt wird, zu messen, wie viel Transparenz geschaffen wird.

Diese Aufgabe wird in folgenden Schritten bearbeitet: Zunächst wird argumentiert, dass Transparenz eine Eigenschaft eines Entscheidungsprozesses ist. Eingegrenzt auf eine spezifische Entscheidungssituation (interorganisationale Reproduktionsplanung mit variablen Mengen und Kapazitäten) und auf eine spezifische Phase des Entscheidungsprozesses (Konsequenzenermittlung) können folgende generische Datenkategorien identifiziert werden, in denen Transparenz herzustellen ist: Materialfluss, Kapazitäten und Aktionen. Innerhalb dieser Kategorien befinden sich jeweils Datenfelder. Ein Datenfeld beinhaltet mehrere Datenpunkte. Auf die Datenpunkte wird durch diverse Akteure an diversen Positionen der Supply Chain lesend und/oder schreibend zugegriffen. Jedes Datenfeld beinhaltet mehrere Datenpunkte. In einem Datenfeld liegt Transparenz vor, wenn ein Entscheidungsgremium zur Ermittlung der Konsequenzen einer interorganisationalen kooperativen Entscheidung über alle Datenpunkte aktuell und unverfälscht verfügen kann. Das Datennetzwerk erfüllt seine Aufgabe, wenn dieser Zustand in allen Datenfeldern hergestellt ist.

Was bedeutet „Transparenz"?

Transparenz soll als Eigenschaft einer Entscheidungssituation verstanden werden. Eine Entscheidungssituation ist transparent, wenn erstens der Entscheider den Zusammenhang von Input und Output erklären und damit bei Kenntnis einer Inputkonstellation den Output prognostizieren kann und wenn zweitens die Ausprägungen aller für relevant erachteten Inputvariablen bekannt sind. Transparenz hat damit eine kognitive Komponente und eine Datenkomponente.

Die kognitive Komponente (Modellkomponente) beschreibt, wie gut der Entscheider die Situation „versteht" und beherrscht. In der Literatur gibt es breiten Konsens, dass dieses Verstehen der Situation eine fundamentale Variable zur Gestaltung von Systemen ist. Dementsprechend gibt es auch eine Vielzahl von Vorschlägen, um das Kontinuum zwischen Verstehen und Nicht-Verstehen zu systematisieren. Beispielhaft sei etwa das Konzept von Perrow (1967) genannt, der die „Situation" anhand mehrerer Variablen beschreibt: Kann der Entscheider die Situation vollständig analysieren? Wie viele Ausnahmen und Besonderheiten gibt es? Beherrscht der Gestalter die Qualität des in den Transformationsprozess einfließenden Materials? Kann er sich ein klares Bild über den Ausgangszustand des Materials machen? Das Gesagte macht deutlich, dass die kognitive Komponente der Transparenz die Qualität eines Entscheidungsprozesses entscheidend determiniert.

Die kognitive Komponente wird hier aber dennoch ohne Beachtung bleiben. Transparenz wird ausschließlich auf die Datenkomponente, hier genauer auf Transaktionsdaten bezogen.

Kognitive Transparenz kann nicht durch bessere oder zusätzliche Informationen, sondern lediglich durch bessere Modelle (Erklärungsmodelle) hergestellt werden. Ist man zum Beispiel nicht in der Lage, das Phänomen der Aufschaukelung von Bedarfen in einer Versorgungskette („Bullwhip") zu erklären, helfen auch komplettere oder aktuellere Daten über Aufträge, Bestände oder andere Felder nicht weiter. Eine Entscheidungssituation soll daher einschränkend bereits dann als transparent bezeichnet werden, wenn der Entscheider einen Zugriff auf die aktuellen Ausprägungen der für relevant erachteten Inputvariablen (Datenfelder) hat. Zu welchen Schlüssen er mit den verfügbaren Daten kommt, ist für die Gestaltung des Datennetzwerks ohne Bedeutung.

Transparenz wird verbessert, wenn für zusätzliche Datenfelder Merkmalsausprägungen bereitgestellt werden. Für den Informationsverarbeiter ist es weiterhin relevant, wie aktuell und zuverlässig die Daten sind. Aktualität ist ein Maß für die Länge des Zeitraums zwischen dem Zeitpunkt der beobachtbaren Manifestation eines Zustands und dem Zeitpunkt der Verfügbarkeit einer Information (Datum) über diesen Zustand. Je länger dieser Zeitraum ist, desto geringer die Aktualität. Zuverlässigkeit ist ein Maß für die Übereinstimmung zwischen dem abgebildeten Original und dem erzeugten Datum in Bezug auf ein Merkmal. Je geringer die Übereinstimmung, desto geringer die Zuverlässigkeit. Transparenz setzt weiterhin voraus, dass der Entscheider auf die verfügbaren Daten zugreifen kann. Der Zugriff mag aus technischen (nicht zugreifen können), organisatorischen (nicht zugreifen dürfen) oder kognitiven (nicht wissen, wie man zugreift) Gründen versperrt sein. Zusammenfassend ist eine Entscheidungssituation dann transparent, wenn für relevante Datenfelder aktuelle und zuverlässige Datenpunkte bereitgehalten werden, auf die der Entscheider zugreifen kann.

Welche Datenfelder sind relevant?

Die bisherige Überlegung hat offen gelassen, welche Datenkategorien und Datenfelder relevant sind, wenn zwei oder mehrere Akteure in einer Supply Chain kooperativ planen. Dies wird nachfolgend diskutiert. Interorganisational kooperative Planung bedeutet, die unternehmensbezogenen, lokalen Pläne der einzelnen Akteure in der Supply Chain miteinander abzugleichen. Durch den Abgleich sollen Suboptimierungen verhindert werden. Der Abgleich der Pläne bezieht ein filigranes System von Teil- oder Funktionalplänen (funktionsbereichsbezogene Pläne; Hahn 1996, S. 408) ein, die üblicherweise in den Unternehmen geführt werden. Abbildung 91 zeigt die Verknüpfungen zwischen den Plänen auf einem groben Niveau. Die Abbildung geht davon aus, dass ein Unternehmen üblicherweise einen Absatz-, einen Produktions- und einen Beschaffungsplan führt (Hahn 1996). Abzustimmen sind aus Sicht eines einzelnen Unternehmens jeweils der eigene Absatzplan mit dem Beschaffungsplan des Kunden sowie der eigene Beschaffungsplan mit dem Absatzplan des Lieferanten.[266] Eine Ausnahme bildet der Einzelhandel, der seinen Absatzplan üblicherweise nicht mit den End-

---

[266] Selbstverständlich sind die genannten Pläne intra-organisational abzustimmen. Dieses Problem wird in dieser „interorganisationalen" Betrachtung aber ausgeklammert. Ohne Beachtung bleiben ebenfalls die möglichen

kunden abstimmt. Für den Betrieb eines Unternehmens sind weitere diverse Pläne erforderlich (Hahn 1996); so etwa weitere Funktionsbereichspläne (F&E-Plan), diverse Ergebnis- und Finanzpläne sowie strategische Pläne (Potenzial- und Potenzialstrukturpläne). Die weiteren Überlegungen konzentrieren sich aber auf die zuvor genannten drei Teilpläne, da es genau diese sind, die den zu koordinierenden Strom des Materials durch die Supply Chain steuern und dokumentieren. Es soll von materialflussbezogenen Plänen gesprochen werden.

Aus der Abbildung folgt, dass sich eine Unterstützung des interorganisational kooperativen Planens zunächst lediglich auf die Herstellung von Transparenz in den von der Abstimmung betoffenen Teilplänen konzentrieren muss. Das wären jeweils die Beschaffungs- (Buy) und Absatzpläne (Sell). Die Analyse des Beispiels des mit dem Oberstofflieferanten kooperierenden Bekleidungsherstellers aus dem vorangegangenen Kapitel hat aber gezeigt, dass der Abstimmungsprozess zur Eskalation neigt. Dort haben sich die Versuche des Lieferanten, den engen Liefertermin des Herstellers einhalten zu können, auch auf dessen Produktion beziehungsweise in einem erweiterten Szenario auch auf die Beschaffung ausgewirkt. Um die weitere Analyse nicht einzuschränken, soll daher davon ausgegangen werden, dass sich eine interorganisationale Abstimmung auf alle materialflussbezogenen Pläne auswirkt.

Abbildung 91 Kooperatives Planen in der Supply Chain bedeutet interorganisationale Abstimmung der unternehmensbezogenen Funktionsbereichspläne

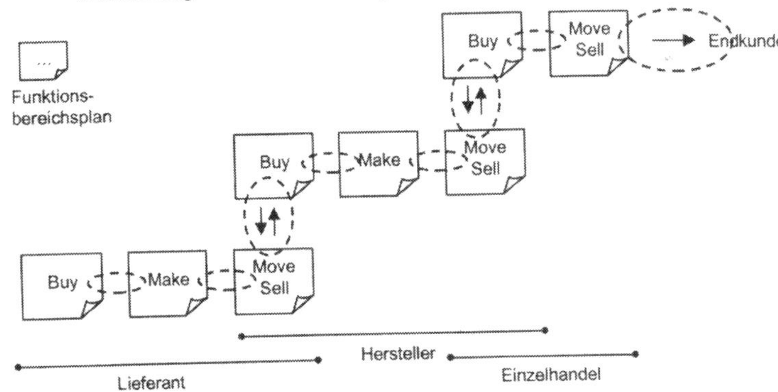

Um eine Aussage über die von der Abstimmung betroffenen Datenfelder erreichen zu können, ist es erforderlich, die Betrachtung um eine Stufe zu detaillieren. Die Teilpläne müssen geöffnet werden; deren Zeilen- Spaltenstruktur ist in die Analyse einzubeziehen. Der Aufbau materialflussbezogener Pläne ist sehr einfach (Vollmann et al. 1997; Orlicky 1975; Fogarty et al. 1991). Ein einzelner Plan kommt grundsätzlich mit vier Zeilen aus; die Anzahl Spalten hängt von der Anzahl betrachteter Perioden ab.

Abgleiche der Pläne mit Konkurrenten (horizontaler Abgleich), die erforderlich werden, wenn gemeinsam beschafft oder distribuiert wird.

Tabelle 45 Der grundsätzliche Aufbau eines materialflussbezogenen Plans (Quelle: Vollmann et al. 1997, S. 17; verändert)

	Periode		*I*	*II*	*III*	*IV*
1	Bedarf		30	50	70	50
2	Lieferung Periodenbeginn		50	0	50	50
3	Bestand Periodenende	50	70	20	0	0
4	Bestellung	50	0	50	50	50
5	Durchlaufzeit: 1 Losgröße: 50					

Tabelle 45 zeigt ein Beispiel: Dargestellt ist der Planungsablauf eines Filialeinzelhändlers für vier Perioden für ein bestimmtes Produkt. Die Zeilen beinhalten: (1) den geschätzten (oder wie auch immer ermittelten) Bedarf während der Planperioden, (2) die im Planungszeitraum aufgrund der getätigten Bestellungen eingehenden Lieferungen, (3) den Bestand zum Ende der Periode [267], (4) die zum Ende der Periode ausgelöste Bestellung sowie (5) eine Angabe über die Wiederbeschaffungszeit (hier eine Periode) und die Losgröße (hier 50 Stück). Die Wiederbeschaffungszeit bestimmt, wie viele Perioden es dauert, bis bestellte Produkte verkaufsfähig im Outlet des Einzelhändlers liegen.

Die in Tabelle 45 dargestellte Planung des Filialeinzelhändlers wird in der Zentrale des Handelsunternehmens mit denen der anderen Filialen verdichtet und fließt dann in die Planung des Herstellers ein, der seinerseits aus diesen Primärbedarfen des Handels Sekundärbedarfe als Aufträge für seine Lieferanten erzeugt. Abbildung 92 zeigt die Verknüpfungen beispielhaft.

Abbildung 92 Die Verknüpfung der Akteure über materialflussbezogene Pläne

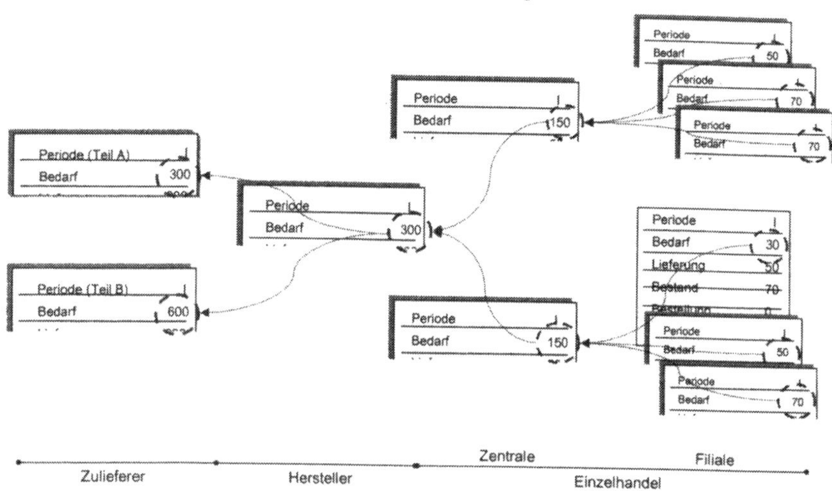

[267] Wird folgendermaßen ermittelt: „Bestand zum Ende der Vorperiode" plus „Lieferung in der Periode" minus „Bedarf der Periode".

Das Gesagte erlaubt es, den Sprachgebrauch zu präzisieren: Wenn hier von einem Beschaffungs-, Absatz- oder Produktionsplan gesprochen wird, ist damit nicht der Produktionsprogrammplan als das Ergebnis einer zuvor durchgeführten linearen Optimierung oder der Produktionsprozessplan als das Ergebnis einer zuvor durchgeführten Netzplananalyse (Homburg 2000, S. 345 ff) gemeint, sondern ein Material- beziehungsweise Produktbedarfsplan im Sinne des „Material Requirements Planning" (MRP; Vollmann et al. 1997), in dem Materialbedarfe und Materiallieferungen trivial mathematisch und mit Periodenbezug miteinander verknüpft sind. Diese Pläne sind keine Optimierungs- sondern Dispositionspläne. Sie repräsentieren das Ergebnis von Prozessen, die Wöhe (1981, S. 423) als Bedarfs- oder Beschaffungsplanung bezeichnet: „Als Bedarfsplanung bezeichnet man die vorausschauende Ermittlung des Bedarfs an Werkstoffen oder Waren für den Planungszeitraum, z. B. ein Quartal. Unter Beschaffungsplanung versteht man die planmäßige Festlegung der einzelnen Werkstoff- oder Warenlieferungen zur Deckung des ermittelten Bedarfs."

Die in der Tabelle 45 dargestellte Zeilenstruktur findet sich in allen materialflussbezogenen Plänen grundsätzlich wieder. Mit geringen Änderungen der Bezeichnungen kann aus einem Absatz- und Beschaffungsplan eines Einzelhändlers auch ein Produktionsbedarfsplan eines Herstellers oder Zulieferers gemacht werden. Die Grundstruktur bleibt gleich, weil immer das gleiche Problem dargestellt wird; nämlich der Fluss des Materials durch eine fokale Wertschöpfungsstufe.

Die Grundstruktur kann durch diverse Änderungen verfeinert werden, die jedoch die Struktur nicht in Frage stellen. [268] So etwa: (1) Bedarfe: Bedarfe können unterschieden werden nach deterministischen und spekulativen Bedarfen. (2) Reservierungen: Deterministische Bedarfe können den verfügbaren Beständen zugeordnet werden. Damit entstehen reservierte, nicht verfügbare und nicht mehr disponible Bestände (Mertens 1983, S. 77). Neu eingehende Bedarfe können aus diesen Beständen nicht mehr bedient werden. Verfügbar (Available to Promise; Vollmann et al. 1997, S. 220) sind lediglich die unreservierten Bestände.

Aus der Grundstruktur materialflussbezogener Pläne können die Datenfelder abgeleitet werden, für die Transparenz herzustellen ist (Abbildung 93): (1) Bedarf, (2) Lieferung (Zugang), (3) Bestand, (4) Bestellung. Ein Datennetzwerk erfüllt demnach die Aufgabe, Transparenz zu schaffen, wenn in diesen Datenfeldern Transparenz besteht (Entscheider kann auf aktuelle und zuverlässige Datenpunkte zugreifen). Ohne Beachtung soll in den weiteren Überlegungen bleiben, ob das Datennetzwerk die kompletten Pläne kommuniziert, oder lediglich die Datenpunkte, die in den Unternehmen benötigt werden, um diese Pläne zu erstellen beziehungsweise aktuell zu halten. Moderne Planungssysteme ermöglichen einen Zugriff der lokalen Planer auf eine gemeinsame Planungsmappe, so dass für ein Planungsproblem in der Kette auch lediglich ein Planungsobjekt in der Datenbank existiert. Ein Austausch der Datenfelder zur gegenseitigen Harmonisierung lokaler Pläne entfällt dann.

---

[268] Für eine detaillierte Rechnung vergleiche zum Beispiel Mertens (1983, S. 156).

Abbildung 93 Vier materialflussbezogene Datenfelder: Bedarf, Lieferung, Bestand und Bestellung

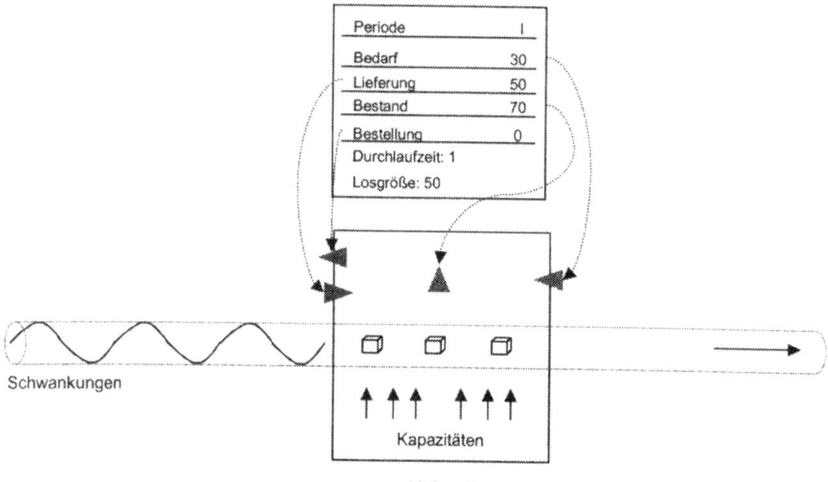

Die oben bereits analysierte Kunden-Lieferanten-Beziehung in der Textilwirtschaft soll hier erneut aufgegriffen werden, um die Überlegungen weiter voran zu treiben. Das Datennetzwerk muss für weitere Datenkategorien Transparenz herstellen, so die These der nachfolgenden Argumentation.

Kapazitäten: Wenn der Lieferant zusammen mit dem Hersteller versucht, einen engen Liefertermin des Herstellers halten zu können, sind die technisch und organisatorische Machbarkeit sowie die ökonomische Vorteilhaftigkeit der Abstimmung zu klären. [269] Die technisch und organisatorische Machbarkeit fragt danach, ob es möglich ist, durch Anpassungen den Termin zu halten. Die oben genannten vier Datenfelder bilden die Grundlage, um darüber fundiert zu entscheiden. Ist sichergestellt, dass nicht nur die entsprechenden internen Pläne des Lieferanten, sondern auch die des Lieferanten des Lieferanten derart gekoppelt sind, kann die Verfügbarkeit (Disponibilität) zusätzlicher Ware ermittelt werden. Gelingt in diesem Beispiel die Termineinhaltung nicht, indem lediglich bereits vorhandene Bestände zum Hersteller transportiert werden, besteht die Option, durch eine Änderung der Produktionsplanung zusätzliche Waren bereit zu stellen. Eine solche Anpassung der Produktion erfordert angepasste Materialströme, aber auch hinreichend flexible Kapazitäten (Mitarbeiter und Betriebsmittel). Dieser

[269] Eine Anpassungshandlung hat ein Bündel von Konsequenzen, die zu bewerten sind, um die relative Vorteilhaftigkeit der Anpassungsalternativen ermitteln zu können. Grundsätzlich ist demnach auch für diese Datenkategorie Transparenz herstellen, wenn interorganisationale Abstimmung unterstützt werden soll. Im Idealfall liegen die Kostenfunktionen der von der Anpassungen betroffenen Kapazitätsbausteine sowie eine Quantifizierung der zusätzlichen Nutzenvolumina vor. Es erscheint aber unrealistisch, davon auszugehen, dass die Akteure ihre Kalkulationen in diesem Umfang aufdecken. Darüber hinaus wäre es ohnehin fraglich, ob es gelingen kann, die kompletten Kosten- und Nutzenfunktionen für die in die Abstimmung einbezogenen Akteure derart bereitzuhalten, dass eine valide Optimierung entsteht. Hier wird davon ausgegangen, dass zur Planung

Aspekt wurde bisher nicht angesprochen, ist aber relevant, wie die Überlegung zeigt. Das bedeutet, dass eine effektive interorganisationale Abstimmung ebenfalls Transparenz über Kapazitäten voraussetzt. Die Kapazitäten wirken wie variable Absperrventile in der Materialpipeline, über der Materialfluss beschleunigt oder zum Stillstand gebracht werden kann.

Tabelle 46 Worüber Transparenz zu verschaffen ist: Datenkategorien, -felder und -punkte pro Planungsstufe entlang der Supply Chain

Datenkategorie	*Datenfeld*	*Datenpunkt*	*Lieferant*			*Hersteller*		*Einzelhandel*
			Beschaffungsplan	Produktionsplan	Absatzplan	...	...	...
Materialfluss	Bedarf	Wer, was, wann, wie viel, wohin?	Transparent?	Transparent?	Transparent?			
	Lieferung	s.o.						
	Bestand	s.o.						
	Bestellung	s.o.						
Kapazitäten	Mitarbeiter	Kapazitätsgrenzen der Engpasskapazität	s. o.	s. o.	s. o.			
	Betriebsmittel	s.o.						
Aktionen (bedarfsverändernd)	Produktpromotionen	Datum der Aktion, Vermutetes zusätzliche Volumen durch die Aktion	s. o.	s. o.	s. o.			
	Neuprodukteinführungen	s.o.						
	Produktauslistungen	s.o.						
	...	...						
Aktionen (kapazitätsverändernd)	Störungen (Betriebsmittel)	Dauer, Volumen des Kapazitätsausfalls	s. o.	s. o.	s. o.			
	Investitionen (Produktion, Distribution, ...)	Zeitpunkt, Volumen der zusätzlichen Kapazität						
	...	...						

Aktionen: Der Review der Literatur in Kapitel 4.2 hat gezeigt, dass die Beherrschung von Bedarfsschwankungen ein wesentliches Ziel des Supply Chain Management ist. In der „System Dynamics"-Perspektive stehen die „hausgemachten" Schwankungen durch die Verkettung der Bestellsysteme im Vordergrund. Die „ECR"-Diskussion (Efficient Consumer Response [270])lenkt die Aufmerksamkeit auf die problematische Abstimmung zwischen Handel und Industrie in Bezug auf a-zyklische Produktpromotionen, Neuprodukteinführungen oder

die Plandaten in eine gemeinsame Planungsmappe eingepflegt werden, die hinter den Plandaten stehenden Kalküle aber für die „fremden" Unternehmen nicht transparent sind.

[270] ECR ist ein Konzept zum unternehmensübergreifenden Management von Versorgungsketten in der Lebensmittelbranche. Für einen Überblick vergleiche Klaus (1995).

Produktauslistungen. Die Beherrschung der „System Dynamics“ kann über Verhaltensregeln erreicht werden (Guessing Game, Phantombestellungen). Zur planerischen Abstimmung der a-zyklischen Schwankungen ist es aber zusätzlich erforderlich, deren Treiber, die hier zusammengefasst als „Aktionen“ bezeichnet werden sollen, in der Kette rechtzeitig und an alle Betroffenen zu kommunizieren.

Tabelle 46 fasst den erreichten Zwischenstand zusammen: Transparenz zu gewährleisten, bedeutet, über aktuelle und zuverlässige Datenpunkte in den Kategorien Materialfluss, Kapazitäten und Aktionen verfügen zu können. Mit dieser Formulierung ist ein hoher Anspruch definiert, der für eine konkrete Abstimmungsmaßnahme kaum zu erfüllen sein dürfte. Das gilt insbesondere für die Kapazitäten: Abstimmungsprozesse greifen permanent auf Kapazitätsinformationen zu, um Volumenspielräume ausleuchten zu können. Das Datennetzwerk müsste die Kapazitätskurven der wesentlichen Betriebsmittel kontinuierlich vorhalten. Trotz des in der Gesamtform umfangreich bemessenen Transparenzbedarfsvolumens ist die Tabelle hilfreich, da sie einen Rahmen für die Ermittlung der Wirksamkeit des Datennetzwerks liefert.

Zu beachten ist weiterhin, dass nicht jede Abstimmung zentral zu planen ist; nicht jeder Akteur muss gleichgewichtig mit allen Datenpunkten in die Abstimmung einbezogen werden; nicht jeder Datenpunkt muss gleich aktuell und umfassend zur Verfügung stehen. Daher ist es erforderlich, eine Sollvorstellung darüber zu gewinnen, in welchen Situationen wie zentral geplant werden soll. Tabelle 46 kann daher auch als eine Heuristik verstanden werden, mit deren Hilfe erstens die Voraussetzungen für einen realistischen Zentralitätsgrad interorganisational abgestimmter Planung abgeleitet werden können. Sobald die Norm bestimmt ist, quasi durch Ankreuzen in der Tabelle (Wer muss welche Datenpunkte bereitstellen?), kann das Raster ebenfalls als Grundlage für eine Controllingaussage benutzt werden: In welchen der geplanten Datenkategorien, -feldern und -punkten besteht tatsächlich Transparenz?

6.3.2. Den inneren Horizont aufdecken: Die Voraussetzungen zur Verbesserung der Transparenz durch die Gestaltung des Datennetzwerks

Das vorangegangene Teilkapitel hat eine Heuristik entwickelt, mit der sich das Controlling einen Überblick verschaffen kann, in welchen generischen Datenkategorien und -feldern entlang der Supply Chain Transparenz besteht. Daran anschließend wird nun analysiert, anhand welcher Indikatoren beurteilt werden kann, warum der aktuelle Stand derart ist, beziehungsweise, wie gut die Voraussetzungen zur Erhöhung der Transparenz sind. Analog zur Voraussetzungsanalyse in Kapitel 6.2.2 werden die möglichen Ursachen gruppiert. Intransparenz wird als Folge fehlender (Daten-) Kommunikation angesehen. Zwei Ursachengruppen können dann untersucht werden: „Nicht kommunizieren können“ und „Nicht kommunizieren wollen“. In beiden Kategorien findet sich jeweils ein breiter Fächer möglicher Hindernisse. Um die Diskussion kompakt halten zu können, beschränkt sich die weitere Analyse auf die Datenkategorie „Materialfluss“ mit den Datenfeldern Bedarf, Lieferung, Bestand und Bestellung.

Technische Hemmnisse - Nicht kommunizieren können

Die Analyse der technischen Kommunikationshemmnisse kann entlang der Phasen des Kommunikationsprozesses erfolgen. Kommunikation wird im Datennetzwerk ausschließlich als Datenkommunikation verstanden. Die weiteren Überlegungen beziehen sich daher allein auf den „mechanischen" Kommunikationsbegriff (Kapitel 5.3.2.1). Das Grundmodell eines Kommunikationsprozesses (Abbildung 72) nennt folgende Phasen: Daten gewinnen, kodieren, übertragen, empfangen und dekodieren. Nachgelagerte Effekte der Kommunikation, wie zum Beispiel Verhaltensänderungen, bleiben hier ausgeblendet. Die Voraussetzungen für eine Verbesserung der Transparenz werden deutlich, wenn für jedes Datenfeld analysiert wird, ob sowohl der Sender wie auch die Empfänger über die technischen und organisatorischen Fähigkeiten verfügen, diese Prozesse durchführen zu können. Damit ist der Aufbau der weiteren Überlegungen dieses Kapitels vorgezeichnet. Für jede Phase des Kommunikationsprozesses werden Indikatoren entwickelt, mit denen die Voraussetzungen von Sender und Empfänger zur Verbesserung von Transparenz beurteilt werden können.

Daten gewinnen: Anzahl ausgelesener I-Punkte entlang der Kette

Bevor Daten versendet werden können, müssen sie erhoben werden. Diese triviale Aussage lenkt die Aufmerksamkeit auf die Anzahl und Lage der I-Punkte in der Supply Chain. Als I-Punkt soll hier ein logischer oder physischer Ort definiert werden, an dem Bedarfs-, Liefer-, Bestands- oder Bestelldaten entstehen. Damit ist nicht zugleich gesagt, dass die Information auch gelesen und/oder verarbeitet wird; sie ist lediglich auslesbar. Die Nachfrage eines Kunden nach einem nicht lieferbaren Produkt kann als I-Punkt erklärt werden. Dort werden Bedarfsinformationen verfügbar. Fraglich ist, ob der I-Punkt tatsächlich ausgewertet wird: Erreicht die Information über den Stock-out innerhalb des Unternehmens den Verantwortlichen? Wird die Information an die bestandsführende Stelle im Zentrallager weitergereicht. Bekommt der Hersteller die Information über den entgangenen Umsatz?

Abbildung 94 Übersicht: In welchen Datenfelder werden die I-Punkte tatsächlich ausgelesen?

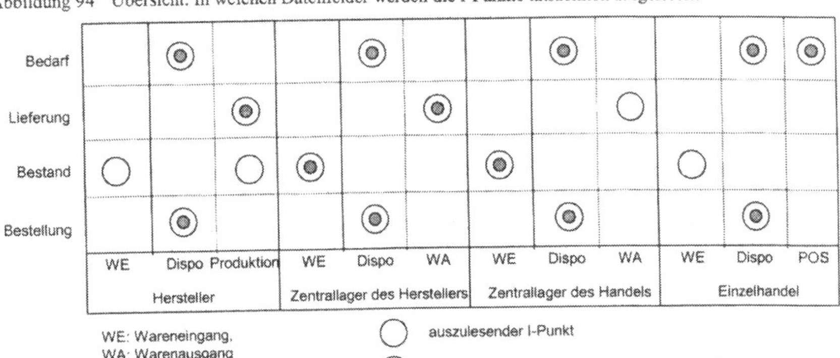

Diese Definition für einen I-Punkt ermöglicht eine zweistufige Aussage über den Umgang mit potenziellen Informationen. Wie groß ist der Anteil auszulesender I-Punkte gemessen an der Gesamtzahl der I-Punkte? Wie viele der auszulesenden I-Punkte werden tatsächlich gelesen. Der erste Aspekt bezieht sich auf die Planung der Datengewinnung. Der zweite auf die Umsetzung des Geplanten. Abbildung 94 zeigt die Überlegung an einem Beispiel aus der Konsumgüterindustrie. Pro Wertschöpfungsstufe und Datenfeld wird überprüft, ob ein zuvor gegebenenfalls als auszulesen definierter I-Punkt tatsächlich gelesen wird. Die Voraussetzungen zur Verbesserung der Transparenz können, so die These, anhand der Anzahl tatsächlich ausgelesener im Verhältnis zur Anzahl definierter I-Punkte beurteilt werden.

Kodieren und Dekodieren: Harmonisierung von Standards

Kodieren heißt, eine Bedeutung in ein Symbol zu übertagen; dekodieren demnach, das zuvor kodierte Symbol erneut in eine Bedeutung zu übersetzen. Um die hier relevanten Datenfelder zu kommunizieren, sind üblicherweise mehrere geschachtelte Kodierungen und Dekodierungen erforderlich. Soll etwa ein Verkaufsvorgang an einer Scannerkasse im Einzelhandel per Datenfernübertragung kommuniziert werden, gilt es, die Realaktion „Verkauf" in einen elektronisch kommunizierbaren Code zu bringen und dabei zu beachten, dass die gewählte Codierungsform später durch die Empfänger dekodierbar ist. Dabei werden diverse Kodierungsschritte durchlaufen (Tabelle 47).

Tabelle 47 Schritte zur Kodierung der Realaktion „Verkauf" im Einzelhandel

	Kodierungsebene	*Input*	*Output*	*Möglicher Kodierungsstandard*
1	Realaktion: Verkauf an der Scannerkasse im Textileinzelhandel			
2	Barcodelesen	Optisches Barcodesignal	Bitstrom	EAN 128
3	Business Objekt identifizieren (Artikel, Standort, ...)	Bitstrom	Business Objekt	EAN
4	Komplexes Business Objekt erzeugen (Rechnung, Forderung, Barverkauf, Garantiezusage, ...)	Business Objekt	Komplexes Business Objekt	Ebene der betrieblichen Abwicklungssoftware
5	Kommunizierbare DFÜ-Nachricht erzeugen	Business Objekt	DFÜ-Nachricht	EANCOM

(1) Realaktion: Der in Tabelle 47 dargestellte Ablauf beginnt mit der Realaktion, die zur Entstehung neuer Merkmalsausprägungen eines Datenpunkts führt. Ein Kunde erwirbt im Einzelhandel ein Kleidungsstück. Der Verkauf wird über einen Scan-Vorgang erfasst. Neben einer solchen Scannung im Einzelhandel sind über die gesamte Wertschöpfungskette eine Vielzahl weiterer „I-Punkte" (Entry Points) verteilt, an denen „frische" Information in ein Datenverarbeitungssystem aufgenommen wird; so etwa: die Vereinnahmung einlaufender Ware, das Ausbuchen beschädigter oder gestohlener Ware; die Rücksendung überflüssiger Ware. (2) Barcodelesen: Der gescannte Barcode wird zunächst in einen Bitstrom konvertiert. Ob der Barcode lesbar ist, hängt von der Abstimmung zwischen Barcodeerzeuger und Barcodeleser ab. Es existieren diverse Standards, um einen Bitstrom in einen Strichcode und vice versa umzuformen. (3) Business Objekt identifizieren: Die Transformation des Strichcodes in einen Bitstrom ist erst dann sonnvoll, wenn dem Bitstrom, der zunächst lediglich Zahlen und

Buchstaben (Wörter) repräsentiert, auch eine Bedeutung zugeordnet werden kann. In die Kodierungssequenz zur Übermittlung der Verkaufsinformation ist dazu eine Dekodierung eingearbeitet: Unter Rückgriff auf Stammdaten kann das gelesene Wort als eine EAN (Internationale Artikelnummer) identifiziert werden. (4) Komplexes Business Objekt erzeugen: Bevor der Verkaufsakt kommuniziert werden kann, ist die identifizierte EAN informational anzureichern; etwa durch transaktionsbezogene Mengen- und Datumsinformationen oder durch eine unternehmensbezogene Lokationsnummer (ILN). (5) DFÜ-Nachricht erzeugen: Grundsätzlich wäre der Textilverkauf in beliebiger Form per DFÜ kommunizierbar. Üblicherweise wird dazu aber Bezug auf bestehende Standards genommen, um sowohl die Kodierung als auch die Dekodierung zu erleichtern. Ein solcher Standard ist etwa EANCOM. Die Kodierung verwandelt das in einem unternehmensbezogenem Standard gespeicherte Objekt mit Hilfe eines Konvertierungsprogramms in den Zielstandard. Dabei werden diverse Syntaxumwandlungen (Reihenfolge von Feldern, Einfügen von Bezeichnern, ...) und Semantikumwandlungen (Feldlängen, Klein- und Großschreibungen, Entfernen von Umlauten, ...) vorgenommen.

Tabelle 48 EANCOM-Nachrichtentypen für Handelstransaktionen (Quelle: CCG 1998, S. 9)

	<------	REQUOTE (Anfrage)		
		QUOTES (Angebot)	------>	
	<------	SLSFCT (Verkaufsprognose)		
	<------	SLSRPT (Verkaufsbericht)		
	<------	INVRPT (Lagerbestandsbericht)		
Hersteller	<------	ORDERS (Bestellung)		Händler
		ORDRSP (Bestellantwort	------>	
	<------	ORDCHG (Bestelländerung)		
	<------	OSTENQ (Bestellstatusanfrage)		
		OSTRPT (Bestellstatusbericht)	------>	
	<------	DELFOR (Lieferabruf)		
		DESADV (Liefermeldung)	------>	

Die Kodierung ist ein wesentliches Problem in der Kommunikationssequenz, weil die übertragene Nachricht lediglich dann lesbar ist, wenn der Empfänger die Dekodierungsvorschriften kennt und auszuführen in der Lage ist. In diesem Beispiel ist das zunächst die Struktur der versendeten Nachricht. Werden normierte Nachrichten verwendet, sind alle Akteure in der Kette grundsätzlich in der Lage, die Nachricht zu dekodieren. Soll der Scannerkassenverkauf etwa per EANCOM kodiert werden, kann auf vordefinierte Nachrichtentypen zurückgegriffen werden (Tabelle 48). Der Nachrichtentyp „SLSRPT" (Verkaufsbericht) hält eine geeignete Satzbeschreibung bereit, um POS-Informationen genormt zu übertragen.

Unter Verweis auf die rasch voranschreitende Normierung von DFÜ-Inhalten wandelt sich das technische Problem eindeutiger Kodierung und Dekodierung im Datennetzwerk zu einem organisatorischen Problem. Es gilt, die von den verschiedenen Partnern in der Kette eingesetzten Normen und Standards zu harmonisieren. [271] Ein Indikator zur Beurteilung der Voraussetzungen einer Verbesserung der Transparenz ist daher, so die These, die

[271] Normen und Standards können sich beziehen auf die Identifikation von Objekten (Produkte per Internationale Artikelnummer - EAN, Betriebsstätten per Internationale Lokationsnummer - ILN, Versandeinheiten per Nummer der Versandeinheit - NVE), auf die Beschreibung von Objekten (Stammdateninformationssystem,

aussetzungen einer Verbesserung der Transparenz ist daher, so die These, die Durchgängigkeit der verwendeten Kodierungsnormen und Kodierungsstandards.

Übertragen - Empfangen

Voraussetzung für Transparenz ist weiterhin, dass die entsprechenden Akteure (Sender und Empfänger) über einen Zugang zu einem Kommunikationsmedium verfügen. Mit der raschen Ausbreitung des Internet ist neben die zuvor auch bereits breite Palette technischer Möglichkeiten eine weitere, netzbildungsfähige und billige Option zur Datenkommunikation getreten. In Anbetracht des erreichten technischen Standards erscheint es für das Controlling kaum noch sinnvoll, den Übertragungsprozess als eine mögliche Quelle für Kommunikationshindernisse detailliert zu analysieren. Will man den Aspekt dennoch abbilden, kann der Grad der Vernetzung (Connectivity) als Indikator herangezogen werden. Ein hoher Vernetzungsgrad bietet ceteris paribus eine höhere Wahrscheinlichkeit, Transparenz herstellen zu können.

Wirtschaftliche Hemmnisse - Nicht kommunizieren wollen

Die Chancen zur Verbesserung der Transparenz in der Supply Chain sind weiterhin davon abhängig, ob den Akteuren wirtschaftliche Vor- oder Nachteile infolge der Kommunikation zufließen.

Organisationale und individuelle Verhaltensrichtlinien zur Weitergabe von Informationen an Dritte

Die individuellen und organisationalen Verhaltensrichtlinien zur Weitergabe von Unternehmensdaten an Dritte determinieren das realisierbare Transparenzniveau. Hier kann ebenfalls eine Verhaltensblockade unterstellt werden, die es dem einspeisenden Unternehmen „schwer“ macht, Informationen in das Datennetzwerk einzustellen und damit zu teilen. Mit jedem öffentlich gemachten Datenfeld wird das einspeisende Unternehmen „gläserner“. Ein Händler, der seinem Lieferanten Bestandstransparenz bietet, muss sich auf die Frage seines Lieferanten vorbereiten, ob nicht ein zusätzlicher Bestand zusätzliche Umsätze und damit zusätzliche Profite für den Lieferanten liefern würde. Das gleiche gilt für den Einzelhändler, der Fehlbestände am Point of Sale in das Datennetzwerk einspeist. Obwohl diese Informationen grundsätzlich helfen, die Supply Chain in den Augen des Konsumenten leistungsfähiger zu gestalten, verbessern sie die Verhandlungsposition des Einspeisenden gegenüber den anderen Akteuren nicht. Noch kritischer wird es, Transparenz in der Datenkategorie „Kapazitäten“ herzustellen. Wenn tatsächlich Kapazitäten in ein zentrales Advanced Planning System eingespeist werden, wird es für die anderen Akteure zunehmend leichter, die Kalkulationen, die Reserven und die möglicherweise taktischen Verhaltensweisen des einspeisenden Unternehmens nachzuvollziehen und in bestimmten Situation aus diesem Know-how einen Vorteil zu erreichen.

SINFOS) oder auf die Kommunikation von Objekten (EANCOM oder andere branchenspezifische EDIFACT-Subsets).

Transparenz als öffentliches Gut - Kosten und Nutzen der Kontribution

Daten werden nur dann in das Datennetzwerk eingestellt, wenn die Nutzen größer sind als die Kosten. Die Voraussetzungen zur Kontribution einzelner für das öffentliche Gut „Transparenz“ können daher an den individuellen und organisationalen Kosten und Nutzen der Kontribution beurteilt werden.

(1) Kosten: Transparenz erfordert Technikkosten - technologische Distanz

Daten auszulesen, aufzubereiten und an Dritte zu kommunizieren ist ein ressourcenkonsumierender Prozess, den man grundsätzlich in Geldeinheiten pro kommuniziertem Datenfeld bewerten kann. Je höher diese Kosten sind, desto geringer wird ceteris paribus die Intensität der Einspeisung in das Datennetzwerk sein. Neben diesen laufenden Kosten entstehen weiterhin Kosten für die a-periodische Überbrückung der technologischen Distanz (Hardware, Software, Know-how der Mitarbeiter) zwischen dem Status quo des eigenen Datenverarbeitungssystems und dem vereinbarten Standard in der Supply Chain. Die Voraussetzungen zur Verbesserung von Transparenz können pro Akteur in grober Form daher auch als Technologiedistanz abgeschätzt werden.

(2) Kosten: Transparenz bedeutet Machtverlust

In die individuelle und organisationale Kalkulation gehen die oben angesprochenen Überlegungen zum Machtverlust durch Einspeisung von Informationen in das Datennetzwerk ein.

(3) Nutzen: Reziprozität, Wert der Information und Zahlungsbereitschaft

Für den Kontribuierenden entsteht durch seine Einspeisungen lediglich in bestimmten Situationen Nutzen. Zwei Fälle sollten unterschieden werden: Wird angenommen, dass einem Unternehmen die Bereitstellung von Daten an einen Dritten erst dann nutzt, wenn der Dritte dadurch sein (Informations-) Verhalten gegenüber dem fokalen Unternehmen ändert, sind folgende Situationen zu unterscheiden. (a) Reziprozität: Kontribution lohnt sich erst dann, wenn andere Akteure erklären, lediglich bei reziprokem Verhalten ebenfalls zu kontribuieren. Wenn Dritte ohnehin Transparenz anbieten oder in keinem Fall dazu bereit sind, ist die Kontribution nutzlos und unwirtschaftlich. (b) Wert der Information: Die Kontribution ist ebenfalls unwirtschaftlich, wenn Dritte zwar kommunizieren, jedoch nicht über Daten verfügen, deren Kenntnis für das fokale Unternehmen von Vorteil ist. Zusammenfassend lohnt sich für einen fokalen Akteur ein Kontribution gegenüber einem Dritten, wenn dieser erstens über wertvolle Informationen verfügt und sich zweitens reziprok verhält. (c) Ungleichgewicht von Kosten und Nutzen: Wenn die Kosten der Kontribution die Nutzen übersteigen, werden die Akteure mit einer negativen Nutzenbilanz lediglich kontribuieren, wenn sie dafür entschädigt werden.

Unter der Annahme, dass Kontribution erst dann nutzt, wenn andere dadurch ihr Verhalten ändern, können die Voraussetzungen für eine Verbesserung des Transparenzniveaus damit anhand von drei Indikatoren abgeschätzt werden: Reziprozität: Lediglich reziprok kontribuierende Akteure geben Anreize für vollständige Transparenz. Wert der Information: Akteure ohne Interesse an den Daten der Anderen werden nicht kontribuieren. Zahlungsbereitschaft:

Ohne Gewähr, für die Informationsbereitstellung vergütet zu werden, werden Akteure mit negativen Kosten-Nutzen-Bilanzen nicht kontribuieren.

Wird hingegen angenommen, dass eine Kontribution auch dann bereits von Nutzen ist, wenn das lesende Unternehmen sein Informationsverhalten nicht ändert, wird das Kontributionsniveaus steigen. Die Situation entsteht, wenn zum Beispiel ein Hersteller seinem Lieferanten Bedarfsdaten zur Verfügung stellt und dieser in Kenntnis dieser Daten in der Lage ist, für den Hersteller vorteilhaft zu agieren. Ein Beispiel mag die unter anderem in der Automobilindustrie gängige Praxis sein, Lieferanten über ein Fortschrittszahlensystem einzubinden. Der Hersteller bietet dem Lieferanten über die Kommunikation von Fortschrittszahlen Einblick in dessen Produktionsablauf und realisiert damit sinkende Transaktionskosten. Diverse andere Fälle sind denkbar. Unter dieser Annahme steigt das Kontributionsniveau, weil nur noch eine Bedingung für die Kontribution erfüllt sein muss: die Kontributionskosten müssen die Nutzen übersteigen. Ob der Dritte reziprok agiert oder nicht, wird uninteressant.

6.3.3. Synopse: Relevante Themen zum Management des Datennetzwerks

Abbildung 95 stellt die zuvor erarbeiteten Indikatoren grafisch zusammen. Diese Indikatoren erlauben es, erstens zu beurteilen, in welchem Umfang das Datennetzwerk die definierten Ziele erreicht hat, sowie zweitens zu erklären, warum dieser Stand erreicht wurde beziehungsweise wie gut die Voraussetzungen für weitere Verbesserungen sind.

Abbildung 95 Synopse der Themen zur Gestaltung des Datennetzwerks

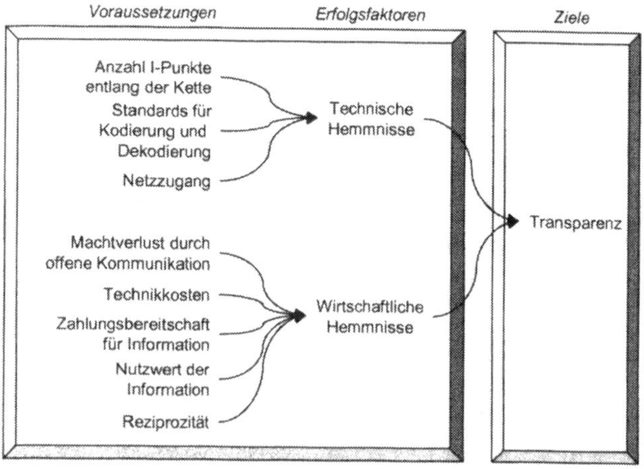

6.4. Die Supply Chain als institutionales Netzwerk: Unsicherheit reduzieren

Das institutionale Netzwerk ist in dieser Arbeit mit einem sehr selektiven Auftrag versehen worden. Damit in den drei anderen Partialnetzen idiosynkratische Investitionen getätigt werden können, soll das institutionale Netzwerk Unsicherheit reduzieren. Angenommen wird also, dass die Akteure lediglich dann die erforderlichen, aber risikoreichen Investitionen in den Aufbau und Betrieb der Supply Chain tätigen, wenn deren Amortisation mit hinreichender Sicherheit in einem akzeptablen Zeitraum erfolgen wird. Die institutionale Vernetzung soll diese Sicherheit vergrößern. Für das Controlling erwachsen daraus erneut zwei Aufgaben. Zunächst ist zu ermitteln, ob das institutionale Netzwerk dieser Aufgabe gerecht wird (Kapitel 6.4). Wird tatsächlich Unsicherheit reduziert? Nachfolgend wird der innere Horizont des Themas „Unsicherheit" aufgezogen, um auch die Ursachen und Voraussetzungen für das Controlling einbeziehen zu können (Kapitel 6.4.2). In den beiden Kapiteln werden jeweils Indikatoren vorgeschlagen, um die zu controllenden Sachverhalte einer Messung zuführen zu können. Die Betrachtung endet erneut mit einer Zusammenstellung der erarbeiteten Indikatoren (Kapitel 6.4.3).

6.4.1. Die Wirksamkeit des institutionalen Netzwerks: Wird Unsicherheit reduziert?

Um beurteilen zu können, ob das institutionale Netzwerk Unsicherheit reduziert, ist zunächst zu klären, was unter Unsicherheit verstanden werden soll. Die betriebswirtschaftliche Theorie bietet eine Vielzahl von Ansätzen für eine Interpretation des Begriffs. Das ist zunächst auf die zentrale Bedeutung von „Unsicherheit" für die Gestaltung des Unternehmens zurückzuführen, die in vielen Beiträgen herausgestellt wird (Burns und Stalker 1961; Lawrence und Lorsch 1967; March und Simon 1958; Simon 1976). Thompson (1967, S. 13) bringt das sehr deutlich zum Ausdruck: „With this conception the central problem for complex organizations is one of coping with uncertainty."

Die Vielzahl der Beiträge ist weiterhin aber auch auf die Verschiedenheit der Objekte zurückzuführen, auf die Unsicherheit bezogen werden kann. Mögliche Objekte sind: (1) Umfeld: Das Umfeld eines Unternehmens kann unsicher sein (Duncan 1972). Für ein Unternehmen ist die Umfeldsicherheit relevant, da es von dort Ressourcen bezieht (Pfeffer 1972) und dort Profitfelder oder Wettbewerbsvorteile sucht (Emery und Trist 1965). (2) Akteur: Unsicherheit kann ebenfalls bezogen werden auf Akteure; entweder im Umfeld des Unternehmens (Emery und Trist 1962)[272] oder innerhalb des Unternehmens (March und Simon 1958; Simon 1976). (3) Prozess: Prozesse können ebenfalls die Eigenschaft besitzen, unsicher und wandelbar zu sein (Van de Ven et al. 1976, S. 324).[273] Dieser Aspekt ist zum Beispiel in die Kontingenzuntersuchungen von Burns und Stalker (1961) eingeflossen. (4) Entscheidungssituation: Schließlich kann sich Unsicherheit auch auf eine Entscheidungssituation beziehen (Leblebici und Salancik 1981).

Vier Komponenten der Entscheidungsunsicherheit

Die letztgenannte „Entscheidungsunsicherheit" ist zugleich auch der maßgebliche Ausgangspunkt für die weiteren Überlegungen. Die Akteure in der Supply Chain sind aufgefordert, idiosynkratische Investitionen zu tätigen. Dazu bedarf es eines Entscheidungsprozesses.

---

[272] „... environment in which there is more than one organization of the same kind; indeed, the existence of a number of similar organizations now becomes the dominant characteristic of the environmental field." (Emery und Trist 1962, S. 25).

[273] Das Konzept geht zurück auf Perrow (1967). Vergleiche dazu auch noch einmal Seite 329.

Dieser Entscheidungsprozess ist maßgeblich durch Unsicherheiten geprägt. Um die Wirksamkeit des institutionalen Netzwerks detailliert beurteilen zu können, ist es erforderlich, diese Unsicherheiten tiefer zu analysieren. Hier wird vorgeschlagen, vier Komponenten zu unterscheiden: Auswahlunsicherheit, Funktionsunsicherheit, Verhaltensunsicherheit und Statusunsicherheit.

Auswahlunsicherheit - Zweifel

Auswahlunsicherheit entsteht, wenn der Entscheider nicht in der Lage ist, ein Alternativenbündel eindeutig zu rangieren; obwohl im Verlauf des Entscheidungsprozesses die Alternativen bewertet wurden, kann der Entscheider keine Alternative als eindeutig besser deklarieren. Muss er dennoch entscheiden, tut er dies unter Unsicherheit. In der traditionellen Entscheidungstheorie ist diese Situation nicht vorgesehen. Dort wird unterstellt, dass stets eine Alternative den anderen überlegen ist; allenfalls können alle Alternativen den gleichen Nutzwert besitzen; der Entscheider ist dann indifferent. Indifferenz ist aber kein Konflikt. Die traditionelle Entscheidungstheorie ist in diesem Sinne konfliktfrei (Kirsch 1994, S. 30). Sowohl die Arbeiten von Miller (1944) zur Konfliktwahl wie auch die von March und Simon (1958) deuten aber auf die Existenz solcher Sackgassensituationen hin. Demnach ist es durchaus möglich, dass sich das Individuum in bestimmten Situationen nicht entscheiden kann. Miller (1944) unterscheidet folgende Fälle (Abbildung 96): Approach - Approach: Die Alternativen A und B sind gleich attraktiv. Avoidance - Avoidance: Die Vermeidung des Zustandes A ist genauso wichtig, wie die von B. Approach-Avoidance: Man kann den positiven Zustand A nur erreichen, wenn man den negativen Zustand B in Kauf nimmt.

Auch March und Simon (1958, S. 113 ff) thematisieren individuelle Auswahlkonflikte. Die hier als Auswahlunsicherheit bezeichnete Situation ist dort eine von drei möglichen Konflikten: „In the case of incomparability, the individual knows the probability distributions of outcomes, but cannot identify a most preferred alternative." [274] (March und Simon 1958, S. 113).

Abbildung 96 Intraindividuelle Konflikte

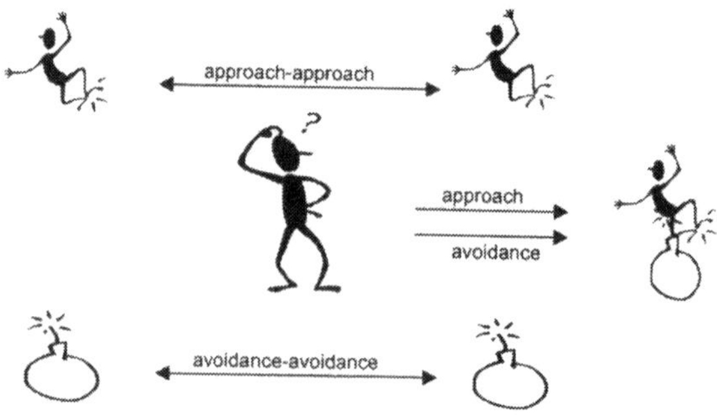

[274] Kursivstellung im Original entfernt.

Funktionsunsicherheit - Komplexität und Undurchschaubarkeit

Funktionsunsicherheit entsteht, wenn der Entscheider die Entscheidungssituation nicht „durchschaut“, obwohl die Ausprägungen aller Inputvariablen bekannt sind. Das Problem des „Nicht-Durchschauens“ wurde auf der Seite 329 im Zusammenhang mit der Erläuterung des Transparenzbegriffs als die kognitive Komponente der Transparenz beschrieben; darauf sei hier verwiesen. Funktionsunsicherheit wird getrieben durch die Komplexität der Arbeitsaufgabe (Perrow 1967; Duncan 1972) und führt zu einem für den Entscheider unklaren zukünftigen Zustand des von ihm manipulierten Systems; Ring und Van de Ven (1994, S. 92) sprechen von „... uncertainty regarding future states of nature ...".

Verhaltensunsicherheit - Variabilität

Verhaltensunsicherheit entsteht, wenn das Verhalten relevanter Akteure (Mensch oder Maschine) während des für die Beurteilung einer Alternative maßgeblichen Zeitraums nicht exakt vorhergesagt werden kann. Govindarajan (1984, S. 127) spricht von „Task Uncertainty“ als "... the unpredictability in the actions of the customers, suppliers, competitors, and regulatory groups that comprise the external environment of the business unit." Die Verhaltensunsicherheit hängt demnach von der Prognosefähigkeit des Entscheiders sowie von der Verhaltensvariabilität der Akteure ab. Gelingt es, die meisten Variablen über die Zeit konstant zu halten, liegt ein statisches System mit geringer Verhaltensunsicherheit vor.

Statusunsicherheit - Wahrheit und Wahrscheinlichkeit

Statusunsicherheit besteht, wenn der Entscheider über den Wahrheitsstatus einer Variable zum Zeitpunkt der Entscheidung keine Klarheit erzielen kann (unsicherer Tatbestand; Eisenführ und Weber 1999, S. 20). Entscheidet er dennoch, fließen Spekulationen ein, da die Variable eine Merkmalsausprägung annehmen muss, damit das Entscheidungskalkül rechenbar wird. Zur Absicherung der Entscheidung können Szenarien mit jeweils anders gesetzten Variablen gerechnet werden.

Bedeutung der Unsicherheitskomponenten für das Supply Chain Management

Tabelle 49 fasst die Komponenten der Entscheidungsunsicherheit zusammen und treibt die Überlegungen zugleich einen Schritt voran. Alle Unsicherheitskomponenten, so die These in der dritten Spalte der Tabelle, verhindern grundsätzlich die Bereitschaft eines Akteurs, idiosynkratisch in die Supply Chain zu investieren. Lediglich auf die Verhaltensunsicherheit und unter bestimmten Annahmen auch auf die Statusunsicherheit kann jedoch über die Gestaltung des institutionalen Netzwerks Einfluss genommen werden, so die zweite These (Spalte 4).

Alle genannten Unsicherheiten reduzieren die Bereitschaft der Akteure zu idiosynkratischen Investitionen und sind daher potenzielle Aufgabenfelder für das institutionale Netzwerk (Reduktion von Unsicherheit). Die These ist kurz zu erläutern.

(1) Wird ein Akteur mit einem Auswahlkonflikt konfrontiert, wird er ceteris paribus keine Entscheidung treffen. Ein Approach-Avoidance-Konflikt mag zum Beispiel entstehen, wenn ein Lieferant gezwungen wird, sich für oder gegen eine engere Integration in die Supply Chain zu entscheiden. Auf der einen Seite werden operative Rationalisierungen möglich,

wenn er sich den Standards anpasst. Auf der anderen Seite verliert der Lieferant Autonomie. Das institutionale Netzwerk ist aber per Definition nicht in der Lage, diese Unsicherheit zu reduzieren. Würde durch eine Variation des institutionalen Arrangements etwa der unerwünschte Autonomieverlust abgeschwächt, dann würden sich auch die Merkmalsausprägungen der Entscheidungsvariablen verändern und die Entscheidung vorteilhaft machen. Die Auswahlunsicherheit wird aufgehoben.

(2) Auch die Funktionsunsicherheit kann idiosynkratische Investitionen verhindern. Funktionsunsicherheit wird getrieben durch die Komplexität des zu managenden Systems. In einem Supply Chain-Kontext kann regelmäßig eine hohe Komplexität unterstellt werden. So erscheint es zum Beispiel unrealistisch, den Nettonutzen einer Investition in den Aufbau von Sozialkapital über ein Ursache-Wirkungs-Modell exakt kalkulieren zu wollen. Die Nutzen- und Kostenfunktionen der an der Investition Beteiligten sind nicht ermittelbar. Auch auf das Volumen der Funktionsunsicherheit kann das institutionale Netzwerk keinen Einfluss nehmen. Durch die Variation institutionaler Bindungen werden die Treiber der Funktionsunsicherheit, die Ursache-Wirkungs-Modelle, nicht verändert.

Tabelle 49 Komponenten der Entscheidungsunsicherheit und deren Beeinflussbarkeit durch das institutionale Netzwerk

Komponente	*Erklärung*	*Beispielhafte Relevanz für das Supply Chain Management*	*Wirksamkeit des institutionalen Netzwerks*
Auswahlunsicherheit	Ein Alternativenbündel kann nicht eindeutig rangiert werden, obwohl alle Alternativen eindeutig bewertet sind.	Angenommen, enge Kooperation bietet viel Profit - ist es dann richtig, dafür Autonomie zu opfern? (Approach - Avoidance)	Nein
Funktionsunsicherheit	Es besteht Unklarheit über Input-Output-Beziehungen und damit über den zukünftigen Zustand des Systems, obwohl alle Input-Variablen bekannt sind.	Wie wird sich eine Investition in das institutionale Netzwerk auf die Profitsituation des Unternehmens auswirken?	Nein
Verhaltensunsicherheit	Es besteht Unklarheit über das Verhalten relevanter Akteure (Mensch oder Maschine) während des für die Beurteilung der Alternative maßgeblichen Zeitraums.	Wird der Lieferant die angemahnte Harmonisierung der Produktionsplanung tatsächlich umsetzen?	Ja
Statusunsicherheit	Es besteht Unklarheit über den Wahrheitsstatus relevanter Variablen zum Zeitpunkt der Entscheidung.	Ist das aktuelle Profitniveau (ohne SCM) tatsächlich inferior?	(Ja)

(3) Die Verhaltensunsicherheit wirkt hochgradig auf die Bereitschaft der Akteure, idiosynkratisch zu investieren. Wenn ein Lieferant in einer Kunden-Lieferanten-Beziehung Zweifel daran hat, dass der Kunde erfahrenes Commitment erwidern wird, ist es für ihn unwirtschaftlich, selbst mit einem Commitment in Vorlage zu treten. Es kann unterstellt werden, dass die Unsicherheitskomponente gerade in einem Supply Chain-Kontext von herausragender Bedeutung ist, da sich die Aufmerksamkeitsfelder des Management nicht im sondern zwischen oder sogar außerhalb der Unternehmen befinden. In der Nomenklatur von Emery und

Trist (1962) sind es die L_{12}-, L_{21}- sowie die L_{22}-Prozesse, in denen Verhaltensunsicherheit durch „fremde“ Akteure in das Unternehmen hineingetragen wird. An dieser Stelle mag es noch offen bleiben, welche Verhaltensweisen es im Detail sind, über die fremde Dritte Unsicherheit produzieren. Hier ist zunächst festzuhalten, dass sich die weiteren Überlegungen in diesem Kapitel auf die Analyse der Verhaltensunsicherheit konzentriert. Im Gegensatz zu den zuvor genannten Komponenten vermag es das institutionale Netzwerk durchaus, das Volumen an Verhaltensunsicherheit zu reduzieren. Eine veränderte Form der institutionalen Einbindung (eng, locker, ...) schafft oder beschränkt Verhaltensspielräume und schafft oder beschränkt Anreize für Opportunismus.

Verhaltensunsicherheit zu reduzieren, kann zweierlei bedeuten: Man kann sich damit bescheiden, Sicherheit im Sinne einer exakten Prognose über ein wie auch immer geartetes Verhalten herzustellen. Wird befürchtet, dass ein Partner defektiert, entsteht bereits eine Verbesserung der Datenlage, wenn dies „sicher“ wird. Verhaltensunsicherheit kann aber auch substanziell reduziert werden, indem man an den Ursachen defektierenden Verhaltens ansetzt und dafür sorgt, dass der Partner in Zukunft nicht mehr defektiert. Die weiteren Überlegungen beziehen sich auf diese Variante. Ziel ist es, über die Gestaltung des institutionalen Netzwerks die Wahrscheinlichkeit unerwünschten Verhaltens zu reduzieren. Unsicherheitsreduzierung ist damit Verhaltensbeeinflussung.

(4) Auch Statusunsicherheit blockiert idiosynkratische Investitionen in die Supply Chain. Deutlich wird das zum Beispiel an der Frage, ob das in einem fokalen Unternehmen erreichte Profitniveau tatsächlich suboptimal ist. Falls nicht, wären Investitionen in die Supply Chain kontraproduktiv. Es dürfte aber kaum möglich sein, diese Frage zu beantworten. Der Nettonutzen der Entscheidung, sich intensiv in eine Supply Chain einzubringen, ist ein „Credence Good“ (Darby und Karni 1973). Auch nach dem Konsum beziehungsweise im übertragenen Sinne nach Durchführung der Maßnahme oder des Projekts kann nur unter Inkaufnahme hoher Informationskosten ermittelt werden, ob das erhoffte Nutzenniveau tatsächlich erreicht wurde. Das institutionale Netzwerk kann Statusunsicherheit nur in engen Grenzen reduzieren. So erscheint dies unter der Annahme plausibel, dass die Qualität der Aussage über den Wahrheitsstatus relevanter Variablen erstens durch die in das Netz eingebundenen Akteure verbessert werden kann und zweitens ebendiese Einbindung deren Bereitschaft dies auch tatsächlich zu tun, vergrößert. Wenn unterstellt wird, institutional gebundene Akteure kommunizieren ehrlicher miteinander, wird Statusunsicherheit ceteris paribus reduziert. In den Worten von Darby und Karni (1973) wird das „optimale Niveau an Betrug“ zwischen Kunde und Lieferant sinken.

Zwischenfazit: Über die Gestaltung des institutionalen Netzes ist es grundsätzlich möglich, Unsicherheit zu reduzieren. Von den zu unterscheidenden vier Komponenten der Entscheidungsunsicherheit wirkt das institutionale Netz aber lediglich auf die Verhaltensunsicherheit. Dort kann es aber einen deutlichen Beitrag leisten. Verhaltensunsicherheit wird reduziert, indem die Eintrittswahrscheinlichkeit erwünschten Verhaltens erhöht wird.

Indikatoren zur Messung von Unsicherheit: Verhaltensformen in Verhaltensfeldern

Die bisherige definitorische Arbeit lässt die Frage offen, für welche Verhaltensweisen eine hohe beziehungsweise für welche eine geringe Eintrittswahrscheinlichkeit herzustellen ist. Nachfolgend wird diese Frage geklärt, indem vier Verhaltensfelder identifiziert werden, in denen die Akteure sich jeweils drei unterschiedlicher Verhaltensformen bedienen können.

Vier Verhaltensfelder, in denen Verhaltensunsicherheit von Bedeutung ist

Die Ableitung der Felder, in denen ein unerwünschtes Verhalten zu verhindern ist, ergibt sich aus der oben definierten Aufgabenstellung für die einzelnen Partialnetze. Demnach soll das institutionale Netz folgende Verhaltensweisen sicherstellen: (1) kooperatives Entscheiden im sozialen Netz sowie (2) offenes Kommunizieren (Transparenz) im Datennetz.[275] Mit diesen Feldern ist der laufende Betrieb (informieren, entscheiden, produzieren) der Supply Chain abgedeckt. Wenn sich die Akteure in diesem Sinne vorhersagbar verhalten, soll von operativer Disziplin gesprochen werden. Das institutionale Netz kann operative Disziplin erzeugen und damit Verhaltensunsicherheit reduzieren.

Unsicherheit kann sich aber auch in mittel- und langfristiger Hinsicht ergeben. Etwa dann, wenn sich ein Akteur mittelfristig aus mehreren Kunden-Lieferanten-Beziehungen zurückzieht oder noch grundlegender, wenn der Akteur langfristig die Domäne wechselt und damit entweder aus der Unternehmensverbindung komplett ausscheidet oder sich zumindest an eine andere Position manövriert. Solche strategischen Bewegungen entwerten zuvor getätigte idiosynkratische Investitionen. Deren Eintrittswahrscheinlichkeit ist daher zu senken. Die Verhaltensweisen sollen respektive als (3) Dyadenkontinuität und (4) Domänenkontinuität bezeichnet werden (strategische Disziplin).

Drei Verhaltensformen

Die genannten Verhaltensfelder bilden die Spaltenstruktur einer Tabelle, über die nachfolgend die Wirksamkeit des institutionalen Netzes gemessen werden soll (Tabelle 51). In jedem dieser Felder, so die Argumentation, gilt es, ein aus Sicht aller Beteiligten wünschenswertes Verhalten zu besichern. Das oben Gesagte hat bereits darauf hingewiesen, nicht pauschal eine totale Kooperation fordern zu können. Das Wünschenswerte hängt vom Verhalten beider Akteure ab. Tabelle 50 systematisiert deren mögliches Zusammenwirken: Die beiden Akteure, Alter und Ego, können sich jeweils altruistisch (geben, auch ohne nehmen zu können), reziprok (nur geben, wenn man auch nehmen kann) oder defizient (nicht geben, aber nehmen) verhalten. Daraus ergeben sich neun Konstellationen, die als „Paradies" (beide sind Altruisten), „Kooperation" (beide handeln reziprok), „Anarchie" (beide defektieren) sowie „Fairness"[276] (lediglich ein Partner verhält sich reziprok) bezeichnet werden sollen.

---

[275] Die Formulierung klingt auf den ersten Blick tautologisch. Dem ist aber nicht so: Die Aufgabe des sozialen Netzwerks ist es, eine kooperative Produktion im Güternetz zu ermöglichen, indem kooperatives Entscheiden gefördert wird. Die Aufgabe des institutionalen Netzes ist es, kooperatives Entscheiden zu ermöglichen, indem bestimmte Verhaltensweisen der Kooperateure gefördert, andere hingegen verhindert werden. Das analoge gilt für das Datennetz.

[276] Diese vier Situationen werden als „fair" bezeichnet, weil der sich reziprok verhaltende Akteur das Verhalten des Anderen jeweils „mit gleicher Münze" zurückzahlt. Handelt Alter altruistisch und Ego reziprok, ist das

Unsicherheit wurde oben als Eigenschaft einer Entscheidungssituation definiert und wird daher stets aus der Perspektive des Entscheidenden, Alter oder Ego, betrachtet. Wird die Perspektive des Ego eingenommen, sind die Zeilen zwei und vier für die weiteren Überlegungen irrelevant. Verhält sich Ego altruistisch, wird die Analyse von Unsicherheit irrelevant, weil er auch dann zu investieren bereit ist („gibt"), wenn Alter nichts zurück gibt. Verhält sich Ego defizient, ist die Analyse ebenfalls unnötig, weil er ohnehin risikoreiches Verhalten vermeidet. Von Interesse ist daher lediglich der Fall reziproken Verhaltens von Ego (Zeile 3 in Tabelle 50). Dessen Unsicherheitsempfinden wird durch das Verhalten von Alter geprägt. Verhält sich Alter altruistisch, wird er sich sicher fühlen. Das gleiche gilt, wenn Alter reziprok agiert. Ego ist dann „sicher", weil er durch seine Kontribution die Kontribution des Alter steuern kann. Kritisch wird die Situation, wenn Alter defektiert. Zwar entsteht keine Ausbeutung, da Ego mit gleicher Münze heimzahlt, also ebenfalls defektiert. [277] Idiosynkratische Investitionen werden aber verhindert, da Alter stets nimmt, ohne zu geben und Ego sich darauf nicht einlässt.

Tabelle 50 Das Zusammenwirken der Verhaltensformen: Zwischen Paradies und Anarchie

Verhalten Alter / *Verhalten Ego*	*altruistisch*	*reziprok*	*defizient*
Altruistisch	Paradies	Fairness	Ausbeutung
Reziprok	Fairness	Kooperation	Fairness
defizient	Ausbeutung	Fairness	Anarchie

Fazit: Die Eintrittswahrscheinlichkeit defizienten Verhaltens in vier Verhaltensfeldern beurteilen

Aus Sicht des Supply Chain Management ist die zu beachtende kritische Situation damit herausgearbeitet. Die Wirksamkeit des institutionalen Netzes sollte zunächst daran gemessen werden, in wie vielen Verhaltensfeldern es gelingt, die Eintrittswahrscheinlichkeit defizienten Verhaltens zu reduzieren. Tabelle 51 führt die Argumente zusammen und zeigt das Raster, in dem die Effektivität der Gestaltung des institutionalen Netzwerks beurteilt werden kann.

Unsicherheit soll reduziert werden, damit die Akteure bereit sind, idiosynkratisch zu investieren. Die maßgeblich zu reduzierende Unsicherheit bezieht sich daher erstens auf einen (Amortisations-) Zeitraum und zweitens auf einen Entscheider und ist daher eine subjektiv wahrgenommene Größe [278]. Bezieht man dies ein, kann weitergehend formuliert werden: Die Wirksamkeit des institutionalen Netzes zur Reduzierung von Verhaltensunsicherheit sollte an der Einschätzung der Entscheider über die Wahrscheinlichkeit eintretender Defekte in den

Ergebnis „fair", weil Ego ebensoviel gibt, wie Alter zuvor gegeben hat. Defektiert Alter jedoch, wird Ego ebenfalls defektieren.

277 Genauer gesagt, entsteht lediglich eine begrenzte Ausbeutung, da der „Meani", Axelrod (1984) nennt Akteure, die stets defektieren „Meanies", durch seinen Defekt solange nutzt., ohne zu zahlen, bis der Geschädigte reagieren kann. Nachdem der „Meani" aber stets defektiert, kann der reziprok Agierende diesen Schaden nicht kompensieren.

278 Duncan (1972) spricht daher auch von „Perceived Uncertainty".

vier Verhaltensfeldern während des Amortisationszeitraums zum Zeitpunkt der Entscheidungsfindung gemessen werden.

Tabelle 51 Indikator zur Beurteilung der Wirksamkeit des institutionalen Netzes: In welchen Verhaltensfeldern defektiert ein Akteur?

Verhaltens-Felder / Verhaltens-Formen	Strategische Disziplin		operative Disziplin	
	Domänenkontinuität	Dyadenkontinuität	Kooperatives Entscheiden	Offenes Kommunizieren
Altruistisch	↑	↑	↑	↑
Reziprok	↕	↕	↕	↕
Defizient	↓ ?	↓ ?	↓ ?	↓ ?

Unsicherheit muss als individuell durch den Entscheider wahrgenommene Unsicherheit gemessen werden. Verhaltensunsicherheit hat damit zwei Komponenten: Die „tatsächliche" Variabilität des Verhaltens der Akteure sowie die Einschätzung dieser Variabilität durch die Entscheider. Dieses Maß ist angemessen final, weil letztlich nur die Einschätzung des Entscheiders zählt, wenn idiosynkratische Investitionen zu beschließen sind. Für das Controlling ist der Maßstab aber auch kritisch, weil das Einschätzungsurteil zwar von der Situation in der Supply Chain abhängt, daneben aber auch die Persönlichkeitsmerkmale des Entscheiders mit einbezieht. So werden Pessimisten zu einer anderen Einschätzung der Defektwahrscheinlichkeit kommen als Optimisten. Daher ist zu beachten, dass diese Messvorschrift das institutionale Netzwerk zum Teil an Komponenten messen wird, auf die der Netzgestalter keinen Einfluss nehmen kann (zum Beispiel Persönlichkeitsmerkmale der Entscheider).

6.4.2. Den inneren Horizont aufdecken: Die Voraussetzungen zur Reduzierung von Unsicherheit durch die Gestaltung des institutionalen Netzwerks

Die Aufgabe dieses Teilkapitels besteht darin, Indikatoren zu bestimmen, die anzeigen, wie wirksam das institutionale Netzwerk Verhaltensunsicherheit reduziert. Verhaltensunsicherheit entsteht, wenn ein Entscheider vermutet, dass Akteure, für die er in seiner „Kalkulation" bestimmte Verhaltensweisen unterstellt, defektieren werden. Der Gestalter des institutionalen Netzwerks verfügt lediglich über ein sehr beschränktes Instrumentarium, um die wahrgenommene Verhaltensunsicherheit zu reduzieren. Zur Disposition stehen: Kooperationsverträge, Kapitalbeteiligungen, Interlocks und zentrale Koordinationsinstanzen. Nachfolgend ist daher zu beurteilen, welchen Beitrag diese Instrumente leisten.

Ableitung des Analyserasters

Das zuvor entwickelte Messkonzept zur Ermittlung der Wirksamkeit des institutionalen Netzwerks hat die Aufmerksamkeit bereits auf mögliche Ursachen empfundener Unsicherheit gelenkt. Hier soll zunächst eine für diesen analytischen Zweck hilfreiche weitere Detaillierung der Ursachen vorgenommen werden, bevor rekapituliert werden kann. Es wird vorgeschlagen, den Begriff des „tolerierten Defektvolumens" einzuführen. Verhaltensunsicherheit wird durch defizientes Verhalten verursacht. Einen Defekt zu ermitteln, setzt voraus, zuvor einen Sollzustand gesetzt zu haben. Fraglich ist, ob jede Abweichung von dieser Norm sofort als Defekt aufgefasst werden muss. Akzeptiert man kleinere Abweichungen, ergibt sich ein Raum möglichen Verhaltens, der den Idealpunkt umschließt. Innerhalb dieses Raums werden Abweichungen toleriert; ein Verhalten innerhalb des Raumes ist sprichwörtlich noch „im grünen Bereich". Die Unsicherheit wird erst untragbar, wenn das Verhalten den Bereich verlässt. Eine Reduzierung wahrgenommener Unsicherheit kann daher auch über eine Ausdehnung des tolerierten Defektvolumens erfolgen.

Mit dieser Überlegung stehen nun zwei Ansatzpunkte zur Verfügung, um die wahrgenommene Verhaltensunsicherheit abschätzen zu können: das tolerierte Defektvolumen (Defekttoleranz) sowie die Defektneigung. Abbildung 97 fasst die Vorüberlegungen zusammen und formuliert damit das weitere Vorgehen in diesem Kapitel: Die Defekttoleranz sowie die im Amortisationszeitraum erwartete Defektneigung in den Verhaltensfeldern determinieren das Niveau der durch den Entscheider wahrgenommener Verhaltensunsicherheit zum Zeitpunkt der Entscheidung über idiosynkratische Investitionen. Nachfolgend wird daher getrennt für die strategischen und operativen Verhaltensfelder nach Indikatoren gesucht, anhand derer die Wirksamkeit des institutionalen Netzwerks zur Reduzierung der Defektneigung sowie zur Vergrößerung der Defekttoleranz abschätzbar sind.

Abbildung 97 Ausgangspunkt der weiteren Untersuchung: Die im Amortisationszeitraum erwartete Defektneigung und die Defekttoleranz in vier Verhaltensfeldern determinieren das Niveau wahrgenommener Verhaltensunsicherheit

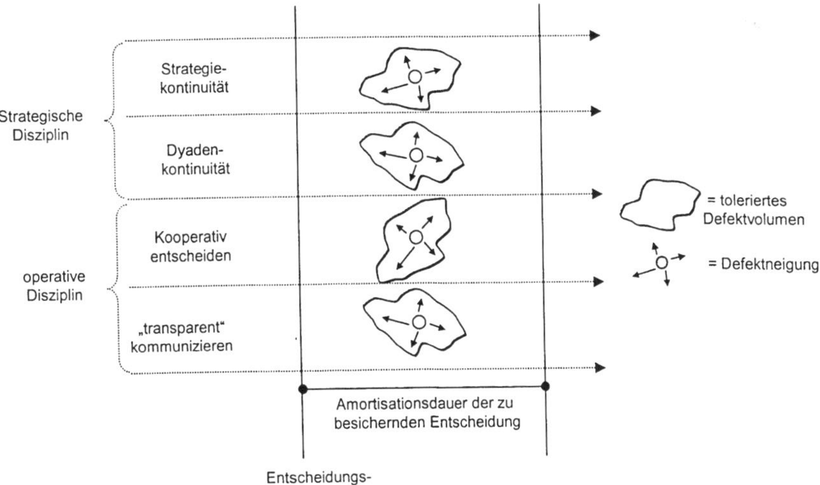

Strategische Unsicherheit: Indikatoren zur Abschätzung der Domänen- und Dyadenkontinuität

Über die Gestaltung des institutionalen Netzes kann sowohl die Defektneigung reduziert als auch die Defekttoleranz erhöht werden. Eine Zusammenfassung der Wirkmechanismen findet sich in Tabelle 52. Bevor die These detailliert wird, sind noch folgende Vorbemerkungen erforderlich: (1) Analyse der Defektneigung: Ein Unternehmen wird das angestammte Arrangement (Domäne, Kunden-Lieferanten-Beziehung) verlassen, wenn damit ein höheres Nutzenniveau erreichbar ist und die Kosten des Domänenwechsels den Niveaugewinn nicht überkompensieren. Die Defektneigung wird damit, negativ formuliert, beeinflusst über den Profitverlust, der bei einem strategischen Defekt entsteht sowie über die Kosten des Defektierens; zum Beispiel die Kosten, die anfallen, um sich aus bestehenden Verträgen zu lösen oder sich in anderen Domänen zu positionieren. (2) Selektive Betrachtung: Defekte münden häufig in Konflikten. Das Ausmaß an Verhaltensunsicherheit wird daher stark durch die Art und Weise der Konfliktregulierung bestimmt sein. Eine effektive Regulierung macht Konflikte beherrschbar und verhindert unerwünschte Eskalationen. Idiosynkratische Investitionen werden ceteris paribus kalkulierbarer. Die Konfliktregulierung wird daher im folgenden als Indikator eine Rolle spielen. Dies aber nur soweit, und darin liegt die Klarstellung, wie die Konfliktregelung über die Gestaltung des institutionalen Netzwerks manipuliert werden kann. Die Betrachtung wird also selektiv und unvollständig sein.[279] Um die Argumentation dieses Kapitels diszipliniert innerhalb der Grenzen des institutionalen Netzwerks zu halten, wird diese Unvollständigkeit in Kauf genommen. (3) Knoten und Kanten: Die nachfolgend zu entwickelnden Indikatoren beziehen sich zum Teil auf die Knoten des institutionalen Netzes und zum Teil auf dessen Kanten. Die Betrachtung beginnt mit der Analyse der Knoten.

Knotenorientiert: Reduzierung der Defektneigung durch eine zentrale Koordinationsinstanz

Bereits an mehreren Stellen der Argumentation hat sich gezeigt, dass die angemahnte Kooperation zwischen den Unternehmen in der Supply Chain regelmäßig sehr komplex wird. Daraus wurde unter anderem der Bedarf für Entscheidungsunterstützungssysteme abgeleitet. Hier soll die These vertreten werden, dass die komplexen Abstimmungsprozesse effektiver gehandhabt werden können, wenn eine zentrale Koordinationsinstanz etabliert wird. Mögliche Varianten der Delegation von Entscheidungsautonomie der einzelnen Unternehmen an diese Instanz sowie die Prozeduren zur Entscheidungsfindung innerhalb der Instanz sind in Kapitel 2.2.3.2 angesprochen worden. Hier ist es aber nicht erforderlich, die Gestaltungsdetails zu besprechen; relevant ist allein die These, dass eine zusätzliche Koordinationsinstanz bei komplexen Abstimmungsproblemen zu einem höheren Nutzenniveau führt. Das höhere Nutzenni-

[279] Ein Blick in die Literatur zur Konflikthandhabung zeigt die Selektivität sehr deutlich. Dort wird umfassend diskutiert; Deutsch (1973) schlägt etwa vor, eine Konfliktsituation anhand folgender Aspekte zu analysieren: Charakteristika der Kontrahenten, deren historisches Beziehung, das Konfliktobjekt, die soziale Umgebung, die interessierten Zuschauer, die Konfliktstrategie und -taktik der Kontrahenten sowie die Konsequenzen des Konflikts für die Kontrahenten. Eine Analyse der derart filigran gebildeten Konfliktsituation wird eine Reihe zusätzlicher Schlüsse auf die wahrgenommene Verhaltensunsicherheit erlauben, verlässt aber den hier abgesteckten Diskussionsraum.

veau wirkt dann als eine Ausstiegsbarriere. Die bestehende Supply Chain verfügt über eine leistungsfähige Infrastruktur, die eine relationale Rente produzieren kann. Ausscherende Unternehmen werden prüfen, ob das gleiche Rentenvolumen auch in einem anderen Arrangement erreicht werden kann. Ein Indikator zur Beurteilung der Verhaltensunsicherheit ist damit die Existenz einer zentralen Koordinationsinstanz.

Tabelle 52 Strategisches Verhalten (Domäne und Dyade): Die Gestaltung des institutionalen Netzwerks kann die Defektneigung reduzieren und die Defekttoleranz erhöhen

	Einfluss des institutional en Netzwerks auf die Defektneigung		*Einfluss des institutional en Netzwerks auf die Defekttoleranz*
Unsicherheitsrelevante Merkmale des institutionalen Netzwerks	*Profitverlust durch Defekt für den Defekteur*	*Kosten des Defektierens für den Defekteur*	
Knotenorientiert: Zentrale Koordinationsinstanz	Relationale Rente [280]	Persönliche Beziehungen des mittleren Managements	Persönliche Beziehungen des mittleren Managements
Knotenorientiert: Reichweite institutionaler Integration	Relationale Rente		
Knotenorientiert: institutionale Kompression	Relationale Rente		
Knotenorientiert: räumliche und kulturelle Kompression			Persönliche Nähe Kulturelle Nähe
Kantenorientiert: Direktor-Interlock		Persönlicher Vertrauensbruch des Top-Managements	Vertrauen auf persönliche Beziehungen des Top-Managements
Kantenorientiert: Kapitalbeteiligung		Entwertung von Vermögenspositionen	Offenbartes Vertrauen in das Arrangement
Kantenorientiert: Kooperationsverträge und Spielregeln	Relationale Rente	Strafe	Zuversicht in Konfliktlösung
Kantenorientiert: Kooperationsballungen	Relationale Rente		
Prozessorientiert: Beschleunigung der Feldbildung	Relationale Rente		Zuversicht in Konfliktlösung

Dyer und Singh (1998) bestätigen den Kern dieser Argumentation: Unternehmen sind in der Lage, sich überdurchschnittliche Profite zu verschaffen, indem sie effektiv vertikal kooperieren. Es entsteht, so deren These, eine relationale Rente, ein interorganisational zu lokalisierender Wettbewerbsvorteil. Der Vorteil entsteht allein dadurch, dass Unternehmen besser kooperieren als andere. Der „Relational View“ bietet einen fundamental anderen Zugang zu der Frage, wie ein Unternehmen Wettbewerbsvorteile erreichen kann. Tabelle 53 vergleicht den Ansatz mit den traditionellen Argumentationen, in denen Profite über die Industriestruktur (Porter 1998a) oder über den Ressourcenbesatz (Barney 1991) erklärt werden. Relevant für die hier zu führende Diskussion ist die Bestätigung, dass eine effektive Koordinationsinfrastruktur supernormale Profite begründen kann und damit als eine Austrittsbarriere wirkt.

[280] Der Eintrag ist wie folgt zu lesen: Wenn das institutionale Netzwerk eine „Zentrale Koordinationsinstanz“ bereithält, schafft dies eine relationale Rente (s.u.). Defektiert ein Akteur, so verliert er diese relationale Rente (wobei es durchaus möglich ist, in einem anderen Netzwerk eine größere Rente zu erzielen).

Tabelle 53 Reduzierte Defektneigung durch „relationale Renten“: Vergleich von Ansätzen zur Erklärung supernormaler Profite (Quelle: Dyer und Singh 1998, S. 674; gekürzt)

Dimensions	*Industry Structure View*	*Resource-Based View*	*Relational View*
Unit of analysis	Industry	Firm	Pair or network of firms
Primary sources of supernormal profit returns	Relative bargaining power Collusion	Scarce physical resources Human resources Technological resources Financial resources Intangible resources	Relation specific investments Interfirm knowledge sharing routines Complementary resource endowments Effective governance
Mechanisms that preserve profits	Industry barriers to entry	Firm level barriers to imitation	Dyadic/network barriers to imitation
Ownership/control of rent-generating process/resources	Collective (with competitors)	Individual firm	Collective (with trading partners)

Knotenorientiert: Reduzierung der Defektneigung durch Integration der Kernkompetenzträger

Die Forderung des Supply Chain Management nach Integration bedeutet bezogen auf das institutionale Netzwerk auch eine funktionale Integration. Verhaltensunsicherheit kann nicht wirksam reduziert werden, wenn die Träger elementarer Funktionalitäten nicht in das institutionale Netzwerk eingebunden sind, beziehungsweise positiv formuliert: Das Volumen wahrgenommener Verhaltensunsicherheit wird reduziert, wenn alle Kernkompetenzträger institutional eingebunden sind.

Die These ist zu begründen. Die einzelnen Akteure in der Wertschöpfungskette übernehmen distinkte Wertschöpfungsschritte und realisieren dabei Funktionen, die erforderlich sind, um das fokale Produkt marktreif zu machen. Hinter den Akteuren verbergen sich Kompetenzen. Eine Wertschöpfungskette kann daher auch als eine Kompetenzkette verstanden werden. Einige Schritte dieser Kette mögen unkritisch sein, weil die dazu erforderlichen Kompetenzen am Markt ubiquitär vorhanden sind. So wird der Lieferant der Transportverpackung für einen Textilhersteller nur eine untergeordnete Rolle spielen. Andere Fähigkeiten werden hingegen weitaus kritischer sein; für den Textilhersteller etwa die Oberstoff- oder die Fertigungskompetenz. Eine Überlegung von Hamel und Prahalad (1996, S. 223 ff) erlaubt es, wichtige und unwichtige Kompetenzen begrifflich klarer zu trennen. Die Autoren sprechen von einer Kernkompetenz, wenn die fokale Kompetenz dem Kompetenzträger erstens Zugang zu Märkten, zweitens Differenzierung auf Märkten und drittens dauerhafte Wettbewerbsvorteile auf diesen Märkten verschafft. In einer Textilkette kann zum Beispiel der Oberstoffhersteller eine Kernkompetenz bereitstellen: Das Design und die Qualität des Stoffes sind Voraussetzung für den Eintritt in bestimmte Märkte. Sie können das Produkt dort differenzieren, weil der Oberstoff etwa eines Sakkos durch den Kunden unmittelbar und als bedeutend wahrgenommen wird. Der Wettbewerbsvorteil kann weiterhin dauerhaft sein, wenn entweder das Design geschützt ist oder die Qualität technologisch durch die Konkurrenz nicht imitierbar ist.

Die Kernkompetenzüberlegung ist für die Informationsbasis relevant, wenn man sie mit der Forderung verknüpft, alle Kernkompetenzträger institutional zu vernetzen. Damit kommt die

Argumentation erneut auf das bereits diskutierte Problem zurück: Welche Akteure sollten über das institutionale Netzwerk verbunden sein? Hier wird die These vertreten, dass die institutionale Integration der Supply Chain alle Kernkompetenzträger einbeziehen sollte. Der Grad der erreichten Integration kann als Dichtemaß zwischen allen Kernkompetenzträgern im Netzwerk ermittelt werden. Eine Kette, in der die Kernkompetenzträger mehrheitlich nicht institutional eingebunden sind, hat damit geringere Chancen, Verhaltensunsicherheit zu reduzieren.

Knotenorientiert: Reduzierung der Defektneigung durch institutionale Kompression

Es wurde bereits argumentiert, dass relationale Renten unter anderem durch eine effektive Koordination erzeugt werden können. Hier wird daran anknüpfend gefolgert, dass Koordination ceteris paribus effektiver sein wird, wenn weniger Koordinationspartner einzubeziehen sind. Eine Kompression des institutionalen Netzes wird demnach die relationale Rente erhöhen und auf diesem Wege auch die Defektneigung der Akteure reduzieren. Ein Netzwerk ist institutional komprimiert, wenn es lediglich die für optimal erachtete Menge institutionaler Akteure einschließt. Das Gesagte bedeutet, die Anzahl der institutionalen Akteure, also den Kreis der Mitsprecher bei kettenübergreifenden Entscheidungsprozessen, auf das erforderlich erscheinende Minimum zu reduzieren. Eine solche Reduktion muss nicht zwingend mit einer Reorganisation auch des Güter- oder Kommunikationsnetzwerks verbunden sein. So führt etwa die Einführung von Lieferantenhierarchien zu schlanker besetzten Entscheidungsrunden, da die Interessen der B- und C-Lieferanten durch die wenigen A-Lieferanten vertreten werden. Diese Ausblendung der peripheren Akteure ist kein Widerspruch zur Forderung, die Expertise und die Interessen aller Beteiligten in das Management der Supply Chain einfließen zu lassen. Gerade das Gegenteil ist der Fall. Um alle Partialsichten beachten zu können, bedarf es einer (institutionalen) Bündelung, um das daraus entstehende Koordinationsproblem handhabbar zu halten.

Knotenorientiert: Verhaltensunsicherheit durch Fremdbestimmung über das Stakeholdernetzwerk

Unternehmen sind nicht nur Mitglieder einer Supply Chain, sondern befinden sich üblicherweise auch in einem Umfeld diverser weiterer Akteure, die für das Unternehmen von Bedeutung sind. Für die Beurteilung der Verhaltensunsicherheit ist insbesondere die Einbindung eines Unternehmens in das Stakeholdernetzwerk von Interesse. Unternehmen haben Stakeholder; das sind diejenigen Gruppen und Individuen, die auf die Zielerreichung des Unternehmens Einfluss ausüben können und/oder davon beeinflusst werden (Freeman 1983, S. 38). Der Kreis der Stakeholder ist mit dieser offenen Definition sehr groß. Dazu gehören Gesetzgeber, öffentliche Verwaltungen, private Interessengruppen, Gewerkschaften, Fachverbände, aber auch die Akteure im engeren Aufgabenumfeld des Unternehmens wie Mitarbeiter, Kunden, Lieferanten, Konkurrenten und Kapitalgeber. Die Stakeholder wirken auf die Unternehmensführung des Unternehmens ein und trachten, ihre Interessen durchzusetzen. In der Supply Chain finden aber nur wenige Stakeholder ihren Platz (Kunden, Lieferanten). Eine

Supply Chain-Betrachtung kann daher auch lediglich einen Ausschnitt dieses Kräftefelds thematisieren (Abbildung 98). Diese Partialbetrachtung ist aber zu überwinden, damit die Verhaltensunsicherheit in der Kette realistisch beurteilt werden kann.

Eine enge Einbindung eines Unternehmens in sein Stakeholdernetz vergrößert potenziell die Defektneigung, reduziert die Defekttoleranz und reduziert damit die Verhaltensunsicherheit, weil dem Top-Management potenziell die autonome Führung des Unternehmens entzogen wird. Die Unternehmensführung wird bei enger werdender Einbindung ceteris paribus zu einem Spielball der Stakeholderinteressen. Aus Sicht eines über idiosynkratische Investitionen in einen Partner nachdenkenden Unternehmens verursacht das Risiko der Fremdbestimmung des Partners Unsicherheit, da kaum zu beurteilen ist, wie viel eine erhaltene Handlungszusage durch die Unternehmensführung später wert sein wird.

Abbildung 98 Die Supply Chain-Betrachtung ignoriert das Stakeholdernetzwerk

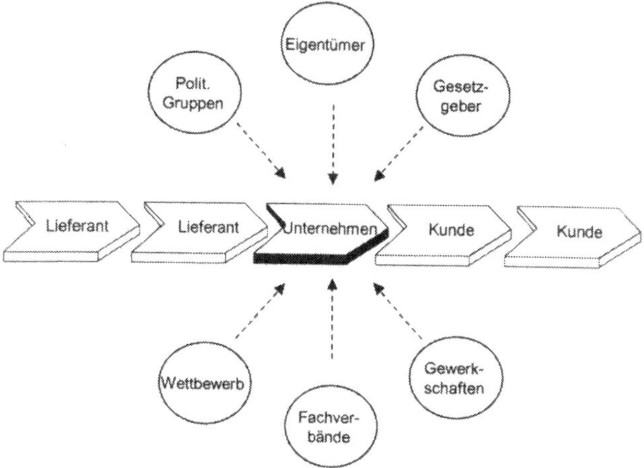

Rowley (1997) hat die Überlegung konkretisiert. Das Ausmaß der Fremdbestimmung eines Unternehmens durch die Stakeholder, so seine These, wird durch dessen spezifische Einbindung in das Stakeholdernetzwerk determiniert. Diese Einbindung hat zwei Effekte: Sie bestimmt erstens, wie stark der Einfluss der Stakeholder auf das Unternehmen ist. Sie bestimmt zweitens aber auch, mit welcher Kraft sich das Unternehmen dem Versuch einer Fremdbestimmung durch die Stakeholder erwehren kann. Die Resultante (Stakeholder-Pressure versus Organizational Response; Rowley 1997, S. 901) liefert den Freiraum autonomen Handelns.

Das tatsächlich wirksame Kräfteverhältnis zwischen Unternehmen und Stakeholder kann über eine soziometrische Analyse des Stakeholdernetzwerks ermittelt werden. Zwei Maße sind relevant: Die Dichte des Stakeholdernetzwerks sowie die Zentralität des Unternehmen in diesem Netzwerk. (1) Netzdichte: Ein dichtes Netzwerk fördert die Entwicklung geteilter Normen und Bedeutungsräume sowie den Austausch von Informationen zwischen den Akteuren (DiMaggio und Powell 1983). Im Ergebnis nimmt das fokale Unternehmen in einem dichten Stakeholdernetzwerk keine herausgehobene Position ein und wird Schwierigkeiten haben, sich der Beeinflussung durch die Stakeholder zu entziehen. In einem dichten Netz ist es insbesondere nicht möglich, eine Position des „lachenden Dritten“ einzunehmen. In der Terminologie von Burt (1995) ist ein dichtes Stakeholdernetzwerk aus egoistischer Sicht schlecht konfiguriert, weil es nicht über „Structural Holes“ verfügt.[281] Zusammengefasst übt ein dichtes Netzwerk einen starken Anforderungsdruck auf das fokale Unternehmen aus: „As network density increases, the ability of a focal organization's stakeholders to constrain the organizations actions increases.” (Rowley 1997, S. 898). (2) Zentralität: Während die Dichte ein Maß zur Beschreibung des gesamten Netzes ist, beurteilt die Zentralität die Stellung eines einzelnen Knotens. Grundsätzlich gilt, dass zentrale Akteure gegenüber dezentralen Akteuren eine Reihe von Vorteilen genießen; eine Zusammenstellung der diversen Argumente erfolgte bereits auf den Seiten 147 ff.

Die Zentralität eines Knotens kann über drei Verfahren ermittelt werden (Freeman 1979). Die „Degree-Zentralität misst, welcher Knoten die meisten Verknüpfungen hat. Aus der Managementperspektive indiziert das unter anderem die Kommunikationseffektivität. Die Closeness-Zentralität ermittelt, welcher Knoten am wenigsten von anderen Knoten abhängig ist, um alle andere Knoten zu erreichen. Aus der Managementperspektive indiziert dieses Maß Unabhängigkeit; der Knoten ist minimal von anderen abhängig. Weiterhin zeigt sich, welcher Knoten es erlaubt, alle anderen Knoten des Netzes mit minimalem Aufwand zu erreichen. Dieser Knoten ist kommunikationseffizient.

Rowley (1997) bezieht sich auf die „Betweenness“-Zentralität. Dieses Maß untersucht, welcher Knoten als Zwischenknoten auf den meisten „Geodesics“ (kürzester Pfad zwischen zwei Knoten) liegt. Das Maß ist für diesen Zweck besonders aussagekräftig, da es ein Steuerungspotenzial repräsentiert. Ein Unternehmen mit einer hohen Betweenness-Zentralität in einem Stakeholdernetzwerk nimmt eine starke Vermittlungsposition zwischen den Stakeholdergruppen ein und kann auf diesem Weg die Diffusion von Information im Netz steuern. Das zentrale Unternehmen wird zu einem „Gatekeeper“[282]. Im Ergebnis wird ein zentraleres Unternehmen eher in der Lage sein, sich den Ansprüchen der Stakeholder zu erwehren: „As the focal organization's centrality increases, its ability to resist stakeholder pressures increases.” (Rowley 1997, S. 900). Hohe Zentralität bedeutet Unabhängigkeit, geringe Zentralität hingegen Abhängigkeit.

Skaliert man die möglichen Ausprägungen dieser Maße grob, ergibt sich eine Matrix mit vier Feldern (Tabelle 54), aus denen die mögliche Rolle des fokalen Unternehmens abgelesen werden kann (Rowley 1997, S. 901). (1) Compromiser: In einer Situation hoher Netzdichte und zentraler Position des fokalen Unternehmens im Stakeholdernetzwerk treffen zwei ausgeprägt Machtpositionen aufeinander. Das Stakeholdernetzwerk ist auf der einen Seite in der Lage, die Aktionen des Unternehmens zu beschränken. Die Stakeholder können konzertiert

---

[281] Vergleiche zu den Netzwerktermini noch einmal die Seiten 239 ff.

[282] Vergleiche Seite 236 f.

agieren und ihre Interessen massiert und koordiniert vortragen. Das Unternehmen selbst kann sich auf den anderen Seite der potenziellen Fremdbestimmung aber erwehren, weil es auf Grund seiner zentralen Lage ebenfalls auf die Anspruchsbildung der einzelnen Stakeholdergruppen Einfluss nehmen kann. Ein Unternehmen in dieser Situation wird die Patt-Situation zu entspannen versuchen, so Rowleys These, indem es mit den wesentlichen Stakeholdern kompromissorientierte Verhandlungen aufnimmt (Negotiated Environment; Cyert und March 1963; S. 118 ff).

Tabelle 54 Autonomie als Resultante der Einbindung des Unternehmen in das Stakeholdernetzwerk (Quelle: Rowley 1997, S. 901)

Zentralität des fokalen Unternehmens / *Dichte des Stakeholdernetzwerks*	*Hoch*	*Gering*
Hoch	Compromiser	Subordinate
gering	Commander	Solitarian

(2) Commander: In einer Situation geringer Netzwerkdichte und zentraler Lage des fokalen Unternehmens im Netz, sind die Stakeholder nicht in der Lage, ihre Interessen gegenüber dem Unternehmen wirksam zu vertreten. Die Unternehmensführung kann autonom agieren. (3) Subordinate: Bei hoher Netzwerkdichte und geringer Zentralität des fokalen Unternehmens entsteht die entgegengesetzte Situation. Die Stakeholder können konzertiert handeln und dem wehrlosen Unternehmen ihre Ansprüche aufzwingen. Mit der Bezeichnung „Subordinate" ist ausgedrückt, dass das Unternehmen zu einem Befehlsempfänger degradiert wird. (4) Solitarian: Hier entsteht erneut eine Pattsituation. Die Stakeholder sind zu unverbunden, um machtvoll Einfluss nehmen zu können. Das Unternehmen selbst ist aber auch zu dezentral positioniert, um selbst effektiv auf die Stakeholder einwirken zu können. Ohne Zweifel ist diese Pattsituation für das fokale Unternehmen komfortabler als die Compromiser-Position, da das Unternehmen als „Einzelgänger" (Solitarian) vergleichsweise unbeachtet agieren und ohne fremde Zwänge seine Ziele verfolgen kann: „Given these structural conditions, the focal organization is somewhat isolated and independent form other social actors and can pursue its goals without experiencing significant demands from its stakeholders." (Rowley 1997, S. 904)

Rowleys Überlegungen sind hilfreich, um die wahrgenommene Verhaltensunsicherheit eines über idiosynkratische Investitionen nachdenken Akteurs beurteilen zu können. Subordinates und Commander lassen eindeutige Schlüsse zu. In eine Beziehung mit Subordinates hinein zu investieren, ist risikoreich, da deren Unternehmensführung der Autonomie substantiell beraubt ist. Strategische Defekte sind dort ceteris paribus wahrscheinlicher.[283] Commander können autonom entscheiden und bieten die relativ größte Gewissheit, gegebene Zusagen nicht fremdbestimmt widerrufen zu müssen. Compromiser und Solitarians sind aber nur un-

[283] Eine Ausnahme entsteht natürlich, wenn das investierende Unternehmen über institutionale Verbindungen (Kapitalbeteiligung, Interlock) ein Teil des Stakeholdernetzwerks ist. Der Fall soll hier aber nicht weiter beachtet werden.

klar abschätzbar. Ein Einzelgängerunternehmen erfreut sich zwar weitgehender Selbstbestimmung. Diese Situation ist aber fragil, da bereits eine Verdichtung der Querverbindungen im Stakeholdernetzwerk dieser Freiheit ein Ende macht und das Unternehmen in einen Subordinate verwandelt. Weiterhin kann vermutet werden, dass ein Solitarian es entweder nicht gewohnt ist, zu kooperieren, weil er bisher auf Grund seiner peripheren Lage nicht dazu gezwungen war, oder er sich bewusst einer Kooperation verweigert, wodurch er sich in diese Situation absichtlich versetzt hat. In beiden Szenarien kann aber gefolgert werden, dass der Solitarian wahrscheinlich ein ungeübter Kooperationspartner sein wird. Das Gegenteil gilt für den Compromiser. Er kann in der machtvoll fordernden Umwelt seine Ziele nur erreichen, wenn es ihm gelingt, Kompromisse mit den wesentlichen Stakeholdern auszuhandeln. Es kann daher unterstellt werden, dass der Compromiser erstens daran gewöhnt ist, Kompromisse zu akzeptieren und zweitens Kooperationsprozesse professionell managen kann.

Knotenorientiert: Vergrößerung der Defekttoleranz durch räumliche und kulturelle Kompression

Die geographische Lage der Knoten im Netzwerk beeinflusst die wahrgenommene Verhaltensunsicherheit, so eine weitere These. Eine räumliche Verdichtung des Netzwerks vergrößert ceteris paribus die Defekttoleranz, weil erstens persönliche Kontakte leichter gepflegt werden können und zweitens räumliche Distanz in der Regel auch ein Indikator für kulturelle Distanz ist. [284]

Räumliche Distanz zwischen Akteuren verursacht Transport- und Reisekosten. Diese Kosten spielen als Gestaltungskriterium für das institutionale Netzwerk sicher eine untergeordnetere Rolle als etwa für das Güternetzwerk. Während die Qualität der Optimierung der geographischen Lage eines Zentrallagers das erreichbare Niveau des Lieferservice' und der Distributionskosten und in vielen Industrien damit auch der Erlöse und der Gesamtkosten erheblich beeinflusst, werden ähnlich detaillierte Analysen für die Optimierung des institutionalen Netzwerks sicher keine Rolle spielen. Dennoch ist grundsätzlich zu beachten, dass die Initiierung und Pflege institutionaler Vernetzungen zahlreicher und regelmäßiger Face-to-face-Interaktionen bedarf, die mit Reisekosten und -Zeiten verbunden sind. Ein über alle Kontinente verstreutes Netz wichtiger Kernkompetenzträger ist aufwändiger zu handhaben. Ceteris paribus ist die Entstehung und Pflege eines Netzes unsicherheitsreduzierender persönlicher Kontakte [285] wahrscheinlicher, wenn das institutionale Netzwerk räumlich komprimiert ist.

---

[284] Das Konzept der „Distanz" hat insbesondere im Industrial Marketing sowie in der Diskussion um Unternehmenskultur eine längere Tradition, auf die hier kurz verwiesen werden soll. Dort wurden unterschiedliche Systematisierungen vorgenommen. So unterscheiden Ford (1990, S. 59) sowie Cunnigham und Homse (1990, S. 106) soziale, technologische, kulturelle, geographische und zeitliche Distanz. In ähnlicher Weise, aber explizit auf das Supply Chain Management zugeschnitten, systematisiert Fine (1998, S. 136) in eine geographische, organisationale, kulturelle und elektronische Distanz. Eine sich damit überlappende Auflistung stammt von Hakansson und Johanson (1990, S. 462). Die Autoren beschreiben den Prozess des Zusammenwachsens von Organisationen, in dessen Verlauf „Bonds" entstehen. Diese Bonds sind Indikatoren für die Intensität der dabei entstandenen Bindungsdichte und sind demnach auch geeignet, über Distanz zu berichten. Unterschieden werden: Technische, Know-how-, soziale, administrative und juristische Bonds.

[285] Für den fundamentalen Wert solcher Kontakte auf Top-Management-Ebene siehe Seite 363 ff.

Gemessen werden kann dieser Aspekt an der Länge der Kanten, die zu überwinden sind, damit alle Akteure an einem Ort zusammengebracht werden können.

Räumliche Distanz ist weiterhin ein Indikator für kulturelle Distanz. Kulturelle Distanz ist ein Maßstab für die Verschiedenartigkeit der Kultur zweier Individuen, wobei Kultur verstanden wird im Sinne „... kollektiver Programmierung des Gehirns, welche unterscheidet zwischen den Mitgliedern einer Kategorie von Menschen und deren anderer Kategorien" (Hofstede 1992, S. 304). Hofstede (1992) zeigt, dass Nationen nationale Kulturen haben, die unterschiedlich weit voneinander entfernt sein können. Um Distanzen zu messen, verwendet er fünf Dimensionen: Machtdistanz, Individualismus versus Kollektivismus, Maskulinität versus Feminität, Ungewissheitsvermeidung, langfristige versus kurzfristige Orientierung. Hier ist kein Raum, um auf dieses Distanzmaß einzugehen. Es kann aber festgehalten werden, dass eine Übersetzung geographischer Distanz in kulturelle Distanz argumentativ grundsätzlich haltbar ist. Eine räumlich weites institutionales Netzwerk wird daher auch kulturell „weit" sein und eine höheres kulturelles Distanzmaß aufweisen, als ein räumlich komprimiertes Netz. Hier wird angenommen, dass die Wirksamkeit des interorganisationalen Instrumentariums zur Verhaltenssteuerung zurückgeht [286] und damit die Verhaltensunsicherheit steigt, wenn kulturell distante Akteure aufeinandertreffen. Eine räumliche Komprimierung, idealer noch eine Berücksichtigung der Verläufe von Kulturkreisen und das Bestreben, möglichst wenige dieser Kreise zu überschreiten, erhöhen die Chancen, Defekttoleranz zu erhöhen und damit empfundene Verhaltensunsicherheit reduzieren zu können.

Kantenorientiert: Anhebung des Profitverlustes bei Defekt durch Kooperationsverträge

Diese sowie die drei folgendenden drei Zwischenüberschriften beziehen sich auf die Existenz beziehungsweise Gestaltung formaler Kooperationsverträge oder informale Spielregeln (Codes of Conduct) zwischen den Unternehmen. Für alle gilt, dass über eine Gestaltung der Verträge der Profitverlust des Defektierenden bei Verfolgung einer Defektstrategie maximiert werden kann. Sind die Verträge derart gestaltet, wird strategische Verhaltensunsicherheit reduziert.

(a) Kooperationsverträge: Die Defektneigung reduzieren und die Defekttoleranz erhöhen durch wirksame explizite Verträge

Ob ein formaler oder informaler Vertrag aber in diesem Sinne wirksam sein kann, hängt von dessen Regulierungsreichweite und Detaillierungsgrad ab. Die Regulierungsreichweite beschreibt, welche Bereiche der zu regelnden Transaktion durch den Vertrag erfasst werden (Spaltenkopf in Tabelle 55). Ein Vertrag kann demnach vier Bereiche regeln (Macaulay 1963,

[286] Vergleiche dazu etwa Goshal und Bartlett (1990, S. 606 f): „A number of authors argue that the linkage between ownership and hierarchical power ('fiat') in complex organizations is much weaker than is often assumed ... We believe that this link is particularly weak in the case of MNCs [Multinational Corporations; AO] because of the large physical and cultural distances between the owned and the owning units." Die Autoren beziehen sich zwar auf hierarchische Beziehungen, die grundsätzliche Situation ist aber übertragbar: Auch in der Kooperationsbeziehung existiert ein Fordernder und ein Geforderter. Infolge der fehlenden Eigentumsrechte des Fordernden kann sogar eine noch weiterreichende Machterosion unterstellt werden, als bei Goshal und Bartlett beschrieben.

S. 56 ff). (1) Performance: Welche Leistungen sind auszutauschen? (2) Störungen: Wie müssen sich die Vertragsparteien bei einem Streik verhalten? (3) Defekte: Wie müssen sich die Vertragsparteien bei Schlechtleistung verhalten? (4) Rechtsfolgen: Welche Rechtsfolgen entstehen bei Vertragsverletzungen? Der Detaillierungsgrad (Vorspalte in Tabelle 55) beschreibt, wie detailliert in den einzelnen Regulierungsbereichen vorausgeplant wird. Das Spektrum reicht in absteigender Detaillierung von exakter und ausdrücklicher Berücksichtigung (Explicit and Tacit) über stillschweigende Vereinbarungen (Tacit Agreement) sowie einseitigen Annahmen (Unilateral Assumptions) bis hin zur unbewussten Vernachlässigung eines Bereiches (Unawareness of the Issue).

Tabelle 55 Die „Qualität" von Verträgen beurteilen: Regulierungsreichweite und Detaillierungsgrad (Quelle: Macaulay 1963, S. 57)

	Definition of performances	*Effect of contingencies*	*Effect of defective performances*	*Legal sanctions*
Explicit and careful	?	?	?	?
Tacit agreement				
Unilateral assumptions				
Unawareness of the issue				

Es mag offen bleiben, in welchem Umfang sich Akteure auf eine vertragliche Schlichtung von Konflikten zurückziehen [287]; ist dies aber wahrscheinlich, wird die Qualität des Vertragswerks zwischen den Supply Chain-Partnern zu einem Indikator für die Chancen, Verhaltensunsicherheit auf diesem Wege zu reduzieren.

(b) Kooperationsverträge: Den Defektverlust maximieren durch lange Laufzeiten

Ein Defekt nützt dem Defektierenden nur solange, bis der reziprok Handelnde den Defekt bemerkt hat und reagieren kann. Während dieser Zeit streicht der Defekteur einen Profit ein, der entsteht, weil er nutzt ohne zu zahlen. Wird der Zeitraum vergrößert, über den die Akteure vertraglich zur Zusammenarbeit gezwungen sind, sinkt die Motivation, für einen einmaligen Profit zu defektieren. Je länger der Vertrag, desto kräftiger ist der „Schatten der Zukunft auf die Gegenwart" (Axelrod 1984, S. 59). Je kurzfristiger ein Vertrag, desto höher wird der Nutzwert eines Defekts. Axelrod (1984, S. 60) zieht eine Parallele zum politischen Leben: „Similarly, any member of congress who is perceived as likely to be defeated in the next election may have some difficulty doing legislative business with his colleagues on the usual basis of trust and good credit."

[287] Macaulay (1963) hat in einer empirischen Studie herausgefunden, dass die Bereitschaft dazu aber gering ist. Er zitiert einen Interviewpartner: „You don't read legalistic contract clauses at each other if you ever want to do business again. One doesn't run to the lawyers if he wants to stay in business because one must behave decently." (Macaulay 1963, S. 61). Zu dem gleichen Ergebnis kommt Macneil (1978, S. 891), der die Prozeduren zur Konfliktregulierung in diskreten und relationalen Beziehungen vergleicht: „Naturally, no such model [Gerichtsverfahren; AO] will do when the relation is supposed to continue in spite of the dispute, and where a main goal must always be its successful carrying on after the dispute is resolved or otherwise eliminated or avoided."

(c) Kooperationsverträge: Den Defektverlust maximieren durch Erlaubnis unmittelbarer Vergeltung

Das vorstehend Gesagte geht davon aus, dass ein Defekt durch einen Defekt des Geschädigten vergolten werden darf. Nur wenn diese Bedingung erfüllt ist, kann eine Defektstrategie wirksam eingedämmt werden. Ist dies nicht der Fall, wird die Kooperationsstrategie (Tabelle 50) durch die Ausbeutungsstrategie verdrängt, da der Geschädigte gezwungen ist, sich wie ein Altruist zu verhalten. Für Axelrod (1984, S. 62) ist die Unmittelbarkeit der Vergeltung ein wesentlicher Schlüssel zur Prognose, ob eine bisher kooperativ agierende Gruppe sich gegen die Invasion einer Defektstrategie wehren kann: „For a nice strategy to be collectively stable, it must be provoked by the very first defection of the other player." [288]

(d) Kooperationsverträge: Den Defektverlust maximieren durch maximale Diskriminierung

Wird eine idiosynkratische Investition nicht nur vom Verhalten eines einzelnen Akteurs, sondern vom Gruppenverhalten abhängig gemacht, entsteht das zusätzliche Problem der Evolution von Verhaltensformen innerhalb dieser Gruppe über die Zeit. Axelrod (1984) hat sich dem gewidmet. Ausgangspunkt seiner Überlegungen ist, dass eine kollektive Defektstrategie, in der jeder Akteur kontinuierlich defektiert (in Tabelle 50 als Anarchie bezeichnet) sehr stabil ist. Er analysiert nun, unter welchen Bedingungen die Defektkultur aufgebrochen werden kann. Es wird nicht gelingen, so die erste Einsicht dieser Überlegung, solange die Mutanten, die reziprokes Verhalten einführen wollen und dazu auf dessen Adoption angewiesen sind, lediglich einzeln auftauchen. Axelrod analysiert dann weiter, welche Bedingungen erfüllt sein müssen, damit die kollektive Defektstrategie mit maximaler Sicherheit unterminiert werden kann; mithin also, unter welchen Bedingungen die „Evolution der Kooperation" am schnellsten vorankommt. Das Ergebnis seiner Analyse ist die Regel der maximalen Diskriminierung. Diese Regel bestimmt (Axelrod 1984, S. 66): Ein Akteur kooperiert sofort, auch wenn dessen Kooperationspartner niemals zuvor kooperiert hat. Er wird die Kooperation mit einem Defekteur aber sofort beenden und niemals wieder aufnehmen. Er kooperiert immer mit Akteuren, die ebenfalls die Strategie der maximalen Diskriminierung verfolgen. Dieses Ergebnis ist für die Beurteilung der Chancen zur Reduzierung von Verhaltensunsicherheit hilfreich. Die Existenz von Kooperationsverträgen, die dem Prinzip der maximalen Diskriminierung folgen, kann als ein Indikator für das Niveau empfundener Verhaltensunsicherheit interpretiert werden. Maximale Diskriminierung maximiert den Defektverlust.

Kantenorientiert: Anhebung der Kosten eines Defekts durch Vertragsstrafen

Formale Verträge ermöglichen es, Defekte zu ahnden. Damit erhöhen sich die Kosten eines Defekts; ceteris paribus sinkt damit auch die Verhaltensunsicherheit.

Kantenorientiert: Reduzierung der Defektneigung durch Kapitalbeteiligungen

Verflechten sich Unternehmen über ein- oder gegenseitige Kapitalbeteiligungen, kann dies eine Reihe von Gründen haben. Unabhängig von der Motivationslage kann aber unterstellt werden, dass der Beteiligungsgeber eine angemessene Verzinsung des gegebenen Kapitals erwartet. Ist ein Unternehmen in einer Supply Chain mit einem anderen Unternehmen der Kette als Kapitalgeber verflochten, entwertet ein Ausscheren dieses Unternehmen aus der Kette aus zwei Gründen den Wert seiner Beteiligung.[289] Nimmt man an, dass die Kette zuvor optimal konfiguriert war, führt ein Domänenwechsel zu Friktionen und Anpassungsaufwand, wodurch sich ceteris paribus das Profitniveau in der Kette reduziert sowie auch der auf die Beteiligung entfallende Profitanteil für das ausscheidende Unternehmen sinkt. Bildlich gesprochen, schneidet sich das Unternehmen mit dem Wechsel „ins eigene Fleisch". Die These, dass Kapitalbeteiligungen (Financial Hostages; Williamson 1985, S. 169 ff) Unsicherheit reduzieren, wird in der Literatur bestätigt: „The fact that the value of the economic hostage will decrease in value if a party is opportunistic provides an incentive for trading partners to behave in a more trustworthy fashion." (Dyer und Singh 1998, S. 669). Zweitens verliert das wechselnde Unternehmen Steuerungspotenziale. Beteiligt sich etwa ein Hersteller am Aktienkapital seines Lieferanten, ist der Hersteller nicht lediglich ein „normaler" Investor, sondern hat über seine Eigenschaft, „Kunde" zu sein, einen erheblichen Einfluss auf die Erfolgsentwicklung des Lieferanten und damit auch seiner Beteiligung. Mit einem Wechsel der Domäne würde der Hersteller dieses Steuerungspotenzial verlieren. Über Kapitalbeteiligungen eng in die Supply Chain eingebundene Akteure verlassen den Unternehmensverbund infolge der zu erwartenden Nutzenminderungen ceteris paribus demnach mit geringerer Wahrscheinlichkeit als nicht eingebundene Akteure. Ein Indikator für die Verhaltensunsicherheit ist damit die Dichte der Kapitalverflechtungen.

Kantenorientiert: Vergrößerung der Defekttoleranz durch Kapitalbeteiligung:

Die Bereitschaft, erwartete Defekte zu tolerieren, wird größer sein, wenn der Defektverdächtige nicht im Zweifel steht, vollständig zu defektieren. Beteiligt sich ein Akteur über Kapitalverflechtungen mit anderen Partner in der Supply Chain, dokumentiert er damit sein Vertrauen in die „Zukunft" des Arrangements. Der sich Beteiligende wird durch die anderen Akteure ceteris paribus als vertrauenswürdiger beurteilt werden. Das Risiko, in diesen Partner idiosynkratisch zu investieren, wird reduziert. Auch aus dieser Sicht ist die Dichte der Kapitalverflechtungen damit ein Indikator der empfundener Verhaltensunsicherheit.

Kantenorientiert: Vergrößerung der Defekttoleranz und Reduzierung der Defektneigung durch Interlocks und eine zentrale Koordinationsinstanz

Die ein- oder gegenseitige Entsendung von Aufsichtsratsmitgliedern zwischen Unternehmen der Supply Chain sowie die Etablierung einer zentralen Koordinationsinstanz, so die These, reduzieren die strategische Defektneigung und vergrößern die Defekttoleranz auf beiden Seiten. Interlocks und Koordinationsgremien bieten Kommunikationsforen für das Top-Management (Interlock) und das mittlere Management (Koordinationsgremium); die dort ge-

---

[288] „Nice" nennt Axelrod (1984) alle Strategien, die zwar reziprok sind (vergelten), aber den Defekt niemals beginnen. „Nice" sind demnach „Tit for Tat" (mit gleicher Münze heimzahlen) sowie „Two for One" (mit doppelter Münze heimzahlen).

[289] Die Überlegung gilt nur, wenn die Beteiligung als Eigenkapital erfolgt.

führten persönlichen Gespräche reduzieren die Verhaltensunsicherheit. Die Dichte des Interlock-Netzwerks und die Existenz von Koordinationsgremien sind damit ebenfalls Indikatoren strategischer Verhaltensunsicherheit.

Die Literatur nennt Argumente, um diese These zu stützen. Putnam und Bayne (1987) haben die Historie der G7-Treffen aus einer politischen Perspektive untersucht. In einem Fazit nehmen sie Stellung zu den Effekten der „Summits". Relevant sind daraus die folgenden Beobachtungen:

(1) Persönliche Beziehungen „ölen" (lubricate) formale Beziehungen: Ein wesentlich Nutzen der G7-Treffen, so die Autoren, besteht darin, persönliche Beziehungen zu Staatschefs aufzubauen. „Many sherpas and summiteers note the utility of 'being able to pick up the phone' and talk to a well placed friend in another capital." (Putnam und Bayne 1987, S. 256). Diese Überlegung kann durchaus auf die Beziehungen zwischen Unternehmen übertragen werden. Es sind die persönlichen Beziehungen zwischen den Menschen in den Unternehmen, die Vertrauen bilden und helfen, Unsicherheit zu reduzieren, weil man zur Not in der Lage ist, „zum Telefon zu greifen".

(2) Persönliche Kontakte reduzieren Defektneigung: Die Aussicht, sich in regelmäßigen Zeitabständen erneut persönlich gegenüber stehen zu werden, reduziert die Defektneigung. Gegebene Versprechen nicht einzuhalten führen zu einem Verlust an Vertrauenswürdigkeit (direkte Erfahrung) und Reputation (indirekte Erfahrung). „Personal amity - and the knowledge that one must face one's colleagues again next year - can sometimes have a 'shaming' effect, inhibiting unilateral national policies. Said one British minister, 'You would think twice about taking actions against a friend." (Putnam und Bayne 1987, S. 256).

(3) De-Provinzialisierung: Die regelmäßigen Treffen der Staatschefs, so die Beobachtung, erweitern den Horizont und schaffen ein Bewusstsein für die Problemlage der Anderen. Erneut Putnam und Bayne (1987, S. 257): „... summits tend to educate leaders. The prospect of meeting their colleagues forces chief executives to address the international complications of the problems they have been grappling with domestically. ... 'The main point to learn is how the others see the problems.' This educational effect is especially important for politicians with more insular backgrounds ... The Italians have a word for it: they say that the most important effect of the summits has been to 'sprovincializare' (de-provincialize) national leaders. ... One Reagan aide believes that 'the summits shape the way in which politicians view certain issues over the medium term, which may subsequently influence what they do back home." Auch dieser Aspekt scheint durchaus übertragbar: Eine durch das Top-Management persönlich gelernte Lektion über die Interdependenz der Probleme in der Supply Chain und das zu erwartende nachfolgende Hineintragen der persönlichen Betroffenheit in das mittlere Management tragen dazu bei, „außenpolitischen" Aspekten höheres Gewicht zu verleihen. Die Wahrnehmung fremder Probleme reduziert die Unsicherheit des auf die Wahr-

nehmung Angewiesenen, beziehungsweise negativ formuliert: Eine Schließung des Unternehmens für fremde Interessen destabilisiert und schafft Unsicherheit. [290]

Koordination: Die regelmäßigen persönlichen Treffen auf höchster Ebene fördern weiterhin die Koordination, so die Beobachtung von Putnam und Bayne (1987, S. 259 ff). Die Autoren nennen vier Komponenten, die alle für das hier zu diskutierende Problem der Verhaltensunsicherheit relevant erscheinen. (1) Gegenseitige Aufklärung (Enlightenment): Ein Nebenprodukt der Treffen ist der Austausch von Informationen über strategische Ziele sowie die dazugehörenden Hintergrundinformationen. (2) Gegenseitige Bestätigung (Reinforcement): Die G7-Treffen werden genutzt, um internationale Rückendeckung für die Durchsetzung nationaler Programme zu bekommen. (3) Gegenseitige strategische Abstimmung (Adjustment): Die Treffen bieten weiterhin Gelegenheit, Abstimmungen und Anpassungen an gemeinsame Politikprogramme vorzunehmen. (4) Gegenseitige Konzessionen (Concessions): Weiterhin sind die Treffen Katalysatoren für den Aushandlungsprozess kompensationsbedürftiger internationaler Programme. Alle genannten Komponenten, so die These, reduzieren die Verhaltensunsicherheit.

Kantenorientiert: Verhaltenssicherheit als „zartes Pflänzchen" - Kooperationsballungen erzeugen

Ein weitere Überlegung von Axelrod (1984, S. 55 ff) lenkt die Aufmerksamkeit auf die kritische Masse, die erforderlich ist, um kollektive Defektstrategien zu überwinden. Befindet sich lediglich *ein* Kooperateur in einem anarchischen Feld, wird dieser stets das geringste Nutzenniveau haben, da seine initialisierende Kooperation durch jeden Defekteur ausgenutzt wird. Unter der Annahme, dass die Kooperation jedoch einen höheren Nutzwert bringt als der Defekt, gelingt es unter bestimmten Bedingungen, eine Insel kooperativen Handelns in das anarchische Feld zu pflanzen. Zu maximieren ist die Wahrscheinlichkeit, mit der eine Transaktion beidseitig von Kooperateuren durchgeführt wird. Diese Wahrscheinlichkeit steigt erstens mit der Anzahl Kooperateure und zweitens mit der Clusterung der Kooperateure. „Because the Tit for Tat players do so well when they do meet each other, they do not have to meet each other very often to make their strategy the superior one." (Axelrod 1984, S. 64). Für die Gestaltung des institutionalen Netzwerks folgt daraus, Ballungen intensiver Kooperation einer gleichmäßigen Verteilung der gleichen Anzahl Kooperateure über die Supply Chain vorzuziehen. Unter der Annahme, dass Kooperation durch das verfügbare Instrumentarium der institutionalen Vernetzung gefördert wird, wird die Dichte mit der ebendiese Instrumentarien eingesetzt werden, zu einem Indikator für die Wahrscheinlichkeit, mit der sich kooperatives Verhalten ausbreiten und damit Verhaltensunsicherheit zurückgedrängt wird.

Kantenorientiert: Reduzierung der Defektneigung durch Modularisierung

Modularisierung kann definiert werden als die Zerlegung der Gesamtstruktur eines Objekts in funktional gekapselte Komponenten (Module) mit einfachen, standardisierten Schnittstel-

[290] Noch einmal Putnam und Bayne (1987, S. 262): „Without international discussions, the tendency towards national dogmas in recent years might have been even more destabilizing."

len mit dem Ziel der Reduktion des Aufwands, um Komponenten zu entwickeln, herzustellen, ineinander zu fügen oder zu trennen. Modularisierung kann als Gestaltungsprinzip auch auf das institutionale Netzwerk bezogen werden. Dann rückt in den Vordergrund, ob ein Netzwerk leicht aufgebaut, rekonfiguriert oder abgebaut werden kann. Die Modularität des institutionalen Netzes kann variiert werden über die Auswahl der zur Vernetzung herangezogenen Bindungsmechanismen (so bindet eine Kapitalbeteiligung enger als ein Interlock) sowie über deren Dichte (Wie viele Bindungen bestehen?) und Muster (Mit wie vielen Partnern bestehen Bindungen?). Unter Verweis auf den Trade-off zwischen den Nutzen aus der Mitgliedschaft im Netz sowie den Kosten durch Autonomieverlust, ist ein modulares Netz ein Wettbewerbsfaktor. Modulare Netzwerke werden ressourcenschonender errichtet und produzieren früher und mit weniger Kosten den erhofften Gruppennutzen und ressourcenschonender angepasst und abgebaut werden, und vermindern so den Autonomieverlust.

Während Modularität derart formuliert auf den ersten Blick positiv erscheint, muss die Beurteilung aus Sicht der Verhaltensunsicherheit differenziert werden. Die genannten Vorteile (ressourcenschonender, ...) helfen auf der einen Seite, Verhaltensunsicherheit zu reduzieren, weil sie die relationale Rente vergrößern und damit die Defektneigung beschränken. Positiv ist weiterhin, dass sich eine modulare institutionale Vernetzung auch für den Entscheider im fokalen Unternehmen als Vorteil darstellt, da Modularität die eigenen Ausweichmöglichkeiten im Sinne größerer Handlungsflexibilität erhöht. In gleicher Weise gilt dies auf der anderen Seite natürlich auch für die aus Sicht des fokalen Entscheiders Unsicherheit produzierenden anderen Akteure; diese können ebenso leicht ausweichen. Geht man davon aus, einen wechselwilligen Akteur ohnehin nicht in einem institutionalen Arrangement halten zu können, wird das gerade angeführte negativ wirkende Argumentation entkräftet. Ceteris paribus hilft ein modulares Netz, die Defektneigung und damit die Verhaltensunsicherheit zu reduzieren.

Operative Unsicherheit: Indikatoren zur Abschätzung von Kooperations- und Kommunikationsdefekten

Auch für die oben identifizierten Felder des operativen Verhaltens gilt, dass über die Gestaltung des institutionalen Netzes sowohl die Defektneigung reduziert als auch die Defekttoleranz erhöht werden kann. Tabelle 56 stellt die nachfolgend auszuführenden Argumente zusammen.

Interlock und Kapitalbeteiligung: Schwache Barrieren für operative Entscheider

Grundsätzlich kann unterstellt werden, dass Interlocks und Kapitalbeteiligungen auf das Verhalten der operativen Entscheider in gleicher Weise stabilisierend und unsicherheitsreduzierend wirken, wie auf das der strategischen Entscheider (Domänen- und Dyaden-Kontinuität). Demnach würden Interlocks die operative Defektneigung reduzieren und die Defekttoleranz erhöhen; das gleiche gilt für Kapitalbeteiligungen. In der Tabelle 56 ist der Effekt eingetragen. Jedoch wurde der Eintrag relativiert („schwach"), da zu hinterfragen ist, in welchem Umfang persönliche Bindungen und eingegangene Verpflichtungen des Top-Managements tatsächlich zu Verhaltensänderungen in operativen Verhaltensfeldern führen.

Wird ein Einkäufer kooperativ beschaffen und damit auf subjektiv vorteilhafte Defektpotenziale verzichten, nur weil sein Vorstand mit seinen Kollegen aus den entsprechenden anderen Unternehmen über einen Interlock gebunden ist? Weiterhin ist fraglich, in welchem Umfang Kapitalbeteiligungen operatives Verhalten verändern. Es kann angenommen werden, dass die Vergütung eines operativen Entscheiders nicht daran gemessen wird, ob er durch seine Entscheidungen den Wert einer Kapitalbeteiligung an einem anderen Unternehmen maximiert. Wenn Kapitalbeteiligungen überhaupt verhaltensstabilisierend wirken sollen, dann muss der Impuls über eine Anweisung der Unternehmensführung ausgehen. Die gleichen Zweifel gelten für die Wirkung von Interlock und Kapitalbeteiligung auf die Defekttoleranz: Wie wahrscheinlich ist es, dass ein Entscheider Defekte des Partners akzeptiert, nur weil die Vorstandsmitglieder der Dyadenunternehmen per Interlock persönlich gebunden sind oder weil er damit den Wert einer Kapitalbeteiligung sichert?

Tabelle 56 Operatives Verhalten (kooperative Entscheidungsfindung und transparente Kommunikation): Die Gestaltung des institutionalen Netzwerks kann die Defektneigung reduzieren und die Defekttoleranz erhöhen

	Defektneigung		*Defekttoleranz*
Instrumente	*Profitverlust durch Defekt für den Defekteur*	*Kosten des Defektierens für den Defekteur*	
Direktor-Interlock		Schwach: gegen die Interessen des Top-Managements handeln	Schwach: Vertrauen auf persönliche Beziehungen des Top-Managements
Kapitalbeteiligung		Schwach: Entwertung von Vermögenspositionen	Schwach: Offenbartes Vertrauen in das Arrangement
Kooperationsvertrag Spielregeln	Relationale Rente	Strafe	Zuversicht in Konfliktlösung
Zentrale Koordinationsinstanz		Fundamental: erzwungene Kooperation	Zuversicht in Konfliktlösung

Die schwache Beeinflussung durch Interlock und Kapitalbeteiligung auf die operativen Verhaltensfelder ist auf ein Agentur-Problem rückführbar. Es erhält aber zusätzliche Brisanz, wenn neben den grundsätzlich zu unterstellenden Opportunismus des operativen Entscheiders (der es fraglich werden lässt, ob die Interessen des Prinzipals vorrangig verfolgt werden) ein Verhaltenssteuerungssystem (zum Beispiel Vergütung) tritt, dass Kooperation behindert und Defekte belohnt. Weiterhin ist zu berücksichtigen, dass Interlocks und Kapitalbeteiligungen operatives Verhalten überhaupt nur wirksam beeinflussen können, wenn die operativen Entscheider davon Kenntnis haben. Es bleibt offen, welches Interesse die Unternehmensführung daran hat, die Beteiligungs- und Interlockstruktur aufzudecken. Nachdem hier kein Raum ist, um die situative Ausprägung der genannten Hemmnisse systematisch zu hinterfragen, kann lediglich gefolgert werden, dass der Beitrag (a) von Bindungsmechanismen zwischen Mitgliedern des Top-Managements sowie (b) von Mechanismen, die auf die Kosten-Nutzen-Bilanz der operativen Entscheider ohne Einfluss bleiben, auf das Verhalten operativer Entscheider wahrscheinlich nur schwach, möglicherweise aber auch nichtexistent ist und diese Instrumente institutionaler Vernetzung damit dementsprechend fragwürdig sind, um operative

Verhaltensunsicherheit zu reduzieren. Hier wird daher nicht vorgeschlagen, diese Aspekte als Indikatoren aufzunehmen.

Kooperationsvertrag und Spielregeln: Reduzierung von Defektneigung und Vergrößerung der Defekttoleranz

Formale Kooperationsverträge und informal vereinbarte Spielregeln zwischen den Unternehmen sind geeignet, um operative Verhaltensunsicherheit zu reduzieren. Anders als den persönlichen Beziehungen zwischen Mitgliedern des Top-Managements haftet formalen Verträgen eine höhere Verbindlichkeit und normative Präsenz an. Die oben für das strategische Verhalten aufgestellten Thesen scheinen grundsätzlich übertragbar. Kooperationsverträge können bei entsprechender Gestaltung (Regelungsreichweite, Laufzeit, Vergeltung, Diskriminierung) den Profitverlust des Defektierenden maximieren und so Verhaltensunsicherheit reduzieren. Strafen wirken ebenfalls verhaltensstabilisierend. Die Aussicht, sich im Zweifelsfall auf einen Vertrag stützen zu können, wird auch die Defekttoleranz vergrößern.

Diese positive Einschätzung ist zu relativieren, wenn man die Chancen einbezieht, den Begriff „Kooperationsdefekt" vertraglich so zu fixieren, dass er tatsächlich einklagbar wird. Es mag im konkreten Fall schwer zu beurteilen sein, ob mit einer fokalen Transaktion gegen einen Kooperationsvertrag verstoßen worden ist.[291] Dyer und Singh (1998, S. 669 ff) nehmen zu diesem Problem Stellung. Sie argumentieren, dass relationale Renten (s.o.) größer sein werden, wenn Verträge und Spielregeln ohne Rückgriff auf Dritt-Regulierungen auskommen (Self-Enforcement). Aus dieser Überlegung sind zwei Konsequenzen zu ziehen. Sie ist zunächst für die Eignung von Kooperationsverträgen zur Reduzierung von Verhaltensunsicherheit unschädlich, da Dyer und Singh nicht auf die Unsicherheit sondern auf die Rente in der Kooperation abstellen. Die obige Diskussion hat aber bereits auf den Zusammenhang zwischen Koordinationseffizienz und Verhaltensunsicherheit aufmerksam gemacht. Je geringer die Koordinationseffizienz, desto geringer die Rente und damit auch die Bereitschaft der Akteure zu strategischer Disziplin. Zusammengefasst ergibt sich ein ambivalentes Ergebnis: Auf der einen Seite reduzieren formale Kooperationsverträge die Defektneigung, auf der anderen Seite reduzieren sie aber auch die relationale Rente, wodurch die Defektneigung ansteigt.

Zentrale Koordinationsinstanz: Erzwungene Koordination reduziert Defektneigung und vergrößert Defekttoleranz

Eine zentrale Koordinationsinstanz reduziert die Verhaltensunsicherheit fundamental. Wenn zum Zeitpunkt der Entscheidung über eine idiosynkratische Investition feststeht, dass die Koordination der während der Amortisationsdauer zu treffenden Entscheidungen zum Teil oder komplett über eine akzeptierte zentrale Koordinationsinstanz erfolgt, wird die Verhaltensunsicherheit deutlich reduziert. Zentrale Koordination beschränkt den Entscheidungsspielraum der einzelnen Akteure und reduziert damit zwar nicht die Defektneigung, sondern (noch wirksamer) die Defektmöglichkeiten. Die Existenz einer akzeptierten zentralen Koordinationsinstanz ist demnach ein weiterer Indikator zur Beurteilung der operativen Verhaltensunsicherheit. [292]

Jenseits der Struktur - Die Beschleunigung des Feldbildungsprozesses reduziert Verhaltensunsicherheit

Eine Supply Chain ist ein Feld intensiver Kooperation. Dessen Entstehung ist an eine Vielzahl von Bedingungen geknüpft und erfordert Zeit. Hier wird argumentiert, dass ein sich noch in der Entwicklung befindendes organisationales Feld für die Mitglieder dieses Feldes weniger Verhaltenssicherheit bieten kann, als ein bereits ausgebildetes. Für das Supply Chain Management und ebenfalls für die Informationsbasis ist es daher von Interesse, mit welchem Tempo die Strukturation des Felds, gemessen an den Gestaltungszielen, voranschreitet. Die These ist auszuführen.

Strukturation - Die Beschleunigung des Aufbaus des organisationalen Felds reduziert die Defektneigung und vergrößert die Defekttoleranz

Der Aufbau der Supply Chain-Struktur ist ein interorganisationaler Strukturationsprozess. Als Strukturation bezeichnen DiMaggio und Powell (1983, S. 148) einen Prozess, in dessen Verlauf ein organisationales Feld definiert wird. Ein organisationales Feld ist eine Gruppe von Organisationen, die in der aggregierten Betrachtung einen abgegrenzten Bereich einer Volkswirtschaft bilden (DiMaggio und Powell 1983, S 148; Scott 1995, S. 56).[293] Anders als im Populationsbegriff, wie er etwa von Hannan und Freeman (1993) oder von Hawley (1986) verwendet wird, besteht das organisationale Feld aber nicht nur aus gleichartigen, miteinander konkurrierenden Organisationen, sondern kann zum Beispiel auch vertikal interagierende Akteure, wie etwa Lieferanten und Kunden, sowie normensetzende Behörden beinhalten. Eine Supply Chain kann ebenfalls Teil eines organisationalen Felds sein, konstituiert das Feld aber nicht allein, weil nach DiMaggio und Powell (1983) eben noch die Normsetzer und die Vielzahl der Randakteure des ökonomischen Ökosystems hinzukommen.

Für die hier zu führende Diskussion ist das Gesagte nützlich, weil der Strukturationsprozess einige Eigenschaften innerhalb des organisationalen Felds hervorbringt, die auch für das Management einer Supply Chain von Bedeutung sind. Strukturation besteht aus vier Komponen-

---

291 Dieses Argument wurde nicht für die Beurteilung der strategischen Verhaltensunsicherheit herangezogen, weil es dort wahrscheinlicher ist, sich bei einem Verhaltensverstoß einer gerichtlichen Prozedur zu unterwerfen. Sowohl Anzahl der Verstöße als auch der jeweilige „Klagewert" begründen diese Einschätzung.

292 Mit der Forderung einer „akzeptierten" Koordinationsinstanz ist die Ermittlung der Indikatoren freilich nicht vollständig gelöst, sondern teilweise verschoben. Denn nun rückt die Bestimmung der Akzeptanzvoraussetzungen in den Vordergrund: Wovon hängt es ab, ob Akteure bereit sein werden, sich dem Diktat einer zentralen Koordinationsinstanz zu unterwerfen? Diese Frage soll hier aber ausgeklammert bleiben.

293 DiMaggio und Powell (1983) kreieren den Feldbegriff als Ausgangspunkt ihrer Suche nach den Treibern der von ihnen empirisch erkannten und als erklärungsbedürftiges Problem angesehenen erstaunlich großen Homogenität organisationaler Strukturen und Prozesse. Sie betrachten das organisationale Feld als den Container, in dem die darin agierenden Unternehmen einem starken Homogenisierungsdruck ausgesetzt sind. Die Idee der Beeinflussung organisationalen Handelns durch ein „Feld" ist zwar bereits früher formuliert worden. So konzipiert Warren (1967, S. 397) das interorganisationale Feld als organisationales Muster oder Netzwerk, dessen besondere Natur die Interaktion zweier Organisationen in diesem Feld beeinflusst. DiMaggio und Powell (1983) haben Warrens unspezifische Beeinflussungsthese freilich sehr viel differenzierter vorgetragen.

ten (DiMaggio und Powell 1983): (1) Intensivierung der Interaktion zwischen den Akteuren im Feld, (2) Entstehung von Strukturen der Domination und Koalition, (3) Anstieg der Informationslast, die alle Organisationen im Feld zu verarbeitenden haben, sowie (4) Entwicklung der gegenseitigen Wahrnehmung, dass alle Organisationen im Feld „im gleichen Boot sitzen" („... involved in an common enterprise ...").

Der Aufbau einer arbeitsfähigen Supply Chain, in dem die angestrebte Kooperation der Akteure tatsächlich durch die institutionale Vernetzung gefördert wird, kann im Sinne von DiMaggio und Powell (1983) ebenfalls als ein Strukturationsprozess interpretiert werden. Zuvor bereits locker vertikal zusammenarbeitende Akteure intensivieren die Interaktion, koalieren und akzeptieren autonomiebeschränkende Dominationsmechanismen, beziehen vormals fremde Interessen in die lokale Entscheidungsfindung ein und entwickeln ein Gruppengefühl. Spricht man dem durch Strukturation entstandenen Feld eine produktive Logik zu, wird die Strukturationsgeschwindigkeit relevant. Für die zum Entscheidungszeitpunkt wahrgenommene Verhaltensunsicherheit ist es relevant, ob die Feldbildung (Interaktion, Domination und Kooperation, Information, Gruppenbewusstsein) erkennbar rasch voranschreitet oder auf einem bestimmten Stand verharrt. Ein gemessen an diesen Eckpunkten ausgebildetes Feld kann eine relationale Rente produzieren. Die Existenz der Rente reduziert die Defektneigung. Weiterhin reduziert eine schnelle Feldgenese die Zuversicht in die zukünftige Verfügbarkeit einer effektiven Infrastruktur zur Konfliktregulierung.

6.4.3. Synopse: Relevante Themen zum Management des institutionalen Netzwerks

Abbildung 99 stellt die zuvor erarbeiteten Indikatoren grafisch zusammen. Diese Indikatoren erlauben es, erstens zu beurteilen, in welchem Umfang das institutionale Netzwerk die definierten Ziele erreicht hat, sowie zweitens zu erklären, warum dieser Stand erreicht wurde beziehungsweise wie gut die Voraussetzungen für weitere Verbesserungen sind.

Abbildung 99 Synopse der Themen zur Gestaltung des institutionalen Netzwerks

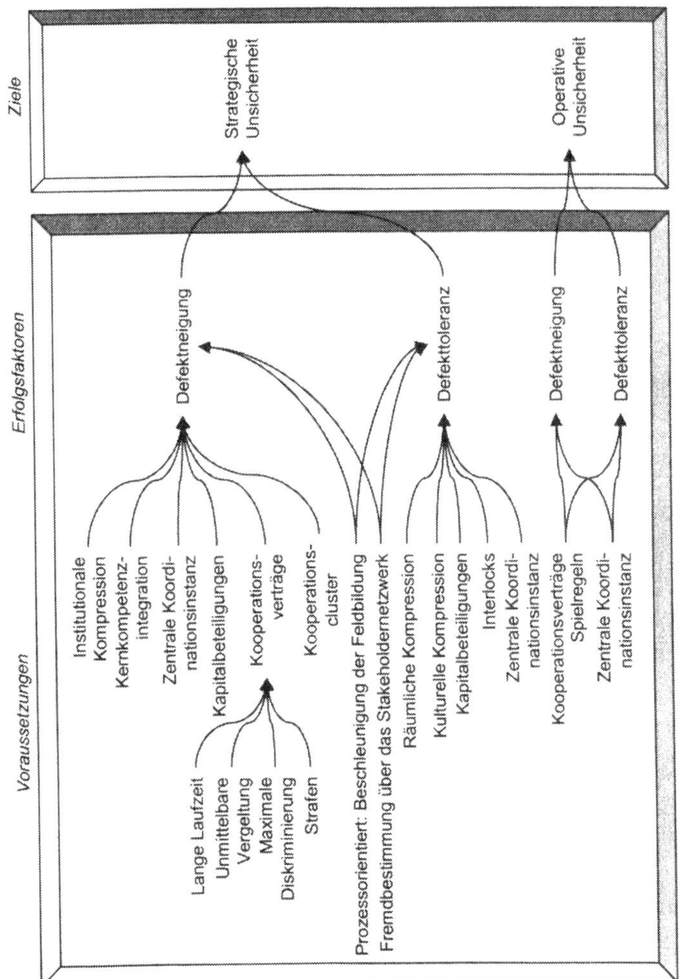

7. Resümee und Ausblick

Die vorangegangene Argumentation hat zwei alternative Pfade beschritten, um die Ausgangsfragestellung der Arbeit zu beantworten. Dabei hat sich gezeigt, dass sowohl der praxisorientierte, induktive „Bottom up"-Zugang wie auch der theoriebasierte, deduktive Zugang über die Netzwerktheorie in der Lage ist, eine Themenliste für die Informationsbasis zur Unterstützung des Supply Chain Managements zu begründen. Mit dem erreichten Stand ist das Forschungsziel erreicht. In diesem Kapitel sollen zwei darauf aufbauende Überlegungen geführt werden. (1) Zunächst sollen die Relevanzlisten miteinander verglichen werden (Kapitel 7.1). Daraus lassen sich sowohl für die Praxis als auch für die Forschung Konsequenzen ziehen. (2) Abschließend soll mit wenigen Sätzen über eine managementorientierte Verwertung der Relevanzlisten nachgedacht werden. Hierzu wird ein Vorschlag gemacht, wie die Vielzahl der zuvor identifizierten Themen selektiv und kompakt in einem Berichtsbogen zusammengestellt werden können (Kapitel 7.2).

7.1. Induktion versus Deduktion: Konsequenzen der Themengenesen für Forschung und Praxis

Abbildung 100 stellt die per Induktion und Deduktion gewonnenen Themenlisten nebeneinander. Im linken Teil der Abbildung finden sich induktiv ermittelten Themen. Deren Gruppierung in die oben beschriebenen Perspektiven wird beibehalten. Im rechten Teil sind die über die Netzwerktheorie begründeten Themen eingetragen; deren Ordnung erfolgt anhand der Partialnetze (Güternetzwerk, Datennetzwerk, soziales Netzwerk, institutionales Netzwerk). Um die Abbildung übersichtlich halten zu können, wird dort jedoch darauf verzichtet, alle zuvor identifizierten Themen detailliert aufzulisten. Statt dessen werden für jedes Partialnetz lediglich zusammenfassende Indikatoren genannt.

Die eingezeichneten Verbindungslinien weisen auf korrespondierende Themen hin. Um nicht jede Linie im Detail kommentieren zu müssen, sei deren Aussage an einem Beispiel erläutert. In der Perspektive „System Dynamics" wird eine mangelhafte Transparenz der Bedarfe am Point of Sale für eine Reihe von Problemen verantwortlich gemacht. Hier wurde daraus gefolgert, dass die Informationsbasis daher eine Aussage über das realisierte Niveau an Bedarfstransparenz ermöglichen sollte. Die per Deduktion geführten Überlegungen haben das Ergebnis bestätigt.

Die Abbildung zeigt, dass Induktion und Deduktion zu überschneidenden Themenlisten führen. Die Literatur zu den Perspektiven „System Dynamics" und „OR/IT" führt zu Themen, die auch über den Netzwerkzugang, hier im Besonderen über die Analyse des Güternetzwerks sowie des Datennetzwerks adressierbar sind (bestätigte Themen [294]). Die Marketing-, Logistik- und Strategie-Perspektive hingegen führen zu Themen, die über die hier vorgenommene Netzwerkdeduktion nicht angesprochen wurden (unbestätigte Themen). Auf der anderen Seite führt die Deduktion per Netzwerktheorie zu einem ganzen Bündel von Themen, die in der

[294] Siehe dazu noch einmal Kapitel 1.4.1.

aktuellen praktikerorientierten Supply Chain Management-Literatur nicht nachweisbar sind (vermutete Themen). Im wesentlichen ist es die Analyse des sozialen sowie des institutionalen Netzes, die zu den „neuen“ Themen führt. Die Beobachtungen sollen nachfolgend tiefer kommentiert werden.

Abbildung 100 Vergleich der per Induktion und Deduktion gewonnenen Relevanzen

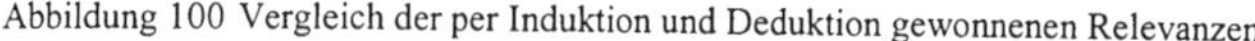

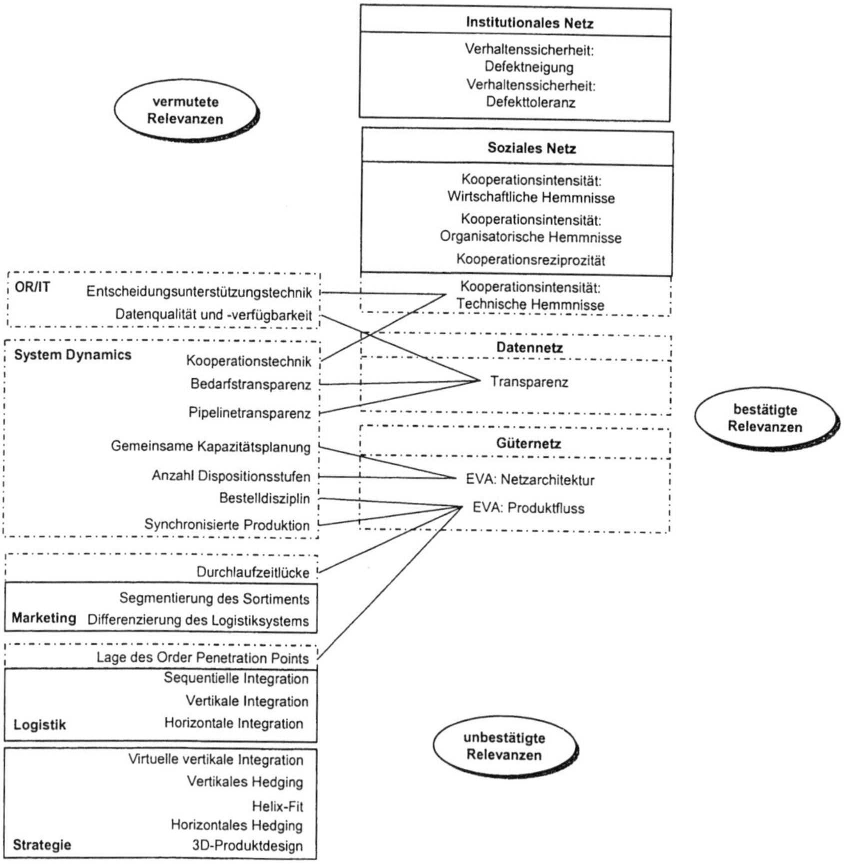

Bestätigte Themen: Die Praktikerdiskussion beschränkt sich auf das Güter- und Datennetz

Es fällt sehr deutlich auf, dass sich die aktuelle Praktikerdiskussion, so wie sie hier über die Literatur rekonstruiert wurde, gemessen an den Kategorien der Netzwerkanalyse auf das Daten- und Güternetz beschränkt [295] und dort eine sehr hohe Korrespondenz der Themen existiert.

[295] Zu den unbestätigten Relevanzen wird später Stellung bezogen.

Kapitel 5.4 hat eine bestimmte Aufgabenverteilung zwischen den Partialnetzen postuliert. Das Güternetzwerk wurde dort als das in finaler Sicht allein relevante Managementobjekt eingeführt. Die anderen drei Partialnetze, so die Argumentation, sind lediglich Erfüllungsgehilfen einer effektiven Leistungserstellung im Güternetz und damit für die Realisierung des EVA™ -Zieles. Gelänge es, dieses Ziel auch ohne ein ressourcenkonsumierendes explizites Management der anderen Partialnetze zu erreichen, wäre dies entbehrlich. Daraus wurde ein Ursache-Wirkungs-Zusammenhang zwischen den Partialnetzen etabliert: Das institutionale Netzwerk hat die Aufgabe die empfundene Verhaltensunsicherheit der Akteure zu reduzieren, um damit die erforderlichen idiosynkratische Investitionen im Datennetz und im sozialen Netz zu ermöglichen. Das Datennetzwerk hat die Aufgabe, Transparenz herzustellen, damit im sozialen Netz effektiver kooperiert werden kann. Das soziale Netzwerk hat die Aufgabe, die kooperative interorganisationale Produktion im Güternetz zu ermöglichen, indem kooperatives interorganisationales Entscheiden (Planen) gefördert wird. Gemessen an diesem Wirkungsgefüge hat die aktuelle Praktikerdiskussion ein weites Feld von Stellhebeln für das Management von Supply Chains bisher noch gar nicht aufgegriffen. Sowohl die unsicherheitsreduzierende Wirkung institutionaler Vernetzung als auch die kooperationsintensivierende Kraft sozialer Vernetzung haben im Instrumentenbaukasten des Supply Chain Managements noch keinen Platz gefunden. Für die Praxis folgt daraus, sich offensiv mit den bereits bekannten Forschungsergebnissen auseinander zu setzen und die Informationsbasis gegebenenfalls um diese Themen zu erweitern. Für die Forschung hingegen kann dort ebenfalls ein erheblicher Handlungsbedarf unterstellt werden, in dem es darum geht, die hier auf einer sehr theoretischen Ebene diskutierten Zusammenhänge in explizit anwendungsnahe Forschung zum Supply Chain Management auszubauen und die hier präsentierten Hypothesen logisch oder empirisch zu erhärten.

Unbestätigte Themen: Die Defizite strukturalistischer Netzwerkanalyse

Es fällt weiterhin auf, dass die netzwerkbasierte Deduktion nicht in der Lage war, bedeutende Themenbereiche der praktischen Diskussion zu adressieren. Das gilt für die Marketing-, Logistik- und Strategieperspektive. Es stellt sich die Frage, ob dies auf eine immanente Schwäche des Netzwerkansatzes zurückzuführen ist; mithin also, ob der Netzwerkansatz bestimmte Relevanzbereiche grundsätzlich ausblendet. Ohne dies in diesem Schlusskapitel umfassend diskutieren zu können, fällt doch folgendes auf:

Die strukturalistische Sicht ignoriert das Flussobjekt

Die beiden aus der Marketingperspektive ausgeblendeten Relevanzen (logistikorientierte Segmentierung des Sortiments, logistikorientierte Differenzierung des Logistiksystem) beziehen sich auf das durch die Supply Chain fließende Objekt (Produkt). Die im Zuge der Deduktion eingenommene Netzwerksicht war vornehmlich strukturalistisch orientiert, nahm also Bezug auf die Lage und Anzahl von Knoten und Kanten. Ausgeblendet blieb aber eine separate Analyse des Netzwerkobjekts. Nachdem der Autor das Forschungsdesign nicht explizit strukturalistisch angelegt hat, scheint die verfügbare Literatur zur Netzwerktheorie den Forscher tendenziell dorthin zu lenken. Diese Vermutung („scheint ...“) kann nicht befriedigen. Die These soll hier lediglich als Warnvermerk für eine weitergehende Analyse von Supply Chains mit Hilfe der Netzwerktheorie formuliert werden.

Die strukturalistische Sicht ignoriert den Fluss

Neben dem Objekt ignoriert die strukturalistische Sicht offensichtlich auch den Fluss der Objekte durch das Netz. Während der Weg, auf dem das Objekt das Netz durchfließt, angemessen thematisiert wird, treten die dynamischen Eigenschaften in den Hintergrund. Das wird insbesondere in der Ausblendung der aus der Logistikperspektive relevanten drei Integrationsbedarfe deutlich. Vertikale, horizontale und sequentielle Integration werden erst dann zu einem Thema, wenn der Fluss des Objektes durch das Netz explizit in den Vordergrund gestellt wird. Solange man vornehmlich Strukturen analysiert, wird zum Beispiel nicht deutlich werden, dass Objekte an einem kontinuierlichen, störungsfreien Durchfluss gehindert werden. Erneut kann die These nur sehr spekulativ formuliert werden: Die Literatur zur Netzwerktheorie scheint zu einer strukturalistischen Analyse zu verleiten, die den Objektfluss in den Hintergrund treten lässt.

7.2. Ausblick: Eine Scorecard für das Supply Chain Management

Mit der Entwicklung der Themenlisten in den Kapiteln 4 und 6 wurde das Forschungsziel der Arbeit erreicht. In diesem Kapitel soll ein nun ein abschließender Ausblick in die weiterreichenden Aufgaben des Controllings angedacht werden. Das erfolgt kursorisch und ist lediglich als ein Ausblick gedacht.

Die „Balanced Scorecard“ als methodisches Vorbild ausgewogener Auswertung der Informationsbasis

In der einführenden Abgrenzung wurde Controlling unter anderem phasenorientiert expliziert. In der Phasenbetrachtung ist die Konzeption der Informationsbasis, die hier im Mittelpunkt stand, der erste Schritt, den das Controlling zu gehen hat. Danach folgen diverse weitere Phasen - unter anderem die der Aufbereitung der Informationsbasis in Berichte. Dieser Punkt soll hier aufgegriffen werden: Währen der Aufbereitung von Rechnungsweseninhalten in den letzten Jahren wenig akademische Aufmerksamkeit geschenkt wurde, hat ein Beitrag von Kaplan und Norton (1992) die Aufgabe erneut in das Rampenlicht gestellt. Deren These ist, dass die spezifische Zusammenstellung von Berichtsinhalten, insbesondere für das Top-Management, sowohl die Akzeptanz der Berichte wie auch die Auswertbarkeit der Informationsbasis und damit die Steuerbarkeit des Unternehmens stark beeinflusst. In der Folge haben die Autoren einen „ausgewogenen Berichtsbogen“ (Balanced Scorecard) entwickelt, der sowohl nicht-finanzielle als auch finanzielle Kennzahlen beinhaltet. Erreicht werden soll damit ein „Control in the Aggregate“ sowie ein „Control in the Small“.[296, 297]

---

[296] Die Ausdrücke stammen von Kaplan und Atkinson (1998, S. 443).

[297] Ein anderes Argument für eine ausgewogene Berichterstattung hat Chakravarthy (1986) vorgelegt. Finanzielle Kennzahlen allein, so seine Beobachtung, können den strategischen Erfolg eines Unternehmens nicht hinreichend erklären. Ausgangspunkt war sein Versuch, die von Peters und Waterman (1984) als „exzellent“ be-

Deren Vorschlag für den Berichtsbogen sieht vor, über das Unternehmen aus vier Perspektiven zu berichten: Finanzen, Kunde, Prozesse und Innovation. Für jede Perspektive gilt es, Ziele und Leistungsmaßstäbe zu entwickeln. Die Perspektiven beinhalten aber nicht nebeneinander zu betrachtende, voneinander isolierte unverbundene Kennzahlen, sondern bilden eine Kausalkette. Diese Kette bildet die Strategie des Unternehmens ab, wobei Strategie verstanden wird als ein Satz von Hypothesen über Ursachen und Wirkungen (Kaplan und Norton 1996b, S. 71; Kaplan und Atkinson 1998, S. 376). Mit diesen Hypothesen „erzählen" die Führungskräfte, auf welchem Weg das Unternehmensziel erreicht werden soll. Die Meilensteine dieser Erzählung sind in der Balanced Scorecard abgebildet: „Thus, a properly constructed Balanced Scorecard should tell the story of the business unit's strategy." (Kaplan und Atkinson 1998, S. 377).

Die Perspektiven stehen also in einem spezifischen Ursache-Wirkungs-Verhältnis: Die finanzielle Perspektive ist die finale Perspektive. Das Unternehmen besteht, um die finanziellen Ziele zu erreichen. Kaplan und Norton (1997, S. 29) schlagen beispielhaft vor, den ROCE (Return on Capital Employed) als Spitzenkennzahl zu verwenden. Die drei anderen Perspektiven unterstützen dieses Ziel. Die Berichterstattung darüber soll aufzeigen, warum das Ziel nicht erreicht wird beziehungsweise was in Zukunft zu tun ist, damit es erreicht wird. Die Logik eines unternehmensspezifisch ausgearbeiteten Berichtsbogens könnte beispielhaft lauten (Kaplan und Norton 1997, S. 29): Die Innovationsperspektive berichtet über das Fachwissen der Mitarbeiter. Fachwissen ist relevant, da es in der internen Geschäftsprozessperspektive eine Steigerung von Prozessqualität und Prozessdurchlaufzeit ermöglicht. Beide Entwicklungen treiben die Verbesserungen in der Kundenperspektive vorwärts. Verbesserte Prozesse ermöglichen pünktliche Lieferungen und erhöhen damit die Kundentreue. Letzteres wirkt direkt auf den ROCE. Den Autoren liegt es nicht daran, exakt diese Logik zur Verknüpfung einzelner Perspektiven als ideal zu qualifizieren. Viel wichtiger ist der Hinweis, dass der ausgewogene Berichtbogen das Geschäftsmodell rekonstruieren soll. Wenn man im Unternehmen tatsächlich der Meinung ist, das Fachwissen der Mitarbeiter habe eine derart grundlegende Bedeutung, wie es oben geschildert wurde, sollte der Berichtsbogen sowohl darüber, aber auch über die Transformation dieses Impulses (besseres Fachwissen) über die Glieder der Wirkkette (Prozessqualität, Lieferqualität, Kundenzufriedenheit) bis hin zur Spitzenkennzahl (ROCE) berichten.

---

urteilten Unternehmen auch anhand von Kennzahlen als solche zu identifizieren. In der Computerindustrie, auf die sich Chakravarthy konzentriert hat, ist das nicht gelungen. Eine Rangierung der 14 untersuchten Unternehmen auf Basis traditioneller profitorientierter Kennzahlen, wie zum Beispiel „Return on Book Equity" oder „Return on Total Capital" hat solche Unternehmen als „gut" rangiert, die von Peters und Waterman nicht als solche bezeichnet wurden und vice versa (Chakravarthy 1986, S. 442). Diese Kennzahlen sind notwendige, aber noch keine hinreichenden Indikatoren. Die Erklärung von „Exzellenz" wird deutlich verbessert, wenn diese vergangenheitsorientierten Indikatoren durch zukunftsgerichtete ergänzt werden. In der Analyse wurde das erreicht, indem der in Zahlen nachweisbare „Slack" als Indikator zukunftsorientierter Anpassungsfähigkeit interpretiert wurde.

Eine netzwerkorientierte „Balanced Scorecard" für das Supply Chain Management

Die damit sehr knapp geschilderte Balanced Scorecard ist für diesen Ausblick von Interesse, weil sie auf eine Form der Auswertung der Informationsbasis hinweist, die direkt an die Forschungsergebnisse dieser Arbeit anschließt. Die netzwerkbasierte Analyse hat ebenfalls zu der Einsicht in die Notwendigkeit geführt, über unterschiedliche Bereiche des Managementobjekts, der Supply Chain, separat, wenngleich auch mit einer verknüpfenden Logik, zu berichten. Im Gegensatz zu Kaplan und Norton (1992) sollte aus Sicht der Netzwerktheorie aber nicht über Finanzen, Kunden, Innovation und Prozesse, sondern über Partialnetze berichtet werden.

Abbildung 101 Vorschlag für eine netzwerkorientierte „Balanced Scorecard" für das Supply Chain Management

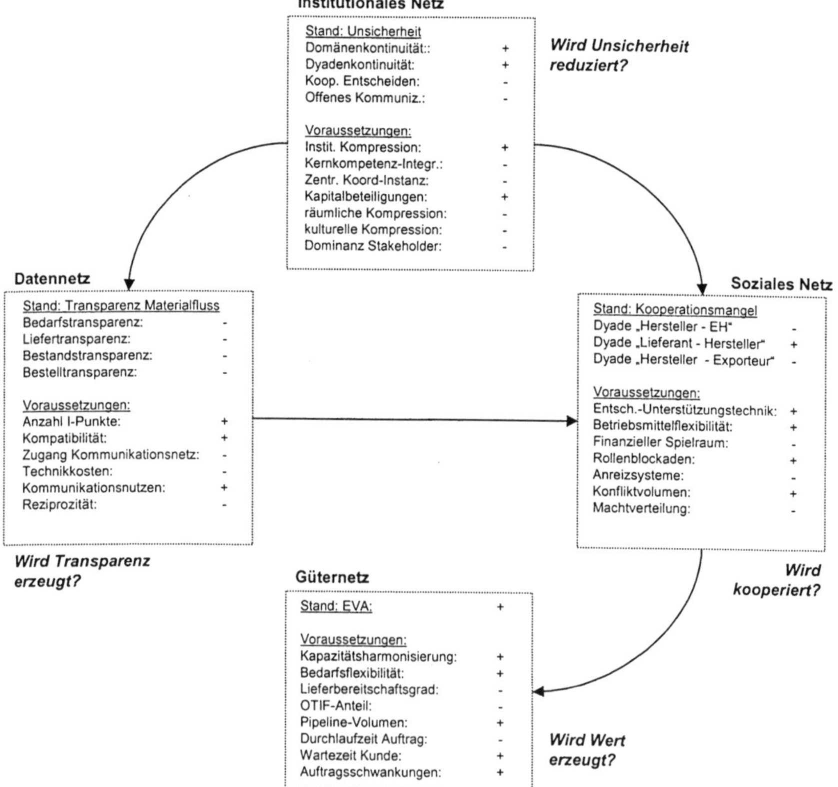

Ausgewogen über den Status quo und Fortschritt des Supply Chain Managements zu dokumentieren, so die Argumentation, erfordert nach Maßgabe der hier begründeten Forschungsergebnisse, das Güternetzwerk, das Datennetzwerk, das soziale Netzwerk sowie das institutionale Netzwerk zu thematisieren. Analog zu Kaplan und Nortons Ursache-Wirkungs-Beziehungen zwischen den dort genannten Perspektiven, besteht zwischen den Partialnetzen ebenfalls ein spezifischer Wirkmechanismus, der in Anlehnung an den oben verwendeten Begriff als ein Netzwerk-Geschäftsmodell bezeichnet werden könnte: Das institutionale Netzwerk sichert die Voraussetzungen für eine zielführende Entwicklung im Daten- und im sozialen Netzwerk. Das soziale Netzwerk ermöglicht eine effektive Kooperation im Güternetzwerk und trägt damit zur Realisierung des finanziellen Ziels (EVA™) bei.[298]

Abbildung 101 macht einen Vorschlag, wie dieser spezifische Wirkmechanismus unter Verwendung der Ideen von Kaplan und Norton in ein Managementinstrument transferiert werden kann. Die Abbildung zeigt die vier Partialnetze als zunächst separate Berichtsobjekte. Für jedes Partialnetz wird der aktuelle Stand in Bezug auf den Zielerreichungsgrad sowie die Entwicklung der Voraussetzungen anhand weniger Kennzahlen dokumentiert. Die Merkmalsausprägungen für die einzelnen Kennzahlen sind der Einfachheit halber lediglich mit einem Pluszeichen (Fortschritt) oder Minuszeichen (Stillstand, Rückschritt) versehen.[299] Neben den Partialnetzen zeigt die Abbildung ebenfalls deren Verknüpfung über die bereits skizzierte Kette von Ursachen und Wirkungen zwischen den Netzen.

Ein Vergleich der Abbildung mit den oben entwickelten umfassenderen Themenlisten zeigt, dass in den Berichtsbogen pro Partialnetz lediglich eine kleine Auswahl der möglichen Kennzahlen aufgenommen wurde. Das impliziert keine Aussage über die Wichtigkeit einzelner Kennzahlen. Vielmehr lenkt es die Aufmerksamkeit auf die Notwendigkeit, in nachfolgenden Forschungsarbeiten sowohl die relative Relevanz der Partialnetze wie auch einzelner Metrics für ein das Supply Chain Management wirksam unterstützendes Controlling auszuarbeiten. Diese Arbeit hofft, dazu ein brauchbares Fundament gelegt zu haben.

---

[298] Hier sei die knappe Schilderung des Zusammenhangs erlaubt; für eine ausführliche Erläuterung vergleiche Kapitel 5.5.

[299] Das mag nicht immer geeignet sein, sei in dieser prinzip-orientierten Darstellung aber dennoch durchgehend verwendet.

Literaturverzeichnis

Abernethy und Lillis 1995	Abernethy, Margaret A., Lillis, Anne M.: The impact of manufacturing flexibility on management control system design. In: Accounting, Organization and Society, 1995 (Vol. 20), Nr. 4: 241-258.
Achrol 1991	Achrol, Ravi S.: Evolution of the Marketing Organization: New Forms for Turbulent Environments. In: Journal of Marketing, (Vol. 55) 1991, October: 77 - 93.
Ackoff 1974	Ackoff, Russell L.: Redesigning the future. A systems approach to societal problems. New York: John Wiley & Sons: 1974.
AG-Plan 1982	AG-Plan (Hrsg.): Portfolio-Management. Ein strategisches Führungskonzept und seine Leistungsfähigkeit. Berlin: Schmidt, 1992.
Ahlert 1985	Ahlert, Dieter: Distributionspolitik. Stuttgart: UTB, 1985.
Ahuja et al. 1991	Ahuja, Ravindra K., Magnanti, Thomas L., Orlin, James B.: Some Recent Advances in Network Flows. In: SIAM Review, 1991 (Vol. 33), Nr. 2: 175 - 219.
Alderson 1950	Alderson, Wroe: Marketing Efficiency and the Principle of Postponement. Cost and Profit Outlook, 1950/3.
Alderson 1957	Alderson, Wroe: Marketing Behavior and Executive Action. Homewood, Ill.: 1957.
Aldrich und Pfeffer 1976	Aldrich, Howard E., Pfeffer, Jeffrey: Environments of organizations. In: Annual Review of Sociology, 1976 (Vol. 2): 79-105.
Aldrich und Whetten1981	Aldrich, Howard E., Whetten, David A.: Organization-sets, action-sets, and networks: making the most of simplicity. In: (Nystrom 1981): 385-408.
Allen und Cohen 1969	Allen, Thomas J., Cohen, Stephen I.: Information flow in research and development laboratories. In: Administrative Science Quarterly, 1969: 12-19.
Allison und Zelikow 1999	Allison, Graham T., Zelikow, Philip: Essence of Decision. Explaining the Cuban Missile Crisis. 2. Auflage. New York: Longman, 1999.
Alstyne 1997	Alstyne, Marshall van: The State of Network Organization: A Survey in Three Frameworks. In: Journal of Organizational Computing and Electronic Commerce, 1997, Nr. 2/3: 83 - 151.
Amir und Baruch 1996	Amir, Eli, Baruch, Lev: Value relevance of non-financial information: The wireless communications industry. In: Journal of Accounting and Economics, 1996 (Vol. 22): 3 - 30.
Amstel 1990	Amstel, M. J. Ploos van: Managing the Pipeline Effectively. In: Journal of Business Logistics, (Vol. 11) 1990, Nr. 2: 1- 25.
Anderson et al. 1996	Anderson, E. G. Jr., Fine, Charles H., Parker, G. G.: Upstream Volatility in the Supply Chain: The Machine Tool Industry as s Case Study. Massachusetts Institute of Technology, Sloan School of Management: Working Paper, 1996.
Anderson et al.1997	Anderson, Erin, Day, George S., Rangan, Kasturin: Strategic Channel Design. In: Sloan Management Review, Sommer 1997: 59 - 69.
Anderson und Weitz 1992	Anderson, Erin, Weitz, Barton A.: The use of pledges to build and sustain commitment in distribution channels. In: Journal of Marketing Research, (Vol. 29) 1992, February: 18 - 34.
Ansari 1977	Ansari, Sahid L.: An Integrated Approach to Control Systems Design. In: Accounting, Organization and Society, (Vol. 2) 1977, Nr. 2: 101 - 112.

Ansoff 1965	Ansoff, Harry I.: Corporate strategy : An analytic approach to business policy for growth and expansion. New York : McGraw-Hill, 1965.
Arabie und Wind 1994	Arabie, Phipps, Wind, Yoram: Marketing and Social Networks. In: Wasserman und Galaskiewicz (1994): 254-273.
Arlt 1994	Arlt, Christoph: Netzwerkflussprobleme. Lösungsansätze unter Berücksichtigung von Fixkosten. Wiesbaden : Dt. Univ.-Verlag, 1994.
Arntzen et al. 1995	Arntzen, Bruce C., Brown, Gerald G., Harrison, Terry P., Trafton, Linda L.: Global Supply Chain Management at Digital Corporation. In: Interfaces, Vol. 25 1995, Januar/Februar: 69 – 93.
Asanuma 1989	Asanuma, Banri: Manufacturer-supplier relationships in Japan and the concept of relation-specific skill. In: Journal of the Japanese and International Economies, 1989 (Vol. 3): 1-30.
Ashkenas et al. 1998	Ashkenas, Ron, Ulrich, Dave, Jick, Todd, Kerr, Steve: The boundaryless organization. Breaking the chains of organizational structure. San Francisco: Jossey Bass Publishers, 1998.
Astley 1984	Astley, Graham W.: Toward an appreciation of collective strategy. In: Academy of Management Review, 1984 (Vol. 9), Nr. 3: 526-535.
Astley und Fombrun 1983	Astley, Graham W., Fombrun, Charles J.: Collective Strategy: Social Ecology of Organizational Environments. In: Academy of Management Review, (Vol. 8) 1983, Nr. 4: 576 - 587.
Atkinson et al. 1997a	Atkinson, A., Waterhouse, J., Wells, B.: A Stakeholder Approach to Performance Measurement. Sloan Management Review, Spring 1997: 25-37.
Atkinson et al. 1997b	Atkinson, Anthony A., Balakrishnan, Ramji, Booth, Peter, Cote, Jane M., Groot, Tom, Malmi, Teemu, Roberts, Hanno, Uliana, Enrico, Wu, Anne: New Directions in Management Accounting Research. In: Journal of Management Accounting Research, (Vol. 9) 1997: 79 - 108.
Austin et al. 1997	Austin, Terence A., Lee, Hau L., Kopczak, Laura: Supply Chain Integration in the PC Industry., Working Paper, Anderson Consulting, Stanford University: 1997.
Axelrod 1984	Axelrod, Robert: The evolution of cooperation. Basic Books, 1984.
Bahlmann 1982	Bahlmann, Arnold R.: Informationsbedarfsanalyse für das Beschaffungsmanagement. Düsseldorf: Mannhold, 1982.
Banfield 1961	Banfield, Edward C.: Political Influence. Glencoe: Free Press, 1961.
Barley et al. 1992	Barley, Stephen R., Freeman, John, Hybels, Ralph C.: Strategic Alliances in Commercial Biotechnology. In: Nohria und Eccles (1992): 311 - 347.
Barney 1991	Barney, Jay: Firm resources and sustained competitive advantage. In: Journal of Management, 1991 (Vol. 17), Nr. 1: 99-120.
Bartlett und Goshal 1998	Bartlett, Christopher A., Goshal, Sumantra: Managing Across Borders: The transnational Solution. 2. Auflage. Boston, Ma.: Harvard Business School Press, 1998.
Baumol 1982	Baumol, William J.: Contestable Markets: An uprising in the theory of industry structure. In: American Economic Review, 1982 (Vol. 72), Nr. 1: 1-5.
Bavelas und Barrett 1951	Bavelas, Alex, Barrett, Dermot: An experimental approach to organizational communication. In: Personnel, 1951, March: 366-371.
Bazerman 1999	Bazerman, Max H.: Review on: Organizational Decision Making. In: Administrative Science Quarterly, (Vol. 44) 1999, March: 176 -179.

Bazerman und Messick 1998 Bazerman, Max H., Messick, David M.: On the Power of a clear definition of rationality. In: Business Ethics Quarterly, (Vol. 8) 1998, Nr. 3: 477 - 480.

Beamon und Ware 1998 Beamin, Benita, Ware, Tonja M.: A process quality model for the analysis, improvement and control of supply chain systems. In: Logistics Information Systems, 1998 (Vol. 11), Nr. 2: 105-113.

Becker 1954 Becker, Howard: Vitalizing Sociological Theory. In: American Sociological Review, 1954 (Vol. 19): 383 - 384.

Beesley 1997 Beesley, Adrian: Time compression in the supply chain. In: Logistics Information Systems, 1997 (Vol. 10), Nr. 6: 300-305.

Benson 1975 Benson, J. Kenneth: The Interorganizational Network as a Political Economy. In: Administrative Science Quarterly, (Vol. 20) 1975, June: 229 - 249.

Berger und Luckmann 1966 Berger, Peter L., Luckmann, Thomas: The social construction of reality. A treatise in the sociology of knowledge. New York: Anchor Books, 1966.

Berry et al. 1994 Berry, D., Towill D. R., Wadsley N.: Supply chain management in the electronics products industry. In: International Journal of Physical Distribution and Logistics Management, 1994 (Vol. 24), Nr. 10: 20-32.

Bertalanffy 1950 Bertalanffy, Ludwig von: The Theory of Open Systems in physics and Biology. In: Science, 1950 (Vol. 111): 23-29.

Berthel 1975 Berthel, Jürgen: Betriebliche Informationssysteme. Stuttgart: Poeschel,1975.

Billington 1999 Billington, Corey: The language of supply chains. In: Supply Chain Management Review, 1999, Sommer: 86-96.

Bitz 1977 Bitz, Michael: Die Strukturierung ökonomischer Entscheidungsmodelle.: Wiesbaden: Gabler, 1977.

Blau 1977 Blau, Peter M.: Inequality and Heterogeneity. New York: Free Press, 1977.

Blau 1986 Blau, Peter M.: Exchange and Power in Social Life. 5. Auflage. New Brunswick: Transaction Publishers, 1986. (erstmals erschienen 1964)

Boissevain 1979 Boissevain, Jeremy: Network Analysis. A Reappraisal. In: Current Anthropology, 1979 (Vol. 20), Nr. 2: 392 - 394.

Bonacich 1990 Bonacich, Phillip: Communication dilemmas in social networks: an experimental Study. In: American Sociological Review, 1990 (Vol. 55), June: 448 - 459.

Borthick und Roth 1993 Borthick, F., Roth, H.: Accounting for Time: Reengineering business processes to improve responsiveness. Journal of Cost Management 3/93: 4-14.

Boulding 1956 Boulding, Kenneth E.: General systems theory - The skeleton of science. In: Management Science, 1956 (Vol. 2), Nr. 3: 197-208.

Bovet und Sheffi 1998 Bovet, David, Sheffi, Yossi: The Brave New World of Supply Chain Management. In: Supply Chain Management Review, Spring 1998: 14 – 22.

Bowersox 1999 Bowersox, Donald J.: Logistics - From Necessity to Competitive Advantage. Logistikmanagement , 1999, Nr. 1: 35-39.

Bowersox und Closs 1996 Bowersox, Donald J., Closs, David J.: Logistical management: The integrated supply chain process. New York: McGraw Hill, 1996.

Bozarth und Chapman 1996 Bozarth, Cecil, Chapman, Steve: A contingency view of time-based competition for manufacturers. In: International Journal of Operations and Production Management, (Vol. 16) 1996, Nr. 6: 56 – 67.

Braithwaite 1993	Braithwaite, Alan: Logistics Systems or Customer Focused Organization: Which comes first? In: Logistics Information Management, (Vol. 6) 1993, Nr. 4: 26 – 37.
Brass 1981	Brass, Daniel J.: Structural relationships, job characteristics and worker satisfaction and performance. In: Administrative Science Quarterly, 1981 (Vol. 26): 331-348.
Brass 1984	Brass, Daniel J.: Being in the Right Place: A Structural Analysis of Individual Influence in an Organization. In: Administrative Science Quarterly, 1984 (Vol. 29): 518 - 539.
Bretzke 1980	Bretzke, Wolf-Rüdiger: Der Problembezug von Entscheidungsmodellen. Tübingen: Mohr, 1980.
Brignall und Ballantine 1996	Brignall, Stan, Ballantine, Joan: Performance Measurement in service businesses revisited. In: International Journal of Service Industry Management, (Vol. 7) 1996, Nr. 1: 6 – 31.
Brown und Eisenhardt 1998	Brown, Shona L., Eisenhardt, Kathleen M.: Competing on the Edge. Strategy as Structured Chaos. Boston, Ma.: Harvard Business School Press, 1998.
Buchanan 1974	Buchanan, Bruce: Building organizational commitment: The socialization of managers in work organizations. In: Administrative Science Quarterly, 1974 (Vol. 19): 533-546.
Bucklin 1965	Bucklin, Louis P.: Postponement, Speculations and the Structure of Distribution Channels. Journal of Marketing Research: February, 1965: 26–31.
Burbidge 1961	Burbidge, John L.: The new Approach to Production. In: Production Engineer, 1961 (Vol. 40): 769 - 784.
Burbidge 1996	Burbidge, John L.: Periodic Batch control. Oxford: Clarendon Press, 1996.
Burns und Stalker 1961	Burns, Tom, Stalker, G. M.: The Management of Innovation. Oxford: Oxford University Press, 1961.
Burr 1999	Burr, Wolfgang: Koordination durch Regeln in selbstorganisierenden Unternehmensnetzwerken. In: ZfB, 1999 (Vol. 69): 1159-1179.
Burt 1995	Burt, Ronald S.: Structural Holes. The Social Structure of Competition. Cambridge: Harvard University Press, 1995.
Burt 1997	Burt, Ronald S.: A note on Social Capital and Network Content. In: Social Networks, 1997 (Vol. 19): 355 - 373.
Burt 2000	Burt, Ronald S.: The network structure of social capital. Quelle: http://gsbwww.uchicago.edu/fac/ronald.burt/research/, geladen am 8.8.2000, paginiert.
Cameron 1986	Cameron, Kim S.: Effectiveness as a Paradox: Consensus and Conflict in Conceptions of Organizational Effectiveness. In: Management Science, 1986 (Vol. 32), Nr. 5: 539 - 553.
Camp 1994	Camp, Robert C.: Benchmarking : the search for industry best practices that lead to superior performance. 11. Auflage. Milwaukee, Wis. : Quality Press, 1994.
Campbell und Gould 1999	Campbell, Andrew, Gould, Michael: The collaborative enterprise. Reading, Ma.: Perseus Books, 1999.
Caplice und Sheffi 1994	Caplice, Chris, Sheffi, Yossi: A Review and Evaluation of Logistics Metrics. The International Journal of Logistics Management, (Vol. 5) 1994, Nr. 2: 11 - 28.

Cavinato 1991	Cavinato, J.: Identifying interfirm total cost advantages for supply chain competitiveness. In: International Journal of Purchasing and Materials Management, 1991: 10-15.
CCG 1998	CCG - Centrale für Coorganistion (Hrsg.): Das Leistungsangebot von EAN-COM ® '97 im Überblick. Köln: 1998.
Chakravarthy 1986	Chakravarthy, Balaji S.: Measuring strategic performance. In: Strategic Management Journal, 1986 (Vol. 7): 437-458.
Chalmers 1989	Chalmers, Alan F.: Wege der Wissenschaft. Einführung in die Wissenschaftstheorie. Berlin: Springer, 1989.
Chandler 1969	Chandler, Alfred D.: Strategy and Structure. Cambridge: MIT Press, 1969
Chandler 1977	Chandler, Alfred D.: The visible hand: The managerial revolution in American business. Cambridge, Mass.: Belknap Press of Harvard Univ. Press, 1977
Chenhall und Langfield-Smith 1998	Chenhall, Robert, Langfield-Smith, Kim: Factors influencing the role of management accounting in the development of performance measures within organizational change programs. In: Management Accounting Research, 1998 (Vol. 9): 361 - 386.
Child 1991	Child, Peter, Diederichs, Raimund, Sanders, Falk-Hayo, Wisniowski, Stefan: The Management of Complexity. In: Sloan Management Review, 1991, Herbst: 73 - 80.
Chmielewicz 1993	Chmielewicz, Klaus, Schweitzer, Marcell: Handwörterbuch des Rechnungswesens. 3. Auflage. Stuttgart: Schaeffer-Poeschel, 1993.
Chow et al 1994	Chow, Garland, Heaver, Trevor D., Henriksson, Lennart E.: Logistics Performance: Definition and Measurement. In: International Journal of Physical Distribution and Logistics Management, (Vol. 24) 1994, Nr. 1: 17 – 28.
Christopher 1999a	Christopher, Martin: Responding to the Global Supply Chain Challenge. In: Supply Chain Management Review Global Supplement, Winter 1999: 7 – 9.
Christopher 1999b	Christopher, Martin: Logistics and Supply Chain Management. Strategies for Reducing Cost and Improving Performance. 2. Auflage. London: Pitman, 1999.
Christopher und Braithwaite 1989	Christopher, Martin, Braithwaite, Alan: Managing Strategic Lead Times. In: Logistics Information Management, 1989, December: 192 – 197.
Christopher und Peck 1997	Christopher, Martin, Peck, Helen: Managing Logistics in Fashion Markets. The International Journal of Logistics Management: 1997/2: 63-74.
Churchman 1971	Churchman, Charles W.: Einführung in die Systemanalyse. 2. Auflage. München : Verlag Moderne Industrie, 1971.
Closs et al. 1998	Closs, David J., Roath, Anthony S., Goldby, Thomas J., Eckert, James A., Swartz, Stephen M.: An empirical comparison of anticipatory and response-based supply chain strategies. In: The International Journal of Logistics Management, 1998 (Vol. 9), Nr. 2: 21-34.
Cobb et al. 1976	Cobb, Roger, Ross, Jennie-Keith, Ross, Marc Howard: Agenda building as a comparative political process. In: The American Political Science Review, 1976 (Vol. 70): 126-138.
Cohen et al. 1962	Cohen, Arthur M., Bennis, Warren G., Wolkon, George H.: The effects of changes in communication networks on the behaviors of problem solving groups. In: Sociometry, 1962 (Vol. 25): 177-196.

Coleman 1988	Coleman, James S.: Social capital in the creation of human capital. In: American Journal of Sociology, 1988 (Vol. 94), Supplement: 95-120.
Coleman et al. 1957	Coleman, James S., Katz, Elihu, Menzel, Herbert: The diffusion of innovation among physicians. In: Sociometry, 1957 (Vol. 20), Nr. 4: 253-270.
Converse 1954	Converse, Paul D.: The other Half Marketing. Proceedings: Twenty-sixth Annual Boston Conference on Distribution. 1954.
Cook 1977	Cook, Karen S.: Exchange and Power in Networks of Interorganizational relations. In: The Sociological Quarterly, (Vol. 18) 1977, Winter: 62 - 82.
Cook und Whitmeyer 1992	Cook, Karen S, Whitmeyer, J. M.: Two approaches to social structure: exchange theory and network analysis. In: Annual Review of Sociology, 1992 (Vol. 18): 109-127.
Cool und Henderson 1998	Cool, Karel, Henderson, James: Power and Firm Profitability in Supply Chains: French Manufacturing Industry in 1993. In: Strategic Management Journal, 1998 (Vol. 19): 909 - 926.
Cooper et al. 1997	Cooper, Martha, Lambert, Douglas, Pagh, Janus: Supply Chain Management: More than a new name for logistics. In: International Journal of Logistics Management, (Vol. 1) 1997: 1-14.
Cooper und Ellram 1993	Cooper, Martha, Ellram, Lisa: Characteristics of Supply Chain Management and the Implications for Purchasing and Logistics Strategy. In: International Journal of Logistics Management, 1993 (Vol. 4), Nr. 2: 3-24.
Covaleski et al. 1996	Covaleski, Mark A., Dirsmith, Mark W., Samuel, Sajay: Managerial Accounting Research. The contributions of organizational and sociological science. In: Journal of Management Accounting Research, (Vol. 8) 1996: 1 - 35.
Coyne und Dye 1998	Coyne, Kevin P., Dye, Renée: The competitive dynamics of network-based businesses. In: Harvard Business Review, 1998, January/February: 99-109.
Cunningham und Homse 1990	Cunningham, M. T., Homse, E.: Controlling the marketing-purchasing interface: resource development and organisational implications. In: Ford (1990a): 104 - 123.
Cyert und March 1963	Cyert, Richard M., March, James G.: A Behavioral Theory of the Firm. Englewood Cliffs: Prentice Hall, 1963.
Dahlstrom et al. 1996	Dahlstrom, Robert, McNeilly, Kevin M., Speh, Thomas W.: Buyer-Seller-Relationships in the Procurement of Logistical Services. In: Journal of the Academy of Marketing Science, (Vol. 24) 1996, Nr. 2: 110 - 124.
Darby und Karni 1973	Darby, Michael A., Karni, Edi: Free competition and the optimal amount of fraud. In: The Journal of law and economics, 1973 (Vol. 16): 67 - 88.
Davern 1997	Davern, Michael: Social Networks and Economic Sociology: A Proposed Research Agenda For a More Complete Social Science. In: American Journal of Economics and Sociology, 1997 (Vol. 56), Nr. 3: 287 - 302.
Davis 1993	Davis, Tom: Effective Supply Chain Management. In: Sloan Management Review, 1993, Sommer: 35 - 46.
Delfmann 1989a	Delfmann, Werner (Hrsg.): Der Integrationsgedanke in der Betriebswirtschaftslehre. Helmut Koch zum 70. Geburtstag. Wiesbaden: Gabler, 1989.
Delfmann 1989b	Delfmann, Werner: Das Netzwerkprinzip als Grundlage integrierter Unternehmensführung. In: Delfmann (1989a): 89 - 113.

deMoliére 1984 DeMoliére, Frederic: Prinzipien des Modellentwurfs. Dissertation. Darmstadt, 1984.

Deutsch 1973 Deutsch, Morton: The resolution of conflict. New Haven: Yale University Press, 1973.

Deutsch 1975 Deutsch, Morton: Equity, equality and need: What determines which value will be used as the basis of distributive justice? In: Journal of Social Issues, 1975 (Vol. 31), Nr. 3: 137-149.

DiMaggio und Powell 1983 DiMaggio, Paul J., Powell, Walter W.: The Iron Cage Revisited: Institutional Isomorphism and Collective Rationality in Organizational Fields. In: American Sociological Review, 1983 (Vol. 48), April: 147 - 160

Dodd und Johns 1999 Dodd, James L., Johns Jason: EVA reconsidered. In: Business and Economic Review, 1999, April-Juni: 13-18.

Dögl 1986 Dögl, Rudolf. Strategisches Qualitätsmanagement im Industriebetrieb - Pragmatischer Ansatz zur Erklärung und methodischen Handhabung des Qualitätsphänomens. Göttingen: Vandenhoeck und Ruprecht, 1986.

Domsch und Reinecke 1989 Domsch, Michael, Reinecke, Peter: Bewertungstechniken. In: Szyperski (1989): Sp. 143 - 155.

Domschke und Drexl 1990 Domschke, Wolfgang, Drexl, Andreas: Logistik: Standorte. 3. Auflage. München: Oldenbourg, 1990.

Doreian und Stokman 1997a Doreian, Patrick, Stokman, Frans S. (Hg.): Evolution of social networks. Amsterdam: OPA, 1997.

Doreian und Stokman 1997b Doreian, Patrick, Stokman, Frans S.: The dynamics and evolution of social networks. In: Doreian und Stokman 1997a

Dörner 1990 Dörner, Dietrich: Von der Logik des Misslingens. In: Fisch und Boos (1990): 257-282.

Downey und Slocum 1975 Downey, H. Kirk, Slocum, John W.: Uncertainty: Measures, Research, and Sources of Variation. In: Academy of Management Journal, 1975 (Vol. 18), Nr. 3: 562-578.

Downs 1966 Downs, Anthony: Inside Bureaucracy. Prospect Heights, Ill. : Waveland Press, 1966.

Dranove et al. 1998 Dranove, David, Peteraf, Margaret, Shanley, Mark: Do strategic groups exist? An economic framework for analysis. In: Strategic Management Journal, (Vol. 19) 1998: 1029 - 1044.

Driver 1987 Driver, Michael J.: Cognitive Psychology: an interactionist view. In: Lorsch (1987): 62-83.

Drucker 1992 Drucker, P.: The New Society of Organizations. Harvard Business Review, September/October 92: 95 – 104.

Duncan 1972 Duncan, Robert B.: Characteristics of organizational environments and perceived environmental uncertainty. In: Administrative Science Quarterly, 1972 (Vol. 17): 313 - 327.

Dutton und Ashford 1993 Dutton, Jane E., Ashford, Susan J.: Selling issues to top management. In: Academy of Management Review, 1993 (Vol. 18), Nr. 3: 397-428.

Dwyer et al. 1987 Dwyer, F. Robert, Schurr, Paul H., Oh, Sejo: developing buyer-seller relationships. In: Journal of Marketing, 1987 (Vol. 51), April: 11-27.

Dyer 1997	Dyer, Jeffrey H.: Effective Interfirm Collaboration: How firms minimize transaction costs and maximize transaction value. In: Strategic Management Journal, 1997 (Vol. 18), Nr. 7: 535 - 556.
Dyer et al. 1997	Dyer, Jeffrey H., Cho, Dong Sung, Chu, Wujin: Strategic supplier segmentation: A model for managing suppliers in the 21st century. In: Hamel et al. (1997): 257-278.
Dyer und Singh 1998	Dyer, Jeffrey H., Singh, Harbir: The relational view: cooperative strategy and sources of interorganizational competitive advantage. In: Academy of Management Review, 1998 (Vol. 23), Nr. 4: 660 - 679.
Ebers und Gotsch 1995	Ebers, Mark und Gotsch, Wilfried: Institutionenökonomische Theorien der Organisation. In: Kieser (1995a): 185 - 235.
Ebner 1997	Ebner, Gunnar: Controlling komplexer Logistiknetzwerke. Nürnberg: GVB Schriftenreihe: 1997.
Ehrbar 1998	Ehrbar, Al: EVA - Economic Value Added. The ral key to creating wealth. Chichester: John Wiley & Sons, 1998.
Eisenführ und Weber 1999	Eisenführ, Franz, Weber, Martin: Rationales Entscheiden. Berlin: Springer, 1999.
El Ansary und Stern 1972	El Ansary, Adel I., Stern, Louis W.: Power Measurement in the Distribution Channel. In: Journal of Marketing Research, (Vol. 9) 1972, February: 47 - 52.
Ellinger 1963	Ellinger, Theodor. Industrielle Einzelfertigung und Vorbereitungsgrad. Zeitschrift für handelswissenschaftliche Forschung, 1963 (Vol. 15): 481-498.
Ellram und Cooper 1990	Ellram, Lisa, Cooper, Martha: Supply Chain Management, Partnerships, and the Shipper - Third Party Relationship. In: International Journal of Logistics Management, Vol. 2, 1990.
Ellram und Cooper 1993	Ellram, Lisa M., Cooper, Martha C.: The Relationship between Supply Chain Management and Keiretsu. In: The International Journal of Logistics Management, (Vol. 4), 1993, Nr. 1: 1- 12.
Emerson 1962	Emerson, Richard M.: Power-Dependence Relations. In: American Sociological Review, 1962: 31-41.
Emery und Trist 1965	Emery, F. E., Trist, E. L.: The causal texture of organizational environments. In: Human Relations, 1965 (Vol. 18): 21-32.
Emmelhainz et al. 1991	Emmelhainz, Larry W., Emmelhainz, Margaret A., Stock, James R.: Logistics Implications of Retail Stockouts. In: Journal of Business Logistics, (Vol. 12) 1991, Nr. 2: 129 - 142.
Etgar 1979	Etgar, Michael: Sources and Types of Intrachannel Conflict. In: Journal of Retailing, (Vol. 55) 1979, Nr. 1, Spring: 61-78.
Etzioni 1975a	Etzioni, Amitai: A comparative analysis of complex organizations. 5., revised and enlarged edition. New York: The Free Press, 1975.
Etzioni 1975b	Etzioni, Amitai: Die aktive Gesellschaft. Opladen: Westdeutscher Verlag,1975.
Evan 1966	Evan, William W.: The organization set: Toward a theory of interorganizational relations. In: Thompson (1966): 173-191.
Evans und Danks 1998	Evans, Robert, Danks, Alister: Strategic Supply Chain Management. In: Gattorna (1998): 18 – 37.
Festinger 1957	Festinger, Leon: A theory of cognitive dissonance. Evanston: 1957.

Fine 1998	Fine, Charles H.: Clockspeed. Winning Industry Control in the Age of Temporary Advantage. Reading, Ma.: Perseus, 1998.
Fisch und Boos 1990	Fisch, Rudolf, Boos, G. (Hg.): Vom Umgang mit Komplexität in Organisationen. Konstanz: Universitätsverlag, 1990.
Fischer 1995	Fischer, Markus: Typologien von Unternehmensverbindungen und Theorie der strategischen Unternehmensführung. Herrsching: Kirsch, 1995.
Fisher 1978	Fisher, Aubrey: Perspectives on human communication. New York: MacMillan, 1978.
Fisher 1997	Fisher, Marshall L.: What is the right Supply Chain for your Product?, Harvard Business Review: March/April 97: 105 – 116.
Fogarty et al.1991	Fogarty, Donald W., Blackstone, John H. Jr., Hoffmann, Thomas R.: Production and Inventory Management. 2. Auflage. Cincinnati, Oh.: South Western Publishing, 1991.
Fombrun 1982	Fombrun, Charles J.: Strategies for Network Research in Organizations. In: Academy of Management Review, (Vol. 7) 1982, Nr. 2: 280 - 291.
Ford 1990a	Ford, David (Hg.): Understanding Business Markets: Interaction, Relationship, Networks. London: Academic Press, 1990.
Ford et al. 1990	Ford, David, Hakansson, H., Johanson J.: How do companies interact? In: Ford (1990a): 381-392.
Forrester 1958	Forrester, Jay W.: Industrial Dynamics - a mayor breakthrough for decision makers. In: Harvard Business Review, Juli-August 1958: 37 - 66.
Foster und Young 1997	Foster, George, Young, Mark S.: Frontiers of management accounting research. In: Journal of Management Accounting Research, 1997 (Vol. 9): 63 - 77.
Frazier 1999	Frazier, Gary L.: Organizing and Managing Channels of Distribution. In: Journal of the Academy of Marketing Science, (Vol. 27) 1999, Nr. 2: 226 - 240.
Freeman 1979	Freeman, Linton C.: Centrality in Social Networks - Conceptual Clarification. In: Social Networks. (Vol. 1) 1978/1979: 215 - 239.
Freeman 1983	Freeman, Edward R.: Strategic Management: A stakeholder approach. In: Lamb (1983): 31-60.
Frese 1989	Frese, Erich: Koordination. In: Szyperski (1989): Sp. 913-923.
Frese 1998	Frese, Erich: Grundlagen der Organisation. Konzepte - Strukturen - Prinzipien. 7. Auflage. Wiesbaden: Gabler, 1998.
Freter 1983	Freter, Hermann: Marktsegmentierung. Stuttgart: Kohlhammer, 1983.
Fuller et al. 1993	Fuller, Joseph B., O´Conor James, Rawlinson, Richard: Tailored Logistics: The Next Advantage. In: Harvard Business Review, Mai-Juni, 1993: 87 - 98.
Gadiesh und Gilbert 1998	Gadiesh, Orit, Gilbert, James L.: Profit Pools: A fresh look at strategy. Harvard Business Review, May – June 1998: 139 – 147.
Gaitanides 1983	Gaitanides, Michael: Prozeßorganisation – Entwicklung, Ansätze und Programme prozeßorientierter Organisationsgestaltung. München: Vahlen, 1983.
Ganesan 1994	Ganesan, Shankar: Determinants of long-term orientation in buyer-seller relationships. In: Journal of Marketing, 1994 (Vol. 58), April: 1-19.
Gattorna 1998	Gattorna, John L. (Hg.): Strategic Supply Chain Alignment. Aldershot: Gower, 1998.

Gebert und von Rosenstiel 1996 — Gebert, Diether, Von Rosenstiel, Lutz: Organisationspsychologie. 4. Auflage. Berlin: Kohlhammer, 1996.

Geoffrion und Powers 1995 — Geoffrion, Arthur M., Powers, Richard F.: Twenty Years of Strategic Distribution Design: An Evolutionary Perspective. In: Interfaces, (Vol. 25), Nr. 5 1995: 105 – 127.

Gerlach 1992a — Gerlach, Michael L.: The Japanese Corporate network: A Blockmodel Approach. In: Administrative Science Quarterly, 1992 (Vol. 37): 105 - 139.

Gerlach 1992b — Gerlach, Michael L.: Alliance Capitalism. Berkeley: University of California Press, 1992.

Gerth 1971 — Gerth, Ernst: Zwischenbetriebliche Kooperation. Stuttgart: Poeschel,1971.

Giddens 1986 — Giddens, Anthony: The constitution of Society. Berkeley, 1986.

Glaister und Buckley 1998 — Glaister, Keith W., Buckley Peter J.: Measures of performance in UK international alliances. In: Organization Studies, 1998 (Vol. 19), Nr. 1: 89-118.

Goldratt 1990 — Goldratt, Eliyahu M.: Theory of Constraints. Great Barrington, Ma.: North River Press: 1990.

Goldratt 1997 — Goldratt, Eliyahu M.: Critical Chain. A Business Novel. Great Barrington, Ma.: North River Press: 1997.

Gomez 1988 — Gomez, Peter: Die Organisation der Autonomie - Neue Denkmodelle für die Unternehmensführung. In: ZfO,1988, Nr. 6: 389-393.

Gordon und Miller 1976 — Gordon, Lawrence A., Miller, Danny: A Contingency Framework for the Design of Accounting Information Systems. In: Accounting, Organization and Society, (Vol. 1) 1976, Nr. 1: 59 - 69.

Goshal 1987 — Goshal, Sumantra: Global Strategy: An Organizing Framework. In: Strategic Management Journal, (Vol. 8) 1987: 425 - 440.

Goshal und Bartlett 1990 — Goshal, Sumantra, Bartlett, Christopher A.: The Multinational Corporation as an Interorganizational Network. In: Academy of Management Review, (Vol. 15) 1990, Nr. 4: 603 - 625.

Gould 1993 — Gould, Roger V.: Collective action and network structure. In: American Sociological Review, 1993 (Vol. 58), April: 182-196.

Gouldner 1960 — Gouldner, Alvin W.: The norm of reciprocity: A preliminary statement. In: American Sociological Review, 1960 (Vol. 25), Nr. 2: 161-178.

Govindarajan 1984 — Govindarajan, Vijay: Appropriateness of Accounting Data in Performance Evaluation. An Empirical Examination of Environmental Uncertainty as an Intervening Variable. In: Accounting, Organization and Society, (Vol. 9) 1984, Nr.: 2: 125 - 135.

Govindarajan 1988 — Govindarajan, Vijay: A contingency approach to strategy implementation at the business unit level: integrating administrative mechanisms with strategy. In: Academy of Management Journal, (Vol. 31) 1988, Nr. 4: 828 - 853.

Grandori und Soda 1995 — Grandori, Anna, Soda, Guiseppe: Interfirm Networks - Antecedents - Mechanisms and Forms. In: Organization Studies, 1995 (Vol. 16), Nr. 2: 183 - 214.

Granovetter 1973 — Granovetter, Mark S.: The strength of weak ties. In: American Journal of Sociology, 1973 (Vol. 78), Nr. 6: 1360 - 1380.

Granovetter 1985 — Granovetter, Mark S.: Economic Action and Social Structure: The Problem of Embeddedness. In: American Journal of Sociology, 1985 (Vol. 91), Nr. 3: 481 - 510.

Grochla 1980 Grochla, Erwin: Handwörterbuch der Organisation. 2. Auflage. Stuttgart: Poeschel, 1980.

Groves und Valsamakis 1998 Groves, Gwyn, Valsamakis, Vassilios: Supplier-customer relationships and company performance. In: The International Journal of Logistics Management, 1998 (Vol. 9), Nr. 2: 51-64).

Gulati 1995 Gulati, Ranjay, Socail structure and alliance formation patterns: A longitudinal analysis. In: Administrative Science Quarterly, 1995: 619-652).

Gulati und Singh 1998 Gulati, Ranjay, Singh, Harbir: The Architecture of Cooperation: Managing Coordination Costs and Appropriation Concerns in Strategic Alliances. In: Administrative Science Quarterly, (Vol. 43) 1998: 781 - 814.

Gundlach et al. 1995 Gundlach, Gregory T. Achrol, Ravi S., Mentzer, John T.: The structure of commitment in exchange. In: Journal of Marketing, 1995 (Vol. 59), Januar: 78-92.

Gundlach et al., 1995 Gundlach, Gregory T., Achrol, Ravi S., Mentzer, John T.: The Structure of Commitment in Exchange. In: Journal of Marketing, (Vol. 59) 1995, January: 78 - 92.

Günter 1985 Günter, Bernd; Local Content - eine Herausforderung für das internationale Marketing. In: Marketing ZFP, 1985, Nr. 4: 263-273.

Haas und Kleingeld 1998 Haas, Marco de, Kleingeld, Ad: Multilevel design of performance measurement systems: enhancing strategic dialogue throughout the organization. In: Management Accounting Research, 1998 (Vol. 10): 233 - 261.

Hahn 1982 Hahn, Dietger: Zweck und Standort des Portfoliokonzeptes in der strategischen Unternehmensführung. In: AG-Plan-82a: 1 - 24.

Hahn 1996 Hahn, Dietger: Planung und Kontrolle, Planungs- und Kontrollsysteme, Planungs- und Kontrollrechnung; Controllingkonzepte. 5. Auflage. Wiesbaden: Gabler, 1996.

Hakansson und Johanson 1990 Hakansson, H., Johanson, J.: Formal and Informal Cooperation Strategies in International Industrial Networks. In: Ford-90a: 459 - 467.

Hamel et al. 1997 Hamel, Gary, Prahalad, C. K., Thomas, Howard, O'Neal, Don: Strategic flexibility: managing in a turbulent environment. Chichester: John Wiley & Sons, 1997.

Hamel und Prahalad 1996 Hamel, Gary, Prahalad, C. K.: Competing for the Future. Boston, Ma.: Harvard Business School Press: 1996.

Hannan und Freeman 1993 Hannan, Michael T., Freeman, John: Organizational Ecology. Cambridge: Harvard University Press, 1993.

Hansen 1999 Hansen, Morten T.: The search-transfer problem: The role of weak ties in sharing knowledge across organization subunits. In: Administrative Science Quarterly, 1999 (Vol. 44): 82-111.

Hanusch 1987 Hanusch, Horst: Nutzen-Kosten-Analyse. München: Vahlen, 1987.

Harbert 1982 Harbert, Ludger: Controlling-Begriffe und Controlling-Konzeptionen – Eine Kritische Betrachtung des Entwicklungsstandes des Controlling und Möglichkeiten seiner Fortentwicklung. Bochum: Studienverlag Brockmeyer, 1982.

Harré 1976 Harré, Rom: The constructive role of models. In: Collins (1976): 16-43.

Harrington 1991	Harrington, James H.: Business Process Improvement : The Breakthrough Strategy for Total Quality, Productivity, and Competitiveness. New York: 1991.
Harrington et al. 1991	Harrington, Thomas C., Lambert, Douglas M., Christopher, Martin: A methodology for measuring vendor performance. In: Journal of Business Logistics, (Vol. 12) 1991: Nr. 1: 83 - 104.
Hars 1994	Hars, Alexander: Referenzdatenmodelle. Grundlage effizienter Datenmodellierung. Wiesbaden: Gabler, 1994.
Hartz 1996	Hartz, Peter: Das atmende Unternehmen : jeder Arbeitsplatz hat einen Kunden.. Frankfurt/Main: Campus-Verlag, 1996.
Haunschild und Beckman 1998	Haunschild, Pamela R., Beckman, Christine M.: When do interlocks matter?: Alternate sources of information and interlock influence. In: Administrative Science Quarterly, (Vol. 43) 1998: 815 - 844.
Hawley 1986	Hawley, Amos H.: Human Ecology. A theoretical essay. Chicago: University of Chicago Press, 1986.
Heide 1994	Heide, Jan B.: Interorganizational governance in marketing channels. In: Journal of Marketing, 1994 (Vol. 58), Januar: 71-85.
Heigl 1989	Heigl, Anton: Controlling – interne Revision. 2. Auflage. Stuttgart: Fischer, 1989.
Heinen 1992	Heinen, E.: Einführung in die Betriebswirtschaftslehre. 9., verbesserte Auflage. Wiesbaden 1992 (erstmals 1968).
Henderson 1984	Henderson, Bruce, D.: Die Erfahrungskurve in der Unternehmensstrategie. 2. Auflage. Frankfurt: Campus, 1984.
Hentsch und Malik 1973	Hentsch, B., Malik, F. (Hrsg.): Systemorientiertes Management. Bern: 1973.
Henzler 1974	Henzler, H.: Der Januskopf muß weg. In: Wirtschaftswoche, 1974, Nr. 38: 60 - 63.
Hettich 1981	Hettich, Günter: Struktur, Funktion und Effizienz betrieblicher Informationssysteme. Tübingen, 1981.
Hewitt 1994	Hewitt, Fred: Supply chain redesign. In: The International Journal of Logistics Management , 1994 (Vol. 5), Nr. 2: 1-9.
Hickson et al. 1971	Hickson, D. J., Hinnings, C. R., Lee, C. A., Schneck, R. E., Pennings, J. M.: A Strategic Contingencies Theory of Interorganizational Power. In: Administrative Science Quarterly, 1971: 216 - 229.
Higginson und Alam 1997	Higginson, James K., Alam, Ashraful: Supply Chain Management Techniques in Medium-to-Small Firms. In: International Journal of Logistics Management, (Vol. 8) 1997, Nr. 2: 19 – 32.
Hill 1991	Hill, W.: Basisperspektiven der Managementforschung. Die Unternehmung, Februar 1991 (Vol. 45): 2-15.
Hill et al. 1994	Hill, Wilhelm, Fehlbaum, Raymond, Ulrich, Peter: Organisationslehre Band 1. 5. Auflage. Bern/Stuttgart: Haupt, 1994.
Hiromoto 1989a	Hiromoto, T.: Das Rechnungswesen als Innovationsmotor. In: Harvard Manager 1/89, 129-133.
Hiromoto 1989b	Hiromoto, T.: Management Accounting in Japan. Controlling 6/89: 316-322.

Hoek 1998	Hoek, Remko van: Measuring the unmeasurable - measuring and improving performance in the supply chain. In: Supply Chain Management, (Vol. 3) 1998, Nr. 4: 187 - 192.
Hofstede 1992	Hofstede, Geert: Die Bedeutung von Kultur und ihren Dimensionen im Internationalen Management. In: Kumar und Hausmann (1992): 303-324.
Holmberg 1997	Holmberg, Stefan: Measurements on an integrated supply chain. Lund: The Lund Institute of Technology: 1997.
Homburg 2000	Homburg, Christian: Quantitative Betriebswirtschaftslehre. 3. Auflage. Wiesbaden: Gabler, 2000.
Horváth 1996	Horváth, Peter: Controlling. 6. Auflage. München: Vahlen, 1996.
Houlihan 1985	Houlihan, John, B.: International Supply Chain Management. In: International Journal of Physical Distribution and Logistics Management, (Vol. 15) 1985, Nr. 1: 22 – 38.
Hruschka 1985	Hruschka, Harald: Abgrenzung und Segmentierung von Märkten auf der Grundlage unscharfer Klassifikationsverfahren. Thun: Harri Deutsch, 1985.
Huber und Daft 1987	Huber, George P., Daft, Richard L: The information environments of organizations. In: Jablin et al. (1987): 130-164.
Husserl 1986	Husserl, Edmund: Die Idee der Phänomenologie. Hamburg: Meiner, 1986.
Husserl 1988	Husserl, Edmund: Fünfte logische Untersuchung: Über intensionale Erlebnisse und ihre „Inhalte“. Nach dem Text der ersten Auflage von 1901. Hamburg: Meiner, 1988.
Hutt et al. 2000	Hutt, Michael D., Stafford, Edwin A., Walker, Beth A., Reingen, Peter H.; Defining the social network of a strategic alliance. In: Sloan Management Review, 2000, Winter: 51-62.
I² 1999	I² Technologies: What is Supply Chain? In: http://www.i2.com/html/whatis1.html, 4.2.99
Iacobucci und Hopkins 1992	Iacobucci, Dawn, Hopkins, Nigel: Modeling dyadic Interactions and Networks in Marketing. In: Journal of Marketing Research, (Vol. 29) 1992, February: 5 - 17.
Ibarra 1992	Ibarra, Herminia: Structural Alignments, individual strategies, and managerial action: Elements toward a network theory of getting things done. In: Nohria und Eccles (1992): 165-188.
Ibarra 1993	Ibarra, Herminia: Network Centrality, Power and Innovation Involvement: Determinants of Technical and Administrative Roles. In: Academy of Management Journal, 1993 (Vol. 36), Nr. 3: 471 - 501.
Ihde 1984	Ihde, Gösta: Transport, Verkehr, Logistik. München: Vahlen, 1984.
Ihde 1984b	Ihde, Gösta B.: Transport, Verkehr, Logistik. Gesamtwirtschaftliche Aspekte und einzelwirtschaftliche Handhabung. München: Vahlen, 1984.
Ittner und Larcker 1997	Ittner, Christopher D., Larcker, David F.: Quality strategy, strategic control systems, and organizational performance. In: Accounting, Organization and Society, 1997 (Vol. 22), Nr. 3-4: 293-314.
Ittner und Larcker 1998a	Ittner, Christopher D., Larcker, David F.: Are non-financial measures leading indicators of financial performance? An analysis of customer satisfaction. In: Journal of Accounting Research, 1998 (Vol. 36), Supplement: 1 - 36.

Ittner und Larcker 1998b	Ittner, Christopher D., Larcker, David F.: Innovations in performance measurement: Trends and recent implications. In: Journal of Management Accounting Research, 1998, (Vol. 10): 205-238.
Jablin et al. 1987	Jablin, Fredric M., Putnam, Linda L., Roberts, Karlene H., Porter, Lyman W.: Handbook of organizational communication. Thousand Oaks: Sage, 1987.
Jarillo 1988	Jarillo J. Carlos: On strategic networks. In: Strategic Management Journal, 1988 (Vol. 9): 31-41.
Jay 1964	Jay, Edward J.: The concept of "Field" and "Network" in anthropological research. In: Man, 1964, September-Oktober: 137-139.
Jayaram und Vickery 1998	Jayaram, Jayanth, Vickery, Shawnee K.: Supply-Based Strategies, Human Resource Initiatives, Procurement Lead Time, and Firm Performance. In: International Journal of Purchasing and Materials Management, 1998, Winter: 12 - 23.
Jones und Riley 1987	Jones, Thomas C., Riley, Daniel W.: Using Inventory for Competitive Advantage through Supply Chain Management. In: Physical Distribution and Logistics Management, (Vol. 17) 1987, Nr. 2: 94 – 104.
Kahn und Mentzer 1996	Kahn, Kenneth B., Mentzer, John T.: Logistics and interdepartmental integration. In: International Journal of Physical Distribution and Logistics Management, Vol. 26, 1996, Nr. 8: 6 - 14.
Kaplan und Atkinson 1998	Kaplan, Robert S., Atkinson, Anthony A.: Advanced Management Accounting. 3. Auflage. Upper Saddle River, N.J.: Prentice Hall, 1998.
Kaplan und Norton 1992	Kaplan, Robert S., Norton, David P.: In Search of Excellence. Der Maßstab muss neu definiert werden. In: Harvard Manager, 1992, Nr. 4: 37 - 46.
Kaplan und Norton 1996a	Kaplan, Robert S, Norton, David P.: The Balanced Scorecard. Boston: 1996.
Kaplan und Norton 1996b	Kaplan, Robert S, Norton, David P.: Linking the Balanced Scorecard to Strategy. California Management Review, 1996 (Vol. 39), Nr. 1: 53 - 79.
Kaplan und Norton 1997	Kaplan, Robert S., Norton, David P.: Balanced Scorecard. Strategien erfolgreich umsetzen. Stuttgart: Schäffer/Poeschel, 1997.
Katz und Kahn 1966	Katz, Daniel, Kahn, Robert L.: The social psychology of organizations. New York: John Wiley & Sons, 1966.
Khandwalla 1972	Khandwalla, Pradip N.: The effect of different types of competition on the use of management controls. In: Journal of Accounting Research, 1972, Autumn: 275-285.
Kieser 1995a	Kieser, A.: Organisationstheorien. 2. Auflage. Stuttgart: 1995.
Kilger 1998	Kilger, Christoph: Optimierung der Supply Chain durch Advanced Planning Systems. In: Information Management und Consulting,1998/3: 49 - 55.
Kirsch 1989a	Kirsch, W., Picot, A. (Hg.): Die Betriebswirtschaftslehre im Spannungsfeld zwischen Generalisierung als Spezialisierung. Wiesbaden: 1989.
Kirsch 1989b	Kirsch, W.: Entscheidungsorientierte Betriebswirtschaftslehre und angewandte Führungslehre. in Kirsch (1989): 120-135.
Kirsch 1994	Kirsch, W.: Die Handhabung von Entscheidungsproblemen. Einführung in die Theorie der Entscheidungsprozesse. 4. Auflage. München: 1994.
Kirsch 1997	Kirsch, Werner: Betriebswirtschaftslehre. Herrsching: Kirsch, 1997.

Kirsch und Weber 1999 Kirsch, Werner, Weber, M.: Theorie der strategischen Unternehmensführung: Themen- und Agendabildung. Arbeitstext am Seminar für Strategische Unternehmensführung. München: LMU, 1999.

Klaus 1993 Klaus, Peter: Die dritte Bedeutung der Logistik. Nürnberg: Nürnberger Logistik-Arbeitspapier Nr. 3.

Klaus 1995 Klaus, Peter: Willkommen im ECR-Zeitalter - logistischer Quantensprung für die Konsumgüterwirtschaft? In: GVB-Informationen, 1/1995: 15 - 22.

Klaus 1998 Klaus, Peter: Supply Chain Management. In: Klaus und Krieger (1998): 434 - 441.

Klaus 1999 Klaus, Peter: Logistik als Weltsicht. In: Weber, Jürgen, Baumgarten, Helmut (Hrsg.): Handbuch Logistik, Stuttgart: Schaeffer-Poeschel, 1999: 15 - 32.

Klaus 2000 Klaus, Peter: Zum materiellen Internet. In Voigt und Scheffler (2000).

Klaus und Krieger 1998 Klaus, Peter, Krieger, Winfried (Hg.): Lexikon Logistik. Management logistischer Netzwerke und Flüsse. Wiesbaden: Gabler, 1998.

Kogut 1985 Kogut, Bruce: Designing Global Strategies: Profiting from Operational Flexibility. In: Sloan Management Review, Herbst 1985: 27 - 38.

Koreiman 1975 Koreiman, Dieter S.: Methoden der Informationsbedarfsanalyse. Berlin, 1975.

Kotler 1988 Kotler, Philip: Marketing Management. 6. Auflage. Englewood Cliffs, N.J., Prentice Hall: 1988.

Krackhardt und Brass 1994 Krackhardt, David, Brass, Daniel J.: Interorganizational Networks. In: Wasserman und Galaskiewicz (1994): 207-229.

Krone et al. 1987 Krone, Kathleen J., Jablin, Fredric M., Putnam, Linda L.: Communication Theory and organizational communication: Multiple perspectives. In: Jablin et al. (1987): 18-40.

Kruse 1995 Kruse, Christian: Referenzmodellgestütztes Geschäftsprozeßmanagement. Wiesbaden: Gabler, 1995.

Kruse et al. 1997 Kruse, Jörn, Stockmann, Kurt, Vollmer, Lothar (Hrsg.): Wettbewerbspolitik im Spannungsfeld nationaler und internationaler Kartellrechtsordnungen. Baden-Baden: Nomos, 1997.

Kuhn 1996 Kuhn, T. S.: Die Struktur wissenschaftlicher Revolutionen. 13. Auflage. Frankfurt/Main: 1996.

Kumar und Hausmann 1992 Kumar, Brij N., Hausmann, G. (Hg.): Handbuch der internationalen Unternehmenstätigkeit. München, 1992.

Kumar und Motwani 1985 Kumar, Ashok, Motwani, Jaideep: A methodology for assessing time-based competitive advantage of manufacturing fims. In: International Journal of Operations and Production Management, (Vol. 15) 1985, Nr. 2: 36 – 53.

Kumar und Seth 1998 Kumar, Sanjiv, Seth, Anju: The design of coordination and control mechanisms for managing joint-venture parent relationships. In: Strategic Management Journal, (Vol. 19) 1998: 579 - 599.

Küpper 1997 Küpper, Hans-Ulrich. Controlling. 2. Auflage. Stuttgart: Schäffer/Poeschel, 1997.

Küpper et al. 1990 Küpper, Hans-Ulrich, Weber, Jürgen, Zünd, André: Zum Verständnis und Selbstverständnis des Controlling. Thesen zur Konsensbildung. ZfB 3/1990: 281-293.

Kwan 1997	Kwan, Chi Hung: The Rise of Asia and Japan's "Hollowing Out" Problem. In: NRI Quarterly, Spring 1997: 58 - 74.
LaLonde 1999	LaLonde, Bernard J.: The Quest for Supply Chain Integration. In: Supply Chain Management Review, 1999, Winter: 7 - 10.
LaLonde und Masters 1994	LaLonde, Bernard J., Masters, James M.: Emerging Logistics Strategies: Blueprints for the next century. In: International Journal of Physical Distribution and Logistics Management, (Vol. 24) 1994, Nr. 7: 35 – 47.
Lambert et al. 1998	Lambert, Douglas M., Cooper , Martha C, Pagh, Janus D.: Supply Chain Management: Implementation Issues and Research Opportunities. In: The International Journal of Logistics Management, 1998 (Vol. 9), Nr. 2: 1 - 19.
Lamming 1996	Lamming, Richard: Squaring lean supply with supply chain management. In: International Journal of Operations and Production Management, 1996 (Vol. 16), Nr. 2: 183-196.
Lanzenauer und Pilz-Glombik 1999	Lanzenauer, Christoph Haeling von, Pilz-Glombik, Karsten: A Supply Chain Optimization Model for MIT's Beer Distribution Game. In: ZfB, 1999 (Vol. 70), Nr. 1: 101-116.
Laseter 1999a	Laseter, Timothy: Integrating the Supply Web. In: Supply Chain Management Review, Winter 1999: 87 – 94.
Laseter 1999b	Laseter, Timothy M.: Balanced Sourcing. Cooperation and Competition in Supplier Relationships. San Francisco, Ca.: Jossey-Bass, 1999.
Laumann et al. 1978	Laumann, Edward O., Galaskiewicz, Joseph, Marsden, Peter van: Community Structure as Interorganizational Linkages. In: Annual Review of Sociology, 1978: 455 - 484.
Lawrence und Lorsch 1967	Lawrence, Paul R., Lorsch, Jay W.: Organization and Environment. Managing Differentiation and Integration. Boston: Harvard University, 1967.
Leavitt 1951	Leavitt, Harold: Some effects of certain communication patterns on group performance. In: Journal of abnormal and social psychology, 1951 (Vol. 46): 38-50.
Leblebici und Salancik 1981	Leblebici, Huseyin, Salancik, Gerald R.: Effects of Environmental Uncertainty on Information and Decision Processes in Banks. In: Administrative Science Quarterly, (Vol. 26) 1981: 578 - 596.
Lee et al. 1997	Lee, Hau L., Padmanabhan, V., Whang, Seungjin: The Bullwhip Effect in Supply Chains. In: Sloan Management Review, Spring 1997: 93 -102.
Levitt 1983	Levitt, Theodore: The globalization of markets. Harvard Business Review, Mai/Juni 1983: 92 - 102.
Levy 1997	Levy, David L.: Lean Production in an international Supply Chain. In: Sloan Management Review, Winter 1997: 94 - 102.
Lewin und Minton 1986	Lewin, Arie Y., Minton, John W.: Determining Organizational Effectiveness: Another Look and an Agenda for Research. In: Management Science, 1986 (Vol. 32), Nr. 5: 514 - 537.
Lewis 1976	Lewis, E. R.: Applications of Discrete and Continuous Network Theory to Linear Population Models. In: Ecology, 1976 (Vol. 57) Nr. 1: 33 - 47.
Liker et al. 1998	Liker, Jeffery K., Kamath, Rajan R., Wasti, S. Nazli: Supplier involvement in design: a comparative survey of automobile suppliers in the USA, UK and Japan. In: International Journal of Quality Science, Vol. 3, 1998, Nr. 3: 214 - 238.

Lincoln et al. 1992 Lincoln, James R., Gerlach, Michael L., Takahashi, Peggy: Keiretsu Networks in the Japanese Economy: A Dyad Analysis of Intercorporate Ties. In: American Sociological Review, 1992 (Vol. 57), October: 561 - 585

Little 1970 Little, Robert W.: The Marketing Channel: Who should lead this extra-corporate organization? In: Journal of Marketing, (Vol. 34) 1970, January: 31 - 38.

Ljungberg 1994 Ljungberg, Anders: Measurement of Service and Quality in the Order Process. Lund: Department of Engineering Logistics, Lund University, 1994.

Lorsch 1987 Lorsch, Jay: Handbook of organizational behavior. Englewood Cliffs, NJ: Prentice Hall: 1987.

Luhmann 1977 Luhmann, Niklas: Zweckbegriff und Systemrationalität. Frankfurt: Suhrkamp, 1977.

Lusch 1976 Lusch, Robert F.: Sources of Power: Their Impact on Intrachannel Conflict. In: Journal of Marketing Research, (Vol. 13) 1976, November: 382 - 390.

Macaulay 1963 Macaulay, Stewart: Non-contractual relations in business: A preliminary study. In: American Sociological Review, 1963 (Vol. 28): 55-67.

Macneil 1978 Macneil, Ian R.: Contracts: Adjustment of long-term economic relations under classical, neoclassical, and relational contract law. In: Northwestern University Law Review, (Vol. 72) 1978, Nr. 6: 854 - 905.

Mag 1971 Mag, Wolfgang: Planungsstufen und Informationsteilprozesse. In: ZfbF, 1971 (Vol. 23): 803-830.

Malik 1992 Malik, Fredmund: Strategie des Managements komplexer Systeme. 4. Auflage. Bern: Haupt, 1992.

Maltz und Maltz 1998 Maltz, Arnold, Maltz, Elliot: Customer service in the distributor channel: Empirical findings. In: Journal of Business Logistics, 1998 (Vol. 19), Nr. 2: 103-129.

Man 1973 Mann, Rudolf: Die Praxis des Controlling. Instrumente, Einführung, Konflikte. München: Moderne Industrie, 1973.

Männel 1993a Männel, Wolfgang (Hg.): Logistikcontrolling: Konzepte - Instrumente - Wirtschaftlichkeit. Wiesbaden: Gabler, 1993.

Männel 1993b Männel, Wolfgang: Logistik-Controlling: Controlling materialwirtschaftlicher Prozesse und Systeme. In: Männel (1993a): 25-38.

Männel 1996 Männel, Bettina. Netzwerke in der Zulieferindustrie. Konzepte - Gestaltungsmerkmale - Betriebswirtschaftliche Wirkungen. Wiesbaden: Gabler, 1996.

Mannheim 1958 Mannheim, Karl: Mensch und Gesellschaft im Zeitalter des Umbaus. Darmstadt : Wiss. Buchgesellschaft, 1958.

Mannheim-58 Mannheim, Karl: Mensch und Gesellschaft im Zeitalter des Umbaus. Darmstadt: 1958 (Erstauflage 1935).

March 1988a March, J. G. (Hg.) : Decisions and Organizations. Cambridge, Ma.: 1988.

March 1988b March, J. G : The Business Firm as a Political Coalition. In: March (1988): 101-115.

March und Simon 1958 March, J. G., Simon, H. A.: Organizations. New York 1958.

Mariolis und Jones 1982 — Mariolis, Peter, Jones, Maria S.: Centrality in corporate interlock networks: Reliability and stability. In: Administrative Science Quarterly, 1982 (Vol. 27): 571-584.

Marwell und Oliver 1993 — Marwell, Gerald, Oliver, Pamela: The critical mass in collective action. Cambridge: University Press, 1993.

Mason-Jones et al. 1997 — Mason-Jones, Rachel, Naim, Mohammed M., Towill, Denis R.: The Impact of Pipeline Control on Supply Chain Dynamics. In: The International Journal of Logistics Management, (Vol. 8) 1997, Nr. 2: 47 – 62.

McGuire 1964 — McGuire, J. W.: Theories of Business Behavior. Englewood Cliffs, N.J.: 1964.

McPhail und Wohlstein 1986 — McPhail, Clark, Wohlstein, Ronald T.: Collective Locomotion as Collective Behavior." In: American Sociological Review, 1986 (Vol. 51): 447-463.

Mears 1974 — Mears, Peter: Structuring Communication in a Working Group. In: Journal of Communication, 1974 (Vol. 24): 71 - 79.

Meffert 1989a — Meffert, H.: Marketing und allgemeine Betriebswirtschaftslehre – Eine Standortbestimmung im Lichte neuer Herausforderungen der Unternehmensführung. In: Kirsch (1989a): 337-357.

Meffert 1989b — Meffert, Heribert: Die Wertkette als Instrument einer integrierten Unternehmensplanung. In: Delfmann (1989): 257 - 277.

Meffert 1998 — Meffert, Heribert: Marketing. 8. Auflage. Wiesbaden, Gabler: 1998.

Mentzer und Konrad 1991 — Mentzer, John T., Konrad, Brenda P.: An efficiency/effectiveness approach to logistics performance measurement. In: Journal of Business Logistics, (Vol. 12) 1991, Nr. 1: 33 - 62.

Mertens 1983 — Mertens, Peter: Industrielle Datenverarbeitung 1. 5. Auflage. Wiesbaden: Gabler, 1983.

Merton 1945 — Merton, Robert K.: Sociological Theory. In: American Journal of Sociology, 1945 (Vol. 50), Nr. 6: 462-473.

Metz 1997 — Metz, Peter: Demystifying Supply Chain Management: Accomplishments and Challenges. In: CLM (1997): 237 - 255.

Miles et al. 1997 — Miles, Raymond E., Snow, Charles C., Mathews, John A., Miles, Grant, Coleman, Henry J.: Organizing in the knowledge age: anticipating the cellular form. In: Academy of Management Executive, 1997 (Vol. 11), Nr. 4: 7-20.

Miles und Snow 1986 — Miles, Raymond E., Snow, Charles C.: Organizations: New Concepts for New Forms. In: California Management Review, 1986 (Vol. 28), Spring: 62 - 73

Miles und Snow 1995 — Miles, Raymond E., Snow, Charles C.: The New Network Firm: A Spherical Structure Built on a Human Investment Philosophy. In: Organizational Dynamics, 1995 (vol. 24), Spring: 5 - 18.

Milgram 1967 — Milgram, Stanley: The small world problem. In: Psychology today, 1967, Nr. 1: 61-67.

Miller 1944 — Miller, N.: Experimental Studies of Conflict. In: McHunt (1944): 431 ff.

Min und Eom 1994 — Min, Hokey, Eom, Sean B.: An integrated Decision Support System for Global Logistics. In: International Journal of Physical Distribution and Logistics Management, (Vol. 24) 1994, Nr. 1: 29 - 39.

Mintz und Schwartz 1985 Mintz, Beth, Schwartz, Michael: The power structure of American business. Chicago: University of Chicago Press, 1985.

Mitroff und Featheringham 1974 Mitroff, Ian I., Featheringham, Tom R.: On systemic problem solving and the error of the third kind. In: Behavioral Science, 1974 (Vol. 19): 383-393.

Mizruchi und Galaskiewicz 1993 Mizruchi, Mark S., Galaskiewicz, Joseph: Networks of Interorganizational Relations. In: Sociological Methods and Research, 1993 (Vol. 22), Nr. 1: 46 - 70.

Monge et al. 1998 Monge, Peter R., Fulk, Janet, Kalman, Michael E., Flanagin, Andrew J., Parnassa, Claire, Rumsey, Suzanne: Production of Collective Action in Alliance-Based Interorganizational Communication and Information Systems. In: Organization Science, (Vol. 9) 1998, Nr. 3: 411 - 433.

Monge und Contractor 1999 Monge, Peter R., Contractor, Noshir S.: Emergence of communication networks. Quelle: http://www.tec.spcomm,uiuc.edu/nosh/HOCNets.html. Geladen am 21.10.1999.

Morash und Clinton 1997 Morash, Edward A., Clinton, Steven R.: The Role of Transportation Capabilities in International Supply Chain Management. In: Transportation Journal, (Vol. 36) 1997, Nr. 3: 5 – 17.

Morehouse 1997 Morehouse, James E.: Extending the Enterprise: The Partnership Paradigm. In: Supply Chain Management Review (1), Fall 1997: 36 – 42.

Morgan 1997 Morgan, Gareth: Images of Organization. 2. Auflage. Thousand Oaks: Sage, 1997.

Morgan und Hunt 1994 Morgan, Robert M., Hunt, Shelby D.: The Commitment-Trust Theory of Relationship Marketing. In: Journal of Marketing, 1994 (Vol. 58), Juli: 20-38.

Müller 1974 Müller, Wolfgang: Die Koordination von Informationsbedarf und Informationsbeschaffung als zentrale Aufgabe des Controlling. ZfbF: (26) 1974, 683-693.

Murphy und Daley 1994 Murphy, Paul R., Daley, James M.: A Framework for Applying Logistical Segmentation. In: International Journal of Physical Distribution and Logistics Management, (Vol. 24), Nr. 10, 1994: 13 - 19.

Nadler und Tushman 1997 Nadler, David A., Tushman, Michael L.: Competing by Design. The Power of Organizational Architecture. Oxford: Oxford University Press, 1997.

Nanni et al. 1992 Nanni, Alfred J., Dixon, J. Robb, Vollmann, Thomas E.: Integrated Performance Measurement: Management Accounting to support the new manufacturing realities. In: Journal of Management Accounting Research, 1992 (Vol. 4): 1-19.

New 1996 New, Stephen J.: A framework for analyzing supply chain improvement. In: International Journal of Operations and Production Management, (Vol. 16) 1996, Nr. 4: 19 – 34.

New 1997 New, Stephen J.: The Scope of Supply Chain Management Research. In: Supply Chain Management, (Vol. 2) 1997, Nr. 1: 15 – 22.

Niemeyer 1977 Niemeyer, Heinz-Wilhelm: Der Informationsbasis im Marketing-Informationssystem. Frankfurt/Main: Harri Deutsch, 1977.

Nohria 1992 Nohria, Nitin: Is a Network Perspective a Useful Way of Studying Organizations? In: Nohria und Ecccles (1992): 1- 22.

Nohria und Eccles 1992 — Nohria, Nitin, Eccles, Robert G.: Networks and Organizations. Boston, Ma.: Harvard Business School Press, 1992.

Normann und Ramirez 1993 — Normann, Richard, Ramirez, Rafael: From Value Chain to Value Constellation. Designing Interactive Strategy. In: Harvard Business Review, 1993, Juli-August: 65-77.

North 1988 — North, Douglass C.: Theorie des institutionellen Wandels. Tübingen: Mohr, 1988.

Nugent 1996 — Nugent, Edward J., Hamblin, David J.: Improved Methodologies for vertical integration research. In: Integrated Manufacturing Systems, (Vol. 7) 1996, Nr. 1: 16 – 28.

Nystrom 1981 — Nystrom, Paul C. (Hg.): Handbook of Organization Design. Oxford: Oxford University Press, 1981.

o. V. 1933 — Ohne Verfasser: Emotions mapped by new geography. In: New York Times, 3.4.1933: 17.

O'Neill und Sackett 1994 — O'Neill, Henrique, Sackett, Peter: The Extended Manufacturing Enterprise Paradigm. In: Management Decision, (Vol. 32) 1994, Nr. 8: 42 – 49.

Obring 1992 — Obring, Kai: Strategische Unternehmensführung und polyzentrische Strukturen. Herrsching: Kirsch, 1992.

Oliver 1990 — Oliver, Christine: Determinants of Interorganizational Relationships: Integration and Future Directions. In: Academy of Management Review, 1990 (Vol. 15), Nr. 2: 241 - 265.

Oliver 1991 — Oliver, Christine: Strategic Responses to Institutional Processes. In: Academy of Management Review, 1991 (Vol. 16), Nr. 1: 145 - 179.

Oliver und Ebers 1998 — Oliver, Amalya L., Ebers, Mark: Networking Network Studies: An Analysis of Conceptual Configurations in the Study of Inter-Organizational Relationships. In: Organization Studies, 1998 (Vol. 19), Nr. 4: 549 - 583.

Olson 1985 — Olson, Mancur: Die Logik des kollektiven Handelns. Kollektivgüter und die Theorie der Gruppen. 3. Auflage. Tübingen: Mohr, 1985.

Opitz 1970 — Opitz, Herwig: Moderne Produktionstechnik. Essen: 1970.

Orlicky 1975 — Orlicky, Joseph: Material Requirements Planning. New York: McGraw Hill, 1975.

Ortmann und Sydow 1999 — Ortmann, Günther, Sydow, Jörg: Grenzmanagement in Unternehmensnetzwerken: Theoretische Zugänge. In: DBW, (Vol. 59) 1999, Nr. 2: 205 - 220.

Osterloh und Frost 1998 — Osterloh, Margit, Frost, Jetta: Prozeßmanagement als Kernkompetenz. 2. Auflage. Wiesbaden Gabler: 1998.

Otto 1993 — Otto, Andreas: Das Management der Qualität von Transportdienstleistungen. Rekonstruktion eines handlungsorientierten Ansatzes auf der Basis industriebetriebswirtschaftlicher und dienstleistungstheoretischer Beiträge. Schriftenreihe der Gesellschaft für Verkehrsbetriebswirtschaft und Logistik (GVB) e. V., Heft 25. Nürnberg: GVB, 1993.

Otto 1998a — Otto, Andreas: Auftragsabwicklung. In: Klaus (1998): 14 – 20.

Otto und Kotzab 1999 — Otto, Andreas und Kotzab, Herbert: How Supply Chain Management contributes to the Management of Supply Chains. Preliminary thoughts on an unpopular question. In: Larsson, Everth, Paulsson, Ulf: Building New Bridges in Logistics, Proceedings of the 11th Annual Conference for Nordic Researchers in Logistics, Seite 213 - 236. Lund University: 1999.

Ouchi 1979 Ouchi, William G.: A conceptual framework for the design of organizational control mechanisms. In: Management Science, 1979 (Vol. 25), Nr. 9: 833-848.

Ouchi 1980 Ouchi, William G.: Markets, Bureaucracies, and Clans. In: Administrative Science Quarterly, 1980 (Vol. 25): 129-141.

Pagh und Cooper 1998 Pagh, Janus D., Cooper, Martha C.: Supply Chain Postponement and Speculation Strategies: How to Choose the Right Strategy. In: Journal of Business Logistics, 1998 (Vol. 19), Nr. 2: 13 - 33.

Palamountain 1955 Palamountain, Joseph C.: The Politics of Distribution. Cambridge: Harvard University Press, 1955.

Peemöller 1992 Peemöller, Volker: Controlling – Grundlagen und Einsatzgebiete. Herne: NWB, 1992.

Pentland 1994 Pentland, Brian T.: Process Grammars: A Generative Approach to Process Redesign. Working Paper. Anderson Graduate School of Management. University of California, Los Angeles. Internet: http://ccs.mit.edu.ccswp178/ccswp178.html; nicht paginiert, geladen: 2.6.98.

Perera et al. 1997 Perera, S., Harrison G., Poole, M.: Customer focused manufacturing strategy and the use of operations-based non-financial performance measures: a research note. In: Accounting, Organization and Society, 1997 (Vol. 22) Nr. 6: 557 - 572.

Perrow 1967 Perrow, Charles: A Framework for the Comparative Analysis of Organizations. In: American Sociological Review, 1967 (Vol. 32), Nr. 2: 194 - 208.

Perrow 1986 Perrow, Charles: Complex Organizations. 3. Auflage. New York: Random House, 1986.

Peters und Waterman 1984 Peters, Thomas J., Waterman, Robert H. Jr.: In search of excellence: Lessons from America's best-run companies. 27. Auslage. New York: Warner, 1984.

Peukert 1998 Peukert, Rüdiger: Rolle, soziale. Stichwort in Schäfers (1998): 290 - 294.

Pfeffer 1972 Pfeffer, Jeffrey: Merger as a Response to Organizational Interdependence. In: Administrative Science Quarterly, (Vol. 17) 1972: 382 - 394.

Pfeffer 1972 Pfeffer, Jeffrey: Merger as a response to organizational interdependence. In: Administrative Science Quarterly, 1972 (Vol. 17): 382-394.

Pfeffer und Novak 1976 Pfeffer, Jeffrey, Novak, Phillip: Joint Ventures and Interorganizational Interdependence. In: Administrative Science Quarterly, (Vol. 21) 1976: 398 - 418.

Pfeiffer et al. 1982 Pfeiffer, Werner, Gerhard Metze, Walter Schneider und Robert Amler. Technologie-Portfolio zum Management strategischer Zukunftsgeschäftsfelder. Göttingen: Vandenhoeck und Ruprecht, 1982.

Pfeiffer et al. 1994 Pfeiffer, Werner, Weiß, Enno, Strubl, Christoph: Systemwirtschaftlichkeit. Göttingen: Vandenhoeck & Ruprecht, 1994.

Pfeiffer und Weiß 1994 Pfeiffer, W., Weiß, E.: Lean Management. Grundlagen der Führung und Organisation lernender Unternehmen. Berlin 1994.

Pfohl 1972 Pfohl, Hans-Christian: Marketinglogistik. Gestaltung, Steuerung und Kontrolle des Warenflusses im modernen Markt. Mainz : Distribution-Verlag, 1972.

Phillips 1960 Phillips, Almarin: A Theory of Interfirm Organization. In: The Quarterly Journal of Economics, 1960 (Vol. 74), November: 602 - 613.

Picot et al. 1996 — Picot, Arnold, Reichwald, Ralf, Wigang, Rolf T.: Die grenzenlose Unternehmung. 2. Auflage. Wiesbaden: Gabler, 1996.

Pohlen und Farris 1992 — Pohlen, Terrance L., Farris II, M. Theodore: Reverse Logistics in Plastics Recycling. In: International Journal of Physical Distribution and Logistics Management, (Vol. 22) 1992, Nr. 7: 35 - 47.

Pondy 1967 — Pondy, Louis R.: Organizational Conflict: Concepts and Models. In: Administrative Science Quarterly, (Vol. 12) 1967, September: 296 - 320.

Porter 1998a — Porter, Michael, E.: Competitive Advantage. Creating and Sustaining Superior Performance. New York: The Free Press, 1998.

Porter 1998b — Porter, Michael, E.: Competitive Strategy. Techniques for Analyzing Industries and Competitors. New York: The Free Press, 1998.

Pounds 1969 — Pounds, William F: The Process of Problem Finding. In: IMR, 1969, Fall: 2 - 20.

Powell et al. 1996 — Powell, Walter W., Koput, Kenneth W., Smith-Doerr, Laurel: Interorganizational Collaboration and the Locus of Innovation: Networks of Learning in Biotechnology. In: Administrative Science Quarterly, 1996, March: 116 - 145.

Probst 1989 — Probst, Gilbert J. B.: Der Organisator im selbstorganisierenden System. Aufgaben, Stellung und Fähigkeiten. In: ZfO, 1989, Nr. 6: 395 - 399.

Provan 1983 — Provan, Keith G.: The federation as an interorganizational linkage network." In: Academy of Management Review, 1983 (Vol. 8), Nr. 1: 79-89.

Pümpin 1989 — Pümpin, Cuno: Strategische Verhaltensweisen. In: Szyperski (1989): Sp. 1916-1923.

Putnam 1993 — Putnam, Robert B.: Making democracy work. Civic traditions in modern Italy. Princeton: Princeton University Press, 1993.

Putnam und Bayne 1987 — Putnam, Robert B., Bayne, Nicholas: Hanging together. Cooperation and Conflict in the Seven-Power Summits. Cambridge: Harvard University Press, 1987.

Quinn und Rohrbaugh 1983 — Quinn, Robert E., Rohrbaugh, John: A spatial model of effectiveness criteria: Towards a competing values approach to organizational analysis. In: Management Science, 1983 (Vol. 29), Nr. 3: 363-377.

Randolph 1979 — Randolph, Rainer: Pragmatische Theorie der Indikatoren - Grundlagen einer methodischen Neuorientierung. Göttingen: Vandenhoeck und Ruprecht, 1979.

Ratliff und Nulty 1996 — Ratliff, H. Donald, Nulty, William G.: Logistics Composite Modeling. Caps Logistics: Technical White Paper Series, 1996.

Recktenwald 1980 — Recktenwald, Horst-Claus: Markt und Staat. Fundamente einer freiheitlichen Ordnung in Wirtschaft und Politik. Göttingen: Vandenhoeck & Ruprecht, 1980.

Recktenwald 1983 — Recktenwald, Horst-Claus: Lexikon der Staats- und Geldwirtschaft. München: Vahlen, 1983.

Redaktion Philosophie 1987 — Meyers Kleines Lexikon Philosophie. Mannheim: 1987.

Reichheld et al. 1990 — Reichheld, Frederick F., Sasser, W. Earl Jr: Zero Defections: Quality Comes to Services. In: Harvard Business Review, September/October 1990: 105-111.

Reichmann 1995b — Reichmann, Thomas: Controlling mit Kennzahlen und Managementberichten – Grundlagen einer systemgestützten Controllingkonzeption. München: Vahlen, 1995.

Reichwald 1987 — Reichwald, Ralf: Einsatz moderner Informations- und Kommunikationstechnik - Orientierung für die Praxis. In: CIM-Management, 1987, Nr. 3: 6-11.

Reve und Stern 1979 — Reve, Torger, Stern, Louis W.: Interorganizational Relations in Marketing Channels. In: Academy of Management Review, 1979 (Vol. 4), Nr. 3: 405 - 416.

Richardson 1972 — Richardson, George B.: The Organization of Industry. In: The Economic Journal, 1972 (Vol. 82), Nr. 372: 883 - 896.

Ring und Van de Ven 1994 — Ring, Peter S., Van de Ven, Andrew H.: Developmental Processes of Cooperative Interorganizational Relationships. In: Academy of Management Review, 1994 (Vol. 19), Nr. 1: 90 - 118.

Robertson 1993 — Robertson, Thomas S.: How to Reduce Market Penetration Cycle Times. In: Sloan Management Review, 1993, Herbst: 87 - 96.

Rockart und Short 1991 — Rockart, John F., Short, James E.: The networked organization and the management of interdependence. In: Scott Morton (1991): 189-219.

Rogers 1995 — Rogers, Everett M.: Diffusion of innovations. 4. Auflage. New York: Free Press, 1995.

Rogers und Aarwala-Rogers 1976 — Rogers, Everett M., Agarwala-Rogers, Rekha: Communication in Organizations. NewYork: Free Press, 1976.

Rosenberg und Stern 1971 — Rosenberg, Larry J., Stern, Louis W.: Conflict measurement in the distribution channel. In: Journal of Marketing Research, (Vol. 8) 1971, November: 437 - 442.

Ross 1973 — Ross, Stephen A.: The economic theory of agency: The principals problem. In: American Economic Review, 1973, 134 – 139.

Rousseau et al. 1998 — Rousseau, Denise M., Sitkin, Sim, Burt, Ronald, Camerer, Colin: Not so different after all: A Cross Discipline View of Trust. In: Academy of Management Review, 1998 (Vol. 23), Juli: 1-12.

Rowley 1997 — Rowley, Timothy J.: Moving Beyond Dyadic Ties: A Network Theory of Stakeholder Influences. In: Academy of Management Review, 1997 (Vol. 22), Nr. 4: 887 - 910.

Rumelt et al. 1995a — Rumelt, Richard P., Schendel Dan E., Teece, David J.: Fundamental Issues in Strategy. A Research Agenda. Cambridge: Harvard Business School Press, 1995

Rumelt et al. 1995b — Rumelt, Richard P., Schendel Dan E., Teece, David J.: Fundamental Issues in Strategy. In: Rumelt et al. (1995a): 9-47.

Schäfer 1980 — Schäfer, Erich: Die Unternehmung. 10. Auflage. Wiesbaden: Gabler, 1980.

Schäfers 1998 — Schäfers, Bernhard (Hg.): Grundbegriffe der Soziologie. 5. Auflage. Opladen: Leske und Budrich, 1998.

Schaffitzel 1982 — Schaffitzel, Wilhelm: Das entscheidungstheoretische Rationalitätskonzept in der Betriebswirtschaftslehre - Anspruch und Wirklichkeit. München: VVF, 1982.

Scherr 1998 — Scherr, Albert: Kommunikation. Stichwort in: Schäfers (1998): 176 - 182.

Schick et al. 1990	Schick, Allen G., Gordon, Lawrence A., Haka, Susan: Information overload: A temporal approach. In: Accounting, Organization and Society, 1990 (Vol. 15), Nr. 3: 199-220.
Schlegel 1999	Schlegel, Gregory L.: Supply Chain Optimization: A Practitioners Perspective. In: Supply Chain Management Review, Winter 1999, 50 – 57.
Schneider 1994	Schneider, Dieter: Betriebswirtschaftslehre – Band 2: Rechnungswesen. München: Oldenbourg, 1994.
Schoorman et al. 1981	Schoorman, F. David, Bazerman, Max H., Atkin, Robert S.: Interlocking Directorates: A Strategy for Reducing Environmental Uncertainty. In: Academy of Management Review, (Vol. 6) 1981: 243 - 251.
Schütz 1932	Schütz, Alfred: Der sinnhafte Aufbau der sozialen Welt. 2. Auflage. Wien: Springer, 1932.
Schütz 1982	Schütz, Alfred: Das Problem der Relevanz. Frankfurt/Main: Suhrkamp, 1982.
Scott 1991	Scott, John: Networks of corporate power: a comparative assessment. In: Annual Review of Sociology, 1991 (Vol. 17): 181-203.
Scott 1995	Scott, W. Richard: Institutions and Organizations. Thousand Oaks: Sage, 1995.
Scott und Westbrook 1991	Scott, Charles, Westbrook, Roy: New Strategic Tools for Supply Chain Management. In International Journal of Physical Distribution and Logistics Management, (Vol. 21) 1991, Nr. 1: 23 – 33.
Seidenschwarz 1993	Seidenschwarz, Werner: Target Costing. München: Vahlen, 1993.
Shan et al. 1994	Shan, Weijan, Walker, Gordon, Kogut, Bruce: Interfirm cooperation and startup innovation in the biotechnology industry. In: Strategic Management Journal, 1994 (Vol. 15): 387-394.
Sharma und Lambert 1994	Sharma, Arun, Lambert, Douglas M.: Segmentation of Markets Based on Customer Service. In: International Journal of Physical Distribution and Logistics Management, (Vol. 24) 1994, Nr. 4: 50 - 58.
Shields 1997	Shields, Michael D.: Research in Management Accounting by North Americans in the 1990s. In: Journal of Management Accounting Research, (Vol. 9) 1997: 3 - 61.
Sieber 1998	Sieber, Pascal: Virtuelle Unternehmen in der IT-Branche. Bern: Haupt, 1998.
Simmel 1955a	Simmel, Georg: Conflict. New York: Free Press, 1955.
Simmel 1955b	Simmel, Georg: The web of group affiliations. New York: Free Press, 1955.
Simmel 1964	Simmel, Georg: The Sociology of Georg Simmel. New York: Free Press, 1964.
Simon 1952	Simon, Herbert A.: Comments on the theory of organizations. In: The American political science review, (Vol. 46) 1952, Nr. 4: 1130 - 1139.
Simon 1976	Simon, H.: Administrative Behavior. A Study of Decision Making Processes in Administrative Organizations. 3. Auflage. New York: 1976. (erstmals 1945)
Simon et al. 1954	Simon, H., Guetzkow, H., Kozmetsky, G., Tyndall, G.: Centralisation vs. Decentralisation the Controllers Department. New York, New York Controllership Foundation: 1954.

Simons 1995	Simons, Robert: Control in the Age of Empowerment. In: Harvard Business Review, 1995, March-April: 80-88.
Skjott-Larsen 1999	Skjott-Larsen, Tage: Interorganisational Issues in Supply Chain Management. In: Logistikmanagement, 1999, Nr.2: 96-108.
Smircich 1983	Smircich, Linda: Concepts of Culture and Organizational Analysis. Administrative Science Quarterly, 1983 (Vol. 28): 339 - 358.
Smith 1956	Smith, Wendell R.: Product Differentiation and Market Segmentation as Alternative Marketing Strategies. In: The Journal of Marketing, 1956, Juli: 3 - 8.
Spekman et al. 1998	Spekman, Robert E., Kamauff, John W. Jr., Myhr, Niklas: An empirical investigation into supply chain management - A perspective on partnerships. In: International Journal of Physical Distribution and Logistics Management, 1998 (Vol. 28), Nr, 8: 630-650.
Srinivasan und Kim 1986	Srinivasan, Venkat, Kim, Yong H.: Payments Netting in International Cash Management: A Network Optimization Approach. In: Journal of International Business Studies, 1986, Summer: 1- 20.
Stabell und Fjeldstad 1998	Stabell, Charles B., Fjeldstad, Oystein D.: Configuring value for competitive advantage: On chains, shops and networks. In: Strategic Management Journal, 1998 (Vol. 19), Nr. 5: 413-437.
Stachowiak 1973	Stachowiak, Herbert: Allgemeine Modelltheorie. New York: Springer, 1973.
Steinmann und Schreyögg 1990	Steinmann, Horst, Schreyögg, Georg: Management. Wiesbaden: Gabler, 1990.
Stern und El Ansary 1982	Stern, Louis, El Ansary, Adel I.: Marketing Channels. 2. Auflage. Englewood Cliffs, N.J.: Prentice Hall, 1982.
Stern und Reve 1980	Stern, Louis, Reve, Torger: Distribution channels as political economies: A framework for comparative analysis. In: Journal of Marketing, 1980 (Vol. 44), Summer: 52-64.
Stevens 1989	Stevens, Graham C.: Integrating the Supply Chain. In: International Journal of Physical Distribution and Logistics Management, (Vol. 19) 1989, Nr. 8: 3 - 8.
Stohl und Redding 1987	Stohl, Cynthia, Redding, W. Charles: Messages and message exchange processes. In: Jablin et al. (1987): 451-502.
Stokman und Doreian 1997	Stokman, Frans S., Doreian, Patrick: Evolution of social networks. Processes and principles. In: Doreian und Stokman (1997a): 233-250.
Striening 1988	Striening, H.-D.: Prozeß-Management. Frankfurt/Main: 1988.
Strubl 1993	Strubl, Christoph: Systemgestaltungsprinzipien. Göttingen, 1993.
Sutton und Staw 1995	Sutton, Robert I., Staw, Barry M.: What theory is not. In: Administrative Science Quarterly, 1995 (Vol. 40): 371-384.
Swaminathan et al. 1998	Swaminathan, Jayashankar M., Smith, Stephen F., Sadeh, Norman M.: Modeling supply chain dynamics: A multiagent approach. In: Decision Sciences, 1998 (Vol. 29), Nr. 3: 607-631.
Sydow 1992	Sydow, Jörg: Strategische Netzwerke. Evolution und Organisation. Gabler, Wiesbaden: 1992.

Sydow 1999a	Sydow, Jörg (Hg.): Management von Netzwerkorganisationen. Wiesbaden: Gabler, 1999.
Sydow 1999b	Sydow, Jörg: Editorial - Über Netzwerke, Allianzsysteme, Verbünde, Kooperationen und Konstellationen. In: Sydow (1999a): 1-5.
Sydow und Windeler 1994a	Sydow, Jörg, Windeler, Arnold (Hrsg.): Management interorganisationaler Beziehungen: Vertrauen, Kontrolle und Informationstechnik. Opladen, 1994.
Sydow und Windeler 1994b	Sydow, Jörg, Windeler, Arnold: Über Netzwerke, virtuelle Integration und Interorganisationsbeziehungen. In: Sydow und Windeler (1994): 1-21.
Sydow und Windeler 1998	Sydow, Jörg, Windeler, Arnold: Organizing and evaluating interfirm networks: A structurationist perspective on network processes and effectiveness. In: Organization Science, 1998 (Vol. 9), Nr. 3: 265-284.
Szyperski 1980	Szyperski, Norbert: Informationsbedarf. In: Grochla (1980): Sp. 904 - 913.
Szyperski 1989	Szyperski, Norbert (Hrsg.): Handwörterbuch der Planung. Stuttgart: Poeschel, 1989.
Taylor 1995	Taylor, Frederick, W.: Die Grundsätze wissenschaftliche Betriebsführung. Reprint der Originalausgabe von 1913. Beltz, 1995.
The Global Supply Chain Forum 1998	The Global Supply Chain Forum, Zitiert nach Lambert, Douglas, Stock, James, Ellram, Lisa: Fundamentals of Logistics Management, Boston 1998, p. 504.
Thompson 1967	Thompson, James D. Organizations in Action. Social Science Base of Administrative Theory. New York: McGraw-Hill Publishing Company, 1967.
Thorelli 1986	Thorelli, Hans B.: Networks: Between Markets and Hierarchies. Strategic Management Journal (Vol 7), 1/1986: 37-51.
Tichy et al. 1979	Tichy, Noel M., Tushman, Michael L., Fombrun, Charles: Social Network Analysis. In: Academy of Management Review, (Vol. 4) 1979, Nr. 4: 507 - 519.
Towill 1996a	Towill, Denis R.: Time compression and supply chain management – a guided tour. In: Supply Chain Management (1), 1/1996: 15 – 27.
Towill 1996b	Towill, Denis R.: Industrial dynamics modeling of supply chains. In: International Journal of Physical Distribution and Logistics Management, 1996 (Vol. 26), Nr. 2: 23-27.
Towill 1997	Towill, Denis R.: Forridge – Principles of good practice in material flow. In: Production Planning & Control, Vol. 8, 1997, Nr. 7: 622 – 632.
Turnbull 1990	Turnbull, P. W.: Interaction and International Marketing: An Investment Process. In: Ford-90a: 219-231.
Ulrich 1968	Ulrich, H.: Die Unternehmung als produktives soziales System. Bern: 1968.
Ulrich und Barney 1984	Ulrich, David, Barney, Jay B.: Perspectives in Organizations: Resource Dependence, Efficiency and Population. In: Academy of Management Review, (Vol. 9) 1984, Nr. 3: 471 - 481.
Ulrich und Krieg 1973	Ulrich, H., Krieg, W.: Das St. Galler Management Modell. In: Hentsch und Malik (1973): 63-94.
Umble und Srikanth 1990	Umble, Michael M., Srikanth, Mokshagundam, L.: Synchronous manufacturing : principles for world class excellence. Cincinnati, Ohio: South-Western Publishing, 1990.

Upton 1994 Upton, David M.: The Management of Manufacturing Flexibility. In: California Management Review, Winter 1994: 72 – 89.

Urban 1985 Urban, Klaus B.: Typen des Rationalitätsverständnisses in der Wissenschaftstheorie. Oldenburg, 1985.

Useem 1984 Useem, Michael: The inner circle. Large corporations and the rise of business political activity in the U.S. and U.K. Oxford: Oxford University Press, 1984.

Van de Ven et al. 1976 Van de Ven, Andrew H., Delbecq, André L., Koenig, Richard Jr.; Determinants of coordination modes within organizations. In: American Sociological Review, (Vol. 41) 1976, April: 322 - 338.

Venkatraman und Henderson 1996 Venkatraman, N., Henderson, C.: The Architecture of Virtual Organizing: Leveraging Three Interdependent Vectors. Discussion Paper. Boston, Ma.: Boston University School of Management, Systems Research Center: 1996.

Vernon 1966 Vernon, Raymond: International Investment and International Trade in the Product Cycle. In: Quarterly Journal of Economics, (Vol. 80) 1966, Nr. 2: 190 - 207.

Voigt und Scheffler 2000 Voigt, Kai-Ingo, Scheffler, Wolfram: Entwicklungsperspektiven des Electronic-Business. Wiesbaden: Gabler, 2000.

Vollmann et al. 1997 Vollmann, Thomas E., Berry, William L., Whybark, D. Clay: Manufacturing, planning and control systems. 4. Auflage. New York: McGraw Hill, 1997.

Walker 1977 Walker, Jack: Setting the agenda in the U.S. senate: A theory of problem selection. In: British Journal of Political Science, 1977 (Vol. 7): 423-445.

Warren 1967 Warren, Roland: The interorganizational field as a focus for investigation. In: Administrative Science Quarterly, 1967: 396-419.

Wasserman und Faust 1994 Wasserman, Stanley, Faust, Katherine: Social Network Analysis: Methods and Applications. Cambridge: Cambridge University Press, 1994.

Wasserman und Galaskiewicz 1994 Wasserman, Stanley, Galaskiewicz, Joseph: Advances in Social Network Analysis. Thousands Oaks: Sage, 1994.

Watzlawick et al. 1967 Watzlawick, Paul, Bavelas, Janet B., Jackson, Don D.: Pragmatics of human communication. New York: W. W. Norton & Company, 1967.

Weber 1998a Weber, Jürgen: Einführung in das Controlling. 7. Auflage. Stuttgart: Schäffer/Poeschel, 1998.

Weber 1998b Weber, Jürgen: Logistik als akademische Disziplin am Ende des 20. Jahrhunderts - Ein deutscher Standpunkt. Arbeitspapier der WHU Koblenz, Lehrstuhl für Betriebswirtschaftslehre, insb. Controlling und Logistik, 1998.

Weber 1999a Weber, Jürgen: Controlling - Entwicklungstendenzen und Zukunftsperspektiven. In: Die Unternehmung, 1999 (Vol. 53) Heft 6: 465 - 480.

Weber 1999b Weber, Jürgen: Stand und Entwicklungsperspektiven des Logistikcontrolling. Arbeitspapier der WHU Koblenz, Nr. 61, Lehrstuhl für Betriebswirtschaftslehre, insb. Controlling und Logistik, 1999.

Weber 2000 Weber, Jürgen: Neue Perspektiven des Controlling. Arbeitspapier der WHU Koblenz, Lehrstuhl für Betriebswirtschaftslehre, insb. Controlling und Logistik, 2000.

Weber et al. 1999a	Weber, Jürgen, Schäffer, Utz, Langenbach, Wilm: Gedanken zur Rationalitätskonzeption des Controlling. Arbeitspapier der WHU Koblenz. Lehrstuhl für Betriebswirtschaftslehre, insb. Controlling und Logistik, 1999.
Weber und Schäffer 1998a	Weber, Jürgen, Schäffer, Utz: Sicherstellung der Rationalität von Führung als Controlleraufgabe? Arbeitspapier der WHU Koblenz, Lehrstuhl für Betriebswirtschaftslehre, insb. Controlling und Logistik, 1998.
Weber und Schäffer 1998b	Weber, Jürgen, Schäffer, Utz: Sicherung der Rationalität in der Willensbildung durch die Nutzung des fruchtbaren Spannungsverhältnisses von Reflexion und Intuition. Arbeitspapier WHU Koblenz, Lehrstuhl Bwl., 1998.
Weber und Schäffer 1998c	Weber, Jürgen, Schäffer, Utz: Balanced Scorecard. Gedanken zur Einordnung des Konzepts in das bisherige Controlling-Instrumentarium. Arbeitspapier der WHU Koblenz, Nr. 60, Lehrstuhl für Betriebswirtschaftslehre, 1998.
Weber und Schäffer1999b	Weber, Jürgen, Schäffer, Utz: Entwicklung von Kennzahlensystemen. Arbeitspapier der WHU Koblenz. Lehrstuhl für Betriebswirtschaftslehre, insb. Controlling und Logistik, 1999.
Weber und Schäffer1999c	Weber, Jürgen, Schäffer, Utz: Auf dem Weg zu einem aktiven Kennzahlenmanagement. Arbeitspapier der WHU Koblenz. Lehrstuhl für Betriebswirtschaftslehre, insb. Controlling und Logistik, 1999.
Weber und Schäffer1999d	Weber, Jürgen, Schäffer, Utz: Controlling als Koordinationsfunktion? - Zehn Jahre nach Küpper/Weber/Zünd.. Arbeitspapier der WHU Koblenz. Lehrstuhl für Betriebswirtschaftslehre, insb. Controlling und Logistik, 1999.
Weber1980	Weber, Max: Wirtschaft und Gesellschaft. Grundriss der verstehenden Soziologie. 5. Auflage. Tübingen: Mohr. 1980.
Wegmann und Zimmermann 1998	Wegmann, Jutta, Zimmermann, Gunter E.: Stichwort „Netzwerk, soziales". In Schäfers (1998): 251 - 255.
Weick 1979	Weick, Karl E.: The Social Psychology of Organizing. 2. Auflage. Reading 1979.
Weick 1995	Weick, Karl E.: Der Prozess des Organisierens. Frankfurt/Main: Suhrkamp, 1995.
Weitz und Jap 1995	Weitz, Barton A., Jap, Sandy D.: Relationship Marketing and Distribution Channels. In: Journal of the Academy of Marketing Science, (Vol. 23) 1995, Nr. 4: 305 - 320.
Whetten 1987	Whetten, David: Interorganizational relations. In: Lorsch (1987): 238-253.
Wild 1970	Wild, Jürgen: Informationskostenrechnung auf der Grundlage informationeller Input-, Output- und Prozessanalysen. In: ZfbF, 1970 (Vol. 22): 218-240.
Wildemann 1997	Wildemann, Horst: Koordination von Unternehmensnetzwerken. In: ZfB, (Vol. 67) 1997, Nr. 4: 417 - 439.
Williamson 1981	Williamson, Oliver E.: The economics of organization: The transaction cost approach. In: American Journal of Sociology, 1981 (Vol. 87), Nr. 3: 548-577.
Williamson 1983	Williamson, Oliver E.: Markets and Hierarchies. New York: Free Press, 1983.
Williamson 1985	Williamson, Oliver E.: The economic institutions of capitalism. New York: Free Press, 1985.

Wittmann 1959	Wittmann, Waldemar: Unternehmung und unvollkommene Information. Köln/Opladen, 1959.
Wöhe 1981	Wöhe, G.: Einführung in die Allgemeine Betriebswirtschaftslehre. 14. Auflage. München: 1981.
Wollnik 1995	Wollnik, Michael: Interpretative Ansätze in der Organisationstheorie. In: Kieser (1995a): 303 - 320.
Womack und Jones 1994	Womack, J. P., Jones J. T.: From Lean Management to Lean Enterprise. In. Harvard Business Review, March/April 1994: 103 ff.
Wurche 1994	Wurche, Sven: Strategische Kooperationen. Theoretische Grundlagen und praktische Erfahrungen am Beispiel mittelständischer Unternehmen. Wiesbaden: Gabler, 1994.
Yamagishi et al. 1988	Yamagishi, T., Gilmore, M. R., Cook, K. S.: Network connections and the distribution of power in exchange networks. In: American Journal of Sociology, 1988 (Vol. 79): 1013-1179.
Yuchtman und Seashore 1967	Yuchtman, Ephraim, Seashore, Stanley E.: A Resource Approach to Organizational Effectiveness. In: American Sociological Review, 1967 (Vol. 32), Nr. 6: 891 - 903.
Zenger und Hesterly 1997	Zenger, Todd R., Hesterly, William S.: The disaggregation of corporations: selective intervention, high powered incentives, and molecular units. In: Organization Science, 1997 (Vol. 8), Nr. 3:
Zünd 1979	Zünd, André: Zum Begriff des Controlling – ein umweltbezogener Erklärungsversuch. In: Goetzke (1979): 15-26.

nbf neue betriebswirtschaftliche forschung

(Fortsetzung von Seite II)

Band 257 Dr. Marcus Rodermann
Strategisches Synergiemanagement

Band 258 Dr. Dietrich von der Oelsnitz
Marktorientierter Unternehmenswandel

Band 259 Dr. Thorsten Blecker
Unternehmung ohne Grenzen

Band 260 Dr. Alexander Philipp Mrzyk
Ertragswertorientierte Kreditwürdigkeitsprüfung bei Existenzgründungen

Band 261 PD Dr. Michaela Haase
Institutionenökonomische Betriebswirtschaftstheorie

Band 262 Dr. Robert Erich Neumann
Die Organisation als Ordnung des Wissens

Band 263 Dr. Norbert Klingebiel
Integriertes Performance Measurement

Band 264 PD Dr. Insa Sjurts
Kollektive Unternehmensstrategie

Band 265 Prof. Dr. Markus Voeth
Nutzenmessung in der Kaufverhaltensforschung

Band 266 Dr. Peter Kajüter
Proaktives Kostenmanagement

Band 267 Prof. Dr. Frank Schirmer
Reorganisationsmanagement

Band 268 Prof. Dr. Sabine Fließ
Die Steuerung von Kundenintegrationsprozessen

Band 269 PD Dr. Renate Hecker
Regulierung von Unternehmensübernahmen und Konzernrecht

Band 270 Prof. Dr. Thomas Hutzschenreuter
Wachstumsstrategien

Band 271 PD Dr. Frank-Martin Belz
Integratives Öko-Marketing

Band 272 PD Dr. Martin Reckenfelderbäumer
Zentrale Dienstleistungsbereiche und Wettbewerbsfähigkeit

Band 273 PD Dr. Magdalena Mißler-Behr
Fuzzybasierte Controllinginstrumente

Band 274 Dr. Werner Mussnig
Dynamisches Target Costing

Band 275 Prof. Dr. Peter Buxmann
Informationsmanagement in vernetzten Unternehmen

Band 276 PD Dr. Andreas Grüner
Scorecardbasiertes Cockpit Controlling

Band 277 PD Dr. Udo Terstege
Bezugsrechte bei Kapitalerhöhungen

Band 278 PD Dr. Thomas Walter
Interaktions-Revolution im Bankmanagement

Band 279 Prof. Dr. Dr. Andreas Löffler
Ein Paradox der Portfoliotheorie und vermögensabhängige Nutzenfunktionen

Band 280 Prof. Dr. Jörg Freiling
Ressourcenorientierte Reorganisationen

Band 281 Dr. Ruth Stock
Der Zusammenhang zwischen Mitarbeiter- und Kundenzufriedenheit

Band 282 Prof. Dr. Thorsten Teichert
Nutzenschätzung in Conjoint-Analysen

Band 283 Prof. Dr. Dirk Holtbrügge
Postmoderne Organisationstheorie und Organisationsgestaltung

Band 284 Prof. Dr. Daniel Klapper
Wettbewerbsverhalten und Produktlinienwettbewerb

Band 285 PD Dr. Bernhard Swoboda
Dynamische Prozesse der Internationalisierung

Band 286 PD Dr. Wolfgang Burr
Service Engineering bei technischen Dienstleistungen

Band 287 Prof. Dr. Udo Bankhofer
Industrielles Standortmanagement

Band 288 Prof. Dr. Lutz Kaufmann
Internationales Beschaffungsmanagement

Band 289 PD Dr. Sabine Boerner
Führungsverhalten und Führungserfolg

Band 290 Dr. habil. Andreas Otto
Management und Controlling von Supply Chains

Printed in Germany
by Amazon Distribution
GmbH, Leipzig

25355540R00249